Richard Nordhausen

Unsere märkische Heimat

Streifzüge durch Berlin und Brandenburg

Verlag der Wissenschaften

Richard Nordhausen

Unsere märkische Heimat

Streifzüge durch Berlin und Brandenburg

ISBN/EAN: 9783957002372

Auflage: 1

Erscheinungsjahr: 2014

Erscheinungsort: Norderstedt, Deutschland

Hergestellt in Europa, USA, Kanada, Australien, Japan
Verlag der Wissenschaften in Hansebooks GmbH, Norderstedt

Cover: Foto ©Andreas Hermsdorf / pixelio.de

Unsere märkische Heimat

Streifzüge durch Berlin und Brandenburg

Ein Heimatbuch
herausgegeben von
Richard Nordhausen

Zweite Auflage

Mit vielen Abbildungen
zur Landeskunde

Vorwort.

Die Mark, unsere Heimat, ist allmählich auch draußen im Reiche wenn nicht berühmt, so doch bekannt geworden. Früher sah man in ihr nur den sandigen Pflanzboden Berlins, das unwirtliche Umland der Riesenstadt, zu deren größten Wundern es zählte, daß sie in dieser trostlosen, verrufenen Wüste so amerikanisch machtvoll aufgeschossen war. Heute hält wohl niemand mehr an dem oberflächlichen und leichtfertigen Urteil fest. Hinter den Sanddünen, die die Eisenbahngeleise einschließen, und den kümmerlichen Kuscheln errät der an Fontane geschulte Fremdling die herbe Anmut des brandenburgischen Landes, und wer gar eine Wanderung durch das weite Revier wagt, den nimmt es mit seinen Heiden und schön geschwungenen, wechselreichen Flußläufen, seiner Einsamkeit und kraftvollen Betriebsamkeit, seiner geheimnisvollen Vorzeit und glänzenden Hohenzollerngeschichte rasch gefangen.

Ein Heimatbuch der Provinz Brandenburg braucht deshalb kein Entdeckerbuch mehr zu sein, so wenig wie man von einer Schilderung Berlins unerhörte neue Aufschlüsse erwartet. Märkische Straffheit und Tüchtigkeit sind Edelsteine in der deutschen Krone, deren Wert jeder zu schätzen weiß; märkische Landschaft und märkisches Volkstum sind niemandem mehr unbekannte und fremdartige Welten. So darf denn neben den Mann der Wissenschaft und vor den lehrhaften Beschreiber, der bei seinen gänzlich unvorbereiteten Zuhörern mit dem ABC anfangen und ihnen deshalb systematisch trocken kommen mußte, immer mehr der Dichter treten, der künstlerisch Gestaltende, und statt langer, keinen Unterschied machender Aufzählungen, deren einziger und dabei furchtbarster Vorzug just ihre erbarmungslose Vollständigkeit zu sein pflegt, ist nun die fröhliche Auswahl möglich. Alles Wichtige und Wertvolle, Entscheidende in den Vordergrund! Die Nebensächlichkeit, die das Bild nur zerstört und verwischt, mag versinken. Brandenburgisch-berlinischer Geist, alter und neuer, hat ein Heimatbuch in großen Zügen geschaffen, dem, mein' ich, kein großer Zug der Heimat fehlt.

Berlin, Sommer 1911.

Zur zweiten Auflage.

Seitdem die „Märkische Heimat" zum erstenmal aus der Presse kam, hat sich in Brandenburg und dem Reiche manches gewandelt. Wenigstens äußerlich. Deshalb aber am Grundton des Buches irgend etwas zu ändern, schien mir ganz und gar nicht geboten. Die Mark hat Schlimmeres als diese Jahre erlebt und ist im Kern die alte geblieben; wer sie liebt, wird verstehen, weshalb ich justament heute — von kleinen ergänzenden Einschaltungen und Bereicherungen abgesehen — an der charakteristischen alten Fassung meiner Zusammenfassung festhalte.

Möge das Werk auch weiterhin Freunde da finden, wo es sie sucht!

Berlin, im Oktober 1920.

Richard Nordhausen.

Inhaltsverzeichnis.

	Seite
Zwischen Sumpf und Sand. Von George Hesekiel	1

Allgemeines.

Zur geologischen Einführung. Von Dr. F. Solger	3
Die großen Steine. Von Prof. Dr. F. Wahnschaffe	15
Der märkische Boden. Von Dr. R. Foß	17
Boden und Menschen. Von Robert Mielke	19
Das Wendenvolk. Von Dr. R. Foß	22
Das märkische Dorf. Von Robert Mielke	24

Die Reichshauptstadt.

Die Lage von Berlin in orographischer und hydrographischer Hinsicht. Von W. Pütz	30
Woher stammt der Name Berlin? Von George Hesekiel	37
Der Berliner Schlag. Von Karl Scheffler	39
Das Gesicht der Stadt. Von Karl Scheffler	45
Hinter Wall und Graben. Von Willy Pastor	50
Das alte Berliner Rathaus. Von Willibald Alexis	57
Schlüter und das Berliner Schloß. Von Max Osborn	58
Johann Gottfried Schadow. Von Prof. A. Amersdorffer	77
Der Berliner als Kritiker. Von Theodor Fontane	79
Der Zopf. Von Willy Pastor	81
Friedrich Wilhelm I. und das Heer. Von Leopold Ranke	88
Der Neidkopf. Von Adalbert Kühn	94
Die Berliner königliche Porzellanmanufaktur. Von Dr. Heinrich Pudor	95
Die Einnahme von Berlin durch die Österreicher im Oktober 1757. Von Albert Naudé	98
Ode an die Stadt Berlin. Von Ph. E. Rauffensen	106
Der alte Fritz	107
Immediatschreiben des Generalleutnants von Blücher.	109
Napoleon in Charlottenburg	111
An Luise, Königin von Preußen. Von Heinrich von Kleist	112
Luise, die Königin. Von Max von Schenkendorf	113
Willibald Alexis als vaterländischer Dichter und Patriot. Von Otto Tschirch	113
Weihnachtsmarkt. Von Gottfried Keller	116
Theodor Fontane. Von Konrad Burdach	117
Drei Einzüge. Von Theodor Fontane	122

	Seite
20. September 1866. Von Theodor Fontane	124
1871. Von Theodor Fontane	125
Die Gesellschaft von Neu-Berlin	127

Der Teltow.

Die Seenrinne des Grunewalds und ihre Moore. Von Prof. Dr. F. Wahnschaffe	131
Die Pichelsberge. Von Friedrich Wilhelm August Schmidt (Schmidt von Werneuchen)	139
Die Pfaueninsel	142
Zwischen Wannsee und Gütergotz	145
Der Teltowkanal	148
Klein-Machnow	152
Burg Beuthen	155
Die Schlacht bei Großbeeren	162
Schloß Köpenick	172
Im Müggelrevier	175
Paul Gerhardt als Propst zu Mittenwalde. Von Dr. Willy Spatz	181
Die Braunkohle von Schenkendorf. Von Prof. Dr. F. Solger	185
Königswusterhausen	191
Auf dem Bindower Fließ nach Teupitz	197
Teltower Rübchen. Von C. Schmidt und Siegfried Braun	203

Beeskow-Storkow.

Der Scharmützel	206

Lebus.

Fischreichtum im alten Odertal. Von Walter Christiani	212
Die Universität Frankfurt. Von Oskar Schwebel	216
Der Feind im Lande. Kriegsleiden einer märkischen Stadt. Von Eduard Philippi	220
Frankfurter Weinbau und Weinhandel	228

Der Barnim.

Die Löcknitz	231
Die Rüdersdorfer Kalkberge	235
Das vertauschte Kind. Von Adalbert Kuhn	244
Die von Uchtenhagen	245
Der Uchtenhagener Ausgang. Von Willibald Alexis	250
Die Anfänge märkischer Eisenindustrie. Von Siegfried Passow	256
Von Bernau zum Liepnitzsee	260
Die Bronzestadt Buch an der Pante. Von Wilhelm Scheuermann	265
Die Glocken im heiligen See. Von Adalbert Kuhn	273
Am Tegelsee. Von Gottfried Keller	274

Die Zauche.

	Seite
Werder	276
Kloster Lehnin. Von Friedrich Herring	280
Dietrich Kagelwit und die Schweinsohren. Von Willibald Alexis	289
Die Weissagung von Lehnin. Von R. Lutter	292
Markgraf Ludwig der Bayer und Treuenbrietzen. Von Willibald Alexis	295

Havelland.

Der Herr von Ribbed auf Ribbeck im Havelland. Von Theodor Fontane	297
Die Wenden im Havelland. Von E. Fidicin	298
Potsdam	302
Friedrich Wilhelm I. als Ehestifter. Von Friedrich Gruppe	304
Sanssouci. Von Emanuel Geibel	306
Friedericus Rex. Von Willibald Alexis	307
Ein Königswort. Von Hugo von Blomberg	309
Die Exekution. Von Friedrich Scherenberg	309
Der Königswall bei Nedlitz. Von Wilhelm Scheuermann	311
An das Dorf Fahrland. Von Friedrich Wilhelm August Schmidt (Schmidt von Werneuchen)	318
Der von Arnstedt und der wilde Jäger. Von Adalbert Kuhn	320
Feindliche Nachbarn an der Havel. Ein Kulturbild aus dem Mittelalter. Von Richard Schillmann	321
Der Rabe mit dem Ringe. Von Adalbert Kuhn	330
Vom sechshundertjährigen Nauen	330
Königshorst. Von Richard Schillmann	335
Die Herkunft derer von Bredow. Von Adalbert Kuhn	339
Die Schlacht bei Fehrbellin in der Dichtung	
1. Aus Friedrich von Homburg. Von Heinrich von Kleist	339
2. Fehrbellin. Von Julius Minding	342
Die kurbrandenburgische Marine. Von Prof. Dr. Ed. Heyd	345
Das Wustrauer Luch. Von Theodor Fontane	351

Die Prignitz.

Havelberg. Von Marie v. Bunsen	358
Vor Wittenberge. Von Marie v. Bunsen	360
Das Wunderblut von Wilsnack. Von Friedrich v. Kloeden	361
Das Königsgrab von Seddin. Von Wilhelm Scheuermann	368

Grafschaft Ruppin.

Neu-Ruppin	373
Rheinsberg	375
Gransee. Von H. Osman	378
Ein Rheinsberger Gedicht des Kronprinzen Friedrich an Voltaire	388
Die Menzer Forst. Von Andrew Hamilton	390

Die Uckermark.

	Seite
Schloß Grimnitz	398
Am Werbellin	403
Kloster Chorin . . .	407
Die stummen Frösche zu Chorin. Von Adalbert Kuhn	413
Der tolle Markgraf. Von W. Wenergang und Dr. G. Thomae	413
Märkischer Tabak	420

Sternberg und die Neumark.

Dietrich von Quadenitz. Von Hugo von Blomberg	423
Kunersdorf (12. August 1759). Von Reinhold Koser	424
Ewald Christian von Kleists Heldentod. Von E. Hauben	434
Küstrin. Von Marie v. Bunsen	436
Küstrin 1806. Aus dem Jahre der Schmach	439
Der große Krebs im Mohriner See. Von August Kopisch	442
Dä drei Brüöder	443

Die Lausitz.

Die Heide. Von Willibald Alexis . .	446
Die wüsten Höfe 1717. Von Ernst von Schönfeldt	449

Der Spreewald.

Burg im Spreewald. Von Prof. Dr. Richard Andree	452
Osterwanderungen im Spreewalde. Von Max Bittrich	456
Pfingsten in der Wendei. Von Max Bittrich	460

Der Fläming.

Belzig und Burg Eisenhart. Von August Trinius .	467
Der Schmied von Jüterbog. Von Adalbert Kuhn	480
Kloster Zinna. Von Wilhelm Jung . .	482
Die Kapelle auf dem Golm. Von Adalbert Kuhn	486

Altmark.

Tangermünde. Von Wilhelm Scheuermann	487
Der Mittelpunkt der Welt. Von Adalbert Kuhn	494

Zwischen Sumpf und Sand.
Von George Hesekiel.

Gott grüß dich, märkische Heide
in hellem Sonnenglanz,
in grün und grauem Kleide
und dunkler Kiefern Kranz!

Wie wogt's von edeln Düften,
von Harz und Heidekraut!
Und drüber in den Lüften,
wie wirbelt's da so laut!

Die blauen Glöckchen läuten,
in Waffen steht der Dorn,
die Bienenschwärme beuten
in Schwab' und Heidekorn.

Es summt und surrt geschäftig —
heimlich Wallen und Wehn —
die Sonne spiegelt sich prächtig
in tiefen blauen Seen.

Im Sande halb begraben
der hohlen Weide Stumpf,
die Linde steht erhaben,
die Erle still im Sumpf.

Die Sagen werden lebendig,
die grauen Zeiten jung,
die Heide, sie ist beständig
und hat Erinnerung.

Die Kiefer senkt am Bruche
den Wipfel wie im Schlaf,
als träume sie von dem Fluche,
der einst die Wenden traf.

Hier an der Hügelwange,
da riefen: Waidmanns Heil!
Schon Markgraf Hans der Lange
und Otto mit dem Pfeil;

dem ist manch Lied erklungen,
wenn Liebe ihn verwund't,
hier hat er süß besungen
manch süßen roten Mund.

Und seine Minnelieder,
hier klingen leis' sie fort,
das Wehn und Flüstern wieder
wird sein melodisch Wort.

Dort auf dem Damm, dem langen,
wogte die grimme Schlacht,
die zornigen Pommern zwangen
Markgraf Ludwigs Macht.

Und über'n Wald herüber
zwei stumpfe Warten sehn,
die Quitzows ließen drüber
ihr Sternenbanner wehn.

An jener grünen Schanze,
wie schlug der Derfsling gut!
Da brach im blut'gen Tanze
der Schweden Übermut;

da fuhren, wie eiserne Wetter,
Brandenburgs Reiter darein,
und ihr Trompetengeschmetter
brauste durch Mark und Bein.

Dort auf der schlanken Spitze
am fernen Horizont,
dort hat mit Friedrichs Blitze
sein Adler sich gesonnt.

Im Kirchlein dicht daneben
ward eine Schar geweiht
zum Kampfe für das Leben
und die Unsterblichkeit.

Vom Kirchlein auf der Heide,
wo sie den Segen nahm,
zog sie im schlichten Kleide
mutig nach Notre-Dame!

Was alles einst gewesen,
schrieb eine feste Hand,
wer Augen hat zu lesen,
zwischen Sumpf und Sand.

G. Hesekiel, Zwischen Sumpf und Sand. Vaterländische Dichtungen.
Berlin, B. Behrs Verlag.

Allgemeines.

Zur geologischen Einführung.
Von Dr. F. Solger.

Während in den gebirgigen Gegenden unseres weiteren Vaterlandes die Flußtäler die gegebenen Linien des Verkehrs sind, haben sie in der Entwicklung der Provinz Brandenburg diese Rolle nur teilweise gespielt. Der Provinz fehlen unwegsame Höhenzüge, die der Verkehr hätte umgehen müssen. Nur der Fläming ist in dieser Hinsicht zu nennen, und die Einsenkung, die ihn südlich von Jüterbog teilt, hat geradezu die Bedeutung eines Passes bekommen, an dessen nördlichem Ausgang wir denn auch das älteste Kloster der Mark, Zinna, finden. Aber der Fläming bildet darin eine Ausnahme.

Die natürlichen Scheidelinien, die innerhalb der Provinz Brandenburg einzelne Wirtschaftsgebiete voneinander getrennt haben, waren einerseits die großen unfruchtbaren Sandflächen, die heute noch von zusammenhängenden, durch wenige Siedelungen unterbrochenen Waldungen bedeckt sind, wie die Neuendorfer Forst südwestlich von Zechlin, die Ruppin und Prignitz scheidet, und der mächtige Waldgürtel zwischen Fürstenwalde und Luckenwalde, der die Mark von der Lausitz trennt und die Grenze der beiden Regierungsbezirke trägt.

Die Schmelzwässer des diluvialen Inlandeises, die die meisten unserer großen Talniederungen durchströmt haben, ließen auf deren Grunde ausgedehnte Sandmassen zurück, und so finden wir viele große Wälder gerade in diesen Niederungen. Noch mehr aber wurden die Talzüge zu Scheidelinien dadurch, daß sie von ungangbaren Mooren in weitem Umfange erfüllt waren. Die einzelnen „Länder" und „Ländchen", in die die Provinz zerfiel, sind daher fast immer durch sandige und moorige Täler voneinander getrennt. Aber andererseits bargen diese Täler auch in den Flüssen vorzügliche Transportwege, die an Sicherheit und Billigkeit dem Landwege immer überlegen waren. Wo daher ein Fluß in seinem Laufe an den Rand seiner Talniederung herantrat, die moorigen Ufer also die Landung nicht hinderten, da ergaben sich natürliche Stapelplätze, die zu Städtegründungen führten. Beispiele sind Landsberg a. W. und Havelberg. Noch größer mußte die Bedeutung solcher Stellen werden, wenn die Talniederung sich gleichzeitig verengte und neben dem Landungsplatz ein Übergang über das Tal sich bot. Zu dem wichtigen Wasserweg kam dadurch noch ein besonders wichtiger Weg für den Überlandverkehr, und es entwickelten sich Stapel- und Umschlageplätze ersten Ranges wie Berlin und Frankfurt a. O. Die Wichtigkeit der Wasserwege mußte auch zu ihrer militärischen Sicherung auffordern. So entstanden an bedeutenden Flußgabelungen Befestigungen, die durch die umgebenden Moorniederungen noch einen besonderen Schutz besaßen. Solchen Voraussetzungen verdanken Festungen wie Spandau und Küstrin ihre Entstehung, die beide schon auf die vorgeschichtliche, z. T. sogar vorwendische Zeit zurückgehen.

Die geschilderten Gesichtspunkte waren natürlich nur für Stadtanlagen maßgebend. Für dörfliche Ansiedelungen kam in erster Linie das Vorhandensein guten Ackerbodens in Betracht, Sicherung gegen Überschwemmungen, aber gleichzeitig doch Nähe des Wassers zum täglichen Gebrauch und zum Tränken des Viehes. Stammeseigentümlichkeiten der Bewohner haben in hohem Grade die Auswahl und Benutzung des Ansiedelungsgeländes bestimmt.

Die Entstehung des märkischen Bodens.

Der märkische Boden wie seine Formen sind hauptsächlich ein Werk der Eiszeit, jenes Abschnitts der Erdgeschichte, der in der Geologie als Diluvium*) bezeichnet wird. Die Inlandeismassen,

---

*) Zur Übersicht seien hier die Abteilungen aufgezählt, in die die geologische Wissenschaft die Erdgeschichte zerlegt und unter denen jedesmal die wichtigeren Gesteins- und Erdbildungen der Mark angeführt sind, die in der betreffenden Zeit entstanden. Da im Boden normalerweise die später gebildeten Schichten über den früher entstandenen liegen, so stehen in dieser Übersicht die jüngsten Bildungen zu oberst, die ältesten zu unterst, so daß also z. B. das

die sich damals von Norden über unsere Heimat hinschoben, überdeckten sie mit Schuttmassen des Bodens, den sie aus ihrem skandinavischen Ursprungsgebiete auspflügten oder unterwegs aufnahmen, und so stellt der märkische Boden, wie ihn das Inlandeis damals schuf, und wie wir ihn als **Grundmoräne** dieses Eises bezeichnen, zunächst ein unregelmäßiges Gemisch all der Materialien im verschiedensten Grade der Zerkleinerung dar, die die Eismassen auf ihrem Wege zu uns angetroffen hatten. Schwedische Granite, Diabase, Porphyre und Basalte samt ihren lehmigen Verwitterungsprodukten haben zu seinem Aufbau beigetragen, aber auch Kalksteine der verschiedensten geologischen Zeitalter vom silurischen Orthocerenkalk Südschwedens bis zur Kreide von Rügen, Sandstein und Tonschiefer, Sande und Tone der Tertiärzeit sind in ihn hineingearbeitet worden. So ergibt sich im allgemeinsten Falle ein tonig=sandig=kalkiger Boden, d. h. ein sandiger Mergel, dem das Auftreten zahlreicher größerer Steine, sog. Geschiebe, den Namen des **Geschiebemergels** eingetragen hat. Örtlich kann sein Kalk=, Sand= und Tongehalt wie sein Geschiebereichtum sehr wechseln und bald brauchbaren Ziegelton, bald große Steinpackungen erzeugen, die zur

---

Pliocän die jüngste, das Eocän die älteste Abteilung der Tertiärformation darstellt.

Känozoische Formationsgruppe (Neuzeit der Erde)	Quartärformation:	Alluvium:	Ablagerungen heutiger Flüsse und Seen.
		Diluvium:	Moränen der Eiszeit und Absätze der Schmelzwässer.
	Tertiärformation:	Pliocän:	
		Miocän:	Braunkohlen.
		Oligocän:	Septarienton.
		Eocän:	
Mesozoische Formationsgruppe (Mittelalter der Erde)	Kreideformation:		
	Juraformation:		
	Triasformation:		Kalkstein von Rüdersdorf.
Paläozoische Formationsgruppe (Altertum der Erde)	Permformation:		Sperenberger Gips?
	Steinkohlenformation:		
	Devonformation:		Grauwacken von Dobrilugk
	Silurformation:		und vom Koschenberge.
	Cambrische Formation:		
	Algonkische Formation:		

Archäische Formationsgruppe.

Pflastersteingewinnung ausgebeutet werden, bald wieder kann die Grundmoräne stark sandig ausgebildet sein, wie im Rheinsberger Gebiet und in gewissen Teilen der Neumark. Dazu kommen nachträgliche Veränderungen von zweierlei Art: erstens die Verwitterung, die den Kalk auslaugt und so aus dem Mergel einen Lehm macht, und zweitens der Einfluß der Schmelzwässer, die beim Abtauen des diluvialen Eises den Boden hier vorübergehend, dort dauernder überströmten und auswuschen und die gröberen Teile als Sande, die feinsten an ganz ruhigen Stellen als Tone absetzten. Dies an sich schon ziemlich verwickelte Bild wird noch mannigfaltiger durch den Umstand, daß das Diluvium uns mehrfache Vorstöße des nordischen Eises brachte, zwischen denen in den sog. Interglazialzeiten Wind und Wetter auf den inzwischen neugeschaffenen Boden Brandenburgs wirkten und Tiere und Pflanzen ihn belebten. Mit jedem neuen Eisvorstoße wurden diese organischen Reste teils von den Sanden der voraneilenden Schmelzwässer überschüttet, teils in die Grundmoräne des neuen Eises hineingearbeitet.

Obwohl den Bildungen der Eiszeit der Hauptanteil an der Entstehung des märkischen Bodens zukommt, so liegen doch darunter noch eine Reihe anderer Gesteine und Bodenarten, die meist gewerbliche Wichtigkeit besitzen, wie die Braunkohlen, der Rüdersdorfer Kalk, der Sperenberger Gips u. a.

Mineralische Rohstoffe.

Betrachten wir nun den Boden als Schatzkammer wichtiger Rohstoffe, so trennen wir diese am besten nach ihrem Zwecke in Materialien zum Bauen, zur Herstellung von Geräten und zum Brennen, und knüpfen an die aus dem Boden entnommenen Stoffe zum Schluß die tierischen und pflanzlichen Produkte, die er mittelbar hervorbringt.

A. Baustoffe.

1. Werk- und Pflastersteine. Anstehender Felsboden, der regelmäßigen Steinbruchbetrieb ermöglicht, ist in der Provinz Brandenburg nur ganz beschränkt vorhanden (z. B. Rüdersdorf, Koschenberg, früher auch Freienwalde). Soweit daher Werk- und Pflastersteine nicht aus Nachbargebieten eingeführt werden, kommen als Hauptmaterial die Feldsteine oder Findlinge in Betracht. Unregelmäßig im Geschiebemergel und -sand zerstreut, auch wohl

stellenweise aus ihm herausgewaschen und auf ihm lagernd, bilden sie die größten Bruchstücke aus der Grundmoräne des diluvialen Inlandeises.

Die Feldsteine sind zwar sehr weit verbreitet, aber doch lassen sich steinärmere Gebiete von reicheren unterscheiden, und daneben gewinnen einzelne Riesengeschiebe eine besondere Bedeutung teils als sagenumwobene Naturdenkmäler, wie die sieben Steine von Rietz bei Treuenbrietzen, teils als Material zu Kunstdenkmälern, darunter am bekanntesten die Schale im Lustgarten zu Berlin, die aus dem Großen Markgrafenstein auf den Rauenschen Bergen bei Fürstenwalde hergestellt wurde. Das Vorkommen derartiger Riesen= geschiebe unterliegt keinen erkennbaren Gesetzen. Auch für unsere gewöhnlichen Feldsteine können wir solche nur mit großem Vor= behalt aufstellen. In der Uckermark treten sie in dichten wallartig aufgetürmten Steinpackungen auf, die auf der Karte girlandenartig geschwungene Linien bilden. Man deutet sie als Endmoränen, die beim Rückzug des Inlandeises dadurch gebildet sein sollen, daß der Eisrand auf den Höhen des Baltischen Rückens längere Zeit zum Stillstand kam. Aber ebenso wichtig ist für manche Gegenden eine Anreicherung der Feldsteine in der Tiefe des Bodens, wobei man keine Nebenumstände findet, die auf Endmoränen schließen lassen. Die Findlinge gehören den verschiedensten Gesteinen an, die das Eis auf seinem Wege berührte. Im ganzen haben die harten Ge= steine der Zertrümmerung am meisten Widerstand geleistet und über= wiegen daher unter den Feldsteinen. Vor allem treten Granit und Gneis so herrschend auf, daß man kaum eine Feldsteinmauer finden wird, in der sie nicht eine wesentliche Rolle spielen. Ihnen nahe steht die außerordentlich dichte und feste Hälleflinta. Daneben kommen schwarze Basalte und Hornblendeschiefer vor, rötliche Por= phyre, grünliche Diorite und Diabase, eine ganze Reihe von Sand= steinen und Quarziten, teils rot, teils gelblich, ferner eine ganze An= zahl verschiedener Kalksteinarten, die mehr oder weniger reich an Versteinerungen sind, und der Feuerstein, der seiner hohen kulturellen Bedeutung wegen weiter unten eine gesonderte Besprechung finden wird.

2. Ziegelton. Die weite Verbreitung von Ziegeltonen in der Provinz Brandenburg hat den Backstein zum wichtigsten Baustoff ge= macht. Es finden sich bei uns sowohl in geologischer als in tech= nischer Hinsicht sehr verschiedenartige Tone. Nach ihrem geologischen

Alter gliedern sie sich folgendermaßen, wobei wir mit den ältesten beginnen:

I. Tertiärformation.

a) Septarienton (mitteloligocänen Alters).

Eine Meeresablagerung, daher frei von gröberem Material und dadurch sehr fett, in der Hauptmasse auch frei von Kalk, der sich

Septariengrube der Ziegelei Alaunwerk bei Freienwalde a. O.

auf einzelne Knollen (Septarien) beschränkt. Bezeichnend für ihn sind gewisse Meeresmuscheln (z. B. Leda Deshayesiana) und Schnecken (z. B. Natica Nysti). In diesen oder frei in der Tonmasse kommen Schwefelkiesknollen vor, auch aus deren Zersetzung hervorgegangene Gipskristalle.

b) Braunkohlenton (miocänen Alters).

In Verbindung mit den märkischen Braunkohlenlagern findet sich zuweilen ein sehr reiner Ton, der zu feineren Verblendsteinen und zu keramischen Zwecken brauchbar ist. Er ist eine Ablagerung in Süßwasserseen der Braunkohlenzeit. Da er arm an Eisensalzen ist, so gibt er beim Brennen helle Farben.

II. Quartärformation.

a) Geschiebelehm. Wo aus dem Geschiebemergel durch die Tageswässer der Kalkgehalt ausgelaugt worden ist, oder wo jener von vornherein kalkarm war und nicht zu viel Sand und Steine enthält, hat die Grundmoräne des Inlandeises von jeher ein willkommenes Lehmmaterial geliefert, das sich leicht brennt, allerdings meist nur geringwertige Hintermauerungssteine herzustellen gestattet.

b) Geschiebefreie Diluvialtone. Die Schichten der Eiszeit enthalten auch mehr oder weniger fette Tone ohne Geschiebe, Absätze fließender Gewässer in ruhigen Seebecken, also Bildungen auf eisfreiem Gebiet, in Zeiten, während deren sich das Eis weiter nach Norden zurückzog. Sie sind daher im allgemeinen in die Sande eingebettet, die von den Schmelzwässern des Eises abgelagert wurden, und zeigen meist eine Schichtung durch zwischengeschaltete feine sandigere Lagen. Wo die Verwitterung sie nicht ausgelaugt hat, pflegen sie etwas Kalk zu enthalten. Man unterscheidet wohl die Tone, die aus den Schmelzwässern beim Abtauen der letzten Vereisungsdecke abgesetzt worden sind, als „Beckentone" schlechthin von denen, die mit früheren Vereisungen zusammenhängen. Wegen ihres Auftretens zwischen den Eiszeiten werden diese als „interglaziale" Tone und Tonmergel bezeichnet. Zu ihnen gehören auch manche, in denen wir Reste von Wassertieren und -pflanzen finden, die also während einer längeren eisfreien Zwischenzeit in den damaligen Flüssen (oder Seen) ohne jede Beziehung zum Inlandeise abgesetzt wurden.

c) Alluviale Tone. Nach dem Verschwinden des Inlandeises haben sich Tone in erheblichen Mengen bei uns nur durch Absatz aus der Elbe und Oder in deren Überschwemmungsgebieten gebildet. Dahin gehören auch die berühmten Tone von Rathenow, die einem alten Elblauf ihre Entstehung verdanken. Sie sind kalkfrei, aber eisenhaltig und werden deshalb beim Brennen dunkelrot.

3. Materialien zur Mörtelbereitung.

a) Kalk kommt in drei Formen in der Provinz vor:

α) Als anstehender Fels in Rüdersdorf. Hier handelt es sich um Muschelkalk (der Triasformation angehörig), eins der ältesten Gesteine, das bei uns vorkommt. Die unteren Schichten des Rüdersdorfer Kalkes wurden früher wegen ihres Tongehaltes nicht abgebaut, haben jetzt aber eine große Bedeutung für die **Zementfabrikation** gewonnen.

β) **Als Geschiebe.** Unter unseren Feldsteinen kommen bekanntlich auch Kalksteine vor. Indem man sie aus den Äckern auslas und für sich aufschichtete, konnte man sich Kalkvorräte zur Mörtelbereitung schaffen, und stellenweise ist das noch bis in unsere Zeit geschehen. Zuweilen hat das Eis aber auch größere Kalkschollen vom Untergrunde losgerissen und in seine Grundmoräne eingebettet. Solche Kalkvorkommen erregten dann die Hoffnung, daß es sich um anstehenden Fels handle, wurden vielfach abgebaut, waren aber meist bald erschöpft. Als eine besonders große Scholle solcher Art ist vermutlich der Kreideberg bei Potzlow in der Uckermark anzusehen.

γ) **Als Wiesenkalk.**

Das Regenwasser laugt den Geschiebemergel aus. Dadurch wird das Grundwasser und endlich auch das Wasser der Flüsse und Seen kalthaltig. Durch die Lebenstätigkeit verschiedener Pflanzen wird dieser Kalk abgeschieden und bildet auf dem Grunde unserer Seen Lager von sog. „Seekreide". Dadurch sind viele alte Seebecken so weit ausgefüllt worden, daß Wiesenmoore sie vom Rande her einengen oder ganz überdecken konnten (erblindete Seen). Dann lagert der Kalk unter dem Wiesenmoore und wird in solchem Falle als „Wiesenkalk" zuweilen gewonnen. Er kann stellenweise sehr rein sein, ist andererseits aber auch oft verunreinigt durch Kieselguhr*), die den Wert des gebrannten Produktes herabsetzt. Unschädlicher ist die sehr gewöhnliche Beimischung von Humusstoffen. Bei erheblicher Verunreinigung durch Sand und Ton geht der Wiesenkalk in Moormergel über und verliert dann jeden Wert zur Mörtelbereitung.

b) **Sand.** Der märkische Sand ist an sich ungemein verbreitet. Zur Mörtelbereitung eignet er sich, wenn er nicht zu feinkörnig und dabei frei von Staub und Tonteilen ist. Solche „scharfen" Sande sind von den Schmelzwässern aller Eiszeiten vielfach abgelagert worden. Wir finden in ihnen zuweilen Knochenreste der eiszeitlichen Tierwelt, die vom Schmelzwasser verschwemmt worden sind. Unter den Sanden, die beim Rückzug der letzten Eiszeit entstanden,

---

*) Schalen von Diatomeen (Kieselalgen), die in den betreffenden Seen lebten.

spielt eine wichtige Rolle der sog. „Talsand", der in den großen
Niederungen unserer Heimat (Spreetal usw.) verbreitet ist.

c) Gips. Abgesehen von den Gipskristallen, die im Septarienton vorkommen (siehe oben) und von Gipseinlagerungen in den Tonen von Rüdersdorf (Triasformation), findet sich Gips in der Provinz nur bei Sperenberg, wo er durch Steinbruchsbetrieb gewonnen wird (wahrscheinlich der Permformation angehörig).

B. Materialien zu Geräten.

1. Der Feuerstein. Der Feuerstein ist bei uns geologisch gesprochen ein Geschiebe wie unsere Feldsteine. Er stammt aus den Kreideschichten, die heute noch in den Felsen Rügens und einiger dänischer Inseln sichtbar aufragen, zur Zeit der Vereisung aber wahrscheinlich an mehreren Stellen des Ostseegebietes zutage lagen und so in die Grundmoräne hineingearbeitet werden konnten. Alle Feuersteinkultur kann daher bei uns auch nicht älter sein als die erste Eiszeit, wofern wir nicht an Einführung des Materials aus dem Ostseegebiet denken wollen. Doch fehlt hierfür geradezu die Möglichkeit des Beweises. Nicht alle Feuersteine eignen sich zur Verarbeitung. Durch den Druck des Eises sind sie vielfach innerlich so zerquetscht, daß sie beim Aufschlagen in lauter kleine Teile zerspringen. Andere wieder haben große Hohlräume. Zum Teil rühren diese davon her, daß kalkige Versteinerungen hier eingeschlossen waren, die nachträglich durch Regenwasser ausgelangt worden sind. Die Entstehung des Feuersteins ist in manchen Punkten noch nicht ganz aufgeklärt. Er kommt in Form von Knollen in der Schreibkreide vor, die auf dem Boden eines vorweltlichen Meeres aus den Schalenresten größerer und kleinerer, hauptsächlich mikroskopisch kleiner Tiere und Pflanzen entstand. So sieht man als Urmaterial des Feuersteins denn auch Skeletteile von Tieren an, und zwar die feinen Kieselnadeln der Kieselschwämme. Vielfach hat sich die Feuersteinmasse im Innern der Gehäuse von Meerestieren abgesetzt, oft füllt sie Seeigel- und Muschelschalen aus, und nach etwaiger Verwitterung der Schalen bleibt der Feuerstein allein zurück. Feuersteinausfüllungen von Seeigeln, die durch fünf strahlenförmig angeordnete Punktreihen auffallen, haben im Aberglauben als „Krötensteine" und in vorgeschichtlicher Zeit als Begräbnisbeigaben eine Rolle gespielt. Noch in der Neuzeit hat der Feuerstein bekanntlich eine technische Bedeutung gehabt für die Fabrikation von Flintensteinen und Feuerzeugen.

2. **Andere Feldsteine.** Da große Feuersteine in manchen Gegenden der Provinz nicht allzu häufig sind und vielfach durch den Transport im Eise Sprünge bekommen haben, die sie zur Verarbeitung ungeeignet machen, so sind in vorgeschichtlicher Zeit auch andere Geschiebe zuweilen zu Werkzeugen, vor allem zu Hämmern, verarbeitet worden, hauptsächlich Diorite und Hornblendeschiefer, aber auch Tonschiefer, Kalksteine u. a.

3. **Metalle.** Während die Bronze bei uns vom Auslande eingeführt ist, sind Eisenerze im märkischen Boden genügend vorhanden, um die Herstellung des Eisens an Ort und Stelle bereits in vorgeschichtlicher Zeit zu ermöglichen. Im Mittelalter sind mehrere Eisenerzlager längere Zeit ausgebeutet worden. Dabei handelt es sich immer um Raseneisenerze, d. h. mehr oder weniger unreinen Brauneisenstein (Eisenhydroxyd), der durch humussäurehaltige Tagewässer aus den verwitterten Lehmen und Sanden des Höhenbodens ausgelaugt und in den Niederungen unter der Moordecke wieder abgesetzt ist. Alle Eisenerzvorkommen sind daher an Moorniederungen gebunden, die Hüttenwerke naturgemäß an Flußläufe (z. B. Hohenofen, Zehdenick, Vietz).

4. **Materialien zur Glasindustrie und Keramik.**

a) **Sand.** Der gewöhnliche Diluvialsand gibt wegen seines Reichtums an eisenhaltigen Mineralien ein grünliches Glas von geringem Werte. Dagegen sind die Sande, die in Verbindung mit den lausitzischen Braunkohlen vorkommen, zum Teil so rein, daß z. B. der Braunkohlensand von Hohenboda (schon auf schlesischem Gebiet) sogar mit der Eisenbahn verfrachtet wird zur Glasfabrikation. Zahlreiche brandenburgische Glashütten verarbeiten ihn. In früheren Zeiten, als die Holzvorräte der großen Wälder ein ungemein billiges Brennmaterial lieferten, legte man Glashütten, wie die Zechliner, an, weniger um den Sand als um das Brennholz auszunutzen.

b) **Ton.** Zu keramischen Zwecken eignen sich sowohl Braunkohlentone, z. B. in der Umgebung von Senftenberg, als auch gewisse diluviale Tone und Tonmergel, wie der von Velten.

C. **Brennstoffe.**

a) **Braunkohle.** Die märkische Braunkohle stammt aus dem Ende der Tertiärzeit, ist also älter als die Bodenschichten, die durch das Inlandeis geschaffen sind. Unter ihrer Decke lagert sie sicher noch vielfach, ohne aufgefunden zu sein. Für den Bergbau wichtig ist sie meist dort in erster Linie geworden, wo sie an die Oberfläche trat, d. h. an Stellen, wo die Braunkohlenschichten — teils durch den Druck des vorrückenden Inlandeises, teils wohl schon durch ältere Faltungen — emporgewölbt sind. Daher zeigen die Braunkohlenflöze meist stark gestörte Lagerung, die den Abbau erschwert, z. B. die Flöze in der Gegend um Frankfurt a. d. Oder und bei Rauen. Vollständig eben gelagert sind dagegen die mächtigen Braunkohlenlager von Senftenberg. Während der Braunkohlenbergbau in neuester Zeit einen großen Umfang angenommen hat und den Torf als Brennmaterial fast ganz verdrängt hat, dürfen wir ihm für das Mittelalter nur sehr beschränkte Bedeutung zuschreiben. Nennenswerten Braunkohlenbergbau gibt es in der Provinz erst etwa von 1840 ab. Sein Beginn reicht, abgesehen von älteren unbedeutenden Bauen bei Freienwalde, in die Mitte des 18. Jahrhunderts zurück.

b) Torf. Die großen Moore der Provinz führen guten Torf nur da, wo wenig Verunreinigungen durch Sand und Schlick erfolgt sind, daher z. B. nicht im Oderbruch. Am berühmtesten waren die Linumer Torfstiche. Die ganze Torfgewinnung hat jetzt gegenüber der billigeren und besseren Braunkohle jede Bedeutung verloren. Die Moore werden mehr und mehr Gegenstand der landwirtschaftlichen Kultur.

Tierische Rohstoffe.

An die Materialien, die der Boden liefert, schließen wir diejenigen an, die Tier- und Pflanzenwelt hervorbringen.

Unter den tierischen Rohstoffen ist die Wolle besonders in der ersten Hälfte des 19. Jahrhunderts von großer Bedeutung gewesen, da die durch Thaer ausgebildete Schafzucht einen guten Ertrag von Ländereien ermöglichte, die für die Landwirtschaft ungünstig waren, vor allem eine gute Ausnutzung der Brache erlaubte. Doch ist aus der frühzeitigen Blüte des Tuchmachergewerbes zu ersehen, daß die Wollerzeugung von jeher eine Rolle gespielt hat. In neuester Zeit hat sie unter dem überseeischen Wettbewerb eine Zeitlang außerordentlich gelitten, befindet sich jetzt aber vielfach wieder im Aufschwung. Daß die Ledererzeugung eine solche Bedeutung nicht hatte, liegt an dem mangelhaften Viehstande in der Mark, dem erst Friedrich der Große durch Schaffung großer Wiesenländereien in den entwässerten Niederungen und durch Einführung des sog. „englischen Wirtschaftssystems" aufzuhelfen suchte.

In vorgeschichtlicher Zeit sind tierische Stoffe als Werkzeug=
materialien wichtig. Hirschgeweihteile wurden zu Lanzen= und Pfeil=
spitzen oder Pfriemen, auch wohl zu Angelhaken verwendet. Außer
den noch heute bei uns vorkommenden Hirscharten wurden dazu
Geweihstücke vom Elch und Renntier, vielleicht auch vom Riesen=
hirsch benutzt. Unter den Knochenresten, die in vorgeschichtlicher
Zeit Verwendung fanden, seien die des Mammuts hervorgehoben,
aus denen u. a. Armringe gemacht wurden. Das Elfenbein der in
unserem Diluvialsande vorkommenden Mammutzähne scheint da=
gegen keine erhebliche Verwendung gefunden zu haben; heute ist es
zu stark verwittert, um technischen Wert zu besitzen.

Pflanzliche Rohstoffe.

Unter den pflanzlichen Rohstoffen, die von gewerblicher Be=
deutung gewesen sind, sei auf Flachs und Hopfen nur kurz hin=
gewiesen. Der Weinbau stand im Mittelalter bei uns in solcher
Blüte, daß eine starke Weinausfuhr aus der Mark Brandenburg
bestand. Seit dem 18. Jahrhundert ist er rasch zurückgegangen.
Von außerordentlicher Bedeutung ist jedoch das Holz der Wald=
bäume gewesen. Wenn heute die märkischen Wälder ganz über=
wiegend Kiefernwälder sind, so ist das eine verhältnismäßig junge
Erscheinung. Zur Zeit der Besiedelung durch die Germanen müssen
wir uns als bezeichnende Bäume des Höhenbodens Eiche und Buche,
in besonders sandigen Gegenden auch die Birke, in den Moor=
niederungen Erle und Birke, daneben auch Eiche und Pappel, be=
sonders in den Talauen der großen Flüsse, denken. Die Bevor=
zugung des Nadelholzes in den heutigen Forsten ist lediglich eine
Folge wirtschaftlicher Erwägungen. Für die Wälder der alten Zeit
ist ferner zu bedenken, daß sie das herrschende Element der Land=
schaft waren. Wo heute Ackerfelder liegen, d. h. wo der Boden eine
gewisse Fruchtbarkeit besitzt, dürfen wir für die frühere Zeit mehr
oder weniger dichte Urwälder annehmen, und nur in unseren heu=
tigen Nadelwaldgebieten, die sich auf unfruchtbare Sandgegenden
beschränken, ist früher vielleicht der Baumbestand weniger dicht ge=
wesen oder hat stellenweise gar der Heide Platz gemacht. Auch unsere
Moore trugen vor der Entwässerung mehr oder weniger Urwald=
charakter. Im Mittelalter schwand der Waldbestand unter der Axt
des Kolonisten. In den Eichenwäldern litt der Nachwuchs darunter,
daß die Schweine zur Mast dorthin getrieben wurden; die leichteren

Hölzer mußten Brennstoff liefern, und allmählich wurde ein Waldschutz, eine geregelte Forstgesetzgebung notwendig. Aber erst im 19. Jahrhundert ist das Holz so im Wert gestiegen, daß es seine Bedeutung als Brennstoff fast ganz verloren hat.

Dr. F. Solger, Die Kunstdenkmäler der Provinz Brandenburg. Band VI, Teil 1.
Berlin, Kommissionsverlag der Voss.schen Buchhandlung.

Die großen Steine.
Von Prof. Dr. F. Wahnschaffe.

Von den Grundmoränen Norddeutschlands ist diejenige der letzten Vereisung naturgemäß am wichtigsten für die Oberflächengestaltung des norddeutschen Glazialgebietes geworden. Sie ist als oberer Geschiebemergel bekannt, der in ausgedehnten Flächen im östlichen Teile von Schleswig-Holstein, in Mecklenburg, Brandenburg, Pommern, Posen, Schlesien, sowie in Ost- und Westpreußen auftritt, jedoch auch noch westlich der Elbe in der Altmark und in der Provinz Hannover vorkommt. In der Form, wie er ursprünglich unter dem Eise gebildet wurde, tritt er nur ganz ausnahmsweise unmittelbar an die Oberfläche, da seine obere Decke in der Regel der Verwitterung bereits anheimgefallen ist. Zunächst ist er gewöhnlich von einer 1—1½ m mächtigen, zapfenförmig in den Geschiebemergel eingreifenden, entkalkten Lehmschicht bedeckt, die sich erst, wie Berendt gezeigt hat, in postglazialer Zeit durch Kalkentziehung von seiten der kohlensäurehaltigen Atmosphärilien bildete. In den meisten Fällen ist diese Lehmschicht von lehmigem, bis schwach lehmigem, geschiebeführendem Sande bedeckt, der zum Teil durch die ausschlämmende Tätigkeit der Atmosphärilien, zum Teil aber auch schon durch die Einwirkungen der Schmelzwasser des Inlandeises bei seinem Rückzuge entstanden sein mag. Die Oberfläche des oberen Geschiebemergels ist demnach keine ursprüngliche mehr, namentlich ist sie auch in den Gebieten, die sich in langjähriger Kultur befinden, fast völlig von den größeren, an der Oberfläche liegenden, erratischen Blöcken befreit. In der nächsten Umgebung Berlins sind durch den großen Bedarf an Feldsteinen in der Hauptstadt, durch Anlage von Chausseen, durch Pflasterung der Höfe in den Dörfern, sowie durch Verwendung bei Stallgebäuden die Felder oberflächlich bereits völlig von allen größeren Steinen entblößt worden. Sehr viel mag dazu auch eine Verordnung der Kreis- und

Domänenkammer vom Jahre 1763 beigetragen haben, welche mit Rücksicht auf den großen Bedarf an Steinen zur Straßenpflasterung Berlins besagte, daß jeder Bauer, der mit einem Wagen nach Berlin führe, zwei Feldsteine dahin mitnehme und sie im Tor abwerfe.

Begibt man sich in solche Gebiete, die etwas weiter von den Eisenbahnen und Chausseen abliegen und zum Teil noch mit Wald

Kleiner Markgrafenstein auf den Rauenschen Bergen bei Fürstenwalde a. d. Spree.

bedeckt oder vor noch nicht allzu langer Zeit in Ackerland umgewandelt worden sind, so ist man oft erstaunt über den Reichtum an größeren Blöcken, der sich an der Oberfläche der aus Geschiebemergel bestehenden Gebiete findet. Als ein Beispiel hierfür möchte ich aus der näheren Umgebung Berlins nur die Gegend östlich von Werneuchen zwischen den Dörfern Wesendahl, Hirschfelde, Leuenberg, Prötzel und Gielsdorf erwähnen.

Von den aus Skandinavien stammenden Geschieben haben von jeher die durch besondere Größe ausgezeichneten und durch ihre oberflächliche Lage auffallenden Findlingsblöcke die Aufmerksamkeit des Volkes erregt, sie sind deshalb auch vielfach der Anlaß zu Sagen gewesen. In der Mark Brandenburg sind am bekanntesten die beiden Markgrafensteine auf den Rauenschen Bergen bei Fürstenwalde, die aus einem gneisartigen Granit bestehen. Die losgesprengte 1600 Zentner schwere Hälfte des großen Steines ist im Jahre 1827 zur Herstellung der Steinschale im Lustgarten verwendet worden, die einen Durchmesser von 6,9 m hat. Der kleinere Markgrafenstein ist 3,7 m hoch und steckt noch 2 m tief in der Erde. Um seinen unteren Teil zieht sich in geringer Höhe über dem Erdboden eine breite flache Hohlkehle, die auf Windschliff zurückgeführt wird. Im Süden der Rauenschen Berge befindet sich in der Forst Pieskow am Scharmützelsee noch ein großer Block aus grobkörnigem grauem Granit, der 1,10 m aus der Erde emporragt. Seine Länge beträgt 3,8 m, seine Breite 3,2 m. Außerdem möchte ich hier noch den Helenenstein im Tiergarten bei Boitzenburg in der Uckermark erwähnen, einen groben, grauen, von einem Gang durchsetzten Granit, 5,6 m lang, 4,3 m breit, 2 m hoch.

In der Mark gehören jetzt solche hervorragende Blöcke zu den Seltenheiten, doch gibt es in der Gegend von Treuenbrietzen auf der nördlichen flachen Abdachung des Fläming noch eine Anzahl Granitblöcke von beträchtlicher Größe. Sie heißen die Schneidersteine, der Hirten-, Hasen-, Bismarck-, Schäfer und Bischofstein, aber nur die drei letzteren scheinen in ihrer ursprünglichen Größe erhalten zu sein. Der größte von ihnen, der Schäferstein bei Luthersbrunnen, liegt auf Rietzer Gutsgelände. Er hat 12,3 m Umfang, 4,2 m Länge, 3,9 m Breite, 2 m Höhe, doch liegt der untere Teil noch tief in der Erde. Auch bei Poratz im Kreise Templin finden sich einige Riesenblöcke, von denen der eine der Opferstein genannt wird. Er liegt auf einer kleinen Anhöhe, von drei Eichen umgeben.

F. Wahnschaffe, Die Oberflächengestaltung des norddeutschen Flachlandes. Stuttgart, J. Engelhorn.

Der märkische Boden.
Von Dr. R. Foß.

Die Mark besteht großenteils aus Diluvium und zeigt folgende Schichten: Ton, Lehm, Mergel, Sand, Grus oder Grand, Geschiebe und Gerölle. Am meisten kommt Lehm, und zwar sehr oft dicht an der Oberfläche, vor. Die Hälfte des ganzen Ackerlandes wird durch eine Mischung aus Sand und Lehm gebildet, die für die Kultur vortrefflich geeignet ist. Eigentliche Sandschellen, Flugsand enthaltend, zeigen sich hin und wieder, sind aber jetzt teils schon für Anbau gewonnen, teils doch mit Kiefern bepflanzt. Eine solche 5—6000 Morgen große Wüste weißen Flugsandes, „der Brand" genannt, liegt in der nördlichsten Spitze des Luckauer Kreises an der Dahme und der alten Straße von Berlin nach Lübben. Tonboden ist selten; so verdankt ihm die Lenzener Wische, so die Uckermark an der Ucker und Randow ihre Fruchtbarkeit; er fehlt aber ganz in der Neumark. Über diesen Diluvialboden sind noch jetzt und waren einst in weit größerem Maße die aus dem Norden herstammenden erratischen Blöcke und kleineren Geschiebe verstreut. Sie bieten ein wichtiges Baumaterial, da sie meist Gneis und Granitstücke sind, und gewähren dem Mineralogen eine interessante Ausbeute. Kann er doch allein in dem Berliner Straßenpflaster an 100 verschiedene Arten aussondern. In der Uckermark sind die Geschiebe häufiger als in der Mittelmark. In der Lausitz liegen sie besonders im Sorauer Kreise in den Standesherrschaften Sorau und Triebel, und zwar in den deutschen Dörfern, zutage, wo sie fünf Quadratmeilen bedecken. Daß sie sich gerade in den deutschen Ansiedlungen zeigen, hat seinen einfachen Grund: Als im 14. Jahrhundert die Herren von Pack deutsche Kolonisten in ihr Ländchen Sorau beriefen, konnten sie ihnen nur diese Gegenden anweisen, da die andern von Wenden besetzt waren. An Torfmooren reich ist die Grafschaft Ruppin, das Havelland und die Obra=, Netze= und Warthebrüche. Dieser Boden erscheint vortrefflich geeignet, einem Volke bei angestrengter Arbeit ein behagiges Dasein zu gewähren. Überall läßt er sich durch Kultur verbessern: der Sandboden dadurch, daß man die darunter liegenden Lehm= und Mergelschichten heraushebt und so den Sand befruchtet, der trocken gelegte Moorgrund hinwiederum dadurch, daß man ihm die Säure durch hineingefahrenen Sand entzieht und ihn dadurch in fruchtbare Wiesen verwandelt. So ergänzt sich Acker= und Wiesenland aufs beste. Überall finden sich ferner Landstriche, die, für den Ackerbau ungünstig, mehr einbringen, wenn man auf ihnen Waldwirtschaft treibt. Immer ausschließlicher bleibt der Wald auf dem ödesten Boden stehen. Er verliert allerdings dadurch an Schönheit und Reiz, denn auf Sandboden gedeiht nur Nadelholz. Die schönen Laubwälder werden andauernd seltener, während sie früher ausgedehnte Striche der Mark bedeckten. Buchen und Linden sind die herrlichen Bäume, welche in Jütland und Holstein die Abhänge des Höhenzuges beschatten; sie verleihen jenen Gehängen ihren wundersamen Reiz. Auch in der Mark müssen sie einst vielfach gefunden worden sein, wie die Ortsnamen deutlich beweisen. So Buch, Buchholz, Bukow nördlich von Berlin und sonst auch recht häufig. Wendisch heißt die Eiche: tən dub, daher Düben, Dubrau d. h. Eichenwald; die Birke heißt: ta brasa, daher Briesen, Treuenbrietzen usw.; die Linde heißt: ta lipa, daher Leipzig, Lübben usw.; das wendische Wort für Rotbuche lautet ten grab, daher die vielen Grabows usw. Da in der Mark fruchtbarer und wenig ergiebiger Boden wechselt, so wechselt auch Wald und Ackerland, und nirgends findet man nur Waldwildnisse und nur bebautes Land. Dieser angenehme und nützliche Wechsel wird für den Einwohner noch um so schätzenswerter, als der reiche Wasservorrat ebenso wie die Bodenbeschaffenheit des Landes den Verkehr erleichtert.

R. Foß. Die Mark Brandenburg, ihre Natur in charakteristischen Zügen und deren Einfluß auf Geschichte und Leben der Einwohner.

Boden und Menschen.
Von Robert Mielke.

Die Mark ist ein dankbares Land für die Forschung, weil die Beziehungen eines so modernen Wesens, wie es sich in der Großstadt Berlin darstellt, zu dem alten Kolonialboden ganz neue Gesichtspunkte bieten. Nicht nur die grundändernden Einflüsse wirtschaftlicher und geistiger Art (Absatz von Milch, Briketts nach Berlin, Zusammenströmen einer arbeitenden Bevölkerung, Zeitungen, Bücherzentrale u. a.) sind weithin verfolgbar, sondern die Aufgabe selbst ist neu und anziehend, wenn man die Einwirkungen eines so riesenhaft emporgeblühten Gemeinwesens auf ein geschlossenes politisches Landgebiet in Betracht zieht. Da zeugen die Rieselfelder von einer zurzeit noch gar nicht abzuschätzenden landwirtschaftlichen Betriebsmacht der Großstadt; da drängen die emporstrebenden Vorstädte auf die Lösung eines anderen Zeitproblems, das mit einer ins Auge zu fassenden Einverleibung durchaus noch nicht erschöpft ist. Die Kreisbahnen, welche sich immer mehr zu einem Riesenverkehrsnetz ausgestalten und mit allen ihren kleinen Verbindungsadern dem wirtschaftlichen Zentralpunkte zustreben, machen diesen nicht nur zum Stapelplatz ungezählter Güter, sondern wirken durch das Aufblühen örtlicher Industrien (Niederlausitzer Braunkohlenindustrie, Ziegelindustrie) auf eine enge Verbindung zwischen Stadt und Provinz.

Die Mark Brandenburg im alten Sinne ist ein ausgesprochenes Kolonisationsgebiet, das durch die Dauer und die Ergebnisse dieser Entwicklung ganz einzig in der Menschheitsgeschichte dasteht. Ein so weitblickender Geschichtsforscher wie der Leipziger Universitäts-

Phot. Hof. Pfeiffer, Berlin.

Märkische Bauern bei der Kartoffelernte.

professor Karl Lamprecht spricht es geradezu aus, daß die Germanisation der Slavenländer „ein wahrhaft erstaunlicher Vorgang, eine Großtat unseres Volkes während des Mittelalters" ist. „Während Habsburg im Süden im Besitz der Kaiserkrone verbleibt, wächst im Norden langsam Brandenburg hervor, durch welches der koloniale Osten zum Führer der deutschen Geschichte wird." Wie in Nordamerika die Kreuzung der verschiedenen Zuwanderungen ein besonderes, praktisch beanlagtes, unternehmendes Geschlecht heranwachsen läßt, so haben wir in der Mark Brandenburg eine gleiche Erscheinung. Männer von hervorragend scharfem Blicke für das Naheliegende und Tatsächliche (Barfuß, Schöning, Arnim, Knobels-

Dorff, Knesebeck, Schinkel, Zelter, Fontane, Bismarck, dessen Wiege ja noch im politischen Verbande der alten Mark stand, u. a.) sind die Ergebnisse dieser Mischung, die sich in den Tagen der Not (Dreißigjähriger Krieg, Schwedenkriege) am glänzendsten bewährte. Wie groß die Anziehungskraft dieses Kampf, Arbeit, aber auch Lohn verheißenden „armen" Landes war, bezeugen die bedeutenden Männer, welche nach der Mark strömten, um im Dienste eines starken, weitblickenden Herrschergeschlechts Ansehen und Vermögen zu erwerben (Lynar, Derfflinger, Adam von Schwarzenberg usw.). Was die Großen dem Zeitgemälde in weithin sichtbaren Linien aufzeichneten, wurde durch die stille Arbeit am engeren Volkstum von den kleineren Adelsgeschlechtern ergänzt. Die Arnim, Bredow, Buch, Hake, Jtzenplitz, Klitzing, Kracht, Marwitz, Pfuel, Plotho, Putlitz, Rochow, Röbel, Rohr, Schulenburg, Treskow, Wedell und wie sie alle heißen, sie fanden auf dem neuen Boden eine Heimat, in deren geistigem Leben manche von ihnen sich auszeichneten, in deren landschaftlichem Bilde die alten Familiensitze ein so charakteristisches Element sind. An Ansehen, Regsamkeit und zäher Schaffensfreude wächst in den Städten ein Bürgergeschlecht heran, das — ein weiteres Zeugnis des klarsichtigen märkischen Charakters — sich nur bedächtig den weltumspannenden Taten der Hansa anschließt, das sich im engeren Heimatlande zu politischer Wirkung stählt (Städtebund), sich selbst gegen höhere Gewalt auflehnt (Thyle Wardenberg, Wilke Blankenfelde) oder in starrer Entschlossenheit sich im Kampfe um „sein" Recht aufreibt (Hans Kohlhase). Und auch der Bauer verleugnet nicht sein Kolonenblut. Ob er immer mehr Ödländereien in fruchtbare Äcker umwandelt oder sich zum Schutze des Errungenen waffenstark zusammenschart („Wir sind Bauern von geringem Gut und dienen unserem gnädigsten Kurfürsten mit unsrem Blut." — Landsturm 1813), so weiß er stets sein Lebensziel mit der Heimat Wohl zu verbinden.

Auf solchem Boden konnte sich allein die große Reaktion des germanischen Volksgeistes vorbereiten und vollenden, die das Mittelalter abschließt: die Reformation, auf solchem Boden der Geist entwickeln, der die Schlachten von Fehrbellin, Leuthen, Waterloo und des Krieges 1870/71 schlug.

Das wasserreiche, dürftige Land wandelte sich von den Askanierzeiten an in ein fruchtbares, ackerbauendes und gewerbliches Gebiet um, und je mehr dem Wasser Scholle auf Scholle entrissen wurde, um so größer wurde die Bedeutung des Wassers selbst für das Land. Durch Hohenzollernfürsten sind Rhin= und Havelluch und der Oder= und Warthebruch der Kultur erobert; durch die= selben Fürsten sind die großen Kanäle angelegt, die den engen Wirkungskreis der Provinz erweiterten und sie an die weitver= zweigten Flußsysteme des übrigen Deutschlands anschlossen. Das erste Kriegsschiff, das vor mehr denn zwei Jahrhunderten den einstigen Anteil Preußen=Deutschlands am Welthandel vorauskündete, trug die Flagge Kur=Brandenburgs; vielleicht vermittelt der geplante Mittellandkanal, indem er die schiffbare Spree und Oder an den Rhein anschließt, eine erneute Beteiligung des Märkers an der Groß=Seeschiffahrt.

Die Beziehungen des Landes zu dem übrigen Europa sind ohne= hin schon durch seine Mittelpunktslage vielseitiger, als sie in seiner reichen Geschichte äußerlich zum Ausdruck gekommen sind. Hier be= gegnen sich maritimes und kontinentales Klima, entwickeln sich atlantische und pontische Flora und Fauna, und dank der Einfluß= sphäre des skandinavischen Nordens ist sein Boden zu einem wichtigen Archiv für die Schöpfungsperioden unserer Erde geworden. Der Geologe findet in seiner Tiefe die überzeugenden Beweise der einstigen Vereisung, die ihn geradezu zu dem klassischen Boden für die Glazial= geologie machen. (Rüdersdorf, Urstromtäler, Endmoränen, Moränen= landschaft und Abschmelzzonen. Torf, Braunkohle, Ziegelerde usw.)

Archiv der Brandenburgia. 7. Band. Berlin, P. Stankiewicz' Buchdruckerei.

Das Wendenvolk.
Von Dr. R. Foß.

Von den ersten Bewohnern der Mark, den Semnonen und Longo= barden, sind uns weder Bauwerke noch Ortsnamen hinter= lassen worden. Sie haben sich so vollständig mit den im 6. Jahr= hundert eindringenden Wenden vermischt, daß nur noch die im Volksaberglauben lebendigen Reste der alten, deutschen Mythologie an sie erinnern. Man könnte dagegen einwenden, daß diese An= schauungen erst durch die eingewanderten Deutschen mitgebracht und verbreitet seien. Sobald man aber erfährt, daß in ganz bestimmt und genau abgegrenzten Strichen auch bestimmte heidnische Gott= heiten in den Sagen auftreten, wird man diese Ansicht als un=

haltbar fallen lassen, da man ja nicht Massen von Ansiedlern aus bestimmten Gegenden Deutschlands als abgeschlossene Korporationen in die einzelnen Striche der Mark verteilte, sondern die Ansiedelung meist sporadisch erfolgte. Lebendige Erinnerung an das Heidentum finden wir besonders in den Sagen, welche von den Zwölften, d. h. den Tagen zwischen Weihnachten und dem heiligen Dreikönigstage, handeln. In dieser Zeit zieht Frau Gode (Fro Gode, d. h. Herr Wodan) in der Prignitz umher und verunreinigt den Flachs derer, die nicht abgesponnen haben. In der Uckermark herrscht die Frau Frick (Frigg) und südlich von Templin und Angermünde in der Mittelmark bei Potsdam, Jüterbog, Wittenberg und Torgau Frau Harke. Südlich von dieser Gegend tritt an die Stelle der deutschen Gottheiten eine wendische, die Frau Murraue oder Murawa. Die Erinnerung an Wodan ist in der ganzen Mark lebendig, doch heißt er in der Mittelmark schlichtweg der wilde Jäger, in der Uckermark jagt für ihn Frau Frigg, in der Prignitz und im nördlichen Teile der Altmark kennt man ihn unter dem Namen Woden, im südlichen Teil der Altmark als Helljäger.

Mit Ausnahme dieser Anklänge ist uns von den deutschen Urbewohnern nichts geblieben; wir sehen demnach die Slawen als solche an. Und wie oft werden wir an sie erinnert! Eine Menge Namen, die wir täglich gebrauchen, finden ihre Erklärung in der Sprache dieses Volkes. Auch ihre Bauten erhalten ihr Andenken. Die Wenden wohnten nicht gern einsam auf stolzer Bergeshöhe, sondern zogen auf waldbewachsene, schilfumbuschte Eilande, die von tiefen Seen und Brüchen umgeben zugleich Schutz und Unterhalt gewährten. Deshalb haben sie uns keine hohen herrlichen Burgen als Denkmäler ihrer Vergangenheit hinterlassen, wohl aber die eigentümliche Bauart ihrer Dörfer bis auf den heutigen Tag bewahrt. Der Sachse hauste einsam inmitten seiner Felder als König und Herr seiner Familie, der Wende, ein gehorsamer Slave, wohnte unter seinem Croll, Knees, Szupan oder Woywod gern enge zusammen mit seinen Brüdern. Seine Dörfer bilden ein längliches Viereck, dessen eine schmale Seite geöffnet ist. So nahe stehen die Häuser, daß eine Feuersbrunst sich leicht dem ganzen Dorfe mitteilt, weshalb denn die Regierung bei jedem neuen Aufbau eines Dorfes diesem Übelstande entgegentritt. Inmitten des Dorfes liegt dann häufig ein Teich, von Linden oder anderen Laubholzbäumen eingefaßt. Solche wendischen Dörfer finden sich namentlich im Kreise

Stendal, wo auch noch vor 100 Jahren wendisch gesprochen wurde, in großer Menge.

Zuerst ist die Nordmark germanisiert worden. Die Städtenamen darin sind zum Teil deutsch, wie Salzwedel gleich Salzquell; zum Teil noch wendisch, wie Gardelegen. Gart oder grod nämlich bedeutet Stadt, deshalb Stargard Altstadt, Naugard oder Nowgorod Neustadt. Die abligen Familien sind wohl meistens deutschen Stammes, selbst wenn sie wendische Namen führen. Durch die neueren Untersuchungen ist es mit Sicherheit festgestellt, daß die Familiennamen des Adels erst Ende des 11. und Anfang des 12. Jahrhunderts entstanden und meist von den Besitzungen entlehnt sind. Daher ist es zu erklären, daß deutsche Familien wendische Namen führen, wie auch andererseits sich der umgekehrte Fall denken läßt. K. Foß, Die Mark Brandenburg, ihre Natur in charakteristischen Zügen und deren Einfluß auf Geschichte und Leben der Einwohner.

Das märkische Dorf.
Von Robert Mielke.

Während die Provinz Sachsen mit ihrem westlichen Teil noch altgermanisches Land ist, gehört der östliche Teil und Brandenburg überwiegend in das Kolonisationsgebiet. Mehr oder minder ist das Land erst in dem 12. und 13. Jahrhundert mit Dörfern besetzt worden, die — ursprünglich durchaus frei — doch an dem Niedergang des Bauerntums in starkem Maße beteiligt waren. Die Fürsten riefen Ansiedler aus dem Westen, hauptsächlich Flamen, ins Land, die sich dorfweise niederließen. Persönliche Freiheit, Vererblichkeit und Veräußerlichkeit des Bauerngutes waren ihnen gewährleistet. Auch die ritterlichen Geschlechter, welche slavische Dörfer oder Ansiedlungen auf Ödland erhielten, stellten dieselben Freibriefe aus. Vom Anfang des 16. Jahrhunderts indessen verloren die Bauern ihre unmittelbaren Beziehungen zu den Landesherren dadurch, daß diese die landesherrlichen Rechte immer weiter an die Ritterschaften veräußerten, welche ihrerseits die Bauern durch Fronen bedrückten, sie unter Umständen durch Auskauf verdrängten und schließlich die übrig gebliebenen durch Verbot des Fortziehens, durch Heiratszwang und den Dienstzwang der Kinder immer mehr der Leibeigenschaft entgegentrieben. Das Land verödete mehr und mehr;

die Bauerndörfer verschwanden zum Teil in den vielen Kriegen, zum Teil durch Auskauf; die Rittergüter nahmen an Zahl und Größe zu. Für die alte Mark Brandenburg liegen Berechnungen vor, die die Verschiebung des Besitzes veranschaulichen. Während um 1300 die Rittergüter in der Altmark im Durchschnitt $3^{3}/_{4}$ Hufen besaßen, waren sie 1337 in der Uckermark auf $6^{1}/_{4}$, in der Mittelmark 1375 auf $7^{1}/_{2}$ und 1337 schon in der Neumark auf durchschnittlich $8^{1}/_{2}$ Hufe gestiegen. Daraus ergibt sich die verheerende Wirkung dieses Jahrhunderts, zugleich aber auch die zunehmende Größe der Güter im Osten. Das mußte auf den Charakter der ehemals großen Bauerndörfer erheblich einwirken.

Nördlich sind beide Provinzen zumeist mit deutschen Dörfern besetzt. Es sind, abgesehen von wenigen slawischen Rundlingen, Straßendörfer, in der Mitte des Angers die granitne oder backsteinerne Dorfkirche (vgl. d. Abb.), deren breiter, sattelgedeckter Turm bisweilen zur Verteidigung eingerichtet ist, in der Runde Gehöfte, welche ursprünglich wohl das alte Sachsenhaus enthielten. Heute ist es auf den Westen der Altmark und den Norden der Prignitz beschränkt; aber noch läßt sich sein altes Verbreitungsgebiet durch die ganze Mittelmark bis Pommern umgrenzen. Es ist auffallend, daß noch heute viele dieser Sachsendörfer, wenn man sie so nennen darf, große Bauerndörfer sind im Gegensatz zu den vielen gutsherrlichen, welche in der Regel das Sachsenhaus durch ein Langhaus ersetzt oder es in seiner Grundlage verändert haben. Allerdings haben auch die Gutsherren, welche häufig mitten in Bauerndörfern sitzen — bisweilen mehrere Familien zugleich — dem Dorfe wie dem Gutshofe ein architektonisches Element beigesteuert, das zu dem schönen Bilde mancher Siedlung erheblich beiträgt. Unser ostniederdeutscher Adel ist früher nicht in der Lage gewesen, und wenn er es gewesen wäre, hätte er wenig Neigung verspürt, inmitten seines Gutshofes große Paläste zu errichten. Nein, im Gegenteil! Er lehnte sich bei seinen Bauten unmittelbar an die Umgebung an, errichtete Scheuern und Ställe wie seine Bauern, ein wenig größer, wie es sich für den gesteigerten Wirtschaftsbetrieb nötig machte, ein wenig massiver vielleicht, und dann setzte er sein etwas geräumigeres ein- bis zweistöckiges Wohnhaus mitten hinein. Gewöhnlich schloß sich noch ein Park an.

Eine durchaus konservative Stimmung lagerte über dem Gutsdorf wie über dem Dorf, die ihm glücklicherweise auch heute noch geblieben ist. Ob das Holz von dem Fachwerk und dem Ziegel abgelöst ist, stets bleibt das Haus ein schlichtes Bauwerk, das Dorf ein echtes Tieflanddorf mit Anger und Teich, in den alte Weiden, Linden oder Kastanien hinunterschatten, den freundlichen, von Holzgattern — stellenweis von Granitfindlingen — abgeschlossenen Vorgärten und den strohgedeckten Häusern. (Vgl. b. Abb.) Alles ist breit angelegt, auseinandergezogen, alles unter Baumkronen versteckt. Die alte Dingstätte hat sich an manchen Orten erhalten, meistens unter der uralten Linde, in deren Gezweig wundersame Märchen und Sagen flüstern. So manche Friedenstat ist unter ihren Zweigen beschlossen, aber auch manche Untat gesühnt worden. Denn nicht nur das Feldgericht hielt hier seine Sitzungen ab, um die gemeinsamen Dorfangelegenheiten wie Bau und Veränderung von Wegen, Triften, Gehegen, Brücken und Gräben, Verkäufe, Bestellungen u. a. zu ordnen, sondern oft auch sah der Baum das Urteil an Missetätern oder an solchen, die man dafür hielt, vollstrecken. Und treten wir auf den Kirchhof, der die in märkischen und sächsischen Dörfern selten fehlende Kirche umgibt und nach dem Anger durch eine Mauer abgeschlossen ist, dann erzählt uns auch der durch den jahrhundertelangen Gebrauch erhöhte Boden nicht nur vom Vergehen der Geschlechter, sondern auch von Friedenstaten, die sich auf seinem Rasen ereigneten, namentlich von den gemütlichen Morgensprachen am Schlusse des Gottesdienstes.

In den ehemals wendischen Gebieten, d. h. im östlichen Zipfel Sachsens und dem Südosten Brandenburgs, sind die Dorfhäuser noch heute im Blockbau, jener urtümlichen, einst allgemein angewandten Bauart Nordosteuropas errichtet, die sich nicht selten auch auf die Kirche erstreckt. Aber auch solche Hütten, von denen der Schweizer Servetius um 1550 sagte, daß die Landbauern der Mark in ihren aus Lehm und Holz erbauten, kaum aus der Erde hervorguckenden, mit Stroh bedeckten einzelnen und zerstreuten Hütten wohnen, sind längst noch nicht alle verschwunden, sondern sind in den ärmlichen Dörfern des Ostens — namentlich der feuchten Flußniederungen — erhalten. In den behäbigeren Bauerndörfern, in der reichen Magdeburger Börde, einzelnen Strichen der Altmark, in der Prignitz u. a. ist dagegen eine gewisse Baufreudigkeit zu verfolgen, die sich namentlich im 18. Jahrhundert bemerkbar macht. Prächtige Bauernhöfe haben besonders die Lenzer Wische an der Prignitzer Elbniederung. An anderen Stellen, wie in den von der Plane und Nuthe durch-

Altsächsisches Haus in Mödlich (Lenzer Wische).

Alte Granitkirche in Stockau (Kreis Stendal).

Dorfanger in Aurith (Kreis Sternberg).

Dorfteich in Buch bei Nauen (Mittelmark).

flossenen Niederungen, wo sich der Einfluß der ehemals klösterlichen Grundherrschaft Lehnins nur schonend bemerkbar machte, sind gleichfalls prächtige Bauernsitze entstanden, die für Brandenburg einen Höhepunkt der baulichen Entwicklung bedeuten. Ist freilich die Entfaltung durch die Grundherrschaft gehemmt, dann beschränken sich die Bauern auf bescheidene Zweckbauten, die aber gerade durch ihre Schlichtheit und die altertümliche Anlage auch diesen Dörfern einen malerischen Reiz verleihen, der erhöht wird, wenn — wie so häufig — die baumreiche Natur das Dorf in ihren Schatten nimmt. Indessen bergen selbst die gutsherrschaftlichen Dörfer, die eigentlich nur aus Tagelöhnerwohnungen bestehen, manche Schönheiten, welche den modernen städtischen Bauarten weit überlegen sind.

Wer die Poesie des Dorfes überhaupt empfinden kann, findet sie auch auf dem ärmsten Boden. Friedlich lagert es sich in den Mulden des uralisch-karpathischen Höhenzuges, spiegelt es sich in den vielen blauen, schilfumgürteten Seen oder träumt weltverloren im Schatten dichter Wälder. Trotz aller Drangsale der Kriege oder der Bedrückungen seitens der kleinen Grundbesitzer, gegen die unter anderm selbst die Hohenzollern bis zu Friedrich dem Großen machtlos waren, haben der Märker und der Sachse ihr Heimatland geliebt und es gegen auswärtige Feinde verteidigt. Es ist nicht die laute Freude des Pfälzers oder das stolze Selbstbewußtsein des Friesen, noch auch die zähe Beharrlichkeit des Niedersachsen, die den Märker an sein Dorf ketten, sondern die stille Selbstgenügsamkeit ernster Arbeit, welche die verschiedenen Volksstämme ihrem Heimatboden einwurzelten. Sind es doch märkische Bauern gewesen, welche in den Schwedenkriegen das unvergängliche Denkmalswort prägten: „Wir sind Bauern von geringem Gut und dienen unserem gnädigsten Kurfürsten mit unserem Blut."

R. Mielke, Das deutsche Dorf. (Aus Natur und Geisteswelt.)
Leipzig, B. G. Teubner.

Die Reichshauptstadt.

Das älteste Berliner Stadtwappen (um 1272).
(Noch ohne den Bären als Wappentier.)

Die Lage von Berlin in orographischer und hydrographischer Hinsicht.
Von W. Pütz.

Das vorgeschichtliche Flußsystem Norddeutschlands zeigt im völligen, fast paradox erscheinenden Gegensatz zu dem heutigen nordsüdlichen Verlauf der Oder und Weichsel eine südost- und nordwestliche, beziehentlich ostwestliche, über Berlin beziehentlich über Eberswalde führende Richtung dieser Flüsse sowie eine Vereinigung beider in der Niederung des Havelluches, von wo ab sie in Gemeinschaft mit den Wassern der Elbe den ältesten Hauptstrom, den eigentlichen Urstrom Norddeutschlands bildeten und in dem weiten, von dem heutigen Elbstrom nur zum kleinsten Teil ausgefüllten Tale der Nordsee zueilten — solchergestalt, in weiterem Gegensatz zu dem heutigen Flußbild, nur ein einziges Flußsystem darstellend.

Die Entstehung dieser nach dem Vorgange Berendts auf drei längere Stillstandspausen während der Rückzugsperiode der letzten

Vereisung zurückgeführten, alten Urströme ist durch die Auffindung der zwischen den alten Flußtälern liegenden, die Stillstandslinien des Eises bezeichnenden Endmoränen in ihrer Ursache immer klarer erkannt worden. Der Parallelismus zwischen Endmoräne und den alten Flußtälern kennzeichnet diese als ursprüngliche Sammelrinnen der Schmelzwasser; ein Rückzug des Eisrandes nach Norden mußte folgerichtig eine weitere Verlegung jener Abflußwege nach derselben Richtung hin nach sich ziehen. Hat somit die Entstehung des ältesten und südlichsten dieser alten Flußtäler, des sogenannten Glogau—Baruther Tales, den Beginn der Abschmelzungsperiode zur Voraussetzung, so bezeichnet das hier hauptsächlich in Betracht kommende zweite Tal, das sogenannte Warschau—Berliner Tal, ein bereits über die Gegend von Berlin hinaus vorgeschrittenes Stadium, während dessen zunächst die sämtlichen Schmelzwasser, die bis dahin dem ersten Haupttal zugeflossen waren, hier ihre Vereinigung und ihren Abfluß nach der unteren Elbe fanden, wogegen die Wasser des ersten Hauptstromes das Bestreben zeigten, nach dem neuen tieferen Tal durchzubrechen. Ein solcher Durchbruch gelang zuerst dem Wasser der heutigen Oder in der Gegend von Deutsch-Wartenberg, infolgedessen das erste Haupttal unterhalb des Durchbruches insoweit ein totes Tal wurde, als es jetzt nur noch von Süden her durch Nebenflüsse gespeist wurde. Doch auch ihnen mußte nunmehr der Durchbruch nach dem neugebildeten Hauptstrom um so leichter gelingen, als ihnen hierzu die ehemaligen, nun trocken liegenden nordsüdlichen Schmelzwasserrinnen zur Verfügung standen.

Ein solcher Entwicklungsgang erklärt hinreichend die Herkunft der gewaltigen Wassermassen, die einstmals unser Berliner Tal ausfurchten, um später nach Entstehung des dritten, nördlichsten Haupttales, des sogenannten Thorn—Eberswalder Tales nach dieser wiederum tiefer gelegenen Schmelzwassersammelrinne sich einen Durchbruch zu suchen, der südlich bei der heutigen Stadt Frankfurt (a. O.) vor sich ging und für unser Berliner Odertal von wesentlicher Bedeutung war. Ließ er doch abwärts der Durchbruchstelle in dem breiten Flußbett nur die Spree, den ehemaligen Nebenfluß zurück, deren schmaler Wasserlauf sich hier, um einen treffenden Vergleich Berendts anzuführen, ausnimmt „wie die Maus im Käfig des entflohenen Löwen".

In dem von den rauschenden Wassern des Urstromes verlassenen Rinnsal sich ihr Bett ausfurchend, nahm nun die Spree ihrerseits zwei andere bisherige Oderzuflüsse als eigene Nebenflüsse auf, nämlich die in einem breiten ehemaligen Durchbruchtale von Süden kommende wendische Spree (Dahme) und von Norden her die Panke. So verstärkt fand sie selbständig ihren Weg über Spandau und Nauen zur unteren Elbe, eine Selbständigkeit, deren Dauer abhängig war von derjenigen des dritten, nördlichsten Urstromes.

Wie aber nun jeder einzelne dieser diluvialen Urströme nur anzusehen ist als ein Glied in der Entwicklungsreihe des alten Flußsystems, so bildete dies selbst nur das Übergangsstadium zu den hydographischen Verhältnissen der Gegenwart, für die der Zeitpunkt gekommen war, als nach vollständiger Abschmelzung des Inlandeises und infolge der damit wohl gleichzeitig sich vollziehenden nördlichen Allgemeinneigung des Bodens die bisherigen Nebenflüsse der unteren Elbe, des ältesten und eigentlichen Urstromes des nordöstlichen Deutschlands, Oder und Weichsel ihren nördlichen Abfluß zur Ostsee gefunden hatten, und infolgedessen auch das Eberswalder oder alte Weichseltal westlich der in der Gegend von Oderberg zu suchenden Durchbruchstelle ein totes Tal wurde.

Dieses Ereignis, durch welches das heutige Flußnetz im wesentlichen zum Abschluß gelangte, war für das Berliner Tal nur insoweit von Wirkung, als nunmehr die vorerwähnte „Selbständigkeit" der Spree, d. h. ihr Einmünden in die Elbe in Frage gestellt wurde. Denn die Havel, die als ursprünglicher Nebenfluß des ältesten Urstromes bei Entstehung der beiden andern Haupttäler zweimal in ihrem unteren Lauf gekürzt worden und so nacheinander zunächst zu einem Nebenfluß der über Berlin fließenden alten Oder, sodann der über Eberswalde fließenden Weichsel geworden war, hatte nach Entleerung der beiden nördlicheren Haupttäler endlich ihr altes Bett über Spandau und Potsdam wiedergefunden, stieß aber auf diesem Wege rechtwinkelig mit der Spree zusammen. Zwischen beiden nicht erheblich ungleich starken Flüssen kam es nun zu einem Kampfe um die Oberhand, dessen Zeugen wir noch heute in den Versandungen des unteren Spreebettes sehen; die reichlicheren Wasser der Havel mußten aber schließlich den Sieg davontragen, und damit war auch für die Umgegend von Berlin das heutige Flußbild vollendet.

Das mittlere der drei Haupttäler weist nun auf seiner ganzen Längsausdehnung von der Elbmündung bis nach Rußland hin, gerade an der von unserer Reichshauptstadt eingenommenen Stelle, zwar nicht die engste, aber doch für einen Übergang bei weitem günstigste Stelle auf. Just hier nähern sich nämlich die beiden trockenen Diluvial-Plateaus, der Teltow und der Barnim, auf etwa 400 m gleich einem Drittel der durchschnittlichen Talbreite.

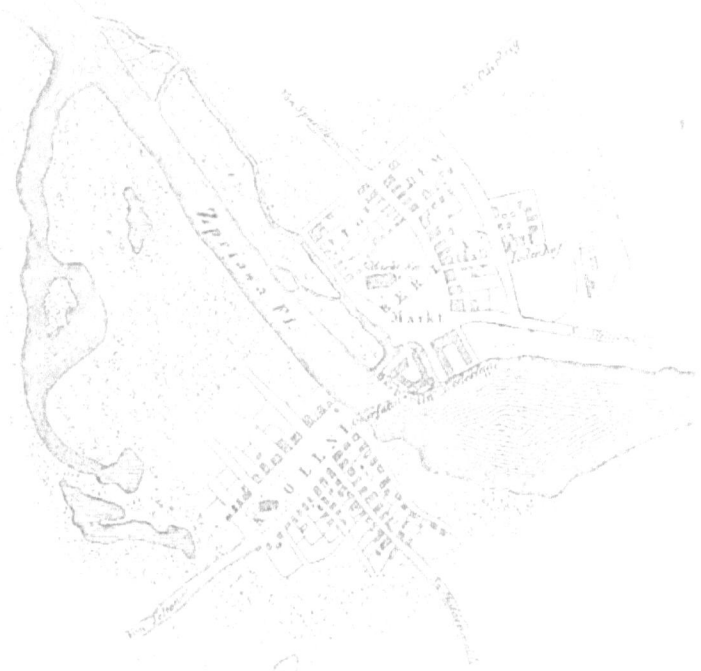

Berlin und Kölln im Anfang des 13. Jahrhunderts. (Nach K. F. Klöden.)

Hier mußte sich also nicht nur ein reger Verkehr zwischen hüben und drüben entwickeln, hier mußten sich auch die Hauptstraßen von Süd nach Nord, wo die Bernsteinküste schon frühzeitig den Handel anzog, scharen und so Bedingungen geschaffen werden, die naturgemäß und nachweisbar die Gründung und das rasche Aufblühen einer Ansiedlung bewirken, im vorliegenden Falle aber um so günstiger waren, als die Gabelung der Spree in zwei das Werder umschließende Arme nicht nur den Ladeverkehr zu wiederholter Rast zwang, sondern auch wohl den Schiffer wegen der wahrscheinlich beengten Durchfahrt zum Aufenthalt genötigt haben mag.

Es ist ein weiter Entwicklungsgang von Fährstelle und Fischer-

dorf zur Weltstadt. Aber unaufhaltsam wuchsen dem auf dem lebens=
fähigen Boden des alten Flußtales entsprossenen Gemeinwesen die
kräftigen Glieder; denn „ein großartiger Beruf lag auf dieser Sand=
scholle" wie Willibald Alexis sagt, ein Beruf, dessen Erfüllung auch
die schwerste Not der Zeiten nicht zu hindern vermochte.

Umflutet von dem Wirbel des modernen Straßenlebens, wandeln
wir heute, der geringen Steigung nicht achtend, welche die Straßen=
bahn ohne Schwierigkeit zu nehmen vermag, unbewußt aus dem
Gebiete des Talsandes auf das Höhendiluvium. Aber wie sehr
auch immer Menschenwerk die Urschrift der Natur verwischt hat,
es gelingt doch unschwer, sie auch in dem heutigen Stand der Dinge
noch zu erkennen, da sich sowohl für den Süd= wie für den Nord=
rand des Tales je ein offen zutage liegender Ausgangspunkt einer
solchen Beobachtung darbietet.

Als ein derartiger Punkt ist für den Süden der Kreuzberg zu
nennen, dessen Anstieg, d. h. die Talböschung, in der Belle Alliance=
und Lichterfelder Straße deutlich zum Ausdruck kommt. Von hier
aus läßt sich der Talrand nach Osten zu in der Richtung der Berg=
mannstraße, deren südliche Querstraßen ein merkliches Ansteigen
zeigen, um so leichter verfolgen, als er bald hinter dem Marheinecke=
platz sowohl in den Friedhöfen der Hasenheide, wie bei den dortigen
Schießständen und weiterhin in den jetzt freilich verschwundenen
Rixdorfer Rollbergen offen und zum Teil noch ziemlich unberührt
hervortritt. Ähnlich gelingt das Verfolgen der Randlinie nach
Westen hin durch die Kreuzbergstraße über die Anhalter und Pots=
damer Eisenbahn hinweg nach dem (alten) Botanischen Garten und
Schöneberg, von wo ihr weiterer Verlauf über Charlottenburg,
Westend, den Spandauer Berg (dessen vorspringende Spitze, der
allen Berlinern wohlbekannte Spandauer Bock, eine vorzügliche Be=
obachtungsstelle bildet), sodann über den Pichelswerder und die
Orte Staaken, Dallgow, Nauen zu suchen ist.

Für den Norden dient der Friedrichshain zum Ausgangspunkt.
Das unmittelbar hinter dem Landsberger Platz stark ansteigende
Parkgelände kennzeichnet recht deutlich das Diluvialplateau, dessen
Rand von hier aus im Zuge der Friedenstraße derartig weitergeht,
daß diese selbst die obere Kante der Böschung bezeichnet, während
ihre Parallele, die Höchste Straße, sich ziemlich am Fuß der Böschung
hinzieht, ihren Namen aber mit Rücksicht auf die von hier immer
noch bergab gehenden Querstraßen gleichwohl nicht zu Unrecht führt.

Jenseits des Königstors, wo sich der Aufstieg der neuen Königs= straße von der Talsohle auf das Diluvialplateau in einer die Böschung durchsetzenden Falte und somit fast unmerklich vollzieht, macht das Gehänge eine Schwenkung aus der bisherigen Südost=Nordwest= richtung in eine genau ostwestliche und tritt zugleich mit einer stär= keren Erhebung etwas südlich vor, so daß die Randlinie einen spitzen Winkel mit der Linie der neuen Königsstraße bildet. An der nun folgenden Prenzlauer Allee erleidet das Terrain wiederum eine Senkung, so daß der Höhenrand zwischen hier und dem Königstor bergartig hervortritt und der früher gebräuchliche, durch die Be= bauung aber allmählich fast in Vergessenheit geratene Name „der Prenzlauer Berg" begreiflich wird.

Jenseits des Prenzlauer Tores durchschneidet das Gehänge die nordseitigen Querstraßen der Lothringer Straße, von der es sich allmählich immer weiter zurückzieht, so daß der stark ansteigende Weinbergsweg etwa in seiner Mitte und die folgende Brunnen= straße etwa bei der Einmündung der Veteranenstraße gekreuzt werden. Von hier über den Begräbnisplatz der Elisabethgemeinde und die Bernauerstraße weiterlaufend folgt die Böschung dem Zuge der Hussitenstraße und tritt dann, mit einer Linksbiegung, die Stettiner Eisenbahn überschreitend, in den Begräbnisplatz der Dorotheen= Gemeinde, wo er um den rechts bleibenden Humboldthain nach Norden biegend in den Ostrand des Panketales übergeht.

Die bedeutende Verbreiterung des Berliner Tales, die hier durch das Einmünden zweier ehedem weit ansehnlicheren Wasserläufe, nämlich der bereits genannten Panke und des Hermsdorfer Fließes, entstanden ist, und der sich die große Unterbrechung des Diluvial= plateaus durch die Havel unmittelbar anschließt, läßt auch an dieser Stelle auf weit größere Wassermengen der Vorzeit schließen, wie sie andererseits Berlins für seinen Entwicklungsgang so ungemein günstige Lage mit überzeugender Klarheit dartut.

Vom Friedrichshain ostwärts tritt der Talrand zunächst in den Friedhöfen der Petri= und Georgen=Gemeinde hervor, von wo aus er, durch mehr oder weniger starkes Gefälle bemerkbar werdend, über die Weiden= und Thaerstraße und den Baltenplatz in fast paralleler Richtung mit der Frankfurter Allee verläuft. In der Nähe des Talgehänges, wo die Namen Ackerstraße, Gartenstraße, Frucht= und Blumenstraße eine fast vergessene Sprache reden, blühte übrigens ehedem eine reiche Garten= und Ackerkultur, deren Be=

deutung schon daraus erhellt, daß die Berliner Ackerbürger sich bereits vor Entwicklung der städtischen Gewerbe zu einer Gilde zusammengeschlossen hatten und in der sogenannten „Wröhe" ein eigenes Gericht besaßen. Die Mitglieder dieses Gerichtes, die „Wröheherren" hielten, wie aus den Satzungen der Ackergilde von 1580 hervorgeht, in Gemeinschaft mit den zugeordneten Ratsdeputierten von der Pflugzeit bis nach Bartholomäi alle Sonntage auf dem Rathause die „Wrüge"*) ab.

In der Frankfurter Allee war es auch, wo noch im Jahre 1886 ein Grundbesitzer seinen Wein kelterte. — Weinbau in Berlin! In welch hellem Glanze erscheint uns beim Klange dieses Wortes der alte Talrand**)! Und es war nicht nur schlichter, sog. „blanker" Landwein, den die alten Berliner namentlich an dem nördlichen, nach Süden einfallenden und so die günstigsten Kulturbedingungen bietenden Gehänge erzeugten, sondern auch Muskateller, Malvasier, Petersilienwein und tiefdunkeler, sog. Tintenwein, von deren vortrefflichem Wohlgeschmack die Chronisten des 17. Jahrhunderts viel Rühmliches zu erzählen wissen. Zwar erwähnt der Frankfurter Studiosus Michael Frank, der auf seinen Reisen vor 300 Jahren auch nach Berlin kam, neben den Obstgärten besonders auch den „Weinwachs" an der trebbinischen Seite, also im Süden der Stadt bei dem heutigen Kreuzberge, wo die letzten Weinberge 1740 ausgerodet wurden***). Doch kann der Weinbau hier naturgemäß nur von geringerer Bedeutung gewesen sein als an dem nach Süden und Südwesten gelegenen, der vollen, noch durch keinerlei Mietskasernen beeinträchtigten Bestrahlung ausgesetzten Abhange des Barnim, wo das Andenken an jene glücklichen Zeiten in den Namen

---

*) Wröhe, Wrüge = Rüge, d. h. also Rügegericht. Die Funktionen dieser Rügeherren hatten sich indes im Laufe der Zeiten geändert und bestanden zuletzt nur noch im Abschätzen von Wiesen und Ackern.

**) Die vereinigten Städte Berlin und Kölln besaßen um die Mitte des 16. Jahrhunderts 70 Weinberge und fast 30 Weingärten, von denen einer 1595 volle 96 Tonnen ergab.

***) Der aus dem Jahre 1757 stammende Schmettausche Stadtplan, auf dem, wie nebenbei bemerkt sei, der Talrand in voller Deutlichkeit, wenn auch in der dem damaligen Stande der Kartographie entsprechenden willkürlichen und systemlosen Manier eingetragen ist, zeigt im Süden der Stadt keinerlei Weinberge mehr. Jedoch befanden sich früher u. a. zwei städtische Weinberge an der heutigen Bergmannstraße, die nach Ausweis der Kämmereirechnungen im Jahre 1695 für 36 Tonnen Wein die Summe von 144 Talern einbrachten.

zweier, die Hauptzugänge zu jenen Weinbergen bildenden Straßen erhalten geblieben ist. Lag doch an dem heutigen Weinbergsweg der früher nach seinem zeitweiligen Besitzer, dem Feldmarschall Sparr, benannte spätere Wollanksche Weinberg, der das gesamte von jenem Wege und der Zehdenicker, Choriner sowie der Fehrbelliner Straße umschlossene Viereck einnahm und von dem hier besonders stark entwickelten Talgehänge in seiner ganzen Längsausdehnung durchzogen wurde. Die Weinstraße ihrerseits führt zu jenen zusammenhängenden Weinpflanzungen, die sich von ihrem Ausgange am Talrande nach Westen hin über die heutige Barnimstraße, sowie den hochgelegenen Platz der Bartholomäuskirche erstreckten und in noch größerer Ausdehnung jenseits der damaligen Vernauer- (heutigen König-)straße den ganzen südöstlichen Abhang des mehrfach genannten Prenzlauer Berges überzogen. Vielleicht erzählen dort noch heute Sprößlinge jener Rebstöcke, die sich in „hängenden Gärten" leidlicher Daseinsbedingungen erfreuen, von der ehemaligen Bedeutung, die das Talgehänge des „vorsintflutlichen" Urstromes im Leben der Berliner Bevölkerung hatte.

So knüpfen sich die Fäden zwischen den ins Dunkel der Vorgeschichte reichenden Entwicklungsphasen unserer Erde bis zu den freundlichen Gebilden der Kultur und bieten der Heimatkunde reizvolle Anregungen.

W. Tütz in der Brandenburgia, Monatsblatt der Gesellschaft für Heimatkunde der Provinz Brandenburg. 9. Jahrgang 1910. Verlag von P. Stankiewicz' Buchdruckerei, Berlin.

Woher stammt der Name Berlin?
Von George Hesekiel.

Die Städte Berlin und Köln sind zu Anfang wendische Fischerdörfer gewesen. Der Name Berlin kommt aus der wendischen Sprache. Man nannte es das Dorf „to dem Berlin", d. h. auf dem wüsten Acker, weil das Dorf auf dem sandigen unbebauten Boden des rechten Spreeufers lag. Der Name Köln kommt ebenfalls von den Wenden, denn Kol bedeutet in ihrer Sprache einen Pfahlrost und „Kolne" ein Haus, welches auf einem solchen Pfahlrost erbaut ist. Köln aber liegt auf dem linken Spreeufer in Sumpf und Morast, und fast alle Häuser dort stehen auf Pfählen. Zwar haben die Gelehrten etliche solche Etymologien oder Ableitungen verwerfen wollen.

Es haben ihrer viele gesagt: der Name Köln komme von dem lateinischen Worte colonia, und wolle sagen, daß die Stadt gegründet und benamset worden sei von einer niederländischen Kolonie. Sie führen für ihre Behauptung zweierlei an: erstlich die Stadt Köln am Rhein, so eine römische Kolonie gewesen sei und Colonia Agrippina geheißen habe; zweitens aber zählen sie die Namen derjenigen holländischen Geschlechter auf, die noch heute zu Köln oder Berlin florieren, als da sind: Grävelhout, Brügghe, Assegraap, Krenevout, Ryke, Haydike u. a. m. Was aber das erste betrifft, so ist das wohl ein sehr schwacher Beweis, und was das zweite angeht, so wissen wir aus den Rykeschen Familienschriften, daß Berlin und Köln schon ganz stattliche Orte waren, als die Niederländer hier einwanderten. Auch wäre es seltsam, wenn mitten im wendischen Lande Köln und Berlin allein nicht wendische Namen hätten. Alle Orte ringsum sind wendisch genannt, als: Brennibor oder Brandenburg, welches eine Schutzwehr des Waldes bedeutet; Potzdupimi oder Potsdam, zu deutsch das Eichendorf; Köpenick, das Dorf am Graben; Glienick, an der Lehmgrube; Brietz, das Birkendorf; Buckow, das Buchendorf; Lietzen, das Buschdorf; Spandau kommt von dem wendischen Wort „spanjah" (schlafen) und bedeutet einen Ort der Ruhe; Pankow hat seinen Namen von Panke, welches eine Haselnußschale bedeutet; Stralow von strahla, der Pfeil. Wenn nun fast alle Orte in der Umgegend Berlins ihren Namen aus dem Wendischen haben, so ist wohl anzunehmen, daß die wendische Ableitung der Namen Berlin und Köln die richtige sei. Andere Gelehrte wollen den Namen Berlin aus dem lateinischen Worte „berlia" ableiten, welches ein Weideland bedeutet, oder auch von briolium oder perivolium, wie man einen Tiergarten im Lateinischen zu nennen pflegt. Aber keiner dieser Herren hat vermocht, etwas Stichhaltiges für seine Behauptung aufzubringen. Endlich sind in neuester Zeit noch etliche dagewesen, so gewollt haben, daß Berlin seinen Namen hätte von Alberto Urso, vom Markgrafen Albrecht dem Bären, der die Stadt gegründet und einen Bären in seinem Wappen geführt haben soll. Solche Behauptung haben sie unterstützen wollen durch das Berlinische Wappen, welches einen schwarzen Bären zeigt. Aber es ist dem nicht also. Markgraf Albrecht wird zwar von den Chronisten häufig Albertus ursus, der Bär, genannt, doch nur, weil er tapfer wie der Bär seine Feinde bekämpfte. In seinem Wappen aber führte er keinen Bären, sondern einen Adler und den Ballenstädtischen Balken. Auch hat

Markgraf Albrecht Berlin nicht gegründet, denn lange bevor er florierte, lagen diese beiden Orte am linken und rechten Ufer der Spree.

Berlinisches Historienbuch. Berlin, Hermann Hollstein.

*

Eine neue Ableitung des Wortes „Berlin" findet sich in den „Mitteilungen des Fischereivereins für die Provinz Brandenburg". Berlin verdankt seine Entstehung bekanntlich seiner Lage an der engsten Stelle des Spreetales, wo sich verhältnismäßig leicht ein Übergang vom Teltow nach dem Barnim herstellen ließ. Derartige Übergänge stellte man in alten Zeiten häufig nicht durch Brücken her, sondern durch breite Dämme, die den Fluß überquerten und als Furt, nebenbei auch noch als Fisch- und Mühlenwehr dienten; zum Beispiel diente in dieser Weise früher der Mühlendamm. Solche Wehrbauten hießen nach den dabei verwendeten Baumstämmen (wendisch „bar") auch „Bäre", Fähre, Wuhre, und Burg und Stadtanlage benannten sich dann nach dem kennzeichnenden Wehrbau, dem „Bär". „to dem Berlin" (d. h. „am Bärlein") wäre demgemäß eine Verkleinerungsform, die auf einen zweiten, kleineren Dammbau hindeuten würde. Zu dieser Auslegung würde auch die dialektische Aussprache des Wortes Berlin stimmen, die im Volksmund der umliegenden Gegenden wie „Barlin" klingt.

Der Berliner Schlag.
Von Karl Scheffler.

Alle Hauptstädte Europas sind anders entstanden als Berlin. Sie sind geworden wie sie sind, weil sie von Anfang an natürliche Mittelpunkte waren und Sammelbecken, in denen die besten Kräfte des Volkes in dem Maße zusammenflossen, wie das Gemeinschaftsbewußtsein wuchs; weil sie das Herz der Länder waren, zu dem alle Kräfte hinstreben, um gleich auch wieder befruchtet zurückzukehren. Darum finden wir in Hauptstädten wie Paris, Wien, London, Kopenhagen, in Großstädten wie Hamburg, Köln, Dresden oder München immer eine wirkliche, in sich abgeschlossene Stadtwirtschaft und eine Bevölkerung, die einen Volkskern darstellt. Eine Bevölkerung, die bestimmte nationale Eigenschaften in Reinkultur verkörpert und in der alles, was in der Provinz Instinkt ist, Kulturbewußtsein gewinnt. Anders in Berlin. Das ist entstanden infolge eines Vorstoßes pio-

nierender germanischer Stämme ins Wendengebiet. Es ist in der
Folge nur gewachsen, wenn neuer Zuzug aus dem Westen, dem
Süden oder gar aus fremden Ländern kam. Stieg die Bevölkerungs=
ziffer, so geschah es, wenn Markgrafen, Kurfürsten und Könige
neue Kolonisten in die Mark zogen. Berlin ist buchstäblich geworden
wie eine Kolonialstadt, wie im neunzehnten Jahrhundert die ameri=
kanischen und australischen Städte tief im Busch entstanden sind.
Wie der Yankee das Produkt von deutschen, englischen, irischen,
skandinavischen und slawischen Volkselementen ist, so ist der Berliner
das historische Produkt einer Blutmischung, deren Bestandteile aus
allen Gauen Deutschlands, aus Holland, Frankreich und den sla=
wischen Ländern stammen. Niemals wäre diese künstliche Mischung
möglich gewesen, wenn nicht die Eroberung des Neulandes, wenn
nicht die Not des Lebens einigend gewirkt hätte. Nur durch den
harten Zwang von Gefahr und Not waren die fremdartigen Elemente
zu verschmelzen. Auswanderer pflegen nicht der Blüte des Volkes
anzugehören. Der Tüchtige, der es zu etwas bringt, ist zu allen
Zeiten daheim geblieben und hat zu Hause das Regiment geführt.
Die Kolonisten, die nach dem freudlosen Osten zogen, in die freud=
lose junge Germanensiedlung Berlin oder die sich dahin ziehen ließen,
zuerst von den Lokatoren*), Mönchen und Markgrafen, später von
den Kurfürsten und Königen und endlich von den neuen wirtschaft=
lichen Möglichkeiten der Großstadt, das waren im wesentlichen halb
oder ganz Enterbte. Es waren energische, willensstarke, beute=
hungrige und freiheitsdurstige Menschen, erblose Söhne, Unterdrückte,
Besitzlose und solche, die zu Hause nicht im besten Ruf standen.
Und dann der große Haufe Vertriebener oder Ratloser, die sich von
Unternehmern durch die Anpreisung wohlfeilen Anbaulandes her=
überziehen oder sich von Vorausgegangenen herüberlocken ließen. Ein
Kulturbildner ist solche Mischbevölkerung nicht. Sie kommt spät
oder gar nicht zur Ruhe des Genusses, wird schwer nur zu einer
geistigen Einheit und findet darum nicht schöne Lebensformen.
Aber dafür wird sie widerstandsfähig, praktisch, hart und zäh im
Daseinskampfe, wird yankeehaft unternehmend und tüchtig im Wollen
und Vollbringen.

Als der Sohn eines bunten Auswanderergeschlechts ist der Ber=
liner also, wie er uns aus den Jahrhunderten entgegentritt, zu

---

*) Siedelungsunternehmern.

betrachten. Als ein Abkomme jener ersten Altfriesen und Nieder=
sachsen, die im zwölften Jahrhundert aus der Altmark vordrangen,
die Wenden nach Alt-Kölln, auf die sumpfige Flußinsel zurück=
drängten und sich am rechten Ufer des Flusses festsetzten; als ein
Nachfahre jener von den Zisterzienjern geführten Germanisierer,
jener von dem Wendenbesieger Albrecht dem Bären herübergerufenen
Rheinländer und Niederländer, deren Erfahrung in der Kultivierung
sumpfigen und sandigen Landes sie als besonders geeignet zur Be=
wirtschaftung des märkischen Bodens erscheinen ließ. Aber nach
den ersten Pionieren, die zugleich mit Pflug und Schwert eroberten,
drangen jahrhundertelang dann neue Ansiedler herzu, sie kamen
von allen Seiten während der Regierung der Askanier und Wittels=
bacher, während der Kämpfe zwischen Bürgern, Adel und Fürsten,
während die Mark erobert, verwüstet, verpfändet und von den
Reichsfürsten so recht wie ein fernes Meiergut behandelt wurde,
von dem nur der Zins interessiert. Sie kamen als Söldner, Aben=
teurer und Baganten und blieben als Kolonisten, als Ackerbürger,
Handwerker oder Krämer in Kölln und Berlin. In dem Maße,
wie die besiegten Wenden dann nicht mehr so sehr als Feinde, als
Tieferstehende betrachtet wurden, als man sie nicht mehr so strenge
zwang, in Kietzen und Sumpfdörfern den neuen Herren aus dem
Wege zu gehen, fand in der Folge auch eine germanisch=slawische
Blutmischung statt. Wie viele Bestandteile der wendischen Sprache
in die der Eroberer hinübergenommen wurden, und wie dadurch
ein charakteristisches Kolonistenjargon entstand, so mischte sich auch
vom Denken und Empfinden der Besiegten manches in das der
Sieger, wesentliche Züge dessen ausprägend, was uns in der späteren
Geschichte als märkisch und berlinisch entgegentritt. Diese germa=
nisch=slawische Blutmischung hat ja im ganzen Nordosten, bis hin=
unter nach Sachsen und Schlesien, einen eigenen Typus geschaffen;
in Berlin entstand daraus aber eine eigene Spielart, weil die Blut=
mischung dort früher und gründlicher als anderswo erfolgte. Diese
Mischung hatte längst begonnen, als die Hohenzollern in die Mark
kamen, als der schwarze Tod würgend durch die schmutzigen Gassen
der beiden Spreestädte Kölln—Berlin schritt, die junge Siedlung
mmer neuen Zuzug aus dem Reich fordernd. Am
Jahrhunderts werden charakteristische Schimpf=
sche Hunde" oder „wendische Bankerte", die vorher
mult und Aufruhr über den Mühlendamm und

die Lange Brücke herübergerufen worden sind, bereits vergessen worden sein. Denn zu diesem Zeitpunkt hatten sich die unendlich fremdartigen Bestandteile der Doppelstadt notdürftig schon geeinigt; oder sie hatten sich vielmehr im wahren Sinne des Wortes „zusammengerauft". Als dann aber der Dreißigjährige Krieg die am Flußübergang allen durchziehenden Soldatenhaufen offen daliegenden Städte schwer getroffen, ja fast vernichtet hatte; als die Bevölkerung infolgedessen so gelichtet worden war, daß man in Berlin nur noch 556 Haushalte und in Kölln 379 zählte; als in der unter schwedischer Oberhoheit sich hinfristenden Stadt so großes Elend herrschte, daß von den Bürgern ernsthaft der Plan einer Massenauswanderung, einer Aufgabe der Stadt erwogen wurde, da waren es wieder fremde Einwanderer, vom Großen Kurfürsten nun herbeigerufen, die die Lücken füllen mußten. Daß Berlin nach dem Dreißigjährigen Kriege so ganz verzagen konnte, ist ein deutliches Zeichen, daß es zu diesem Zeitpunkt sogar eine Stadt mit unerschütterlichem Stadtbewußtsein noch nicht war. Magdeburg ist in schrecklicherer Weise zerstört worden, aber niemand hat daran gedacht, die Stadt aufzugeben. Denn in diesem Falle war die Stadt ihren Bewohnern eine Heimat, eine rechte Vaterstadt; und das eben vermochte selbst das Berlin der Spätrenaissance seinen Bürgern noch nicht zu sein. Die Doppelstadt war einmal kein natürlicher Mittelpunkt, zu dem das Leben des Landes immer aufs neue hinstrebte und in dem sich die Besten des Volkes sammelten, sondern ein vorgeschobener Posten, der von Jahr zu Jahr aufs neue verteidigt sein wollte und zu dem immer neue Menschenmassen, Germanen und Slawen, Franzosen und Juden halb gewaltsam hingeführt werden mußten. Und als sich die Straßen nun unter des Großen Kurfürsten klug ordnender und mehrender Regierung wieder füllten, als die zerstörten Häuser aufgebaut, die leeren Wohnungen bezogen und neue Stadtteile angelegt wurden, da konnte ein schöpferisches Heimatsgefühl selbst von diesem genialen Mann nicht mitgeschaffen werden. Denn nun wurde Berlin von neuem der Ort eines wahrhaft kolonialen Völkergemisches. Die französischen Hugenotten, die in so großer Zahl herbeigezogen wurden, daß man ihnen besondere Stadtteile mit eigenen Schulen, Gerichten, Kirchen und Spitälern anweisen mußte, die lange Zeit mehr als ein Fünftel der ganzen Bevölkerung ausmachten und die französische Sprache in Berlin einbürgerten, brachten fremde romanische Elemente und

Kulturformen, die ganz äußerlich bleiben mußten, weil die östliche Stadt für die Segnungen der eingeführten Industrien längst noch nicht ein fruchtbarer Boden war; die einwandernden Holländer suchten dort, wo sie als Baumeister und Unternehmer Wirkungsmöglichkeiten fanden, ihre heimische Lebensart in die Mark zu übertragen, ohne daß ein starker Stadtgeist ihre Eigenart doch hätte verarbeiten können. Daneben kamen dann Scharen von Pfälzern und Schweizern, von Salzburgern und von böhmischen und mährischen Methodisten. Es bedurfte wieder der angestrengten Arbeit einiger Menschenalter, bis die Refugiés Berliner, die Holländer, Waldenser, Österreicher und alle die anderen gute Märker geworden waren. Die Stadtbevölkerung wirkte sogar noch ganz uneinheitlich und setzte sich aus vielen verschiedenen Interessenkreisen zusammen, als Friedrichs des Großen Kriege, als die aus Werbetruppen bestehenden Heere immer neue Volkselemente wieder in die junge Preußenresidenz brachten, als dieser mächtige Wille eine eigene „Kommission zur Herbeischaffung von Kolonisten" einsetzte und seine Gesandten in den fremden Ländern anhielt, „fleißigen und arbeitsamen" Arbeitern alle möglichen Vorteile zu versprechen; als er mit Hilfe von Pfälzern, Schwaben, Polen, Franken und Westfalen den Oderbruch trocken legte, mehr als eine Provinz „im Frieden" eroberte, und als alle diese Fremdlinge von nun an Berlin als ihr Stadtzentrum zu betrachten hatten. Nichts ist bezeichnender dafür, was der jungen Kolonialstadt auch zur Regierungszeit des großen Friedrich noch am meisten not tat, als der fast verzweifelte Ausruf des großen Kolonisators: „Menschen, vor allem Menschen!"

Es leuchtet ein, daß eine so gewordene Bevölkerung nicht schöpferisch in den Dingen höherer Kultur sein kann. Dazu gehört Ruhe, beharrendes Behagen und eine sichere, stetige Entwicklung. Nicht einmal eine Fremdkultur konnte entstehen. Denn die aus alten Kulturbezirken kommenden Fremden, denen in Berlin so bereitwillig Unterkunft gewährt wurde, waren durchweg Vertriebene, Flüchtlinge und Besitzlose. All ihr Sinnen mußte viele Geschlechter hindurch darauf gerichtet sein, ein neues Hauswesen zu gründen, aus dem Nichts neuen Wohlstand zu gewinnen. Sie mochten wollen oder nicht: auch sie waren darauf angewiesen, materiell zu handeln und zu denken. Das heißt: auch sie mußten sich dem Geiste der Stadt unterwerfen, dessen Schicksal von je darin bestand, daß die Bewohner Berlins zuviel immer mit dem Erhaltungskampf, mit dem Ringen um die nackte Existenz zu tun gehabt haben, um zum Gefühl ihrer selbst kommen zu können, um des Überschusses fähig zu sein, woraus Kulturformen erst hervorgehen.

Eine Stadtbevölkerung mit gewissen typischen Zügen tritt dem Betrachter erst in den ersten Jahrzehnten des 19. Jahrhunderts entgegen. Um diese Zeit waren die Volksteile und Rasseneinflüsse besser verschmolzen als jemals vorher oder nachher, und man erblickt darum nur in dieser Zeit ein Berlinertum mit eigentümlichem Gesicht. In den Friedensjahrzehnten nach dem Siebenjährigen Kriege und mehr noch nach den Befreiungskriegen kommt endlich der fremde Einschlag als ein bestimmter berlinischer Zug zum Vorschein. Ein leises Bürgerbehagen macht sich bemerkbar. Die Berliner dieser Zeit sind immer noch ein „verwegenes Geschlecht", wie Goethe sagte, sind nüchtern, praktisch, materiell und schwer einzuschüchtern; aber sie beginnen endlich doch im gewissen Sinne eine Einheit zu werden. Sie beginnen ihre Sendung, den Wert ihrer Eigenart zu begreifen. In dem Berliner, wie er eigenartiger nun hervortritt, ist nichts Faules. Er ist bildungshungrig bis zum Übereifer und eifersüchtig bedacht, alles zu Begreifende zu verstehen; aber er ist als Skeptiker und Ironiker — sogar Selbstironiker — auch der geborene Kritiker aller Werte, die er selbst hervorzubringen nicht imstande ist. Reich an Interessen, aber nicht begeisterungsfähig, überall immer mit seiner bilderlosen Phantasie die Materie berührend; ohne natürliche Anlage für das zwecklos Schöne und musikalisch Klingende, aber tauglich für jede Arbeit fast, die der Tag fordert und die dem Tage nützt. Romanischer Esprit ist in diesem Berliner zur Lust am parodistischen Witz geworden und süddeutsches und niederländisches Kulturbewußtsein zum Kulturehrgeiz. Nachklänge des Slawentums sind bemerkbar, und man entdeckt viele provinzielle Kleinbürgerzüge, die aus Schlesien und Sachsen stammen. Eine trockene Gefühlskälte herrscht vor, und in vielen Äußerungen kommt der spöttische Neid leidenschaftlich sich selbst Belehrender zum Vorschein. Es fehlt das Pathos, das falsche, aber auch das echte, und damit fehlt die Fähigkeit, sich schön darzustellen. Es ist in dieser Stadtbevölkerung keine Großsinnigkeit und keine aristokratische Läßlichkeit; statt dessen ist ihr viel bäuerische Pedanterie, viel Formelwesen eigen. Aber auch die Verschlagenheit und List der jahrhundertelang arm und kümmerlich dahin Lebenden und hart um die Existenz Kämpfenden ist darin. Und damit hängt dann eine weltkluge Heuchelei zusammen, die sich hinter schnodbriger Aufrichtigkeit nur halb verbergen kann. Nichts scheint ursprünglich und natürlich im Berliner der besten Zeit sogar, als nur seine Unliebenswürdigkeit und sein Kolonistendünkel. Keine andere Stadtbevölkerung zeigt so viel Ordnungssinn, Gehorsam und Manneszucht; aber keine hat auch so wenig Sinn für Natürlichkeit. Das Kulturverlangen äußert sich als Unersättlichkeit; aber in dieser Unersättlichkeit ist dann wieder wahre Lebenskraft.

Daß dieser Berliner der besten Zeit, dem die nüchterne Lebenspraxis höher stand als alles andere, sympathisch gewesen sei, kann man also nicht sagen. Aber er hat immerhin endlich ein bestimmtes Gesicht. Die karge Natur seines Landes, die Geschichte seiner Stadt hat ihn zur Sachlichkeit erzogen, hat ihn die Tugenden der Einigkeit schätzen gelehrt und aus ihm ein vortreffliches Material für politische Ordner, einen unübertrefflichen, mannszuchtgewohnten und doch rauflustigen Soldaten gemacht. Dieser Typus, der im Bürgerlichen etwa wie ein provinzmäßiger Yankee wirkt, der bei allem Unternehmungsgeist immer etwas Untergeordnetes behält und dessen Leitwort Pflicht heißt, wirkte auf den Süd- und Westdeutschen fremdartig und unangenehm. Verwandt mit dem Berliner empfand in den Zeiten des deutschen Partikularismus nur der östliche Landsmann, der Schlesier und Sachse, der Westpreuße und Märker, kurz der Bewohner des Kolonialbodens. Denn dieser fühlte, wie sehr seine Interessen mit denen Berlins übereinstimmten. Vom Süden, vom Westen aber sah man mit tiefem Mißtrauen auf das sich von Jahrzehnt zu Jahrzehnt zu immer größerer Macht emporarbeitende Berlin, sah mit peinlicher Verwunderung auf die Kolonialstadt, die sich eben anschickte, der Reichspolitik bestimmende Wendungen zu geben, und die dem Gefühl des im Mutterland Wohnenden doch immer noch fern und fremd, ja beinahe undeutsch erschien.

K. Scheffler, Berlin. Ein Stadtschicksal.
Berlin-Westend, Erich Reiß' Verlag.

Das Gesicht der Stadt.
Von Karl Scheffler.

istigen Kultur in Berlin ist nichts anderes als es Willens, der sich unter schwierigen Ausmüht, die Kulturstufe des Mutterlandes zu on vornherein zurückgesetzt im Wettkampf um schöne Daseinsformen; darum muß es durch all die Jahrhunderte hinter den Fortschritten der westlichen und südlichen Kultur dienend einhergehen. Erst im 18. Jahrhundert bildet sich langsam und zögernd etwas wie eine Stadtkultur aus; erst als die ursprünglichen Schöpfungskräfte draußen im Reich erlahmen, als die unpersönliche Nachempfindung der neuen Zeit den Siegeszug beginnt, nimmt auch Berlin teil am Kunstleben der Nation. In den ersten fünf Jahrhunderten seiner Existenz kann Berlin in keiner Weise den wichtigsten Kunst- und Kulturstätten zugezählt werden. Aus dem Mittelalter, aus der Renaissance ist kein Bauwerk von höherer Bedeutung erhalten. Nirgend findet man die Zeichen eines mächtigen katholischen Willens oder eines selbstbewußten protestantischen Geistes; es zeigt sich in der Baukunst bis nahe an das 19. Jahrhundert kaum schon ein Zeichen höher gearteter Bürgergesinnung; und es bleibt bis zum Tode des Großen Friedrich die fürstliche Baukunst selbst etwas künstlich Eingeführtes.

Ein Hauch des Alters wenigstens, wenn auch nicht der Schönheit, würde von den wenigen mittelalterlichen Kirchen ausgehen, wenn blinder Restauratoreneifer sie nicht umgestaltet, sie nicht umgefälscht hätte. Echt sind heute von den ältesten Berliner Kirchen, der Nikolaikirche, der Marienkirche, der Heiligengeistkapelle und der Klosterkirche, nur noch einzelne Teile des Gemäuers, spärliche Mauerreste, aus Findlingssteinen gefügt, und ein paar ziegelsteinerne Wände aus der späteren Periode märkischer Backsteinarchitektur. Es fehlt den immer wieder skrupellos restaurierten Kirchen darum sogar die Atmosphäre des Alters, die selbst das Nüchterne sonst verklärt; sie stehen fremd im neuen Berlin, in keiner Weise das Stadtbild beherrschend. Vor ihnen kommt selbst der nicht auf seine Kosten, der mit dem Auge des Kunsthistorikers prüft und sich die Bauwerke im Geiste so wiederherstellt, wie sie einst gewesen sind. Denn als Beispiele nordischer Ziegelgotik verdienen diese Kirchen kaum Erwähnung. Überall in der Mark und an der Küste der Ostsee findet man denselben Materialstil weitaus künstlerischer und edler durchgeführt als in Berlin. Die alten Berliner Kirchen sind unsagbar kunstlos. Man geht unberührt an der Fassade der jetzt der Handelshochschule eingefügten Heiligengeistkapelle vorüber; es riecht die aufgeputzte alte Nikolaikirche nach moderner Regierungsbaumeister-Gotik; und kein Hauch musikalisch gefügter Schönheit geht auch mehr von der umgebauten Klosterkirche aus, einer ehemaligen Mönchskirche, die von allen Berliner Gotteshäusern einst am reichsten ausgebildet war. Einen schwachen, arg gebrochenen Nachklang spürt man einzig von der Marienkirche auf dem Neuen Markt. Aber dieser Eindruck geht zum guten Teil dann von der geistreich krönenden Turmarchitektur aus, die Langhans im 19. Jahrhundert dem alten Stumpf hinzufügte. Dabei sind alle diese Kirchen nicht eigentlich klein und armselig angelegt. Sie sind den Maßen und dem materiellen Aufwand nach stattlich genug; aber ihnen allen ist der Stempel phantasieloser Kahlheit aufgedrückt. Nicht puritanischer Geist hat sie gebaut, sondern die Gleichgültigkeit, die das übliche tut, ohne mit dem Herzen dabei zu sein. Diese Kirchen sind wahre Denkmale der Lieblosigkeit. Die Gemeinde, die sie baute, fühlte sich nicht als Persönlichkeit und hatte darum nicht das Bedürfnis, sich selbst mittels der Baukunst höhere Gleichnisse vor Augen zu stellen. Selbst in der Zeit des Bürgerrausches und des städtischen Hochgefühls noch wurde der Tempelgedanke in Berlin klein und geschäftsmäßig begriffen. Man sieht an dieser Kirchenarchitektur, daß eine die Tiefen bewegende religiöse Idee in der Kolonialstadt nie Wurzel zu fassen vermochte.

Etwas anderes als die Grundmauern dieser Kirchen ist aus dem ältesten Berlin nicht erhalten. Es gibt in dem Häuserchaos der Hauptstadt noch ein paar alte Höfe und Gassen, auf denen die Schatten der Jahrhunderte liegen. Aber sie können das Berlin des Mittelalters nicht lebendiger machen. Sie sind mehr eng, schmutzig und rumpelig als charakteristisch und malerisch. Man muß schon in die Museen gehen, ins Märkische Museum, oder nach Potsdam, wo im Babelsberger Park die alte Gerichtslaube allzu säuberlich aufgebaut worden ist. Aber wer geht wohl ins Museum, um eine Stadt kennen zu lernen! Was nicht der Stadtgrundriß, was nicht die Architektur unmittelbar erzählt, das bleibt tot und ist des Anschauens kaum wert.

Die Renaissance, die so vielen Städten im Reich bürgerlichen Charakter verliehen hat, ist an Berlin dann spurlos fast vorübergegangen. Außer einigen Grabdenkmalen und Portalen ist nichts geblieben als der alte Teil des Kurfürstenschlosses an der Spree. In der Ansiedlerstadt Berlin wuchsen zwischen 1500 und 1600 leistungsfähige Baumeister noch nicht heran, trotzdem die Stadt zu dieser Zeit auf einem Gipfel des Reichtums und der wirtschaftlichen Macht stand. Mit dem neuen repräsentativen Baumaterial, dem sächsischen Sandstein, kamen aus Sachsen auch die Renaissance=

baumeister. Oder sie kamen als halbe Abenteurer noch weiter her, aus Italien zum Beispiel, Kunstelemente, die in einer fruchtbareren Kulturzone gereift waren, künstlich verpflanzend. Es wurde der Sachse Kaspar Theiß herbeigerufen, um die kurfürstliche Zwingburg gefällig auszubauen, es wurde mit großen Ehren der Italiener Graf Rocco von Lynar aufgenommen, es baute an den alten Teilen des Schlosses der Dresdner Peter Kummer und der Italiener Peter Niuron, der dritte Sachse Balthasar Benzelt und der dritte Italiener Giovanni Battista Sala. Jeder brachte etwas Neues und setzte das Begonnene fort wie er mochte und konnte; und ist dadurch auch ein leidlich malerisches Nebeneinander entstanden, so kann doch der alten Schloßarchitektur gegenüber nicht im geringsten die Rede sein von einer besonderen berlinischen Renaissancekunst. Weder der Fürst noch die Adligen und Bürger waren zu dieser Zeit schon reif dafür, klar wollende Bauherren zu sein. Trotz eines gewissen städtischen Wohllebens in dieser Epoche, trotz kaufmännischer Regsamkeit und weitverbreiteter Handelsbeziehungen war im Wesen von Fürst und Volk noch etwas Verbauertes. Im Adeligen war was vom Raubritter, im Kaufmann etwas Hausiererhaftes, im Ackerbürger etwas vom Squatter und im Handwerker etwas vom Gelegenheitsarbeiter; und der Fürst fühlte sich noch halb wie ein Eroberer im halb erst kultivierten Land. Was die Stadtbewohner dieser Zeit geschaffen haben: die Adelshäuser in der Nähe des Schlosses, die Bürgerwohnungen und große Teile des Schlosses — bis auf spärliche Reste ist alles verschwunden. Und dieser Umstand eben ist ein Beweis dafür, wie bedeutungslos die Werke dieser Renaissancezeit waren; denn aus einem starken Bedürfnis erwachsene, von einem hohen Kulturwillen gebildete Bauwerke verschwinden nicht ganz und gar. In dem Mangel an Pietät alten Bauwerken gegenüber ist immer auch ein Instinkt, daß diese Bauwerke der Pietät nicht würdig sind. Auch in der Renaissancezeit wurde in Berlin im wesentlichen nur für das nächste Bedürfnis gebaut, kalt, gleichgültig und lieblos.

Es kamen dann Jahrzehnte großer Not, die die Stadt dem Untergang nahebrachten. Und dieser schnelle Verfall der verhältnismäßig reichen und mächtigen Stadt ist wieder ein Beweis, wie äußerlich Reichtum, Kultur, Tradition und Stadtgefühl im beginnenden 17. Jahrhundert noch waren. Als der Dreißigjährige Krieg zu Ende ging, muß es in Berlin geradezu trostlos ausgesehen haben. Die kolonisierende Tätigkeit, worauf die Kraft der Stadt nun einmal beruhte, war durch den Krieg jahrzehntelang gehemmt worden. Bürger, die sonst Güter und Ländereien bis an die Oder bewirtschaftet hatten, die mit Korn bis Hamburg handelten und Berlin zum Marktplatz des fernsten Ostens machten, mußten in diesen unruhigen Zeiten jede weitblickende Unternehmertätigkeit aufgeben. Und damit wurde der Stadt eine Reichtumsquelle nach der andern verstopft. Nun ist eine nüchtern und zweckmäßig gebaute Kolonialstadt erträglich, wenn Tätigkeit und Bewegung sie erfüllen; ist sie aber nicht einmal mehr eine Arbeitsstadt, so wirkt sie gleich auch proletarisch. Berlin-Kölln müssen in dieser Zeit darum einen unendlich armseligen Eindruck gemacht haben. Die Doppelstadt sah nicht aus wie eine Acker- oder Handelsstadt und nicht wie eine Haupt- oder Garnisonstadt; die Kirchen erhoben sich kalt und nüchtern als Zeichen einer kalten und nüchternen Vergangenheit, die Fürstenburg lag fremd und leblos da, halb in willkürliche Renaissanceschnörkel gekleidet und halb ein Festungswerk; und die ausdruckslosen Häuser des Adels waren planlos in den Straßen um das Schloß verteilt. Die ungepflasterten, dorfartigen, von Schmutz starrenden Straßen säumten Reihen zerfallender, zur Hälfte leerer, formloser Häuser, halb bürgerlich und halb bäuerlich. Eine Doppelstadt ohne Mittelpunkt, ohne rechte Verbindung mit anderen Städten, verwahrlost und arm: so recht ein im fernen Osten vergessenes und verkommenes Vorwerk des um kirchliche Dogmen sich dreißig Jahre lang bekämpfenden Deutschtums.

Der Große Kurfürst ist nach diesen schweren Jahren der Doppelstadt ein Retter und Erneuerer geworden, wie er es der ganzen Mark wurde. Er erst hat die Kolonialstadt zur wirklichen Residenz, zur Hauptstadt und Fürstenstadt gemacht. Was dieser bedeutende Mann aber architektonisch für Berlin getan hat und was unter seiner Regierung von anderen getan worden ist, auch das wirkt im Stadtbild nicht viel natürlicher als das vorher Geschaffene. Friedrich Wilhelm hat Ordnung gemacht, hat die Stadt mit neuen Befestigungen umgeben und ganz neue Stadtteile für neue Einwanderer gebaut; er hat die Anlage der Fürstenstadt beschleunigt und in den Stadtplan zuerst ein reicheres darstellendes Element gebracht. Aber das war kluge Willkür und konnte unter den gegebenen Verhältnissen nichts anderes sein. Franzosen und Holländer wurden in die Residenz gezogen und damit französische und holländische Kulturelemente. Der Kurfürst dachte an Paris, an das Louvre; aber er dachte an das Repräsentative aus seinen beschränkten, märkischen Mitteln heraus, als überlegender Hausvater und Berliner. Auch der Akt fürstlicher Willkür, der in der Anlage der Linden, in der Gründung der Dorotheenstadt lag, ist bestimmt von berlinischer Gesinnung. Es fehlte von vornherein der große Stil, die geniale Rücksichtslosigkeit, weil das Geld fehlte, das sichere Selbstbewußtsein und die Ruhe des Genusses. Was fürstlich werden sollte, geriet garnisonmäßig; aus der via triumphalis wurde eine Paradestraße, und der Platz des Lustgartens wurde zum Exerzierplatz. Die fürstlichen Baupläne konnten den ganz großen Zug nicht haben, weil es einfach an Material, an Masse fehlte: an einer stark bevölkerten, reichen und dichtangebauten Stadt. Und die Franzosen und Holländer, die in die neuen Stadtteile kamen, hatten zudem das Beste ihres Kunstsinnes daheim gelassen; denn sie mußten vor allem um eine neue Existenz ringen. Wo sie im Sinne ihrer Heimat an der bürgerlichen Architektur mitbauten, wo sie den Bürgerhäusern eine bessere Form zu geben wußten, wo sie Grachten mit Ziehbrücken, Bollwerken und Speichern errichteten, da geschah es in einer gleichgültigen Weise, der siegreiche Kraft nicht innewohnte. In der Folge erst, aus der romantisch-germanischen Blutmischung, gingen selbständigere märkische Kulturarbeiter hervor. Eine Stadt im höheren Wortsinne wurde Berlin darum auch unter dem Großen Kurfürsten noch nicht.

K. Scheffler, Berlin. Ein Stadtschicksal. Berlin-Westend, Erich Reiß' Verlag.

Hinter Wall und Graben.
Von Willy Pastor.

Ein verwickelter, aber durchaus organischer Vorgang rief die mittelalterliche Stadt ins Leben. Blicken wir, uns diesen Vorgang zu erklären, auf das Werden des Waldes. In der jungen Schonung können die Bäume noch dicht beieinander stehen, es ist Platz für sie alle da. Wachsen die Stämme aber hoch, so wird eine Auswahl unvermeidlich, und jener Vorgang stellt sich ein, den kurzsichtige Geister einen Kampf ums Dasein nennen. Man vergißt bei einer solchen Deutung, daß schließlich nicht die Bäume selbst einander das Leben schwer machen, sondern daß der Boden den einen Stamm gedeihen, den andern verkrüppeln läßt. Die Erde schuf sich den Baum als ein Organ, tote Stoffe dem Leben wieder nutzbar zu machen. Für einen ersten Abbau genügt da wohl noch seichtes Wurzelwerk. Geht es aber in tiefere Schichten, so bedarf es weitergreifender Wurzeln und kräftiger Stämme, die Stoffe zu sammeln und umzusetzen. Da muß denn das Leben der vielen kleinen Bäume hinübergleiten in das der wenigen großen.

Die Siedelungen des deutschen Urwaldes, die Einzechten und Gehöfe, waren gut für eine erste Rodung. Aber so groß ihre Zahl sein mochte: viel verdauen konnten ihre schwachen Organismen nicht, und das mußte sie über kurz oder lang von Grund aus umgestalten.

Ohne Zweifel sind in den Hütten der alten Siedelungen bereits die meisten der Stoffe nachweisbar, die auch wir heute verarbeiten. Aus Holz und Stroh bauten sie ihre Wohnungen, sie wälzten Steine zusammen für ihre Heiligtümer, und wenn aus ihren Lehmschorn= steinen der Rauch ins Blaue stieg, kam er oft genug von einem Feuer, das Metalle umschmolz. Aber in wie geringen Mengen nahmen sie das alles auf, und wie unfähig waren sie, dem ge= recht zu werden, was in unzähligen Wagenzügen über die Land= straßen fuhr oder mit vollen Segeln über die Ströme glitt! Die Wurzeln griffen mehr und mehr aus, da mußten auch die Stämme dicker werden. Das heißt: wo irgend günstige Verkehrsbedingungen die Lichtungen in Fühlung brachten, nahm eine größere, feste Land= stadt das Leben einer Anzahl kleiner Gemeinden in sich auf.

Das Berlin des 14. Jahrhunderts mag uns zeigen, wie sich der neue Organismus, die Landstadt hinter Wall und Graben, in seiner Gliederung und Funktion darstellt.

Das Fischerdorf Altkölln hatte an Bedeutung gewonnen als Fähr= und Schifferort am Verbindungswege wichtiger slawischer Städte. Zwei weitere Sandhügel der Spree in der Nähe von Kölln (an der Nikolaikirche und am Molkenmarkt) wurden ange= siedelt. „Das Berlin" nannte sich die neue Gemeinde, eine Be= zeichnung, über die man viel gestritten hat, ohne sich doch einigen zu können. Die Gründung fiel — wahrscheinlich — noch in die slawische Zeit. Beim ersten großen Zusammenstoß zwischen Slawen= und Germanentum, der im Siege Heinrichs I. an der Elbe (927) entschieden ward, wurden die Gegenden unserer Stadt direkt nicht berührt. 983 folgte dann der Gegenschlag und die nochmalige Ver= treibung der Deutschen, bis endlich der Sieg Albrecht des Bären 1134 den Slawen für immer das Land entriß. Das Deutschtum konnte wie in der Mark so in Berlin seinen Einzug halten und

4*

hier die Kulturarbeit beginnen, mit der es sich jenseits der Elbe
so tüchtig bewährt hatte. (Vgl. Plan S. 33.)

Aus Westfalen und den Niederlanden strömen Bauern, Hand=
werker und Kaufleute herbei. Klöster werden errichtet, Burgen zum
Schutze der östlichen Grenze, und wo den Kaufleuten ein Ort günstig
am Wege zu liegen schien, sorgten sie, daß ihm eine Kirche gegeben
wurde, um deren Turm sie ihre Meßbuden aufschlagen konnten.
Der Ort selbst aber wurde geschützt mit Wall und Graben.

Zu diesen Orten gehörte Berlin, oder vielmehr Kölln und
Berlin. Denn lange, lange dauerte es, ehe die Schwesterstädte zu
einem einheitlichen Ganzen zusammenwuchsen. 1232 erhielt Kölln,
1240 Berlin die Rechte einer Stadt. 1307 erfolgte auch ein erster
Zusammenschluß beider Gemeinden, indem sie sich in einer gemein=
samen Gemeinde= und Gerichtsverfassung einigten. Aber es war
eine Einigung aus rein äußerlichen Gründen. Für den Fall der
Not waren sie gezwungen, fest beieinander zu stehen, im übrigen
blieben sie die alten eifersüchtigen Rivalen.

Beide Städte aber, um dies gleich vorweg zu nehmen, waren
nach der neuen Kolonisierung durchaus deutsche Siedelungen. Den
Slawen war es unbehaglich geworden auf ihrem alten Boden.
Nicht genug, daß die zugewanderten Deutschen abgabenfrei blieben,
während sie verpflichtet waren, weigerte man sich auch, ihnen das
Bürgerrecht zu geben. Die wendische Abstammung galt als Makel,
der Wende war so ehrlos wie der Jude, der Scharfrichter, Schäfer
und Musikant. Diese gesellschaftliche Achtung war ein radikales aber
sehr sicheres Mittel zur Germanisierung und berechtigt uns, im
Berlin des 14. Jahrhunderts die typische deutsche Stadt des früheren
Mittelalters zu sehen (des früheren Mittelalters, denn die nord=
ostdeutschen Städte gingen in der Kultur um mindestens ein Jahr=
hundert nach.)

Wie es in Berlin aussah in jenen Tagen? Nun, allzu an=
heimelnd für einen modernen Menschen gerade nicht. Wohl zog
sich hinter dem breiten Doppelgraben eine solide Mauer hin von
6 Fuß Dicke und 30 Fuß Höhe, die Tore mit Türmen flankiert
und von schweren Fallgittern geschützt. Aber was diese Mauer
einschloß, war wenig mehr als ein großes Dorf. Nicht einmal
einen gleichmäßig sicheren Boden gewährte die Umfriedung. Über
den Werder zogen sich noch breite Strecken Sumpfes. An eine
Pflasterung war nicht im entferntesten gedacht, und wenn die Häuser

in den Straßen sich in etwas von einer Dorfansiedelung unterschieden, so war es nur durch ihre Menge. Im übrigen fand man es durchaus in der Ordnung, vor den der Straße zugewandten Giebelseiten der Häuser hohe Dunghaufen anzusammeln, Schweineloben an die Mauer zu lehnen und die schmalen Gänge zwischen den einzelnen Häusern als Kloaken auszunutzen.

Dennoch, ganz nur umfriedetes Großdorf war es nun doch nicht mehr. Hier und da bot das Bild der Straßen und Plätze Neuerungen, die den alten Gemeinden unbekannt geblieben waren, an den Ecken der großen Verkehrswege namentlich, wo die Vornehmen sich ihre Häuser errichtet hatten. Diese Eckhäuser waren nicht wie die übrigen bloße Holzbauten unter einem Dach von Schindeln oder Stroh, sondern aus guten Steinen geschichtet und mit Ziegeln gedeckt. Auch bekamen die Einwohner ihr Licht nicht durch die alten Hornscheiben, sondern durch die bleigefaßten runden Glasstücke, die der Handel in das Land gebracht hatte.

Die ersten Steinbauten, so unbeholfen sie sich ausnehmen mochten in der gedankenlosen Übertragung der alten Holzformen auf das neue Material, sind für die Geschichte der menschlichen Arbeit von höchster Bedeutung. In ihnen setzt der junge Organismus der Landstadt eine Art Knochengerüstes an, das sich stark genug erweisen sollte, anderen Neubildungen einen Ansatzpunkt zu bieten.

Eine unscheinbare Einrichtung, die sich auf die steinernen Eckhäuser bezog, ist hier von symptomatischer Bedeutung. Nacht für Nacht standen vor ihren Giebeln kleine Leuchtpfannen mit brennendem Kien, wie sie anfangs nur vom Rathaus niederbrannten. Alle Wohnhausbesitzer waren verpflichtet, derartige Leuchtpfannen bereit zu halten und sie auf die Warnung der Sturmglocke hin auf die Straße zu stellen und zu entzünden.

Wir mögen heute lächeln über die primitive Art solcher Anlagen. Aber sie wollen verglichen werden mit den vorausgegangenen, nicht denen, die folgten. Da kündet sich denn in diesen Spuren das Leben eines Gemeinwesens an, das sich nicht damit begnügt, eine große Anzahl Menschen an einem kleinen Ort zu sammeln, sondern das sie zu einer wirklichen Einheit zusammenschweißt, das ihnen eine bestimmte Gliederung gibt und die Funktionen des Ganzen überträgt auf die einzelnen Teile. Die Teilung der Arbeit beginnt, und damit die Geschichte der Arbeit im engern Sinn des Wortes.

In der altgermanischen Hütte konnte von einer regelmäßigen Arbeit keine Rede sein. Der Germane war vor allen Dingen Krieger. Von seiner Wohnung verlangte er nicht mehr, als der Soldat von seinem Lager. So kam es, daß man, auch wo er bekannt war, gegen den Steinbau eine Abneigung hatte, da er die Bewegungsfreiheit hemmte, und daß die festen Bauten auch auf Jahrhunderte hinaus mit ihren steilen Dächern hölzernen Zelten gleichen konnten. Selbst in ihrer Einrichtung waren sie Zelte geblieben. Die Stallungen hatte man wohl vom Wohnort getrennt, dieser selbst aber mußte (bis ins 12. Jahrhundert hinein) gleichmäßig als Schlafraum, wie als Arbeits-, Speise- und Empfangsraum dienen.

Das änderte sich, als die Häuser enger mit dem Boden und untereinander zusammenwuchsen. Es war weniger Kraft für den Krieg nötig, es wurde mehr frei für die Arbeit im Hause. Langsam fing sie an, sich einen Körper anzusetzen in der feineren Gliederung, die sie allmählich dem Hause schuf.

Die Küche war der erste Raum, den man selbständig machte durch eigene Umwandung. Der Arbeitsraum folgte. Wohl ließ sich nicht daran denken, jeder einzelnen Art der Arbeit ihre eigene Werkstatt einzuräumen, doch hier wußte man sich damit zu behelfen, daß man auf die verschiedenen Häuser verteilte, was in den einzelnen Wohnungen nicht zu vereinen war. In einem Haus wurde nur Leder verarbeitet, im anderen nur Tuch, an einer dritten Stelle das Metall für die Waffen oder der Ton für das Geschirr.

Das war in einer Zeit, in der die äußere Gefahr so weit gehoben war, daß die Verteidigung der Städte und Dörfer einem Bruchteil der männlichen Bevölkerung überlassen werden konnte. Der Krieg war zu einem Handwerk geworden. Was lag den Handwerkern da näher, als sich zu Organisationen ähnlich denen der Krieger zu vereinen?

Mit diesen Organisationen, den Zünften (Innungen, Gilden, Gewerken), die sich immer unentbehrlicher und angesehener zu machen wußten, nimmt die Geschichte der deutschen Arbeit ihren Anfang.

Die ersten Zünfte beschäftigen sich noch lediglich mit den Aufgaben der Hausarbeit (Nahrung und Kleidung). Der Hausfleiß mit seinen minder wichtigen Produkten blieb noch auf lange Zeit hinaus Sache der Hörigen und Leibeigenen. Aber das Beispiel, sich selbständig zu machen, war ihnen gegeben, und je mehr das Leben in den festen Städten sich zusammenzog, um so näher rückte der Zeitpunkt, an dem Gewerbe nach Gewerbe sich als geschlossene Zunft loslöste — um als solche überzugehen in den gegliederten Organismus der arbeitenden Stadt.

Wollen wir die ungeheueren Fortschritte erlernen, die die Neuerung mit sich brachte, so müssen wir wieder daran erinnern, daß zum Vergleiche nicht die späteren sondern früheren Zustände heranzuziehen sind. Die alten Zunftgesetze, auf moderne Verhältnisse übertragen, würden den Tod des Gewerbefleißes bedeuten: in jenen Tagen waren sie dessen Lebensbedingung. Das Handwerk wurde scharf abgegrenzt, die für die Produktion günstigsten Bedingungen wurden festgestellt, man lernte übersehen, was zu leisten war und wie dies geschehen mußte. Das eigenste Interesse der Handwerke, die sich als junge Organisationen erst zu rechtfertigen hatten, zwang ihnen eine strenge Standesehre auf. Es war eine Lebensfrage für sie, jedes unlautere Element unbarmherzig auszuschließen und in der strengen Unterordnung der Gesellen unter die Meister, der Lehrlinge unter die Gesellen Grade zu schaffen, die denen des adligen Waffenhandwerkes an Schärfe nicht nachstanden.

In Kölln-Berlin sehen wir im 14. Jahrhundert vier Zünfte als geschlossene Masse zwischen den herrschenden Adel und die ehrlosen Hörigen eingeschoben, die sogenannten „Viergewerke" der Fleischer oder Knochenhauer, Wollenweber oder Tuchmacher, der Schuster und der Bäcker. Kölln und Berlin hatten jedes ihre eigenen Zünfte, aber zwischen ihnen bestand die enge Gemeinschaft, die über das gesamte Reich hin die Zünfte sich vereinigen ließ, eine Gemeinschaft, von der die Gesellen zu erzählen wußten, wenn sie vor der Meisterprüfung auf ihrer Wanderfahrt in den Zunftherbergen vorsprachen. Jede Zunft hatte das Recht der Vertretung beim städtischen Rat, und diese Vertreter, die „Sechszehnmänner", umgaben als „äußerer Rat" die aus 18 Adligen bestehende engere städtische Regierung.

Es kann uns nicht überraschen, wenn wir die Umwälzungen, die von den germanischen Lichtungen hinüberleiten zu den Städten hinter Wall und Graben, von Erscheinungen gewaltsamster Art begleitet sehen. Die Gräuel des Faustrechts, mit denen die Zünfte sich ihre ersten Privilegien erzwingen mußten, mögen Berlin erspart geblieben sein. Kolonisten ließen sich nicht in unbekannte

Gebiete locken, wurden ihnen nicht gewisse Rechte verbrieft. Wir können annehmen (bestimmte Nachrichten fehlen auch hier), daß die ersten Zünfte in Berlin so alt sind wie die ersten deutschen Kolonien an der Spree.

Im übrigen jedoch geben uns die Urkunden Berlins so gut wie die aller übrigen deutschen Städte ein recht vollständiges Verzeichnis aller der für das Mittelalter bezeichnenden Schrecken, und man braucht nur unser ältestes Stadtbuch durchzulesen, um die mittelalterliche Rechtspflege in ihrer ganzen grausamen Härte kennen zu lernen. In den 42 Jahren von 1399—1441 fanden in den jugendlichen Städten, die doch kaum 6000 Einwohner zählten, nicht weniger als 104 Hinrichtungen statt. Und Hinrichtungen für welche geringfügigen Vergehungen oft! Da wird ein Knabe wegen eines Heringsdiebstahls verurteilt zum Strang, eine Frau lebendig begraben wegen Hausfriedensbruches, ein Mann gerädert, weil er mit Brandstiftung gedroht hatte.

Die gesammelte Kraft der Städte bedurfte zu ihrer Leitung und Nutzbarmachung anderer Maßregeln als das über weite Landstrecken hin sich verteilende Leben der alten Siedelungen. Wenn auf den Sandhügeln, die bisher nur zwei kümmerliche Fischerdörfer getragen hatten, sich 6000 Menschen zusammenfanden, so mußten zum Schutze des Eigentums der einzelnen grausamere Gesetze erlassen werden. Das Scharfrichtergewerbe bildete sich nach und nach zu einer fast künstlerischen Feinheit heraus. Der Mann, der die armen Sünder auf seinem Karren durch die Straßen fuhr, an den größeren Plätzen Halt machte, um sein Opfer mit glühenden Zangen in die Brust zu zwicken, der den Scheiterhaufen am Neuen Markt schichtete oder die eiserne Kufe zum Braten eines Brandstifters herrichtete, der Mann war so ohne weiteres nicht zu ersetzen. Er war ehrlos, und niemand mochte mit ihm reden. Aber angesehen und gut besoldet war er darum doch.

Sollen wir empört sein über die Roheit einer Gemeinde, die einer Hinrichtung zulief wie einem Schauspiele? Die Entrüstung liegt ja nahe, aber sie scheint mir nicht berechtigt. Weit eher scheint es mir bewundernswert, wie ein Volk in der kurzen Spanne Zeit von ein bis zwei Jahrhunderten eine solche Umgestaltung möglich machen konnte, wie Deutschland sie damals erlebte. Es war nicht bloße Neugier und Gefühlsroheit, was die Menschen dem Richtplatz zuführte: ihr Instinkt wußte nur zu gut, daß sie solche Grausamkeiten nötig hatten, daß ohne sie niemals die Massen, die den Städten hinter Wall und Graben zuströmten, in lebendiges Fleisch und Blut umzusetzen waren.

Ein Blick auf das landschaftliche Berlin des 14. Jahrhunderts, auf das Werk, dessen die in der Stadt aufgespeicherte Kraft fähig war, und wir sind versöhnt mit allen Unmenschlichkeiten. Auf Meilen hinaus durchziehen den Sumpf und Bruch schon die Wiesen und Felder der Stadt, und immer neue Wiesen und Felder werden dem Boden abgerungen. Es sind kleine Herdenkarawanen, die die Hirten nun zur Weide treiben; die Ernte, die sie im Herbst durch die Tore schaffen, füllt große Speicher. Und doch verlangt das unheimliche Tier hinter Wall und Graben noch immer größere Mengen und größere Arbeit.

W. Pastor, Berlin wie es war und wurde
München, Georg Müller.

Das alte Berliner Rathaus.
Von Willibald Alexis.

Das alte Rathaus zwischen Berlin und Kölln ragte mit seinem bunt verzierten Oberbau und den vielen verzierten Türmchen hoch über die andern Häuser hinaus. Die Türmchen, nicht zur Verteidigung, es war nur Spielwerk, schauten nach allen Stadtteilen; der mächtige, vielfach ausgezackte Giebel aber war dem Spreeflusse zugewandt. Das Holzwerk war nicht überputzt; aber, künstlich ausgeschnitzt und rötlich gefärbt, glänzte es schon von fern, und das Auge sah die ganze Gliederung des wunderlichen Baues. Wie schöne Mohren und Türken und allerhand Ungeheuer zeigten die kunstvoll geschnitzten Balkenknöpfe, und wie grimmig gähnten die Drachenköpfe von den Wettertraufen! Und überall, wo eine Mauerwand sich bloß gab, war sie mit bunten Malereien überdeckt. Die Helden und Weisen aller Zeiten, auch die Königinnen und Schönen der ritterlichen Höfe waren hier zu sehen; alle, Griechen, Römer und Hebräer, in der buntesten, scheckigsten Modetracht des abgelaufenen Jahrhunderts. Da ritt der heilige Georg und tötete den Lindwurm, der heilige Florian goß Wasser über die Feuersbrunst, und der heilige Martin teilte mit dem Schwert seinen Mantel mit dem Armen, der ihn anbettelte. Aber unter den Türen und an den Ecken noch einmal stand, in Holz gehauen, der große Christophel; denn der das Jesuskindlein, das ist die Welt, trägt des Schultern sind wohl stark genug, um ein Haus zu tragen. An allen Ecken hingen die Wappen von Berlin und Kölln, ihrer Geschlechter und der verbündeten Städte. Der kaiserliche Doppeladler breitete seine Flügel über dem Haupttor aus, der hohenzollernsche hatte nur ein bescheidenes Plätzchen daneben. Am lustigsten sahen die bunten Fahnen aus, so von den Giebeln und Türmchen herab im Spiel der Winde flatterten. Die Würde der Obrigkeit verschmähte es nicht, auch durch ein heiteres Zeichen ihre Gegenwart den Bürgern darzutun. Da wehten die Fähnlein der Städte Alt- und Neubrandenburg und Frankfurt, von Prenzlau, Bernau, von Rathenow und Mittenwalde, und noch viele andere, und auch die Fahne des Hansabundes flaggte hoch auf der Firste; aber das kurfürstliche Banner hing sehr klein neben einem Schornstein.

Also sah das Rathaus auf der langen Brücke dazumal aus, davon jetzt keine Spur mehr ist; man weiß nicht einmal den Fleck genau, wo es gestanden. W. Alexis, Der Roland von Berlin.

Schlüter und das Berliner Schloß.
Von Max Osborn.*)

Andreas Schlüter! Ein Klang, vor dem wir uns bewundernd beugen und voll Dankbarkeit. Der uns Geltung verschafft hat im großen Orchester der Weltkunst, und der als eine Mahnung, fast als eine Strafpredigt, hereindröhnt in die Zerstörungslust und Afterkunst unserer Tage. Was sich für uns in diesem Namen birgt, ist das reichste und höchste Kunstglück, das der neuen deutschen Hauptstadt in den Sandfeldern des Nordens beschieden war. Denken wir ihn uns aus der Geschichte Berlins fort, — so bleibt nicht viel mehr übrig, was die Stadt in die Reihe der großen Kunstmetropolen dieses Planeten emporhebt. Schlüter steht an der Spitze der stolzen Reihe von Künstlern und Dichtern, in deren Werken und Wirken der preußisch-märkische Geist aus der Gebundenheit der Pflicht und des Wollens unmittelbar in die höheren Sphären freien Schaffens emporbringt. In seinem Gefolge treten sie alle auf, die Knobelsdorff, Schadow, Rauch, Schinkel, Chodowiecki, Menzel, die Kleist,

---
*) Dieser Aufsatz ist mit den Abbildungen auf S. 60, 63, 65, 81 und 109 dem im Verlag von E. A. Seemann in Leipzig erschienenen Werk Berühmte Kunststätten, Bd. 43: Berlin von Max Osborn (4.—) entnommen.

Alexis und Fontane. Er ist ihr Ahnherr und Stammvater, der fast aus dem Nichts sich die Möglichkeiten schuf, das spröbeste Material ohne wesensfremde Beimischungen zu ästhetischen Gebilden zu formen, deren es kaum fähig zu sein schien. Und er übertrifft sie alle in der Kraft und Großartigkeit, mit der er dies bewunderungswerte Wagnis unternahm, und in dem lachenden Glanz und der souveränen Kühnheit, mit denen er es durchführte. Die Selbstzucht und Energie, die unerhörte Fähigkeit, alle angeborene Tatkraft aufs äußerste zu konzentrieren und ins fast Unmögliche zu steigern, das eiserne Zielbewußtsein und das trotzige Vertrauen auf die eigene Zähigkeit, der rücksichtslose Herrscherwille, der sich durch kein Fehlschlagen im einzelnen beirren und durch kein Blendwerk zu gefährlicher Überhast verleiten läßt, die unerschütterliche Entschlossenheit, von dem materiell wie ideell Eroberten nie mehr etwas herauszugeben, — alle diese Züge, die das Wesen der ungeheuren Erfolge des Preußentums in den letzten Jahrhunderten bestimmen, scheinen Leben und Gestalt gewonnen zu haben in Andreas Schlüters Kunstgebilden.

Schlüter wurde am 20. Mai 1664 als Sohn des Bildhauers Gerhard Schlüter in Hamburg geboren. Als Kind kam er mit dem Vater nach Danzig, dessen prächtige Bürgerhäuser dem Knaben und Jüngling entscheidende Anregungen fürs Leben vermittelten. Hier lernte er früh die innige Verbindung von Architektur und dekorativer Plastik kennen, lernte er, wie die Renaissancebaumeister der reichen Handelsstadt mit untrüglicher Sicherheit aus der Zweckmäßigkeit ihrer Häuser charakteristischen Schmuck entwickelten. Ohne Zweifel aber ist es die Plastik und nicht die Architektur, von der Schlüter seinen Ausgang nimmt. David Sapovius in Danzig, ein Bildhauer, gibt ihm den ersten Unterricht. Der Landesherr seiner zweiten Heimat Danzig, der Polenkönig Johann Sobieski, nimmt ihn in seine Dienste; er verwendet ihn bei seinen Warschauer Schloßbauten. In einer späteren Eingabe Schlüters wird ausdrücklich hervorgehoben, daß Kurfürst Friedrich III. ihn mit einem Gehalt von 1200 Talern — nicht wenig, da sein Vorgänger Nering nur 400 erhielt — vom polnischen Königslager als Hofbildhauer nach Berlin berief, wo er zugleich bei der Neueinrichtung der Akademie mitwirken sollte. Übereinstimmend erzählen die historischen Quellen, daß des Neuangekommenen erste Arbeiten plastische Details an Nerings Neubau der Langen Brücke gewesen sind, Reliefs mit

Flußgottheiten aus Sandstein, die von der Feuchtigkeit bald zerstört wurden und längst zugrunde gegangen sind. Wahrscheinlich war das Jahr 1694, da jene offizielle Ernennung erfolgte, auch das seiner Ankunft in Berlin.

Skulpturen in Potsdam, hauptsächlich an der Decke des Marmorsaales, scheinen gefolgt zu sein. Dann aber beginnt Schlüters Tätigkeit für das Zeughaus. Der dekorative Schmuck, den er der Fassade zukommen ließ, ist hohen Ruhmes wert. Doch erst die Masken

Masken sterbender Krieger aus dem Hof des Zeughauses von Schlüter.
Nach den Radierungen von Bernhard Rode.

sterbender Krieger im Innenhof bedeuten den Höhepunkt seiner Arbeiten für das Arsenal. Es ist kein zu hohes Wort, das gesprochen wurde, wenn man den Geist der Laokoongruppe in diesen Köpfen wieder auferstehen sah. Was Lessing dem unbekannten antiken Meister nachrühmt: daß er es verstanden habe, das körperliche Leiden zu einem innerlichen zu stempeln, den Schmerz des Leibes zugleich als Schmerz der Seele auszudrücken und dadurch zu adeln, die ganze Furchtbarkeit der Qual darzustellen und sie doch mit künstlerischer Weisheit zu mildern, hat auch Schlüter hier erreicht. Er modellierte eine Reihe von Köpfen, bärtige Männer- und zarte Jünglingsgesichter, und mit unerschöpflicher Erfindungskraft spiegelte er in ihren Zügen alles Grauen, alle Schrecken, allen Grimm und Haß, alle Wut und Gier des Krieges wider. Draußen an der Front erscholl die Siegesfanfare, hier baunt ein Künstler von unerschrockenem Wahrheitsmut auch das Entsetzen der Schlacht in plastische Gebilde. Welch ein hoher Sinn spricht aus dem Entschluß, in einem Waffen- und Kriegspalast auch der Furchtbarkeit des Krieges das Wort zu geben; es ist, als wenn Schlüters Künstlertum sich dagegen gesträubt hätte, die Erinnerung an Blut und Wunden durch das laute Pathos der Siegesallegorie schlechthin übertönen zu lassen, und es macht der Gesinnung seines kurfürstlichen Auftraggebers alle Ehre, daß er ihn gewähren ließ. In dieser Anordnung des Zeughausschmuckes spricht noch vernehmlich der männliche Geist der Frührenaissance, der keine Weichherzigkeit und keinen leeren Schwulst kennt, der auch in den drohenden Ernst und die Schrecknisse des Lebens ohne Furcht hinabsteigt. Nicht nur in Berlin, auch in andern Kunst- stätten wird man vergebens nach Werken suchen, die tiefer als diese Masken an die letzten Probleme der Plastik rühren: in der Nach- bildung des Körperhaften greifbare Symbole für geistiges, inner- lichstes Erleben zu schaffen.

Zu gleicher Zeit gehen andere plastische Arbeiten nebenher. Im Jahre 1701 entstanden die Arbeiten für das Erbbegräbnis des Hofgoldschmieds Daniel Männlich in der Nikolaikirche, wo Schlüter über den aufgerollten Verdachungen eines Grabtores, neben einer Urne mit den fein behandelten Reliefbildnissen Männlichs und seiner Gattin, rechts einen weinenden Genius, links die Figur des Todes anbrachte, der ein schreiendes Kind grausam erfaßt. Schlüter zeigt sich dabei weit mehr als in den Masken des Zeughauses vom Geiste des Barock erfaßt, der ihm auch beim Entwurf der Kanzel für die Marienkirche (1703) die Hand führte.

Wichtiger war das große Werk, das den Meister von 1697 bis 1703 beschäftigt: das Reiterdenkmal des Großen Kurfürsten auf der Langen Brücke. Schon vorher hatte Schlüter ein Standbild Fried- richs III. herzustellen, bei dem er mit unvergleichlichem Takt die Figur des Herrschers zu monumentaler Darstellung benutzte; es ist die Statue, die sich heute in Königsberg befindet. Nun galt es, den Plan auszuführen, den der Nachfolger Friedrich Wilhelms von vornherein verfolgte. Wir wissen ja, daß schon auf einer Denk- münze von 1692 der in Wirklichkeit eben begonnene Brückenbau das Reiterstandbild trägt.

Die Auffassung des Großen Kurfürsten, der Schlüter hier Ge- stalt lieh, war durchaus nach dem Geschmack der Zeit: der Dargestellte erhält ein ideales römisches Cäsarenkostüm, das genug der Glieder freiläßt, um die Formenfreude des Bildhauers nicht zu sehr zu begrenzen, doch er erhält auch eine moderne Allongeperücke, die den Helden aus zeitloser Sphäre wieder in die Gegenwart zurückversetzt. Der Kontrast zwischen diesen Bekleidungsmotiven aber wird gar nicht empfunden, weil die souveräne Kunst Schlüters solche Nebendinge der Hauptaufgabe völlig unterordnete, so daß sie verschwinden. Diese Aufgabe war: die gewaltige Persönlichkeit eines Herrschers zu zeigen, dessen imposante äußere Erscheinung der Energie seines Willens und der Größe seiner Taten entspricht. Und wie in der Figur des Reiters alles diesem einen Zweck zustrebt, so auch in seiner Verbindung mit dem mächtigen Pferde, das ihn trägt: das unaufhaltsam Vorwärtsstürmende des Geistes, der aus den prachtvollen Zügen leuchtet, wird begleitet durch das Schreiten des wundervoll modellierten, kräftigen Tieres. Und beide, Pferd und Reiter, werden von einem groß gedachten Kontur umschrieben, der dem Denkmal auf seinem unvergleichlich schönen Platze von allen Seiten eine frei sichtbare, hinreißende, fast drohende Silhouette gibt, — eine Erscheinung, die der Bedingtheit der Zeit entrückt ist, und die doch tief in historischer Wahrheit wurzelt.

Die Kunstgeschichte der Völker besitzt nur wenige Seitenstücke zu diesem Berliner Reiterbilde. Man muß schon an Verrochios Colleoni in Venedig denken oder an Donatellos Gattamelata in Padua, um würdige Nebenbuhler zu finden. Und gesteigert wird der Eindruck der Hauptgruppe nun noch durch die geniale Erfindung des Unterbaus. Oben ist alles Sicherheit, Ruhe, majestätische Unerschütterlichkeit; das Postament ist bestimmt durch bewegte Formen und geschwungene Linien. Der Reiter ist die Verkörperung der Willenskraft, des Herrschertums, des Sieges; die vier Eckfiguren der gefesselten Sklaven, die gebeugt, zusammengekauert, ängstlich und furchtsam nach oben blickend, absichtlich unruhige Umrisse zeigen, lassen im Kontrast jenen Eindruck doppelt wirksam werden. Das Motiv der gefesselten Sklaven, ein vielfach gebrauchtes Barockthema, dem wir ja auch im Berlin der Renaissance wiederholt begegnen, ist nie von so sinnvollem Leben erfüllt worden wie hier. Man hat früher viel darüber nachgegrübelt, was die Gestalten wohl „bedeuten" sollen, hat in ihnen die besiegten Feinde des Kurfürsten oder auch, philosophischer, die gebändigten Leidenschaften erblicken wollen. Es bedarf nicht dieser spitzfindigen Auslegungen; was

Das Denkmal des Großen Kurfürsten von Schlüter.

Schlüter hier trieb, war lediglich der bildhauerische Gedanke, Ruhe gegen Bewegtheit, das Bild der Kraft gegen das der Ohnmacht zu stellen und aus dem Gegensatz für die Hauptaufgabe eine Steigerung des Ausdrucks zu gewinnen, die so völlig in die Anlage des Ganzen verwachsen ist, daß der Betrachter die Wirkung fühlt, ohne sich über ihre Mittel klar zu werden.

Schon früher wurde auf den Meister des Erzgusses hingewiesen, dem Schlüter die vollendete technische Ausführung seines Werkes verdankt. Was Johann Jacobi bei dem Reiterdenkmal und den Sklavengestalten leistete, wird um so erstaunlicher, wenn man bedenkt, daß die Kunst der Gießerei für solche Aufgaben damals etwas völlig Fremdes in der Mark bedeutete. Wie sehr ihr plötzlicher Aufschwung allein mit Jacobis Persönlichkeit verknüpft war, erkennen wir an der Tatsache, daß er nach seinem Tode wieder vollkommen verschwindet, und daß ein Jahrhundert später, als Schadow seine Quadriga für das Brandenburger Tor schuf, die verloren gegangene Technik allen Bemühungen zum Trotz nicht wiedergewonnen werden konnte.

Als Bildhauer war Schlüter nach Berlin berufen worden, aber bald nach seiner Ankunft ward er auch als Architekt in Anspruch genommen. Es war im Jahre 1695, als der Kurfürst den Entschluß faßte, bei dem nahen Dorfe Lietzow für seine Gattin Sophie Charlotte, der der kleine Ort die Erhebung zu dem würdevolleren Namen Charlottenburg verdankte, inmitten eines prächtigen Parkes an der Spree ein Schloß zu errichten. Den Plan des Schloßgebäudes selbst hat man lange bedingungslos Schlüter zugeschrieben. Heute ist die Forschung mehr geneigt, den Kern des Schloßbaues noch für Nering in Anspruch zu nehmen. Bei der Innenausstattung aber ist Schlüters glänzende dekorative Kunst ohne Zweifel bereits stark beteiligt. — Im Jahre 1694 begann dann die Arbeit am Berliner Schlosse.

Verschwunden ist heute Schlüters Postgebäude an der Ecke der Burg- und Königstraße, an der Stelle, wo bis zum Jahre 1701 das Renaissancehaus des Bürgermeisters Lewin Schardius stand. Die Art, wie Schlüter die architektonische Aufgabe dieses Eckbaues löste, zeigt ihn als einen Meister in der Kunst, jeder Situation gerecht zu werden. Wie fein wußte er zwischen den Forderungen eines Schlosses und eines Bauwerks ganz anderer Art zu unterscheiden! Der palaisartige Charakter, den die Post dennoch erhielt,

Der Mittelbau des Charlottenburger Schlosses.

war keine Attrappe, sondern der Ausdruck für die schön geschmückten Säle des Inneren, in denen sogar das gräflich Wartenbergsche Paar gelegentlich Festlichkeiten veranstaltete, und aus denen man beim Abbruch des Hauses wenigstens einige Details ins Kunstgewerbemuseum und ins Märkische Museum gerettet hat.

Ein zweites kleineres Gebäude, das Schlüter schuf, hat ein besseres Schicksal gehabt. Es war des Meisters letztes Werk in

Berlin: das Gartenhaus des Geheimrats und Staatsministers Ernst Bogislav v. Kameke in der Dorotheenstraße (Nr. 27), das er im Jahre 1712 erbaute, das Haus, das unter Friedrich II. eine Zeitlang von dem patriotischen Großkaufmann Gotzkowski bewohnt wurde, und das 1779 in den Besitz der Freimaurerloge Royal York de l'Amitié gelangte, der es noch heute gehört. Mitten aus den hohen modernen Häusern der Dorotheenstraße erhebt es sich als eins der reizvollsten Denkmäler Alt-Berlins.

Es ist wiederum ein charakteristisches Beispiel für Schlüters Vielseitigkeit und Ideenreichtum. Fast kein Zug erinnert an alles andere, was sonst von seinem Wirken als Baumeister in Berlin erzählt. Hier galt es, ein Landhaus zu schaffen, ein Garten- und Lusthaus; denn das Gelände lag weit vom Mittelpunkt der Stadt entfernt, und zwischen anderen Gärten dehnte sich sein weiter Park bis zur Spree hinab. Bei solchem Zweck durfte der Meister nicht nur von der Wucht des Schloßbaus, sondern auch von der würdevollen Eleganz des Postgebäudes absehen. So schuf er eine kleine Villa, die schon vom Pomp des Barock auf die Grazie des Rokoko vordeutete. Durchaus malerisch plastisch, nicht streng architektonisch in der ganzen Anlage. Ein einstöckiges Gebäude mit niedrigem Attikageschoß, aus dem ein zweistöckiger Mittelbau herauswächst, so daß ein zackiger Umriß von launischer Willkür sich ergibt. Ja, die Straßenfront erhielt eine geschweifte Abschlußlinie und jene weich-beweglichen Formen, die viel später an der Königlichen Bibliothek wieder auftauchten. Mit seinem zierlichen dekorativen Schmuck, mit den besonders schön erfundenen und arrangierten Figuren über dem Dachgesims stellt das Bauwerk einen köstlichen künstlerischen Einfall dar. Treten wir aber ein, so erkennen wir, daß Schlüter auch hier das große Hauptgesetz der Baukunst wohl beachtete: von innen nach außen (nicht von außen nach innen) zu bauen, die Fassade aus dem Grundriß zu entwickeln und nicht umgekehrt. Der zweistöckige Mittelbau enthüllt sich nun als das Gewand eines großen und hohen Festsaales, der in der Abmessung und Abstimmung der Raumverhältnisse ein Meisterstück für sich bildet.

Als Schlüter dies schmucke Bauwerk schuf, war seine große Zeit schon vorüber, seine höchste Kraft gebrochen. In unablässiger Arbeit hatte er im Anfang des Jahrhunderts den Schloßbau zu Ende geführt. Neue, große Pläne tauchten auf, die weitausschauend in die Zukunft blickten. Wie weit er freilich an dem Projekt eines großen Forums für das königliche Berlin Anteil hat, den ein Stich von Broebes ihm zuschreibt, ist nicht aufgeklärt. Doch es ist Schlütersche Phantasie, die hier spricht Ein Blick auf den Schloßplatz von oben her bietet sich uns, auf einen neuen Schloßplatz, wie er nie zur Wahrheit geworden ist. Das Viereck erscheint hier mit monumentalen Gebäuden umzogen, der Platz selbst, streng flächig gehalten, nur in vier geometrische Rasenfelder geteilt, von rechtwinklig sich schneidenden Wegen durchkreuzt. An der Spree ist das Ufer mit Balustraden geschmückt. Zur Langen Brücke führt ein im Halbkreis hinausgebauter Quai. Dem Schlosse gegenüber erhebt sich eine prachtvolle Marstallfassade, die Ihne zwei Jahrhunderte später für seinen Neubau verwertete. Den Hintergrund aber bildet als Abschluß eine neue Domkirche. Sie ist von zwei Seitengebäuden eingeschlossen, die von ferne an die Prokurazien des Markusplatzes erinnern. Und der Dom selbst trägt, in Form eines griechischen Kreuzes, über einem Mittelquadrat eine stolze Kuppel, die an Michelangelos Peterskuppel mahnt, und die von vier kleineren Genossen begleitet ist. Korinthische Säulen schmücken das Portal, das gleichfalls unmittelbar an römische Vorbilder denken läßt. Weithin gleitet der Blick über die neue Stadt. Und nördlich von dem Prunkdom ragt die schlanke Nadel eines neuen Münzturms in die Höhe — des **Münzturms**, der Schlüters Sturz herbeiführen sollte.

Schon das Renaissanceschloß der früheren Periode wies am Westflügel, der späteren Schloßfreiheit gegenüber, einen Turmbau auf. Wir sehen ihn auf einer Stribbeckschen Zeichnung, wo er als die „Wasserkunst" bezeichnet wird, d. h. als ein Bassin, das die Wasserversorgung des Schlosses, später auch die Springbrunnen des Lustgartens zu regulieren hat. Dann wechselte die Bestimmung des Turmbaus, und er ward für die Zwecke der Münze in Anspruch genommen, die ihm fortan den Namen gab. Der König wünschte auch hier eine monumentale Umgestaltung. Ein kostbares Glockenspiel, das er in Holland gekauft hatte (und das später in die Parochialkirche kam), sollte hier untergebracht werden, der Turm selbst zu gewaltiger Höhe emporsteigen. Schlüter entwarf einen Renaissanceaufbau von mehreren, sich verjüngenden Stockwerken, dann mit offenen Galerien und kunstvollem Turmdach. Im Jahre 1702, mitten in des Meisters arbeitsreichster Epoche, wird der Bau in Angriff genommen. Aber bald zeigten sich Risse und Senkungen, die auf Mängel in der Fundamentierung wiesen. Zwei Jahre später, da

5*

alle neuen Versuche, dem Grundfehler abzuhelfen, fruchtlos geblieben, ward aus der lange verheimlichten Angelegenheit ein offener Skandal. Hilfskonstruktionen müssen angebracht werden, die enormes Geld verschlingen. Alles umsonst. Die Lage wird immer bedenklicher, der Turm neigt sich zusehends, die Erregung und Verwirrung in Berlin steigt, bis man zu dem einzigen Auskunftsmittel greift, den ganzen Bau abzutragen. Doch ehe es so weit kam, hatte Schlüter ein wahres Martyrium zu bestehen. Es gelang, wie schon erwähnt wurde, seinen Neidern, den König weit über Gebühr mit Mißtrauen und Unwillen gegen ihn zu erfüllen. Eine Sachverständigenkommission ward zur Prüfung der Angelegenheit eingesetzt, der neben Eosander und Martin Grünberg der Mathematikprofessor Sturm von der Universität in Frankfurt a. O. angehörte. Wir besitzen das Protokoll der Unterredung, die diese Kommission mit Schlüter geführt hat. Es ist eine Inquisition und Folterung zugleich, die mit ihm vorgenommen ward. Daß er tatsächlich Fehler bei der Konstruktion begangen, vor allem es unterlassen hatte, Tiefbohrungen anzustellen, die eine bessere Kenntnis des schwierigen Baugrundes ergeben hätten, und daß darum der Mißerfolg zum Teil auf sein Konto zu setzen war, steht freilich fest. Doch es empört zu sehen, welcher Pein der Mann ausgesetzt wurde, dem der König und die Berliner so Unendliches zu danken hatten. Es empört nicht minder, im „Theatrum Europaeum", der angesehensten wissenschaftlichen Zeitschrift jener Jahre, den anonymen Artikel über die Affäre zu lesen, der zweifellos von Eosander herstammt, und in dem mit pharisäischem Augenaufschlag betont wird, daß Schlüter es nur „Seiner Majestät sonderbahrer clémence und Gütigkeit" zuzuschreiben habe, wenn er nicht schwer bestraft worden sei. Eine ungeheure Intrige muß damals den Ruf des Meisters untergraben haben; daß die Kunstgeschichte der Vergangenheit reich an Beispielen ähnlicher Vorfälle war, ward geflissentlich übersehen.

Schlüter selbst hat diesen Schlag nie mehr verwunden. In einem Briefe, den man nicht ohne Erschütterung lesen kann, legte er 1706 die Leitung des Schloßbaus nieder, die dann im folgenden Jahre Eosander übernahm. Er hatte die Achtung des Hofes und damit auch der Bevölkerung verloren. Doch man darf es Friedrich I. immerhin als Verdienst anrechnen, daß er den Künstler nicht gänzlich fallen ließ. Wenigstens als Hofbildhauer behielt er ihn weiter im Dienst. In diesem Amt schuf Schlüter noch eine Reihe von dekorativen Figuren für die Balustrade des Schlosses, Gestalten des Merkur, der Juno, des Bacchus, der Leda, der Flora, der Venus, die jetzt verschwunden sind. Er entwarf noch für das Söhnchen des Kronprinzen, das im zartesten Kindesalter gestorben war, das Grabdenkmal für die Gruft im Dom (1708); die Gestalt des kleinen Prinzen, die auf einem Kissen sitzend den Sarg krönte, lieferte wahrscheinlich noch den Entwurf für den Sarkophag des Königs selbst, wie er vorher an dem der Königin mitgearbeitet hatte. Aber der Glanz und die Freudigkeit waren von seinem Leben gewichen. Wie unerschüttert gleichwohl seine schöpferische Kraft blieb, zeigt das Haus der Loge Royal York von 1712. Doch im Jahre darauf, 1713, starb Friedrich, und sein Sohn, in jedem Betracht der lebendigste Gegensatz zu seinem Vater, strich unmittelbar nach dem Regierungsantritt fast den ganzen Kunstetat des Hofes. Nun gab es vollends für Schlüter in Berlin keine Arbeit mehr, und als einen Rettungsanker ergriff er die Aufforderung, die ihm aus der Ferne kam: Peter der Große berief den weltberühmt Gewordenen an seinen Hof. In Petersburg erwarteten ihn neue Pläne und große Entwürfe. Aber nicht lange überwand seine zerrüttete Gesundheit die Strapazen der Reise und die Gefahren des russischen Winters. Schon 1714 starb er, fern von seiner Familie, die er in den unsichersten Verhältnissen in Berlin zurückgelassen hatte und nun im tiefsten Elend der Gnade des preußischen Hofes empfahl. Doch die Bittgesuche der Witwe an Friedrich Wilhelm I. wurden zurückgewiesen; mit rücksichtsloser Strenge ward auf die Schuld gedeutet, die der Dahingegangene auf sich geladen, und auf die Kosten, die er dem Hofe dadurch verursacht habe. Von keinem Wort und keiner Tat des Dankes hören wir. So sank der Stern des größten Künstlers, den Berlin besaß. Es beginnt die neue Zeit, die ihre großen Meister nicht mehr zu ehren weiß.

Von Schlüters gewaltigster Arbeit aber haben wir noch nicht gesprochen.

Ein malerisches Gemisch aus Elementen der verschiedenen Epochen, die an ihm mitgewirkt hatten, vielfach winklig und düster im Inneren, in seinem Äußeren reich an den spitzigen Türmchen und Erkern — so fand Schlüter den Schloßbau vor. Friedrich I. befahl einen durchgreifenden Neubau, und Schlüters erster Plan lief tatsächlich auf ein vollkommen neues Gebäude hinaus.

Doch dieser erste Plan kam nicht vollständig zur Ausführung.

Phot. J. Albert Schwartz, Berlin.
Des Berliner Schloß: Der Bau Schlüters.

Auf der einen Seite wurden die alten Bauteile des Schlosses am Wasser völlig geschont, auf der anderen ward die dekorative Pracht der Ausschmückung ruhiger und geschlossener, als der Künstler es anfangs beabsichtigt hatte. Beides kam dem Bau zugute. Denn wie er nun sein historisches Werden deutlicher und stolzer zur Schau trug, so erschien die architektonische Sprache seiner Fassaden, zu der man sich jetzt entschloß, als der rechte Ausdruck großartiger Würde und sicherster Kraft. Das ganze malerische Gewimmel nach der Spree zu: der Grüne Hut, vor ihm der Turmbau der alten Erasmuskapelle, weiter Lynars Drittes Haus mit seinen Ziergiebeln und Ecktürmchen, daneben Smids-Nerings schlichter Anbau und schließlich der prächtige Flügel der Schloßapotheke, blieb also bis auf kleine Veränderungen unangetastet (so ward der Oberbau des Kapellenturms der Gesamtwirkung zuliebe verkürzt). Der Umbau Schlüters begann mit dem Kaspar Theiß-Bau, also mit der Schloß= platzfront vom Wasser bis zur Mitte, und dem rechtwinklig daran= stoßenden Trakt an der Spree bis zur Kapelle, und erstreckte sich weiter auf die entsprechende Lustgartenfront und vor allem auch auf den Schloßhof. Die alten Baulichkeiten an der Ostseite und Nord=

Das Berliner Schloß: Der alte Flügel aus dem 15. Jahrhundert.

ostecke des Schlosses, die sich um zwei kleine Höfe: den Kapellenhof und den sogenannten Eishof, herumziehen, bildeten und bilden noch heute eine Gruppe für sich: an sie lehnt sich der neue Schlüterbau an, der ebenso wie auf jenem ersten Plan zunächst lediglich das Rechteck der Flügel um den inneren Hof umfaßte. Weiter nach Westen zu, im Viereck um den heutigen äußeren Schloßhof, blieben die alten Altanbauten fürs erste unangetastet. Jenes große Rechteck bildet demnach den Kern, und es bildet die Größe des Schlüterbaus. Hier ist jene gewaltige Einheit seines Werkes am herrlichsten durchgeführt. Draußen die grandiose Würde der Schloßplatzfassade, in vier Stockwerken aufgeschichtet, in der Größe der Fenster, in der Abmessung ihrer Zwischenweite mit höchster Künstlerweisheit berechnet. Der Schmuck der großen Fläche sparsam, doch ausdrucksvoll; die flachen und bogenartigen Fensterbekrönungen schließen sich dem Auge zu großen horizontalen Linien zusammen. Und aller reichere Ausdruck ist auf das mächtige Portal beschränkt, das mit drohenden Vertikalen jene wagerechten Linien durchschneidet: das Erdgeschoß in Rustika gequadert[1]), mit drei Eingängen, deren mittelster die Nebenpforten überragt, darüber vier freistehende korinthische Säulen, von ihnen umschlossen die Fenster der beiden Hauptstockwerke, die wiederum von eingestellten ionischen und korinthischen Säulen flankiert werden. War hier alles auf die Wirkung nach außen berechnet, stark und imponierend, so ward der Lustgartenfront, bei völlig gleichen Grundverhältnissen der Gliederung, ein eleganterer Charakter gewahrt; denn hier war ja die Gartenfront, deren Tor den König und den Hof in die heiteren Anlagen der Sprechalbinsel führen sollte. Das Portal zieht sich mehr in die Fläche der Fassade zurück, die es nicht trotzig beherrscht, und die Wirkung ist ganz auf die behutsam, doch mit belebenden Schatten hervortretenden Details gestellt, auf die Königsadler des Hauptgesimses, auf die Giebel- und Wellenlinien der Fensterverdachungen und die herumgekröpften Architrave[2]). Das Portal selbst ist weit weniger wuchtig als schmuck und graziös; es fehlen über dem Sockelgeschoß darum die Säulen, an ihrer Stelle tauchen atlasartige Karyatiden[3]) auf, die einen Balkon tragen, dessen Mittelfenster bogenförmig abschließt. Kartuschen[4]) mit schwebenden und ruhenden Gestalten sind angebracht, Venus, auf einem schlafenden Löwen hingestreckt, Cupido, der mit der Keule des Herkules spielt — sprechende Symbole für das Höfisch-Festliche, das hier, mehr im Privatbezirk des Königs, angedeutet werden sollte. Alles ist von größerer Bewegtheit gegenüber der majestätischen Pracht und Ruhe der Stadtseite. Das Wundervollste aber schuf Schlüter in der Architektur des Hofes, wo er mit gleicher Meisterschaft den vorhandenen Grundstock des Baus benutzte und alles doch zu einer unvergleichlichen Einheit zusammenschloß. Ringsum an drei Seiten ziehen sich offene, zweigeschossige Bogenlauben mit gekuppelten Säulen und Pilastern[5]), mit geradem Gebälk im Erdgeschoß, oben von Flachbogen abgeschlossen, und über diesem Unterbau mit seiner Abwechslung von Licht- und Schattenmassen ragen die ruhigen Wandflächen der oberen Stockwerke auf. Und wie hier Wirkung durch Kontrast gesucht wird, so auch durch den Gegensatz, den die durchgeführten Hoffassaden mit den drei vorspringenden Portalrisaliten bilden. Die korrespondierenden Risalite[6]) des Nord- und Südflügels, als Rückseiten der Außenportale, wiederholen verstärkt und großartiger das Motiv der gekuppelten Säulen und Pilaster von den Bogengängen, nur daß hier unten die Säulen, oben die Pilaster sich über je zwei Stockwerke hinziehen. Dreiteilig wie die Portalbauten der Außenfront, lassen sie neben der Durchfahrt in der Mitte, rechts und links die Treppenpodeste deutlich erkennen und

tragen auf dem verkröpften Gebälk der Säulen plastischen Figuren=
schmuck. In ähnlicher Weise, nur noch königlicher in der architek=
tonischen Sprache, ist das breite Risalit der Ostseite im Hofe ge=
staltet, das zugleich den Haupteingang ins Innere beherbergt.

Gerade rechtzeitig zum Einzug des neugekrönten Königs im
Jahre 1701 war der Schloßplatzflügel fertiggestellt worden. Aber
noch bevor die Lustgartenseite vollendet wurde, tauchte ein neuer
Plan auf an Stelle der alten Altanbauten neue gewaltige Bauteile
aufzuführen, die nun auch den Außenhof umziehen oder vielmehr
aus ihm einen nach Westen offenen Vorhof machen sollten. Schlüter
selbst hat diese Arbeit nicht mehr zu Ende führen können; die Münz=
turmkatastrophe kam dazwischen, und es blieb seinem Nachfolger
Eosander überlassen, nach seinen Plänen, aber nicht ohne eigene
Zutaten, den Bau zu vollenden. So entstand die Fortsetzung der
Schlüterschen Schloßplatz= und der Lustgartenfront, in engstem An=
schluß an die älteren Teile, und doch in manchen Einzelheiten, wie
in der Abmessung der Fenster=Zwischenräume, nicht völlig von der
alten Sicherheit getragen. Auf beiden Seiten mußte zudem ein
neues Portal eingefügt werden, das hier wie dort gleichfalls eine
Kopie seines älteren Genossen war; doch durch die Zweiheit wurde
hier wie dort die Wirkung abgeschwächt. Ganz Eosanders Eigen=
tum aber ward die Architektur des abschließenden Westflügels, die
durch ihre pompösere und prunkvollere Haltung von Schlüters Größe
wesentlich abweicht; namentlich durch das triumphbogenartige Portal,
das nun nach der Schloßfreiheit zu den Eingang in den äußeren
Hof bildete. Hier wollte der Schwede Schlüter übertrumpfen, eine
Nachahmung des Septimius Severus=Bogens in Rom sollte des
Meisters grandiose Portale in den Schatten stellen; aber es ward
doch nur ein äußerliches Prunkstück, in dem der Barockgeschmack,
aller Fesseln ledig, seine lautesten Fanfaren ertönen ließ. Nur in
Einem überwand Eosander seinen Vorgänger: durch Schlüters un=
selige Erfahrungen beim Münzturmbau gewitzigt, gab er dem West=
flügel eine so kräftige Fundamentierung, daß sie auch den bom=
bastischen Turmbau hätte tragen können, den er plante. Denn immer
noch tauchte hier die Erinnerung an den alten Turm der „Wasser=
kunst" im Schloßbau auf. Aber es sollte noch fast anderthalb Jahr=
hunderte dauern, bis in den Jahren 1845--46 unter Friedrich Wil=
helm IV. Stüler mit Albert Schadows Hilfe dem Eosanderschen
Portal die achteckige Schloßkapelle mit der hohen Kuppel aufsetzte,

die mit so feinem Verständnis als Abschluß des Triumphbogens und als Krönung des ganzen Schloßbaus gewählt wurde. Schon 1713, nach dem Tode Friedrichs I., ward Eosander seiner Stellung enthoben und verließ Berlin. Erst sein Nachfolger Martin Böhme führte seinen Plan zu Ende, baute 1714 die Südseite des äußeren Hofes aus, stellte im folgenden Jahre das Westportal erst vollkommen fertig, bis dann im Jahre 1716 der ganze Bau endlich so dastand, wie er sich im wesentlichen heute präsentiert. Nur der Flügel der Schloßapotheke wurde vor zwanzig Jahren bei der Anlage der Kaiser Wilhelm-Brücke verkürzt.

Im Innern aber war das Schloß seit dem großen Umbau un= unterbrochenen Veränderungen unterworfen. Schlüter selbst hatte hier in der Raumanlage wie in der Dekoration seinen praktischen Baumeistersinn und seine geniale Erfindungskraft fast noch be= deutender entfaltet als im Außenbau. Die Unerschöpflichkeit seiner plastischen und ornamentalen Zier, seine nie versagende Fähigkeit, den Charakter jedes Raumes in allen dekorativen Details zu treffen, seine echte Künstlerfreude an Schmuck und Pracht, alles strömte hier zusammen und konnte sich nach Gefallen ausleben. Mit immer neuem Staunen verfolgt man die verschlungenen Gebilde seiner Reliefdekors in Stuck und in Holz, seine stets frisch quellende Phan= tasie, wenn es gilt, eine Saaldecke mit barockem Rahmen für farben= frohe Bilder zu überspannen, durch üppig anschwellende Sopra= porten⁷) den Platz der Türen zu betonen, reich gegliederte Kartuschen mit Schnörkeln und Rollwerk, von Genien umschwebt, aus den Ecken herausschmettern zu lassen, einen Kamin pompös zu umbauen, im Aufgang eines Treppenhauses den verschwenderischen Luxus fürst= licher Gastfreundschaft zu verkünden, und dann wieder durch Ab= wechslung und Kontrast zu wirken, die Noblesse der Einfachheit gegen höfischen Prunk, die Ruhe einer schlicht getönten Fläche gegen blitzende und sich drängende Vergoldungen, gegen festliche Be= malungen zu stellen. Die glorreichsten Taten seiner dekorativen Arbeit sind bis heute im Schlosse erhalten geblieben. So das im= posante Treppenhaus, in dem der Besucher beim Eintritt in das östliche Hofportal emporsteigt, mit seinem üppigen Reichtum an plastischem Schmuck, mit dem großen Deckenbilde des Titanensturzes, den Belan, ein Schüler Terwestens, malte. Dann der Schweizer Saal über diesem Treppenhause, der als großer Empfangssaal der königlichen Staatszimmer, als Aufenthalt der Garde, gedacht ist und

Der Weiße Saal im Berliner Schloß.

in seinen wundervollen Raumabmessungen wie in der repräsentativen Grandezza seiner Ziergebilde zeremonielle Haltung und reifsten Kunstverstand verbindet. Dann lockt die lange Flucht festlicher Räume mit großartig angeordnetem schmückenden Detail, mit allem Ausdruck des Glanzes, der der Epoche zu Gebote stand. Und doch wird niemals der Schmuck Selbstzweck. Immer ordnet ihn eine sicher disponierende Hand dem Gesamteindruck des Raumes unter. Die schwellende Phantasie des Künstlers sprudelt über und mündet doch nie ins Überladene, bleibt stets von edlem Maß gebändigt. Den Höhepunkt erreicht die dekorative Pracht im Rittersaal, wo Schlüter in den Stukkaturen der Decke, in den jubelnden Eckarrangements, deren gemalte Kartuschen die Gesimslinien kühn überschneiden, das Äußerste wagte.

Südlich vom Schweizer Saal zieht sich die Flucht der Elisabethkammern hin, die einstige Wohnung der Gemahlin Friedrichs des Großen und der Gattin Friedrich Wilhelms IV.

Die östlichen Partien des Schlosses (dessen Säle und Gemächer man im ganzen auf 700 berechnet) zeigen noch vielfach vorschlütersche Dekorationen, Stuckdecken zumal aus der Zeit des Großen Kurfürsten, Voluten mit vergoldeten Akanthusranken, mit Rollwerk, Kartuschen und Putten, allegorische Malereien, Namenszüge Friedrich Wilhelms und Details mit der Kurkrone, die hier noch deutlich auf die ältere Zeit weist, ornamentale und figürliche Holzschnitzereien, die vom Barock in die Hoch- und Spätrenaissance zurückdeuten. Der berühmteste Festraum des Schlosses aber, der Weiße Saal, ist erst nach Schlüter entstanden. Er war das große Prunkstück im Plan des westlichen Flügels von Eosander, der nach der Lustgartenfront zu ein wenig vorspringt und hier in seiner nördlichen Hälfte für die feierlichen Versammlungen und die Festlichkeiten des Hofes einen neuen Mittelpunkt bergen sollte. Erst 1728 ward der Saal ausgebaut. Lange Zeit mußte er sich mit dem nüchternen Schmuck einer weißen Tünche begnügen, der er seinen Namen dankt. Unter Friedrich Wilhelm IV. dann ward er durch Stüler so umgebaut, daß er seine Bestimmung würdiger erfüllen konnte, für die ihn die erneute prächtige Umgestaltung in den letzten Jahren noch geeigneter zu machen suchte.

[1]) Rustika: Mauerwerk aus Quadern. [2]) Architrav: untere Abteilung des Hauptgebälles; Querbalken auf den Säulen. [3]) Karyatide: Tragsäule in Gestalt eines weiblichen Körpers. [4]) Kartusche: Umrahmung. [5]) Pilaster: Halb- oder Wandpfeiler. [6]) Risalit: aus der Hauptfläche hervortretender Teil. [7]) Sopraporte: gemaltes Feld überm Türsturz.

Johann Gottfried Schadow.
Von Prof A Amersdorffer

> Was nutzt die glühende Natur
> Vor deinen Augen dir,
> Was nutzt dir das Gebildete
> Der Kunst rings um dich her,
> Wenn liebevolle Schöpfungskraft
> Nicht deine Seele füllt
> Und in den Fingerspitzen dir
> Nicht wieder bildend wird?

Die Strophe Goethes, die Gottfried Schadow in seinem Aufsatz „Die Werkstätte des Bildhauers" (1802) zitierte, läßt sich mit Bedeutsamkeit auf Schadow selbst anwenden. Ein Strom des ewigen Urborns aller Schöpferkraft ging durch die Seele dieses genialen Gestalters.

Sechsundachtzig Jahre hat das Schicksal ihm vergönnt. Was ist im Reigen dieser fast neun Jahrzehnte an ihm vorübergezogen! Und er — er blieb immer er selbst, unbeirrt immer das, was er allein sein konnte. Das ist das entscheidend Große an ihm.

Im letzten Jahrzehnt des Großen Friedrich verlebte er seine Kindheit, die ganze Epoche Friedrich Wilhelms II., des Genießerkönigs, Preußens Zusammenbruch und Wiederauferstehung unter Friedrich Wilhelm III. und das bewegte erste Jahrzehnt unter Friedrich Wilhelm IV., dem Romantiker und Kunstträumer, umfaßt dieses Künstlerdasein.

Welche Wandlungen der Geschichte, der Kultur und welche Wandlungen der Kunst in dieser langen Zeit!

Berlin ohne eigene Kunsttradition, ohne den Rückhalt einer eigenen Schule in den bildenden Künsten — die Akademie lag darnieder — war mit dem Hof ein lockender Mittelpunkt für Künstler und Kunstabenteurer aller Nationen. Chodowiecki der Einzige, der deutsches Wesen repräsentieren konnte; die anderen neben ihm unbedeutend.

In solcher Zeit stieg zur Ehre deutscher Kunst der Stern Gottfried Schadow auf.

Wohl ging er in Tassaerts Atelier vom Rokoko aus, aber er übernahm nur die gute handwerkliche Schulung von diesem welschen

Stilisten. Der Formalismus des Zeitstils nahm ihn nicht gefangen; er sah die Natur wieder mit eigenen, unbefangenen Augen. Die Antike, die er in Rom in jungen Jahren kennen lernte, machte ihn nicht zum Klassizisten, sie gab ihm nur die Schönheit der Linie, die Reinheit und Verklärung der Form.

Der Klassizismus, der bürgerliche Realismus, die Romantik, sie glitten im Laufe der Jahrzehnte an Schadow vorüber. Er blieb unberührt von allen Zeitströmungen. Sie fanden keinen Eingang in sein Wesen. Er stand über allem und blieb immer der eine, immer er selbst.

Wie Schadow die Natur zum Kunstwerk umschuf, das Vergängliche zum Zeitlosen, zum Ewigkeitswert erhob, das ist das Geheimnis seiner fühlenden Augen und seiner empfindenden Hand, mit kühlen Worten nicht zu deuten, nur in Bewunderung nachzufühlen.

Sein Stil ist kein Zeitstil, er ist allein die Sprache seiner Seele, die ihm keiner nachsprechen konnte.

Es ist kein Zufall, nur folgerichtig, daß er auch äußerlich sein Schicksal eigenwillig selber formte. So haben wenige sich selbst durchgerungen und sich selbst behauptet. Seine Flucht nach Rom, der erste Erfolg des in der Fremde auf sich allein gestellten jungen Künstlers sind bezeichnend. Die Heimat rief den Vierundzwanzigjährigen zurück, um ihn vor große Aufgaben zu stellen, die sonst keiner lösen konnte. Und er löste sie und schritt von Erfolg zu Erfolg.

Das poesievolle Grabmal des Grafen von der Mark, die machtvolle Quadriga des Brandenburger Tors, die stille Anmut der Prinzessinnengruppe, die Manifestation preußischen Geistes in den Feldherrnstatuen, der evangelische Ernst des Luther — jedes einzelne dieser Werke genügte, den Schöpfer für immer unvergeßlich zu machen. Auch auf den zahlreichen Büsten liegt der volle Glanz seiner Meisterschaft. In der frappanten Erfassung des Individuellen und in der unübertroffenen stilistischen Durchbildung ist jede ein künstlerisches Erlebnis für sich.

Wahre Größe ist Schlichtheit. Schadow lag geniales Gebaren fern, so bewußt ihm auch der Wert des eigenen Könnens war.

In seiner märkischen Tüchtigkeit und Sachlichkeit, in seiner Gründlichkeit und Vertiefung, in seinem unerhörten Fleiß war er ein echter Deutscher. Kein schöneres Vorbild gibt es für die Jünger der Kunst als ihn.

Sein umfassender Intellekt zog auch die theoretischen Grundlagen seiner Kunst in den Bereich ernsten Studiums. Mit hellem Blick und gesundem Urteil beobachtete er alle Erscheinungen und Ereignisse. Was er uns in seinen Schriften hinterlassen hat in lebendiger, getreuer, zuweilen humorvoller Schilderung, ist eine höchst schätzenswerte Quelle für das Verständnis der Menschen, der Kultur und Kunst seiner Zeit.

Wie fehlt er uns heute, der „alte Schadow"! Wie würde er, der den Scholaren der Akademie oft in so sarkastischer Form Unterweisungen gab, mit seiner Berlinischen Drastik den Kunstbetrieb unserer Tage beurteilen!

Wie fehlt uns ein solcher unbeirrbarer Hüter der Würde der Kunst!

Doch geblieben ist uns die Versenkung in seine Meisterwerke. Sie mag uns trösten in dieser Zeit der Verwirrung der Geister.

Aus der Zeitschrift „Wachtfeuer".

Der Berliner als Kritiker.
Von Theodor Fontane.

Erstes Bataillon Garde. Parad' oder Schlacht
Ihm wenig „Differenzen" macht,
Ob in Potsdam sie trommelnd auf Wache ziehn,
Ob sie stehen und fallen bei Kolin,
Ob Patronenverknattern, ob Kugelpfiff,
Immer derselbe feste Griff,
Dieselbe Ruh. Jede Miene drückt aus:
„Ich gehör zur Familie, bin mit vom Haus!"

Ihrer viere sitzen im Knapphans-Zelt.
Eine Kottbusser hat sich jeder bestellt,
Einen Kornus dazu: das Bier ist frisch,
Ein Berliner setzt sich an den Tisch,
Ein Berliner Budiker, — da währt's nicht lange,
Plappermühl ist im besten Gange.
„Wahrhaftig, ihr habt die schönste Montur,
Litzen, Paspel, Silberschnur,
Blechmützen wie Gold, gut Traktement,
Und der König jeden von euch kennt!

Erstes Bataillon Garde, Prachtkerle vor all'n,
Solch Götterleben sollt' mir gefall'n."

Drei schwiegen. Endlich der vierte spricht:
„Ne, Freund Berliner! so is es nicht.
Eine propre Montur, was soll uns die geben?
Unser Götter= is bloß ein Jammerleben.
Potsdam, o du verfluchtes Loch,
Führst du doch heute in die Hölle noch.
Und nähmst Ihn mit mitsamt seinen Hunden,
Da wär auch Der gleich mit abgefunden,
Ich mein den da oben, — uns läg' nichts dran,
Is doch bloß ein Quälgeist und Tyrann,
Schont nicht Fremde, nicht Landeskinder,
Immer derselbe Menschenschinder,
Immer dieselbe verfluchte Ravage, —
Potsdam, o du große Blamage!"
Das war dem Berliner nach seinem Sinn,
Er lächelte pfiffig vor sich hin:
„Ich sag' das schon lange. Was hat er denn groß?
Große Fenstern hat er, sonst is nicht viel los.
Und reden kann er. Na, das kann jeder,
Hier aber, er zieht nicht gerne von Leder."

Da lachten all' vier und der eine spricht:
„Ne, Freund Budiker, so geht es nicht.
Zuhören kannst du, wenn wir mal fluchen,
Aber du darfst es nicht selber versuchen,
Wir dürfen frech sein und schimpfen und schwören,
Weil wir selber mit zugehören,
Wir dürfen reden von Menschenschinder,
Dafür sind wir seine Kinder;
Potsdam, o du verfluchtes Loch,
Aber Er, er ist unser König doch,
Unser großer König. Gott soll mich verderben,
Wollt ich nicht gleich für Fritzen sterben."

Unter den Linden 1691. Nach der Zeichnung von Joh. Stridbeck.

Der Zopf.
Von Willy Pastor.

Friedrich I. war der Schöpfer eines wirklich einheitlichen Berlins. Denn er war es, der 1688 die Gewerke der fünf Städte in der Stadt durch gemeinsame Privilegien verband und das in einer Stadt erworbene Meisterrecht für alle übrigen gültig erklärte. Ja, 1709 führte er durch die Zusammenziehungen der verschiedenen Magistrate in einen einzigen Stadtrat auch eine einheitliche Verwaltung ein.

Bedenken wir ferner, daß Friedrich I. dem Genie eines Schlüter die Mittel schuf zur Ausführung seiner Werke, daß wir ihm das Zeughaus, den neuen Schloßbau und das Denkmal an der „langen Brücke" verdanken, endlich, daß er in dem wirren Jagdgebiet des Tiergartens die ersten Alleen anlegte (vorerst nur die im östlichen Teile, den „kleinen Stern", die sieben von den späteren „Zelten" ausgehenden Alleen, die große Querallee usw.), so scheint wahrlich kein Grund vorhanden, die Regierungszeit Friedrichs I. im Vergleich mit der seines Vorgängers gering zu achten.

Aber wenn das Leben am Hofe und in der Residenz Friedrichs I. nur strahlende Bilder kannte, so fragen wir erst nach dem Woher von soviel Licht. Und die schlimme Frage nach dem Woher ist es, vor der ein Friedrich I. nicht besteht. Der Große Kurfürst konnte die Einwohnerzahl Berlins von 6000 nur auf 18 000 erhöhen, aber dafür erhöhte er auch die Einwohnerzahl seines gesamten

Landes von 800000 auf 1500000. Die 62000 Berliner Friedrichs I. dagegen rekrutieren sich aus einem Volke von insgesamt nur 1730000 Köpfen.

Es lag nichts Gesundes in der schnellen Entwicklung des jungen Berliner Königshofes. Friedrich I. war zu schwach, an den Traditionen seines Hauses festzuhalten. Wir sehen ihn bisweilen Ansätze dazu machen. So, wenn er 1688 die zünftige Verordnung über ein Zahlenmaximum zu privilegierender Meister aufhebt (drei Jahre später übrigens von ihm selbst widerrufen, indem er den Wollenwebern, der wichtigsten Zunft jener Tage, ein Maximum von zwanzig Meistern gestattet); wenn er 1705 den Kindern von Eltern „unehrlicher Stände" das Gewerbe erschließt; wenn er 1693 auch fremden Bäckern und Schlächtern den Berliner Wochenmarkt freigibt. Aber man wird bei allen solchen Verordnungen den fatalen Nebengedanken nicht los, daß ihr einziger Zweck der gewesen sei, den Ertrag der Steuern ergiebiger zu machen, und daß die Hauptsumme der Steuern Dingen zugute kam, die mit der Geschichte der menschlichen Arbeit herzlich wenig gemeinsam haben. Trotz Schlüter und Eosander und Nering wollen wir uns doch freuen, daß in Friedrich Wilhelm I. auf Friedrich I. ein Werkeltagskönig dem Sonntagskönig folgte, der in seiner ganzen langen Regierungszeit nicht einen einzigen kunsthistorisch bedeutenden Bau errichtete, der aber ein scharfes Auge hatte für die ernsten Aufgaben seiner Zeit und mit ganzer Kraft sich ihnen hingab, unbekümmert darum, daß die Geschichtsschreiber der Könige von solcher Arbeit wenig Rühmens machen.

Seit den Zeiten des „eisernen" Kurfürsten wurde noch jedesmal, wenn es galt, das Bild Berlins umzugestalten, der Anfang mit dem Schloß und seiner Umgebung gemacht. Friedrich Wilhelm I. wich von dieser Überlieferung nicht ab. Im Jahre 1715 baute er den „Lustgarten" in einer Weise um, die die Bürger über den Geist der neuen Herrschaft nicht im Zweifel lassen konnte. Der Große Kurfürst hatte hier einen Garten modischen Geschmacks anlegen lassen. Der Garten hatte drei Teile, deren mittlerer um sieben Stufen tiefer lag als die beiden anderen. Für das Malerische einer solchen Anordnung hatte Friedrich Wilhelm keinen Sinn, ebensowenig für die fremdartigen Pflanzen, die Laubengänge und Springbrunnen der Anlagen. Er ließ das Terrain durch Erdaufschüttungen nivellieren, die Bäume wurden gefällt und die Statuen beiseite geschafft. Noch einmal wurde der also verwüstete Platz durch wahre Dünen weißer Sand-

maſſen geglättet, und — der „Umbau" war fertig: aus dem Luſt=
garten war ein Exerzierplatz geworden.

Friedrich Wilhelm iſt dem künſtleriſchen Programm, das er in
der Umgeſtaltung des Luſtgartens gab, zeitlebens treu geblieben.
Wohl ließ er einige Kirchen bauen, er führte auch — aus Pietät
gegen ſeinen Vater — den Schloßbau zu Ende, aber das iſt auch
alles, was er für die Architektur im künſtleriſchen Sinne tat. Es
war zuviel Geld ausgegeben worden, es würde noch viel ausgegeben
werden — es hieß ſparſam ſein.

So gering indeſſen ſein Intereſſe an den neuen Prachtbauten
war, ein ſo leidenſchaftlicher Architekt war er doch, wo es ſich um
Errichtung nüchterner Wohnhäuſer handelte. Nie iſt in Berlin
im Verhältnis ſo viel gebaut worden, als unter der Regierung Fried=
rich Wilhelms. Der Zuzug nach der Reſidenz ſteigerte ſich aller=
dings in ſeiner Regierungszeit ganz ungewöhnlich (die Bevölkerungs=
ziffer betrug in ſeinem Todesjahre 90000), aber der Anbau über=
traf doch immer noch die Nachfrage. Es heißt, daß der König
die Abſicht gehabt habe, Berlin in den Stand zu ſetzen, nötigen=
falls das ganze Heer mühelos in ſeinen Mauern aufzunehmen.
Dieſes Heer war allmählich zu einer Kopfzahl von 30000 angewachſen.
Da genügte denn freilich nicht das alte Stadtgebiet, das der Große
Kurfürſt mit ſeinen ſo weit gezogenen Mauern abgeſteckt hatte, und
Erweiterungsbauten größten Stiles wurden notwendig.

In den erſten Jahren beſchränkte Friedrich Wilhelm ſich auf
den Ausbau der von ſeinem Vater angelegten Friedrichsſtadt (ihre
Grenzen lagen in der Gegend der heutigen Mauer= und Junker=
ſtraße). Im Jahre 1725 beſaß dieſe Stadt, oder vielmehr — nach
Friedrichs I. Reform — dieſer Stadtteil neben 719 Häuſern noch
149 freie Bauſtellen. Dieſe Lücken galt es zunächſt auszufüllen.
Schon 1732 war dieſes Werk vollendet, und nun begannen die Er=
weiterungsbauten. Die alten Feſtungsmauern der köllniſchen Seite
wurden niedergelegt, und in weiterem Umkreis die Mauer errichtet, die
noch bis in die Mitte unſeres Jahrhunderts das weſtliche Berlin umgab.

Das architektoniſche Bild, das Berlin nach Friedrich Wilhelms
Willen bieten ſollte, war an Abwechſlung nicht eben reich. Große
Plätze lagen überall im Mittelpunkt. Aber ſolch ein Platz, wenn
er ganz im Geſchmacke Friedrich Wilhelms war, ſah einem Kaſernen=
hof verzweifelt ähnlich. Nüchterne, kaſernenmäßig einfache Häuſer
umſtanden ſeine ſandige Fläche, und ſchnurgerade Straßen, recht=

winklig gekreuzt von anderen nicht minder geraden, verbanden die Exerzierplätze untereinander.

Einzelne Straßen im alten Potsdam zeigen uns noch heute, wie es damals im Westen unserer Stadt aussah. Da stehen sie unverändert, diese schmucklosen aber reinlichen Bauten mit den zwei Stockwerken von fünf Fenstern Front und dem hohen Ziegeldach, aus dem das Giebelchen einer einsamen Dachkammer vorspringt. Das Giebelchen erinnert an den zugespitzten Helm des altpreußischen Grenadiers. Deshalb liebte der König es so, und es war ihm eine Herzensfreude, mit seinem kleinen Gefolge durch die neuen Straßen zu reiten, deren Häuser sich so untadelhaft nebeneinander aufreihten wie Soldaten nach dem Kommando „Stillgestanden".

Führt der Weg uns heute durch eine dieser stillen Straßen, so bleiben wir nicht unempfänglich für den persönlichen Zug, der den Häusern hier anhaftet, trotz alles kasernenmäßigen. Aber wir glauben dann unter einer Art Museumseindruck zu stehen, von dem die ersten Anwohner nichts empfanden. Das ist ein Irrtum. Von allem Anfang an besaßen die Bauten Friedrich Wilhelms dieses Eigenartige, Adrette. Zwar, der verwöhnte Höfling jener Tage mochte das einzige Charakteristikum für die Residenz des Preußenkönigs in dem Mangel modischer Schloßbauten sehen. Man war eben blind für die Häuser des kleinen Bürgers. Man verglich nur Schlösser und konnte so nicht auf die Beobachtung kommen, daß eine andere Residenz durch Subtraktion ihrer Schloßbauten noch kein Berlin oder Potsdam wurde, daß alles das, was anderwärts als der schwere Pomp weniger Kolossalbauten auftrat, hier keineswegs verloren war, sondern sich nur anders umgesetzt hatte: in der peinlichen Sauberkeit, auf die Friedrich Wilhelm soviel gab.

Es lag etwas Demokratisches, etwas durchaus Unromantisches in der Art, wie Friedrich Wilhelm seine Aufgabe als Städteerbauer auffaßte. Dieselben Grundsätze aber, die den Städteerbauer leiteten, waren auch für den Staatsmann maßgebend. Auch hier hat Friedrich Wilhelm mit unermüdlicher Energie um- und neugebaut, auch hier kam trotz allen Schaffens anscheinend nichts Großes zustande — und doch war das Kleine, was wurde, so wahrhaft bedeutend!

Die Residenz, das war der Wunsch Friedrich Wilhelms bei seinen Neubauten, sollte das Aussehen einer einzigen ungeheuren Kaserne annehmen. Es war nur folgerichtig, wenn er dementsprechend keinen Unterschied machte in der Behandlung seiner eigentlichen Soldaten und der „freien" Bürger. Wir sehen ihn mit seinem Krückstock die neuen Straßen durchwandern und die Bauarbeiten beaufsichtigen. Für alles hat er da ein offenes Auge, wie dem inspizierenden Korporal auch nicht die kleinste blinde Stelle am Waffenputz entgeht. Er redet die Arbeiter an, fragt die Unternehmer nach ihrem sonstigen Gewerbe.

Aber nicht nur an den Bauten müssen diese Untertanen ihm Rede und Antwort stehen. Kein Bürger der Stadt ist mehr sicher, irgendwann auf der Straße von ihm angeredet zu werden. Ja nicht einmal das Hausrecht schützt sie mehr. Unangemeldet betritt der König bisweilen ein beliebiges Gebäude und sieht dort in Küche und Werkstatt nach dem Rechten. Wehe dann den Bewohnern, wenn sie ihr Handwerk vielleicht über dem „blauen Montag" vergessen haben, den schwatzenden oder auch nur nachlässigen Mägden! Die Prügelstrafe ist beim Militär noch wohl im Schwange, und für den König ist die Stadt eine einzige große Kaserne.

Wie tief die Bevormundung Friedrich Wilhelms in das persönliche Leben des einzelnen hineingreifen konnte, zeigen am besten seine Verordnungen zur Hebung einer bestimmten Industrie, der Wollweberei. Kommandanturbefehle, die einzelnen Regimentern die Bezugsquelle für ihre Stoffe vorschreiben, machten den Anfang. Einfuhrverbote und entsprechende Befehle wegen Ankaufs inländischer Ware übertrugen das System dann auf das gesamte Volk. Aber es fehlte an Anlagekapital. Hier mußte die kurmärkische Ritterschaft herhalten. Der König zwang sie, sich mit Kapital an einem bestimmten Unternehmen zu beteiligen. Noch immer wollte die Industrie nicht recht gedeihen, da die Bürger sich bei den hohen Preisen der Wollstoffe mit billigen Surrogaten zufrieden gaben. Aber auch hier wußte der König Rat. Ein Edikt vom November 1721 verbot den weiteren Verkauf von Kattunen, des beliebtesten Ersatzstoffes; die vorhandenen Zeuge mußten innerhalb acht Monaten aufgetragen sein. Durch diese und ähnliche Bestimmungen gelang es tatsächlich, die Wollindustrie in einer Weise zu heben, daß sich 1723 ein embarras de richesse herausstellte: es begann an Wollgarnen zu fehlen. Da erfolgte am 14. Juni 1723 jener denkwürdige Befehl, dessen Durchführbarkeit die Kulturzustände unter Friedrich Wilhelm so herrlich kennzeichnet. Die Verkäuferinnen auf den Märkten schienen dem König zu wenig beschäftigt. Nur die geringste Zeit wurden sie von ihren Kunden in Anspruch genommen und ganze Stunden verschwatzten und vertrödelten sie. Nun wohl, die Höferfrauen — sollten spinnen! Ein bestimmtes Quantum Wollgarn mußte allwöchentlich von einer jeden eingeliefert werden, wofür sie nach einem von oben her festgesetzten Tarife abgelohnt wurde. Die Strafe des Geschäftsverlustes drohte allen, die der neuen Bestimmung nicht gewissenhaft nachkamen.

Wollen wir uns zurechtfinden in der Psychologie einer Regierungsart wie der Friedrich Wilhelms, so dürfen wir nicht vergessen, daß dieser Monarch in der ersten Hälfte des 18. Jahrhunderts regierte. Die Arbeit zu bevormunden, in das Recht der einzelnen einzugreifen, war nur der Brauch der Zeit. Man verfolge die Geschichte der Industrie welches europäischen Landes auch immer; überall sehen wir in dem dem großen Kriege folgenden Jahrhundert die Arbeit geregelt von gesetzlichen Bestimmungen willkürlichster Art. Es galt eben mit dem überkommenen Landsknechtswesen der Industrie zu räumen und der neuen Art der Arbeit ein tüchtiges Heer zu schaffen. Daher jene grausamen Gewaltmaßregeln, die in Preußen nicht schlimmer waren als anderswo.

Nun ließe sich hier freilich einwenden, daß in anderen Staaten Maßregeln, die die Industrie betrafen, von Privatunternehmern, nicht vom obersten Landesherrn ausgingen. Mit jenen ließen sich freiwillige Verträge schließen, mit diesem nicht. Das machte die Verordnungen in Preußen, selbst wo sie milder waren, ungleich schärfer, und daß bei einem solchen strengen Regiment kein freier Handel gedeihen konnte, beweist am besten der Umstand, daß unter Friedrich Wilhelm keine der neuen Industrien, die in den westlichen Kulturländern sich so herrlich entfalteten, zur Entwicklung kam.

Die so sprechen, vergleichen wieder nur Paläste, nicht Bürgerhäuser. Friedrich Wilhelm hat sowenig große Manufakturbetriebe gegründet, wie er Prachtgebäude schuf. Aber soviel mehr Sorgfalt er auf die Häuser der kleinen Leute verwandte, deren Reinlichkeit er gern allem Pomp zum Opfer brachte, soviel tüchtiger sollte sich in der Folge das von ihm geschaffene Arbeitsmaterial bewähren, als das anderer Länder. Friedrich Wilhelm hat keine großen Schlachten geführt, und doch können wir von ihm sagen, daß er in den Kämpfen des Siebenjährigen Krieges mitgesiegt hat. So auch wissen wir, wem es zu verdanken ist, wenn sich unter Friedrich dem Großen mit einem Schlage der Sieg des neuen Manufakturbetriebes über das alte Zunftsystem entscheidet.

Fassen wir alles zusammen, was Friedrich Wilhelm, dieser für die Geschichte der Arbeit in unserem Lande so bedeutende Monarch, geleistet hat, so dürfte sich für sein Gesamtwerk kein besseres Symbol finden lassen, als eine neue Tracht, die der König an seinem Hofe einführte: der Zopf.

Der Begriff des Zopfes hat für uns eine etwas fatale Nebenbedeutung. Wir denken an etwas leblos Steifes, Verknöchertes. Aber es ist mit solchen Vorstellungen wie mit den Bildern großer Männer, die nur in der Gestalt, in der der Tod sie antraf, in die Phantasie der Nachwelt übergehen. Der große Mann mag in der Zeit seines Todes die schöpferischen Jahre längst hinter sich gehabt haben, mag müde, ja kindisch geworden sein: mit Falten und Runzeln im Gesicht ist er gestorben, und mit Falten und Runzeln kommt sein Denkmal auf das Postament. Erinnern wir uns nur an die Allongeperücke. Das allgemeine Vorurteil sieht sie auf den Köpfen geschwollener Quacksalber. Aber auch der Große Kurfürst trug die Allongeperücke, und wenn Schlüter sie uns auf seinem Haupte zeigt, scheint uns nichts an ihr bombastisch oder geschwollen.

Ästhetische Gesichtspunkte sind es namentlich, von deren Höhe herunter man alles verdammt, was Zopf heißt. Die gerade Linie soll nun einmal nicht schön sein, alles Korrekte, Regelmäßige ist unkünstlerisch, und ein Geschmack, der sich dafür begeistert, einfach barbarisch. Nun, über Geschmacksfragen ließe sich ja streiten. Soviel aber steht jedenfalls fest, daß in der Freude, die ein Friedrich I. an der barocken Kunst goldüberladener Schlösser hatte, zum mindesten nicht mehr Lebenskraft lag als in der Freude, mit der Friedrich Wilhelm durch seine neuen Straßen ritt, um ihre militärisch genaue Frontlinie zu mustern.

Aber es ist unrecht, die Größe eines Friedrich Wilhelm lediglich mit ästhetischem Maßstabe zu messen. Die Kunstgeschichte will nichts von ihm wissen. Was geht uns ihr Urteil an über den Zopf! Die Kulturgeschichte versteht sich besser auf jenen einzigartigen Monarchen: sie sieht auch mit anderen Blicken auf die Regelmäßigkeit und die gerade Linie der Zopfzeit. Für sie öffnet sich in der geraden Linie ein unendlich weiter Horizont, und in der Regelmäßigkeit glättet sich hier das heillose Durcheinander mittelalterlicher Anarchie.

Denken wir an Land und Leute, die Friedrich Wilhelm als Erbe von seinen Vätern übernahm. Im Zentrum des damaligen Berlins kann es nicht winkliger, unheimlicher ausgesehen haben, als in den Seelen der damaligen Berliner und Märker überhaupt. Die Ansätze zum Besseren, die dem Großen Kurfürsten gelungen waren, hatte die Regierung Friedrichs I. wieder verdorben. Je prächtiger die neuen Prunkbauten gediehen, um so trostloser war das Elend in den kleinen Straßen. Die französische Etikette des Hofes mochte der vornehmen Gesellschaft eine gewisse Erziehung geben, aus der Menge aber waren auf diese Weise die mittelalterlichen Rückstände nicht zu beseitigen, und noch weniger konnte diese Menge, durch das brandenburgische Asylrecht aus allen Teilen Europas herangezogen, dabei zu einem einheitlichen Volke ineinanderwachsen.

Da tritt die Erscheinung eines Friedrich Wilhelm vor uns hin. Er legt Exerzierplätze an, er umgibt sie mit seinen Kasernenbauten und verbindet sie mit Straßen, in denen keine verschnörkelte Barockarchitektur geduldet ist. Zopf, nüchternster Zopf ist alles, was er baut, aber die Nüchternheit gab der Stadt und ihren Bewohnern Luft und Licht. Zopf, nüchternster Zopf ist auch Friedrich Wilhelms Staatsbaukunst. Gönnen wir den höfischen Zeitgenossen des demokratischsten aller Regenten ihren Spott über eine Hofgesellschaft, die sich am wohlsten fühlte in Tabagien: die nüchternen Umbauten, die Friedrich Wilhelm an seinem Staate vornahm, brachten in die Seele seiner Untertanen nicht weniger Luft und Licht, als die Kasernenstraßen in ihre Häuser. Das „suum cuique" der Hohenzollern war für Friedrich Wilhelm keine Phrase.

W. Pastor, Berlin, wie es war und wurde.
(München, Verlag von Georg Müller.)

Friedrich Wilhelm I. und das Heer.
Von Leopold Ranke.

An und für sich konnte ein Verein deutscher Landschaften, die sämtlich kaum drittehalb Millionen Einwohner zählten und nicht einmal in sich zusammenhingen, dem französischen Reiche gegenüber, das von den Pyrenäen bis an den Oberrhein, von dem Mittelmeer bis an den Ozean reichte, dem unermeßlichen Rußland, dem unerschöpflichen Österreich benachbart, zur Seite Englands, dem die See gehorchte, nur wenig bedeuten. Was dem preußischen Staate einen gewissen Rang unter ihnen, Ansehen in der Welt verschaffte, war allein das Kriegsheer. Man nahm damals an, daß Frankreich eine Landmacht von 160000, Rußland von 130000 Mann regelmäßiger Truppen erhalte; hier fehlte aber vieles an Erfüllung der Listen, dort ward ein großer Teil der Mannschaften durch den Dienst in den Garnisonen der zahlreichen Festungen beschäftigt; das österreichische Heer rechnete man auf 80—100000 Mann, jedoch von zweifelhafter Streitfähigkeit und zerstreut in allen Provinzen. Was Friedrich Wilhelm I. für die Stellung Preußens in diesem Wetteifer der Streitkraft getan hat, ermißt man sogleich, wenn man bemerkt, daß er die Armee von 38000 Mann, in welcher Zahl sie etwa mit Sardinien, Sachsen-Polen in gleichem Range stand, allmählich bis auf mehr als 80000 Mann vermehrte, so daß er Österreich nahe kam. Der König nahm eine ziemlich gleichmäßige Rücksicht auf die verschiedenen Waffen; die Kavallerie ist unter ihm um mehr als die Hälfte, die Artillerie in noch größerem Maßstabe angewachsen. Bei ihm kam kein Widerspruch mit den Listen vor; der Festungsdienst beschäftigte eine verhältnismäßig nicht große Anzahl; wenn wir der geringsten Angabe folgen, so waren 72000 Mann jeden Augenblick oder wenigstens nach kürzestem Verzuge im Felde zu erscheinen vorbereitet.

Schon aus dem Verhältnis der Zahlen ergibt sich, daß es unmöglich war, ein stehendes Heer von dieser Stärke aus den brandenburgisch-preußischen Landen aufzustellen, wenn man nicht jeder andern Tätigkeit die ihr unentbehrlichen Kräfte entziehen wollte. Es gehörte schon außerordentliche Anstrengung dazu, um nur die Hälfte der erforderlichen Leute aus Eingeborenen zusammenzubringen. Eine Zeitlang schwankte man zwischen Pflicht und Freiwilligkeit, Werbung und Gestellung; die Eigenmächtigkeit der Offiziere, der Wetteifer und gegenseitige Übergriffe der Regimenter brachten unzählige Unordnungen und Beschwerden hervor. Um diesen Übelständen zuvorzukommen, bildete Friedrich Wilhelm eine ältere Einrichtung, nach welcher jedem Regiment ein besonderer Bezirk zu seiner Ergänzung vorbehalten war, systematischer aus. Die Feuerstellen des Landes wurden nach ihrer Zahl bezirksweise unter die Regimenter und Kompagnien ausgeteilt, um sich daraus die erforderlichen Mannschaften anzueignen, insofern diese nicht durch besondere Ausnahmen davon befreit, für die bürgerlichen Gewerbe oder für den Landbau unentbehrlich waren. Man nahm weder ansässige Leute, noch älteste Söhne und Erben; Räte der Provinzialkollegien waren bei den Aushebungen zugegen, um die Verletzung der Rücksichten des Friedens abzuwehren. Den größeren Teil des

Zuwachses, der sogleich mit den Kommandeurs in Verbindung trat, bildeten die jüngeren Bauernsöhne. In den geographischen Beschreibungen der brandenburgischen Landschaften merkt man besonders an, wie die Landleute gesund, stark, arbeitsam seien, den Wechsel der Witterung gut ertragen und treffliche Dienste im Felde leisten. Man fand das Wort des alten Cato bewährt, daß der Bauernstand die tapfersten Leute gebe.

Fast die Hälfte der Armee war nun aber durch Werbung zusammengebracht und instand gehalten. Was dabei die größten Beschwerden veranlaßte, war die Vorliebe für hochgewachsene, riesenhafte Menschen, die man aus allen Teilen von Europa — Schweden, Irland, der Ukraine, den österreichisch=türkischen Grenzgebieten von Niederungarn, welche sich besonders ergiebig erwiesen — mit einem bei der übrigen Sparsamkeit in Erstaunen setzenden Aufwande, aus dem Deutschen Reiche, wo es die Landesfürsten nicht gestatten wollten, nicht ohne Gewaltsamkeit und List zusammenbrachte. Noch waren aber nicht alle Gebiete geschlossen; als Kurfürst hatte der König das Recht, in den Reichsstädten und deren Bezirken zu werben, und es fehlte in Deutschland an solchen nicht, welche das Kriegshandwerk liebten und sich gern für einen Dienst anwerben ließen, wo man gut bezahlt und gut gehalten wurde. Dadurch gewann die Armee einen allgemein deutschen Bestandteil; die Verbindung der Eingeborenen und der Angeworbenen erweckte zwischen ihnen Wetteifer und gegenseitige Aufsicht; sie verwuchsen in der strengen Schule militärischer Einübung ineinander.

Es würde jenseit unserer Grenzen liegen, wollten wir entwickeln, wie diese beschaffen war, wie die beiden großen Exerzitienmeister, der Fürst Leopold von Anhalt=Dessau auf jener kleinen Wiese zu Halle und der König selbst in seinem spartanischen Potsdam walteten, jener den ersten Grund zu legen, dieser die weitere Ausbildung hinzuzufügen. Denn dazu hauptsächlich diente das Regiment der großen Leute in Potsdam, um jede nötig scheinende Veränderung zu erproben und zu vollkommener Fertigkeit auszubilden. Oft schickten die anderen Regimenter ihre Offiziere nach Potsdam, um sich durch Anschauung anzueignen, was sich aus den Instruktionen nicht ergab. Die Hauptsache war Gleichschritt und rasches Feuern; wie der König es einmal ausdrückt: „Geschwinde laden, geschlossen antreten, wohl anschlagen, wohl in das Feuer sehen, alles in tiefster Stille." Jenen tiefen Kolonnen gegenüber, in welchen einst die spanische Schlachtordnung vorrückte, hatten die ihnen widerstehenden Heere eine breite Front eingerichtet, weniger ausgesetzt der Gewalt des Geschützes und wirksamer durch zahlreicheres Schießgewehr. Wenn Muskete und Pike früher nebeneinander erschienen, so besaß man jetzt in Bajonett und Flinte gleichsam eine Verbindung von beiden Waffen. Sehr nützlich erwies sich der eiserne Ladestock, durch dessen stärkeren Stoß die Patrone auf einmal festgesetzt wurde, während sonst verschiedene Ansätze nötig waren; man zog auch deshalb großgewachsene Männer vor, weil sie zu diesen Handgriffen von Natur geschickter seien. Das ganze Fußvolk der preußischen Armee konnte in vier Linien aufmarschieren, von denen die erste und die letzte aus den größten und stärksten, die beiden mittleren aus etwas minderen, aber immer noch starken und großen Leuten bestanden. In ihren Fahnen sah man den nach der Sonne gerichteten Adler; sie machten einen überaus kriegerischen und militärisch furchtbaren Eindruck. „Freunde und Feinde", sagt Fürst Leopold in einem seiner Briefe, „bewundern Ew. Majestät Infanterie; die Freunde sehen sie für ein Wunderwerk an, die Feinde mit Zittern."

Die Führer dieser Scharen, deren Tagewerk es bildete, die Übungen durchzumachen und den Neueingestellten einzuprägen, waren bei weitem zum größten Teile die eingeborenen Landedelleute. Bei einer Aufzählung des pommerschen Adels vom Jahre 1724 wird die Bemerkung hinzugefügt, daß er mit wenigen Ausnahmen aus lauter Offizieren bestehe, die noch dienten oder doch gedient hätten. Eine der vornehmsten Bemühungen Friedrich Wilhelms war nun, sich ein durch und durch lebendiges, brauchbares Offizierkorps zu bilden. Wie sehr ward eben damals im österreichischen Dienste geklagt, daß man die Offizierstelle nicht allein durch Kauf erwerbe, sondern sogar wieder verkaufen könne; man sehe sie nicht als eine Ehre an, sondern als einen Besitz, den man veräußern dürfe; auch wo das nicht geschehe, trete doch überall der verdiente und bewährte Mann vor einem jungen vornehmen Emporkömmling im Dienste zurück. Auch in der preußischen Armee galt früherhin das allgemeine Herkommen, daß die Stellen der unteren Offiziere von den Obersten besetzt, nach ihrem Gutdünken Fähnriche zu Leutnants, diese zu Hauptleuten befördert wurden; zu den Stellen der Stabsoffiziere blieb die Ernennung dem Könige vorbehalten, doch hatten sie auch bei diesen den Vorschlag. Friedrich Wilhelm nun zog alle

Ernennungen an sich, nicht allein, weil er selber überall Herr sein wollte, sondern auch, weil er es für wichtig hielt, die erste Anstellung, auf der alles folgende beruht, nicht dem Zufall oder persönlichen Rücksichten zu überlassen, sondern nach eigenem Ermessen darüber zu verfügen. Die jungen Edelleute, welche als Freikorporals bei den Regimentern eintraten, bildeten die Pflanzschule seiner Offiziere; sie wurden hier zur größten Sorgfalt in wesentlichen und unwesentlichen Dingen angehalten, für jedes Versehen mit der strengsten Ahndung, ja Züchtigung belegt; wenn der König zu dem Regiment kam, erkundigte er sich nach ihren Eigenschaften, ließ sie sich vorstellen, bis der glückliche Tag erschien, wo der junge Mann zum Fähnrich angenommen wurde und das Feldzeichen empfing, das er niemals verletzen lassen durfte, und das ihn in gewissem Sinne unverletzlich machte. Der König wollte nur solche anstellen, die das Exerzitium gut verstanden, keine Ausschweifungen begingen, erträgliche Wirtschaft führten und sich auch äußerlich gut ausnahmen. Davon hing auch ihre fernere Beförderung ab. Die Konduitenlisten verzeichneten Jahr für Jahr, wie sich jeder in bezug auf Religion, sein ganzes Hauswesen und den Dienst gezeigt, ob er Kopf habe oder nicht. Über das Verdienst der Führer selbst gab der Zustand der Regimenter bei der jährlichen Musterung vor den Augen des Königs Zeugnis. Es mag kleinlich erscheinen, wenn nun z. B. bei der Uniform alles und jedes bis aufs geringste vorgeschrieben war, wie groß die Manschetten, wie breit die Halsbinde sein, wieviel Knöpfe die Stiefeletten haben, wie lang das Zopfband fliegen solle. Doch hat dies außer der für das Auge gewünschten Gleichförmigkeit noch den Grund, daß hier in der Armee jeder Unterschied aufhören, nur der Rang im Dienst etwas gelten sollte. Die verschiedenen Rangklassen gingen hauptsächlich nur untereinander mit einer gewissen Vertraulichkeit um. Wie hätte man dulden können, daß ein Abstand zwischen Reich und Arm sich irgendwo hätte kundgeben dürfen! Friedrich Wilhelm wollte nicht leiden, daß jemand außer dem Dienste in bürgerlicher Kleidung einherging; seit dem Jahr 1725 hat er die Uniform allzeit getragen. Man weiß, wie hoch er den Soldatenrock schätzte. Wie in Dresden, so mißfiel ihm auch in Hannover nichts mehr, als daß man dort den Rang nach dem Dienste bei Hofe abmesse: ein General oder Oberster sei wenig angesehen, wenn er nicht zugleich eine Hofcharge habe; ein Jagdjunker gelte mehr als ein Brigadier. Ihm dagegen ging der

Waffendienst über alles. Von sich selbst anfangend, rief er in den Offizieren ein Gefühl für den Stand hervor, so daß die Tüchtigkeit im Dienst als der vornehmste Wert des Mannes erschien, die Unterordnung beinahe wie eine Naturnotwendigkeit, die Pflicht als Ehre.

In dem Soldaten suchte er vor allem religiöse Gesinnung zu pflegen. Eine ansehnliche Zahl von Feldpredigern, getrennt von der kirchlichen Verfassung des Landes und für sich in ein besonderes System vereinigt, waren im Heere wirksam, und der König kam ihnen mit Eifer zu Hilfe. Unter anderem ließ er Exemplare des Neuen Testaments mit einem Anhange von Gesängen an die Kompagnien verteilen; er verordnete, daß man beim Gottesdienst nur eben diese Lieder singe, damit der Soldat sich daran gewöhne, sie auswendig lerne. Noch entwickelte man die rechten Eigenschaften eines Kriegsmannes an den Beispielen des Alten Testaments, an Benaja, der mit seinem Stecken den wohlbewaffneten Ägypter erschlägt, oder an Samma, der mitten unter dem fliehenden Volk sein Ackerstück gegen den Feind verteidigt. An den ältesten Urkunden der menschlichen Geschichte nährte sich die künftige Tapferkeit des preußischen Heeres.

Welch eine ganz andere Bedeutung bekam nun die ländliche Bevölkerung, die bisher allein dazu geboren zu sein schien, den Acker zu bauen und untergeordnete Dienste zu leisten, durch ihre Teilnahme an der kriegerischen Haltung des Staates und ihre Unentbehrlichkeit dafür! Der Mensch erhielt einen höheren Wert, sobald er durch sein bloßes Dasein in unmittelbare Beziehung zur höchsten Gewalt trat. Wie weit entfernt von persönlicher Untertänigkeit ist der militärische Gehorsam, dessen Vollziehung persönliche Tüchtigkeit erfordert und der im Bewußtsein der allgemeinen Regel gegründet ist!

Die Aufstellung eines Heeres, wie groß auch immer, bedeutete noch nichts, wenn man nicht ohne fremde Hilfe die Mittel besaß, es jeden Augenblick ins Feld zu führen. Der vornehmste Erfolg der sparsamen Verwaltung Friedrich Wilhelms lag nun aber darin, daß seine Streitmacht allein auf die eigenen Erträge des Landes begründet ward. Was ist der Sinn einer Macht, als daß sie sich frei, nach ihrem eigenen Triebe und Entschlusse bewegen kann? Eben dies war der Zweck und auch der Erfolg des ganzen Systems.

L. Ranke, Neun Bücher preußischer Geschichte.

Der Neidkopf.
Von Adalbert Kühn.

König Friedrich Wilhelm I. ging gern in den Straßen Berlins umher, um das Leben und Treiben der Einwohner genauer kennen zu lernen, und besonders gefiel es ihm wohl, wenn er alles recht geschäftig und tätig fand. So trat er auch einst in die ärmliche Hütte eines Goldschmieds in der Heiligen-Geist-Straße, den er schon mehrere Male bis zum späten Abend tätig gefunden, von dem er aber auch zu gleicher Zeit bemerkt hatte, daß er bei rastloser Arbeit nur wenig vorwärts kam. Der König ließ sich nun in ein Gespräch mit dem Manne ein und erfuhr, daß er gern noch mehr arbeiten würde, wenn es ihm nicht gar zu oft an Geld fehlte, um das nötige Gold und Silber zu kaufen. Da befahl ihm der Monarch, ein goldenes Service zu fertigen, und ließ ihm dazu das Metall aus der Schatzkammer liefern. Mehrmals besuchte er ihn nun während der Arbeit und freute sich über die Geschicklichkeit und den Fleiß des Mannes. Als er so auch eines Tages bei ihm weilte, bemerkte er an einem Fenster des gegenüber gelegenen Hauses zwei Frauen, die dem am offenen Fenster arbeitenden Goldschmied, sobald er nur aufsah, die abscheulichsten Gesichter zogen, und erfuhr auf sein Befragen, daß dies die Frau und Tochter eines reichen Goldschmieds seien, die ihm ihren Neid über sein unverhofftes Glück auf diese sonderbare Weise kund gäben. Da beschloß der Monarch die Mißgunst der Weiber zu strafen, indem er dem Goldschmied nach einiger Zeit ein ganz neues Haus bauen und daran den Neidkopf anbringen ließ, so daß sie nun, wenn sie aus dem Fenster sahen, das Bild ihrer eigenen verzerrten Züge stets darin erblicken konnten. Dieser Neidkopf ist nämlich der Kopf einer Frau, den Schlangen statt der Haare umwinden, und in seinen Zügen ist Neid und Mißgunst auf die widrigste Weise ausgeprägt. Das Haus, welches der König dem Goldschmied bauen ließ, sowie der daran angebrachte, aus Stein gemeißelte Kopf sind noch vorhanden, und wer es sehen will, der gehe nach der Heiligen-Geist-Straße Nr. 38.

A. Kühn, Märkische Sagen und Märchen. (Berlin, G. Reimer.)

Die Berliner königliche Porzellanmanufaktur.
Von Dr. Heinrich Pudor.

Auf wenigen Kunstgebieten sind in den letzten Jahrzehnten so tiefgreifende und auch in technischer Beziehung so tief einschneidende Neuerungen zutage getreten, wie in der Keramik. Während man sich früher begnügt hatte, auf der fertigen Vase den Dekor aufzumalen, so daß das, was an der Vase keramisches Produkt war, mit dem malerischen Dekor so gut wie gar nichts zu tun hatte, begann man nach dem Vorgange der Japaner, denen zuerst die königlich dänische Porzellanmanufaktur Gefolgschaft leistete, die Farbe unter der Glasur aufzutragen und die gemalte Vase nochmals zu brennen, so daß die Farbe in die Masse hineinsank und mit ihr verschmolz und eins wurde, mithin von einem Auseinanderfallen von Vase und malerischem Dekor also nicht mehr die Rede war. Was die Farben betrifft, so lag dabei eine große Schwierigkeit vor, indem nur die matte Nuance eine so große Hitze, wie sie der zweite Brand erfordert, aushalten konnte. Die Japaner hatten zwar schon in der Mingperiode es verstanden, auch rote Glasuren herzustellen, und fast alle größeren Kunstmuseen weisen Beispiele davon auf. In Europa dagegen ist es erst in den letzten Jahrzehnten gelungen, auch das Rot für Malerei unter der Glasur zu verwenden. Sowohl die skandinavischen Manufakturen wie die Sevres-Manufaktur und die königlich sächsische Manufaktur haben dabei Erfolg gehabt. Ein weiterer Fortschritt bestand darin, daß man lernte, die sogenannte Kristallglasur herzustellen, bei welcher Metallsäuren unter langsamer Abkühlung zum Erstarren gebracht werden.

Der Berliner königlichen Porzellanmanufaktur sind die angeregten Neuerungen verhältnismäßig schwer gefallen, und spät erst konnte sie sich entschließen, zur Unterglasurmalerei überzugehen. Heute aber vermag sie den Wettstreit mit allen anderen großen inländischen und ausländischen Manufakturen aufzunehmen — ja, wir werden sehen, daß sie auf einem sehr wichtigen Gebiete sogar die Initiative zu ergreifen im Begriffe steht. Zuvor aber wollen wir auf die Geschichte der Manufaktur einen Blick werfen.

Die Geschichte der Berliner königlichen Porzellanmanufaktur geht auf das Jahr 1750 zurück, in welchem der Kaufmann Wegely auf einem Grundstücke der Neuen Friedrichstraße eine Porzellan-

Manufaktur errichtete. Die Porzellanfabrikation gehörte zu jener
Zeit noch zu den streng gewahrten Geheimnissen. Wegely war in
den Besitz der Herstellungsvorschriften durch Angestellte Ringlers,
des Gründers mehrerer Porzellanfabriken, gelangt, dieser wieder
hatte sie mittelbar — ebenfalls durch Vertrauensbruch eines An=
gestellten — aus der Meißener Manufaktur erhalten. Wegely gab
indessen im Jahre 1757 die Porzellanfabrikation wieder auf und
wandte seine Tätigkeit einem anderen Gebiete zu. Vermutlich war
sie ihm nicht einträglich genug, da der Mangel an technischen Hilfs=
mitteln zu jener Zeit die Fabrikation weit schwieriger gestaltete als
heute. Auch konnte das Porzellan als Gebrauchsgeschirr beim großen
Publikum damals infolge seines noch hohen Preises nicht in Be=
tracht kommen, und da auch die Kriegsunruhen auf das gesamte
Geschäftsleben einwirkten, blieb der Absatz beschränkt.

Aus der Wegelyschen Fabrik ging der Bildhauer und Mo=
delleur Reichard hervor, welcher in letzterer Eigenschaft in dieser
Fabrik tätig gewesen war. Dieser fing ebenfalls, nachdem er sich
die Rezepte aus Sachsen verschafft hatte, eine Porzellanfabrik in
Berlin an, konnte sie indessen wegen Mangel an Mitteln nicht
weiterführen und verkaufte sie im Jahre 1761, und zwar an den
bekannten Gotzkowsky. Reichard blieb als technischer Leiter tätig
und verkaufte auch sein Geheimnis gegen eine hohe Summe an
den neuen Besitzer. Gotzkowsky verstand es, durch hohe Jahres=
gehälter die tüchtigsten Fachleute heranzuziehen und den berühmten
Emailmaler Jacques Clauce und den Modelleur Elias Meyer aus
Meißen als Leiter der Spezialabteilung zu gewinnen. Die ge=
samte Oberleitung der Fabrik übertrug Gotzkowsky jedoch noch im
gleichen Jahre dem Kommissionsrat Grieninger. Da Grieninger
aber mit der Fabrikation nicht vertraut war und da auch sonstige
Mängel in der Organisation obwalteten, hatte er im Anfang mit
vielen Schwierigkeiten zu kämpfen. Auch die technische Abteilung
bedurfte wesentlicher Verbesserungen. Die damals gebrauchten Öfen
erfüllten die Anforderungen der Porzellanfabrikation nur sehr
mangelhaft, und die Herstellung der Farben stieß auf erhebliche
Schwierigkeiten. Diese Fehler erkannte man sehr wohl und ließ
es auch nicht an Versuchen zur Beseitigung fehlen. Andauernder
Fleiß setzte Gotzkowsky in die Lage, Friedrich dem Großen in seinem
damaligen Hauptquartier zu Leipzig einige gut ausgeführte Tassen
zu überreichen, die größten Beifall des Königs wie auch anderer

Sachkenner fanden. Die Porzellanerde bezog die Fabrik aus Passau, die Zutaten wie Feldspat, Sand, Gips usw. aus der Umgegend Berlins. Die Porzellane jener Zeit sind grau oder gelblich und zum größeren Teile mit einem G auf dem Boden gezeichnet.

Da Gotzkowskys Tätigkeit sich nicht auf die Porzellanfabrikation beschränkte und seine Barmittel noch auf anderen Gebieten stark in Anspruch genommen wurden, brachten ihn die damaligen Kriegsunruhen häufig in Geldverlegenheiten, so daß er in seinen Vermögensverhältnissen ziemlich schnell zurückkam. Im Jahre 1763 bereits sah er sich genötigt, seine Zahlungen einzustellen, und er bot dem Könige seine Fabrik zum Kaufe an. Friedrich der Große erwarb daraufhin die Fabrik am 8. September 1763 als sein Eigentum gegen die Summe von 225000 Reichstalern. Der reelle Wert der Fabrik einschließlich aller Warenvorräte und Materialien soll indessen nur etwa den dritten Teil betragen haben, und man schreibt es hauptsächlich dem Edelsinn des Königs zu, daß er die Manufaktur für diesen Preis erwarb. Gotzkowsky hatte sich sehr verdient gemacht, und der König wollte ihn deshalb in den Stand setzen, seinen Verpflichtungen seinen Gläubigern gegenüber nachzukommen. Auch fand der König großen Gefallen an gutem Porzellan und mochte deshalb die Fabrikation echten Porzellans in seinem Lande nicht wieder eingehen lassen. Gotzkowsky beschäftigte sich darauf mit Alchimistik, fiel in die Hände von Betrügern und verlor auf diese Weise den Rest seines Vermögens.

Bei der Übernahme der Fabrik durch den König wies sie einschließlich der Beamten ein Personal von 146 Köpfen auf. Die Beamten wurden sämtlich in ihren seitherigen Funktionen belassen, Grieninger behielt die Direktion und war somit der Chef der Manufaktur. Bald sah man sich aber genötigt, die Räume und Brennöfen der Fabrik zu vergrößern. Zu diesem Zwecke ließ der König bei der Kasse der Kurmärkischen Landschaft eine Anleihe von 140000 Talern aufnehmen, welche Summe in den späteren Jahren aus den erzielten Überschüssen zurückgezahlt wurde. Bereits im Jahre 1771 arbeitete die Fabrik mit zehn Öfen und beschäftigte mehr als 400 Personen. Das Interesse des Königs für die Fabrik war sehr lebhaft, er besuchte sie oft und machte häufig Bestellungen und Ankäufe. Auch hielt er mit seinem Urteil über die Leistungen nicht zurück, er kargte weder mit dem Lobe, wo er es angebracht fand, noch mit dem Tadel bei Dingen, die ihm mißfielen. Aber ebenso wie er dahin wirkte, den Ruf der Manufaktur durch hervorragende Leistungen zu heben, stand er dem materiellen Ergebnis nicht gleichgültig gegenüber. Um den Absatz zu heben, ließ der König Zweigniederlassungen in Königsberg, Breslau, Magdeburg, Stettin, Halle, Minden und Emmerich einrichten. Der Umsatz der Manufaktur betrug in der Periode vom 24. August 1763 bis 31. Mai 1787 2 188 339 Taler 23 Silbergroschen 6 Pfennige, der Reingewinn 464 050 Taler 7 Silbergroschen 6 Pfennige, welcher Betrag der Königlichen Kasse zufiel.

Die Form und Dekoration der Porzellane wandte sich in dieser Zeit vornehmlich dem Rokoko zu. Erfreute sich doch dieser Stil gerade bei Hofe einer außerordentlichen Gunst. Er eignete sich auch besonders gut für Porzellangegenstände, da er dem Modelleur eine ziemlich große Freiheit in der Formendarstellung bot und den Maler befähigte, mit glänzenden Farben ziemlich unbeschränkt zu malen. So erregen denn auch noch heute die Porzellane jener Periode die Bewunderung des Sammlers und Kunstkenners, wie das Lob des Technikers. Die zahlreichen Porzellane, welche die Potsdamer Schlösser in Nachbildungen zeigen, die zierlichen Figürchen, Vasen, Schmuckstücke und Gebrauchsgegenstände geben Zeugnis von der hohen Entwicklung der damaligen Manufaktur. Als besonders beachtenswert sind anzuführen die beiden großen Spiegelrahmen aus weißem Porzellan in Sanssouci und ein großer Tafelaufsatz, den der König als Geschenk für die Kaiserin Katharina von Rußland anfertigen ließ.

Die Einnahme von Berlin durch die Österreicher im Oktober 1757.

Von Albert Naudé.

Nach der Niederlage bei Kollin von den österreichischen Heeren aus Böhmen zurückgedrängt, bemühte sich König Friedrich im August 1757 vergeblich, den Prinzen von Lothringen zu einer Schlacht in der Lausitz zu bewegen. Bald nötigte den König die große Zahl seiner Gegner, einen anderen gefährdeten Schauplatz aufzusuchen. Franzosen und Reichsarmee waren bis gegen Leipzig vorgedrungen. Friedrich entschloß sich zu einer Teilung seiner Streitkräfte. Während der Herzog von Bevern mit der ehedem vom Feldmarschall Schwerin, später vom Prinzen von Preußen befehligten schlesischen

Armee in der Lausitz verblieb, wendete sich der König mit den übrigen Truppen gegen den von Westen andringenden Feind.

Das Kurfürstentum Sachsen mit der Elblinie und dem starken Stützpunkte in Dresden blieb auch im Monat September nach wie vor die preußische Operationsbasis, aber die an der Ost- und Westgrenze Sachsens kämpfenden Heere zogen sich im Laufe der folgenden Wochen sehr auseinander. Durch weite Flügelausdehnung wurde die Mitte, Sachsen und die Lausitz, fast gänzlich von preußischen Truppen entblößt, zu dem Innern des preußischen Staates wurde dem Gegner von Böhmen her ein unbewachter Zugang erschlossen. König Friedrich verkannte das Bedenkliche dieser Gestaltung der Dinge keineswegs. Aber durch die Entsendung des Prinzen Moritz von Dessau hielt Friedrich die Kurmark und die Landeshauptstadt Berlin für hinreichend nach Süden gedeckt, und in der Tat hätte eine Abteilung des regulären österreichischen Heeres schwerlich nach Norden vorgehen können, ohne von dem Prinzen Moritz in der Flanke gefaßt zu werden. Die Lausitz aber war überfüllt von leichten Truppen der Österreicher, welche die Verbindung zwischen dem Herzoge von Bevern und Dresden fortdauernd erschwerten und mannigfachen Schaden im einzelnen anrichteten. Aber diese „charmante Kanaillen", dieses „Geschmeiße von die Grasteufels" machte Friedrich zwar häufig in derben Worten seinem Unmut Luft; aber daß diese Kroaten und Panduren auch weit größeres vermöchten als Proviantwagen zu plündern, daß sie durch die Abwesenheit aller preußischen Truppen auf dem Wege von der Niederlausitz nach Berlin zu einem raschen Vorstoß in das Herz des preußischen Staates ermutigt werden könnten, daran wollte der König zunächst trotz mancher drohenden Anzeichen nicht glauben.

Es ist das Verdienst des Prinzen Karl von Lothringen gewesen, die Unternehmung gegen Berlin angeregt zu haben. Der Prinz fand für die Ausführung seiner Pläne eine geeignete Kraft an dem Ungarn Andreas von Hadik. Mit großem Geschick wußte dieser kühne Parteigänger den Streifzug vorzubereiten und durchzuführen. Von Elsterwerda auf der Poststraße zwischen Berlin und Dresden setzte sich Hadik am 11. Oktober mit 3400 Mann, zumeist leichten Truppen, in Bewegung. In schnellen Märschen durchzog er die Niederlausitz, den Spreewald und die königlichen Forsten von Wusterhausen und traf am 16. eines Sonntags vormittags im Südosten Berlins vor dem Schlesischen Tore ein. Um die Be-

7*

stürzung unter der hauptstädtischen Bürgerschaft zu vermehren, hatten 300 Husaren einer weiter westlich gelegenen Weg eingeschlagen; sie erschienen gleichzeitig vor dem Potsdamer Tore und nisteten sich, ihre geringe Zahl verbergend, in dem Garten der Akademie ein, dem nun zerstörten alten Botanischen Garten.

Die Stadt Berlin war auf eine ernstliche Verteidigung nicht vorbereitet. Die alten Mauern und Tore, sowie die von der Spree abgezweigten Kanäle vermochten einen energisch auftretenden Feind nicht zurückzuhalten. Wohl waren in Berlin ziemlich 4000 Mann Besatzung, aber als Soldaten konnte man einen großen Teil dieser Leute kaum bezeichnen. Da war ein neuerrichtetes Landregiment von sieben Kompagnien, „die Krazianer" hieß es im Munde des Volkes; seine Mannschaften, mit schlechten Gewehren versehen und auf das dürftigste gekleidet, bestanden zumeist aus alten schwachen Leuten. Weiter die kümmerlichen Reste eines ehemals sächsischen Regiments, das vor just einem Jahre, am 16. Oktober 1756, in ein preußisches mit Namen „von Loen" umgewandelt worden war. Als besonders unzuverlässig hatte der König im März 1757 dieses Regiment aus Sachsen entfernen und nach Berlin führen lassen; auf dem Marsche war die geplante Empörung zum Ausbruch gekommen, der größte Teil der Mannschaft durchgegangen; jetzt, während des Gefechts mit Hadik, folgten weitere 150 der Sachsen dem im Frühjahr von ihren Kameraden gegebenen Beispiel. Ferner befanden sich in Berlin die noch nicht eingestellten Rekruten verschiedener Regimenter (Bornstedt, Kannacher, Münchow, Baireuth werden genannt), junge Leute, fast alle unter 20 Jahren, die soeben vom Pfluge fortgeholt, zumeist noch keinerlei militärische Ausbildung genossen hatten. Die Rekruten vom Baireuther Dragonerregiment liefen mit ihren Karabinern in Kitteln umher. Es wird erzählt, man habe im letzten Augenblick von den Brauern in Berlin die Pferde requiriert, um die Nachfolger der Hohenfriedberg-Sieger wenigstens beritten zu machen, aber bald habe man sich eines besseren besonnen und die Pferde ihrem friedlichen Lebensberufe zurückgegeben, denn die Dragoner hätten das Reiten ja doch nicht verstanden und mit ihren Brauerrossen die allgemeine Verwirrung nur noch vergrößert. Von der Berliner Besatzung blieben als einzige wirklich brauchbare Truppen die zwei Bataillone vom Langeschen Garnisonregiment.

Trotzdem hätte selbst mit diesen unzureichenden Streitkräften

die Stadt wenigstens vierundzwanzig Stunden gehalten werden
können, bis der, wie man wohl wußte, vom Könige gesandte Ersatz
unter dem Prinzen Moritz von Dessau eintraf. War man doch
noch immer um etliche hundert Mann stärker als der Feind, welcher
großenteils aus Kroaten und Husaren bestand, und zeigten doch von
der Besatzung viele, besonders einige Offiziere, den besten Willen,
für die Verteidigung der Residenz jeden Kampf aufzunehmen. Es
ist, hierüber kann kein Zweifel obwalten, die Hauptschuld an dem
Unglück der verzagten und unentschlossenen Haltung des Komman=
danten, des Generals v. Rochow, beizumessen; schon die Zeitgenossen
haben übereinstimmend in diesem Sinne geurteilt. Hans Friedrich
v. Rochow hatte im Potsdamer Garderegiment unter König Fried=
rich Wilhelms eiserner Zucht seine militärische Laufbahn begonnen,
er war hier bis zum Hauptmann aufgestiegen. König Friedrich
hatte den Offizier, der eine so gute Schule durchgemacht, zuerst schnell
befördert; 1740 finden wir ihn sogleich als Oberst bei einem der
neu errichteten Regimenter (Ferdinand von Braunschweig), 1744
als Kommandanten der wichtigen Festung Neiße. Bald darauf
aber war v. Rochow als Generalmajor verabschiedet worden. Als
der Siebenjährige Krieg ausbrach und jedermann, der zum Feld=
dienst tüchtig war, in den Kampf hinauszog, hatte der König zu=
nächst dem Generalleutnant v. Wartensleben die Stelle des Komman=
danten von Berlin zugedacht; erst in zweiter Linie, als v. Wartens=
leben durch Krankheit verhindert wurde, richtete der König sein
Augenmerk auf v. Rochow, der sich bereits körperlich sehr hinfällig
zeigte. Wenige Tage vor dem Ausmarsch der Berliner Garnison
war v. Rochow mit dem Range eines Generalleutnants zum Kom=
mandanten der Hauptstadt ernannt worden.

Man war Mitte Oktober 1757 in Berlin keineswegs ohne jede
Kenntnis von dem Vorhaben der Österreicher geblieben. Schon am
14. Oktober hatte Graf Finckenstein beunruhigende Meldungen emp=
fangen. Die Minister des auswärtigen Departements und des
Generaldirektoriums trafen alsobald ihre Vorkehrungen, ganz be=
sonders Graf Finckenstein, welchen der König für den Fall eines
Angriffes auf die Hauptstadt mit einer diktatorischen Gewalt für
alle Zivilangelegenheiten betraut hatte, und dem sämtliche andere
Minister, sowie die Gerichts= und Hofbeamten zu unbedingtem Ge=
horsam verpflichtet waren. Bereits am 15., am Sonnabend, ließ
Graf Finckenstein die beiden jungen Prinzen, den nachmaligen König

Friedrich Wilhelm II. und seinen Bruder Heinrich, mit ihrem Gouverneur v. Borcke nach der Festung Spandau abgehen. Der Schatz, die verschiedenen Staatskassen, die Kronkleinodien, das Silbergeschirr und unter den geheimen Akten des Staatsarchivs in erster Linie die Papiere des jüngst verstorbenen Generals v. Winterfeldt, alle diese Gegenstände waren bereits seit Wochen für die Fortschaffung nach Küstrin und Magdeburg ausgesondert und verpackt worden; sie fanden nunmehr in der Zitadelle von Spandau eine für die augenblickliche Gefahr näher gelegene Zufluchtsstätte.

Inzwischen blieb die militärische Oberbehörde, vom Kommandanten v. Rochow repräsentiert, welche ein feindlicher Angriff auf Berlin doch am ersten anging, vollkommen untätig. Obschon am 15. immer neue, immer zuverlässigere Nachrichten einliefen, daß die österreichischen Abteilungen bereits bis Wusterhausen und Mittenwalde, drei bis vier Meilen von Berlin, vorgedrungen seien, erklärte v. Rochow diese Angaben für unbegründet und ließ keinerlei Vorbereitungen zu einem wirksamen Empfange der Österreicher treffen.

Bald nach der Ankunft vor dem Schlesischen Tore sandte Feldmarschalleutnant Hadik einen Trompeter an den Berliner Magistrat ab und forderte binnen 24 Stunden die Zahlung einer Kontribution von 300000 Talern, vor Ausgang einer Stunde sollten vier Deputierte die Antwort des Magistrats überbringen. Noch war der Trompeter nicht zurückgesandt, da schritt Hadik bereits zum Sturm gegen die mit nur geringer Mannschaft besetzte Brücke am Landwehrgraben und gegen das Schlesische Tor. Mit Leichtigkeit wurden, gegen $^1/_22$ Uhr des Mittags, die ohne jede Unterstützung gebliebenen Brücken- und Torwachen von den Österreichern überwältigt. Erst als Hadik auf dem freien Felde innerhalb der Ringmauer gegen das Kottbuser Tor vorrückte, trat ihm ein etwas ernsterer Widerstand entgegen. Aber es waren keineswegs zwei schwache Bataillone, wie Hadik rühmte, sondern nur etwa 400 Mann vom Langeschen Garnisonregiment, des Krieges unkundige Leute, ohne Geschütze, ohne Reiterei. Schlecht geführt, nahmen sie in der Nähe des Itzigschen Gartens eine höchst ungünstige Stellung auf freiem Platze, ohne jede Flügelanlehnung, ein. Von der zahlreichen österreichischen Kavallerie, deutschen Reitern und Husaren, wurde die kleine Schar umzingelt, die einen niedergehauen, die andern gegen die Stadtmauer getrieben und nach tapferer Gegenwehr zu Gefangenen gemacht. Eine zweite Abteilung, welche der Kommandant wiederum zu spät und wiederum in zu geringer Zahl entgegenschickte, wurde am Kottbuser Tore von den Österreichern angegriffen; die Loeschen Sachsen gingen sofort zum Feinde über, die preußischen Rekruten erlagen nach kurzem Kampfe der Übermacht.

So war die Köpenicker Vorstadt den Österreichern in die Hände gefallen. Hiermit aber hatten die Erfolge Hadiks bereits ihr Ende erreicht. Der österreichische General wagte es nicht, in das Innere der Stadt einzudringen. Er mußte befürchten, wenn die geringe Stärke seiner Truppenmacht bekannt wurde und die Soldaten sich in die weitläuftige Stadt zerstreuten, daß alsdann die Bürgerschaft sich ermannen und zum Widerstande aufraffen könnte. Diese Besorgnis war wohl auch der vornehmste Beweggrund, welcher den Ungarn eine ziemlich strenge Disziplin beobachten ließ und eine allgemeine Plünderung verhinderte. Es kam hinzu, daß Hadiks Stunde bereits geschlagen hatte. Er, der besser als der preußische Kommandant über den eiligen Heranmarsch des Prinzen Moritz unterrichtet war, er sah wohl ein, daß spätestens in zwölf Stunden die Vorstadt von ihm wieder geräumt werden mußte. Deshalb stellte Hadik zwar an den Magistrat die erneute Forderung, sogar 600000 Taler Brandschatzung und zur Befriedigung der Truppen noch weitere 50000 Taler zu zahlen, begnügte sich aber gleich darauf mit der verhältnismäßig geringen, noch nicht einmal die erste Forderung erreichenden Summe von 200000 plus 15000 Talern. Schon um vier Uhr in der folgenden Nacht zum Montag hielt es Hadik für geboten, den Heimweg anzutreten.

Auch während der Bestürmung hatte der Stadtkommandant v. Rochow ebenso wie vor der Ankunft der Österreicher seine Pflichten gröblich vernachlässigt.

Um zehn Uhr vormittags ließ der Minister Graf Finckenstein die Königin ersuchen, die Prinzessinnen für die Abreise um sich zu versammeln. Während Wagen und Pferde in Bereitschaft gebracht werden, erfährt v. Rochow, daß der Feind nicht so stark sei, als man anfänglich ihn ausgegeben. Er verschiebt nun den Aufbruch der königlichen Familie, ohne indes für die Verteidigung des angegriffenen Stadtteils etwas zu unternehmen. Als der Feind am Mittag bereits eine halbe Stunde die Köpenicker Vorstadt in Besitz genommen, versteht v. Rochow sich zu der endlichen Abreise des königlichen Hofes. Wenigstens wäre es nun die Pflicht des Kommandanten gewesen, mit ganzer Macht dem eingedrungenen

Feinde entgegenzutreten und ihn so lange in der äußeren Stadt festzuhalten, bis die Prinzessinnen durch das unbedrohte nordwestliche Spandauer Tor entkommen waren. Statt dessen sendet v. Rochow zwei unbedeutende Abteilungen nach der Köpenicker Vorstadt, die einzeln und getrennt, so wie sie ankamen, dem sicheren Verderben anheimfallen mußten. Andererseits ist es aber auch Fabel, daß der General v. Rochow die gesamte Garnison benutzt habe, um die königliche Familie sicher nach Spandau zu geleiten. Er ließ vielmehr den Hof und die Minister unter einer geringen Eskorte nach Spandau abgehen und stellte sich selbst mit der Hauptmacht der Besatzung, ohne nach irgendeiner Seite etwas Entscheidendes zu beginnen, im Lustgarten auf. Es kann keinem Zweifel unterliegen: wären die Österreicher in größerer Stärke aufgetreten, hätten sie sogleich in das Herz der Stadt eindringen oder durch den Tiergarten Mannschaften gegen die Spandauer Landstraße vorsenden können, so hätten die königliche Familie und sämtliche Minister dem Feinde ohne weiteres in die Hände fallen müssen. Welche Verwirrung in der Umgebung des Kommandanten herrschte, lehrt die Erzählung eines Augenzeugen, eines vierzehnjährigen Gymnasiasten. Der Junge konnte sich ungehindert in den Palast und in das Zimmer eindrängen, wo der Kommandant mit seinen Offizieren Beratung hielt, und konnte die Worte des Generals hören. Durch körperliches Leiden am Reiten gehindert, ging v. Rochow zu Fuß nach dem Lustgarten: um ihn herum, vor und hinter ihm strömten, gleich wie bei einer Wachtparade, Scharen von Gassenjungen, unser vorwitziger Gymnasiast „so nahe, daß ich befürchten mußte, ihm in den Rücken gestoßen zu werden". Durch Scheltworte suchte der Kommandant die Leute sich vom Halse zu halten.

Ohne zu einem Entschluß gelangen zu können, verharrte v. Rochow bei der im Lustgarten versammelten Besatzung. Endlich gegen vier Uhr, zwei Stunden, nachdem die Prinzessinnen abgefahren und dritthalb Stunden nach der Erstürmung des Schlesischen Tores, setzte sich die noch immer dem Gegner an Zahl ziemlich gewachsene Garnison in Bewegung, nicht aber, um den Feind von der inneren Stadt zurückzuhalten, — es wäre dies sehr leicht auszuführen gewesen, da die Spreebrücken sämtlich aufgezogen waren, und da das Eintreffen des Prinzen Moritz von den Bürgern stündlich erwartet, von Hadik stündlich befürchtet wurde. Vielmehr folgte v. Rochow nunmehr mit der gesamten Garnison der königlichen

Familie nach Spandau und ließ dem General Hadik durch den Platzmajor erklären, daß er die Stadt räume und der Diskretion der Österreicher übergebe. Was wollte v. Rochow in Spandau? Zu eskortieren war nichts mehr, denn der Hof und alle Wagen trafen geraume Zeit vor ihm sicher in der Festung ein. Zur etwaigen Verteidigung der Zitadelle war die Spandauer Besatzung ausreichend. Und wer sollte an das Belagern einer stattlichen Festung durch eine Handvoll Husaren und Kroaten denken, während binnen spätestens 24 Stunden ein preußisches Armeekorps im Rücken der österreichischen Streifpartie erscheinen mußte! Hingegen waren nunmehr die Hauptstadt und ihre reichen Vorräte, der Kriegsbedarf, die Fabriken, die Gelder, der größte Teil der königlichen Behörden, alle diese letzten Mittel des erschöpften Staates waren dem Feinde zur Plünderung und Zerstörung völlig schutzlos ausgeliefert. „Also, daß die ganze Stadt von Garnison nun gänzlich entblößet ist und sich exponieret siehet, von einigen wenigen herumschwärmenden Husaren geplündert zu werden." Welch schwere Verluste hätten den preußischen Staat treffen können, wenn nicht die Energie des Prinzen Moritz der bedrohten Hauptstadt schon am folgenden Tage die ersehnte Rettung gebracht hätte!

Allerseits war man über das Gebahren des Kommandanten im höchsten Grade entrüstet. Der König äußerte sich in scharfen Ausdrücken über die „schlechte Contenance" des Generals. Die Prinzen des königlichen Hauses und die Behörden hielten mit ihrem Tadel nicht zurück. Der britische Gesandte Mitchell, gewiß ein unparteiischer Zeuge, berichtete an seine Regierung: „Der General v. Rochow hat durch seine Unbesonnenheit und seinen Mangel an Urteil die gesamte königliche Familie der Gefahr ausgesetzt, zu Gefangenen gemacht zu werden, und die Hauptstadt der Gefahr, geplündert zu werden." Am meisten erbittert waren die zunächst Beteiligten, die Einwohner von Berlin. „Die Bürgerschaft ist sehr gegen den Generalleutnant v. Rochow aufgebracht und vergehen sich um deßfalls stark an einem solchen Offizier, den Ew. Königl. Majestät zum Kommandanten gesetzt haben." Man sah den General als Landesverräter an, die Husaren des Prinzen Moritz mußten ihn vor der Wut des Volkes schützen. „Der General v. Rochow wurde", so erzählt unser Gymnasiast, „nach seiner Rückkehr aus Spandau von den Gassenjungen verfolgt und mit Steinen geworfen; ‚Spion! Spion!' schrien sie hinter ihm her, weil sie mit

diesem Worte den Begriff eines verabscheuungswürdigen und ver=
folgungswerten Menschen verbanden." v. Rochow mußte sich in
ein Haus hinter dem alten Packhofe retten und konnte seine daneben=
liegende eigene Wohnung nur unterm Schutze einer Eskorte von
zwanzig grünen Husaren erreichen.

Märkische Forschungen. Herausgegeben von dem Verein für Geschichte
der Mark Brandenburg. XX. Band. Berlin 1887.

Ode an die Stadt Berlin.

Von Ph. E. Kaufsehsen

Der Töchter Thußkons mächtige Königin!
  Berlin! du großen donnerbewehrten Thors
und der süß=lächelnd holden Frya
heiliger Tempel! sei mir gegrüßt!

Weit glänzt dein Zepter über die Auen hin —
einst Sand und Wüste; izt ein Arkadien! —
Aus hoher Hahne Labyrinthen
winkt ein Arkadien mir entgegen.

Aus ihrem jungen Schilfe erhebt der Spree
Najade ihr mit Lotus bekränztes Haupt,
und staunt sich an, der Thems und Seine
Nymphen durch sich beschämt zu sehen.

Mit Ehrfurcht tret' ich in deinen Portikus,
wo mir dein Schimmer dämmernd entgegenwallt,
ich seh' in dir Athen und Sparta,
durch der Corinthier Pracht verschönert.

Hier herrschet Friedrich! Er seines Volks Odin!
Hier streuet seine segnende Hand die Saat,
die einst ein künftiges Jahrhundert
Glücklich, und dankbar ihn segnend, erntet.

Kaufsehsens Gedichte, herausgegeben von G. Danowius.
Berlin 1872.

An den Zelten im Tiergarten 1772. Nach einer Radierung von Chodowiecki.

Der alte Fritz.

Es war in Berlin, wo ich den König das drittemal sah, am 21. Mai 1785, als er von einer Revue zurückkehrte. Da man wußte, daß er an einem solchen Tage die Prinzessin Amalie jedesmal besuchte, so hatte mein Hauslehrer mich an das Hallesche Tor geführt. Der König ritt auf einem großen weißen Pferde. Er trug eine einfache blaue Montierung mit roten Aufschlägen und goldenem Achselband, alt und bestaubt, eine gelbe Weste voll Tabak; dazu hatte er schwarze Sammethosen an und einen alten dreieckigen Hut mit der Spitze nach vorn. Hinter ihm ritten eine Menge Generale, dann die Adjutanten, endlich die Reitknechte. Das ganze

Rondell (Belle-Alliance-Platz) und die Wilhelmstraße waren gedrückt voll Menschen, alle Fenster voll, alle Häupter entblößt, überall das tiefste Schweigen und auf allen Gesichtern ein Ausdruck voll Ehrfurcht und Vertrauen, wie zu dem geweihten Lenker aller Schicksale. Der König ritt ganz allein voran und grüßte, indem er fortwährend den Hut abnahm. Er beobachtete dabei eine sehr merkwürdige Stufenfolge, je nachdem die aus den Fenstern sich verneigenden Personen es zu verdienen schienen. Durch das ehrfurchtsvolle Schweigen tönte nur der Hufschlag der Pferde und das Geschrei der Berliner Straßenjungen, die vor ihm hertanzten, jauchzten, die Hüte in die Luft warfen oder neben ihm hersprangen und ihm den Staub von den Stiefeln abwischten. Bei dem Palais der Prinzessin Amalie war die Menge noch dichter, der Vorhof gedrängt voll, doch in der Mitte, ohne Anwesenheit irgendeiner Polizei, geräumiger Platz für ihn und seine Begleiter. Er lenkte in den Hof hinein, die Flügeltüren gingen auf; die alte lahme Prinzessin, auf zwei Damen gestützt, die Oberhofmeisterin hinter ihr, wandelte die flache Stiege herab, ihm entgegen. Sowie er sie gewahr wurde, setzte er sich in Galopp, sprang rasch vom Pferde, zog den Hut, umarmte sie, bot ihr den Arm und führte sie zur Treppe hinauf. Die Flügeltüren gingen zu; alles war verschwunden, und noch stand die Menge entblößten Hauptes, schweigend, aller Augen auf den Fleck gerichtet, wo er verschwunden war, und es dauerte eine Weile, bis ein jeder sich sammelte und ruhig seines Weges ging. Und doch war nichts geschehen, keine Pracht, kein Feuerwerk, keine Kanonenschüsse, keine Trommeln und Pfeifen, keine Musik, kein vorhergegangenes Ereignis, nein, nur ein dreiundsiebenzigjähriger Mann, schlecht gekleidet, staubbedeckt, kehrte von seinem mühsamen Tagewerk zurück, aber jedermann wußte, daß dieser Alte auch für ihn arbeitete, daß er sein ganzes Leben an diese Arbeit gesetzt und sie seit fünfundvierzig Jahren noch nicht einen einzigen Tag versäumt hatte. Jedermann sah auch die Früchte seiner Arbeiten nah und fern, rund um sich her, und wenn man auf ihn blickte, so regten sich Ehrfurcht, Bewunderung, Stolz, Vertrauen, kurz alle edleren Gefühle der Menschen.

Aus dem Nachlaß des Generals v. d. Marwitz auf Friedersdorf.
(1. Band.)

Immediatschreiben des Generalleutnants von Blücher.
(Münster, 23. Juli 1806. Eigenhändig.)

Die Notwendigkeit des Krieges gegen Frankreich.

Aller dorglaugtigster Konig
aller gnedigster König und HErr

Aufgefordert durch Treü und Redliges attachement an Euer Königl. Majästedt allerhögsten Persohn, aufgefordert durch lebhafte Teilnahme an den Ruhm, der Ehre und der wohlfahrt Euer Königl. majäjtät Staten und armèe, und endlich aufgefordert durch die täglig imer bedenkligere lage und gefährliger werdende Schritte, welche Frankreich sich in militarischer Rücksicht hier gegen Euer Kögl. majestat grentzen erlaubet, muß ich endlich mein hertz zu den Fußen des Koniges meines HErrn auß schütten; muß als treüer und grau gewordener diner von högst dehro erhabnen hauße meine ansichten unrer lage gegen Frankreich zum ersten und zum letzten mahle — zu Euer majestäd Füßen legen.

Geruhen allerhögst dieselben, diese ehrerbitige ansicht nicht allein gnädigst auf zu nehmen, sondern auch eine(r) gnädige(n) aufmerksahmkeit zu würdigen; sie verdinen letzters gantz besonders.

Frankreich meint es mit keiner Puissance redlig und gut — am allerwenigsten mit Euer Königl. Majest(e)d — als der einzigen macht, die sein Eroberungs und unterjochungs System in teütschland noch allein im wege steth. es verbirgt sogar seine absicht nicht — den wen gleich es mit unter süße vorspiegelung macht, so widerspr(e)chen alle seine handlungen gegen Euer Königl. Majeständ diesen grade zu. Die Invasion von Hanover, der letzte gewaldsame Durchmarsch durch anspachsche — und die erst kürtzlich Reüberische besetzung von Essen und Werden — so wie der gantze arogante ton den der francoische monarch sich erlaubt, beweisen Euer Kögl. Majestedt gewiß mehr als zu sehr, waß ich zuvor gesagt habe. Alle treüe untertanen Euer Kögl. Majestedt — alle ächte Preußen, — und die armèe besonders hat daß herabwürdigende dieser französischen Demarchen tif gefühlt, und fühlt sie noch, und alles wünscht die gekränkte national Ehre — bald — recht bald blutig zu rächen.

Wer daß betragen und benehmen Frankreichs Euer Königl. Magist(e)dt auß einem andern gesichtspunkt darstellt — wer Euer

Königligen Majestäd zu fortwährenden nachgeben — zum Friden
mit dieser nation räth — der ist entweder sehr — sehr gutmüttig,
sehr kurtzsichtig, oder er ist mit Frazoisischem gollde erkauft. Fragen
Euer Königl. majestad nur Ihre aufgeklärtesten, ihre talentvollsten
— ihre treüsten — ihre kraftvollsten Diner den Statsminister von
Hardenberg, den Generall Lieutenant von Rüchell, den Generall
der Caballerie Graff von d. Schulenburg, des Statsminister von
Stein, und ich verbürge es mit meinem leben, alle diese Männer
werden Euer Kögl. Majestabt eben daß sagen — waß ich hir in
allertiffster Devotion ehrerbittigst vorzustellen wage.

Jeder tag früher wo wihr Frankreich den Krig erklären — ist
der größte gewin vor Euer Königl. Majestabt, den mit ieder Stunde
befestiget der französische Kaiser sein ansehen, seinen einfluß — seine
usurpirte Sterke mehr — organisirt seine armèen besser — schafft
sich mehr tributaire könige und Fürsten, erprest sich mehr Resourcen.
Führen Euer Königl. majestad nur selbst unsre brawe armee, die
von den Wunsch glüht   die franzosen zu bekrigen, und die Menschheit an diese Reüber zu rächen, und in der kein Tambour ist, der
diesen Feind nicht hasse — verachte — und im vorauß des Siges
gewiß sey; den unglaublig — und größer als Euer Königl. Majestab
es sich denken können ist der Haß und verachtung der ermée gegen
die Francosen — und nur ein Wunsch existirt in ihr — recht
balldiger — blutiger Krig gegen diese nation.

Nur eine glückliche Schlacht — und wir haben allirte, gelld und
Resourcen, von allen orten und Enden Europens, Rußland, Enge-
land, Schweden, der größte Teil des teütschen Reichs, und selbst
Oestreich werden sich an unseren sigreichen Fahnen gerne anschlißen,
gerne die Ehre mit uns teillen wollen — besiger der Franzosen
zu sein. Und welch ein Ruhm vor Euer Magested! — welch ein
Ruhm vor unsre brawe armèe, jene Reüber Horden zu demüttigen,
die bißher weit mehr durch List, und durch daß elende Benehmen
ihrer gegener sigten, als durch Tapfferkeit; den nie überwinden
sie ein Preüsisches Heer, — und nie werden sie uns überwinden.

Kommen Euer Königl. Magistab nur in die Mitte Ihrer brawen
armèe — führen Euer Magistab uns nur Zur Ehre und zum Sige
— hören Euer Königl. Magist(e)bt nuhr selbst den Rath und die
Ideen erprobter und krafftvoller, für Ihren Ruhm besorgter Gene-
ralle und den Eignen hohen Preüsischen Durst und Ruff nach Ruhm
und Ehre, der in Euer Königl. magistab brust wohnt, und wir werden

immer siegen — wir werden die Schönen, ehren vollen Zeiten Friedrichs des Großen und des großen Churfürsten wider empohr blühen — werden unser Vaterland, werden den Namen Preüßen wider geehrt — und unsere armee wider gefürchtet und geehrt sehen. Diß gebe Gott der Allmegtige, den wir unter Euer Königl. Magistadt Führung fest vertrauen und mit diesem heißen Wunsch lebe und Sterbe ich mit der ehrfurchtvollsten Devotion für Euer Königl. Magistedt, und für allerhögst dehro Ruhm und wollfahrt, als

    Euer konigligen Magistadt
  alleruntertänigst treü gehorsamster knecht
      G. Blücher.

Münster den 25ten July 1806.

Forschungen zur Brandenburgischen und Preußischen Geschichte.
13. Band, 2. Hälfte. Leipzig, Duncker & Humblot.

Napoleon in Charlottenburg.

Eines setzte den französischen Kaiser während seines Berliner Aufenthaltes doch wirklich in Schrecken. In Charlottenburg stand in dem Zimmer, wo der König gewöhnlich speiste, eine mechanische Uhr, die Trompeterstücke im vollen Chor geblasen aufs täuschendste nachahmte. Dieses Zimmer war jetzt auch in der Reihe derjenigen, die Napoleon bewohnte. Irgendein Spaßvogel aus der preußischen Dienerschaft mußte sich wohl daran ergötzt haben, das Spielwerk am Abend aufzuziehen: genug, um Mitternacht geht der Spektakel los, Trompeten ertönen durch das Schloß, die Adjutanten, die Dienerschaft, Napoleon selbst fahren aus den Betten heraus, und alle glauben an einen Überfall. Aber bald ist alles wieder still, und niemand kann begreifen, wo alle die Trompeter geblieben sind. — Es werden Posten ausgestellt, ein Teil der Adjutanten und der Diener bleibt auf den Beinen — und siehe! um ein Uhr erschallt wieder derselbe Lärm, und zwar in einem der Zimmer. Man stürzt hin, und so wurde denn die unschuldige Uhr überrascht, ehe noch der Schabernack zu Ende war.

Aus dem Nachlaß des Generals v. d. Marwitz auf Friedersdorf.

Phot. Sophus Williams, Berlin.
Sarkophag der Königin Luise im Charlottenburger Mausoleum.

An Luise, Königin von Preußen.
Von Heinrich von Kleist.

Erwäg' ich, wie in jenen Schreckenstagen
still deine Brust verschlossen, was sie litt;
wie du das Unglück mit der Grazie Tritt
auf jungen Schultern herrlich hast getragen;

wie von des Kriegs zerriss'nem Schlachtenwagen
selbst oft die Schar der Männer zu dir schritt;
wie trotz der Wunde, die dein Herz durchschnitt,
du stets der Hoffnung Fahn' uns vorgetragen:

O Herrscherin, die Zeit dann möcht' ich segnen!
Wir sahn dich Anmut endlos niederregnen,
wie groß du warst, das ahneten wir nicht.

Dein Haupt scheint wie von Strahlen mir umschimmert,
du bist der Stern, der voller Pracht erst flimmert,
wenn er durch finstre Wetterwolken bricht.

Luise, die Königin.
Von Max von Schenkendorf.

Rose, schöne Königsrose,
  hat auch dich der Sturm getroffen?
Gilt kein Beten mehr, kein Hoffen
bei dem schreckenvollen Lose?

Seid ihr, hochgeweihte Glieder,
schon dem düstern Reich verfallen?
Haupt, um das die Locken wallen,
sinkest du zum Schlummer nieder?

Sink' in Schlummer! Aufgefunden
ist das Ziel, nach dem du schrittest,
ist der Kranz, um den du littest,
Ruhe labt am Quell den Wunden.

Auf, Gesang, vom Klagetale
schweb' empor zu lichten Hallen,
wo die Siegeshymnen schallen,
singe Tröstung dem Gemahle!

Sink' in deiner Völker Herzen,
du im tiefsten Leid Verlorner,
du zum Märtyrtum Erkorner,
Auszubluten deine Schmerzen.

Herr und König, schau nach oben,
wo sie leuchtet gleich den Sternen,
wo in Himmels weiten Fernen
alle Heiligen sie loben!

Willibald Alexis als vaterländischer Dichter und Patriot.
Von Otto Tschirch.

Man hat Willibald Alexis den märkischen Walter Scott genannt, und man wiederholt heute bisweilen das Wort mit einem Anfluge von mitleidigem Lächeln, indem man denkt, beider Zeit sei dahin. Unser Dichter gab zu diesem Vergleiche selbst den Anlaß, indem er durch eine spöttische und eine ernsthaft gemeinte Nachahmung des schottischen Dichters seine Laufbahn begann. Aber so gewiß Scott dem jüngeren Dichter die Rennbahn des historischen Romans gezeigt hat, so wenig ist die Bedeutung Härings mit dem Worte eines Nachahmers des Schotten erschöpft. Auf steilerem Wege hat, wie wir meinen, Alexis eine größere Höhe künstlerischer Charakteristik erklommen. Wieviel leichter wurde es dem schottischen Edelmann, den Weg zu seinem Schaffensgebiet zu finden, als dem hugenottisch-schlesischen Beamtensohn, der in die Mark verpflanzt wurde! Einem uralten schottischen Clan entsprossen, nach dessen verfallener Stammburg Scott als Knabe alljährlich wallfahrtete, dessen Glieder seit Jahrhunderten mit der Sage und Geschichte der schottischen Marken aufs innigste verwachsen waren, dessen Familienzusammenhang noch lebendig fortbestand, begann Scott damit, die Ruhmestaten seines Geschlechts zu verherrlichen und umfaßte allmählich das größere Vaterland. Stolz, in dem Felsboden, der ihn erzeugt hatte, festzuwurzeln, verjüngte er seine Dichterkraft immer wieder durch die Berührung mit der mütterlichen Erde. Glücklich, einem großen Volke anzugehören, das in ungebrochener Entwicklung durch romantische Kämpfe mit Achtung des Alten zu einem modernen Einheitsstaate erwachsen ist, durfte er sich nur unbefangen in die Überlieferung seines Geschlechts vertiefen, um allen Volksgenossen zum Herzen zu sprechen.

Wie anders bei Häring! Er mußte mit unsäglicher Mühe die Trümmer aufgraben, unter denen die verschütteten Quellen der vaterländischen Geschichte verborgen waren. Eine natürliche Vorliebe führte ihn schon früh zu vaterländischen Stoffen. Aber den rechten Weg, diese Gegenstände künstlerisch zu beleben, entdeckte er erst ganz allmählich. Die Beobachtung alter Soldatenoriginale des friderizianischen Heeres, wie er deren eins im Korporal Lungenbrand in der „Schlacht von Torgau" schildert, die Überlieferungen der hugenottischen Kolonie, der er entstammte, öffneten ihm erst das Auge für packendes Zeitkolorit, und der Erfolg zeigte ihm, was er vermochte. Indem er mit tiefem Naturgefühl dem märkischen Sandboden, seiner dürren Heide, seinen einsamen Seenspiegeln poetisches Leben verlieh, hörte er, unter der Zaubereiche der Heimatliebe träumend, in der Volksharfe ihrer Zweige die Stimmen von Jahrhunderten wieder. Und wie er uns die einfachen Reize der märkischen Natur, das äußere Leben der Vergangenheit nahe bringt, so ist ihm weiter die köstliche Gabe verliehen, das rätselhafte Weben der Volksseele vergangener Tage zu belauschen.

Mit der Feinheit kulturhistorischer Seelenmalerei hängt die Kunst kraftvoller Charakteristik eng zusammen. Auf dem Höhepunkt seines Schaffens hat Willibald Alexis darin Großes geleistet. Am besten gelingen ihm derbe, männliche Gestalten aus dem Volke oder dem Volksempfinden nahestehende Charaktere wie die Junker des 16. Jahrhunderts, im Roland von Berlin Bartz Kuhlemey, der Ratsherr Niklas Perwenitz und andere, im Cabanis der verlorene Sohn Gottlieb. Freilich stellt er sich öfter verwickelte Seelenprobleme, und dann gelingt ihm nicht immer die reine Ausgestaltung seiner Ideen. Eine merkwürdige Vorliebe hat er, wohl aus der Zeit seiner romantisch-ironischen Periode, aber auch von Natur, für Charaktere, die ein zwiespältiges Doppelleben führen, die etwas anderes sind, als sie scheinen, und mit einer großen Lüge durch die Welt gehen. Die Ironie spielt schon eine große Rolle bei den harmlosen Schelmen, die er mit vieler Liebe schildert, wie dem in mutwilligen Streichen unerschöpflichen Raschmacher Henning Molner und dem Barbier Hans Jerbitz. Ins Dämonische spielt dann der wilde Hake von Stülpe, ein prachtvoller märkischer Mephisto. Am tiefsten — bis zur ergreifenden Tragik — ist das Problem eines solchen Doppellebens in der Gestalt des falschen Woldemars gefaßt; aber es scheint, als ob der Dichter selbst ein Vergnügen daran fände, den Leser geschickt zu äffen und ihn absichtlich in Unklarheit über die Echtheit des Mannes zu lassen. Ein höchst interessantes Gegenstück zum falschen Woldemar ist die Gestalt des tief verschlagenen Karl IV., das beste historische Charakterbild, das Alexis je gelungen ist. Auch sonst finden sich in des Dichters Werken überall derartige zweideutig schillernde Gestalten: von der düstern Novelle Acerbi an, die der Dichter für sein bestes Jugendwerk hielt, bis zu der Geheimrätin Lupinus und dem Legationsrat Wandel in „Ruhe ist die erste Bürgerpflicht" und der Kurfürstin Dorothea im Roman. Die seltsamste Schelmenfigur in dieser Reihe ist der französische Oberst Espignac im Isegrim, der, einstmals Konditorssohn, Kellner, Komödiant und Kunstreiter in buntem Wechsel, jetzt als Kavallerieoffizier den krankhaften Drang hat, sich in eine altadelige Existenz hineinzulügen und den ehrenfesten, märkischen Edelmann zu täuschen versteht. Derartigen Schemen stehen aber die derben Kerngestalten aus märkischem Holze, an denen des Dichters Romane so reich sind, nur um so wirksamer gegenüber.

Schließlich kann man die Werke des märkischen Dichters nicht anders als mit dem liebenden Auge des Patrioten betrachten. Seine preußische Vaterlandsliebe, sein nationaler Stolz hat ihn in der Tat erst herausgehoben über die Novellisten gewöhnlichen Schlages. Indem es ihn drängte, in den trüben, tatenarmen Jahrzehnten des Vaterlandes das Heimatgefühl der Zeitgenossen zu beleben und zu erwärmen, gelang es ihm, die ungesunden Einflüsse seiner Jugendbildung zu überwinden und die romantischen Spukgestalten, die ihn bisher begleiteten, zu verjagen. So gesundete seine Muse, indem sie national wurde und sich mit dem festen Glauben an die hohe Bestimmung der Hohenzollern und ihres Staats erfüllte. Sein Patriotismus ist voll der Sehnsucht und des Kampfes, und darum soll das Andenken an diesen Dichterkämpfer in den Annalen unserer nationalen Geschichte unter uns nicht erlöschen, die die Erfüllung seines Sehnens, den Sieg nach dem Kampf erlebt haben.

Forschungen zur Brandenburgischen und Preußischen Geschichte.
12. Band, 2. Hälfte. Leipzig, Dunder & Humblot.

Weihnachtsmarkt.
Von Gottfried Keller.

Welch lustiger Wald um das hohe Schloß
hat sich zusammengefunden,
ein grünes bewegliches Nadelgehölz,
von keiner Wurzel gebunden!

Anstatt der warmen Sonne scheint
das Rauschgold durch die Wipfel;
hier backt man Kuchen, dort brät man Wurst,
das Räuchlein zieht um die Gipfel.

Es ist ein fröhliches Leben im Wald,
das Volk erfüllet die Räume;
die nie mit Tränen ein Reis gepflanzt,
die füllen am frohsten die Räume.

Der eine kauft ein bescheidnes Gewächs
zu überreichen Geschenken,
der andere einen gewaltigen Strauch,
drei Nüsse daran zu henken.

Dort feilscht um ein winziges Kieferlein
ein Weib mit scharfen Waffen;
der dumme Silberling soll zugleich
den Baum und die Früchte verschaffen.

Mit rosiger Nase schleppt der Lakai
die schwere Tanne von hinnen;
das Söschen trägt ein Leiterchen nach,
zu ersteigen die grünen Zinnen.

Und kommt die Nacht, so singt der Wald
und wiegt sich im Gaslichtscheine;
bang führt die ärmste Mutter ihr Kind
vorüber dem Zauberhaine.

Einst sah ich einen Weihnachtsbaum:
im düstern Bergesbanne
stand reifbezuckert auf dem Grat
die alte Wettertanne.

Und zwischen den Ästen waren schön
die Sterne aufgegangen;
am untersten Ast sah man entsetzt
die alte Wendel hangen.

Hell schien der Mond ihr ins Gesicht,
das festlich still verkläret;
weil auf der Welt sie nichts besaß,
hat sie sich selbst bescheret.

G. Keller, Gesammelte Gedichte.
Stuttgart, J. G. Cottasche Buchh. Nachf.

Theodor Fontane.
Von Konrad Burdach.

Wir kennen diesen Spaziergänger mit dem spähenden Auge und dem lauschenden Ohr des Poeten und des Geschichtsfreundes, der erst auf Schottlands und Englands von Ballade und Sage umwobenem Boden aus den tiefen Eindrücken der großen see- und flußreichen Landschaft und des in alter ruhmvoller Geschichte wurzelnden flutenden Menschenlebens, dann aus allen Teilen der heimatlichen Mark und endlich von den Werkstätten unsers nationalen

Schicksals, von den drei Kriegsschauplätzen der Jahre 1864, 1866, 1870/71 greifbare, lebenatmende Bilder der Landschaft, der geschichtlichen Vergangenheit, der gegenwärtigen Kultur und ihres bewegten Werdens in Frieden und Krieg, prächtig sprechende Anekdoten, prägnante Genrebilder und runde Menschenexistenzen in unerschöpflicher Fülle erlauscht und geschaut hat und uns mit ihm schauen und vernehmen läßt.

Dem Fußgänger allein gehört die Welt im Sinne jener Überzeugung Fontanes: „Die Dinge an sich sind gleichgültig, alles Erlebte wird erst was durch den, der es erlebt." Und der Fußgänger allein gehört sich selbst. Dies aber ist nach Fontanes Meinung „der einzig begehrenswerte Lebensluxus, dem freilich die moderne Menschheit ein Plüsch-Ameublement vorzieht". Der Spaziergänger bleibt Herr in jedem Augenblick, da er Eindrücke mit empfänglichem Gemüt einsaugt. Weg und Zeitmaß seines Ganges hängen ab von der eignen augenblicklichen Laune und Stimmung. Er besitzt in Wahrheit „Frieden und Freiheit, was — nach Fontanes Wort — allein echtes Glück verleiht".

Fontanes Leben und Kunst hat in der Tat etwas Spaziergängerisches. Er ist, im wesentlichen Autodidakt, zu seiner Bildung und zu seinem Wissen, die auf allen Gebieten höchst achtungswert waren, so sehr er es liebte, mit geringschätziger Miene davon zu reden, auf zufälligen Wegen gelangt, ohne abschließenden Besuch einer höheren Schule, ohne Staatsexamina, ohne akademisches Studium. Sein ganzes Leben verlief ohne vorgefaßten, festgehaltenen Plan, in Bahnen, wie sie Gelegenheit und Neigung ihm wiesen. Er hatte und suchte keinen Rang oder Titel. Er hatte kein Amt. Als er, um seine äußre Existenz sorgenfrei zu gestalten, sich hatte bestimmen lassen, das Sekretariat der Akademie der Künste anzunehmen, da fühlte er sich von dem bureaukratischen Zwang und dem Joch der geschäftlichen Schreiberei erdrosselt, fürchtete tiefsinnig zu werden und zerriß nach wenigen Monaten die Fesseln, in einem wahrhaft ergreifenden Konflikt mit seiner Frau, die zunächst den Standpunkt der Hausmutter nicht zu verlassen fähig war. Fontane aber atmete auf wie ein Geretteter und zog neu gestärkt, ob auch voller Angst und Sorge, auf ungewissen Pfaden weiter.

Der Lebenssaft seiner Begabung stammt aus diesem ungebundnen Spaziergängertum seines Wesens. Sein köstliches Fabulieren, dem tausend Beobachtungen und Einfälle, Schnurren und Schwänke jeden

Augenblick bereitstehen, scheint ihm zuzuströmen wie dem im Freien Ausschreitenden die frische Luft. Seine Erzählung wandelt dahin, leicht, beweglich, rhythmisch elastischen Gangs, ohne rhetorisches, sentimentales, gelehrtes Gepäck. Meister im anmutigen Plaudern, wird er zum Klassiker des modernen deutschen Briefs, der völlig zwanglos sich gehen läßt, um sich mitzuteilen, und dabei spielend sachliche Aufschlüsse, Belehrung, Anregung, lustige Prägungen des natürlichen Mutterwitzes und tausend Sprühteufelchen seines ironischen Temperaments wie von ungefähr mitspazieren läßt.

Wie der rechte Spaziergänger gern nach Kleinigkeiten sich bückt, nach Blumen, Kräutern und Steinen am Wege, so ziehen den Romandichter Fontane besonders an das kleine Glück und die kleinen Schicksale, die unscheinbaren, anspruchslosen Existenzen, die unbedeutenden Charaktere, und überall das Aparte, Absonderliche, Wunderliche, selbst das Groteske, wo es aus der Sonderart echter Natur hervortritt. Und die Darstellung dieser Romane geht still und ruhig dahin, ohne Hinausschreien des Gefühls: nicht auf Stelzen, nicht in der Prachtkarosse des falschen Idealismus, der verlogenen Romantik, nicht auf dem Kothurn der Phrase halbwahrer Gefühle, nicht im „Weitsprung", sondern schreitend auf guten festen Füßen und in bequemen Schuhen. Daher kommt es aber auch, daß die Technik seiner Romane stets lässig blieb, daß ihrer Komposition Einheit, Geschlossenheit, harmonische Gliederung der Teile fehlt. Es überwuchern darin die Episode, das Genrebild, Gespräch und Briefeinlagen, epigrammatische Sentenzen, Aperçus und Klassifikationen eines unersättlichen Menschenstudiums. Gerade wie der sein Behagen auskostende und als Spaziergänger Wandernde nach Belieben in gemütlichem Quartier Station macht oder in anregendem Gespräch sich festschwatzt — gegen den Reiseplan.

Aber in diesem launischen, Einfall und Stimmung folgenden Spaziergänger Fontane steckt auch ein ganz entgegengesetztes Element.

Der scheinbare, durchs Leben und Dichten schlendernde Bohémien besaß ein seltenes Maß von Energie und Selbstzucht, einen unermüdlichen, ja ich muß sagen: einen geradezu heroischen Trieb zur Arbeit, zur soliden Pflichterfüllung, zum opferbereiten Erwerb für Frau und Kinder, einen geheimen, tief innerlichen Drang zur Ordnung und Gesetzlichkeit.

In dem glücklichen Ausgleich der beiden gegensätzlichen Anlagen von Fontanes Natur liegt — wie es scheint, nach einem fast allgemeinen Gesetz menschlicher Größe — das Geheimnis seiner Persönlichkeit wie der Wirkung und Dauer seiner Kunst.

An dem unglücklichsten und zugleich doch herrlichen Wendepunkt seines Lebens, wo er sein Amt niederlegt und dadurch seinem geliebten alten Kaiser, seiner Frau, seinen Kollegen und Freunden als frivoler, pflichtvergessener Narr erscheinen muß — aus Pflichtgefühl gegen sich selbst, offenbart sich das Geheimnis seines menschlichen Wesens. Und in der Art, wie er, den man den ersten konsequenten Realisten der deutschen Literatur genannt hat, er, der von Grund aus subjektive Schriftsteller, weder dem Realismus noch dem Subjektivismus sich gefangen gibt, sondern beide miteinander durchdringt und über beide gebietet kraft eines geheimen Vermögens, das ihm angeboren war, offenbart sich das Geheimnis seiner Kunst. Sie, die gegen herkömmliche Stilisierung, gegen den „großen Stil" Front macht, wirkt und dauert, weil sie selber Stil hat. Den echten lebendigen Stil, der aus der Sache und der Persönlichkeit kommt.

Schon die straffe Zügelung in den Jugendballaden, dann die formvolle Formlosigkeit seiner schottisch-englischen und märkischen Wanderungen, endlich die reifende Kunst der im Herbst des Lebens entstandenen Romane und die meisterhafte Gestaltung seiner späten anekdotisch-historischen Genrebilddichtung wachsen aus einer unerhörten Konzentration der inneren Anschauung der Dinge und Menschen. Eine ungeheure Fülle persönlicher, zufälliger, augenblicklicher Eindrücke und Entwürfe gebändigt und mit dem Stempel des Bleibenden geprägt durch eine gewaltige Kraft des Sichzusammenraffens: daher stammt Fontanes Meistertum.

Der Sohn der französischen Kolonie fühlte sich zuzeiten als verwunschenen Prinzen: aus dem Sonnenland der Gascogne versetzt in die Bezirke der Kiefer, des Nebels und der kalten Winde, aus dem Genieland der großen Entwürfe und phantasievollen Träume in das nüchterne Berlin, in die Dürftigkeit und Formlosigkeit einer kleinbürgerlichen Existenz. Aber solche Stimmungen bezwang stets sein unersticktbarer Drang, in der von Gott ihm gewiesenen Zeit und Umgebung auszuharren und dort seine Kräfte zu entfalten. Jenseits des Tweed weckte ihm auf der Höhe seines Mannesalters ein schottisches Seeschloß die Sehnsucht nach den landschaftlich verwandten Seen und Wäldern der märkischen Heimat und erregte den Wunsch, ihre Ebenbürtigkeit zu zeigen. Aller italienischen Herrlichkeit gegenüber empfand er auf dem Abstieg des Lebens, daß seine „bescheidene

Lebensaufgabe nicht am Golf von Neapel, sondern an Spree und Havel, nicht am Vesuv, sondern an den Müggelbergen liegt", und so zog es ihn „an die schlichte Stelle zurück, wo seine Arbeit und in ihr seine Befriedigung" lag. Er erkannte sich für seine Person als „ausgesprochen nicht=südlich" und fand, ein Wort A. W. Schlegels über Fouqué auf sich anwendend, daß die Magnetnadel seiner Natur nach Norden zeige.

Er war ein diesseitiger Mensch, und ihm war die Freiheit das Köstlichste. Aber der Mann von heute, der Dichter der zukunfts= hungrigen Großstadt kannte und ehrte, rückwärts gewandt, das Gestern. Der Verfechter persönlicher Autonomie achtete und schützte die menschliche Gebundenheit in den Ordnungen von Staat und Heer. Seine Schriftstellerei predigt Liebe und Ehrfurcht für den Boden, darauf wir wandeln. Für die Mutter Erde, aus der wir stammen, und die uns am Ende unsrer Tage zurückfordert, die uns erquickt und erbaut durch herbe Schönheit der uns umgebenden Natur. Ehrfurcht und Liebe für die großen geschichtlichen Taten und Per= sonen, die unsers Volkes und unseres Staates Gegenwart und Zu= kunft bestimmen. Ehrfurcht und Liebe aber auch für die Lebens= fülle und gärende Entwicklung unserer Zeit. Ehrfurcht und Liebe vor allem für die Mächte unsers inneren Lebens.

Die Nachkommen der französischen Emigranten haben ihrem neuen Vaterland redlich gelohnt durch Bürgertugend, Gewerbfleiß, Geschicklichkeit im Technischen, durch äußere Kultur. Theodor Fon= tane vergalt, was seine Ahnen dem preußischen Staat dankten, mit mehr als Zinseszins. Seine Schriftstellerei säte bei uns das, was dem jungen Kaiserreich und seiner auf kulturarmem Kolonial= boden gelegenen Hauptstadt am meisten not tut: „Freiheit, Liebens= würdigkeit und die rechte Liebe überhaupt", die innere Lebenskunst, die geistige Kultur. Er schuf dem wirren Volksgemengsel dieses großen Emporkömmlings Berlin ein Gegengewicht: die Heimat= kunst. Er hat in seinen Reisebildern, in seinen Briefen unsre Armut mit mütterlicher Fürsorge an dem gediegenen Reichtum der alten, seit mehr als drei Jahrhunderten ungestört fortgebildeten Kulturen Eng= lands und Frankreichs gemessen und dadurch das Verlangen ge= weckt und gestärkt nach einer eigenen Form des modernen deutschen Lebens, deren Grundlage das von ihm eingeschärfte Gebot ist: Lerne kennen und halte fest, was du an Edlem, Schönem in Natur und Kultur besitzest und baue darauf weiter! Er hat dieses Gebot nicht bloß durch Worte, er hat es auch durch die Tat ins Leben übertragen wollen: als einer der Ersten, schon im Jahre 1868, hat er für das heranwachsende Deutschland ein großartiges Museum seiner nationalen Kultur erhofft und in sich den Mut gefühlt, der Organisator und Leiter einer solchen Sammlung des angestammten Bildungsschatzes zu werden.

Der Wandel Fontanischer Kunst, durch den der Bewunderer Platens, Lenaus, Herweghs, der Schüler von Scotts Balladen und historischen Romanen, von Percys echten Reliques alter englischer Volksdichtung, der mit Strachwitz, Geibel und Storm Wetteifernde, der Dichter des „Archibald Douglas" und der Zieten- und Seydlitz-Lieder zum Schöpfer des realistischen Zeitromans „Stechlin" wurde, spiegelt ein halbes Jahrhundert deutscher Entwicklung wider. Die zweite Hälfte jenes Jahrhunderts, das wir nicht „das nie genug zu verdammende" schelten, sondern mit Fontane lieben und ehren als das Zeitalter, da Deutschland ein Mann, ein Mann der Tat ward, der sich seinen Platz in der Welt sicherte und daheim auf eigenen Füßen stehen lernte.

Unter den Führern der geistigen Entwicklung dieser Epoche gebührt Theodor Fontane ein Platz in einer Reihe mit Bismarck und Adolf Menzel: nicht als einem Ebenbürtigen, aber als einem innerlich Verwandten.

Drei Einzüge.
Von Theodor Fontane.

7. Dezember 1864.

Wer kommt? wer? —
Fünf Regimenter von Düppel her.
Fünf Regimenter vom dritten Korps
rücken durchs Brandenburger Tor.
Prinz Friedrich Karl, Wrangel, Manstein,
General Roeder, General Canstein,
fünf Regimenter, vom Sundewitt
rücken sie an in Schritt und Tritt.

Wer kommt? wer? —
Zuerst die Achter. A la bonne heure!
Die Achter: Hut ab, sapperment,
vor dem Yorkschen Leibregiment!

Schanze neun und Schanze drei
waren keine Spielerei.
Hut ab und Hurra ohn' End',
allemal hoch das Leibregiment.

Wer kommt? wer? —
Hurra, die Vierundzwanziger.
Guten Tag, guten Tag und gehorsamster Diener!
Ei, das sind ja meine Ruppiner,
flinke Kerle ohne Flattusen,
grüß Gott dich, Görschen und Brockhusen!
Möchte manchen von euch umhalsen;
Düppel war gut, besser war Alsen.
's war keine Kunst, euch half ja die Fee,
die Wasserfee vom Ruppiner See.

Wer kommt? wer? —
Hurra, die Vierundsechziger,
hurra, die sind wieder breiter und stärker,
das macht, es sind richtige Uckermärker.
Die sind schon mehr für Kolben und Knüppel,
conferatur Wester- und Oster-Düppel.
Verstehen sich übrigens auch auf Gewehre,
siehe Fohlenkoppel und Arnkiel-Oere.
Fünfzig dänische Feuerschlünde
können nichts gegen Prenzlau und Angermünde.

Wer kommt? wer? —
Füsiliere, Fünfunddreißiger.
Hurra, das wirbelt und schreitet geschwinder,
hurra, das sind Berliner Kinder!
Jeder, als ob er ein Gärtner wäre,
trägt drei Sträußchen auf seinem Gewehre.
Gärtner freilich, gegraben, geschanzt,
dann sich selber eingepflanzt,
eingepflanzt auf Schanze zwei. —
Die flinken Berliner sind vorbei.

Wer kommt? wer? —
Hurra, unsre Sechziger.
Oberst von Hartmann fest im Sitze,
grüßt mit seiner Säbelspitze.

Hut ab und heraus die Tücher!
Das sind unsre Oderbrücher,
keine Knattrer und bloße Verschnaufer,
lauter Barnimer und Lebuser.
Fest ist ihr Tritt, frank und frei.
Major von Jena ist nicht mehr dabei.

Wer kommt? wer? —
Artillerie und Ingenieur,
elfte Ulanen, Zietenhusaren,
Paukenwirbel und Fanfaren.
Halt, der ganze Waffenblitz
präsentiert vor König Fritz.
Alles still, kein Pferdegeschnauf;
zehntausend blicken zu ihm hinauf.
Der neigt sich leise und lüpft den Hut:
„Konzediere, es war gut!"

20. September 1866.

Viktoria hat heute Dienst am Tor.
„Landwehr, zeig' deine Karte vor,
Paßkart' oder Steuerschein,
eins von beiden muß es sein."
„Alles in Ordnung. Jedenfalls
zahlten wir Steuer bei Langensalz';
wir zahlten die Steuer mit Blut und Schweiß." —
„Landwehr, passier', ich weiß, ich weiß."

Viktoria hat heute Dienst am Tor.
„Linie, zeig' deine Karte vor,
Paßkart' oder Steuerschein,
ein Paß, das wird das beste sein."
„Wir haben Pässe die Hände voll,
zuerst den Brückenpaß bei Podoll,
dann Felsenpässe aus West und Ost,
Nachod, Skalitz und Podkost.

Und wenn die Felsenpässe nicht ziehn,
so nimm noch den Doppelpaß von Gitschin,
sind allesamt geschrieben mit Blut!" —
„Linie, passier', is gut, is gut."

Viktoria hat heute Dienst am Tor.
„Garde, zeig' deine Karte vor;
preußische Garde, willkommen am Ort,
aber erst das Losungswort."
„Wir bringen gute Losung heim
und als Parole 'nen neuen Reim,
einen neuen preußischen Reim auf Ruhm."
„Nenn' ihn, Garde!"
 „Die Höhen von Chlum."
„Ein guter Reim, ich salutier';
preußische Garde, passier', passier'!"

Glocken läuten, Fahnen wehn,
die Sieger drinnen am Tore stehn.
Eine Siegesgasse ist aufgemacht:
östreich'sche Kanonen, zweihundertundacht.
Und durch die Gasse die Sieger ziehn. —
Das war der Einzug in Berlin.

———

1871.

Und siehe da, zum drittenmal
ziehen sie ein durch das große Portal.
Der Kaiser vorauf; die Sonne scheint,
und alles lacht, und alles weint.

Erst die Garde-Brigaden vier;
Garde und Garde-Grenadier':
Elisabether, Alexandriner,
Franziskaner, Augustiner,
sie nahmen, noch nicht zufrieden mit Chlum,
bei Privat ein Privatissimum.

Mit ihnen kommen, geschlossen, gekoppelt,
die Säbel in Händen, den Ruhm gedoppelt,
die hellblauen Reiter von Mars-la-Tour,
aber an Zahl die Hälfte nur.

Garde vorüber. — Garde tritt an,
Regiment des Kaisers, Mann an Mann,
die Siebner, Phalanx jedes Gefechts.
„Kein Schuß; Gewehr zur Attacke rechts!"
Die Sieben ist eine besondre Zahl,
dem einen zur Lust, dem andern zur Qual.
Was von den Turkos noch übrig geblieben,
spricht wohl von einer bösen Sieben.
Blumen fliegen aus jedem Haus;
der Himmel strömt lachende Lichter aus,
und der Lichtball selber lächelt in Wonne:
„Es gibt doch noch Neues unter der Sonne!"

Gewiß. Eben jetzt einschwenkt in das Tor,
keine Linie zurück, keine Linie vor,
en bataillon, frisch wie der Lenz,
die ganze Armee in Double-Essenz.
Ein Korps bedeutet jeder Zug.
Das ist kein Schreiten, das ist wie Flug.
Das macht, weil ihnen ungesehn
dreihundert Fahnen zu Häupten wehn.

Bunt gewürfelt Preußen, Hessen,
Bayern und Baden nicht zu vergessen,
Sachsen, Schwaben, Jäger, Schützen,
Pickelhauben und Helme und Mützen,
das Eiserne Kreuz ihre einzige Zier.
Alles zerschossen; ihr ganzes Prahlen
nur ein Wettstreit in den Zahlen,
in den Zahlen derer, die nicht hier.

Zum drittenmal
ziehen sie ein durch das große Portal.
Die Linden hinauf erdröhnt ihr Schritt,
Preußen-Deutschland fühlt ihn mit.

Hunderttausende auf den Zehenspitzen!
Vorüber, wo Einarm und Stelzfuß sitzen.
Jedem Stelzfuß bis in sein Bein von Holz
führt der alte Schlachtenstolz.
Halt!
vor des großen Königs ernster Gestalt.

Bei dem Fritzen-Denkmal stehen sie wieder.
Sie blicken auf, der Alte blickt nieder;
er neigt sich leise über den Bug:
„Bon soir, messieurs, nun ist es genug."

Th. Fontane, Gedichte. (Stuttgart, J. G. Cottasche Buchh. Nachf.)

Die Gesellschaft von Neu-Berlin.

Eine Stunde vor der Weltstadt beginnt die Landschaft ganz plötzlich sehr sandig zu werden. Rechts und links vom Schienenstrange leuchten weiße Dünen, die jeden Streusand-Industriellen entzücken müssen, und aus dem armselig-unfruchtbaren Boden heben sich mühsam lange, langweilige Reihen spilleriger Kiefern. Berlin versteht es, sich gut in Szene zu setzen: wer diese gottverlassene Wüste durchfährt, der erwartet dahinter alles andere als ein Sesam schimmernden Reichtums, und auf den wirkt das gigantische, goldschaffende Ungeheuer mit der Kraft einer doppelten Überraschung. Dem Fremdling zeigt sich die Mark Brandenburg von ihrer herbsten Seite. Alle Bahnwege laufen im Bett der alten Gletscherströme, die sich vorzeiten durchs Land ergossen und bei dieser Gelegenheit die rieselnden Sandmassen ablagerten. Der Kiefernwald verschwindet, Schornsteine recken sich auf, jagen sich, drängen sich, ein unentwirrbares Gewühl von Fabriken, Warenstapeln, Geleisen, von verschmutzten Flächen, auf denen neue Schornsteine, Fabriken, Warenstapel, Geleise wachsen. Die ganze trostlose, schreckliche Zerrüttung, die unsere aufs Technische gestellte Hochkultur hervorruft; grauenvoll verwüstetes Feld, das der Riese bis in den Grund aussaugt, um neue Nahrung, immer neues Gold zu finden. Fahr im Dämmerlichte des Abends durch dies Industrierevier, das die Stadt umgürtet, und du hast nicht nur das getreue, eigentliche Bild ihres Wesens, du hast auch eine geisterhafte Vision der Zukunft, die sie dem ganzen Lande bereitet.

Man mag nachher die schimmernden Straßen der Residenz,
ihre glühenden und funkelnden Schaufenster, ihre Tempel frohen
Genusses, ihre Kunststätten und Kunstdenkmäler bewundern, mag
köstliche Schlendertage in ihr·verleben und dabei erkennen, daß sie's
den übrigen Großstädten schon beinahe gleich zu tun versteht —
und doch wird der erste Eindruck bleibend sein. Ein ungeheures
Arbeitshaus, dies Berlin, dem alles andere nur zum Ornament
dienen muß. Deshalb auch keine Stadt im rechten Sinne des
Wortes, kein organisch gewordenes Kulturzentrum von einheitlichem,
sozusagen künstlerischem Charakter, sondern mehr eine von Millionen
benutzte günstige Gelegenheit, emporzukommen und Wohlstand zu
erwerben.

Wenn es in Paris und Wien, in London und gewissermaßen
sogar in New York einen klar erkennbaren Mittelpunkt des städti=
schen Lebens gibt, ein gewaltiges Sammelbecken des Verkehrs wie
der Interessen, so kann in Berlin nur der oberflächliche Blick der=
gleichen finden. Zwischen dem Potsdamer Platz und dem Bahn=
hof Friedrichstraße strömen für den Uneingeweihten Kraft und Geist
der Stadt zusammen, schlägt ihr Herz — und er wird sich ungern
dahin belehren lassen, daß dieser lebensvolle Bezirk nur eine von
den fünf oder sechs großen Städten darstellt, aus denen sich Berlin
zusammensetzt. Diese fünf oder sechs Städte wissen wenig von=
einander, haben noch weniger miteinander gemeinsam. Was ver=
bindet innerlich die in der Öffentlichkeit den Ton angebenden Be=
wohner von Berlin W mit dem starken Industrievolke des Nordens,
der selbstbewußten Arbeiterschaft in den Ostrevieren, dem ehrbaren
erbeingesessenen Kleinbürgertum im Süden oder im alten Spree=
viertel, dem südwestlichen Mittelstande und den Leuten von Moabit?
Man liest ungefähr dieselben Zeitungen und erzielt dadurch eine
scheinbare Übereinstimmung der Gesinnungsäußerlichkeiten — das
ist aber auch alles.

In einem so aufgebauten Gemeinwesen kann es keine Gesell=
schaft im europäischen Sinne des Wortes geben, zumal neben der
geographischen Trennung eine tiefgehende, nirgends überbrückte so=
ziale herläuft. Die nimmermüde Sehnsucht nach dem Berliner Salon
ist unerfüllbar, und nur ahnungslose Nichtberliner oder Zugezogene,
die die Eigenart unserer Stadt nicht kennen, werden solchem Traum
nachhängen. Jede Schicht lebt hier für sich. Das Militär, das Be=
amtentum, die Künstler, die Kaufherrn, die Industrie. Es fehlt

ein verbindendes Glied, zu dem sie alle aufsehen und in dem sie widerspruchslos ihren Führer anerkennen; es fehlt die heimische Aristokratie. Warum haben alle anderen Hauptstädte ihre Gesellschaft, auf die auch der kleine Mann stolz ist, und an deren großen Tagen er in seiner Art freudig teilnimmt? Weil der alte Adel des Landes an der Spitze steht. Unsere märkischen und preußischen Junker sind aber nicht reich genug, um in Berlin haushalten, um einen Wintersitz in der Residenz bezahlen zu können. Sie erscheinen zu den Hoffestlichkeiten, gewiß, sie schlürfen auch einige Wochen lang mit Lust die Annehmlichkeiten der Hauptstadt, aber sie wohnen derweil im Gasthofe und sind ungemein zurückhaltend. Ihnen gilt jeder Standesgenosse als deklassiert, der sich mit dem neuen Geld= adel einläßt, und weil sie dem Kuponsreichtum seinen Luxus doch nicht nachmachen können, so verachten sie ihn. Vom nationalen Ge= sichtspunkte aus ist das rühmenswert; das Berliner Gesellschafts= leben jedoch krankt unheilbar daran, denn die übrigen Stände ahmen das Vorbild des Adels nach. Jeder beschränkt sich auf den Umgang mit seinesgleichen.

Glücklicherweise grämt sich außer den Theoretikern und denen, die Berlins weltstädtisches Heil in der lückenlosen Übernahme fremder Einrichtungen sehen, niemand allzusehr über diesen Mangel. Je mehr man auf sich selber und seinen Nächsten angewiesen ist, desto schöner blüht das Familienleben. Nichts fesselt einen ja zu innig an die Stadt, die in der Hauptsache Kontor und Werkstube ist; ihre Vergnügungen gelten als zierliche Überflüssigkeiten, und dadurch hat sich im allgemeinen die kerngesunde, urmärkische Auffassung erhalten, die jeden Lustwandler als Taugenichts betrachtet. Es ist immer noch gewagt, in Berlin bei Tage spazieren zu bummeln; man schämt sich wirklich, wenn Bekannte einen dabei ertappen.

Die allzu rasch, allzu amerikanisch in die Breite gegangene Metropole hat sich nicht immer einer weitsichtigen Verwaltung zu erfreuen gehabt, und von den schweren Sünden der Vergangenheit sind nur wenige wieder gutzumachen. Berlins Schönheit ist seine Spree gewesen — und den hübschen Fluß, der für die deutsche Hauptstadt das hätte werden können, was die durchaus nicht statt= lichere Seine für Paris ist, hat man zu einem schmutzigen Kanal herabgewürdigt. Wo es reizvolle Aus= und Durchblicke gab, so zum Exempel von der Mühlendammbrücke auf die Berliner Akro= polis, den Lustgarten, hat man sie mit grundhäßlichen Häuserkästen verbaut. Die kargen Reize der Lage Berlins ganz fortzuwischen, ist das von Erfolg gekrönte Mühen sogenannter Stadtbaumeister gewesen. Jetzt steht ein neues Geschlecht auf dem Plane. Aus dem Berlin an der Spree soll das Berlin an der Havel werden. Stolze Möglichkeiten tun sich auf, und die licht- und lufthungrige Bevölkerung schaut hoffnungsfroh durch das grüne Tor.

Soviel unbändige Kraft steckt in der Stadt, soviel Schaffensfreudigkeit in ihren Bewohnern, und so ruhelos drängt einer den anderen vorwärts, daß man diesem Gemeinwesen die Erreichung aller seiner materiellen Ziele getrost prophezeien darf. Die große Arbeitsstätte im deutschen Norden wirkt anspannend auf das ganze Reich. Wie sich schierer Sand unter den Händen zäher Fleißiger in Gold verwandelt, das kann man nirgendwo besser studieren als hier. Wenn auf der anderen Seite Berlin seines besonderen Werdeganges und seines vielleicht allzu jugendlichen Charakters wegen geistig kaum je die beherrschende Stellung einnehmen wird, die wirklichen Hauptstädten eignet, so ist das kein Verlust für die Stadt und ein Gewinn für die alten deutschen Kulturzentren. Sie können freundschaftlich und in Ehren neben ihr bestehen, trotz ihrer körperlichen Überlegenheit den Wettkampf mit ihr aufnehmen. Haben die, denen der üppig gedeihende Spreekoloß bisher immer noch eine finstere Drohung scheint, das erst klar erkannt, dann werden Berlin und die Berliner im Reiche alle verdienten Sympathien erwecken. Sie sind besser als ihr Ruf. Allzu häufig versündigen sich unartige Neulinge, die kaum in der Liste des Einwohnermeldeamtes stehen, durch Anmaßlichkeit und Mundfertigkeit am Berliner Wesen. Man macht den Reichshauptstädter für diese Schädlinge verantwortlich, obgleich er sie ebenso herzlich verabscheut wie irgendeiner von denen, die unter ihnen leiden. Der Berliner ist ein Kind des märkischen Himmels, nicht ohne Rauheit und Schärfe, haushälterisch mit Gefühlsausbrüchen und sarkastischem Witze hold, aber verläßlich und ehrlich und gerne bereit, die Tüchtigkeit des Nebenmenschen anzuerkennen. r. n.

Der Teltow.

Die Seenrinne des Grunewalds und ihre Moore*).
Von Prof. Dr. F. Wahnschaffe.

Die Rinne, in der die Grunewaldseen liegen, stellt einen schmalen, im Maximum 300 m breiten, stark gewundenen alten Wasserlauf der Eiszeit dar.

Was die Entstehung dieser Rinne anlangt, so liegt es auf der Hand, daß die heutigen Niederschläge nicht imstande sind, eine so tiefe und ungleichmäßig gestaltete Rinne auszufurchen. Die teilweise durch Torfmassen ausgefüllten Verbindungsstücke der Seen zeigen uns, daß auch diese flacheren Rinnenteile vor der Bildung des Torfes entstanden sein müssen und früher ebenfalls von Wasser bedeckt waren. Die unregelmäßigen Tiefenverhältnisse des Bodens der Seenkette weisen darauf hin, daß hier kein gleichmäßig fließender Wasserstrom die Ausschürfung bewirkt haben

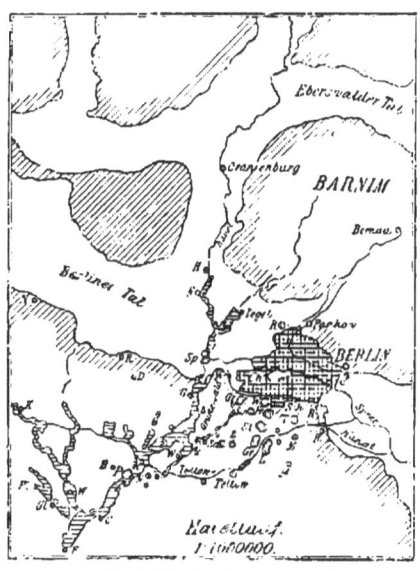

(Aus Wahnschaffe, Der Grunewald.)

kann, denn gewöhnlich strömendes Wasser pflegt in leicht zerstörbaren Ablagerungen eine sich gleichmäßig vertiefende Rinne zu schaffen. Wir werden die Bildungszeit wohl am besten in die Zeit der zurückschmelzenden letzten Eisdecke verlegen und annehmen, daß hier am Eisrande aus einem Gletschertore ein Schmelzwasserbach hervor-

---
*) Vgl. die geologische Einführung von Dr. F. Solger.

trat, dessen Lauf bereits unter dem Eise von Nordosten her seinen Anfang nahm. Die unregelmäßige Erosion des Bodens erklärt sich am besten durch fließendes Wasser unter dem Eise, wo es unter Druck ähnlich wie in einer geschlossenen Röhre fließt und bald mehr ablagernd, bald mehr erodierend auf den Untergrund einwirken kann. Die Grunewaldseenrinne ist als alte eiszeitliche Nebenrinne der viel bedeutenderen Havelseen entstanden und hat sich aus Mangel an Zufluß nach und nach in einzelne Seen aufgelöst*), während die Havelseen durch die alluvialen Gewässer der Havel dauernd miteinander verbunden wurden. Beide Rinnen gehören zu dem von Berendt aufgestellten glazialen Seentypus der Schmelzwasserrinnen, der im norddeutschen Flachland weit verbreitet ist.

Ein besonderes Interesse gewährt die Grunewaldseenrinne durch die nach der Eiszeit eingetretene Vertorfung einzelner Teile. Der Geologe und Botaniker hat hier Gelegenheit, den ganzen Prozeß der Vermoorung von seinen ersten Anfängen an durch die verschiedenen Stadien seiner Entwicklung zu verfolgen, und der Botaniker findet zu seiner Freude die für die verschiedenen Moorarten charakteristischen Pflanzenformationen zum großen Teil erhalten. Man unterscheidet jetzt nach der äußeren Form und Entstehungsweise drei Arten von Mooren: die Flachmoore (Niedermoore), die Zwischenmoore (Übergangsmoore) und die Hochmoore. Die Flachmoore bilden sich meist aus offenen Seen oder in stagnierenden Flußläufen im Niveau des obersten Grundwasserspiegels, während die Hochmoore sich über den Grundwasserstand erheben und, wo sie eine gewisse Ausdehnung erreichen, z. T. in uhrglasartiger Form über ihre nähere Umgebung hinauswachsen.

Der die Flachmoore zusammensetzende Torf bildet sich aus den im Wasser wachsenden Pflanzen, die nach ihrem Absterben unter teilweisem Luftabschluß einen Gärungs- und Humifizierungsprozeß durchmachen, wobei die Pflanzenfaser mehr oder weniger umge-

---

*) Die alte Angabe, daß zum Bau des Jagdschlosses Rüdersdorfer Muschelkalk auf dem Wasserwege hierher transportiert worden sei, kann nur so verstanden werden, daß die Kalksteine von Rüdersdorf auf der Spree, vielleicht auch bis in die Havel zu Schiff an eine Ablagestelle gebracht worden sind, denn die Annahme einer zusammenhängenden, für Kähne befahrbaren Rinne im Verlaufe der Grunewaldseen in historischer Zeit ist mit den geologischen Verhältnissen nicht in Einklang zu bringen.

Kiefernwaldbruch auf dem Zwischenmoor südlich von Paulsborn.

Westufer des Grunewaldsees bei hohem Wasserstande.

Westufer des Grunewaldsees bei niedrigem Wasserstande.

wandelt und ihr Kohlenstoffgehalt angereichert wird. Die Pflanzen=
gemeinschaft, die zur Bildung der Flachmoore Veranlassung gibt,
ist durchweg nährstoff= und namentlich kalkliebend; sie findet diese
Pflanzennährstoffe in den stagnierenden Gewässern, die mit dem
Grundwasser in Kommunikation stehen. Alle Glazialablagerungen
sind ursprünglich kalkhaltig und liefern durch die Verwitterung
der kristallinischen Gesteine Kali und Phosphorsäure. Diese Nähr=
stoffe werden durch die Regen und Schneeschmelzen ausgelaugt und
den stagnierenden Gewässern zugeführt. Der Torf der Flachmoore
ist meist reich an Kalk und Stickstoff, der Rückstand nach der Ver=
brennung (sog. Asche) kann z. B. 50% betragen, doch ist er zur
Heizung nicht mehr brauchbar, wenn der Aschengehalt 25% über=
schreitet. Der erste Beginn der Vertorfung eines Seebeckens, wie
er an den Grunewaldseen vortrefflich zu beobachten ist, tritt da=
durch ein, daß sich an den flachen Uferrändern Vegetationszonen von
Sumpf= und Wasserpflanzen ausbilden. „In der Flora der Ufer
und des Wassers, sagt Graebner, lassen sich drei Abteilungen gut
unterscheiden, die natürlich unter Umständen sich mischen können,
aber auch dann sehr leicht in den drei Abteilungen gesucht werden
können. Zunächst ist die Flora der nassen, dauernd besiedelten Ufer
zu unterscheiden, charakterisiert durch hohe Rohrgräser und Stauden,
meist in dichtem Bestande. Daran schließt sich die Flora des nicht
stabilen Bodens, also des zeitweise vom Wasser überfluteten, mit
Sand und Schlick bedeckten, an, charakterisiert durch lockere Boden=
bedeckung niedriger oder mittelhoher Stauden, und einjähriger Arten.
Als dritte Gruppe käme dann die Flora der normal untergetaucht
oder schwimmend lebenden Pflanzen."

Zu dieser Flora der Ufer und des Wassers gehören im Grune=
wald namentlich das Schilfrohr (Phragmites communis), das gemeine
Schilf (Calamagrostis Epigeios), Cladium mariscus (am Schlachtensee)
und der Rohrkolben (Typha); Binsen=, Bidens= und Scirpus=Arten,
Kalmus, Wasserlilie (Nymphaea alba) und Teichrose (Nuphar luteum),
Froschlöffel (Alisma plantago) und Froschbiß (Hydrocharis morsus
ranae), Wasserschere (Stratiotes aloides), Laichkräuter usw.

In vielen Seen bildet sich auf dem Grunde ein breiiger bis
gallertartiger Schlamm, der aus den zu Boden sinkenden abge=
storbenen Algen (z. B. „Wasserblüte" von Microcystis flos aquae)
und auch Resten von höheren Pflanzen gebildet wird, die von den
Wassertieren zum Teil zernagt worden sind. Außerdem finden sich

in diesem Schlamm Samen von Wasserpflanzen, Reste niederer und höherer Wassertiere und die Exkremente der lebenden. Durch Regengüsse gelangen außerdem häufig tonige und sandige Partikel hinein. Unter Luftabschluß erleidet er einen Fäulnisprozeß, bei dem sich Sumpfgas bildet. Diese von Potonié als Faulschlamm oder Sapropel bezeichnete Masse bildet u. a. auch den Nährboden für das Röhricht und die anderen im Wasser lebenden Pflanzen, die im Seeboden wurzeln.

Wenn nun ein solcher See sich selbst überlassen wird, so schiebt sich die Pflanzenzone vom Rande aus immer weiter nach der Mitte vor, die abgestorbenen Pflanzenreste gehen in Torf über und bewirken durch die Bildung eines Sumpfes die immer mehr zunehmende Verlandung der Wasserfläche. Über den weichen Torfgrund schieben sich Seggenwiesen vom Ufer aus gegen das offene Wasser vor und bilden zum Teil schwimmende Rasen. In diesem Zustande bezeichnet man die Fläche als ein Sumpfmoor, das alsbald den geeigneten Standort für die Erle (Alnus glutinosa) bildet. Ein Beispiel dafür ist die Verlandungszone am Südende des Hundekehlensees, die durch einen Kranz von Erlen und Weiden umsäumt wird. Auch der Grunewaldsee zeigt am Nord= wie am Südende deutliche Verlandungen durch dichten Rohr= und Schilfbestand an; sowohl die schwimmende Flora des Wassers (Nymphaea alba), als auch die hochstaudige der Ufer sind bei Paulsborn gut zu beobachten. Beide Pflanzengemeinschaften sind auch vortrefflich entwickelt in der Nordbucht der Krummen Lanke. Auf dem Wasser sind die runden Blätter des Froschbiß (Hydrocharis morsus ranae) in ganzen Kränzen sichtbar, während der Uferrand vom üppig gedeihenden Röhricht umgeben ist. Das Flachmoor des Rienmeistertales, dessen Einmündung in die Krumme Lanke durch die Erlenreihe rechts angedeutet wird, ist durch die Kultur des Menschen zum Teil in eine Moorwiese umgewandelt.

Ein typisches Flachmoor haben wir in dem Erlenbruch nördlich der Sandgrube beim Rienmeistersee vor uns. Die Erlen haben in diesem Stadium die Sumpfgewächse mehr und mehr verdrängt; nach Paulsborn zu sind sie schon reichlich mit Moorbirken untermischt. Ein besonders charakteristisches Erlenbruch, das das östliche und westliche Lichterfelde voneinander schied, ist durch den Bau des Teltowkanals zerstört worden. Hier fanden sich nach Potonié an Hölzern die Erle, das Pulverholz (Rhamnus frangula), die Kornel=

kirsche (Cornus sanguinea) und von den Weiden Salix aurita und alba. Dazwischen wucherte in ungeheurer Üppigkeit Hopfen (Humulus lupulus), während die Brennessel (Urtica dioeca) ein undurchdringliches Dickicht bildete.

Höht sich das Erlenbruch durch Torfbildung mehr und mehr auf, so wird dadurch sein Boden dem Grundwasserspiegel entzogen, und es finden auch andere Waldbäume, außer den Moorbirken (Betula pubescens) namentlich Kiefern (Pinus silvestris) auf ihm ihr Fortkommen. Ein solches Moor bezeichnet man jetzt als Zwischenmoor. Auch hierfür bietet die Senke der Grunewaldseen gute Beispiele dar. So schließt sich an das zuerst erwähnte südliche Erlenbruch nach Nordwesten ein mit Birken untermischter Kiefernbruchwald an (Abb. S. 133 oben). In der Mitte dieses Kiefernbruches ist noch viel Rohr vorhanden, aber in den etwas höheren Randgebieten finden auch schon die Torfmoose günstige Existenzbedingungen. Auf ihnen haben sich bereits charakteristische Heidemoorpflanzen, Ledum palustre, Vaccinium oxycoccus, vereinzelt Andromeda polifolia angesiedelt, und an einer Stelle sind schon die ersten Anfänge eines Hochmoores zu erkennen.

Einen dritten Typus der Moore stellen die Hochmoore dar, die hauptsächlich in den regenreicheren Gebieten des nordwestlichen Deutschlands sowie in den Küstengebieten von Pommern und Ostpreußen vorhanden sind. Da sie sich über den Grundwasserspiegel erheben und ihr Wachstum im wesentlichen durch nährstoffarmes Regenwasser bedingt ist, so hat man diese Moore im Gegensatz zu den im Hartwasser sich bildenden Flachmooren auch als Weichwasser- oder Überwassermoore bezeichnet. Die Pflanzen, welche hauptsächlich zur Bildung der Hochmoore beitragen, sind die Torfmoose oder Sphagnen. Sie bilden dichte, schwammige Polster und können infolge ihres maschigen Baues große Mengen von Wasser aufsaugen und festhalten. Sehr häufig vollzieht sich der Vorgang der Torfbildung in einem offenen stagnierenden Gewässer in der Weise, daß aus dem Sumpfmoor ein Erlenmoor sich bildet, und dieses bei weiterer Aufhöhung dann in ein Zwischenmoor, d. h. einen Bruchwald mit Moorbirke, Kiefer und Fichte übergeht. Erhöht sich ein solcher Bruchwaldtorf mehr und mehr, so kann das für die Ernährung der Bäume erforderliche, fruchtbare Grundwasser den Bäumen nicht mehr genügend zugeleitet werden. Sie beginnen zu kränkeln, abzusterben und spärlichen Nachwuchs zu erzeugen.

In den Lichtungen aber siedeln sich die in ihren Ernährungsbedingungen weit anspruchsloseren Moose, wie das Haarmoos (Polytrichum) an. Hat das Gebiet viel Regenzufuhr, so erscheinen sehr bald die noch anspruchsloseren Torfmoose (Sphagnum), die schließlich alles überwuchern, und da sie ein unbegrenztes Spitzenwachstum haben, zur schnellen Aufhöhung des Moores beitragen. Dabei sterben die unteren Partien ab und bilden einen lockeren schwammigen Moostorf, der in 100 Teilen Trockensubstanz 97—98% verbrennbare Stoffe und nur 2—3% Asche enthält.

In unserer Seenrinne findet sich nördlich vom Grunewaldsee ein kleines, im wesentlichen aus Torfmoosen gebildetes Hochmoor, auf das auch Potonié hingewiesen hat. Es ist aus dem Zwischenmoore hervorgegangen, das südlich von Hundekehle seinen Anfang nimmt und dort als Kiefern-Birkenbruch ausgebildet ist. Dieses Hochmoor mit seinem schwammigen, besonders im Frühjahr außerordentlich nassen und unzugänglichen Boden ist durch mehrere charakteristische Pflanzen ausgezeichnet, wie z. B. den in der Berliner Gegend immer mehr verschwindenden Porst (Ledum palustre), der sich auf den hohen Moosbulten angesiedelt hat, ferner die Rosmarinheide (Andromeda polifolia) und die Moosbeere (Vaccinium oxycoccus). Von Stauden erwähne ich nur den Sonnentau (Drosera rotundifolia und anglica), Scheuchzeria palustris und das Wollgras (Eriophorum vaginatum). Ebenso finden sich hier die für Hochmoore ganz charakteristischen Krüppelkiefern. Die Kiefer zeigt nämlich auf diesem nährstoffarmen nassen Boden eine völlig andere Entwicklung. Während sie sonst auf Sandboden eine lange Pfahlwurzel ausbildet, verkümmert diese bei den Moorkiefern, und statt dessen bilden sich lange, flach unter der Oberfläche sich erstreckende Seitenwurzeln aus, die im Verhältnis zum ganzen Baum oft eine sehr bedeutende Stärke und Ausdehnung erlangen. Sie dienen namentlich auch zur festen Verankerung des Baumes in dem lockeren Boden. Wegen der geringen Nahrungszufuhr ist das Wachstum überaus langsam, so daß der Baum trotz hohen Alters über ein Zwergstadium nicht hinauskommt. Die Torfmoose und Polytrichen, die um den Stamm herum einen Bult bilden, schließen seinen unteren Teil von der Luft ab und bringen den Baum dadurch zum Absterben. Die Krüppelkiefern sind auf dem kleinen Hochmoor nördlich vom Grunewaldsee in charakteristischer Weise ausgebildet. (Abb. S. 133 unten.)

Der Grunewald bietet alljährlich vielen Tausenden der Berliner Bevölkerung Erholung, Belehrung und erquickenden Naturgenuß. Während die mannigfach gegliederten Höhen des westlichen Grunewaldes von den weiten Wasserflächen der Havelseen begrenzt werden, verdankt der bei weitem eintönigere östliche Teil seinen eigentlichen Reiz der idyllischen Schönheit der Seenkette. In einer Zeit, in der die rastlos fortschreitende Ausdehnung Berlins und seiner Vororte eine völlige Umgestaltung der ursprünglichen Oberfläche in weitem Umkreise bewirkt hat, müssen wir uns um so glücklicher schätzen, daß wir nahe vor unseren Toren im Grunewald noch ein Stück sich selbst überlassener Natur besitzen. Hier können wir die in ihrer schlichten Schönheit so überaus reizvollen märkischen Seen zu jeder Jahreszeit in ihrem wechselnden Schmucke und ihren mannigfaltigen Stimmungen genießen, und es wäre in der Tat für die Großstadt und besonders für ihre heranwachsende Jugend ein unersetzlicher Verlust, wenn ihr die Gelegenheit geraubt werden sollte, die Liebe zur märkischen Heimat und das Verständnis für ihre eigenartige Natur an diesem bevorzugten Fleckchen Erde immer von neuem zu wecken und zu vertiefen.

F. Wahnschaffe, Der Grunewald bei Berlin. Seine Geologie, Flora und Fauna. (Jena, Gustav Fischer.)

Die Pichelsberge.
Von Friedrich Wilhelm August Schmidt (Schmidt von Werneuchen).

Lebendig schwebt vor meiner Phantasie
der Festtag noch, der uns vom Lager körnte,
der uns, betaut von Morgennebel, früh,
auf jene Höh'n voll Geistergrau'n entfernte.
Was fand ich, o! für dich, Melancholie,
dort für ein Übermaß der reichsten Ernte!

Dort war's, wo Wodan einst in greiser Zeit
in der Alrune Ohr die Zukunft hauchte,
wo einst der Priester Teuts im Feierkleid
des Messers Kling' ins Blut des Widders tauchte,
wo sühnend einst, dem Heidengott geweiht,
das Opfertier auf hellem Holzstoß rauchte.

Phot. F. Albert Schwartz, Berlin.
Auf den Pichelsbergen.

Dort war's, wo sonst im sichern Diebesloch,
trotz Schwert und Strang und allen Frevelrächern,
der Tullian der Vorzeit sich verkroch
und Schnippchen schlug bei vollen Moserbechern.
Dort blutete der Pilgrim: sahst du noch
die Schädelrest' in jenen Iltislöchern?

Ha! welch Gewühl dort von Insektenbrut!
— Dem Forscher der Natur die schönste Schule —
von Wels und Stint in waldumwachsner Flut!
Von Schlang' und Kröt' im grüngegornen Pfuhle!
Wie gräßlich lockt' im Busch, voll süßer Wut,
die Hindin sich der breitgehörnte Buhle!

Ein Myriadenheer Waldvögel nährt
dort von Wacholderbeeren sich und Wiepen;
dort wanken Vogler nur, auf deren Herd
verführerisch die blauen Meisen piepen,
und seltner arme Weiber noch, beschwert
mit abgestürmtem Raffholz in den Kiepen.

Wenn irgendwo ein scheuer Berggeist haust,
so muß er dort in finstrer Wüste lauern:
Was ist's, das sonst das Wipfellaub durchsaust?
Vernehmlich ächzt aus jener Klüfte Schauern?
Was packt' uns sonst mit unsichtbarer Faust
in jenes Götzentempels öden Mauern?

Geht dort einmal ein müder Wandrer irr,
so muß er tagelang von Vogelkirschen
sich sättigen, umflattert vom Geschwirr
des Federwilds, begafft von Reh'n und Hirschen,
noch glücklich, wenn aus dickem Dorngewirr
der Bache Hau'r ihm nicht entgegenknirschen.

Er rettet selbst aus dieser Wüste Greu'l
zum Pfad sich nie hinaus, und überschrie er
auch gleich der wilden Katze Nachtgeheul,
bis ihn der Jäger leitet, oder früher
vielleicht im Tal des Klasterschlägers Beil
sein Kompaß wird und fernes Roßgewieher.

Zwar von des Urnenbergs verrufner Kluft,
die wilder Apfelbaum und Schleh'n umdunkeln,
und deren Zugang Regen abgestuft,
hört man im Dorf viel Wundersames munkeln:
Dorthin gebannt durch Hexenzauber, ruft
ein Ries' heraus, sobald die Sterne funkeln.

Doch hätt' ich, trotz dem Grimm des Tückenbolds,
der dort, wie im Asyl, keck und vermessen
den Waller neckt, so gern auf Wurzelholz,
voll gelben Sand, bis in die Nacht gesessen;
ja, hätt' auf dich, Gefühl der Schwermut, stolz,
ein Weilchen selbst mein Hüttendach vergessen.

<small>Almanach romantisch-ländlicher Gemählde für 1798. Berlin.</small>

Die Pfaueninsel.

Mitten auf dem breiten, im Frühsonnenglanz blau und silbern flackernden Havelbecken ruht wie ein riesiges Nymphäenblatt das dunkelgrüne Eiland, selbst wie ein Kind der Tropen, und doch aus märkischem Sande geboren und doch in seiner fröhlichen Besonderheit nur in der sandigen Mark möglich.

Die Pfaueninsel erfreut sich ihrer heutigen Gestalt noch nicht allzu lange. Bis 1863 etwa war sie sogar nur wüste, baumbestandene Wildnis, von hohem Uferschilf umzogen, von riesigen Eichen überwölbt, pfadlos, düster, unbekannt und unbenannt. Johannes Kunkel, des Großen Kurfürsten Hofalchimist, fand Gefallen an der geheimnisvollen Stätte, wo er seinen Studien und Experimenten ungestört obliegen zu können hoffte, und sein Herr schenkte sie ihm 1685 erb- und eigentümlich, nachdem ein 1683 dort eingerichtetes Kaninchengehege aufgegeben worden war. Nun begann ein hexenmeisterliches Treiben auf dem buschigen Werder. Laboratorien wurden erbaut, Schmelzöfen und kunstvolle Goldscheiden; hohe Flammen blitzten durchs Gezweig, und metallisch bunte Dämpfe stiegen in die Baumwipfel empor. Jahrelang hauste hier der Zauberer mit seinen Mannen, unbekümmert um die Welt draußen, fest in der Gunst seines Herrn, und beträchtliche Summen wurden verexperimentiert. Johannes Kunkel, dem wir die Erfindung des Phosphors und des Rubinglases verdanken, war ein tüchtiger Gelehrter, zweifelsohne; Kurfürst Friedrich Wilhelm und seine schöngeistige Gemahlin, die Schülerin Leibnizens, waren aufgeklärte und begeisterte Förderer der Wissenschaft, ihrer Zeit weit voraus, aber die Versuche auf dem „Kaninchenwerder" lohnten ihre fürstliche Freigebigkeit nicht. Soviel Gold auch durch Schornsteine und Retorten gejagt wurde, erzeugen ließ sich keins. Ebensowenig gelangen andere Entdeckungen. Dem Monarchen kam es zwar auch auf greifbare Erfolge nicht an; er hatte seine Freude an artigen, halb wissenschaftlichen Spielereien und äußerte gelegentlich, daß er mit Fug auf die alchimistische Kunst soviel Geld anwenden könnte, wie er früher nutzlos am Kartentisch und in Feuerwerken verpufft hätte. Kunkel bezog von ihm das für die damalige Zeit immerhin hohe Gehalt von 500 Talern, war Eigentümer und Pächter mehrerer Glashütten und fühlte sich recht behaglich in Brandenburg. Als aber der gütige Herr gestorben war und Neider und Ohrenbläser den Gelehrten beim ersten König Preußens anzuschwärzen wußten, wurde dem Alchimisten der Prozeß wegen Unterschleifs gemacht. Er erstritt zwar ein obsiegendes Urteil, doch sein Stern hierzulande erlosch. „Kann Kunkel Gold machen, dann brauchen wir ihm keins zu geben, und kann er's nicht machen, wozu sollte man ihm dann welches geben?" hieß es wie ehemals in Kursachsen nun auch bei uns. 1692 begab sich Kunkel nach Stockholm, wo man sein hohes Können besser zu würdigen wußte — als königlich schwedischer Bergrat Kunkel von Löwenstern starb er im Anfang des 18. Jahrhunderts.

Und wieder wuchsen die Eichen auf dem Kaninchenwerder zusammen, dichter zog sich Gestrüpp und Schilf um ihn herum, mächtiger wurden die Schwärme wilden Geflügels. Kunkels Laboratorium sank bei einer Feuersbrunst in Trümmer, und aus den Schlacken gebrannter Erze, aus den Bauten des Adepten sproß Unkraut und Gerank hervor. Verrufen war die Stätte, und selten betrat sie ein scheuer Wildererfuß. Mit Friedrich Wilhelm II. aber brach die goldene Zeit der Pfaueninsel an. Der König soll sie auf einer Jagdstreife „entdeckt" haben, und da er zuweilen ein schwärmerischer Freund romantischer Einsamkeit war, ließ er sich oft zu dem düsteren Eichenhain hinüberrudern. Nachher, als ihm die Einsamkeit wieder langweilig wurde, feierte man auf den Wiesen des Werders idyllische Hoflustbarkeiten. Mit Spiel und Tanz und Musik vergnügte sich der König im Freundeskreise bis Sonnenuntergang, wo die fröhliche Schar ins Marmorpalais zurückkehrte. Die große Zeit der Pfaueninsel brach an. Es wurden Wege kreuz und quer in das Dickicht geschlagen, die Axt ging dem Gestrüpp zu Leibe, ein Park mit Blumenbeeten, Laubengängen und artigen Baulichkeiten entstand, wo sich bisher knorriger Urwald gereckt hatte. Frau Reichsgräfin Lichtenau ließ sich hier nach eigenen Skizzen vom Meister Brendel ein Landhaus bauen. Ihr Herr Gemahl, der Geheime Kämmerier Rietz, hatte auf „speziellen königlichen Befehl" die Oberleitung des Neuen Gartens in Händen.

Für jene lustigen und jedenfalls amüsanten Tage, wo Reifröcke und niedliche Schäferinnen höher bewertet wurden als ernste Ministerfräcke und Professorenperücken, war die Pfaueninsel wie geschaffen. Ihr ein bißchen exotischer, fremder Charakter entsprach so recht dem Unpreußischen der Zeit.

Aber sie verstand es, sich auf der Höhe zu halten, auch als dunkle Tage, tiefernste Ereignisse das Andenken jener Freuden verwischt hatten, als ein strengeres Geschlecht die sündhaften Väter verachtete und Friedrich Wilhelm III. mit keinem Wort an seinen Vorgänger gemahnt werden durfte. Nur der Pfaueninsel blieb er treu; sie wurde nicht wie Sanssouci und das Marmorpalais verächtlich gemieden. Besonders nach Königin Luisens Tod, als Paretz immer wieder trübe Erinnerungen weckte, schenkte der Monarch dem schönen Eiland seine ganze Gunst, ließ Rosengärten auf ihm anpflanzen, den Baumbestand vermehren und verschönern, ein Wasserwerk anlegen, mit dessen Hilfe Lenné nun erst die noch sandigen, wüsten Strecken der Insel in blühende Gärten umschuf. Wilde Tiere seltsamer Art, die jeden guten Berliner erschreckten und verblüfften, wurden hergebracht und eine Menagerie eingerichtet, die später den Grundstock für unseren zoologischen Garten hergab. 1830 entstand ein Palmenhaus, ein wahres Kleinod, in dem die Hauptstädter Tausend und eine Nacht verkörpert sahen; leider ging es 50 Jahre später in Flammen auf. —

Eine Fähre bringt uns ans jenseitige Ufer zur freundlichen Wohnung des Kastellans, von wo aus wir uns über Terrassen fort nach rechts wenden. Die Luft scheint hier weicher und schlaffer als sonstwo; der Fluß und die eng aneinander gerückten Baumriesen wehren alle zudringlichen Winde ab oder mildern ihre Rauheit. Schier sagenhafte Eichenstämme, deren Wipfel sich kuppelartig senken, Rosenhaine und vom Laubwerk überrankte Wege, grüne, viereckige Tunnels, wo an hölzernem Gerüst Schlinggewächs sich breitblättrig dehnt, wechseln mit phantasievollen Bauten, schwellenden Rasenteppichen, und wenn bei jeder Biegung des Weges die blaue Havel hereinfunkelt, wenn ins leise flutende Blättermeer das Sonnenlicht rieselt und die tausendjährigen Eichen den Sommer mitfeiern, so gut es ihnen möglich ist, mit schwachem, hellem Grün, unter dem das weiße Holzskelett breit durchschimmert — dann überkommt einen die rechte Stimmung für das Naturwunder, dem dies Eiland seit Friedrich Wilhelm II. seinen Namen verdankt: für seine prächtigen Pfauen. Ein kurzer, häßlicher Schrei macht uns aufsehen; da sitzt auf kahlem Ast das königliche Tier, in wilden Farben prunkend — o, dies saphirene Blau des Halses! — und nachlässig mit dem mächtigen, dicht befiederten Schweif, seiner kostbaren Schleppe, wippend.

Papageien schreien freilich heute nicht mehr auf der Pfaueninsel, die Palmen sind verbrannt. Nicht mehr wie in früheren Jahrzehnten ist das Eiland der Wallfahrtsort für die Berliner, die hier ihre freien Nachmittage verbrachten und Augen und Ohren aufsperrten ob der Wunderdinge ringsum. Keine Springbrunnen plätschern mehr, keine Kapelle musiziert, keine Lichtenau lächelt mehr ihr süßes, freches Hexenlächeln.

Man suchte auch vergebens an schönen Tagen nach dem Gewimmel kaffeetrinkender Fürstlichkeiten, die es sich bei der ehedem viel genannten Frau Maschinenmeister Friedrich gemütlich machen. Aber der Glanz verschollener Zeiten und der Schimmer eigener Schönheit schmücken die Insel noch heute, und geblieben ist die Erinnerung an Zauberer und Könige, die hier wirkten und hier sich freuten, hier eine Zuflucht suchten in Stürmen. Die Pfaueninsel, das Kronjuwel der gesegneten Landschaft um Potsdam, zeigt, wessen märkische Erde fähig ist, wenn liebevolle Hände sich ihrer annehmen.

Zwischen Wannsee und Gütergotz.

Tritt in andächtigem Schweigen näher, Fremdling, und entblöße dein Haupt, denn hier ist geheiligtes Land!

Neben dem Schienenweg her läuft vom Bahnhof Wannsee ein schwarzer Fahrweg. Gleich hinter umfangreichen Gewächshäusern zweigt sich von ihm ein schmaler Steig ab, geht über Sandhügel fort und bringt uns durch Kieferndickicht zum Grabe des Poeten, der die Kraft in sich hatte, der größte Dramatiker des Jahrhunderts zu werden, ja den genialen Briten zu überholen, und der hier, von Krankheit und Enttäuschung zu Tode gehetzt, seinem verwüsteten Leben ein Ziel setzte, am 21. November 1811. Die märkische Erde birgt hier ihr teuerstes Kleinod. Heinrich von Kleist, der mit Schiller um den Lorbeer rang, der uns die wildgeniale Penthesilea schenkte, die Hermannsschlacht, den Prinzen von Homburg und das blauäugige Käthchen, der mit souveränem Humor den spitzbübischen Dorfrichter Adam schuf, dies einzige Lustspiel, diese göttliche Komödie vom zerbrochenen Krug — Heinrich von Kleist, der sein Vaterland und seine märkische Heimat liebte wie keiner. Ein junger Eichbaum beschattet sein Grab, das bis vor kurzem zwar verwahrlost und ohne

Schmuck der Liebe, so doch in ergreifender Einsamkeit lag. Modriges und verfaulendes Laub deckte die Gruft, Unkraut umwucherte sie, die Inschrift des Gedenksteins war fast verwischt, und Bubenhände hatten ihn beschmutzt. Ringsumher lagen Frühstücksreste, widriger Unrat. Unten aber, am Fuße des Hügels, plätscherten und flüsterten die Wellen des glitzernden Wannsees, als wollten wenigstens sie dem toten Dichterfürsten Gruß und Dank zurufen. Und rund herum hob der märkische Kiefernwald seine dunklen Fahnen, und rund herum lag das tiefe Schweigen der alten Mark. Heute hat man die Dichtergruft ein bißchen aufgeputzt, aber die Sportshäuser in der Nähe haben das feierliche Schweigen verscheucht. Im neuzeitlichen Lärm läßt sich die Stimme des Genius und die Klage des Waldes um seinen Liebling nur selten noch belauschen.

Kleists Denkstein schmücken die Worte:

"Er lebte, sang und litt
in trüber, schwerer Zeit.
Er suchte hier den Tod
und fand Unsterblichkeit!"

Mögest du, der, die märkische Heide durchstreifend, hier entlang kommt, wenn du in der Kunst mehr siehst als einen Nervenreiz und im Künstler mehr als den grimassierenden Clown, mögest du nicht vergessen, den Pfad zum Grabe Kleists zu erfragen und ein paar Minuten einsam dort oben zu verweilen! Und so gewiß ewig die Flut den Fuß dieses Hügels rauschend bespült, so gewiß die Mittagssonne ewig diese Stätte mit flackerndem Licht umsäumt, des Winters Schnee immer wieder sie schmückt, so gewiß wirst du von dieser Stelle die Liebe mit dir nehmen und die Verehrung für den unglücklichen Kämpen und den redlichen Haß wider Stumpfheit und Gleichgültigkeit, die ihn in den Tod getrieben haben .

Jagdschloß Dreilinden und sein Runenstein bleiben zurück; durch schweigende Kiefernheide, über Sandstrecken und Kartoffelfelder fort wandern wir fast pfadlos nach Süden auf Gütergotz zu.

Gütergotz, dies halb wendische, halb deutsche Wort, erzählt uns, daß auf seinen Hufen sich einstens ein heiliger Hain erhob, drin die Wendenstämme an geweihtem Altar ihrem jungen, sonnigen Morgengotte, dem Juthrie, Opfergaben darbrachten. Hart am See, wo jetzt das Dorf aufhört, befand sich die heilige Stätte. Nach der Zerschmetterung des Wendenglaubens gründeten hier im 12. oder 13. Jahrhundert die Zisterzienser von Lehnin ein Zweigkloster; er-

bauten sie doch dem Nazarener mit Vorliebe da Tempel, wo bis=
her heidnische Götzen angebetet worden waren. Ihnen verdankt
Gütergotz auch seine schmucke Kirche. Bis zur Säkularisierung unter
dem zweiten Joachim gehörte das Dorf zu dem reichen Besitztum
Lehnins; dann ging es in die Hände einer wohlhabenden Bürger=
meisterfamilie über, die es 150 Jahre lang hielt. Von 1700 an hat
dann das Gut seinen Herrn oft gewechselt; es gehörte u. a. dem
Bischof Ursinus, dem General=Lotterie=Direktor Geh. Finanzrat
Grothe, der als Tapetenunterlage für sein neues Schloß Lotterie=
lose verwandte; 1868 erwarb Kriegsminister Roon Gütergotz, und
nun ist ein vielgenannter Bankier Herr des ursprünglich zu einer
Roonschen Familienstiftung bestimmten Besitztums. Nur noch die
breiten Gittertore am Parkeingang, mit den Roonschen Buchstaben
und der Grafenkrone darüber, erinnern an vergangene glanz=
volle Tage.

Das Gestade des Haussees verläßt uns dann, und rüstig aus=
schreitend, von vergilbtem Farnkraut und dunklen Wacholder=
pyramiden im Kiefernwald begrüßt, kommen wir zu guter Stunde
nach Jagdschloß Stern, von seinem Erbauer Friedrich Wilhelm I.
so genannt, weil hier alle Gestellwege sternförmig zusammenlaufen.
Der urgermanische Preußenkönig verweilte gern in dem plumpen
roten Gemäuer, von dem er oft um die Morgendämmerstunde zur
fröhlichen Hatz aufbrach; heute ist das „Schloß" nur noch selten
der Mittelpunkt einer Parforcejagd auf Grunewald=Wild. Ein
schmaler Korridor zeigt uns die drei Räume des Erdgeschosses:
Speisehalle, Küche und Schlafzimmer, denen man besonders ver=
schwenderische Ausstattung wahrhaftig nicht nachsagen kann. Der
mit Paneelen geschmückte Speise= oder Jagdsaal enthält die vom
„großen Hans", dem riesigen Achtundzwanzigender, Jahr für Jahr
abgeworfenen Geweihstücke, oberhalb der Paneelierung hängen ent=
setzliche, zum Glück schon dunkle Jagdbilder, die von dem Zustand
preußischer Kunst unter der strammen Fuchtel des Soldatenkönigs
ein beschämendes Zeugnis ablegen. Die Wände der Küche sind ganz
mit weißen Kacheln bekleidet, Rauchfang und Herd sprechen in ihrer
mächtigen Ausdehnung von dem gesegneten Appetit des als starker
Esser bekannten Königs und seiner Jagdgefolgschaft. Im Schlaf=
zimmer steht noch die Betthöhle Sr. Majestät, ein finsterer, schauer=
licher Kasten, mit einem Loch zum Hinein= und Herauskriechen an
der Vorderseite.

10*

Nun auf geraden Gestellwegen zum nahen Ziele der Wanderung. Nebel wallen aus den Seen auf. Im verdämmernden Licht des Tages wird das Andenken jener Tage lebendig, wo Michael Kohlhaas mit seinen Spießgesellen dem kurfürstlichen Faktor Konrad Drahtzieher auflauerte, als er aus dem Mansfeldschen schwere Silberbarren zur Münze nach Berlin brachte. Der Schatz ward ihm von den Räubern entrissen und dann unter der Brücke versteckt; Kohlhaas sah in ihm wohl nur ein Pfand für die Wiedererlangung seines Eigentums. Joachim II. aber war ein gestrenger Herr, der des Roßtäuschers Anschreitungen und Fehdezüge schon lange mit steigendem Unwillen gesehen hatte, und da man dem kühnen Bandenführer in seinen Wäldern nicht beikommen konnte, lockte man ihn mit gleißnerischen Versprechungen nach Berlin, wo er am 22. März 1540 unter ungeheurem Zulauf der Bevölkerung aufs Rad geflochten wurde. Vierzig seiner Mannen folgten ihm bald auf das Schafott, und die Rache, die Kohlhaas am Junker Tronke genommen, hatte sich nun gegen ihn selbst gekehrt.

In Kohlhasenbrück glaubte man lange die versteckten Silberkuchen aufstöbern zu können, und in der Walpurgisnacht lugte das Volk fleißig nach blauen Flämmchen aus, die den aufsteigenden Schatz verraten sollten. Aber der Spaten stieß nur auf Aschenurnen, Erzwaffen, Steinhämmer, Menschengebeine und Opfergeräte, die klar bewiesen, daß sich an dieser geheimnisvollen Stätte dermaleinst ein heiliger Altar erhoben hatte. Die alte Rieseneiche, deren Zweige vor Jahrzehnten noch an die Fenster des Kruges klopften, und deren Wipfel sein Dach beschattete, ist längst gefällt und verrät nichts mehr von den düsteren Geheimnissen der Vorzeit.

Der Teltowkanal.

Die Bäke von Steglitz bis zur Havel, obgleich von der Natur reich mit landschaftlichen Schönheiten bedacht, war stets ein Schmerzenskind des Kreises Teltow. Jahrhundertelange Vernachlässigung hatte aus dem einst so munteren Bach mit seinen tiefen blauen Seen ein träges, fauliges Gewässer gemacht. Sumpf und Moor breiteten sich mehr und mehr aus; was ihrem Bereich verfiel, war dem Untergang geweiht. Mit Schlamm füllten sich die schönen, vordem klaren Seen. Ihre Becken verkleinerten sich all=

mählich, mehr und mehr wuchsen sie vom Ufer her zu, zunächst durch Schilf, später durch Sumpfpflanzen. Der Sumpf eroberte sich in immer weiterem Umfang das Flußtal. Mangelnde Vorflut brachte unberechenbaren Schaden und Nachteil, der um so größer wurde, je mehr die im Entwässerungsgebiet der Bäke gelegenen Ortschaften anwuchsen. Nuthe und Notte, diese beiden, außer der Bäke, wichtigsten Vorfluter des Kreises, waren längst reguliert; fast schien es schon, als ob der Meister nicht erstehen sollte, dem es gelänge, den Wässern der Bäke Lauf und Bahn zu weisen. Herrn von Stubenrauch, dem unvergeßlichen Landrat und „Vizekönig" des Kreises Teltow, blieb es vorbehalten, hier zu helfen. Während alle früheren Versuche zur Regulierung des Bäketals von dem Grundsatz ausgingen, daß die unmittelbar berührten Anlieger oder Gemeinden gemeinschaftlich diese Aufgabe zu lösen hätten oder daß der Staat im Wege der Gesetzgebung die Beteiligten zu einem gemeinsamen Werke vereinigte, wußte Stubenrauch dem Gedanken Geltung zu verschaffen, daß nur auf baldige und gründliche Hilfe zu rechnen sei, wenn der Kreis, gleichsam als Geschäftsführer der Gemeinden, sich dazu entschließen würde, die Aufgabe des Teltow= kanals allein und ohne fremde Hilfe zu lösen.

War bis dahin nur die Kanalisierung der Bäke das Ziel aller Wünsche und Hoffnungen, so hatte, auf Grund der vom Kreise ver= anstalteten Vorarbeiten, der Gedanke mehr und mehr Aufnahme ge= funden, daß es zweckmäßiger und wirtschaftlicher wäre, statt des kost= spieligen Bäkekanals, der dann wegen unzureichender Zuflüsse ohne= hin einen Speise= und Spülkanal von der Oberspree her erhalten mußte, einen schiffbaren Kanal von der Spree bis zur Havel zu bauen. Es wurde anerkannt, daß neben der Lösung der Ent= wässerungsfrage auch das Bedürfnis des allgemeinen Verkehrs zu berücksichtigen sei. Es galt, einen Schiffahrtsweg herzustellen, der imstande war, den übermäßig in Anspruch genommenen, durch Berlin führenden Weg zu entlasten, insbesondere den großen Durchgangs= verkehr zwischen Elbe und Oder zu vermitteln, ein Verkehr, der unter dem weiten Umweg durch Berlin mit seinen zahlreichen Schiff= fahrtshindernissen wenig litt.

So ging man denn, aller Schwierigkeiten ungeachtet, flott ans Werk. Landrat Stubenrauch verstand es, die Freude an der Arbeit stets aufrechtzuerhalten, auch in scheinbar verzweifelter Lage. Der alte Sumpfboden wehrte sich nämlich ingrimmig gegen den Kanal.

Besonders das tiefgründige, von Moor und Schlamm durchsetzte Gelände des alten Bäkelaufes verlangte äußerste Vorsicht beim Schütten der Dämme und der Herstellung der Ufer. Bis zu Tiefen von 20 m mußten hier die seitlichen Leinpfade zwecks Erreichung des festen Untergrundes durchgedrückt werden; nur so war es möglich, einen festen Uferschutz zu erzielen und den Kanal vor künftigen Nachpressungen aus dem Nachbargelände dauernd zu schützen.

Indessen, den Widerwärtigkeiten und Hindernissen gelang es nicht, die Arbeit über Gebühr aufzuhalten. Am 17. Dezember 1905 wurde die letzte Sandbank bei Groß=Lichterfelde durchbrochen und am 2. Juni 1906 der Teltowkanal feierlich eröffnet.

Die gesamte Kanallänge beträgt von der Glienicker Lake bis zur Einmündung in die wendische Dahme unterhalb Grünau rund 37 km, die Länge der Verbindungslinie Britz—Kanne rund 3,5 km.

Die einzige Schleuse des Kanals, die den Höhenunterschied zwischen der Spree (gleich dem oberhalb der Dammühlen gestauten Wasserspiegel der Oberspree) und der unteren Havel vermittelt, befindet sich bei Klein=Machnow. Ein vorzügliches Werk moderner Technik. Nichts, nicht einmal die Ruderbootsschleppe fehlt.

Die Schleusenanlage besteht aus zwei nebeneinander liegenden, durch eine 12 m breite Plattform getrennten Kammern, die derart miteinander in Verbindung stehen, daß sie sich gegenseitig als Sparbecken dienen.

Bei regelmäßigem Betrieb wird stets die Hälfte des Wassers gespart, die anderenfalls verloren ginge.

Da der Kanal selbst eine Sohlenbreite von 20 m und bei der gewählten muldenförmigen Gestaltung der Sohle in der Mitte eine Tiefe von 2,50 m hat, so ist er zur Aufnahme von Schiffen von 1,75 m Tiefgang und bis zu 600 t Tragfähigkeit geeignet.

Die Ausführung des Kanals verlangte die Herstellung einer großen Anzahl von Brücken, im ganzen 48. Kreuzt doch die Linie nicht weniger als 8 Eisenbahnen, 14 Chausseen, 14 Wege und Landstraßen, 10 städtische Straßen.

Alle Blütenträume und Hoffnungen, die sich an den Teltowkanal knüpften, sind selbstverständlich noch nicht erfüllt worden. Störend fällt einmal ins Gewicht, daß die Schiffahrt immer nur ungern neue Wasserwege aufsucht, und noch störender ist, daß sich die Grundstücksspekulation von Anfang an mit besonderer Gier auf die Ländereien am Kanal gestürzt hat. Dadurch sind die Boden=

Kanalschleuse bei Klein-Machnow.

preise zu hoch geworden, um beträchtliche Industrie zur Ansiedlung
verlocken zu können, und weil die Industrie sich noch fern hält,
will der Verkehr auf dem Kanal nicht recht gedeihen.

Von der eigentlichen Leistungsfähigkeit des Kanals ist jeden=
falls erst ein sehr kleiner Teil in Anspruch genommen worden.
Wie groß diese Leistungsfähigkeit ist, erkennt man schon daran, daß
der Außenstehende von dem ziffernmäßig doch schon erheblichen
Verkehr kaum etwas merkt. Noch immer liegt für die meisten Zu=
schauer, die den Kanal von der Brücke aus beobachten, die Wasser=
fläche anscheinend verkehrslos da. Nur hin und wieder wird die
Ruhe durch einen schnell vorüberfahrenden Schleppzug unterbrochen
— gleich darauf bemerkt man nichts mehr davon, welch kräftiges
Verkehrsleben doch in der dort unten still daliegenden Wasser=
ader pulsiert. Es wird noch eine lange Zeit dauern, bis wirklich
der Kanal im vollen Umfange seiner Leistungsfähigkeit befahren
wird, und bis auch den Unbeteiligten dieser Verkehr mehr unmittel=
bar vor die Augen tritt. Aber das muß in Ruhe abgewartet
werden. Es ist übrigens auch ganz unmöglich, daß eine solche neue
Straße, die sich ihre Quellen erst zu erschließen hat, gleich von
vornherein voll ausgenutzt wird. Der Kanal ist erbaut worden
für den größten Verkehr, der in den nächsten 20 oder 30 Jahren
erwartet werden kann; erst dann wird von einer Vollbelastung die
Rede sein können.

Und die Nachfahren werden es dann den unternehmenden und

weitausschauenden Vätern danken, daß sie rechtzeitig an eine so stolze und wichtige Kulturarbeit, wie der Bau des Teltowkanals sie darstellt, gegangen sind.

Klein-Machnow.

Im November 1516 war's, und über den schneeverwehten Golm raste die Winternacht. Vom ungewissen Licht des grauen Gewölks und der Flockenmilliarden dämmernd erhellt, starrte das weiße, tote Gefild, und wie mächtige Silberbarren blickten die kieferbestandenen Höhen auf die trostlose Heidefläche. Bitterkalt, vernichtend kalt war's dabei, und in das Brüllen des wütenden Sturms mischte sich schaurig das Geheul hungriger Wölfe, die aus dem armen Grunde herdenweis heraufzogen, den benachbarten Dörfern zu. Und nun klang Schellengeläut, Peitschenschlag und Rosseschnauben in den tollen Lärm hinein, zwei rote Lichter flackerten auf und tanzten durch den eisigen, den weißen Wald. Der Dominikanerfrater Tetzel kam mit seinen Getreuen im Schlitten von Frankfurt des Weges daher und wollte nach Wittenberg, den sündigen Seelen daselbst Ablaßbriefe zu verkaufen. Denn nur mit blankem Gold noch war es zu jener Zeit möglich, Absolution und Gewissensruhe zu erlangen. — Wie aber der Schlitten in einen verschneiten Hohlweg bog und die dampfenden Pferde, von dem Sturm und dem wildrasenden Gestöber erschöpft, trotz Zuruf und Hieb nur langsam weiter trotteten, wetterte plötzlich aus der Schlucht ein Reitersmann daher und warf sich auf die überraschten Mönche, denen er im Hui den wohlgespickten Geldkasten entriß. Der Anfall kam so unerwartet, und die Gegend war so berufen, daß man an Widerstand nicht dachte und willenlos den Räuber gewähren ließ. „Erinnert euch nur, erst gestern verkauftet ihr mir einen Ablaßbrief für eine Sünde, die ich heute begehen wollte!" schrie der Reitersmann, und mit dröhnendem Gelächter schleuderte er den leeren Kasten von der Höhe in die unten aufgeschichteten Schneeberge hinab. Halbtot vor Schreck entrannen die Mönche nach Wittenberg. Der aber die kecke Tat vollbrachte, die, mit schelmischen Einzelheiten ausgeschmückt, ewig im Volksmunde leben wird, das war Herr Hake von Stülpe, ein lustiger Schalk, der auf Klein-Machnow saß und die Pfaffen haßte trotz Doktor Martin Luther.

In Klein-Machnow stand die Wiege der Hakes, denen früher

auch noch Genshagen und Heinersdorf gehörte. Dreihundert Jahre hindurch hatten sie das Erbschenkenamt der Kurmark Brandenburg inne. Es war eine tapfere und schwertgewandte Sippe, die bei keinem Kriege Brandenburgs oder des Reiches fehlte, die ihre Söhne auf den Schlachtfeldern Ungarns gegen die Türken, im Westen und Norden bluten sah, die dem Heere mehrere kommandierende Generäle schenkte. Der Degen saß den Stolzen alleweil locker in der Scheide, und dem Backsteinkirchlein des Dorfes gegenüber sieht man ein Kreuz in die Mauer gelassen zum Andenken daran, daß hier auf offener Straße ein Hake einen Schlabrendorf im Zweikampf erstach.

Eigenartigen Zauber atmet die hübsche Kirche des Dorfes, die zwischen Efeugräbern und Kastanien eingebettet liegt und viele Erinnerungen an die Hakes birgt; Grabsteine, Gedenktafeln, zerrissene Fahnen und vor Alter morsche Banner. An dem Gotteshaus selbst ist nur der Unterbau sehr alt; im übrigen ist es so häufig ausgebessert und erneuert worden, daß selbst die Ziegel nicht immer gleiche Farbe zeigen.

Neben dem Schlosse lärmt machtvoll die Wassermühle, über deren Räderwerk das Telteflieβ brausend schäumt. Es lauscht sich lieblich dem Plätschern und Rauschen, wenn der weiße Mehlstaub aufwirbelt und die Mühlenknappen geschäftig hin und her laufen, wenn dunkles Grün den Bach umrahmt und die Amseln flöten. Seit grauer Vorzeit — schon 993 ward laut Pergament an Stelle der alten zerfallenen Mühle eine neue aufgeführt — dreht sich hier das Wasserrad; ihm verdanken die Hakes Glück und Besitz, und sie haben sich nie ihrer mehlmahlenden Ahnen geschämt. Das jetzige stattliche, 1856 errichtete Gebäude trägt eine in die Außenwand eingelassene, mit den Wappen der Hakes (drei Gemshörner, Haken) geschmückte Bauinschrift: „Anno 1695 hat Herr Ernst Ludwig von Hake, Seiner Churfürstl. Durchlaucht zu Brandenburg Friderici des Dritten Obristen bei der Garde zu Fuße diese Adeliche Frey Mühle hinwiederumb gantz Neue aus dem grunde erbauet, weilen die alte gantz zerfallen."

Trotzdem der Teltowkanal es seiner halben Vergessenheit mit derbem Ruck entzogen hat, wirkt Klein-Machnow noch immer wie ein freundliches Idyll der Stille, wie eine baum- und wasserreiche Oase im Sonnenbrand der märkischen Heide. Machenow auf dem Sande ward das Dörfchen früher genannt; vieles hat sich geändert, gebessert. Fleiß und Regsamkeit machten die dürre, geizige Erde

Klein-Machnow. Phot. Franz Goerke, Berlin.

fruchtbar, drängten die Wüstenei zurück, aber heute noch feiert
märkischer Sand hier an manchen Stellen wahre Orgien. Fein=
gemahlen, schneeweiß und höchster Erhebung fähig, sobald ein Wind=
stoß ihn packt, liegt er in breiten Wellen auf dem Wege, und wenn
die Chaussee nicht links und rechts schmächtiger Kiefernwald be=
gleitete, der mit seiner Nadelstreu einen zwar glatten, aber doch
gangbaren Pfad herstellt, man möchte in den Verdammungsruf
mittelalterlicher Reisender einstimmen. Noch in höherem Grade
als Erika und Strandhafer verdient die Kiefer segensreich für uns
genannt zu werden; Brandenburgs wirtschaftliche Herrscher er=
kannten frühzeitig, von welcher ungeheuren Wichtigkeit der genüg=
same, schlichte Baum für die Befestigung des Sandbodens ist. Die
Erika hat weite, wüste Flächen mit Blättern und Blüten überzogen,
ihnen den ersten schwachen Halt verliehen, in dem die Kiefer dann
Wurzel schlagen konnte. Wo sich dürftiger Boden fand, den man
vor der völligen Auslaugung durch die Sonne schützen wollte,
pflanzte man Kiefernwälder; und wo man die harzigen Nadel=

bäume habgierig niederschlug, fiel das Land rasch dem grellgelben
Sand zum Raube, der, aller Nährstoffe bar, ohne jede Beimischung
von Lehm und Humus, in der Hand wie Staub zerrinnt und auch
nicht das bescheidenste Moos zu ernähren vermag. —

Feierabend ist gekommen. Durchs märkische Land schreitet die
Nacht. Wie die Schleppe ihres Gewandes flattert lichtgrauer, nied=
riger Nebel über das Stoppelfeld; die Sternkrone blitzt auf ihrem
Haupte, das des Himmels schwarzblaue Seide weich und schmiegsam
umhüllt. Nicht dunkel und drohend, nein, von trübem Lichte matt
umwittert, ein Feenkind, kommt die Sommernacht daher. Weit
über das schweigende, schlafende Gefild schweift der Blick, über die
mächtigen Schleusengebäude, dies ragende Denkmal des trefflichen
Landrats Stubenrauch, über den grauen See, den dunkel glimmenden
Streifen des Teltowkanals, den verträumten Wald. So still ist's,
daß wir das Rollen des Schnellzugs zu vernehmen glauben, der
von dem Dorfe eine halbe Meile weit vorüberhuscht. Oder ist es
nicht der eiserne Sklave des 20. Jahrhunderts, ist es vielleicht
Ritter Hake von Stülpe, der auf breitschultrigem Gaul mit schmet=
terndem Lachen durch den Forst galoppiert, heute wie vor 325 Jahren,
um Goldmacher und Lügner zu überrumpeln und zu plündern?

Burg Beuthen.

An einem leuchtenden Frühlingsmorgen war's, als ich zum ersten=
mal des Weges nach „Burg Beuthen" gezogen kam. Was
überhaupt blütefähig war in Feld und Hag, hatte sein bestes Können
daran gesetzt, schön und lenzfreudig auszusehen; der Sand trieb
Grashalme, Schmetterlinge flogen auf, und ein paar Krähen über=
legten, ob man doch nicht mal den Versuch machen und sich für
den Sommer am Nuthestrande häuslich niederlassen sollte. Den
Bewohnern Klein=Beuthens, die im Sonntagsstaat vor ihren Häusern
saßen, hatte der Frühling etwas wie Wohlwollen und Menschen=
liebe eingeflößt; sie erwiderten meinen Gruß mit einem unverständ=
lichen, leisen Geknurr, aber sie erwiderten ihn doch wenigstens. Dem
Lenz war es geglückt, in dieser Gegend, wo alles müden Schrittes
geht, Menschen und Stunden, Gewässer und Wachstum, den Puls=
schlag des Lebens zu beschleunigen; die Klein=Beuthener erkannten,
daß es doch eigentlich eine Lust war, zu atmen, und selbst die schlei=

chende Nuthe schämte sich ihres geringen Gefälles und begann wie
ein munterer Waldbach zu hüpfen. Es schien, als hätten Einsam=
keit und Öde, die Herren dieser Landschaft, sie auf einige Stunden
aus ihrem Bann entlassen.

Wo der Nuthefluß das Dorf begrenzt, erhebt sich ein stattliches
Mühlenhaus; vor der Tür saß ein Backfischlein, vierzehn Jahre jung
oder ein wenig darunter, das blickte mit braunen Augen träumerisch
in den Bach.

> Wie Käferlein im Schoße der Ros',
> so ruht' ein Büchlein in ihrem Schoß.

„Guten Tag, Fräulein," sagt' ich. „Schönes Wetter heute!
Gibt es hier in Klein=Beuthen etwas Sehenswertes, dich ausge=
nommen?"

Sie legte das Buch neben sich auf die Bank, stand auf und barg
verschämt die Hände unter der Schürze. Braune, arbeitsfrohe Hände;
ein sehr hübsches, braunes Gesichtchen, wie sonnverbrannte Pfirsich=
blüte, und sehr kluge braune Augen.

„O ja. Die alten Steine da drüben. Zuweilen kommen Herren
aus Berlin und nehmen sich welche mit. Was 'n Unsinn!" Sie
lachte. Wer so rote Lippen und so weiße Zähne hat, der kann wohl
lachen.

„Hat Euch Euer Lehrer nichts davon erzählt?"

„Ach — ich geh' ja gar nicht mehr in die Schule. Ich weiß
aber, daß eine alte Burg da drüben stand. Großvater hatte sie noch
gesehen. Gut, daß sie weg ist."

„Weshalb denn, Fräulein?"

„Na, dann kommen doch nicht so viel Fremde her."

Dann setzte sie sich wieder, durchblätterte das Buch und las
halblaut die lehrreiche Mär von der Burg Niedeck im Elsaß:

> „Der Sage wohlbekannt,
> der Höhe, wo vor Zeiten die Burg der Riesen stand,
> sie selbst ist nun verfallen, die Stätte wüst und leer,
> und fragst du nach den Riesen, du findest sie nicht mehr."

Genau so ist's der Burg Beuthen ergangen, von der nur der Ort
noch und wenige Feldsteine sprechen, und von den märkischen Riesen,
die hinter ihren Mauern Kaisern und Landesherren Trotz boten,
meldet nur noch eine halb sagenhafte Geschichte.

Zur „Burg" führt vom Bahnhof Ludwigsfelde eine auch an
warmen Tagen recht angenehme Landstraße, der es an Waldes=

schatten und hübschen Ausblicken nicht gebricht. Dorf Siethen durch=
schreitend, gelangen wir schließlich nach Klein=Beuthen, dem ent=
zückenden Dörfchen Still=im=Land, dessen gebrechliche Häuser zum
großen Teil noch aus verwittertem Fachwerk bestehen und auf dessen
Binsendächern üppiges, saftgrünes Moos wuchert. Akazien und
Weiden schmücken in paßlicher Weise die Dorfstraße   sehen doch
diese zermorschten, krüppligen und hohlen Weidenbäume selbst wie
hinfällige Greise aus, denen jungenhafter Übermut eine grüne Krone
aufs Haupt gedrückt hat. Recht traulich nehmen sich die zahl=
reichen Zisternen am Wege aus, die mit einem Weidenzaun um=
gürtet und immer von zwei jungen Akazien behütet sind. Am
Ende des Dorfes, links von der Brücke und gegenüber der Mühle,
wo meine liebe Freundin wohnt, befinden sich auf einem Land=
vorsprunge im Nuthebett die Trümmer der ehemaligen Burg Beuthen.

Die Nuthe, vom hohen Fläming kommend, entspringt unweit
Dennewitz, des durch Bülow und die Freiheitskriege berühmt ge=
wordenen Fleckens, und darf sich mit Recht zu den historischen
Flüßchen Deutschlands zählen. „Nennt man die besten Namen,
wird auch der meine genannt." Durch Jahrhunderte hat sie Wenden=
land vom Deutschen Reich, Heidentum vom Christentum getrennt,
und noch 1813 bildete sie eine Verteidigungslinie gegen Napoleon.
— Als der schwere Wendenkrieg zu Ende, Brennabor zum neunten=
mal erobert und das Triglaffbild in den Gemarkungen des Teltow
für immer gestürzt worden war, türmten die Deutschen am Nuthe=
ufer vier Burgen auf, die das unterworfene Volk im Zaum halten
sollten. Burg Beuthen fiel nach manchem Besitzwechsel in die Hand
der Quitzows, und im Februar 1414, als ein Heerhaufe des Burg=
grafen Friedrich von Nürnberg gegen sie heranzog, befehligte hier
Goswin von Brederlow, ein Quitzowscher Vasall, wohl erfahren
in ritterlicher Waffenübung, aber mit dem modernen Feuergewehr=
wesen schier unbekannt. Als deshalb am Morgen des 25. Februar
aus dem Schlund der faulen Grete eine Steinkugel gegen den
Burgturm donnerte und das alte Gemäuer erschreckt zu wackeln
begann, beugte er sich vor dem brüllenden Ungetüm und übergab
Burg Beuthen, die danach immer gut hohenzollernsch geblieben ist.

Wie ihre drei Schwestern ist Burg Beuthen heute vom Erd=
boden verschwunden. Kurz vor der Schlacht bei Großbeeren haben
Bülowsche Truppen die stattlichen Reste der Ruine abgetragen und
an ihrer Stelle eine Schanze aufgeworfen, um den Nuthenübergang

gegen den Feind zu verteidigen. Was man in unseren Tagen noch sieht, beschränkt sich auf unverkennbare Spuren einer früheren Umwallung und armselige Mauerwerksüberbleibsel. Gras und Moos haben die Feldsteine übersponnen, Sumpfunkraut wuchert ringsum, struppiges Gebüsch, Verwahrlosung, wohin man blickt. Ein paar kümmerliche Gänse fischen das Wasser ab, und der historische Boden der alten Burg dient jetzt als Trockenplatz. Nach der Groß-Beuthener Seite indes gewinnt das Bild an eigentümlicher Schönheit: auf den wasserreichen, moorigen Wiesen erheben zahlreiche Weiden ihre grünen Häupter und spiegeln sich in der trüben Flut zu ihren Füßen, so daß man eine kleine Spreewaldlandschaft zu sehen glaubt.

Seltsames Gefühl, das uns an solcher Stätte beschleicht! Jahrhundertelang strahlten hier wie in einem Brennpunkt alle politischen Interessen des Umkreises zusammen; Burg Beuthen beherrschte trutzig die blühenden Niederungen und war gefürchtet bei Freund und Feind. Nun liegen hier wie auf einem Friedhof tausend große Erinnerungen begraben; an Stelle des waffenklirrenden Kriegsgottes thront auf den elenden Trümmern die Gottheit des Verfalls, der Verwesung. Der Himmel hat uns heute einen wetterwendischen Apriltag beschert. Finstere Wolkenmassen flattern über die öde Sumpfstätte hin, über die schwarz blinkenden, träge ruhenden Wasserlachen, und kein Ton dringt in die Grabesstille. Vergangenheit, Tod und Verwüstung. Dort unten aber am Horizont, in der Richtung der Hauptstadt, flammt wie ein Zeichen jungen, triumphierenden Lebens, wie eine Zukunftshoffnung in prachtvollen Farben der Regenbogen auf.

Burg Beuthen, die den Augen wenig, der Phantasie aber unendlich viel bietet, ist natürlich nicht der Glanzpunkt unserer heutigen Fahrt; der liegt noch weiter im Lande draußen. Wir pilgern also rüstig fürbaß. Man muß einigermaßen sehnige Beine haben in dieser Gegend und keine überspannten Erwartungen hegen. Die Chaussee führt zwar immer am Waldesrand entlang, aber die Kiefern sehen doch allesamt recht kläglich und verhungert aus — man kann's ihnen nicht zum Vorwurf machen, bei dem Sande. Anerkennenswert genug, daß die Bäume es hier überhaupt zum Grünen bringen. Selbst die dann und wann aufsteigenden Wegweiser stehen so müd' und schlaff da, so heruntergekommen und zwerghaft klein, daß man's ihnen anmerkt, sie schämen sich ordentlich, solchen Weg zu weisen.

Birkenweg bei Rangsdorf.

Wer die Nuthe hinaufzieht, sammelt in der Tat herzlich wenige erhebende Eindrücke. Es ist immer dasselbe Bild: ein schmales, graues Bändchen, das sich durch rotblühende Wiesengründe schlängelt und allerlei Sumpfgetier willkommenen Unterschlupf bietet. Das Land ist ringsum arm, sandreich, in seinen unkultivierten Strichen eigentlich nur nach starken Regengüssen zu durchstreifen; der aufwirbelnde, hellgelbe Staub verleidet einem fast die Freude an den verborgenen Schönheiten, ehe man zu ihnen gelangt ist. Es gibt Strecken, wo man die kümmerlichste Wolfsmilch am Wege mit ungeheuchelter Begeisterung begrüßt.

Wie wir aber an die Glauer Berge herankommen, ändert sich mit einem Schlage die Szenerie. Den ausgefahrenen Sandpfad liegen lassend, streben wir nach links die Höhe hinauf. Dorf Blankensee im Sonntagsputz erscheint vor uns, ihm zur Linken der silberblanke See, dem es seinen Namen verdankt. Ohne Steg schreiten wir zum Gipfel empor, ins Dickicht hinein. Wir können's wagen, es ist Mittagszeit und der Zauber jetzt wirkungslos, der das Gehölz umwebt.

Der böse, menschenfeindliche Zauber. Nicht aber auch der, den dieses Hochwalds sagenreiche Stätte und seine versteckten Reize auf unser Gemüt ausüben. Und wie wir keuchend in die Vertiefungen hinein und die Anhöhen hinaufklettern, um dann den frohen Blick in die Runde schweifen zu lassen, erinnern wir uns gern daran, was Mutter Noacken, Blankensees Sagenhort, von diesen Bergen erzählt:

> Ein mächt'ger König ruhe drin
> mit Hofstaat und Gesinde,
> mit reichgeschmückter Königin
> und mit dem Königskinde

Die Schluchten öffnen sich jäh vor unseren Augen, ihre kahlgraue Färbung, die nur hier und da einen schüchternen Versuch macht, sich zu blassem Gelb aufzuschwingen, sticht grell ab von dem tiefgrünen Waldboden. Von hochragenden Fichten und Kiefern eingefaßt, selbst aber des Pflanzenschmuckes völlig bar, scheinen sie unsern Augen viel tiefer als sie in Wahrheit sind. Offenbar sucht bei heftigen Regengüssen das Wasser hier talwärts seinen Weg und tötet mit wuchtigem Prall alles sprießende Leben. Zahlreiche

Die Schlacht bei Großbeeren
Gemälde von C. Röchling im Hause des Kreises Teltow zu Berlin

trockene Rinnsale von nicht unbeträchtlicher Tiefe, deren gelben Sand bloßgelegte Baumwurzeln malerisch unterbrechen, durchschneiden den Höhenzug und geben ihm einen ganz unmärkisch wilden Anstrich. Einige weißschimmernde, blattlose Birkenskelette, wunderlich verwachsene Laubhölzer tragen zur Erhöhung dieses Eindruckes noch wesentlich bei.

Auf dem Kapellenberg, dem nächsten Ziel unserer Wanderung, war früher eine von grünem Gesträuch umrankte Ruine zu bewundern. Eine elende Ruine zwar: nur zwei Pfeiler der angeblichen Kapelle, deren Wölbung zusammenbrach, und ein Spitzbogen waren erhalten. Aber wie liebten wir diese Trümmer! Jetzt haben Unverstand und Pietätlosigkeit das alte Baudenkmal völlig zerstört. Und der schmählich beraubte Ort ist nun ärmlicher noch als zuvor.

Unsere geschichtlichen Kenntnisse von der Kapelle, die sieben Meter im Quadrat maß und nach allen vier Seiten offen war, sind allerdings nur gering. Ihrer Bauart nach stammt sie aus dem 14. Jahrhundert, wo sie vielleicht als Wallfahrtsort diente. Der Katholizismus hat auf märkischem Boden keine große Geschichte, man ließ ihm nicht Zeit dazu. Schweigt aber die Historie, so ist die Sage um so geschäftiger. Unter der Kapelle, da, wo dichtes Bocksdorngestrüpp den Einblick verwehrt, liegt ein unermeßlich großer Schatz, jedoch so viele Blankenseer auch schon danach schürften, bisher fand ihn keiner. Ein Thümen — dies Geschlecht ist seit undenklichen Zeiten in Blankensee ansässig und hat sich durch seine Fruchtbarkeit berühmt gemacht, beschenkte doch laut einer in der Kirche noch vorhandenen Grabschrift Frau Sabine Hedwig ihren Gemahl Christian von Thümen mit 18 Sprößlingen — ein Kreisdirektor aus dem erlauchten Stamm war einmal drauf und dran, den Schatz zu gewinnen. Drei Tage und drei Nächte lang hatten seine Leute unter dem Bocksdorn gegraben, da stießen sie auf eine schwere eiserne Tür, und wie der Mutigste durchs Schlüsselloch guckte, sah er drinnen den Teufel auf einer Riesenpfanne voll roten Goldes sitzen. Man merkt, der Bau eisenverwahrter Banktresors in Kellern ist keine neue Idee, sondern von Satan lange erprobt. Herr Thümen gierte nach dem schönen Geld, was bei 18 Kindern und dem knappen Gehalt durchaus zu billigen ist, aber Beelzebub ließ sich nicht beschwören. Endlich fand sich ein Knecht, der Manns genug war, nächtlicherweile einen Brief des Direktors an Satan auf den Kapellen-

berg zu tragen, und siehe da, pünktlich zur Mitternachtsstunde fand
er Antwort zusamt einem blitzblanken Silbergroschen als Trink-
geld. Dieser erbauliche Briefwechsel, in dem der Herr Kreisdirektor
mit dem Bösen um den Schatz feilschte, dauerte geraume Zeit,
bis endlich Satan die Geduld riß und er sein Ultimatum stellte:
Überlassung des unglückseligen Boten und des Wasserarms, der
den Blankensee mit seinem Nachbar verbindet. Zum Glück widerstand der menschenfreundliche Herr Kreisdirektor trotz seiner 18 Kinder
der Versuchung, und der Schatz blieb ungehoben.

Die Schlacht bei Großbeeren.

Der Waffenstillstand war am 16. August 1813 abgelaufen, Österreich
dem russisch-preußischen Bunde beigetreten, und für Napoleon
galt es nun, mit raschen Schlägen an die Hauptmacht und die Haupt-
stützen der Verbündeten heranzukommen. Zunächst lag ihm daran,
die preußische Residenz fortzunehmen. Anders als Bernadotte, der
Kronprinz von Schweden und Oberkommandierender der Nordarmee,
schlug er die moralische Wirkung einer schnellen Eroberung Berlins
recht hoch an.

Am 19. August rückte Oudinot in drei Heerzügen mit 70000
Mann über die brandenburgischen Grenzen nach Baruth. Er bezog
auf der Straße nach Luckenwalde ein Lager, um erst Erkundigungen
einzuziehen. Am 21. brach er dann wieder auf. Das Korps von
Bertrand, das den rechten Flügel hatte, marschierte über Sperenberg und Saalow zwischen Trebbin und Zossen hindurch, das Korps
von Renier im Zentrum links davon durch den Kummersdorfer
Forst über Lüdersdorf und Gadsdorf nach Christinendorf; das zwölfte
Korps, der linke Flügel, bog in der Höhe von Luckenwalde gerade
nordwärts nach Trebbin aus.

Das feindliche Heer kam bei dieser Bewegung den Brigaden
Thümen und Borstell, die eine feste Stellung an der Nuthe und
Notte eingenommen hatten, sehr nahe, und Pflicht des Kronprinzen
von Schweden wäre es nun gewesen, diese mit soviel Aufwand von
Zeit und Kräften hergerichtete Stellung um jeden Preis zu verteidigen, indem er hier schnell den größten Teil des Nordheeres
versammelte.

Allein der Kronprinz hatte im wesentlichen sein Heer auf weiten Räumen südlich von Berlin zerstreut gelassen, er glaubte diese Stellung nicht mehr erreichen und besetzen zu können, gab sie darum auf und zog sich näher an Berlin heran.

Um die Zusammenziehung der so sehr zerstreuten Streitkräfte ermöglichen zu können, war es notwendig, daß dem Feinde soviel wie möglich durch die Vortruppe Widerstand geleistet wurde. Dies geschah auf heldenmütige Weise.

Bei Trebbin stieß am 21. August die Vorhut des linken französischen Flügelkorps auf Vortruppen der Brigade Thümen. Gleich hier sollten die Franzosen erfahren, mit welch zähen, langausdauernden Gegnern sie zu tun hätten. Volle fünf Stunden lang leisteten die den Ort besetzt haltenden fünf Kompagnien unter Major von Clausewitz drei französischen Regimentern Widerstand, und es gelang ihnen darauf, den Rückzug seitwärts über Löwendorf und Klein-Beuthen über die Nuthe glücklich auszuführen. Ebenso mußten die andern beiden französischen Korps ihr Vorgehen mit den hartnäckigsten Gefechten erkaufen. Das Dorf Aunsdorf wurde durch 1½ Bataillone unter Major von Wedel gegen die sächsische Division des Generals Sahr vom Korps Reynier so lange verteidigt, bis das feindliche Geschütz das Dorf in Brand gesteckt hatte. Auch die Vorhut des Korps von Bertrand wurde durch nur zwei Kompagnien des 1. Pommerschen Regiments unter Kapitän von Kuhlenstierna bei Mellen bis in die Nacht aufgehalten.

Dank diesem langen und zähen Widerstand blieb dem Kronprinz Zeit, seine Truppen wenigstens etwas zusammenzuziehen. Doch an energischen Widerstand dachte er auch jetzt noch nicht. Er sah in dem Kampfe gegen Napoleon nur die Gefahren, denen sein Ruf als Feldherr und seine Zukunft als Beherrscher von Schweden ausgesetzt seien. Ihn leiteten politische Rücksichten, und er verbarg sie unter der Bemäntelung von strategischen Bedenken. Auch ist es begreiflich, daß der gewaltige Kriegsruf des Kaisers Napoleon, seines früheren Herrn, und die „Keulenschläge" des Riesen großen Eindruck auf ihn machten*).

---

*) Major Friedrich versucht in seiner sonst trefflichen „Geschichte des Herbstfeldzuges von 1813" eine Ehrenrettung des Kronprinzen, doch nicht mit durchweg tauglichen Mitteln. Was auch immer zur Entschuldigung Johanns von Schweden vorgebracht werden mag, und welche Gründe für sein seltsames Ver-

Er zögerte auch jetzt, mit einem Würfel alles aufs Spiel zu setzen, er mochte vielleicht auch für seine Schweden allzu besorgt sein. Dazu kam noch, daß er bei der Beratung über einen Rückzug nach Norden um das Aufgeben Berlins auf Bülows Einrede ausgerufen hatte: „Was ist Berlin? Eine Stadt, nichts weiter."

„Aber die Hauptstadt von Preußen," fiel ihm Bülow ungestüm ins Wort; „kein Preuße wird über die Brücke gehen, die ihn hinter die Stadt führt*)!"

---

halten vor und während der Schlacht auch ausgetiftelt werden mögen: fest steht, daß er sich seiner Aufgabe als Oberkommandierender durchaus nicht gewachsen zeigte. Alles in allem wird deshalb wohl jener preußische Offizier recht haben, der sich wie folgt äußerte: „Bernadotte entwarf beständig Pläne, die durch Kühnheit in Erstaunen setzten. Beispielsweise gedachte er Magdeburg und Stettin mit Strickleitern ersteigen zu lassen. Kam aber der entscheidende Augenblick heran, so nahm er rückwärts Stellungen. Er wurde immer und ausschließlich nur durch eine Rücksicht bestimmt: sich und seine schwedische Hilfstruppe seiner Niederlage auszusetzen."

*) Major Friedrich nennt den ganzen Kriegsrat legendär und bezweifelt infolgedessen natürlich auch, daß Bülow sich wie angegeben geäußert hat. H. v. Bülow schildert in seiner Biographie des Generalfeldmarschalls die Szene wie nachstehend:

Es ist am 22. August nachmittags, als der Kronprinz von Schweden in seinem Hauptquartiere von Philippstal bei Sargemünd einen Kriegsrat abhält. Seine Generale versammelt er um sich. Für den kommenden Tag beschließt er, dem Gegner eine Schlacht anzubieten. Sodann ergeht er sich sogleich aber wieder in Bedenken und Zweifel über den etwaigen Erfolg und setzt Mißtrauen in die Leistungen der Truppen, insbesondere aber in die Landwehrtruppen, die das erstemal mit dem Gegner zusammentreffen. Sollte es sich aber bewahrheiten, daß Napoleon mit der Hauptarmee auf Berlin, dem Vernehmen nach mit großen Streitkräften vorrücke, so wolle er, der Kronprinz, in diesem Falle den Rückzug fortsetzen, eine Stellung nördlich von der Havel nehmen und das Schlachtfeld dann jenseits der Havel und Spree verlegen. Für diesen Fall solle die Brücke bei Charlottenburg benutzt werden, und damit keine Stockungen eintreten, habe er dicht bei Berlin, in Moabit, noch eine zweite Pontonbrücke schlagen lassen.

„Wäre es möglich!" ruft Bülow, „Eure Königliche Hoheit wollten Berlin ohne Schlacht dem Feinde übergeben!" „Was ist Berlin!" bemerkt der Kronprinz gelassen, geringschätzend, wegwerfend, „eine Stadt, nichts weiter."

Bei Bülow kocht es. Er braust in seinem heftigen, feurigen Naturell zornig auf.

„Erlauben Königliche Hoheit!" sagt er, mit Gewalt sich mäßigend, „für uns Preußen ist Berlin die Hauptstadt unseres Königs, und ich versichere, daß ich und meine Truppen von den beiden Brücken keinen Gebrauch machen werden

„Mich bekommt er nicht gutmütig zum Rückmarsche hinter Berlin," sagte er beim Wegreiten vom Kriegsrate zu seinen Offizieren; „unsere Knochen sollen vor Berlin bleichen und nicht rückwärts." Wie Bülow sprach, so dachte auch Tauentzien und das ganze preußische Armeekorps: Landwehr und Linie wollten für die Hauptstadt des Landes kämpfen, vor ihren Toren fallen, nicht aber feige die Krone des Landes dem Feinde ohne Schwertstreich überlassen. Diese „l'infanterie prussienne", dies „Gesindel" wollte dem Kaiser Napoleon, der die jungen Truppen so verachtete, zeigen, daß Männer unter dem Befehl Bülows und Tauentziens standen.

Marschall Oudinot beabsichtigte am 22. August weiter vorzudringen. Es galt, die durch weite Moorgründe zusammenhängende, höchst sumpfige und künstlich noch überschwemmte Gegend der Nuthe und Notte zu passieren und weiter vorliegende ausgedehnte Kiefern-

---

Vor allem wollen wir kämpfen und, wenn es sein muß, mit den Waffen in der Hand fallen, nicht aber hinter Berlin."

Der Kronprinz lenkt ein und versichert, seine Anordnungen zu der morgigen Schlacht seien schon getroffen, an einen Rückzug denke er zunächst nicht, aber für den äußersten Fall müßten doch noch Vorbereitungen getroffen werden.

H. v. Bülow setzt dann hinzu:

Es ist sowohl über Bülow, wie auch über die Schlacht von Großbeeren viel und sehr Verschiedenes, aber auch oft den Tatsachen nicht Entsprechendes geschrieben und veröffentlicht. So hat man auch unter anderem seinen bekannten Ausspruch in den Tagen vor der Schlacht von Großbeeren: „Unsere Knochen sollen vor Berlin bleichen und nicht rückwärts" in das Reich der Fabel verweisen wollen. Diesen Ausspruch hat Bülow aber tatsächlich getan, und zwar nach dem Kriegsrate in Oranienburg am 13. August, nicht aber, wie irrtümlich behauptet wird, nach dem Kriegsrate von Philippsthal am 22. August. Diese Äußerung am 22. August zu tun, hätte ja überhaupt gar keinen Sinn mehr gehabt, nachdem der Oberbefehlshaber der Nordarmee, der Kronprinz von Schweden, am 22. August endlich auf das wiederholte Drängen Bülows die Dispositionen zu einer Schlacht gab. Schriftliche Quellen über diesen berühmten Ausspruch gibt es leider nicht. Dennoch ist er aber historisch festgestellt. Bülow hat diesen Ausspruch nach dem Kriegsrate von Oranienburg am 13. August im Fortreiten zu seinem Adjutanten, dem Rittmeister v. Auer, der zugleich sein Schwager ist, getan. Die Nachricht darüber hat sich durch mündliche Tradition in der v. Auerschen und v. Bülowschen Familie erhalten. Varnhagen von Ense, der über Bülow schreibt und dieses bestreitet, hat doch auch Kenntnis durch die Mitteilungen jenes v. Auer erhalten und nur durch ein Versehen falsch eingestellt, und zwar nach dem Kriegsrate von Philippsthal am 22. August, wo das Wort, wie vordem schon von mir erwiesen, keinen Sinn mehr gehabt hat.

Wälder in der näheren Umgebung der Hauptstadt zu gewinnen. Das französische Heer konnte diesen Marsch nur in getrennten Heereszügen zurücklegen. Das rechte Korps des Generals Bertrand sollte die Richtung über Glienick bei Zossen, Groß-Schulzendorf und Jühnsdorf auf Blankenfelde einschlagen; das Korps des Zentrums von Reynier war beauftragt, bei Wietstock, welches erst erobert werden mußte, den Hauptgraben der Nuthe zu überschreiten und sich auf Großbeeren zu wenden. Hierdurch sollte nach der sehr richtigen Annahme des Marschalls auch die feindliche Stellung bei Thyrow, seinem linken Flügelkorps gegenüber, unhaltbar werden.

Es lag in Oudinots Plan, das linke Flügelkorps zunächst hinter den beiden anderen zurückzuhalten und dann einen Gewaltangriff auf den Thyrower Damm über die Nuthe zu wagen, der gelingen mußte, wenn der Übergang bei Wietstock fast im Rücken genommen war. Das Dorf Wietstock, an der den Franzosen zugekehrten Seite des Nuthebruchs gelegen, war zunächst nur von dem Bataillon Wedell, der Brigade Thümen und zwei Geschützen besetzt, welche Brigade den Thyrower Damm bei Trebbin und diesen Übergang zu verteidigen hatte. Hier erschienen die französische Division Durutte und die sächsische Division Sahr, beide vom Korps von Reynier. Ein lebhafter Kampf entbrannte zunächst um das Dorf Wietstock. Nach tapferem Widerstande wurden die Preußen gezwungen, das Dorf zu räumen und bis an die nahe Nuthe zurückzuweichen. Die Franzosen folgten mit dichten Schwärmen von Schützen, zugleich fuhren sie in der Mitte des Dorfes auf einer Erhöhung eine Batterie auf, die ein heftiges Feuer eröffnete. Doch auch jetzt noch verteidigten die Preußen den 800 Schritte langen Damm und den Übergang über die Nuthe, deren Brücke sie abgebrochen hatten, mit großer Kaltblütigkeit.

Indessen gelang es einem Teil des französischen Heeres, links von Wietstock über die Nuthe zu kommen und in Kerzendorf einzudringen. So mußte die Brigade Thümen von der Verteidigung bei Wietstock allmählich abstehen und den Rückzug durch den Wald nach Großbeeren antreten. Der Thyrower Damm fiel dem Feinde in die Hand.

Ebenso mußte General von Tauentzien den Übergang des Generals Bertrand bei Jühnsdorf über die Sumpfniederung der Nuthe nach heftigem Kampfe geschehen lassen und sich nach Blankenfelde an den Ausgang des Waldes zurückziehen.

Am Abend passierte das ganze Korps von Oudinot von Trebbin aus den Thyrower Damm und die Nuthe und lagerte bei Thyrow; das Korps von Reynier lagte vorwärts von Kerzendorf, wo der General Quartier nahm, das Bertrandsche Korps blieb die Nacht über bei Jühnsdorf.

Die preußischen Verluste in dem Gefechte bei Wietstock betrugen 22 Offiziere, 334 Mann, 221 Pferde.

So schien der französische Marschall das Schwierigste überwunden zu haben. Großbeeren, der „Schlüssel von Berlin", war sein. Oudinot brauchte nur noch den vorliegenden weiten, teilweise sumpfigen Wald zurückzulegen, der sich von Saarmund über Ahrensdorf und Genshagen hinzieht, um dann in der freien Gegend vor Berlin die Entscheidungsschlacht zu liefern und nach derem glücklichen Ausgang in die preußische Hauptstadt einzuziehen.

Nun mußte die Entscheidung nahen. Jedoch noch immer zögerte Bernadotte.

Da riß dem General Bülow die Geduld, und statt dem ihm zugegangenen abermaligen Rückzugsbefehl zu folgen, beschloß der preußische Heerführer mit den ihm zur Verfügung stehenden eigenen Kräften sofort den ihm gegenüberstehenden Feind anzugreifen.

Die Gelegenheit konnte nicht günstiger sein. Der französische Feldherr erwartete die Schlacht erst am 24., da seine einzelnen Korps sich eben erst in Ausführung der Einleitungsbewegungen befanden und hierzu noch durch beträchtliche Entfernungen voneinander getrennt waren.

Die Aufstellung des Kronprinzen nahm von Gütergotz über Ruhlsdorf und Heinersdorf bis Groß-Ziethen eine Front von mehr als zwei Meilen ein. Sein Heer befand sich in dieser Stellung im Angesicht des weiten Waldes, durch den der Feind hervorkommen sollte. Oudinot konnte nicht auf einer Straße durch den Wald marschieren, und auf diesen Umstand bauten die preußischen Generale. Sie hofften mit überlegenen Kräften über die geteilten Kolonnen herfallen und sie schlagen zu können. Wirklich begünstigte die Marscheinteilung des Feindes ihre Absicht: er war in drei Teile geteilt, die sich an zwei Meilen auseinanderhielten. Oudinot hatte General Bertrand befohlen, am frühen Morgen des 23. den General Tauentzien bei Blankenfelde anzugreifen und zu beschäftigen, um den Feldherrn der Verbündeten vom Marsche des mittleren und linken Korps abzulenken. Doch wußte sich dieser mit seinen Landwehren in Blankenfelde, das durch seine Lage am Rande der Jühnsdorfer Heide und zwischen Bruch und See, einen Widerstand allerdings sehr begünstigte, nicht nur zu behaupten, sondern warf sogar den Feind zurück und machte 11 Offiziere und 200 Mann zu Gefangenen. Der Erfolg dieses kurzen Gefechts war bedeutend, der rechte Flügel Oudinots kam dadurch nicht mehr vorwärts.

Der entscheidende Kampf erfolgte freilich an anderer Stelle zwischen Bülow und Reynier. Bülow war am Vormittag von Heinersdorf abgerückt, um General von Borstell entgegenzugehen. Um vier Uhr entwickelte sich die sächsische Division Sahr des Korps Bertrand aus der Genshagener Heide gegen die Windmühlenhöhe von Großbeeren.

Bald nach fünf Uhr nachmittags erfolgte der Befehl zum Vorrücken bei dem preußischen Korps. Seit Mittag war ein heftiger Landregen eingetreten, und bei dem Regendunkel, das die Gegend einhüllte, war eine Erkennung der feindlichen Stellung nicht möglich. Man wußte nur soviel, daß er bei Großbeeren haltgemacht hatte.

Der Plan des preußischen Heerführers war demzufolge auch sehr einfach. Die Division Borstell von seinem Korps erhielt den Befehl, auf dem Wege über Kleinbeeren gegen die rechte Seite des genannten Dorfes vorzugehen, während er selbst mit den drei Divisionen Krafft, Hessen-Homburg und Thümen gegen die Frontseite vorrückte.

Aber nur langsam konnten die durchnäßten Soldaten vorwärts kommen. Erst nach Überwindung größter Mühsal ließen sich bei dem strömenden Regen die Kanonen auf den grundlosen Wegen vom Flecke schaffen, mit äußerster Anstrengung arbeiteten sich die Reiter durch den aufgeweichten Boden.

Sechs Uhr abends war es bereits, als bei Reynier wiederholt Meldungen vom Herannahen der Preußen anlangten. „Die Preußen werden heut nicht kommen, es ist nichts," sagte er zu dem sächsischen Divisionsgeneral, der ihn warnen wollte. Das Wetter schien ihm zu unfreundlich, zu vorgerückt schon die Zeit, um einen ernsthaften Angriff zu besorgen. Aber horch! Die Preußen kamen doch, sie meldeten sich sofort an.

Von Bülow wurden sechs Bataillone zum ersten Angriff vorgezogen, wovon zwei das Dorf und vier die Windmühlenhöhe erstürmen sollten. Drei andere Bataillone hatten den Rückhalt zu bilden. Eine schwedische Batterie, von zwei Eskadrons Husaren gedeckt, schloß sich der preußischen Artillerie an, so daß diese auf 96 Geschütze anwuchs, denen der Feind nur 68 gegenüberzustellen vermochte.

Die preußische Artillerie erlangte dementsprechend bald ein entscheidendes Übergewicht über die feindliche. Mit dem Schwächerwerden des französischen Feuers ward von dem preußischen General der Befehl zum Vorrücken gegeben. Der Angriff auf das schon in hellen Flammen stehende Dorf glückte um so leichter, als die Borstellschen Truppen den auf dem Wege von Groß- nach Kleinbeeren den Lilobach überbrückenden Steg in ihre Gewalt gebracht hatten und die stürmenden Scharen von hier mit jenen aus der Front zugleich in den Ort drangen. Jetzt gaben Hörner und Trommeln das Zeichen zum Angriff. Gleichzeitig verdoppelten auch die Kanonen ihre Wut und rissen mit ihren Kugeln tiefe Lücken in die Schlachtreihen. Als die Angreifenden nahe genug herangekommen waren, erhob sich ein entsetzliches Handgemenge. Mann focht gegen Mann, die vorderen Glieder fällten die Gewehre, andere drehten sie um, und da keine Flinte bei dem Regen losgehen wollte, so kämpfte man nur mit dem Bajonett und Kolben. „Immer drauf! Hurra!" riefen die Wehrmänner in dem wirren Getümmel. „Es lebe der König!", „Vive l'Empereur!" brüllte es durcheinander; zwischendrein erscholl der Zuruf der Ermutigung „Hurra! Berlin!" — Hier war es, wo ein tapferer Held, um seinen Kameraden eine Gasse zu bahnen, sich die Bajonette von vier Feinden in die Brust bohrte. Den Namen dieses preußischen Arnold von Winkelried hat leider kein Heldenbuch aus jener großen Zeit aufgezeichnet. Im Sturmschritt gingen die Preußen auf das brennende Dorf los. Mit lautem Hurra stürzte sich vor allem das erste neumärkische Landwehrregiment in den Kampf und auf die Batterien der Feinde.

Der Regen strömte noch fortwährend. Mit Hartnäckigkeit verteidigten die Sachsen das Dorf und die Batterien. Aber die Landwehr drängte sie zurück, stach die Kanoniere neben den Kanonen nieder, und als das Bajonett unter den in dichten Haufen zusammengedrängten sächsischen Garde-Grenadieren nicht schnell genug aufräumte, griff man zum Kolben und schlug drauf los. „Dat fluscht beter!" riefen die Pommern, und die Kolbenschläge drangen durch die hohen Bärenmützen und die mit gelben Kragen geschmückten krebsroten Röcke der sächsischen Grenadiere. In kurzer Zeit war das Dorf in den Händen der Preußen.

Der Rest der Besatzung des Dorfes flüchtete dem Ausgange zu, wo sich die beiden dort gegen die Vorstellschen Truppen aufgestellten sächsischen Bataillone den verfolgenden Preußen entgegenwarfen und ihr Vordringen noch einen Augenblick aufhielten.

Im Anschluß an die Infanterie war auch die Vorstellsche Kavallerie in Großbeeren vorgedrungen und durch die Quergasse des Dorfes auf das freie Feld links hinausgesprengt. Unterdessen hatte jedoch die Hauptmasse des flüchtenden Feindes schon den schützenden Wald erreicht, nur zwei französische Bataillone konnten noch erreicht werden. Auf diese warfen sich das preußische Ulanenregiment und zwei Eskadrons pommerscher Husaren, zersprengten sie und eroberten zwei Geschütze.

Doch jetzt gingen die sächsischen Ulanen gegen die Preußen vor, griffen sie in der Flanke und im Rücken an und warfen sie gegen die Windmühlenhöhe zurück. Da trabte das bei dem Durchzuge durch Großbeeren etwas aufgehaltene pommersche Landwehr-Kavallerieregiment aus dem Dorfe. Der Feind stutzte und machte halt. Alsbald wurde er durch die jetzt mit voller Gewalt attackierenden Pommern über den Haufen geworfen, wobei die Sachsen ihren verwundet in die Hand der Preußen gefallenen Obersten und 120 Mann verloren und eine dicht am Waldrand vergeblich nach einem Ausweg suchende französische Batterie erbeutet wurde.

Ebenso ruhmvoll und mutig hatte einige Minuten zuvor das zweite Bataillon des 1. neumärkischen Landwehrregiments einen erbitterten Kampf zu bestehen gehabt. Es war als rechter Flügel der die Windmühlenhöhe erstürmenden vier preußischen Schlachthaufen nach Bewältigung des Feindes unverhofft von dem aus der feindlichen Mitte herbeieilenden Regiment Low mit dem Bajonett angegriffen worden. Bei dem furchtbaren Zusammenstoß sanken neun Offiziere, unter ihnen der Kommandeur, dahin, und 100 Mann des preußischen Bataillons bedeckten tot oder verwundet den Boden.

Dennoch aber dachten die wackeren Wehrleute nicht an ein Zurückweichen. Durch die erlittenen Verluste vielmehr zur rasenden Wut entflammt, gebrauchten sie die von ihren kräftigen Armen geschwungenen Kolben statt der Bajonette und warfen unter verzweifeltem Ringen den Feind in die Flucht. Kaum gelang es einem schwachen Überreste des sächsischen Regiments, das den schwerverwundeten Führer der zweiten sächsischen Division, General Sahrer von Sahr, in seine Mitte nahm, sich nach dem Walde durchzuschlagen.

Die Dunkelheit begann an dem düstern Regenabend früh herabzusinken, und nach dem zuletzt erfolgten Angriff der pommerschen Wehrreiter befand sich kein Feind mehr auf der tapfer erstrittenen Wahlstatt.

Damit hatte die Schlacht ein Ende. Bald loderten die Wachtfeuer rings um das brennende Dorf, und die ermüdeten Sieger suchten die Ruhe.

Die Berliner hatten mit fieberhafter Spannung den Ausgang der Schlacht erwartet: zu Fuß, zu Roß und zu Wagen kamen einzelne, um sich nach dem Stande des Kampfes zu erkundigen. Und als spät in der Nacht noch die eroberten Kanonen, Pulverwagen und Gefangenen in die Stadt gebracht wurden, da erhob sich unendlicher Jubel; man stürzte aus den Häusern auf die Straßen, umarmte sich, beglückwünschte einander und pries den herrlichen Sieg. Mit dem frühen Morgen des andern Tages aber eilten zahllose Karren und Wagen, Frauen mit Körben, Männer mit großen Paketen nach Großbeeren; denn jeder wollte die Retter der Hauptstadt erfrischen. Freilich zollte man dabei auch diesmal nach schlechter, hoffentlich bald überwundener deutscher Art dem verdienstlosen Fremdling alle Ehre. H. v. Bülow schreibt: Die Vertreter der Stadt erschienen auf dem Schlachtfelde, dem Sieger zu danken. An Bülow aber gingen sie vorbei, den Kronprinzen von Schweden suchten sie auf, der den Dank auch wirklich entgegennahm. Bülow selbst sagte beim feierlichen Einzug in Berlin bitterböse zu den Magistratsherren: „Mich konnten Sie durch Ihr Verhalten nicht beleidigen, aber in Ihrer Seele habe ich mich des gänzlichen Mangels an Nationalgefühl, den Sie zeigten, geschämt."

Den Verlust des Feindes in der Schlacht kann man auf 4000 Mann annehmen, wovon auf die Sachsen allein 28 Offiziere und 2090 Mann kamen. Die Preußen hatten 29 Offiziere und beinahe 1100 Mann verloren, wovon auf das tapfere neumärkische Landwehrbataillon allein 9 Offiziere und 198 Mann entfielen.

Am 24. August kamen gefangen nach Berlin 66 Offiziere und 1368 Mann Franzosen und Sachsen.

An Geschütz sind 13 Stück, an Fahrzeugen, und zwar fast sämtlich gefüllte sächsische Munitionswagen, 60 an der Zahl genommen worden.

Schloß Köpenick.

<small>Jochimken, Jochimken, hüde Dy.
Wo wi Dy kriegen, do hängen wi Dy!</small>

Wie wir, vom Marktplatz Köpenicks kommend, das Eisentor des alten Hohenzollernschlosses öffnen und in den Hof treten, klingt uns schelmisch halb und halb ein gelindes Gruseln erweckend, der freche Reim Otterstedts von Süßegrund durchs Gedächtnis, das übermütige Drohwort, das Kurfürst Joachim eines Morgens mit Kreide an seine Schlafzimmertür geschrieben fand. Kurfürst Joachim war trotz seiner großen Jugend weise genug, die rechte Lehre aus dem politischen Epigramm Otterstedts zu ziehen und seinen lieben Spezialfreunden das Schicksal angedeihen zu lassen, das man ihm zugedacht hatte. Wie dies Ereignis, haben alle anderen, die sich auf Schloß Köpenick zutrugen, einen düsteren Anstrich und klingen zumeist wie Tragödien. Und die wasserumschlungene Spreefeste ist nicht arm an Historie. Schloß Köpenick kann mitsprechen, wenn es sich um Brandenburgs Herrscher handelt; seine Mauern sind steinerne Geschichte.

Heute freilich, wo es in die Greisenjahre getreten ist und sich, wie ein gealterter Reitersknecht, zu geringerem Dienst bequemen muß, heute liegt Schloß Köpenick fast vergessen im Winkel, und das Welttreiben flutet an ihm vorbei. Kein Waffenklirren mehr dort oben, kein erlauchter Besuch zieht lärmend bei Fackelschein in den Hof, kein Humpen kreist, keine fürstlichen Jagdlateiner und keine Tabaksrunden machen sich blauen Dunst vor, keine Staatsminister durchschreiten gravitätisch seine Säle, kein Edeldämlein kichert, und kein blauäugiger Page scharmutziert. Ernste, bescheidene Jünglinge füllen heute die nun der Volkserziehung geweihten Räume; angestrengter Fleiß, ehrliche Geistesarbeit überall -- Schloß Köpenick ist ein Lehrerseminar geworden. Auch die ernsten und schlichten Nachfolger der Hofherrlichkeiten sind inzwischen vom Plan verschwunden. Schloß Köpenick diente lange Jahre hindurch als Lehrerseminar. Heute ist auch das vorbei.

Seine jetzige äußere Gestalt hat der Bau seit 1682, wo Rütger von Langenfeld ihn im Auftrage des Großen Kurfürsten neu aufrichtete. Wir wissen von drei Schlössern, die sich an dieser Stelle erhoben: das erste war Jaczos, des edlen Wendenaares, Horst und stand bis 1550; dann ließ der weidliebende Joachim II. das alte Gemäuer niederreißen und von seinem Baumeister Caspar Theiß ein neues Jagdschloß errichten, das schließlich dem Renaissancebau Rütgers weichen mußte.

Joachim liebte diesen Aufenthalt ebenso wie seine Freundin Aenne Sydow; der Kreis ihrer blondköpfigen Söhne war beständig um ihn. Die schöne Gießerin zeigte sich bei allen Jagdvergnügen und Schloßlustbarkeiten an seiner Seite, und wer sich's angenehm in Köpenick machen wollte, beugte vor ihr wie vor der Kurfürstin selber das Knie. Aber der Tag kam, wo ihr Glück zerbrach. Von einer lustigen Jagd zum Schlosse heimkehrend, ritten der Herrscher und seine Freundin langsam an einer Zuschauermenge vorbei, und Joachim hörte, wie die Bauern, mit den Fingern auf Aenne Sydow weisend, einander zumurmelten: „Das ist des Kurfürsten unrechte Frau! Wie darf er tun, was uns verboten ist!" — „Geh hinein," sagte er da zur Geliebten, „sie nehmen Ärgernis an dir." Von dieser Stunde an ward Anna Sydow nicht mehr außerhalb des Schlosses gesehen.

Kurfürst Joachim erlegte noch manchen Hirsch und manches Raubtier in den Müggelforsten, als er aber am 3. Januar 1571 nach einer lustigen Wolfshatz abends an der Tafel saß, um ihn die Großen der Krone, Lichterglanz und Fröhlichkeit, da faßten ihn Todesschauer an, und andächtig malte er ein Kreuz auf den

Eichentisch. In derselben Nacht verschied er, 66 Jahre alt, und seine letzten Worte waren Luthers: „Das ist gewißlich wahr!"

Es ist ein Raum im Schlosse, der schon seit langem anderen Zwecken als denen fürstlicher Hofhaltung dient, ein Saal, den wir lautklopfenden Herzens betreten, der Wappensaal.

Karyatiden stützen die Decke; jede trägt auf der Brust je ein Wappen der damaligen preußischen Besitztümer, in wirrem Durcheinander, nach Künstlerlaune. Am Wappensaal ist wenig verändert, all sein Prunk blieb erhalten, selbst die beiden prachtvollen Kamine in der Ecke. Trotz des langgestreckten Raumes aber wirken die Stuckmassen erdrückend und lassen es zu keinem rechten Genusse oder ästhetischen Wohlbehagen kommen. Indessen, dies ist auch nicht der Platz für rasch vergängliche Wandereindrücke. In den Wappensaal hat die Geschichte mit ehernem Griffel ihr Wahrzeichen eingetragen; dieser Boden ist geheiligt. Hier saß am 25. Oktober 1730 das Kriegsgericht, das aburteilen sollte über den „entlaufenen Oberstlieutnant Fritz", nachmaligen Friedrich den Großen, und seinen Mitschuldigen Hans von Katte.

Nach ernster und langer Beratung gaben die 16 Männer jenes Votum ab, das dem erzürnten König so sehr mißfiel, und das, soweit es den Kronprinzen Friedrich angeht, in der Fassung des alten standhaften Achaz von der Schulenburg hier wiedergegeben sei: „Was den Cron-Prinzen betrifft, finde ich mich verbunden, denen sämmtlichen dahingehenden votis beyzufallen, daß aber deßelben jetzige Sache nach ihren Umständen von einem Kriegsrecht nicht gesprochen werden könne, sondern Sr. K. M. zu überlassen sey, welchergestalt Sie deßen wiederholte wehmütige Reu-Bezeugung, submission und Bitte als König und Vater in Gnaden anzusehen geruhen möchten." Über Leutnant Katte sagt das Urteil: „Ihn anlangend muß ich denjenigen votis beystimmen, welche ewigen Vestungs-Arrest erkannt haben." Der König stieß den Spruch der Sechzehn um, vermochte aber das Kriegsgericht nicht wankelmütig zu machen und verurteilte nun von seinem Jagdschlosse Wusterhausen aus am 1. November 1730 durch Kabinettsorder Hans von Katte zum Tode durchs Beil, weil „es besser wäre, daß er stürbe, als daß die Justiz aus der Welt käme". Ein grausiges Wort, vielleicht auch ein großes. Nur fällt es einigermaßen schwer, sich des Verdachtes zu erwehren, der König habe in diesem Falle persönlichen Zorn und Haß für hohes Gerechtigkeitsempfinden gehalten.

Eine stockdunkle, aber solid gebaute Treppe — mächtiges Kernholz aus der alten Zeit, die damit nicht sparte — führt uns ins Freie, zur Balustrade. Rechts befindet sich der mit Bohlen gedeckte Gang, von den man annimmt, daß er früher als Kegelbahn diente. Beneidenswerter Besitzer solcher Kegelbahn. Der Blick von hier ins Land hinaus ist im Abendlicht von rührender Schönheit. Dahme und Spree umzirken den grünen Schloßgarten, phantastische Lichter flammen und glimmen in ihren Fluten; tausend Schattierungen des blauen Grundtons; Flußläufe von Stahl, in starkem Feuer geglüht, bis unendlich viele, abenteuerliche Farben aufspringen. Spindlersfeld, die Sonntag feiernde Stadt Köpenick und gegenüber der Kietz — wie traulich, wie freundlich und wie märkisch dabei! — Schlanke Ruderboote, Kähne und Schwäne ziehen über das Wasser; hinter den Häusern unermeßliche Waldungen und Seenjuwele. Die Müggelberge schließen nach der Kietzer Seite hin das Bild, daß man mit einiger Phantasie glauben kann, ein Gebirgsstädtchen vor sich zu haben.

Ich ging nur, weil der Kastellan seine Ungeduld schließlich nicht mehr verbergen konnte. Niemals bin ich so ungern geschieden. Meiner Treu, solch eine Kegelbahn wünscht' ich mir auch, und die Welt hätte einen seßhaften Bürger mehr! —

Ein viereckiger Hof, der sich nach vorn zum lauschigen Park erweitert, trennt das Schloß von seiner Kapelle, wo Prinzessin Henriette Marie begraben liegt. Sie lebte als Witwe fast 33 Jahre lang auf Schloß Köpenick, wie man behauptet, „in der Verbannung". Besonders gewogen war ihr der alte Fritz jedenfalls nicht. Noch vor kurzem wurde in der Kapellengruft ihre Mumie gezeigt, pomphaft mit faltigem Brokatkleid angetan und gut erhalten.

Im Müggelrevier.

Jener „letzte Schlupfwinkel eines untergehenden Volkes", das mit Wasser und Sumpf bedeckte Inseldreieck, in dessen Mitte die Müggelberge ihr grünes Haupt emporrecken, ist von Friedrichshagen, Köpenick und Grünau mit gleicher Leichtigkeit zu erreichen; in Köpenick vermitteln sogar zwei Brücken den Übergang in das „Land der Sage". Wir kommen heute von Rahnsdorf, dem uralten wendischen Fischerdörfchen, wo doch nichts seltener und schwerer zu er-

langen ist, als ein Gericht Fische. Was die Insassen der so wunder-
hübsch und traulich unter Erlen und Weiden verborgenen, netz-
umhangenen, binsengedeckten Hütten tagsüber auf beschwerlicher Jagd
erbeuten, muß alles dem gefräßigen Oger, der Großstadt Berlin,
in den nimmersatten Rachen geschoben werden.

Über den Wiesen jenseits der Spree tummelt sich trillierend eine
Lerchenschar; hoch oben durch die blauen Lüfte schwebt majestätisch
ein Reiher dahin. Jetzt senkt er sich tändelnd herab, um gleich
wieder jäh emporzuschießen und sich dann vom Winde forttragen
zu lassen. Ohne Flügelschlag schwimmt er auf den Luftwellen. Pracht-
voll zeichnet sich der schöne Körper von dem leuchtenden Himmels-
opal ab. Bis er nordwärts in den Bäumen verschwunden ist,
folgen unsere Blicke andächtig seinem Fluge. Ist's doch, als hätte
Triglaff, der dreiköpfige Gott, der dort oben auf den Müggelbergen thront, wichtige Kunde mit ihm nach Rhetra gesandt.

Es ist noch früh; das goldene Sonnenlicht fliegt eben über die
höchsten Wipfel der Kiefernwand dahin, und ein frischer Morgen-
wind weht auf dem Wasser. Wir hüllen uns fester in den Mantel,
als wir den arg gebrechlichen, leckenden Kahn besteigen, der uns
ins Müggelland tragen soll. Bedächtig stößt der Fährmann ab.
Wie er da vor uns steht, eisgrau, verwittert, eine hagere, hilflose
Greisengestalt, gemahnt er fast seltsam an die Tage, da der Semnonen tapferer Stamm in die üppigen Südlande zog, alles zurücklassend, was krank und schwach und kriegsuntüchtig war. Wer
ihnen nicht folgte, mußte sich dem nachrückenden Wendenvolk zu
Knechtsdiensten verdingen.

Es bläst scharf herüber aus dem Röhricht.

„Ein mühsames Handwerk, Vater," sag' ich. „Treiben Sie's
schon lange?"

Der Fährmann schweigt eine Weile. Viel reden ist nicht Art
märkischer Fährleute. „Seit drei Jahren," antwortet er nach
Minutenfrist.

„Und wie alt seid Ihr, Vater?" Man verfällt unwillkürlich
auf das „Ihr", diesem schier vorzeitigen Greise gegenüber.

„Zweiundsiebzig."

„Aber um alles in der Welt — in Euren Jahren — und so
spät damit anzufangen!"

„Hm," meint der Alte achselzuckend, „man will leben und doch
niemandem zur Last fallen."

Der märkische Bauer ist hart, übersparsam, fast geizig, und dabei von ungemein reizbarem Ehrgefühl. Er verlangt nichts geschenkt und schenkt nichts. Zwingt man ihn durch Gesetze zur Wohltätigkeit, so hat er eine derart nichtswürdige Manier, Almosen zu geben, daß der unglückliche Empfänger gern darauf verzichtet.

Ruckweise nur schwimmt der Kahn über die glitzernde Flut, zwischen schmalen Inselchen hindurch, die sich wie riesige Teichrosenblätter ausbreiten. Das mächtige Becken der Müggel wird für Augenblicke sichtbar und wallt so lebendig in schimmernder Weiße, daß man kochendes Silber zu schauen glaubt.

Der Kahn stößt ans Ufer. Durch Heidekraut und raschelndes Gras, an jungen Schonungen vorbei, folgen wir nach rechts dem Laufe der Spree. Noch verbirgt Tannicht wie eine grüne Kulisse die Stelle, wo sie in die Müggel einströmt, aber schon bringt lautes Rauschen, munterer Wellenschlag an unser Ohr. Und glänzend breitet sich dann die runde Wasserfläche des Königs der märkischen Seen vor uns aus. Flinke Ruderboote durchfurchen ihn, langsam ziehen schwerbeladene Spreekähne vorbei, mit ihren mächtig aufgeblähten, grauen Segeln an das Riesengeschlecht vorweltlicher Flügelechsen erinnernd. Am Ufer drüben erglänzt das stattliche Friedrichshagen; nicht weit davon die neuen Wasserwerke, in kokettem Rot und schmucker Bauart. Grellgelbe Dünen säumen den See ein, Heideland dahinter, ganz rechts grüßt mit funkelnden Scheiben und roten Dächern das mit frischem Grün umsponnene Rahnsdorf.

Ein schönes Gewässer, ein ausdrucksvolles Auge der Landschaft, die Phantasie anregend und zum Herzen sprechend, ob es nun finster grollt oder heiter lacht. Wir haben einen der sonnigsten Müggeltage gewählt; heut wirft er wie spielend kurze, kleine Wellen klatschend auf den Strand und atmet ruhig wie ein seiner Kraft sich noch nicht bewußtes Titanenkind. Des Himmels wechselnde Farben in hundert Schattierungen widerspiegelnd, bietet er von Minute zu Minute fast ein anderes Bild. Der See ruht niemals; er kennt keinen Schlaf, immer weiß er zu erzählen, Märchen, Sagen und Historien der Vergangenheit. Und er weiß viel.

Aber die Maßen herrlich aber ist's, an Gewittertagen von Rahnsdorf her seine Wasser zu durchfurchen. Dann erwacht der See aus dämmerndem Traume und besinnt sich auf seine große Geschichte.

Die alten Müggeldämonen harren in der Tiefe ungeduldig auf die Stunde, wo alle rechtschaffene Christenheit schlummert und zu der allein sie aufsteigen dürfen, seit der Christengott den Tag für sich gewonnen hat. Und es kreist und quirlt und strudelt, kurze Wellen mit dicken Köpfen machen sich auf, wütend am Ufer emporkletternd. Erst gegen Sonnenuntergang pflegt sich das Gewässer ein wenig zu beruhigen.

Und dann scheidet das Tagesgestirn. Mit einem Schlage erbleichen all die prunkenden Farbentöne, Dämmerung umfängt den See; ein kühler Luftzug macht uns zusammenschauern. Wer nun mit scharfem Auge vom Berge hinunterspäht und recht acht gibt auf die tausend kleinen Tücken der Müggel, dem offenbart sich all ihr geheimnisvoller Spuk. Das fahle Licht, die plötzlich grau gewordene Flut, die wallenden, trüben Nebel, sie gebären Hexen und Kobolde. Ziehst du jetzt einsam durch den Wald, so sei gewiß, daß gespenstischer Schein dich auf Irrwege und in Sümpfe lockt, daß häßliche alte Weiber hinter dir herlaufen und dich mit schrillem Lachen, frechen Gebärden verhöhnen. Denn die Stätte, wo du wandelst, ist verwunschenes Land. Mehrere Schlösser liegen in der Tiefe.

Eins bedeckt der Teufelssee, der zwischen dem großen und kleinen Müggelberg, der Müggel zugewandt, sein dunkles Wasser dehnt. Die brutale Neuzeit hat ihm zwar all seine düstere Romantik gestohlen, hat seine Riesenkiefern gefällt und eine lärmvolle Kneipe an sein Ufer gestellt. Aber noch immer umzirkt ihn sein sternmoosbedeckter Sumpfgürtel, schmückt ihn ein leuchtender Kranz gelber Teichrosen. Und wenn zur Sommerzeit weiße Sterne sich in ihm spiegeln und warme Nachtluft ihn umschwellt, Modergeruch, Harzduft und Blumenodem, wenn der Boden rings knistert und blitzt — denn er ist mit Moorgasen reich gesättigt —, dann neigt sich das abergläubische Herz angstvoll vor dem toten Triglaff, dessen Bild dort oben auf der Berghalde stand und der ein gar mächtiger Götze war.

In der Johannisnacht aber steigt ein wunderholdes, verzaubertes Prinzeßlein aus dem Wasser empor und schmückt ihr schwarzes Gewand mit den schwefelgelben Teichblumen und hängt sich smaragdenes Sternenmoos ins blonde Haar. Mit gefalteten Händen sitzt sie auf dem großen Stein am See, und über ihr süßes Gesicht, das der Mondenschein zärtlich küßt, rinnen schwere Tropfen

— ist's Feuchte aus dem Sternenmoosbüschel oder sind es Tränen? Vorzeiten hörte ein Kuhhirt aus Müggelheim ihr leises Klagen, und weil er ein verwegener Junge war und hübsch dabei, tastete er sich mutig an den See heran und rief dreimal der Prinzessin Namen, wie's ihn seine Urgroßmutter gelehrt. Die Prinzessin aber ging ihm entgegen, und er nahm sie stracks auf seinen Arm und trug sie, von Gespenstern und Dämonen und Hexen umblasst, durch die Heide nach Köpenick. Aber der gute Bursch, dem bei all dem grauslichen Lärm doch bang im Busen ward, vergaß die strenge Vorschrift, sich nicht umzuschauen. Er drehte entsetzt den Kopf nach hinten, als eine fürchterliche Stimme: „Mädchenräuber! Mädchenräuber! Reißt ihm das Herz aus!" schrie. Im selben Augenblick war die Prinzessin verschwunden.

Oben auf den Müggelbergen stand auch einstens ein Schloß, dessen Herrin in anmaßlicher Überhebung alle Freier zurückwies. Ein Zauberer, von dem Leide so vieler Junggesellen gerührt und offenbar übertriebener Ehefeindschaft abgeneigt, versenkte in einer Schreckensnacht Schlößlein und Prinzeßlein in die Tiefe. Seitdem rollt oft zu später Stunde ein stolzes Gefährt, von vier güldenen Rossen gezogen und von der Prinzessin gelenkt, vom Berge zur Müggel hernieder, aber unterwegs begegnet ihm ein Heuwagen, den vier weiße Mäuse ziehen, und zwingt ihn zur Umkehr.

Ein bequemer, schluchtenähnlicher Gang führt zur Kuppe des großen, von da in vielen Windungen zu der des kleinen Müggel= berges. Unterwegs bieten sich wiederholt Rundblicke, Fernblicke von bezaubernder Lieblichkeit. Links von uns grüßen das schmucke Müggelheim, die große Krampe und weiter hinaus der saphirene Seddinsee, von ihnen beiden eingeschlossen der halbinselförmige, tiefgrüne Forst. Am andern Ufer liegt auf einer Landzunge Schmöck= witz, das seeumspülte. Dann quadratmeilenweit wasserumgürtete Waldreviere, unzählige, blauglänzende, phantastisch versprenkelte Flußarme, Königs=Wusterhausen und dahinter wieder Wasser und Wald, Wald und Wasser. Am Ausgang des Seddinsees schließt der blendend gelbe Sandberg von Gosen das Bild ab, auf der rechten Seite streckt sich die Köpenicker Heide, die mit Rohrinseln geschmückte wendische Spree, ihre beiden Edelsteine Grünau und Köpenick, dann steigen Fabrikschornsteine auf, Essen und Schlote — ein Riesenheer von flatternden Rauchfahnen.

Plötzlich erweitert sich der Pfad; wir stehen auf einem von trutzig düsteren Kiefern umrahmten Waldplatze, den etwas wie feierlicher, geheimnisvoller Schauer zu durchwehen scheint. Dies ist Triglaffs Reich, hier erhob sich seine von Priestern bewachte Opferstätte. Seine drei Köpfe waren versilbert, Mund und Augen verhüllt, zum Zeichen, daß er das Weltgeheimnis zu wahren wußte und die Sünden der Erdenkinder gnädiglich übersah. In den Händen trug er einen gehörnten Mond. Nächtlicherweile, wenn ihn das Gelüst packte, die Grenzen seines Reiches zu durchsprengen, ritt er ein schwarzes Roß, das tagsüber wahrsagte.

Der Triglaffkult hielt sich verhältnismäßig lange. Aber sein Andenken ist verlöscht, gestorben in den Gemütern unseres Volkes, kein Lied, keine Sage meldet seinen Namen. Den Idolen unterdrückter Völker ist es fast immer so ergangen.

Auf der Kuppe des kleinen Müggelberges stehend, die immerhin 368 Fuß über dem Meeresspiegel liegt, erkennen wir, daß der Stock der Müggelberge, sehr im Gegensatz zu anderen märkischen Bodenerhebungen, überraschend viel Ähnlichkeit mit einem wirklichen Gebirge hat. Es mutet fast wie eine lustige Spielerei des Schöpfers an. Keine der Eigentümlichkeiten im Bau und in der Beschaffenheit mitteldeutscher Höhenzüge fehlt ihm; man könnte, wie Fontane treffend bemerkt, der Flachlandjugend unserer Stadt hier den „Gebirgscharakter ad oculos demonstrieren." —

Nacht ist's nun. Wir stehen wieder am See. Auf der schwarzblauen Himmelsflur blühen die Sternlilien auf; einer mit Zinnen gekrönten Grenzmauer gleich starrt der Kiefernwald. Summendes Rauschen zieht durch seine Wipfel, von drüben her klingt verhallendes Glockengeläut. Und als benge sich der begrabene Gott drunten im Wassergrund der Geistesmacht des neuen Gottes, so leis und fast melodisch verebben die Wellen. Dann, unerwartet, mit jähem Anprall, braust ein Windstoß mächtig durch die Luft, gewaltig bäumt sich die Flut auf, heult und schreit; in plötzlichem Schreck treten wir von dem unheimlichen Ufer zurück. Und es rast ein schwarzer Schatten über uns fort, es gellt ein Peitschenschlag und lautes Gewieher. Das sind keine Nebel, sind keine Windesstimmen — das ist Triglaff, der Wendengott, der auf seinem schwarzen Rosse noch einmal in die Lande fährt, bevor denn der große Tag anbricht.

Ehemals Wachtlokal der Yorkschen Jäger.
Stadttor in Mittenwalde — Stadtseite.
Nach einer Handzeichnung von 1832 im Besitz des Märkischen Museums in Berlin.

Paul Gerhardt als Propst zu Mittenwalde.
Von Dr. Willy Spatz.

Im Jahre 1607 erblickte Paul Gerhardt zu Gräfenhainichen im Kurfürstentum Sachsen das Licht der Welt. Aber seine Kindheit und seine Jugendjahre ist nichts Näheres bekannt. In der alten Lutherstadt, in Wittenberg, studierte er die Gottesgelahrtheit. Noch im Alter von etwa 36 Jahren befand er sich auf der Universität. Wann er in die Mark Brandenburg und nach Berlin gekommen ist, läßt sich nicht genau feststellen. Seine Geburtsstadt wurde 1637 von den Schweden in Brand gesteckt. So hatte seine alte wie neue Heimat die gleichen Kriegsdrangsale zu erdulden.

Schon hatte Gerhardt das vierzigste Lebensjahr überschritten, und noch immer war er ein stellenloser Predigtamtskandidat, der sich kümmerlich durch Erteilung von Privatunterricht in Berlin seinen Lebensunterhalt erwerben mußte. Durch einen glücklichen Zufall fand er Aufnahme im Hause des Advokaten Andreas Barthold, eines wohlhabenden, hochgeachteten Mannes, der schon im Jahre 1606 mit der Verpflichtung, Armensachen zu übernehmen, am Kammergericht zugelassen worden war.

In manchen Liedern Gerhardts klingen die trüben Erfahrungen, die er gerade in seinem besten Mannesalter zu machen hatte, nach. Dem Dichter des 119. Psalms konnte er recht nachempfinden:

> Was ist mein gantzes Wesen
> von meiner Jugend an
> als Müh und Not gewesen,
> so lang ich denken kann:
> hab' ich so manchen Morgen,
> so manche liebe Nacht
> mit Kummer und mit Sorgen
> des Herzens zugebracht.

Er ermahnt seine Seele, nicht so traurig und so betrübt zu sein, weil Gott ihm nicht soviel Glück, Gut und Ehre wie vielen anderen gibt, und tröstet sich in dem Gedanken:

> Erden Guth verfällt und bricht,
> Seelen Guth, das schwindet nicht.

Schwermut überschleicht ihn, doch er sieht in der Melancholie eine List des Satans, der den durch Jesus Christus ihm erworbenen Trost des Frommen zu dämpfen bestrebt ist. Mag auch noch so sehr die „tolle Welt" sich in dem Gedanken gefallen, Gott sei ihm nicht gewogen — mit berechtigtem Selbstgefühl ruft er aus:

> Wäre mir Gott gram und feind,
> würd er seine Gaben,
> die mein eigen worden seynd,
> wol behalten haben.

Und immer kommt er wieder auf den Gedanken zurück, Gott werde die Armen nicht verlassen, weise er ja doch allen Vöglein in den Wäldern ihr bescheidenes Körnlein zu:

> Schickt er mir ein Creutz zu tragen,
> dringt herein Angst und Pein,
> sollt ich drumb verzagen?
> Der es schickt, der wird es wenden,
> er weiß wol, wie er soll
> all mein Unglück enden.

Schon im Jahre 1648 erschienen in dem von dem musikerfahrenen Kantor an der Nikolaikirche Johann Crüger unter dem Titel Praxis pietatis melica herausgegebenen Gesangbuche die ersten Proben von Paul Gerhardts dichterischem Können.

Im März 1651 kam endlich Hilfe in der Not. Die Mittenwalder Propstei war nach dem Tode Caspar Gödes vakant geworden, und der Magistrat wandte sich an die Berliner Geistlichkeit mit der Bitte, ihm eine geeignete Persönlichkeit für die freigewordene Stelle vorzuschlagen. Das Berliner Ministerium antwortete: „Wir sind hierüber einmütig zu Rat gegangen — wiewohl wider sein Bewußt, welches wir daher auch für den aufrichtigsten und besten Dienst halten — den ehrenfesten, vorachtbaren und wohlgelehrten Herrn Paulum Gerhardt, S. S. Theol. Cand., welcher sich allhier bei uns in des Churfürstl. Brandenburgischen Kammergerichts-Advokati Herrn Andreas Bartholds Hause befindet, bester Maaßen Unseren Herren zu solchem Amte anzutragen. Wir versichern, daß wir in diesem wohlgemeinten Vorschlag Ihrer christlichen Gemeinde eine solche Person fürhalten, deren Fleiß und Erudition bekannt, die eines guten Geistes und ungefälschter Lehre, dabei auch eines ehr-, friedliebenden Gemütes und untadelhaften Lebens ist. Daher wird er auch bei Hohen und Niedrigen unseres Ortes lieb und wert gehalten und von uns allezeit das Zeugnis erhalten, daß er auf unser freundliches Ansinnen zu vielen Malen mit seinen von Gott empfangenen werten Gaben um unsere Kirche sich beliebt und wohlverdient gemacht hat."

Gerhardt wurde zum Probst von Mittenwalde gewählt, und um die Wende des Jahres 1651 fuhr der Dichter von Berlin nach seinem neuen Wohnort ab, die große Heerstraße entlang, die von der Residenz auf Mittenwalde und die Niederlausitz zu führte.

Wenig genug war in der alten „Port gen Lusitz" von der mittelalterlichen Städteherrlichkeit übriggeblieben, denn furchtbare Leiden hatte die Stadt in den letzten Jahrzehnten durchgemacht.

Vom Jahre 1627 an hatten die Truppendurchzüge überhaupt gar nicht mehr aufgehört. Daß der Krieg den Krieg ernährt, mußte die Bürgerschaft am eigenen Leibe oft genug erfahren. Dabei war sie auch noch durch ansteckende Seuchen heimgesucht. Bereits 1628 brachten die kaiserlichen Truppen die „ungarische Krankheit" mit, im folgenden Jahre gar die Pest. Bis zum Jahre 1631 forderte diese 3000 Opfer. Vielen Mittenwaldern hatte gewiß Paul Gerhardt aus der Seele gesprochen, als er schrieb:

> Wir gehn dahin und wandern
> von einem Jahr zum andern
> wir leben und gedeyen
> vom alten zu dem neuen
> durch so viel Angst und Plagen
> durch Zittern und durch Zagen,
> durch Krieg und große Schrecken,
> die alle Welt bedecken.

So trat Paulus Gerhardt unter den denkbar ungünstigsten Umständen sein geistliches Amt in Mittenwalde an, und doch erhielt gerade damals, als sich in ihm christlich-religiöse Gesinnung in ihrer reinsten Form offenbarte, das Werk der Christianisierung des 13. und der Reformation des 16. Jahrhunderts seinen Abschluß.

Nur ein halbes Jahrzehnt lang hat er dort gewirkt.

Aber so kurz der Aufenthalt Gerhardts in der „Port gen Lusitz" auch war, für die Geschichte des deutschen Kirchenliedes hatte er doch höchste Bedeutung. Denn es darf als sicher gelten, daß ein großer Teil seiner schönsten Lieder, unter ihnen „Befiehl du deine Wege", dort entstanden ist.

„Die Stätte, die ein guter Mensch betrat, ist eingeweiht", dieses Wort aus Goethes Tasso hatte auch für Mittenwalde Geltung. Noch hat sich das Städtchen mit seinem schönen alten Tor und dem friedlichen Mühlrade an der malerischen Nottebrücke ein charakteristisches Gepräge bewahrt. Aber York, der in der „Franzosenzeit" hier die Jäger kommandierte, und den Kronprinzen Friedrich, an dessen kurze Rast in Mittenwalde auf seiner Fahrt zum Gefängnis eine Gedenktafel erinnert, schweifen die Gedanken rückwärts in die Zeit des „Großen Krieges". Die Erinnerung an Paul Gerhardt steigt lebendig in uns auf. Und wenn man von den hinteren Fenstern der Propstei in den lang sich hinziehenden, schmalen Pfarrgarten hinabschaut, fragt man sich unwillkürlich, ob hier nicht vielleicht dem Dichter beim abendlichen Gange die Worte „Nun ruhen alle Wälder" auf die Lippen gekommen sind. Die Umgebung der Stadt — weite, meilenweit sich hinziehende Felder, am Horizont ein Kranz dunkler Wälder — klingt so recht an die Grundstimmung dieses Liedes an.

Bilder aus der Vergangenheit des Kreises Teltow.
Berlin, Rob. Rohde.

Die Braunkohle von Schenkendorf.
Von Prof. Dr. F. Solger.

Wenn wir von Königswusterhausen nach Krummensee wandern, dann biegen wir von der Chaussee bei dem Dörfchen Schenkendorf ab, und am Ausgange des Dorfes winken uns zwei hohe Ziegelhäuser von ihrer Front in großen Lettern den fröhlich-ernsten Bergmannsgruß „Glück auf!" zu. Aber vergebens sucht unser Ohr den Klang der geschäftig arbeitenden Fördermaschine, vergeblich unser Auge den rauchenden Schlot des Schachtes, an den sich ein reges Bergmannsleben knüpfen könnte. Tot liegen die Trümmer einstiger Bergwerksanlagen verstreut, und nur die tiefen Mulden, die die herabgebrochenen Erdmassen in dem ehemaligen Grubengebiet geschaffen haben, erinnern uns, daß man vor kurzem noch hier mit der Erde gerungen hat, um ihr verborgene Kohlenschätze zu entreißen. Es sind die Überreste der ehemaligen Braunkohlengrube „Zentrum", vor denen wir stehen, und mehr als eine Erinnerung an fehlgeschlagene Hoffnungen und immer erneute unermüdliche Arbeit knüpfen sich an diese Trümmer. Das Menschenalter, während dessen der Bergbau hier bestand, ist ein immerwährender Kampf mit den ungewöhnlich schwierigen Wasserverhältnissen und mit unglücklichen Zufällen gewesen. Unter glückverheißenden Zeichen begann die Anlage. Die großen Kapitalien der Simensschen Familie, die ihr zur Verfügung standen, schienen sie gegen alle Schwierigkeiten zu sichern. Und in der Tat: Mit gutem Mute und reichlichen Geldmitteln ging man ans Werk. Wohl fand man schon beim Schachtabteufen große Schwierigkeiten. Man mußte durch Sandschichten hindurch, die so durchtränkt von Wasser waren, daß die Pumpen kaum die Arbeitsstätten trocken halten konnten, und schlimmer noch — der wasserreiche Sand quoll in den Schacht hinein, so daß die Arbeiten nicht nur sehr umständlich, sondern auch gefährlich wurden. Man hat heute gelernt, solchem „schwimmenden Gebirge", wie man derartige Sande nennt, erfolgreich zu begegnen, indem man eiserne Rohre von der Weite des Schachtes Stück für Stück in die Erde hinabpreßt und mit einer Art Bohrer den Sand aus dem Innern des Rohres ausbaggert. Damals waren solche Arbeiten noch wenig üblich, aber eben hatte ein Ingenieur Poetsch ein Verfahren erfunden, bei dem er durch ein eigenartiges

Röhrensystem, das über Tage mit einer Gefriermaschine in Verbindung stand, den ganzen Boden gefrieren ließ und nun gefahrlos arbeiten konnte. Dies neue Verfahren wurde hier erprobt, und manche Erfahrung, die ihm später den Weg in die Praxis bahnte, mag der Erfinder hier gemacht haben. So hat die Schenkendorfer Gefrierschachtanlage eine gewisse historische Bedeutung; eine wirtschaftliche hat sie nie erlangt. Im Gegenteil, nach teuren Versuchen gab man das Verfahren auf und teufte an einer anderen Stelle einen Schacht nach älterer Methode ab. Die Förderung begann, und die Bahn, die heute Mittenwalde mit Königswusterhausen verbindet, verdankt ihre Entstehung dem Verkehrsbedürfnis der Grube „Zentrum". Aber auch die weitere Entwicklung war wenig vom Glück begünstigt. Eine Riesenpumpe wurde aufgestellt, um die immer wieder zuströmenden Wasser fortzupumpen. Dadurch wurde nun wohl der Grundwasserspiegel in der Gegend so stark gesenkt, daß die Grubenverwaltung eine Wasserleitung für die Umwohner anlegen mußte; aber doch geschah es zuweilen, daß dieser oder jener Teil der Grube ersoff, oder es brach auch wohl ein Brand aus — kurzum die Grube rentierte sich schlecht, so daß die Aktionäre endlich das Unternehmen aufgaben. Beamte und Arbeiter sind nun in alle Richtungen verstreut, die Maschinen verkauft, und die Zimmerung morscht in den Schächten, um vielleicht auch einmal zu Braunkohle zu werden, wenn nicht doch der menschliche Unternehmungsgeist sich später diese Kohlenschätze nutzbar macht oder das Walten der Naturkräfte sie zerstört. Aber wenden wir uns nun von den Menschenschicksalen, die sich an diese Stelle knüpfen, der Kohle selbst zu, die hier in der Tiefe ruht. Denn als einzige Braunkohlengrube des Kreises Teltow bietet Schenkendorf auch für den Naturfreund ein engeres heimatkundliches Interesse.

Was sind Braunkohlen? Wie entstanden sie, wann entstanden sie? Warum sind sie von anderen Schichten bedeckt, und warum treten sie gerade hier auf und nirgends sonst im Gebiete des Kreises? Diese und manche andere Fragen drängen sich auf, und wenn wir sie auch nicht alle lösen können welche Frage in der Natur ließe sich bis zu ihren letzten Gründen lösen? — so mögen wir doch über einige von ihnen näher nachdenken.

Zuerst: Was sind Braunkohlen? Wir sind gewöhnt, sie fast nur noch in Gestalt der Preßkohlen zu sehen. Da können wir nicht viel mehr unterscheiden, als daß es auf dem Bruche eine mattdunkelbraune, ziemlich weiche Masse ist, die angezündet brennt, aber nicht unerhebliche Mengen Asche zurückläßt. Der Chemiker wird uns erzählen, daß die Brennkraft der Braunkohle durch nahezu dieselben Kohlenstoffverbindungen bedingt wird, die wir im Torfe finden, und vollends, wenn wir in der Braunkohle noch deutlich unterscheidbare Pflanzenreste, vor allem Holzstücke — allerdings gleichfalls in braune, kohlige Masse umgewandelt — finden, dann dürfen wir nicht mehr zweifeln, daß die Braunkohle, ebenso wie wir es heute noch bei der Entstehung des Torfes beobachten können, aus vermoderten — wir können geradezu sagen: vertorften — Pflanzenresten besteht. Lange Zeit stritt man darüber, ob auch die Anhäufung der Pflanzenreste, aus denen die Kohle entstand, ebenso erfolgte, wie in unseren Mooren, d. h. ob die Pflanzen an Ort und Stelle wuchsen, abstarben und vermoderten, von neuen Pflanzen überwuchert wurden, die wieder abstarben usw., oder ob sie zusammengeschwemmt wurden, etwa so wie man das im Mündungsgebiet der großen nordamerikanischen Ströme beobachten kann. Wir dürfen heute sagen, daß solche Zusammenschwemmungen zwar zu allen Zeiten der Erdgeschichte vorgekommen sein mögen, auch mögen hin und wieder Kohlenlager so entstanden sein; aber für die überwiegende Anzahl unserer Kohlenflöze ist die erstgenannte Entstehung sichergestellt, und gerade im Rahmen unserer Provinz Brandenburg findet sich einer der besten Beweise für diese Auffassung in den Braunkohlentagebauen von Großräschen und Senftenberg. Da gräbt man die Wurzelstümpfe der Bäume, aus denen die Kohle entstand, noch aus ihr heraus, und zwar so aufrecht stehend, wie sie wuchsen. Solche Baumstümpfe, von denen sich ein besonders schöner neuerdings im Märkischen Museum befindet, stehen unregelmäßig zerstreut in allen Schichten der Kohle von der Sohle bis zur Oberfläche, und mit großer Wahrscheinlichkeit dürfen wir für alle größeren Braunkohlenlager Brandenburgs die gleiche Erklärung geben: Sie sind hervorgegangen aus Waldmooren, in denen die Bäume allmählich von der entstehenden Torfmasse umwachsen wurden, abstarben, und bis auf die Wurzelstümpfe verwesten. In den ungeheuren Zeiträumen, die seitdem verstrichen sind, hat sich dieser Torf dann in Braunkohle umgewandelt.

An der Ostküste von Nordamerika finden wir noch heute Moore von großer Ausdehnung, in denen wir den gleichen Vorgang sich abspielen sehen. Da bilden sich vor unseren Augen Lager, die in kommenden Jahrmillionen einmal Braunkohlenflöze ähnlich den unsrigen ergeben werden. Auch die Bäume, die in jenen Mooren leben, sind vielfach dieselben, die wir in unserer Braunkohle finden. Vor allem ist die Sumpfzypresse hervorzuheben, ein Baum, der wie unsere Lärche allwinterlich die hellgrünen Nadeln abwirft, und der in seinem Bau eigentümlich an das Leben im Moor angepaßt ist. Auf einem breiten Wurzelfuße erhebt sich der verhältnismäßig schlanke Stamm. Die Wurzeln spreizen sich gleichsam auseinander, um dem Baum den nötigen Halt zu geben in dem schwankenden Moorboden. Eine Pfahlwurzel kann sich nicht bilden, da die Wurzelfasern Luft brauchen, und der dichte, nasse Torfuntergrund keine Luft durchläßt. So sind die Wurzeln gezwungen, den Halt, den sie in der Tiefe nicht finden können, in der Breite zu suchen. Auch für unsere Moorbäume ist übrigens das Fehlen einer Pfahlwurzel bezeichnend. An den Sumpfzypressen, die an der Bildung unserer Braunkohlen so starken Anteil haben, zeigt sich der Lufthunger der Wurzeln noch in anderer Weise an solchen Stellen, die regelmäßigen Überschwemmungen ausgesetzt sind. Die nordamerikanischen Moore geben uns schöne Beispiele dafür. Die Wurzeln, die während der nassen Jahreszeit unter Wasser stehen, treiben da stumpf endigende Sprossen nach oben, sogenannte „Knie", die auch bei Überschwemmung noch über das Wasser hinausreichen und die Verbindung der Wurzel mit der Luft aufrechterhalten. Von anderen Pflanzen, die wir in unseren Braunkohlen noch erkennen können, sind der Haselstrauch und die echte Kastanie hervorzuheben und eine Sequoia, ein naher Verwandter der riesigen Mammutfichten von Kalifornien, der neben der Sumpfzypresse damals häufig war.

Aber wenn auch jene nordamerikanischen Moore in ihrem Baumwuchs den Mooren am ähnlichsten sind, aus denen unsere Braunkohlenlager entstanden, so brauchen wir doch nicht so weit in die Ferne zu schweifen, um die typischen Erscheinungen der Torfbildung kennen zu lernen. Die Luchgegenden Brandenburgs, die seine sumpfigen Niederungen so häufig ausfüllen und jahrhundertelang fast unüberschreitbare Grenzlinien gebildet haben, zeigen uns, nur aus anderen Pflanzen zusammengesetzt, im Grunde dasselbe Bild, und der Torf, der in ihnen sich bildet, würde nach Jahrmillionen vielleicht eine ebenso gute Kohle liefern, wie heute manches Braunkohlenlager.

Von Schenkendorf brauchen wir ja nicht weit zu wandern, um in Moorgegenden zu kommen. Die Niederung, die vom Notte- und Zülowkanal durchflossen wird, ist reich an Moorwiesen. Sie bildet einen Teil der sumpfigen Niederung, die zwischen Königswusterhausen und Potsdam Dahme und Havel verbindet, im Osten von den Gewässern der Notte, im Westen von denen der Nuthe durchzogen. Solche moorigen Täler sind in der Mark Brandenburg zahlreich vorhanden, in früheren Zeiten bildeten sie mit ihrem unsicheren Sumpfboden schwere Hindernisse für den Verkehr, um so bessere Stellen aber für die Verteidigung. Aus beiden Gründen sind sie die natürlichen Grenzen der kleinen Ländchen gewesen, aus denen die Mark erst im letzten Jahrtausend zusammengewachsen ist. So bildete die Nuthe-Notteniederung einst die Südgrenze des „Hohen Teltow", dessen Name auf den ganzen Kreis später übergegangen ist, und das Denkmal am Zingelberge bei Wietstock erinnert uns daran, daß auch die preußischen Feldherrn im Jahre 1813 in den Übergängen über diese Moore bei Thyrow und Wietstock die gegebenen Verteidigungspunkte Berlins erblickten, und daß sie die Schlacht von Großbeeren vielleicht hier geschlagen hätten, wenn ihr schwedischer Oberfeldherr nicht zu zaghaft dazu gewesen wäre.

Inzwischen haben die Nuthe- und die Nottesümpfe unter der Hand des Menschen ihr Aussehen wesentlich verändert. Kanäle haben die Niederung entwässert und ihr so den Moorcharakter zum großen Teil genommen, und dadurch, daß die so gewonnenen Wiesen immer wieder gemäht oder vom Vieh abgegrast werden, wird das Aufkommen der Bäume gehindert, das sonst der Gegend einen ganz anderen Ausdruck geben würde.

Überließe man solche Wiesen sich selbst, so würde nach einigen Jahrzehnten die Grasflur von Erlen, Birken und anderen Bäumen unterbrochen sein und schließlich ein kleines Wäldchen, ein Erlen- oder Birkenbruch sich aus ihr gebildet haben, wie wir dergleichen auf kleineren Moorflächen so häufig in unserer Mark finden, z. B. am Rangsdorfer See oder an nassen Stellen des Grunewalds. Das Moor ist an nasse Stellen gebunden, und diese Nässe ist die Hauptbedingung für die Bildung des Torfes, um dessentwillen uns hier die Moore in erster Linie interessieren. Wächst ein Wald auf trockenem Grunde, so fallen die Laubblätter im Herbst ab und bedecken den Boden. Sie bleiben hier wohl einige Jahre liegen, und so bedeckt meist eine dünne Laubschicht dauernd den Untergrund.

Aber in diesem Laube leben eine Menge niederer Tiere, vor allen
Dingen aber Pilze, die beständig an der Zerstörung der Blätter=
masse arbeiten. So können wir schon mit dem Stock leicht die
Blätterschicht auf dem Waldboden durchstoßen und finden, daß der
darunter liegende Sand nur geringe pflanzliche Beimischungen hat.
Die Blätter gehen eben bei der Verwesung durch die Pilze, ähnlich
wie beim Verbrennen, hauptsächlich in luftförmige Stoffe über,
und es bleibt nur wenig festes Material zurück, das sich dauernd
dem Boden beimischt. Anders auf wasserdurchtränktem Boden. Das
Wasser verwehrt der Luft den Zutritt und raubt den Pilzen, ab=
gesehen von der alleroberten Schicht, die Möglichkeit, sich in den
abgestorbenen Pflanzenmassen einzunisten. So kann keine eigent=
liche Verwesung stattfinden, die Pflanzenteile zersetzen sich nur lang=
sam und unvollkommen, und so häuft sich Schicht auf Schicht, bis
wir schließlich ansehnliche Lagen eines Stoffes vor uns haben, der
fast ganz aus den abgestorbenen Resten der auf dem Boden wuchern=
den Pflanzen besteht, sei es von Gräsern, Heidekräutern, Moosen
oder Bäumen. Diese unvollkommen zersetzten Pflanzenmassen
nehmen bald eine dunkelblaue Farbe an, die zunächst sehr deutliche
Zusammensetzung aus Fasern verschwindet mit der Zeit, und in
den tieferen, d. h. also älteren Lagen entsteht schließlich ein schwarzer,
erdiger Stoff, der nach dem Trocknen leicht brennt. Das ist der
Torf. Preßt man solchen Torf stark zusammen und erwärmt man
ihn gleichzeitig dabei, so kann man daraus „Preßkohlen" herstellen
ganz wie aus der Braunkohle; sie sind auch im Äußeren ihrer
Masse nach schwer von Braunkohle zu unterscheiden. Was wir
hier durch Hitze und Druck in wenigen Minuten künstlich nachahmen
können, das vollzieht sich im Laufe ungeheurer Zeiträume auch
ohne solche Gewaltmittel allmählich in der Natur, und auf diesem
Wege ist aus ursprünglichen Torfbildungen die Braunkohle ent=
standen, die der Bergmann heute aus dem Boden gräbt. Diese Um=
wandlung geht aber sehr langsam vonstatten. Wir kennen Moore,
von denen wir sicher sind, daß sie sich bildeten, als zum letztenmal
das Eis der großen Eiszeit unsere Heimat bedeckte. Viele Jahr=
tausende müssen seitdem verflossen sein; aber doch ist der Torf,
den wir in solchen untergegangenen Mooren der Eiszeit finden,
äußerlich noch kaum verschieden von dem unserer heutigen Moore.
Selbst diese lange Zeit hat noch nicht genügt, Braunkohle aus ihm
zu machen. Unverhältnismäßig viel längere Zeit muß vergangen

sein, seitdem in unseren Gegenden die Sumpfzypressen und alle jene anderen Bäume wuchsen, deren Reste wir heute in den Braun=
kohlen wiederfinden. Wir tun an diesem Beispiele einen kurzen Blick in die Größe der Erdgeschichte gegenüber der Geschichte des Menschen. Rechnet diese nach Jahrhunderten, so muß jene nach Jahrmillionen gemessen werden. Teltower Kreiskalender. Berlin, Rob. Rohde.

Königswusterhausen.

Wusterhausen im Schenkenländchen ist in Ehren alt und grau ge= worden. Ursprünglich ein wendisches Dorf Wustrow, diente es später mit seiner Burg als Grenzschutz wider die Lausitz, wechselte

Am Nottekanal bei Königswusterhausen.

öfter den Besitzer und kam 1683 in die Hand des Großen Kurfürsten, der es für den Kurprinzen Fried= rich erwarb. Glanz, Größe und Berühmtheit aber ver= dankt es allein dem Sol= datenkönig Friedrich Wil= helm I. In den tiefen, wildreichen Forsten der Umgegend konnte er nach Herzenslust seiner Jagdlust frönen; im Laufe der Jahre erlegte er hier mit eigener Hand an 25000 Rebhühner. Anderes Wildpret fand sich in Massen, besonders Sauen und Keiler, von denen das Schenkenländchen wim= melte, wurden während we= niger Jagdwochen tausend= weis zur Strecke gebracht.

Friedrich Wilhelm liebte Wusterhausen vor allen anderen Orten. Seine Streifereien durch Wald und Sand, seine unerwarteten Besuche in Bauer= und Bürgerhäusern, wo er sich zu Tische lud und manchmal — aber freilich nur manchmal! — einfache Mahlzeiten königlich bezahlte, sind noch heute in aller Munde.

In der neuen Mühle bei Wusterhausen, erzählt die Sage, tischte ihm einst die Müllersfrau vorzügliches Rührei mit Speck auf, und so gut behagte das Gericht dem Gaumen des Königs, daß er dem Müller einen Wunsch freistellte. Der war denn auch nicht blöde und bat um Anlage einer Schleuse, die ihm zum Betriebe seines Gewerbes unentbehrlich schien. Obgleich der sparsame Fürst eine solche Forderung nicht erwartet hatte und seine Voreiligkeit bereuen mochte, gab er doch seinem Herzen einen Stoß, ließ die Schleuse bauen und stellte als guter Kaufmann nur die Gegenbedingung, daß der Müller und seine Erben auf ewige Zeiten zwei Hunden der königlichen Meute Kost und Wohnung gewähren müßten. So geschah es denn auch. Seit mehreren Jahrzehnten ist diese Verpflichtung allerdings abgelöst.

Solche Geschichten kennzeichnen besser als Urkunden das Wesen des Soldatenkönigs. Wendischwusterhausen wuchs unter seinem persönlichen Regiment, im Schatten seines Krückstockes, zu einem hübschen Städtchen heran; er schmückte es mit Baumgängen und neuen Gebäuden, gab ihm den Ehrennamen „Königswusterhausen" und baute die alte Burg, unter Beibehaltung ihres Rundturmes und ihrer viereckigen Form, zu einem Jagdschlosse aus. Zwei Monate des Jahres pflegte er hier zu verweilen, der Jagd und weidmännischen Festen zu leben. Besonders feierlich wurden der Tag des heiligen Hubertus und der Jahrestag der Schlacht bei Malplaquet, wo er sich seine Sporen geholt hatte, begangen. Dann hallte das Schloß von den rauhkräftigen Scherzen der Jagdkumpane und von dem Gelächter des berühmten Tabakskollegiums wider. Im Schloßhofe ward die Jagdbeute aufgeschichtet, mit der man nachher, sobald die Hunde ihr Jagdrecht empfangen hatten, Berlins Bürgerschaft beglückte; ein Wildschwein kostete, je nach Güte und Alter, bis zu sechs Taler, jeder gute Untertan mußte kaufen. Im Vorhofe des Schlosses saß der König an schönen Sommertagen, von zwei Bären mit abgehauenen Pranken bewacht, seine Pfeife voll scharfen Kanasters rauchend, und examinierte unglückliche zitternde Beamte. Hier errichtete er aus besonders großen Treibern seine Jagdgarde, die er selber einexerzierte und die sich später zu dem historischen „Regiment der langen Kerle" auswuchs. Hier im Schlosse wand er sich, früh alt geworden, unter den schlimmsten Gichtqualen und malte dazu jene bekannten Bilder, mit der Umschrift: „Pinxit in tormentis."

Jagdschloß Wusterhausen erhielt durch ihn Charakter und Stimmung, so im derben Scherz wie im finstern Ernst. Auf Jagdschloß Wusterhausen unterzeichnete er am 1. November 1730 das Todesurteil Hans Hermann Kattes, als der erste und einzige Hohenzoller, der einen Gerichtsspruch nicht barmherzig milderte, sondern überstreng verschärfte.

Kronprinz Friedrich war schon im Ausgang des Jahres 1729 entschlossen gewesen, der unerträglichen, mit Hohn gebeizten Tyrannei des Vaters zu entrinnen. Der König ließ keine Gelegenheit, sich an dem Sohne zu reiben, ungenutzt vorüber und hatte sich in seltsam wilden Haß gegen den „Flötenspieler Fritz" hineingeredet. Gewohnt, jeder Laune die Zügel schießen zu lassen, trieb er den empfindlichen Jüngling mit seinen Spöttereien zur Verzweiflung. In Darmstadt sagte er ihm sogar ins Gesicht: „Ist Er denn immer noch nicht fortgelaufen? Ich hatte Ihn längst in Paris geglaubt." Der Prinz zögerte nun nicht länger, die Fahrt nach England anzutreten. Alle Einzelheiten des Fluchtplanes waren vorgesehen. Alles versprach besten Erfolg, da wollte es das Schicksal, daß Friedrichs entscheidender Brief an seinen Mitverschworenen Katte irrtümlicherweise in die Hände eines Rittmeisters desselben Namens geriet. Der auf den Tod erschreckte Mann übergab das Schreiben natürlich sofort dem König, dessen Zorn keine Grenzen kannte. Der Kronprinz und Katte wurden verhaftet, der Prinz unter starker Bedeckung nach Wesel gebracht und am 12. Oktober dem Monarchen vorgeführt. „Warum hat Er ausreißen wollen?" donnerte ihm der Ergrimmte entgegen. — „Weil Sie mich nicht wie Ihren Sohn, sondern wie einen Sklaven behandelt haben." — „Ich habe keinen Sohn mehr. Er ist nichts, als ein feiger Deserteur, der keine Ehre im Leibe hat." — „Ich habe soviel Ehre wie Sie, und ich habe nichts getan, was Sie an meiner Stelle nicht auch getan hätten!" — Sinnlos vor Zorn, riß der König den Degen aus der Scheide und wollte den Kühnen erstechen. Der Generalmajor von der Mosel aber sprang entschlossen vor den Prinzen, ihn mit seinem Leibe deckend, und rief: „Sire, durchbohren Sie mich, aber schonen Sie Ihres Sohnes!"

Das efeuumsponnene, unter Linden und Platanen versteckte Schloß Wusterhausen, wo die Katastrophe in der Katte=Tragödie eintrat, schaut düster und gespenstisch drein im trüben Lichte dieses

Ereignisses. Ein übermäßig behaglicher Aufenthalt war es wohl auch vorher nicht. Die Schwester Friedrichs des Großen, die Markgräfin von Baireuth, eine zwar recht boshafte Beobachterin, schildert es uns mit der ihr eignen Vorliebe für die Karrikatur folgendermaßen: „Das Gebäude war von einem Erdwall und einem Graben umgeben, dessen schwarzes und fauliges Wasser dem Styxe glich. Meine Schwester Charlotte und ich hatten für uns und unser ganzes Gefolge nur zwei Zimmer oder vielmehr zwei Dachstübchen. Um zehn Uhr morgens gingen meine Schwester und ich zu der Mutter, wo wir den ganzen Morgen verseufzen mußten, bis endlich die Tafelstunde herankam. Wie nun auch das Wetter sein mochte, wir aßen zu Mittag immer im Freien unter einem Zelte, das unter einer großen Linde aufgeschlagen war. Bei starkem Regen saßen wir, da der Platz vertieft war, bis an die Waden im Wasser. Wir waren immer 24 Personen zu Tisch, von denen dreiviertel sich mit dem bloßen Geruch begnügen mußten, denn es wurden nie mehr als sechs schlecht bereitete Schüsseln aufgetragen, und zwar so schmal zugeschnitten, daß ein nur halbwegs hungriger Mensch sie mit vieler Bequemlichkeit allein aufzehren konnte." Theodor Fontane glaubt die Wahrheit dieser Behauptung bezweifeln zu müssen, sowenig er sonst den Geiz des Königs leugnet. In der Tat klingt die Auslassung der am Magen leidenden Prinzessin mindestens übertrieben, wenn man sie mit anderen Berichten über die Tafel des Königs vergleicht, der selbst ein sehr starker Esser war und seine Dienerschaft nicht hungern ließ, sondern beispielsweise alles von ihm geschossene Geflügel in die königliche Küche ablieferte, so daß man oft mit dem besten Willen keine Verwendung dafür hatte. „Nach aufgehobener Tafel", fährt die Prinzessin in ihrer Schilderung fort, „setzte sich der König in einen hölzernen Lehnstuhl und schlief; bis er aufwachte, mußte ich arbeiten, dann aber zur Mutter gehen und ihr vorlesen. Der König kam auf einige Augenblicke zu uns, ging aber gleich hernach in die Tabagie, aus der er zur Abendbrotzeit zurückkehrte. Auch vom Nachtmahl standen wir meist hungrig auf. In Berlin mußte ich das Fegefeuer, in Wusterhausen aber die Hölle erdulden."

Nach dem Tode Friedrich Wilhelms I. blieb das Schloß, als ein Ort, der böse Erinnerungen weckte, lange Zeit gemieden. Niemand kümmerte sich darum, daß es zusehends verfiel; man benutzte es bald zu Soldatenquartieren und Lazaretten, bald zur Unter-

bringung von Registraturen und Bezirkskommandos. Erst Kaiser
Wilhelm I. erbarmte sich der historischen Stätte und ließ sie pietät=
voll wieder herstellen. Alle Andenken an den Soldatenkönig wurden
sorgsam aufbewahrt; die zum Teil auf Schloß Cossenblatt ent=
standenen Gemälde, Darstellungen von Fuchsprellungen und Par=
forcejagden; das Pesnesche Bild des Hofnarren Gundling, der keines=
wegs ein blitzblöder Tropf, sondern ein gebildeter und witziger Mann
war, in dieser Umgebung aber, unter ständigen geistigen wie körper=
lichen Mißhandlungen, halb zum Idioten herabsank; der steinerne
Waschtrog des Königs mit dem ungeheuren Abzugstöpsel — dies
alles und noch viele andere Kuriositäten sind erhalten. Jagd=
trophäen aus drei Jahrhunderten, Feuergewehre und „Sausedern",
eine Nachbildung des Geweihs, das der von Friedrich III. bei Neu=
brück erlegte Sechsundsechzigender trug, und das gegen eine Kom=
pagnie Riesengrenadiere an August den Starken von Sachsen ver=
tauscht wurde; dann der im littauischen Urwald gemachte unheim=
liche Fund eines von einem Eichstamm völlig umwachsenen Hirsch=
schädels mit prächtigem Geweih. Alle diese Sehenswürdigkeiten
und der Gedanke an ihre Eigentümer erregen ein gewisses Interesse.
Hohe Teilnahme aber flößt bei einer Durchwanderung des Schlosses
der Raum ein, in dem sich das berühmte Tabakskollegium zu ver=
sammeln pflegte. Noch steht der große Kneiptisch mit den mächtigen
Tabakstellern, den Tonpfeifen und Kohlenpfannen breitbeinig da,
man findet noch die schweren Humpen und Glasgefäße der alten
Zeit, die bequemen Schemel der Zechgenossen. Schnell zaubert die
Phantasie eins der Festmähler wieder herauf, die von der geist=
reichen Liederlichkeit und der galanten Frivolität französischen Hof=
lebens so grell abstachen. Um den mit Zeitungen bedeckten Lang=
tisch sitzen der König und seine Minister, Generäle und Gäste;
schweres Ducksteiner Bier schäumt in den Krügen, und wer das
Rauchen nicht verträgt, muß wenigstens eine von den langen Ton=
pfeifen in den Mund nehmen. Dem König galt es alleweil als
ein Hauptspaß, fremde Würdenträger bezecht zu machen; heute abend
hat er es auf den kaiserlichen Gesandten, Herrn von Seckendorf, ab=
gesehen, der kaum noch die Augen offenzuhalten vermag. Fackel=
glanz erhellt nur matt das von blauem Tabaksqualm erfüllte Ge=
mach, die Pfeifen dampfen, die Kohlen glühen, und in das laute
Geklirr und Geklapper der Krüge dröhnt des Königs Stimme.

Die alten Haudegen mit den breiten Schmarren im Gesicht, die im spanischen Erbfolgekrieg den Franzmann weidlich geklopft oder unter Eugen wider den Türken gefochten, Stadt und Festung Belgrad erobert haben, lauschen gespannt der derben Schnurre, die Se. Majestät mit Behagen vorträgt. Wüstes Gelächter donnert hinterdrein. Dann springt das Gespräch plötzlich auf politische Fragen über, in die man sich ernsthaft vertieft; zuweilen fällt der Monarch hier seine Entscheidungen. Ist man des trockenen Tones wieder satt, so muß Gundling, der „Freiherr mit 16 Ahnen und Präsident der Akademie der Wissenschaften", herhalten; jeder übt seinen Witz an ihm, nicht zum mindesten sein unsauberer Nebenbuhler, der Possenreißer Faßmann. Wenn der gelehrte Herr nicht genug witzige Sachen vorzubringen weiß, holt er sich wohl von dem einen oder dem andern einen gelinden Stoß oder Schlag. Sind der Gesellschaft die „geistigen" Genüsse über, dann packt man sich zum Ringkampf oder gibt sonst Proben körperlicher Kraft, wobei es sich herausstellt, daß die Märker den Vergleich mit August dem Starken nicht zu scheuen brauchen. An Schlägereien zwischen Gundling und Faßmann, die sich Stücke glühender Kohle ins Gesicht werfen, fehlt es selten; der König pfeift und klatscht dazu, am Ende riskiert er mit dem alten Dessauer einen flotten Tanz. Inzwischen ist die Tabakswolke immer dichter geworden; schon liegt ein Teil der Kumpanei sanft betäubt an der Schulter des Nachbarn; biermüde stützt man die Häupter auf den Tisch, und selbst Gundlings Puppentheater mit Kanonenschlägen und Feuerregen weckt die Schläfer nicht mehr. Taumelnd trennt man sich endlich und sucht sein enges Kämmerchen im Schlosse auf. Gundling aber ahnt nicht, daß man ihm als besondere Überraschung einen von den riesigen Bären aus dem Schloßhof ins Bett gelegt hat.

Ein seltsamer Ort, ein seltsamerer Fürst. Aber er war der rechte Mann für seine Zeit. Er „stabilierte" das Hohenzollernsche Königtum wie einen rocher von bronze; er eroberte durch Kolonisation, landwirtschaftliche Unternehmungen, unermüdliche Kämpfe mit dem Luch und Bruch Provinzen im Frieden. Ohne seine derbzufassende Hand, ohne seine Sparsamkeit, ohne ihn und das von ihm geschaffene Heer, den von ihm aufgehäuften Kriegsschatz wäre sein Nachfolger nicht Friedrich der Große, Preußen nicht die deutsche Vormacht geworden.

Auf dem Bindower Fließ nach Teupitz.

Angenehm war die Witterung eben nicht zu nennen. Offenbar wußte der Himmel nicht recht, ob er ein Gewitter oder einen Landregen niedersenden sollte; so entschied er sich denn für beides. Zernsdorf am Krüpelsee lag in dichtem Nebelduft, und selbst der Kirchturm von Cablow hatte zu kämpfen, um sich dem Qualm zu entringen. Hinter Cablow, wo die Dahme alle Lust am Seenbilden verliert und als schmales Fließ zwischen Wiesen dahinschleicht, hinter Cablow beginnt die echte Spreewendei. Bis an den Rand des mageren Kiefernwaldes heran wuchert Schilf und Ried; seltener sind üppige Grasplätze, Kornfelder noch seltener. Der Fluß schlängelt sich in weitem Bogen durchs Revier; da und dort begrenzt Erlengebüsch das Ufer und zeichnet seine Grenzen schärfer ab. Und unvermittelt erhebt sich dann ein Fischerdörfchen mit kargen Gärten, dürftigen Obstbäumen und zahllosen Aalkästen. Im Hintergrunde taucht wieder die hungrige Kiefernheide auf, die einen immer von neuem zu nutzlosem Nachdenken darüber zwingt, wie das darin befindliche königlich preußische Wild es wohl anfängt, sich auf redlichem Wege zu ernähren. Und doch sind sogar die Gemeindejagden in dieser Gegend begehrt. In den niederen Wirtshäusern trifft man sehr häufig weidgerecht ausgerüstete Berliner, die mit schrecklicher Stimme von ihren Abenteuern im grünen Tann erzählen und den Förstern Rache schwören. Besteht doch bei ihnen die fixe Idee, daß die Förster ihnen das Wild vergrämen, das Wild, welches nach meiner festen Überzeugung gar nicht existiert. Einer, den wir in Gussow begrüßen durften, hatte in richtiger Würdigung der brandenburgischen Nahrungsverhältnisse an der Grenze seines Reviers, da, wo es mit dem königlichen zusammenstößt, Lupinen anfahren lassen und sich dann, von kapitalen Böcken träumend, auf den Anstand gesetzt. Er wähnte, daß die hungrigen Waldbewohner scharenweis heranstürmen, sich blindlings auf die leckeren Lupinen stürzen und ihm so ins Gewehr laufen würden. Der königliche Förster, der seine mühevoll gehegten Schutzbefohlenen und ihren Appetit wohl kennen mochte, hatte nun nichts Eiligeres zu tun, als ruhelos an der Grenze hin und her zu rennen, Wagenladungen von Patronen zu verknallen und so seine heißhungrigen Zöglinge zu verscheuchen. Fluchend lag der Berliner zwei Tage lang auf der Lauer, dann verkaufte er die Lupinen zur Hälfte des Selbstkostenpreises.

Für Säugetiere, ganz gleich, ob sie dem Menschen untertan sind, oder frei durch Wald und Heide streifen, ist die Wendei wirklich nicht der geeignete Entfaltungsort. Desto besser gedeihen hier die Fische. Einer von uns fuhr gelegentlich ohne Steuermann über den Dolgensee. Plötzlich haut ihm jemand eins über den Rücken, daß er zusammenfährt und sich fluchend nach dem Attentäter umdreht. Es war kein jemand, es war ein junger Wels, der vor lauter

Die Tubrow.

Übermut Freiübungen in der Luft veranstaltet hatte. Vielleicht paßte ihm auch die bunt zusammengewürfelte Gesellschaft in der Tiefe des Dolgensees nicht mehr. Ein Schlag mit der Paddel machte seiner sozialen Unzufriedenheit ein Ende. — Berliner Angler können keine besseren Jagdgründe finden als hier. Trotz der gewaltigen Fischwehre bei Dolgenbrodt, mit deren Hilfe man von Zeit zu Zeit die ganze geschuppte Versammlung aufhebt, mindert und erschöpft sich die Fülle nicht. Der ins Wasser versenkte Schatz, von dem jede Großmutter zu berichten weiß und der die Phantasie des Fischervölkchens erhitzt, ist wirklich vorhanden. Man fördert ihn mit Netzen zutage.

Hinterm Dolgensee verändert die Landschaft ihr Gesicht. Nicht mehr grüßt über weite Wiesenflächen fort der Kirchturm des nächsten Dörfleins. Föhrenwaldungen, die dichter ans Ufer treten, schieben sich dazwischen, und die Dahme hört auf, närrische Zickzacklinien durchs Gelände zu ziehen. Sie beginnt wieder ihr Lieblingsspiel und bildet weite Seen, die durch schmale umgrünte Wassergräben verbunden sind. Jetzt wird es ganz still um uns. Die Dörfer verschwinden, die Wiesengründe schrumpfen ein, knorrige Kienen, prächtige alte Burschen, halten Hochwacht am Ufer. Tiefe, schier sagenhafte Einsamkeit, Weltferne sondergleichen. Aber uns ziehen Reiher ihre Kreise, und zuweilen trottet eilfertig durchs dürftige Unterholz ein Rudel Wildschweine. Das ist die Dubrow, des Kaisers Jagdrevier. Von hier wurden früher alljährlich die für die Parforcejagden bestimmten Keiler nach der Saubucht im Grunewald geschafft. Grasbewachsene Höhen hüben und drüben, auf denen schmucke Erlen lustig ihre zierlichen Kronen wiegen; dahinter der ernste, grünschwarze Kiefernwald und unten die schweigende Flut. O welch ein Platz für sommerliche Träume, die wie leichte weiße Wölkchen durch das unendliche Blau segeln! Heute greift der Wind etwas fest zu, und über unserem Lagerplatz steht Regen, sogar sehr viel Regen. Er läßt denn auch nicht lange auf sich warten. Aber die Erlen bieten hinreichenden Schutz, und was sie an Feuchtigkeit durchlassen, das fängt der Mantel auf. Versagt schließlich auch der, dann wird eine neue Pfeife angezündet und der uralte Trostspruch hervorgekramt, daß bei gutem Wetter jeder rudern könne. Erst im Regen entfalte die Dubrow alle ihre Schönheit. Dies graue Licht gehöre zu ihrer absonderlichen, märkischen Romantik — und was dergleichen sinnreiche Bemerkungen mehr sind. Mancher glaubt's und dankt am Ende dem lieben Gott dafür, daß er ihm bei seiner ersten Dubrowfahrt einen so tüchtigen Guß auf den Kopf gegeben hat.

Ich für meinen Teil ziehe es doch vor, wenn warmer Herbstglanz über diese Gewässer rinnt, bläulich goldener Duft den Forst umzieht und alle Armut und Melancholie der wendischen Niederung in seine köstlichen Schleier hüllt. Gewiß, es hat seine Reize, eine halbe Stunde lang im strömenden Gewitterregen unter der Brücke zu liegen und zuzusehen, wie finsteres Gewölk sich immer wuchtiger auf die Eichen und Föhren der Dubrow senkt. Aber im milden Schein der Septembersonne gemächlich die liebe altbekannte Straße hinaufzugleiten, die durch die Schmölde und den

Hölzernen See nach Köris läuft, wo durchaus haltgemacht, eine
Mandel frisch vom Baum gepflückter Pflaumen gegessen und der
besseren Verdauung halber Weißbier getrunken werden muß; dann
immer abwechselnd flott durch erlenüberwölbte Gräben, langsam
durch verkrautete Modderseen zu rudern, stets im unwiderstehlichen
Zauber dieses ergreifenden Landschaftsbildes, seiner Schlichtheit, seiner
Innigkeit, seines herben Liebreizes — das ist die reichste Gabe, die
die heimatliche Mark uns zu bieten vermag. Zuweilen tauchen

Teupitz.

noch die roten Dächer eines Dorfes auf, aber wie Traumerscheinungen
versinken sie wieder. Blühende Erika, blauschimmernde Wellen,
weißer Sand und als Rahmen um das Bild die hochwipfelige Heide.
Dann die Enge, welche die Görlitzer Eisenbahn übersetzt: Baum
an Baum dicht gedrängt; Unterholz, das kaum noch Atem holen
kann; ein wildes, brünstiges Wachstum, das in der Tiefe die Fahrstraße überranken, in der Höhe kein Fünkchen Himmelsblau durchs
Blattwerk sickern lassen möchte. Schließlich erweitert sich der Graben
noch einmal behaglich zum See. In dieser Bucht ruht er aus, und
das endgültig. Wenn wir die Schilfinsel umfahren haben, winken
die Türme des Schlosses Teupitz den Wegemüden.

*   *

Ach, wie melancholisch nimmt sich die Wendei im Regendunst aus! Wahrhaftig, an Wasser fehlt es ihr nie, auch in den Jahren allgemeiner Dürre, so daß sie die vom Himmel niederrauschenden Ströme entbehren könnte. Da scheint der Fluß aus dem gewohnten Bett zu treten, das er in jahrtausendlanger Geduld und Gemüts= ruhe langsam ausgewühlt und nimmermehr verlassen hat. Die Wiesen an beiden Ufern triefen von Nässe, Gräser und Blumen ver= wandeln sich in Wasserpflanzen, und wenn die schwarzen Kiefern auf der Sandhöhe in dem allgemeinen Chaos Tiergestalt annähmen, dann würden sie durch Kiemen atmen. So ungefähr wie heute mag die Wendei ausgesehen haben, als Gott sie aus dem Meere schuf. Und seltsam — während wir den launischen Krümmungen der Dahme folgen, meinen wir wieder die Schöpfung bei der Arbeit zu belauschen. Wie der Nadelwald, der oben aus dem schieren Sande losgeht, mit allen Fasern und Wurzeln das köstliche Naß einschlürft, um sich für die trocknen Tage zu versorgen, die doch schließlich auch einmal kommen müssen! Wie das Rohr im Wind= zuge zur Wiese hinstrebt, als schicke es sich zu einem Eroberungs= zuge an; wie wehendes Gras sekundenlang blanke Sandstreifen deckt, die es dem Grasreiche gar zu gern einverleiben möchte! Diese Regen= tage sind heilige Arbeitstage der Natur. In der großen Stadt, wo die himmlische Flut auf unfruchtbaren Asphalt niederfällt, keine Saat segnet und nur schmutzige Lachen bildet, in der großen Stadt scheint der Regen etwas Lästiges, Quälendes, Zweckloses. Hier draußen kommen wir in ein Verhältnis zu ihm. Triglaff, der nicht Swante= wits unerbittlicher Feind ist, sondern dem Lichte die Wege und die Ackerkrume bereitet; der über Busch und Baum, Heide und Hag die Säfte ausgießt, die sein schönerer Bruder im Sonnenstrahle kochen macht Ich glaube, wenn wir weitere vier Stunden lang im Regen fahren, dann gewinnen wir ihn beinahe lieb.

Das Bindower Fließ liegt nicht immer so grau und farbenarm wie im Dämmer und Dunst dieses angeblichen Sommertages. Ihr hättet zwischen seinen von Brillanten oder Tautropfen funkelnden Ufern in der seligen Frische jenes Morgens hinfahren sollen, der wildes, flackerndes Grün und Blau über Wald und Wiesenland und Fluß ausgegossen hatte und unaufhörlich bemüht war, neue Glut in das Prunkgemälde zu schütten. Silberner Duft umfing die rötlichen Kiefernstämme, aber um ihrer Wipfel prächtiges Grün= schwarz lag so viel Gold und saphirenes Leuchten, daß es für einen

ganzen Sommer gereicht hätte. Aus der Ferne quoll dabei noch
immer neuer Glanz, und die Wasser wußten am Ende nicht mehr, wie
sie all den Reichtum spiegeln sollten. Sie gingen in Flammen
auf   Tiefer noch prägt sich das Bild dieses Dahme-Reviers
dem ein, der es zum ersten Male im verschwelenden Abendlichte sieht.
Ehe die Sonne hinter den Kiefernwald sinkt, sucht sie die dünnen
Nebelschleier zu verbrennen, die aus der Flut aufsteigen. Nun

Phot. Oskar Pfeiffer, Berlin.

Steilufer am Hölzernen See.

umrandet ihn bunte Lohe; die Wolkenfetzen, die überm Forste hin=
segeln, bohren wildgezackte Löcher hinein, durch die ihr Feuer in
siedenden Lavaströmen quillt: Farben von unheimlicher Pracht,
üppige Verschwendung von Illuminationseffekten, die gewiß einem
andern, noch nicht zu fester Rinde erstarrten Planeten entstammen.
Derweil setzen die Kiefern ihre roten Krönlein auf. Auf dem be=
wegungslosen Wasser spielt der Widerschein von all der Märchen=
pracht, so zart und vornehm, in so erfinderischem, fein abgeblaßtem
und doch farbensattem Durcheinander, daß man den bewegten Prunk
der Kuppel über dieser Nachbildung vergißt   Zehn Minuten
später versinkt das Spiel, graues Violett zieht sich wie eine Decke

darüber. Nun brennen die Kiefernstämme in sattem Rot, während ihr Nadelwerk pechrabenschwarz auf dem dunkelblauen Sammet des Himmels steht. Das große Schweigen. Gleich schreitet das Eichhorn durch den Wald und steigt zur Tränke hinab

Teltower Rübchen.
Von C. Schmidt und Siegfried Braun.

Lange bevor die Botanik als oberste Polizei= und Registrier= behörde für das Pflanzenreich ihres Amtes waltete, hatte schon der aufmerksame Landmann und Züchter sein Augenmerk auf die Gattung Kohl gerichtet. Er hatte erkannt, daß diese Pflanze höchst wertvolle Charaktereigenschaften besaß und willig genug war, bei bestimmter Wartung, Pflege und Richtung in der Zucht einige ihrer Eigenschaften ganz großartig zu entwickeln.

So war es dem Züchter im Laufe der Zeiten geglückt, der Kohl= pflanze einen wohlgewölbten, festeren oder lockeren Kopf anzu= züchten, dessen Blätter grün=weiß, rot oder blasig waren: das war der Rotkohl, Weißkohl und Wirsingkohl. Dann war es ihm ge= lungen, den Kopf gleichsam in kleine rosenartige Köpfchen zu zer= legen, die an den Seitenknospen der Pflanze wie Perlen aufgereiht waren: das nannte er Rosenkohl. Nun veranlaßte er den Stengel, sich unmittelbar über dem Erdboden zu verdicken: so entstand der Kohlrabi. Er zwang die Blütenstiele und oberen Blätter, sich zu einer weißen, fleischigen Masse umzubilden: so formte sich der Blumenkohl.

Damit noch nicht genug. Er brachte es durch planmäßige Aus= lese der geeignetsten Pflanzen dahin, daß der Same der Kohlpflanze zu einem natürlichen Behälter wertvollen Öls wurde, und daß sich die Wurzel entweder zu einem dickbauchigen, fleischigen Etwas, der gewöhnlichen Kohlrübe, ausbaute oder aber sich zu einem hochfeinen, aromatischen Leckerbissen von kaum Fingergröße umgestaltete. Dieser letzte Erfolg glückte im Kreise Teltow bei Berlin, und das ge= wonnene Produkt nannten die dankbaren Züchter Teltower Rübchen, der Botaniker nannte es: Brassica rapa sativa minima.

Bis zum Jahre 1711 wurde das Teltower oder märkische Rübchen ausschließlich von einigen Einwohnern der Stadt Teltow gebaut, die ihre bescheidene Ernte nur metzenweise in Handkörben nach Berlin tragen konnten. Da kam der 16. Juni 1711 und suchte

Teltow zum zweiten Male mit einem großen Brande heim, der in wenigen Stunden die ganze Stadt mit Kirche, Rathaus und Schule in einen Haufen Asche verwandelte. Nur vier Häuser blieben stehen.

Dieses Stadtunglück nötigte die guten Teltower, sich nach einer lohnenden „Industrie" umzusehen. Sie verfielen auf ihre Rübchen, kultivierten sie jetzt mit mehr Liebe, Sorgfalt und Verständnis als bisher und brachten bald eine schöne, schmackhafte Ware zu Markte. Die umliegenden Ortschaften sahen den Teltowern dieses Kunststück natürlich sehr rasch ab, und in kurzer Zeit erstreckte sich der Rübenbau bis an die Tore Berlins.

Allen diesen verschiedenen Dorfschaftsrüben konnte man neben der großen Ähnlichkeit mit der „echten Teltower" auch eine gewisse Güte keineswegs absprechen; daß sie aber an die echten bei weitem nicht heranreichten, erklärte schon um 1740 ein alter Teltower Patriot mit folgenden Worten:

> So viel ist doch auch gewiß, und ein jeder kann sich durch seinen eigenen, feinen, nicht verdorbenen Geschmackssinn von der oft erprobten Wahrheit überzeugen, daß die Teltower Rübe allein von allen Dorfschaftsrüben sich merklich durch ihr Ansehen und aromatischen feinen Geschmack auszeichnet und unterscheidet.

Er klagt aber sogleich weiter:

> Es gibt selbst in Teltow und um Teltow herum gewissenlose, niederträchtig geizige Seelen, die Stolpsche oder Mietzsche Rüben auftaufen, putzen und sie mit echten Teltowern oder guten, am nächsten an uns angrenzenden Landrüben vermischen, oder, wenn sie gewiß wissen, daß sie weit verschickt werden sollen, gar ohne Vermischung für Teltower Rüben verkaufen, den höchsten Preis nehmen und das treuherzige Ausland bübisch betrügen.

Der eigenartige Wohlgeruch der Teltower Rübe ist es, was ihren guten Ruf weit verbreitet und ihr schließlich einen Weltruf verschafft hat. Soll doch Elisabeth Charlotte von Orleans, gestorben 1721 in St. Cloud, die pfälzische Liselotte, die unerschütterlich deutsche Frau, das Teltower Rübchen als besonderen Leckerbissen am französischen Hofe eingeführt haben. Auch kein Geringerer als Goethe, der sonst von der Mark herzlich wenig hielt, ließ sich alljährlich ein Päckchen Rüben mit der Schnellpost nach Weimar kommen und Papst Pius IX. sogar nach der heiligen Roma. Joh. Heinrich Voß wollte die Sache praktischer anfangen. Er ließ sich nach Heidelberg Samen schicken und hoffte neben der Poesie auch in der Rübenzucht auf lohnende Erträge.. — Allein, allein... der Same nahm die Ausfuhr aus seiner rauheren Heimat in ein milderes Klima und in eine fette humose Gartenerde gewaltig übel. Er produzierte statt eines gehaltvollen Rübchens eine übergroße und schrecklich verwässerte Riesen-Teltower. Als einst ein Märker unseren Dichter besuchte, zeigte ihm dieser triumphierend seine „verbesserte Teltower", vergaß aber zu erwähnen, daß sie den pikanten Geschmack vollständig verloren hatte und fade und madig geworden war.

Ähnliche Erfahrungen haben alle gemacht, die die Rübe „entwurzeln", der Heimat entfremden oder ihr Geist der Fremde beibringen wollten. Man hat oft von auswärts Samen bezogen und damit in und um Teltow herum Versuche angestellt. Umgekehrt haben auch andere Provinzen echten Teltower Samen erhandelt und mit großen Hoffnungen bei sich ausgesät. Rüben sind wohl in beiden Fällen herangewachsen, aber keine echten Teltower. Der ausgeführte echte Same hat in der Fremde zwar die Rübe vergrößert, aber ihren Geschmack verschlechtert, und der eingeführte fremde Same hat im Teltowschen von Jahr zu Jahr kleinere Rüben ergeben und ihren Geschmack nicht verbessert. So zeigt auch ein so unscheinbares Ding wie das Teltower Rübchen die Anhänglichkeit und Abhängigkeit von seiner engeren Heimat.

Mögen andere Lerchenzungen, Schwalbennester, Austern und Kaviar bevorzugen, uns gilt für alle Zeiten als höchster Leckerbissen ein dampfender Teller von Brassica rapa sativa minima teltoviensis.

Teltower Kreiskalender 1905. Berlin, Rob. Rohde.

Beeskow-Storkow.

Der Scharmützel.

Das ist nun allerdings eine sehr sandige Gegend.
Ich bin einmal vor Jahren, von der ehrwürdigen Bischofsstadt Fürstenwalde aus, durch das Revier gewandert, an Rauen vorbei, dem schwarzen, verstaubten Braunkohlenneste, um den ganzen Scharmützelsee herum. Bei Rauen liegen die beiden größten Felsblöcke, deren Brandenburg sich rühmen darf, die Markgrafensteine. Wirklich ganz hübsche Findlinge. Der größere von ihnen guckt etwa fünf, der kleinere vier Meter hoch aus dem Sande empor. Die Umgegend ist stolz auf diese Ungeheuer, die wie zwei Klumpen Unglück mitten in der Kiefernheide liegen, und wer aus minder begnadeten Bezirken der Mark hierher gepilgert kommt, der versinkt allemal in ehrfürchtiges Staunen. Daß es so riesengroße Steine in der Welt gibt, das sollte man eigentlich gar nicht glauben. Anderswo liegen ja auch Feldsteine die Menge auf den Äckern herum, und sie machen uns Ärger genug, aber solche Riesen! Hört man nun erst einen Rauener erzählen, daß der Fünfmeter-Stein noch im Jahre 1827 dreimal so groß war, daß aber in diesem Jahre König Friedrich Wilhelm III. die prächtige Granitschale aus ihm herausschneiden ließ, die jetzt im Berliner Lustgarten und im Baedeker steht*), dann weiß man sich vor Verwunderung nicht zu fassen. Und andachtsvoll klettert man auf den runden Zyklopentisch, der aus einem abgesprengten Teile des Wundersteines herrührt, und erquickt sich an dem erfreulichen Fernblick in die Ebene. Berlins Türme steigen im Westen aus braunem Dunst auf, südwärts blitzt hinter dunklen Wäldern und gelben Sandflächen ein blaues,

---

*) Vgl. Seite 15: F. Wahnschaffe, Die großen Steine.

langgestrecktes Gewässer auf, das rotdächerige Dörfer umstehen. Blendender Sand ist in breiten Massen in die Landschaft ausgestreut, aber das macht sie malerisch und stört einstweilen nicht.

Welcher Fußwanderer klug ist, der kehrt von den Markgrafensteinen schleunigst wieder nach Fürstenwalde zurück. Ich war es nicht. Ich folgte entschlossen dem breiten Sandweg, den kümmerliche Kiefern begrenzten und der als einzige Abwechslung unheimlich rotschillernde Giftpilze aufwies. Plötzlich klang munteres Wellenklatschen ins Schweigen der märkischen Einsamkeit, und im blendenden Licht, flimmernd von Sommerluft, lag der sagenhafte Scharmützelsee vor mir. Ich habe ihn später noch oftmals grüßen dürfen, aber nie von diesem Wege aus: und reizvoller ist mir seine saphirene Flut niemals erschienen als nach dieser Wanderung, durch Armut und Dürftigkeit. Wie arm und wie dürftig das Land ist, davon macht sich keinen Begriff, wer im Boot den stolzen, von Höhenzügen und Wäldern umschlossenen See befährt und nichts sieht als sein üppiges Geleucht, als das hohe Schilf und die Föhren rundum. Diese Föhren muß man aus der Nähe betrachten. Traurig breiten sie ihre mageren Äste; offenbar würden sie lieber heute als morgen aus der Welt scheiden. Streckenweise hört der Wald völlig auf, weil ihm das Fortkommen beim besten Willen nicht mehr möglich ist. Alles, was blüht und sproßt, sieht so merkwürdig hungrig aus. Begegnet man zufällig einem Hasen im Geläuf, so ist es sicher ein Auswanderer. Er weiß, der Bauer hat hier alle Hände voll zu tun, um sich mühsam durchzuschlagen; da wäre es unrecht, ihm seine schmale Kost zu verringern.

Wo nicht der blanke Sand hervorgrinst, deckt niederes, dürres, braungraues Gewächs den Boden. Erika und Wolfsmilch, kurzes, halbwelkes Gras, Brombeergerank in Vertiefungen. Der Weg bietet keine Erquickung und keinen Schatten. Die Nadelstreu ist längst vom Boden fortgeharkt und ersetzt in den Ställen das kostbare, teure Stroh. Steht man in dieser Wüstenei, blendende Weiße zu Füßen, der Kiefern durstiges, verkommenes Grün und den funkelnden, heißen Himmel zu Häupten, dann überkommt's einen wie Rührung, wie herzliche Liebe zu dem wackeren Volksstamme, der trotz tausendfältigen Ungemachs festhielt an der kargen, undankbaren Scholle. Dann versteht man, warum die Landwirte hier arm und verschuldet, aber auch stolz auf Armut und Verschuldung sind. Ohne seinen Sand und seine kümmerlichen Äcker wäre Brandenburg sicherlich niemals groß geworden. Anderer Länder Kraft mag in ihrem Reichtum liegen; unsere steckt in unserer Armut. Das hübsche Wort, das Friedrich Wilhelm IV. von den Teupitzern sagte: „Sie sind meine Treuesten, denn sonst wären sie längst ausgewandert", dies Wort gilt von allen Beeskow-Storkowern. Der Feind drang selten in das sandverwehte Revier, aber wenn er schon kam, vermochte er doch tödliche Wunden aus leicht ersichtlichen Gründen nie zu schlagen.

Phot. Franz Goerke, Berlin.
Motiv bei Rauen.

Die zerstörten dürftigen Hütten waren bald wieder aufgebaut, die zerstampften Felder bald wieder bestellt. Der Sand machte den Märker fähig, so furchtbare Leiden zu ertragen, wie sie der Dreißigjährige, der Siebenjährige Krieg und die Franzosenzeit mit sich brachten

Der Wasserweg zum Scharmützel, dem Juwel dieser Landschaft, die er vor dem Geschicke der Sahara bewahrt hat, ist bei weitem reizvoller, doch in mancher Beziehung nicht interessanter. Zum mindesten nicht für den, der auf seinen Wanderungen das Volk gern kennen lernt und sich gern mit einem alten, die schwere Kiepe schleppenden Mütterlein über ihr „Enkeldöchting" und die „siefundtwintig blanke, harte Dhoaler" betragende Mitgift der jungen

Dame unterhält. Aber den Ruderer treibt ja auch anderes Verlangen hierher. Und wahrlich — ihm blüht Freude ohn' Unterlaß, und einen besseren Tummelplatz für ihn gibt es nicht. Hinter Dolgenbrodt zweigt die Einfahrt ab, die am Stammsitz der berühmten märkischen Queisses, dem stillen Blossin, vorbei zum runden Wolziger See führt, dessen hohe Ufer Sandschichten ersten Ranges darstellen. Sie sind leider zum Teil versumpft, wie die Gräben, die von ihm ausgehen. Das Wasser rinnt unermüdlich in die Wiesen hinein; mehrere hundert Schritte zum Wald hinauf noch erzählt das Riedgras von ihrer Feuchtigkeit. Allenthalben weißgefleckte Birken, verdächtige Erlen. Dann und wann überspringt eine niedrige Zugbrücke den Kanal, dann und wann treffen wir märkische Bauernmädchen beim Heumachen. Sonst kein Zeichen menschlicher Kulturarbeit, sonst alles noch wie in den versunkenen Jahrhunderten, wo es hier außer dem Heu wirklich nichts zu holen gab. Weltabgekehrt, weltfern, ahnungslos, daß wenige Meilen nördlich eine Zweimillionenstadt fiebernd hastet und lärmt, so sitzt im Erlenbusch verträumt das märkische Märchen — Storkows Kirche am Markt blitzt auf, und die hübschen Töchter des Strommeisters lassen uns heimlich von den Weintrauben kosten, die Vater mit unsäglicher Mühe am Spalier zieht. Na ja, die Schweinfurter Gußstahlkugelindustrie ist ohnehin zum Kuckuck gegangen; da bietet sich in den kernhaften märkischen Weinbeeren vollgültiger Ersatz.

Noch einmal streichen wir über stattliche Seen hin, die sich im Waldesdunkel verbergen, still und scheu, wie Riesenkinder, die vor den Menschen Angst haben. Sie verstehen sich auf phantastische Zauberkunststücke, und wer sie gerade beim Spiel überrascht, so wenn sie das über Storkow verbrennende Abendrot auffangen und sein Spiegelbild in tausend kleinen Wellen grotesk verzerren, oder wenn sie die Flut in bunt flackernde Glasflüsse zu verwandeln scheinen, der kriegt Respekt vor ihrem künstlerischen Können. Bei Wendisch-Rietz, wo Wöllner begraben liegt, der mit Spuk und Gespenstern wohlvertraute Minister, öffnet sich in Pracht und Glanz der Scharmützelsee.

Wöllner hat sich hier mit Recht begraben lassen. Für einen Geisterbeschwörer gibt es keinen besseren Platz. Die ganze Gegend ist verhext und verzaubert. Man muß nämlich wissen, daß der Scharmützelsee auf einer versunkenen Stadt steht. Einmal sahen zwei Bauern, die am Ufer Gras mähten, aus den Wassern Rauch aufsteigen, und einer sagte zum anderen: „Da backt der Nix Kuchen! Wenn er uns doch auch welchen brächte!" Nicht lange, so erscheint der Nix mit einem bildschönen Napfkuchen. Und die Bäuerlein wischen sich die Mäuler, denn Napfkuchen ist hierzulande ein großer Leckerbissen. „Esset ihn ganz auf, aber lasset ihn ganz, sonst kostet's euch den Hals!" rief der Nix und machte sich wieder davon. Die Grasmäher, klug und bedacht wie alle Märker, schnitten den Kuchen in der Mitte völlig aus und ließen nur den Rand übrig. „Das hat euch der Teufel gelehrt!" rief der Nix, als er zurückkommend sich betrogen sah. Die Nixen ähneln kleinen Kindern; sie kleiden sich in funkelndes Rot und tragen grüne Mützen. Um den Scharmützelsee herum klingt es von ihren Schelmenstreichen, und die Nähe des Wassers macht sie bei allen Müttern gefürchtet. Der Nix liebt es nämlich, in Gestalt eines fremden Jungen mit den Dorfkindern zu spielen und sie immer näher an den See zu locken, bis ihm eines zum Opfer fällt. Erst im vergangenen Jahre erkannte ihn ein ganz besonders kluger Bengel an dem nassen Saum seines Rockes, von dem unaufhörlich Wasser niedertropfte, und rettete sich durch schleunige Flucht. Einmal um die Mitternachtsstunde gingen Bauern auf verbotenen Fischfang und fingen einen Nix im Netz. Sie wollten ihn ans Land ziehen und brachten ihn auch bis zum Ufer; aber da sträubte er sich und schrie so entsetzlich, daß sie erschreckt davon rannten und Netz und Fang im Stich ließen. Die Nixe sind übrigens wirklich sehr frech. Sogar in die Häuser wagen sie sich, und es legt deshalb jede Mutter, wenn sie zur Arbeit muß, dem Kind in der Wiege ein Gesangbuch unter das Kopfkissen oder hält einen Vogel im Zimmer. Dann haben die Unholde keine Gewalt über das Nesthäkchen.

Die schöne Mär von dem Schwanenmädchen stammt aus der Mark und ist am Scharmützel lebendig. Ein Knabe sah einst, südwärts von Pieskow rudernd, drei Schwäne auf dem Wasser. Er fuhr ihnen nach, und weil es Mittag war und die Sonne sommerlich niederschien, senkte er schließlich müde die Arme und schlief ein. Bei seinem Erwachen fand er sich in einem gläsernen Feenpalast auf dem Grunde des Sees, und neben seinem goldenen Bette standen drei wunderschöne Schwestern. Es gefiel ihm wohl bei den holden Jungfräulein. Unter Sang und Klang, bei beladenem Tische flohen die Tage. Als aber die Damen einmal fern waren und der Pieskower sich allein im Palaste sah, da packte ihn das Heimweh, daß er zu weinen begann und nach seiner Mutter rief. Sofort stand ein altes Weib vor ihm, das ihn nach dem Dorf zurückbrachte. Doch wer einmal die Herrlichkeiten des Feenreichs gekostet hat, dem gefällt es nimmer auf der Erde. Von nun an schlich der Bursche in jeder freien Minute an den Scharmützel und schaute sehnsüchtig nach den drei Schwänen aus. Sie kehrten indes niemals wieder.

Der junge Rudersmann aus Pieslow ist eben ein echter Märker gewesen. In der Phantasie träumt dies Volk von goldenen Bergen und füllt den Bauch der Erde mit Edelsteinen. Kommt aber zufällig einmal das Glück daher und nimmt ihn mit sich, dann vergeht der Brandenburger vor Sehnsucht nach seiner Dürftigkeit, seinem mageren Acker und seinen dünnen Kiefern. Übrigens weiß er genau, daß auf Märchen- und Sagengold wenig zu geben ist; mit solchen Dingen befaßt er sich nur nach Feierabend. Bei Tage gilt ihm der Scharmützel als ein fischreicher See wie andere mehr, und wenn er ihn kaufen sollte, mit all seinen versunkenen Städten und Schätzen, mit all seiner geisterhaften Bevölkerung beiderlei Geschlechts, dann würde er es am liebsten wie der Junker Löschebrand machen. Der erstand den großen See, den zu umwandern zwölf Stunden nötig sind, im Anfang des 19. Jahrhunderts für 2000 Taler vom Fiskus, für 2000 Taler wohlgemerkt in Bons und Lieferungsscheinen, die man ihm aufgedrängt hatte. Als sich bei der Nachzählung der Summe ergab, daß es nur 1998 Taler waren, da holte er mit lächelnder Überlegenheit noch zwei Silbertaler aus der Tasche. „Es kommt mir nicht drauf an", sagte der Löschebrand dabei. Denn er war ein Grandseigneur. Am Scharmützel wird man das von selber.

Lebus.
Fischreichtum im alten Odertal.
Von Walter Christiani.

Mitunter gab es der Fische, besonders der Hechte, eine solche erstaunliche Menge, daß man sie ohne große Mühe mit Käschern und kleinen Handnetzen fangen konnte. Die Fische wurden bis nach Polen und Hamburg hin versandt. In den benachbarten Städten waren Fischmärkte, auf welchen täglich Fische im Überflusse zum Verkauf ausgeboten wurden.

Zu Wriezen allein wurden in den Jahren

1705	974 Tonnen
1706	. 911
1707	549

eingesalzener Hechte verkauft, ohne die Fische zu rechnen, welche wöchentlich ein- oder zweimal die dortigen Fuhrleute in mit Wasser gefüllten Tonnen nach Berlin führten und die von den Bewohnern jener Gegend verzehrt wurden. Unter diesen Umständen war der Fischmarkt in Wriezen lange Zeit einer der wichtigsten in der Mark, um so mehr, als ein großer Teil der Bruchdörfer nur auf dem Markte zu Wriezen seine Fische verkaufen durfte. Bedenkt man nun, daß die vielen Fasttage der katholischen Kirche den Gebrauch der Fische, die an solchen Tagen genossen werden durften, außerordentlich steigerten, so wird es nicht Verwunderung erregen, wenn wir hören, daß an Wochenmärkten Hunderte von Kähnen aus den Bruchdörfern ankamen, die ihren Reichtum zum Verkauf ausstellten.

Aus diesen Gründen erhielt der Fischkessel eine so große Bedeutung, daß er gesetzlich als das wichtigste Stück der Ausstattung betrachtet wurde. Im Todesfalle der Frau und bei Erbteilungen verblieb er dem überlebenden Gatten. — In Wriezen und Freienwalde gab es eine eigene Zunft von Hechtreißern, die sich besonderer Privilegien zu erfreuen hatte.

Die Hechte fanden in diesen Gewässern an der Masse kleinerer Fische eine so vortreffliche Nahrung, daß sie bald die Größe von zwei Ellen und darüber erreichten. Sie standen häufig so niedrig im Preise, daß man sie eingesalzen die ganze Tonne mit nur zwei Talern bezahlte. In den Jahren, die weniger ergiebig an Fischen waren, ward die Tonne eingesalzener Hechte mit 10—14 Talern bezahlt. Je nach den Umständen zahlte man für die Tonne eingesalzener Hechte fünf märkische Gulden, bisweilen 6—7—8 Gulden, um Petri Paul 4—5 Taler, zuweilen 6—7 Taler.

Aus der Gegend von Wriezen, Freienwalde, Oderberg wurden die Fische täglich in großen Fudern abgeholt: Barsen, Schleien, Blei, Alant, Rapen, Gesen, Zärten, Welse und viele andere Arten mehr, welche hier das ganze Jahr über gefangen wurden. Im Sommer waren die Fische am besten und fettesten. Die Tonne Fische rechnete man zu drei Zentner.

Colerus erzählt, daß im Jahre 1595 zu Quilitz (jetzt Neuhardenberg) an einem Tage über 500 Tonnen Fische gefangen worden wären. Von diesen habe man nur 400 Tonnen behalten, und die übrigen seien in dem Sacke des Netzes zurückgeblieben, mit ihm eingefroren und so umgekommen. Als nun im folgenden Frühjahre das Wasser auftaute, war der ganze Platz voller Gräten und Gerippe von den verschiedensten Fischen bedeckt. — Bei dem Fischzuge waren allerlei Fische gefangen worden, wie Zärten, Pressen, Karpfen, Hechte, Brassen, Plötzen, Gesen, Bleien. Ein Karpfen von ganz beträchtlicher Größe war in dem Fange, „dessen Größe, erzählt Colerus, ich nicht schreiben darf, denn man glaubets nit; er ist um etlich viel Taler verkauft worden". Aale wurden ebenfalls in großer Menge in der verschiedensten Größe gefangen. Der beste Aalfang war bei Wriezen und Oderberg. Er fand um Johanni, zur Zeit der Gerstenernte statt, oder „im Sommer, wenn es beginnt zu donnern" Es gab deren oft so viele, daß man sie lebend gleich einen ganzen Sack voll oder eine ganze Reuse oder einen ganzen Kahn voll kaufen konnte. — Sie wurden entweder lebendig in mit Wasser gefüllten Tonnen verfahren oder eingesalzen und in Fässern verpackt, oder auch in der Sonne getrocknet oder geräuchert. Die Eingeweide siedete man in großen Kesseln, schäumte das Fett ab und benutzte es zum Schmieren der Wagen. — Ein

Schock großer Aale wurde häufig für einen Taler verkauft; später wurde der Preis jedoch höher.

Auch Neunaugen wurden, namentlich in der Gegend von Wriezen, Freienwalde, in großer Menge gefangen; sie wurden eingebraten und in kleinen Fäßchen verschickt. Man fing von Martini bis Fastnacht hin. — Der Stör, ein Seefisch, wurde oft 7—8 Fuß lang gefangen. Er gehörte zum Regal und mußte dem Gouvernement gegen eine Geldentschädigung, die für den Fisch einen halben bis einen Taler betrug, nach Berlin eingeschickt werden. — Quappen fanden sich in solchem Überflusse und in solcher Größe und Fettigkeit vor, daß man nicht vermochte, sie alle zu verkaufen oder selber zu verzehren. Man zerschnitt sie also, wie dies auch die Bewohner des Spreewaldes zu tun pflegten, in lange, schmale Stücken, trocknete diese scharf und gebrauchte sie statt des Kienes zum Brennen. — Die kleineren Fische, wie Plötzen, Rotaugen usw., achtete man so wenig, daß man die Schweine damit fütterte.

Bärten gab es so viele, daß man sie in Treibgarnen einfing. In Nieder-Finow bei Freienwalde fing man im Jahre 1597 im Winter 100 Tonnen Gesen, Güstern, Hechte, Bleien, Plötzen und Barsche auf einmal. — Als 1736 das Wasser bei Liepe die Wiesen und Äcker überschwemmte und 12 Ellen hoch stand, fischte man dort mit einem Netze, dessen Flügel jeder 60 Klaftern hielt, und fing eine ganz erstaunliche Menge von Fischen, darunter drei, welche 5 Fuß lang und 52 Pfund schwer waren, ebenso einen Karpfen von 9 Pfund und einen Hecht, dessen Länge 3 Fuß 2 Zoll, dessen Gewicht 18 Pfund betrug.

Auch an Krebsen war das Bruch überreich. Sie wurden in vielen hunderttausenden Schocken nach Berlin und außer Landes fortgeführt und waren oft so billig, daß man für 6 Pfennige 2—3 Schock kaufen konnte. Zur Zeit des Colerus bezahlte man 6 Schock schöne große Krebse mit 6 meißenschen Pfennigen, auch 100 Schock mit 1 Düttchen, das ist 2 meißensche Groschen und 1 Dreier.

In Küstrin hatte man von 100 Schock Krebsen 1 Schock als Zoll abzugeben, und da kamen denn in einem Jahre 325000 Schock Krebse als Zoll ein, wofür also 32500000 Schock Krebse verzollt worden waren (1718). Zu Anfang des vorigen Jahrhunderts fanden sich die Krebse in der Nähe von Wriezen und an anderen Orten in so ungeheurer Masse vor, daß man sie an den Ufern der Oder mit Händen zusammenraffen konnte und ihrer niemand mehr begehrte, weshalb dann die Schweine damit gemästet wurden. Späterhin nahm jedoch diese Fülle bedeutend ab, und so mußte man schon fünfzig Jahre danach statt 3—6 Pfennig 4—6 Groschen zahlen.

Das Wasser der Oder war 1719 bei der großen Dürre ungewöhnlich klein geworden; Fische und Krebse suchten die größten Tiefen auf, und diese wimmelten davon. Da das Wasser aber von der Hitze zu warm wurde, krochen die Krebse aufs Land, ins Gras und wo sie sonst Kühlung erwarteten, selbst auf die Bäume, um sich unter das Laub zu bergen, von denen sie wie Obst herabgeschüttelt wurden.

Auch Schildkröten wurden sehr viele gefangen, so daß sie mit den Aalen fuhrenweise von Wriezen nach Schlesien, Böhmen und anderen Gegenden abgeholt wurden. Dann hausten Biber und Fischottern an den Ufern und in den Büschen, die aus dem Wasser ragten. Auf sie ward fleißig Jagd gemacht, da die ersteren den später errichteten Dämmen schadeten und die letzteren unter den Fischen arge Verheerungen anrichteten. Einmal (im Oktober 1701) verirrte sich sogar ein Seehund in das Oderbruch und wurde zwischen den Dörfern Glietzen und Gabow gesehen. Er hatte einen großen Blei gefangen und kam mit ihm im Maule bei Gabow ans Land, worauf die Fischer hinter ihm her Jagd machten und so nahe an ihn herankamen, daß sie ihm zweimal mit dem Ruder auf den Rücken schlugen. Er wurde stromabwärts bis zum Fährkruge verfolgt, wo er dann, nachdem sogar dreimal auf ihn geschossen worden war, in die Tiefe untertauchte.

Dies so lebendige Gewimmel im Wasser mußte notwendigerweise sehr vielen anderen Geschöpfen eine mächtige Lockspeise sein. Schwärme von Gänsen und Enten bedeckten, besonders im Frühjahr, die Gewässer. Zuweilen wurden in einer Nacht so viele erlegt, daß man ganze Kahnladungen davon nach Hause brachte. Wasserhühner verschiedener Art, besonders das Bläßhuhn, Schwäne, Gänse, Enten und mancherlei andere Schwimmvögel belebten die tieferen Gewässer und die Rohrgegenden, während in den Sümpfen Reiher (besonders bei Freienwalde und bei Küstrin), Kraniche, Rohrdommeln, Störche und Kiebitze in ungeheurer Zahl fischten und ihre Jagd machten. Im Dorfe Letschin trug jedes Haus drei bis vier Storchnester. Rings um das Bruch und in den Gebüschen und Forsten im Bruchinnern fand man Trappen, Ortolanen, Schnepfen, Meerkrähen und andere zum Teil selten gewordene Vögel. Die Meerkrähen oder Lietzen, deren Eier man gleich denen der Kiebitze schätzte, wurden von den Fischern in aufgespannten Netzen gefangen und um ein billiges verkauft. An stillen Sommerabenden aber schwebte über dem Bruche ein unermeßlicher Mückenschwarm, der besonders die Gegenden von Küstrin und Freienwalde in Verruf brachte — „da sie", sagt unser Berichterstatter, „in solcher Menge, daß, um nicht der Plage in den Zimmern zu gedenken, da man ihnen mit räuchern begegnet, man in der Luft ganz dicke schwärme beobachtet, welche ein solch getöse von sich gaben, daß, wenn man nicht wohl darauf achtet, es lässet, als ob in der Ferne die trommel gerühret werde" (Beckmann).

Dies sind die Elemente, aus denen das Leben dieser Wasser- und Sumpfgegend zusammengesetzt war. Leicht wird man sich ein lebendiges Bild machen können von der großen Grasfläche und ihren Gebüschen, zwischen denen ein schwach fließendes, zum Teil stehendes Gewässer seinen glatten Spiegel ausdehnte und allen vorgenannten Wesen Aufenthalt und Nahrung bot. In jeder Jahreszeit jedoch war das Ansehen dieser Fläche ein anderes.

<small>W. Christiani, Das Oberbruch. Freienwalde a. O., Verlag von Adolf Fritze.</small>

Die Universität Frankfurt.
Von Oskar Schwebel.

Schon der Kurfürst Albrecht Achilles hatte den Plan gefaßt, eine Universität zu gründen. Die gesunde, anmutige Lage, die schönen Umgebungen der Stadt, die vielen geräumigen Häuser Frankfurts, die Nachbarschaft von Pommern, Schlesien, Polen und der Lausitz, sowie der blühende Handel ließen die Oderstadt zum Sitze der Musen besonders geeignet erscheinen. Allein Albrechts fortdauernden Fehden verhinderten den deutschen Achilles an der Ausführung dieses Planes, und ebensowenig vermochte Johannes Cicero, durch beständige Geldnöte bedrängt, den Marken eine Hochschule zu schenken. Die unausgesetzten Anregungen, welche diesem Fürsten durch seinen gelehrten Leibarzt Simon Pistoris, einen Professor der Leipziger Universität, zuteil wurden, bewirkten indes wenigstens, daß Johann Cicero mit freundlicher Mahnung und einigen Geldspenden die Stadt Frankfurt dazu bewog, durch den Meister Stephan Hundertmark auf der Stätte der jüdischen Synagoge das Fürstenkollegium aufführen zu lassen. Dies nahm den Platz ein, auf dem wir heute das Gebäude der Oberschule erblicken. Erst Joachim I. aber erwarb die kaiserlichen und päpstlichen Freibriefe und errichtete nach dem Muster der Leipziger Hochschule die Universität zu Frankfurt.

Im Anfange des Monats Januar 1506 fand sich der sehr geschätzte Jurist und Historiker Arungia zu Frankfurt ein und sammelte die ersten Studierenden um sich. Tagtäglich wandten sich mehr Doctores, Magistri und Studiosi der neuen Musenstätte zu. Arungia konnte unter großem Beifall seine Lektionen beginnen, und nachdem die Zahl der Studenten auf etwa 600 gestiegen war, wurde vom Kurfürsten der 26. April zum Termin der feierlichen Inauguration der Hochschule festgesetzt.

Anfänglich erhob sich die neue Schule, deren altes Siegel die gekrönte Jungfrau Maria zeigt, rasch zu fröhlicher Blüte. Dem schnellen Aufblühen der Universität folgte indessen sehr bald eine Zeit traurigen Niederganges. Der hauptsächliche Grund des Verfalls der Hochschule Frankfurt wird immer in jener so entschieden feindlichen Haltung zu suchen sein, die Joachim I. der neuen Lehre und dem Geiste der Zeit gegenüber einnahm. Es fehlten indessen auch äußere Unglücksfälle nicht. Im Jahre 1516 z. B. mußte die Universität der Pest wegen nach Kottbus übersiedeln. Endlich ist auch die Tatsache mit in Anrechnung zu bringen, daß eine weitverbreitete Liebe zu den Wissenschaften in der Mark keineswegs nachweisbar ist. Wohl hatten einzelne Brandenburger bereits in vorangegangener Zeit zu Padua und Bologna akademische Ehren gewonnen, wie der Dr. von Blankenfelde, dem man in Italien den Ehrennamen des „gelehrten Deutschen" gegeben hatte; unter dem Adel hatten sich gleichfalls eine Anzahl hochbegabter Männer rühmlich durch wissenschaftlichen Eifer ausgezeichnet. Aber diese Beispiele standen so vereinzelt da, wie jene zwei Brüder von Lehnin, die wir im Wittenberger Album eingeschrieben finden. Vor allem fehlte es sehr an tüchtigen Vorbildungsanstalten für die Universität.

Geradezu verhängnisvoll aber ward für Frankfurt das theologische Gezänk zwischen den nun endlich zum Siege durchgedrungenen Dogmatikern der neuen Lehre. An der märkischen Universität wurde insonderheit die Notwendigkeit der guten Werke zur Seligkeit erörtert. Der Professor Abdias Prätorius trat dafür ein; der alte Eiferer Muskulus leugnete sie und zeigte sich sogar nicht abgeneigt, den Satz zu verfechten: „Die guten Werke schaden dem, der selig werden will!" Der Streit hatte zwischen den Professoren bei einem Gastmahle begonnen, als die Köpfe bereits vom Weine erhitzt waren: er wurde von den Studenten nicht allein mit Worten, sondern auch mit Stöcken und Degen weitergeführt, bis eine weniger dogmatisch gestimmte Zeit seine ganze Torheit einsehen lernte.

So freigebig wie Joachim II. die Universität bedacht hatte, so energisch regelte Johann George durch mehrere Verordnungen ihre Disziplin. Besonders machte er es den Lehrern zur Pflicht, ihre Vorlesungen nicht willkürlich zu unterbrechen, was vielfältig geschehen war. Dagegen wurden die Gehälter aufgebessert und den Professoren Abgabenfreiheit verliehen. Der „fürstliche Freitisch" sorgte für hundert unbemittelte Studenten; und wie Hans George, so stifteten auch Brandenburg, Salzwedel, Stendal, Kottbus und andere Städte, wie hochgesinnte adlige Familien, die Schulenburg und andere Stipendien. Am wirksamsten frei lich wird sich für das Aufblühen der Universität immerhin jene uns

Phot. F. Albert Schwartz, Berlin
Rathaus zu Frankfurt a. O.

sehr befremdliche Verordnung erwiesen haben, daß, wer auf ein Amt in der Mark hoffte, keine andere Hochschule als die mater alma Viadrina besuchen durfte.

Das Bild des Pennalismus auf der Frankfurter Hochschule trägt wenig individuelle Züge. Natürlich wurde stark getrunken, nicht sowohl im Ratskeller, über dem damals die Inschrift prangte: „Hic Gallus (das Wappenzeichen Frankfurts) vinum Tenet immixtum peregrinum"; denn hier war die Gesellschaft zu gewählt, und der Trunk (Kretifer, Rheinwein und Syrmier, d. h. rumänischer Wein) zu teuer, als vielmehr in den vielen Schänken der Stadt und draußen auf der Buschmühle oder in der Kartause, die ein vorzügliches Bier braute. In einem alten Buche finde ich recht bezeichnende Beiträge zur Sittengeschichte der Frankfurter Universität, die sich indessen der Mitteilung entziehen. Ja, wer von Frankfurt kam „mit gesundem Leib"! Über die Quellwut wird weniger geklagt, doch leisteten auch darin die Landsmannschaften der Universität Erkleckliches. Nicht selten erstach auch ein „Junger von Adel" seinen Hofmeister, oder es blieb ein Studiosus tot vom „schändlichen Toll- und Vollsaufen". Da war es wohl notwendig, daß ab und zu ein kurfürstlicher Kommissarius kam, die Hochschule zu untersuchen. So ermahnte 1610 der wackere kurfürstliche Rat und Johanniter=Komtur Adam von Schlieben Lehrer und Schüler zu größerem Fleiße.

Unter den Stürmen des Dreißigjährigen Krieges, welche über die Mark so verheerend hinbrausten wie über kein zweites deutsches Land, drohte der Schöpfung Joachims von neuem der Verfall. Im Jahre 1625 mußte die Hochschule der Pest halber nach Fürstenwalde verlegt werden, was sich 1656 wiederholte. Reges Interesse und großmütige Förderung brachte ihr der Große Kurfürst entgegen. Er vermehrte ihre Einkünfte, stiftete neue ansehnliche Stipendien, ver= einigte mit der Hochschule eine Vorbildungsanstalt, die „Ritter= Akademie", und setzte einen jährlichen Fonds für die Bibliothek fest. Im Jahre 1636 erließ er strenge und sehr heilsame Gesetze gegen den Pennalismus. Dem haushälterischen Soldatenkönige galt freilich die Frankfurter Hochschule nichts; er ließ bei jeder Gelegenheit Professoren und Studierenden seine sehr ungnädigen Gesinnungen fühlen, obwohl er selbst von 1706 bis kurz vor seinem Regierungs= antritt Ehrendoktor der Universität gewesen war.

Es schwebten düstere Wolken über der Hochschule. Ein glück= licher Stern, das konnte sich niemand verhehlen, hatte ihr seit ihren ersten Jugendjahren nicht mehr geschienen. Trotz aller Stipendien blieb die Anzahl der Studierenden gering. Nach dem Inskriptions= buche wurden von 1757 bis 1762 im Durchschnitt nicht mehr als 107 Studenten jährlich immatrikuliert. Das Leben der Frankfurter Uni= versität war ein trauriges Vegetieren. Da ward endlich gar 1810 in Berlin die neue Universität, der Hort der sich neu erhebenden vaterländischen Hoffnungen, die geistige Burg des seine Fesseln zerreißenden Deutschlands gestiftet. Ihre Gründungsurkunde war das Todesurteil für die Frankfurter Hochschule; denn Friedrich Wilhelm III. beschloß, die Stiftung Joachims nun nach Breslau zu verlegen.

Mit Schmerz sahen die Frankfurter die Hochschule scheiden, der ihre Mauern 305 Jahre hindurch eine Heimatstätte dargeboten hatten. Gegen elf Uhr nachts versammelten sich die Studierenden abermals auf dem Kollegienhofe in der Gerichtsstraße und begaben sich in ernster feierlicher Stille auf den Markt. Die Hoboisten stimmten eine Trauermusik an; die in der Stadt garnisonierenden Jäger marschierten sowohl voran als auf den Seiten, um den Zug gegen den Andrang der Volksmenge zu schützen. Auf beiden Seiten der Studenten gingen Träger mit Fackeln. Als sie auf dem Markt angekommen waren, schlossen die jungen Männer einen Kreis um eine mit schwarzem Tuch bekleidete Rednerbühne. Nach einem wehmütig-feierlichen Chorgesange bestieg sie der Candidatus theologiae Kriele, um eine ergreifende Abschiedsrede zu halten. Nachdem er der alten Musenstadt den letzten Gruß zugerufen hatte, begab sich der Zug, geräuschlos, wie er gekommen war, wieder nach dem Kollegienhofe zurück; dort wurden die Fackeln zusammengeworfen und das Lied: „Brüder, reichet euch die Hand" in tiefer Bewegung gesungen. Die Studenten drückten sich die Rechte und gingen auseinander, ohne einen Kommers zu halten.

Der Feind im Lande.
Kriegsleiden einer märkischen Stadt. (Aus der Chronik von Frankfurt a. O.)
Von Eduard Philippi

Das für Frankfurt so verhängnisvolle Jahr 1631 begann mit dem Einmarsch des Lichtensteinschen Regiments, die Selignacher genannt (am 2. Januar); am 14. Januar folgte General Tilly mit seinem Heere, zog aber am 5. Februar weiter. Der König von Schweden folgte und kam in die Umgegend der Stadt. Frankfurt war mit zehn schwachen kaiserlichen Regimentern, etwa 5000 bis 6000 Mann besetzt, welche sich in der Stadt halten wollten und deshalb Laufgräben nach den Weinbergen eröffnet hatten. — Am 1. April rückten die Schweden bis nach Lebus, wo sie übernachteten; am 2. April traf in Frankfurt der kaiserliche General Tiefenbach ein und ließ zur besseren Verteidigung die beiden Vorstädte abbrennen, so auch die Weinbergshäuser und die Weinpressen. Die Tore wurden gesperrt. Am selbigen Tage aber rückten auch die Schweden von Lebus

her vor die Stadt, besetzten die Weinberge und warfen Batterien
zur Aufstellung der Kanonen auf; nachts besetzten sie die abge=
brannten Vorstädte und verschanzten sich daselbst. Der Ausfall,
den die Kaiserlichen noch am Nachmittage fünf Uhr gemacht hatten,
war zurückgewiesen worden. So war die Stellung am 3. April des
Morgens, doch wurde nicht sofort mit dem Bombardement begonnen,
wogegen die Kaiserlichen von den Mauertürmen schossen, ohne sonder=
lichen Schaden zu tun. Es verstrich sogar in dieser Weise ein großer
Teil des Tages (Sonntags), der Lärm in der Stadt war aber so
groß, daß kein Gottesdienst gehalten werden konnte, denn neben dem
Schießen hörte man nur den Schrei: Wer da? Nachmittags hingen
die Kaiserlichen den Schweden zum Spott eine Gans über die Pali=
saden hinaus und riefen: „Wo habt ihr eure Stücke? Sie sind gewiß
im Kommiß verfressen!" Doch unbekümmert darum vollendeten die
Schweden ihrerseits die Laufgräben, wobei sie gegen 150 Mann ver=
verloren. Gegen Mittag drangen die Schweden bis in den Spital=
garten am Gubener Tore vor und verdrängten die Kaiserlichen von
da bis in die Stadt; vor dem Tore führten sie zwölf Kanonen auf,
welche der König selbst richtete. Bald war das Tor gesprengt, und
die Schweden drangen ein. Gustav Adolph erstieg auf einer Leiter
den Wall und schenkte demjenigen Soldaten, welcher zuerst hinauf=
gekommen war, 1000 Taler und eine Kapitänschaft. Nach dem Ein=
dringen der Schweden ergriffen die Kaiserlichen mit ihrer Bagage
die Flucht; die Schweden verfolgten sie und riefen dabei den Bürgern
zu, sich in den Häusern zu halten und die versteckten kaiserlichen
Soldaten herauszugeben, was denn auch geschah. Die Kaiserlichen
stellten sich nicht zur Wehr, sondern eilten, von den Schweden ver=
folgt, der Oderbrücke zu; ein großes Blutbad wurde unter ihnen
angerichtet, man konnte besonders in der Brückengasse vor Toten
nicht fortkommen. Viele Kaiserliche wurden von der Brücke in die
Oder gedrängt, wo sie den Tod fanden; selbst der General Tiefen=
bach soll mit seinem Pferde ertrunken sein. Die Obersten Verenund
und Herberstein wurden erschossen, viele Offiziere und Soldaten aber
gefangen; ein Oberst Wallenstein wurde noch am 6. April von den
Bürgern hinter einer Feuermauer hervorgezogen und dem Könige
ausgeliefert. An diesem Tage wurden auch erst die Toten sämtlich
begraben, deren Zahl 1722 betrug. Auf schwedischer Seite blieben
gegen 300 Mann, und mehr noch waren verwundet; ein Oberst=
leutnant war tot, und der Oberst Teuffel hatte einen Schuß im Arm.

Nachdem die Kaiserlichen über die Brücke getrieben waren, traf die Stadt das harte Schicksal, daß der König seinem siegreichen Heere deren Plünderung auf zwölf Stunden, also während der Nacht, erlaubte, doch sollte kein Bürger an Leib und Leben beschädigt werden. Die erhitzten Soldaten kannten aber keine Grenzen; alles wurde genommen, den Leuten die Kleider vom Leibe gerissen, selbst das Rathaus und Dr. Pelargi (Professor und Pfarrer) Haus geplündert, und nur die Kirchen und zwei Pfarrhäuser wurden verschont. Morgens um sechs Uhr (am 4. April) wurde das Zeichen zum Einstellen der Plünderung gegeben, die Soldaten aber achteten wenig darauf, bis der König und sein Begleiter Baudis sie mit Prügeln aus den Häusern trieben. Und doch wird anderweit erzählt, daß, als die Bürger über die Gewalttätigkeit der Soldaten bei dem Könige sich beschwerten, er ihnen geantwortet habe: „O, ihr müßt dessen gewöhnen!" Während der Plünderung brach ein Feuer aus und zerstörte das Haus des Bürgermeisters und zwanzig Bürgerhäuser; es soll noch von den Kaiserlichen angelegt worden sein.

* * *

Was Frankfurt im Jahre 1759 durch den Krieg zu erdulden hatte, ist mit großer Ausführlichkeit in einem Berichte des Magistrats vom 11. September geschildert worden. Letzterer dient der folgenden Darstellung zur Grundlage. Es ist die Zeit nach dem unglücklichen Gefecht bei Kay (23. Juli), durch das Soltikow und Laudon sich den Weg nach der Oder und nach Schlesien eröffneten, unmittelbar vor der Schlacht bei Kunersdorf.

Am 29. Juli wurde es in der Stadt bekannt, daß russische Truppen heranzogen und sich bei dem Dorfe Hohengandern (zwischen Reppen und Ziebingen) lagerten; der Major von Arnim, welcher in Frankfurt ein Bataillon Landmiliz von 400 Mann kommandierte, ließ am 30. früh die Tore schließen, einen Teil der Oderbrücke aufheben, die Zugbrücke aufziehen und machte sich so bereit, den Feind zu empfangen. Gegen acht Uhr morgens rückte das russische Korps in die Dammvorstadt ein und forderte die Übergabe; von Arnim, der bald die Übermacht erkannte, verlangte freien Abzug, der aber nicht zugestanden wurde. Kein Teil wollte nachgeben, da schickten die Russen zwei Kanonenkugeln über die Stadt, von denen die eine zufällig eine Frau tötete; nun erst ließ von Arnim den größten Teil seiner Mannschaft heimlich durch das Lebuser Tor ausmarschieren und folgte ihnen gegen Mittag mit etwa 20 Leuten nach. Der Magistrat, sich selbst überlassen, sah die Notwendigkeit ein, die Stadt dem russischen Heerführer General de Villebois zu übergeben, da dieser mit mehreren Regimentern Infanterie, Kavallerie und Artillerie vor ihr stand und Schutz und volle Sicherheit versprach. Die Brücke wurde hergestellt, nachmittags halb zwei Uhr zog der Feind ein und sandte sofort eine starke Abteilung Kavallerie dem Bataillon Arnim nach, welches im Boossener Hölzchen gefangen genommen wurde. Ein russischer Offizier wurde zum Kommandanten der Stadt ernannt, dessen nächste Sorge dahin ging, die Mannschaften einzuquartieren und zu verpflegen; darauf war die Bürgerschaft wohl gefaßt, aber erschreckt und tief bekümmert ward sie durch die Forderung einer Kriegskontribution von 600000 Talern, worauf sofort 200000 Taler eingezahlt werden sollten. Alle Bemühungen, diese Forderung ermäßigt zu sehen, waren fruchtlos, und mit Anstrengung aller Mittel war es doch nur möglich, am 3. August eine Abschlagszahlung von 60000 Talern zu leisten.

Bald darauf wählten auch die Generale Soltikof und Laudon die Stadt zum Hauptquartier, die Armeen wurden zum Teil in der Gubener Vorstadt kampiert, zum größeren Teile aber in der Art, daß die Österreicher sich bis nach Tzschetzschnow hin lagerten, die Russen aber auf dem Judenkirchhofe und nach Kunersdorf hin. Zuletzt kam auch General Fermor und quartierte sich auf dem roten Vorwerke ein. Die Heerführer waren in ihrem Benehmen gegen den Rat freundlich, so daß dieser sich mit der Hoffnung schmeichelte, man würde sich mit der geleisteten Abschlagszahlung von 60000 Talern befriedigen. Bald wurde er aber seinen Irrtum gewahr. Die Russen drängten immer stärker, es müsse das Geld herbeigeschafft werden. Durch neue Anstrengungen gelang es, noch 4200 Taler von der Bürgerschaft zusammenzutreiben; doch genügte das nicht. Immer neuer Druck wurde geübt, und als er, bei der Erschöpfung der baren Mittel und der Festigkeit des Burgemeisters Ungnad ohne Erfolg blieb, nahmen die Russen ihn nebst dem Senator Müller und dem Kaufmann Schubert am 11. August gefangen. Auch die Ältesten der Judenschaft Pincus Moses Schlesier und Juda Herz führten sie als Geiseln in das russische Lager jenseits der Oder.

Früh am 12. August zog die ganze Besatzung aus der Stadt über die Brücke, um teil an der Schlacht bei Kunersdorf zu nehmen.

nur 300 Russen blieben als Sauvegarde zurück, welche nachmittags von dem preußischen Freibataillon von Wunsch aufgehoben und gefangen nach Küstrin gebracht wurden. Die Stadt, welche die Sauvegarde erbeten hatte, sah diesen Handstreich nicht gern, weil solcher ihr als Verrat ausgelegt hätte werden können, doch übten die Russen deshalb keine Repressalien aus. In der Nacht zum 13. kehrten die siegreichen Russen mit vielen Gefangenen zurück, und mit den härtesten Drohungen wurde die Zahlung des Rückstandes von den 200000 Talern gefordert. Was aber auch in dieser Hinsicht geschah, es war nicht tunlich, mehr aufzubringen als 35800 Taler teils bar, teils in Wechseln, so daß nun 100000 Taler gezahlt worden waren; außerdem hatte die Stadt noch die große Last der Verpflegung und Bequartierung zu tragen. So kam der 28. August heran und mit ihm ein neuer Bedränger aus dem nun bei Hohenwalde aufgeschlagenen feindlichen Lager. Er verlangte, wenn nicht bar Geld zu beschaffen wäre, einen Wechsel über 50000 Taler in Monatsfrist zahlbar, und es gelang ihm, diesen vom Rate, der Bürgerschaft und Judenschaft zu erpressen, da er mit Plünderung und Brand drohte; auch wurden der Burgemeister Trummer und der Kommerzienrat Damerow als Geiseln mitgenommen. Endlich zog am 28. die russische Besatzung ab, aber schon am 29. rückte eine Partie Husaren und Kosaken ein, welche 10000 Taler forderten, jedoch nur 1150 Taler erhielten, weswegen sie den dritten Bürgermeister Bärenreut mit fortschleppten, am folgenden Tage freilich wieder entließen.

Am 2. September kam der Burgemeister Ungnad mit den anderen Geiseln auch zurück, er hatte alle Züge mit den russischen Truppen mitmachen müssen, war oft rücksichtslos, doch nicht grausam behandelt, und brachte einen Sauvegardebrief für die Stadt mit, der aber nicht sonderlich respektiert wurde, denn schon am 5. kam wieder ein Kommando Husaren und Kosaken und erpreßte 600 Taler. Der Bericht schließt mit den Worten: „Und so ist die Stadt noch immer zwischen Furcht und Hoffnung. Gott wird ihr ferner beistehen und sie vor dem ärgsten Übel bewahren, obgleich solche dergestalt geschwächt ist, daß sie sich in 50 Jahren nicht wieder erholen kann; denn die drei Stadtdörfer Reipzig mit der großen Mühle, Kunersdorf und Schwetig sind abgebrannt, die übrigen rathäuslichen Dörfer und Vorwerke aber und Mühlen sind, wie alle anderen Dörfer in der hiesigen Gegend dies- und jenseits der Oder gänzlich ausgeplündert, alles Getreide aus den Scheunen und vom Felde wegfouragiert, die Weinberge ruiniert, so daß sich der erlittene Schaden auf über eine Million Taler beläuft."

*

Am 26. Oktober 1806 besetzten die Feinde unsere Stadt, ein sehr wichtiger Abschnitt in ihrer Geschichte und der Anfangspunkt der schwersten Bedrückungen. Die Lage an der großen Straße nach Osten machte sie zu einem Etappen= und Garnisonort. Hunderttausende von fremden Kriegern mußten auf den Hin= und Hermärschen aufgenommen und verpflegt werden, und deren Gewalttätigkeiten nötigten schon am ersten Tage den Magistrat, eine Beschwerde bei dem französischen General einzureichen: wenn man auch glaube, daß von ihm Zucht und Ordnung anbefohlen seien, so nähmen doch die Exzesse kein Ende; Speisewirte, Brauer, Fleischer und Bäcker würden mißhandelt, kein Eigentum geachtet; das würde die Auswanderung der Bürger zur Folge haben. Diese Vorstellung blieb ohne Erfolg, und noch am selbigen Tage wurde eine Bittschrift an den Kaiser Napoleon beschlossen, des Inhalts: seine Generale und Soldaten forderten von der armen Stadt Lieferungen und Leistungen, welche bei weitem ihre Kräfte überstiegen. So verlange der Feldmarschall Davoust die Prästation von 80000 Rationen Brot, 80000 Rationen Fleisch, 100000 Rationen Zwieback, 40000 Flaschen Wein und 20000 Rationen Fourage; dieses könne, selbst mit dem besten Willen, nicht aufgetrieben werden. Die Stadt würde liefern, was möglich sei, der Kaiser möchte aber auch die unerschwingliche Forderung ermäßigen. Eine Antwort ist hierauf nicht erteilt, doch scheint es, als wenn man sich mit den Kriegskommissären verständigt habe.

Die Franzosen mißbrauchten täglich mehr ihre Gewalt, die Klagen über die Höhe der Forderungen jedes Einzelnen, nicht nur in der Stadt, sondern auch auf den Dörfern, wurden immer lauter; gegen Mißhandlungen und Gewalttaten wurden Sauvegarden erbeten und dann von dem Kommandanten ein bestimmter Tarif gegeben, was jeder Quartierträger zu leisten habe; doch auch dieses brachte keine Erleichterung. Am 1. November erschien ein Tagesbefehl aus dem französischen Hauptquartier in Berlin, welcher es tadelte, daß die Soldaten die Zufuhren an Lebensmitteln aufgriffen und dadurch die Verproviantierung der Stadt unmöglich machten; dieses Gebahren wurde bei schwerer Strafe verboten. Am 5. November zeigte der Kriegskommissär Viriville dem Magistrate an, daß ihm die Verwaltung übertragen worden sei und er nunmehr für Ordnung sorgen wolle, aber auch unbedingten Gehorsam erwarte. Die hieran geknüpften persönlichen Forderungen für Quartier und Unterhalt waren sehr groß und betrugen im ersten Vierteljahr gegen 2500 Taler. Ungeachtet dieser Zusage wurde der Druck immer stärker; am 16. November erklärte der Magistrat dem Platzkommandanten, daß, nachdem nun das ganze Korps des Marschalls Davoust hier durchgezogen sei, die aus 800 Feuerstellen bestehende Stadt zu sieben Achteln ganz verarmt wäre. Ein zweiter solcher Durchmarsch könne nicht ertragen werden, sondern würde alle Bürger zum Auswandern zwingen, zumal die Soldaten durch ihre Gewalttaten Stadt und Land verdürben. In den Dörfern wäre geplündert, das Vieh abgeschlachtet, Wagen und Pferde mitgenommen worden; die Wintervorräte mangelten, und nur mit der höchsten Sorge lasse sich in die Zukunft blicken. Diese Vorstellung blieb, wie die früheren, fruchtlos, immer folgten sich neue Durchmärsche, Forderungen und Gewalttaten. Da wandte sich die Stadt am 23. November wieder an den Kaiser mit den bittersten Klagen: hunderttausend Mann wären durch die Stadt und ihre Dörfer gezogen und hätten verpflegt werden müssen, fünfhundert Verwundete und Kranke wären hier zur Pflege zurückgelassen; achthundert bemittelte Bürger seien dadurch an den Bettelstab gebracht, die Stadtschulden wären um eine Million Franken durch die übertriebenen Forderungen des Heeres im Laufe weniger Wochen erhöht, und dennoch werde eine neue Kontribution von monatlich 75000 Franken gefordert! Auch auf diesen Notschrei erfolgte keine Antwort. Es mag dieses genügen, um die damalige Lage der Stadt zu schildern, obgleich es nicht an Stoff zu ähnlichen Darlegungen fehlt; alle Einsprüche verhallten aber ohne jeden Erfolg, und die Stadt verarmte.

Der rohen Gewalt und dem Übermut der Sieger trat im Anfange des Jahres 1807 auch noch absichtlich der moralische Druck hinzu. Das französische Gouvernement sandte den General Dargoult hierher, einen vollendeten napoleonischen Polizeimann, der, ohne daß eine Veranlassung dazu bekannt geworden wäre, die Bürgerschaft unter die strengste Aufsicht französischer Polizeibeamten stellte und über jedes Wort Rechenschaft forderte. Die Bier- und Branntweinhäuser wurden am frühen Abend geschlossen, das Tanzen ohne Militärerlaubnis verboten, alle Fremden mußten angemeldet werden, jeder Einwohner mußte eine Sicherheitskarte lösen, andernfalls er in das Gefängnis abgeführt wurde, und dergleichen mehr. Unzählige Untersuchungen und Bestrafungen waren die Folge. Weiter befahl Dargoult, daß in allen Kirchen sonntäglich Gebete für den Kaiser, für die französische Armee und die Alliierten mit lauter und verständlicher Stimme gesprochen werden sollten — bei Vermeidung von Strafen. Nach etwa drei Monaten wurde dieser Bedränger abgerufen, und an seine Stelle traten der Eskadronchef der Gendarmerie Burette und der Hauptmann Regnard. Sie übten nicht in gleicher Weise einen polizeilichen Druck, waren aber habgierige Lebemänner, die täglich 18—20 Taler und Naturallieferungen für ihren Tisch forderten. Alle Einwendungen dagegen blieben ohne Erfolg, bis im August 1808 der Marschall Soult feststellte, daß der Chef eines Bataillons 400 Franken, ein Kapitän 300 Franken und ein Leutnant 200 Franken monatlich von der Stadt zu fordern habe. Häufig wechselte die Garnison, doch selbst bei nur kurzem Verweilen langweilten sich die lebhaften Franzosen in der immer mehr verarmenden Stadt; sie ließen deshalb eine Schauspielertruppe und Hasardspieler hierher kommen. Welche Einwendungen der Magistrat und die Universität hiergegen auch machten, es war alles umsonst.

Zu Ende des Monats Mai wandte sich der Rat wiederum an den Kaiser Napoleon mit der Bitte, den Leiden der Stadt ein Ziel zu setzen oder solche doch zu mindern; die Einwohnerschaft hätte das Letzte hergegeben, die verlangten Kriegskosten und Erhaltung des französischen Hospitals hätten bereits 675000 Franken verschlungen, abgesehen von den unregelmäßigen Erpressungen und den Kosten, welche die durchmarschierenden Truppen den Einwohnern auferlegten. Nach langem Zögern erwiderte der Generalintendant, es könne nicht geholfen, nichts erlassen werden, die Stadt müsse zahlen. Am 30. Juli schrieb der Rat an den Marschall Victor in Berlin, jetzt wären 200000 Mann durchmarschiert, das stehende Hospital von 2000 Mann, das Kommissariat und der Vorspannpark hätten alles erschöpft, nun würden aber noch 1300 Krüppel (hommes estropiés) herverlegt, die eine Musterung erwarteten, um dann in die Heimat entlassen zu werden; von dieser Last möge man doch die Stadt befreien. Aber keine Bitte fand Erhörung, wenn auch mitunter ein Versprechen, nach Möglichkeit zu helfen, gegeben wurde.

<small>Geschichte der Stadt Frankfurt a. O., in den Mitteilungen des Historisch-Statistischen Vereins zu Frankfurt a. O. 5. Heft, 1865.</small>

Frankfurter Weinbau und Weinhandel.

„Vinum de Marchica terra
transit guttur tanquam serra."
Märkischer Erde Weinerträge
gehn durch die Kehle wie 'ne Säge.

Das alte Wort zeigt, wie wenig begeisterte Anhänger das Trauben=
blut Brandenburgs auch damals gehabt hat, als die Mark sich
noch mit Stolz einen der weinbauenden Gaue Deutschlands nennen
durfte. Aber gleichviel — Reben bedeckten zu jener Zeit unsere
Landhügel, einheimischer Most floß über die Kelter, und die mär=
kischen Marken hatten Handelswert. An anderer Stelle ist schon
erwähnt worden, daß Berlin und seine Umgebung starke Winzer=
gemeinschaften besaßen. Aber auch zwischen Fürstenwalde und Bees=
kow hatte der Weinstock etwas wie eine Heimat, und die Oder brauchte
sich nicht allzu ängstlich vorm Rhein zu verstecken. Küstrin und
vor allem Frankfurt erzeugten große Mengen des Göttertrankes;
Landsberg und Wriezen, auf der anderen Seite Sommerfeld,
Krossen, Guben und Kottbus waren rechte Weinstädte. Vom Krossener
Wein behauptet Coler sogar, daß er besser gewesen sei als der
ungarische. Wir wissen, daß ein einziger Weinberg bei Tasdorf
im Jahre 1574 hundertundfünfzig Tonnen Wein gebracht hat; Biesen=
thal und Oderberg mußten je 20 Tonnen weißen und 20 Tonnen
roten Weines eigener Kelterung an das Joachimstaler Gymnasium
liefern. Die Werderschen Weinberge des Großen Kurfürsten ergaben
in einem Jahre beinahe 900 Tonnen. Wo ist diese Kultur ge=
blieben? Man findet zwar noch heute in der Rüdersdorfer Gegend
und in anderen günstig gelegenen Tälern Reste alter Pracht, stolze
Stöcke, die in guten Jahren sehr reich tragen; und der selige Baron
v. Parpart auf Teupitz, dessen schöne Tafeltrauben in der Haupt=
stadt sehr beliebt waren, hat wiederholt gekeltert. Mit welchem Er=
folge, ist mir allerdings unbekannt. Aber der märkische Weinbau,
der im 16. Jahrhundert so umfassend war, daß besonders reiche
Ernten den Preis des Weines unter den des Bieres drückten, ist
für alle Zeit vernichtet. Trugen Anno 1782 immerhin noch etwa
2400 Morgen Reben, so beschränken wir uns heute im wesentlichen
auf ein paar tausend gegen Süden gerichtete Landhauswände. Die
Menschen sind zu anspruchsvoll geworden.

Denn trotz Colers freundlichem Lobe des besseren Wachstums weisen ja schon Boden und Klima unserer Heimat darauf hin, daß wir auf die Dauer gegen das gute fremde Erzeugnis nicht aufkommen konnten. Die zunehmende Verwahrlosung der Rebenkultur, die Veränderung des Geschmackes und die erleichterte Einfuhr besserer Tropfen vom Rhein und aus Frankreich taten ein übriges. Beckmann gibt als Grund für den starken Rückgang des Weinbaus und -handels an, daß man es leichter und lohnender fand, die Weinberge zu beackern und Getreide, später Kartoffeln darauf zu pflanzen. Den Rest gab dem Weinverbrauch das Bier und sein Triumphzug. Bacchus flüchtete vor dem berühmten flandrischen König.

Nichtsdestoweniger ist es interessant, aus einer fleißigen Studie des Amtsgerichtsrates Bordt Näheres über die Bedeutung des Weinbaues und Weinhandels im mittelalterlichen Frankfurt a. O. zu erfahren. Die Chroniken machen offenbar, daß Frankfurt durchaus den Namen einer Weinstadt verdient hat. Nicht nur beaufsichtigte der Rat die Weinberge ungemein scharf und gewissenhaft, sondern er hielt auch die Weinmeisterinnung in straffer Zucht und ließ keinen Unwürdigen eindringen. Alljährlich wurden die Stöcke besichtigt und schlechte Arbeit daran bestraft. „Jeder, der sich zu der Weinbergsarbeit gebrauchen lassen oder ein Weinmeister werden will, muß," so heißt es im revidierten Pribilegium vom 20.—23. März 1637, „zwei Jahre bei einem oder dem andern ehrlichen Meister sich aufhalten und den Schnitt recht lernen." Im Ratskeller und in zahlreichen Bürgerausschänken wurden ganz beträchtliche Mengen Wein getrunken; Azungia rühmt daneben die Reichhaltigkeit der Weinkarte und die schnelle Bedienung, deren jeder gute Zahler sich erfreuen durfte. Von fremden Sorten wurden hauptsächlich die verlangt, deren Süße und Feuer in angenehmem Gegensatze zu dem herben Landwein stand. Hohe Abgaben sorgten dafür, daß die Liebhaber süffiger Marken nicht zu leicht in Versuchung gerieten. Für jeden Eimer Rheinwein war auf dem Rathause, das übrigens bis zur Gründung der Universität das ausschließliche Recht zum Ausschank fremder Weine hatte, zwölf märkische Groschen, für jeden Eimer Süßwein sechzehn als Steuer zu zahlen. Dabei hat der Frankfurter Rat, was seiner trefflichen Zunge Ehre macht, schon frühzeitig die überlegene Güte der ausländischen Weine erkannt. Das Stadtbuch von 1425 bezeichnet nämlich das fremde Getränk im Gegensatz zum Landwein als guten Wein. Stadtschreiber Teymler teilt mit, daß von jedem Fasse eingeführten fränkischen, rheinischen und böhmischen Weins durch den Torknecht ein Quart abgezapft und dem regierenden Bürgermeister sowie dem Stadtschreiber gebracht werden mußte. Über die dann zum Besten gemeiner Stadt abgehaltenen Weinproben bemerkt der biedere Tehmler nur noch, daß die Bürgermeister fast alles wegtränken und den Stadtschreibern sehr, sehr wenig ließen. Die nach Frankfurt gebrachten Landweine wurden dagegen nicht angezapft und von den verwöhnten Kennern nicht gekostet.

Trotz des beträchtlichen Verbrauchs in der Stadt, an dem die Studenten und die drei jährlichen Messen ihren stolzen Anteil hatten, führte Frankfurt große Mengen eigenen sowie Krossener und Gubener Weines aus. Bereits 1383 wurde auf dem Hansetag in Lübeck wegen der zu kleinen Pipen des Gubener Weines ein Schreiben beschlossen. Durch Schutzzoll trachtete man den einheimischen Weinbau zu fördern. Jedes Fuder fremden Landweins, das Frankfurt passierte, mußte zunächst nach dem Stadtkeller geschafft und mit zwei Groschen versteuert werden..

Der Barnim.

Die Löcknitz.

Phot. J. am Ende, Berlin.

An der Brücke bei Fangschleuse.

Es mag wohl so hundert=, zweihundert=, dreihunderttausend Jahre her sein. Damals wälzten sich Riesenströme nach Art des Missis= sippi und des Kongo durchs brandenburgische Land, besser gesagt durch brandenburgischen Sand. Meilenbreit dehnte sich ihr Bett, und wie kleine Meere waren die Seen, die sie damals bildeten. Rechter Hand, linker Hand, alles war vertauscht; die Spree floß im heutigen Odertale, und die Havel machte sich mit der Elbe gemein. Unter der Nachwirkung der Gletscherzeit, die im Rüdersdorfer Kalk so prächtige Schliffe hinterlassen hat, strebte alles Wasser ins Grenzen= lose, Ungeheure. Kleine Rinnsale, die wir heute kaum beachten, hätten damals große Dampfer und schwer beladene Schleppzüge tragen können; die mächtigen Havelseen, die Müggel, dieser unser Stolz — damals hatten sie just normale Strombreite, weiter nichts. Wenig ist übrig geblieben von der wilden Herrlichkeit der märkischen Vereisung. Immer gesitteter und bescheidener werden die alten Flußgötter. Aber wie die Feldsteine, die reichlich genug auf märkischer Flur ausgestreut sind, von den Gletschern der Vorzeit erzählen, den gewaltigen Eisbergen, in deren Bauch sie einst aus dem skandinavischen Norden nach Quaden-Germendorf, Prötzel, Zauche bei Belzig und anderen netten Ortschaften gewandert sind, so geben uns märkische Bächlein und Teiche oft genug Kunde von den gewaltigen Erschütterungen und Umwälzungen, deren Schauplatz unsere Heimaterde war. Steine können reden, und das Wasser, das sacht und träumerisch zwischen ernsten Kiefern hinrinnt, läßt den aufmerksamen Lauscher in die geheime Werkstatt der Jahrtausende blicken.

Keines jedoch spricht eindringlicher zu uns als die kleine Löcknitz. Wäre sie auch minder anmutig in der schlangengleichen Gewundenheit ihres Laufes, begleiteten auch nicht waldgekrönte Hügel, saftiggrüne Waldwiesen und malerische Fischerdörfer das fröhliche Geschöpf — ich ruderte doch immer wieder mein Boot zu ihr hinaus. Denn die Löcknitz ist eine echte verwunschene Prinzessin. Sie renommiert nicht damit und tut sich nicht sonderlich groß mit ihrer königlichen Vergangenheit, aber du merkst doch auf Schritt und Tritt, daß du es mit einer Kronenträgerin zu tun hast. Unverkennbar treten zu beiden Seiten des Flüßchens die alten Ufer hervor. Sanft abgedacht sinken die Hügel dem Wasserspiegel entgegen. Heute wurzeln zwar knorrige Kienen in ihrem Boden, üppiges Laubgebüsch und hohes Gras bedeckt sie — und doch, käme eine zweite Sündflut, die Löcknitz wäre erzbereit, sie zu empfangen und zwischen ihren Uferbergen dem Flakensee zuzuleiten. Kaum ein Tröpflein ginge verloren. Wie anders nimmt sich, hängt man solchen Gedanken nach, der schmale schwarze Wasserlauf aus! Werden und Vergehen liegen in der Hand des Unerschaffenen; rastlos formt sich Irdisches um, Großes wird klein, Kleines groß; aber die urewige Schönheit bleibt, und urewige Schönheit webt immer von neuem das Kleid der Natur.

Dem Ruderer steht nur ein Stück von der Löcknitz offen. Er hat nie ihre Quelle gesehen — sie fließt aus dem Marsee — niemals hat er das unverfälscht märkische Nest Kienbaum gegrüßt, von dem so tolle Wildererjachen umgehen. Selbst bei den Fischerdörfern Gottesbrück und Bergluch (welch hübsche Namen hier die Ortschaften führen!) ist die Löcknitz für ein Skullboot noch nicht befahrbar. Den ganzen Weg über tändelt sie an Wald und Wiesen

vorbei, durch schweigende, blühende Einsamkeit, und immer ist sie
so verkrautet, daß niemand ihren Frieden mit Ruderschlägen stört.
Muß das ein Revier für den altbrandenburgischen Edelkrebs gewesen
sein! Tatsächlich berichtet uns der biedere Beckmann auch von einem
ehemaligen Krebsreichtum der Löcknitz, der jedem Feinschmecker den
Moselwein im Munde zusammenlaufen machen muß. In heißen
Sommern, so meldet sein Buch, wenn die Löcknitz zu beträchtlich
einschrumpfte und den vornehmen Krustentieren keine Kühlung mehr
bot, krochen sie zu Millionen in das schützende Laubdach des Erlen=
gebüsches am Ufer und konnten so von den Bäumen gepflückt werden.
Die Knechte und Mägde der Gegend bedingten es sich, ehe sie den
Dienst eingingen, aus, nicht öfter als dreimal wöchentlich Krebs=
salat vorgesetzt zu bekommen. Der Krebs war das eigentliche Nutz=
tier dieser Bezirke. Menschlicher Undank mag ihn verscheucht haben.
Wenn heute die Hausfrau ihren Mägden dreimal in der Woche
Krebsscheren vorsetzte, dann wäre es die erste Amtshandlung des
erbitterten Ehegemahls, ihr das Wochengeld um fünfzig vom Hundert
zu verkürzen

Gleich hinter Erkner, wo sich der Flakensee öffnet, überrascht
uns eines der lieblichsten Bilder märkischer Wasserlandschaft. Hoch=
wald umsteht zierlich das Seebecken, drüben beschauen sich die weißen
Häuser der Woltersdorfer Schleuse in der tiefblauen Flut, und hinter
ihnen steigen die grünen Kranichsberge mit ihrem Aussichtsturm
auf. Das alles ist von unbeschreiblicher Grazie, ein wirkliches
Kabinettstückchen in der Zeichnung wie in der feinen und doch
frohen Farbenstimmung. Dem Ruderer verspricht diese erste Augen=
weide noch andere und entzückendere. Das Boot zieht gemächlich
die Löcknitz hinauf, die zwischen Molen in den See einfließt.
Backbords schlanker Kiefernwald, den hohes Wacholdergebüsch mit
dunklem Grün belebt; steuerbords weite Wiesenflächen, aus denen
Erkners Häuser und Villen aufsteigen. In jähen, launischen Win=
dungen zieht der Fluß, der hier schiffbar gemacht worden ist und
massige Zillen trägt, um die Wiesengründe herum. Nun tritt rechts
und links die Kiefer dicht an ihn heran, umschließt ihn, daß er wie
ein Waldsee ausschaut. Die alten Ufer heben sich stolz empor, und
wenn sie auch nur Sandberge sind, ihr grüner Schmuck adelt sie
und gibt ihnen ein ganz romantisches Gepräge. Hier kann die
Löcknitz es getrost mit dem Spreewalde aufnehmen, nur daß dem
Spreewald die eigentümliche Schönheit der erhöhten Ufer fehlt.

Märkischer Wald im Winter. (Wuhlheide.)

Phot. J. Albert Schwarz, Berlin.

So sonntagsstill der Wald, es brennt die Luft,
müd' ihr Geäst die Erlenkronen breiten;
das Wasser blüht, und seltsam schwüler Duft
dampft durch die goldengrünen Einsamkeiten.

Kiefernhügel und Laubwerk vereinigen sich, scheint es, überm Flusse zu grüner Kuppel; leise, kaum vernehmbar stößt das Wasser gegen allerlei Wurzelwerk aus alten Tagen, das noch immer nicht verwesen will. Kein lieblicherer Platz weit und breit. Wenn einer sich ernsthaft mit Verlobungsgedanken trägt, dann führt er seinen Schatz sicherlich hierher, wo ein Geständnis so leicht ist

Abendstunde. Die Sonne hat sich vorhin hinter regendrohendem, blaugrauem Gewölk verkriechen müssen. Nun aber ist es ihr gelungen, die Barre zu zersprengen, und nun gießt sie, Verschwenderin, die sie ist, aus rotgoldenen Schalen brennend bunte Farben auf Wald und Wasser aus. Farben, wie man sie erhalten mag, wenn Silber und Edelsteine im Schmelzofen zusammengeschweißt werden. Dies Wolkengeglühe, das noch einmal von innen heraus mit überirdischen Flammen durchleuchtet wird Plötzlich flackern die rötlichen Stämme der Kiefern in purpurnem, loderndem Feuer auf. Der ganze Wald eine Feuersbrunst, überall dies höllische, schreckliche, berauschende Rot. Und nur die märkische Kiefer läßt sich so vom Abendlicht illuminieren.

Nun liegt Nacht auf dem schwarzen Wasser. Durchs Gerank der Äste fällt fahler Schein, der die dunkle Flut spukhaft beglänzt; in seinem bleichen Schimmer spiegeln sich verzerrt die Kiefern. Jetzt erwacht, was lange schon gestorben ist: Träume und Märchen von vergangener Zeit. So sanft streicht das Ruder durch die weiche, stille Finsternis der Wasser — es will den Zauber nicht stören, der die Prinzessin Löcknitz wieder in ihr altes Reich führt

Die Rüdersdorfer Kalkberge.

Der westliche Berliner läßt sich, was seine Bekanntschaft mit den Schönheiten der Mark anbelangt, zumeist an den Wasser- und Wäldermassen um Potsdam genügen. Von den lieblichen Gegenden und malerischen Ortschaften, die den Osten schmücken, kennt er eigentlich nur Friedrichshagen am Müggelsee mit den Müggelbergen, aber auch in der Regel „bloß dem Namen nach". Mit Friedrichshagen hört gewissermaßen Berlin O auf. Und dahinter erst liegen die versteckten Reize märkischer Landschaft, bei Erkner erst tut sich das grüne, prächtige Waldtor auf und führt in ein Kiefern- und Seengebiet von so frischer, erfrischender Lieblichkeit, daß man Josef Victor Scheffels Wort auf dies Tor schreiben möchte:

> Das ist des deutschen Waldes Kraft,
> daß er kein Siechtum leidet
> und alles, was gebrestenhaft,
> aus Leib und Seele scheidet.

Hier läßt es sich vergnügt streifen, tagelang, kreuz und quer; hier findet man, dem Heidebächlein folgend, das durch rot und weiß beblühte Wiesen, durch stillen, düstern Hochwald, an Sägemühlen und Förstereien vorüber rinnt, im Sand verwehte, im Tannicht versteckte Dörfer, findet Sagen von alten Mönchsklöstern, geschichtliche Erinnerungen und mehr als alles das: Einsamkeit, Ruhe und Frieden. Da begegnet man auf den stillen Wegen keinem menschlichen Wesen; da weidet sich das müde gewordene Auge an tiefblauen, traumhaft plaudernden Wassern im Walde, da kehrt man in niedrige, verräucherte Krüge ein und lernt Märkersinn kennen, Märkeroriginale und märkische, blondhaarige Mädchen. Rüdersdorf am Kalksee aber ist die Hauptstadt dieser abgelegenen Reviere. Die Hauptstadt, weitläufig gebaut, besteht aus mehreren Vierteln, zwischen welche Hügel und Felder sich schieben; sie beherbergt wochentags an die fünftausend Einwohner, Sonntags manchmal das Doppelte. Diese letzteren Fünftausend sind dann ausnahmslos Berliner.

An sich wohlhabend und freundlich wie nur eins der schmucken Dörfer im märkischen Wuppertal am Finowkanal, gewinnt Rüdersdorf erhöhte Bedeutung durch die Beliebtheit, deren es sich im östlichen Berlin erfreut. Mag diese Tatsache ihren Grund darin haben, daß die Reichshauptstadt mit einem Sechstel am Reinertrag der Rüdersdorfer Kalkberge beteiligt ist, mag die bequeme Verbindung durch Eisenbahn und Dampfer locken, oder üben die ganz unmärkischen Berge ihrer geognostischen Merkwürdigkeit wegen einen besonderen Zauber aus — genug, wer es haben kann, zieht an Sommersonntagen mit dem Frühesten hierher. Zuweilen ähnelt dann Rüdersdorf einer anmutigen Vorstadt Berlins. Da sind die Wirtshäuser am See dicht besetzt von schmausenden und kaffeekochenden Familien, da wimmelt's auf dem Schulzenberge, den man mit einem Aussichts-

turm krönte, von festlich gekleideten Fräulein nebst ihren Ver=
ehrern. Am vornehmsten freilich sehen immer die Rüdersdorfer Berg=
knappen selbst aus, die allweil im Zylinder und schwarzen Bratenrock
daherkommen und sich durch gentlemännisches Gebaren auszeichnen.

Es gibt wenige Ortschaften in der Mark, die durch ihr Aussehen
schon soviel sonnige Heiterkeit im Herzen erwecken. Das große Dorf
liegt am Abhang weinbekränzter Höhen, der Arnimsberge; man
zieht hier Frankentaler Trauben, die mitunter sogar reif werden.
Die Straßen steigen oft steil an; jedes Häuslein hat seinen Garten
und womöglich seine Reben an der Sonnenseite. Überall lugt
das tiefblaue Wasser des Kesselsees hervor. Kommt man vom Walde
her, durch gelbglühende, duftende Lupinenfelder, so grüßt plötzlich
der hübsche Ort aus dem Grunde herauf, mit seiner kalksteinernen
Kirche, seinen roten Dächern, seinen grünen Hügelwänden. Das ist
ein Anblick, wie ihn schöner auch Süddeutschlands berühmte Dörfer
nicht bieten. Schaut man nun gar von der Höhe des Aussichts=
turmes ins Land hinein, auf die unendlichen, dunklen Wälder=
massen, auf die Saphirkette der glitzernden Seen, die über Erkner
hinaus bis nach Schmöckwitz sich dehnen, bis nach Wusterhausen;
schaut man nieder auf die belebten Gassen, die toten, gelben Stein=
brüche mit ihren finsteren Wassern und ihren kobaltenen Schatten,
und genießt alles das in der Stunde, wo ein lichter Frühlingstag
zur Neige geht und noch einmal die Sonne ihre rote Pracht über
ihn ausgießt, dann ist es sehr schwer, sich nicht zu vergessen und
altmodische Lyrik zu treiben. So schlicht und einfach die märkische
Natur auch ist, so wenig sie mit weltberühmten Schönheiten wett=
eifern kann, einem empfänglichen und dankbaren Herzen offenbart
auch sie die wundertätige Schöpferkraft Gottes.

Bei klarem Wetter schweift der Blick bis zu den Türmen des
entfernten Berlins, Köpenicks höchste Spitze steigt auf, Fürsten=
waldes Domhaupt; blühende Dörfer lächeln rundum, die schönen
Hügel von Freienwalde, die Opferstätten von Rauen sind zu erkennen.
Spaziergänge durch das hübsche Gebiet öffnen sich nach allen Rich=
tungen, eine freundliche Birkenallee führt zum Kriegerdenkmal; auf
dem Glockenberge reiht sich ein hübsches Bild dem anderen har=
monisch an. Überall öffnen sich Aussichten in das Tal vor uns,
und jede hat ihren eigenen trauten Reiz; Nachtigallen und Amseln
tirilieren hier im Frühling um die Wette. Von den alten, nun
außer Betrieb gesetzten Kalköfen, die wie die umgrünten Zinnen

einer verfallenen Ritterburg anmuten, bietet sich manch erquicklicher Lug ins Land.

Von der Natur, die ihnen ihr Brot in die Erde legte und ihnen das Schatzgraben so leicht machte, so überaus begünstigt, sind die Rüdersdorfer ein munteres Völkchen geworden, umgänglicher, zutraulicher, als man's sonst von Märkern gewohnt ist. Der Bergbau erzieht unter einigermaßen günstigen Umständen immer ein patrizisches Arbeitergeschlecht, und in Rüdersdorf vereint sich mit dem Selbstbewußtsein, das ein so bedeutsames Gewerbe seinen Jüngern einflößt, noch die angeborene Fröhlichkeit des Weinländers. Man muß das alles natürlich nur in märkischem Sinne nehmen. Märkischer Bergbau und märkischer Wein. Nicht in allen Jahren reifen hier die Trauben zu schwerer Süße. Soll dies geschehen, so muß die Sonne es im Sommer und im Herbst mit Rüdersdorf besonders gut gemeint haben. Von Verkelterung ist natürlich kaum die Rede, doch geht eine unheimliche Sage von einem oder zwei Rüdersdorfer Weinfabrikanten um, deren Absatzgebiet sich über die Kreise Berliner Essighändler hinaus erstreckt. Aber nicht die Fabrikation, sondern das Gefühl, Weinberge zu besitzen, ihr bloßer Anblick — das macht's. In Rüdersdorf gibt es mehr Kneip- und Tanzgelegenheit als viele Meilen ringsum im Geviert, und wenn die Bergknappen einen der Ihrigen zur letzten Ruhestätte geleitet haben, so feiern sie hernach sein Andenken in fröhlicher Art hinterm Glase. Ich war einmal Zeuge, wie sie allsämtlich unter Musikbegleitung, alle schwarz gekleidet und mit Zylindern aus der Rüdersdorfer Hutfabrik, einem beim Bergbau verunglückten Freund zu Ehren auf den Friedhof zogen; als sie von ihm zurückkehrten, bliesen die Spielleute einen kreuzfidelen Gassenhauer. Unserer Mark tut ein solches Dorf wohl, wo man nicht armselig ist, sondern zu leben und leben zu lassen weiß.

Seinen schönsten Tag im Jahre feiert Rüdersdorf im August, wenn es das Bergfest begeht. Da winden sich Girlanden über die grünen Straßen, Musikbanden fiedeln und trompeten, und zu den 980 Knappen mit ihren zahllosen Fräulein und Frauen gesellen sich unendliche Scharen Berliner Pilger. Daß dann die Lust und der Übermut zuweilen aufschäumen und den Rüdersdorfer Nationalleidenschaften, Tanz und Trunk, im ausgiebigsten Maße gehuldigt wird, wen könnte es wundernehmen? Die Knappen wissen gar liebenswürdig den Wirt zu machen, sie feuern ihre Gäste ununterbrochen zu löblichem Tun an, und nicht nur die letzten Dampfer, auch ihre Insassen pflegen immer schwer geladen zu haben. Märkisches Weinland, Segen des märkischen Bergbaues.

Über ihn etwas Näheres zu erfahren, wird manchem Freunde des schmucken Dorfes willkommen sein.

Die Rüdersdorfer Kalksteinbrüche blicken auf ein nach Jahrhunderten rechnendes Bestehen zurück. Ihr Betrieb ist zuerst durch die Mönche des Klosters Zinna vor mehr als sechshundert Jahren

Phot. Oskar Pfeiffer, Berlin.
Das Rüdersdorfer Kalkbergwerk.

aufgenommen worden. Diese hatten in Kagel ein Feldkloster gegründet und von dort aus die Gegend um das heutige Dorf Rüdersdorf herum besiedelt. Beim Urbarmachen des Bodens stießen die Ansiedler auf die Kalkfelsen, deren Wert die Mönche schnell erkannten und deren Nutzbarmachung sie alsbald in die Hand nahmen.

Bedeutung erlangten die Rüdersdorfer Kalksteinbrüche erst, als der Große Kurfürst anordnete, daß in seiner Residenzstadt Berlin alle Gebäude massiv herzustellen seien.

Die Kalksteingewinnung, die nach Säkularisierung des Klosters Zinna der Kurfürst, einzelne Städte und die bäuerlichen Einwohner von Rüdersdorf in getrennten Brüchen von mehr oder weniger großem Umfange betrieben, ist um die Mitte des vorigen Jahrhunderts ausschließlich in die Hand des Staates übergegangen. Am Gewinne des Betriebes nimmt, wie gesagt, die Stadt Berlin auf Grund eines Vertrages, wonach sie auf die eigene Gewinnung von Kalkstein und den Betrieb einer Brennerei verzichtet hat, mit einem Sechstel teil. Die Steinbruchsverwaltung ist seit dem Jahre 1769 der Bergbehörde unterstellt und ruhte bis 1861 in den Händen des Königlichen Bergamtes, dessen Nachfolgerin die Königliche Berginspektion Rüdersdorf ist; diese hat ihren Sitz in dem heutigen Dorfe Kalkberge, das um die Mitte des 18. Jahrhunderts durch Ansiedlung von Steinbrucharbeitern und Schiffern entstanden ist.

Klöden hat als Erster die im Betrieb stehenden Flöze wissenschaftlich untersucht und sie als Muschelkalk festgestellt. Ihre Mächtigkeit beträgt etwa 200 m in die Tiefe, 370 m in die Breite; die oberste, ungefähr 50 m dicke Schicht besteht aus tonigem Sandstein, der 75 m gelber Sandstein und 80 m blauer Kalkstein folgen: Die Hauptsache für die Ausbeutung ist der gelbe Sandstein; eine geringere Verwendung findet die obere Lage, welche zur Herstellung von Zement taugt, am geringsten ist der blaue Kalkstein geschätzt. Das Bergwerk fördert nach den mir vorliegenden Daten jährlich etwa 630000 cbm Gestein, das teils zu Fundamenten benutzt, teils zu Kalk gebrannt wird. Die günstige Lage Rüdersdorfs an breiten, schiffbaren Gewässern macht die Ausfuhr in die benachbarten Städte und Provinzen leicht und billig. Die Grundmauern unseres Reichstagsgebäudes bestehen z. B. aus Rüdersdorfer Stein.

Doch nicht nur für die Volkswirtschaft, auch für die Wissenschaft ist Rüdersdorf von Wichtigkeit. Klöden gibt ein genaues Verzeichnis der 1827 bereits zutage gebrachten Versteinerungen; er überzeugt uns mit ihrer Hilfe, daß in der sandigen Mark einst Ichthyosaurus, Haifisch und wundersame Quallenarten sich erlustigten. In unseren Tagen traf man auch auf beweiskräftige Zeugen der Eiszeit, auf Gletschertöpfe nämlich. Bekanntlich schreibt man auch die in der Mark zahlreich vorhandenen Granitblöcke, die überallhin ausgestreuten Findlingssteine der vorzeitlichen, schier berghohen Gletscherdecke zu, die jahrtausendelang über Europa sich ausbreitete und Massen von Gestein mit sich schleppte. Was die Gletschertöpfe genannten, ein viertel bis fast zwei Meter breiten Gruben im Rüdersdorfer Kalk anbelangt — sie sind jetzt leider durch den Bergbau vernichtet worden — so weiß man aus alpinem Beispiel, daß einzelne Steine sich vermöge ihres eigenen Gewichtes langsam einen Weg durch die Eisdecke bahnten und in den nicht allzu harten Kalk einsanken. Dann faßte das bewegliche Gletscherwasser den Stein und wirbelte ihn in der Vertiefung unaufhörlich herum, so daß der Kalk von ihm zermahlen, vom Wasser zum großen Teil fortgespült wurde und das Loch sich allmählich verbreiterte und vertiefte. Auf dem Grunde jedes Gletschertopfes findet man seinen Stein.

Der gewaltige Bruch selbst mutet wie ein Kessel an, wie ein gewaltiger, graugelber Steintrog. Auf den Höhen, die ihn umgeben, sprießt spärliches Buschwerk, im eigentlichen Betriebsrevier wagt sich nur hier und da kümmerliches Grün hervor. Der Kalk ist kein Freund üppigen Wachstums, dafür beschenkt er die Mark mit vielen besonderen Blumen und Kräutern, die man sonst in ihr nicht findet. Rasch gelangen wir in den Alvenslebenbruch und können hier die fleißigen Häuer bei der Arbeit beobachten. Wir sehen, wie der Berg allmählich unterhöhlt wird; dünne Pfeiler sichern ihn vor völligem Zusammenbruch, aber auch diese Säulen schwächt man mit jedem Tag, und endlich teilt die löbliche Berginspektion durch die öffentlichen Blätter den Berlinern mit, daß die Zeit des Bergsturzes gekommen ist. Die Pfeiler werden dann abgesprengt, der darauf ruhende Berg bricht zusammen, und wenn Kalk und Abraum beiseite geschafft ist, beginnt das Spiel von neuem. Ein Bergsturz liefert bis 1800000 Zentner Kalkstein.

Nur wenig verschieden von diesem Tagebau ist der im Heinitzbruch betriebene Tiefbau. Hier haben unsere steinbedürftigen Voreltern die oberste Lage schon verbraucht, man muß also tiefer hinabgehen; der Kalkstein steht hier 30 m unter dem Spiegel des Kesselsees. Eine neue Sohle, die 60 m unter dem Kanalspiegel, also 26 m unterm Ostseespiegel liegt, wird vorbereitet. Zwei gewaltige Aufzugsmaschinen von zusammen zweihundertundfünfzig Pferdekräften schleppen die Ausbeute empor; das ganze Terrain ist von zahllosen Gleisen durchschnitten, auf denen die Hunde und die größeren Transportwagen fleißig hin und her laufen.

Früher ruhte, wie einem lesenswerten Berichte der Berginspektion Rüdersdorf zu entnehmen ist, der Schwerpunkt des Betriebes in der Gewinnung von Bausteinen, dem Fundamentierungsmaterial für ganz Berlin, Charlottenburg und Potsdam, und von Brennsteinen, die teils in der eigenen, teils in fremden Brennereien gebrannt wurden. Die letzteren lagen in großer Anzahl an allen von hier aus zu erreichenden Wasserstraßen, und zwar an der Elbe bis Hamburg, an der Warthe bis Schwerin, ja bis Memel und Barth

an der Ostsee. Ein Teil dieser Brennereien ist zurzeit noch vorhanden und im Betriebe.

Heute liegt die Bedeutung der Rüdersdorfer Steinbrüche hauptsächlich in der Versorgung industrieller Unternehmungen der nördlichen und östlichen Mark, Pommerns westlich der Oder und Mecklen-
burgs. Außer den bereits erwähnten Kalkbrennereien sind jetzt
die vielen und zum Teil bedeutenden Zuckerfabriken der Mark
Brandenburg und der angrenzenden Landesteile, Portland-Zement-
fabriken, die zusammen etwa 1½ Million Faß Zement herstellen,

Phot. F. Albert Schwartz, Berlin.
Sprengvorbereitungen im Rüdersdorfer Kalkbergwerk.

Hochofenwerke und Eisengießereien und als jüngste Unternehmungen
Kalksandsteinfabriken mit einer Erzeugung von etwa 230 Millionen
Steinen die Hauptabnehmer der Rüdersdorfer Erzeugnisse. Ohne
diese würde keine der Kalkbrennereien an den märkischen Wasser-
straßen der Elbe, der Oder und der Warthe bestehen, und die meisten
Zuckerfabriken würden nicht ins Leben gerufen sein.

Geht auch der weitaus größte Teil der Förderung der Rüdersdorfer Kalksteinbrüche den erwähnten Industrien zu, so findet er
daneben auch heute noch in bedeutendem Umfange Verwendung
als Fundament — und seit neuerer Zeit auch wieder als Verblend-
material. Seine geringe Härte, seine Wetterbeständigkeit und die
durch ihn zu erzielenden Wirkungen machen ihn für letzteren Zweck
besonders geeignet.

Schon vor mehr als einem Jahrhundert waren diese Eigenschaften bekannt; sie führten zu seiner Verwendung bei der Anlage der Terrassen von Sanssouci und der von Künstlerhand (Schinkel) entworfenen, durch einfache edle Formen wirkenden Portale des Neben- und Bülowtunnels in Kalkberge. Aus jüngerer Zeit sind das Portal des Stettiner Bahnhofes in Berlin, die Kirche in Kalkberge und zahlreiche Betriebsgebäude der Berginspektion, und endlich aus den letzten Jahren die Bismarckwarte der Müggelberge, das Gebäude für Binnenfischerei am Müggelsee, die Viktoria-Luisen-Schule und der Brunnen auf dem Olivaer Platz zu Wilmersdorf, sowie verschiedene Bauwerke der neuen Rennbahn im Grunewald zu erwähnen.

Auch zu Uferbefestigungen sind einige Schichten der Rüdersdorfer Kalksteinbrüche geeignet; lange Strecken der Fluß- und Kanalufer in der Mark sind infolgedessen mit Rüdersdorfer Kalksteinen bekleidet, und zum Bau des Berlin-Stettiner Großschiffahrtsweges sind beträchtliche Mengen in Gestalt von würfelförmigem Grobschlag und von Kleinschlag verwendet worden.

Als neuestes Erzeugnis ist noch der erst in den letzten Jahren unter dem Namen „gewaschener Schotter" hergestellte Kleinschlag zu erwähnen. Dieser Baustoff wird aus den Abfällen des Steinbruchbetriebes, dem sogenannten Kalksteingrus, durch Waschen gewonnen. Der gewaschene Schotter bildet in den Korngrößen 2 bis 20 mm = Körnung III und 20—40 mm = Körnung II einen ausgezeichneten Ersatz für Kies oder Kleinschlag bei der Bereitung von Beton. Gründliche Brandproben, welche das Materialprüfungsamt in Groß-Lichterfelde anstellte, haben erwiesen, daß Beton aus Kalksteinschotter Kiesbeton an Feuerfestigkeit nicht nur erreicht, sondern sogar übertrifft.

*

Vom Kesselsee, wo der Dampfer hält, tönt verhallendes Läuten durch die Abendluft und mahnt uns an den Aufbruch. Schon verhüllt feiner, blauweißer Nebel die Ferne, und das Gestein nimmt dunklere Farbentöne an. Deutlicher noch beweist uns, daß es Nacht wird, die kräftig von der Dorfstraße heraufrauschende Tanzmusik, die bis jetzt schwieg oder nur in langen Zwischenräumen fast mißmutig erscholl; hier wie überall braucht die Jugend Kerzen- und Lampenglanz für ihre Walzer. Das draußen auf der Erde lastende geheimnisvolle Dunkel weckt erst die sehnsüchtigen Gedanken des Herzens. Über den Kalksee nach der Woltersdorfer Schleuse schaukelt der Vergnügungsdampfer. Wer märkische Seenschönheit schauen will, der muß im roten Abendlicht, wenn die Sonne unter den Horizont taucht, dieses Weges fahren. An den Häusern, Gärtlein und Fischerhütten, die im Kalkkanal sich spiegeln, treiben wir langsam vorbei, horchen auf die Abendgesänge der braungesichtigen Kleinen: „Nun ruhen alle Wälder!" und erhaschen da und dort einen Scheidegruß von munteren Hausfrauen. Plötzlich erweitert sich die Wasserfläche, an beiden Ufern steigt Kiefernwald auf. — Vor uns verglänzt, einer frommen märkischen Sage gleich, der See. Wie die kleinen Wellen den Kiel umsummen und umglucken, der sie zerschneidet, wie der See in phantastischem Fabellicht, in Farben, die aus dunkelndem Blau und Gelb und Purpur seltsam sich mischen, erglüht! Wie die Nacht verträumt, schweigend auf ihn niedersinkt, die Märchennacht, welche im See baden will! Und der Himmel verdunkelt sich, und die fremdartige Glut, die das Wasser zu entzünden schien, verlischt in gedämpften Farben. Die ernsten Kiefern am Gestade scheinen sich in ragende Berge zu verwandeln, in blendender Weiße winkt noch der schmale, holperige und zerklüftete Treidelweg her, den wir so oft entlang geklettert sind. Seeodem um uns, in den kräftiger Kiefernduft sich mischt, Nebel und Finsternis. Dann und wann sprüht es aus den Wassern auf, als gleite ein weißer Nixenleib hindurch. Nun steigen aus den Schatten die Häuser von Woltersdorf empor. Der See schrumpft zu einer schmalen Fahrstraße zusammen. Rechterhand ragen gartenumkränzte Landhäuser auf, aus dem dunklen Laub schimmert Lampenlicht, hallt silbernes Mädchenlachen. Es ist, als befänden wir uns in einer Lagunenstadt.

Das vertauschte Kind.
Von Adalbert Kuhn.

Die Unterirdischen, oder, wie sie gewöhnlich genannt werden, „Untereerdschken", sind dickleibige, breitköpfige kleine Wesen, die indes nur selten in ihrer ganzen Gestalt erscheinen und meistens unsichtbar ihr Wesen treiben. Gar gern vertauschen sie die neugeborenen, schöngestalteten Kinder der Menschen gegen die ihrigen, die ungestaltet sind, und man sieht dabei höchstens die Hand, mit der sie das Kind fassen. Das beste Mittel, es vor dem Raube zu schützen, ist, daß man der Wöchnerin ein Gesangbuch unter den

Kopf legt oder im Augenblick des Vertauschens den Namen Jesu Christi ruft.

Eine Wöchnerin in Strausberg fühlte auch einst in der Nacht, daß plötzlich eine Hand über ihr Bett faßte, ihr Kind nahm und statt dessen ein anderes hinlegte. Als es nun Tag wurde, sah sie ein Kind mit breitem dickem Kopf neben sich in der Wiege liegen, das war in schlechtes, graues Linnen eingeschlagen, und das ihre war doch so schön gewickelt gewesen. Darüber war sie nun ganz untröstlich und mochte das garstige Ding gar nicht ansehen. Die Nachbarinnen aber, die davon hörten und hinzukamen, sagten ihr, das Kind sei ein Untereerdschken, und sie sollte es ja recht liebreich aufziehen und nicht schlagen, sonst würde das ihre von den Unterirdischen wieder geschlagen. Das hat sie denn auch treulich befolgt, aber so rechte Liebe hat sie zu dem untergeschobenen Kinde doch nie fühlen können.

Die von Uchtenhagen.

Wieder einmal schweifen die Blicke über die linden- und buchenbestandene Kuppe des Schloßberges, über die Reste ehemaliger Ritterherrlichkeit, die geschichtlichen Grabsteine eines tapferen und wahrhaft abligen Geschlechtes. Es sind noch ganz ansehnliche Trümmer der alten, 1468 von den Pommern zerstörten Uchtenhagenschen Burg erhalten; die Umfassungsmauern zeigen deutlich ihre ehemalige Größe, die Einfahrt hebt sich unverkennbar ab, auch die Kellereien kann man mit einiger Phantasie wieder erstehen lassen. Mag ein fröhliches und freudenreiches Leben hier oben gewesen sein, viele Jahrhunderte hindurch! Die Fernsicht ins Bruch mit seinen vielen tausend Heuhaufen und Heuschobern, seinen frischgrünenden Wiesen, dem zarten, flimmernden Silberschein, der über der Landschaft und ihren Wasserarmen schwebt — diese Fernsicht ist von großem und ergreifendem Reiz. Wie ein behendes Eidechslein hastet die Eisenbahn durchs Gefild. Man glaubt unendlich weit in die Welt hineinzuschauen; scharf und klar verläuft die Horizontlinie, scharf und klar gehen ganz, ganz hinten Baumgruppen, Häuser von dem zitternden, goldig leuchtenden Blau los. Und es duften die Lindenblüten, und der Wind trägt ihren Odem in breiten Wellen zu uns herauf, daß wir mit Nikolaus Lenau wünschen, unsere Brust vertausendfachen zu können für all das Wehen dieser Frühlingslüfte.

Ein lustiges, gedeihliches, übermächtiges Grünen ist um den Schloßplatz herum, eine Blätter- und Gebüschwildnis von unbeschreiblicher Fülle. Nach der Landstraße hin fällt die Wand jäh ab, und es ist, als seien hunderttausend Fuder von Zweigen, Ästen, Büschen und hochwipfligen Bäumen durcheinander, übereinander geschüttelt, um die Kluft auszufüllen bis zur Höhe der Burgmauer.

Mittagssonnenglut brütet über dem Walde. Schwüle Wohlgerüche in der sammetweichen, schmeichelnden Luft; das Summen und Surren der Bienen im Lindenbaum; das leise Flüstern des Laubes; die liebliche und die düstere Sagenwelt, die hier auf den Steinen sich aufbaut und uns mit ihrem Zauber umspinnt — alles lockt uns, zu verweilen. Und träumerisch starr' ich in das flackernde, goldene Licht, das die Wipfel umschimmert und die Blätter blitzen macht, und ich sehe den letzten Uchtenhagen langsam vorbeischreiten. Ein zartes Kind, mit einem blassen, feinen Gesichtchen, mit rotblondem Haar und tiefliegenden blauen Augen, aus denen es wie himmlischer Glanz bricht; ein wehmütiges Lächeln um den Mund, als wüßte Kaspar von Uchtenhagen, daß er sterben muß im ersten Frühling des Lebens, und daß alle Liebe, alle Tränen, alle Sorgen der Eltern ihn nicht mehr retten können vor dem Tode, der längst sein Mal auf diese reine Kinderstirn drückte.

Und hinter den letzten Sproß ihres Geschlechts wallen die Ahnen her, der trutzige Henning von Jagow, der seinen Fürsten aus der Hand des mordbrennenden Lutenheeres rettete und der zum Lohn dies prächtige Lehen empfing; wallen daher die weisen, gerechten und mildtätigen Herren Freienwaldes, das ihnen seinen Reichtum und sein Wappen, das rote Rad im Silberfeld, verdankt, das sie verwalteten nach dem schönen, vom Meister Fontane im Freienwalder Stadtarchiv aufgefundenen Regierungsprogramm:

> Alle Obrigkeit, die ist von Gott
> und soll handhaben sein Gebot.
>
> Es soll ihr gehorchen alle Welt,
> nicht leben, wie's Lust und Laune gefällt.
>
> Das Schwert gab Gott in ihre Hand,
> damit zu wahren Leute und Land.
>
> Dem Guten soll sie geben Schutz,
> den Bösen strafen, dem Guten zu Nutz.
>
> Eines Vaters Herz aber soll sie ha'n
> Zu denen, so ihr untertan.

Vorüber wandern gepanzerte, kriegskräftige Männer, und ihrer Einem brennt die Todeswunde auf der Stirn, die ihm sein liebster Freund und Blutsverwandter im Zweikampf schlug. Ihnen folgt in feierlichem Zuge die Schar der zarten Jungfrauen und bleichen Jünglinge, die dem alten Stamm noch einmal zu einer Frühlings= blüte verhelfen sollten und doch alle zur Frühlingszeit ins Grab sanken. Und als die Letzten schweben schemenhaft am Mauerrand Hans von Uchtenhagen entlang, der gottergebene Dulder, und sein ehelich Gemahl — die letzten herrschenden Uchtenhagen.

Dann verkriecht sich die Sonne hinter aufsteigendem, zerwaschenem Gewölk, und der Mittagsspuk versinkt. —

Ein tapferes, wahrhaft adeliges Geschlecht, das hier auf dieser freien Höhe und dann im Freienwalder Schlosse thronte. Wohl ist die Sage den Uchtenhagen nicht durchaus hold gesinnt, aber was beglaubigte Geschichte von ihnen meldet, erfüllt uns mit gerechter Bewunderung und mit hohem Stolz auf die heimgegangenen Märker. Wenn der Volksmund recht hat, gebührt dem Henning von Jagow (einige nennen auch Conrad) die Ehre, das wackere Haus begründet zu haben. „Klein von Gestalt, doch hoch an Gemüt", hatte er höfischen Kabalen weichen müssen und war bei seinem Markgrafen völlig in Ungnade gefallen, ja, von ihm außer Landes gewiesen worden: „Nie wieder soll Henning von Jagow mir unter die Augen treten!" Aber die Liebe zur Heimat hielt den Geächteten in ihr fest; er ver= barg sich in den Brüchen, den Bergen bei Freienwalde und sammelte eine Schar Ausgestoßener um sich, die er in allen Waffenkünsten unterwies. Bald erklang das Land von den Taten des rätselhaften Unbekannten, der ein Schützer und Freund der Armut, dem Un= recht und dem sündigen Reichtum ein furchtbarer Richter war. Es kam dann die Zeit, wo er, zu guter Stunde mit seinen Gewappneten aus dem Walde hervorbrechend, ein Pommernheer unter Bogeslav in dem Rücken nahm und vernichtete, das den Markgrafen fast schon in die Flucht geschlagen hatte. Der dankbare Fürst, dem Hen= ning von Jagow nie wieder unter die Augen treten sollte, schenkte dem kühnen Rittersmann all das Gebiet im meilenweiten Umkreis und nannte ihn hinfort, weil er zu seiner Rettung „ut dem Hagen" hervorgekommen war, Henning von Uchtenhagen.

1367 erwähnt eine Urkunde das Geschlecht zum erstenmal. Wir wissen von ihm, daß es ungewöhnlich reich war, daß ihm Oderland gehörte, so weit vom Schloßberg das Auge reichte, daß es über

Freienwalde herrschte, Oberberg und vierzig Dörfer. Und die Uchten=
hagen waren, wie schon oben erwähnt, ihren Untertanen freund=
liche und hochherzige Regenten. Großmütig, ja zur Verschwendung
geneigt, wenn es galt, kleinen Leuten beizustehen, Gotteshäuser zu
bauen, ihnen Geschenke zuzuwenden und milde Stiftungen zu be=
gründen; treue und eifrige Fürsprecher ihrer Lehnsmänner, Burg=
leute und Hintersassen am Kurfürstenhofe, brachten sie ihre Provinz
zu schöner Blüte, legten sie den festen Grundstein zu Freienwaldes
Glück, das selbst Schweden, Kroaten und Russen nicht vernichten
konnten, zum Wohlstand des Oderbruches. Zwar meldet die Ge=
schichte von den späteren Uchtenhagen nicht, daß sie große Kriegs=
abenteuer bestanden und erstaunliche Heldentaten vollbracht hätten;
aber auch die Söhne und Enkel des reisigen Henning hielten alleweil
treu zu ihrem Fürstenhause, taten alleweil wacker ihre Schuldigkeit.

Jahrhunderte hindurch hatte Oderland unter dem roten Rade
der Uchtenhagen sich wohl befunden, da neigte sich das stolze Ge=
schlecht seinem Untergange entgegen. Hansen von Uchtenhagen, dem
einzigen Überlebenden von zehn Geschwistern, schenkte sein Ehe=
gemahl einen Sohn, den Letzten seines Stammes, dessen rührende
Gestalt die Sage in ihr schönstes Gewand gehüllt hat. Nach Jung=
Kaspars reichem Erbe trachtete ein ruchloser Verwandter und reichte
dem Kinde, da es viertehalb Jahre alt war, eine mit höllischem
Gift getränkte Birne. Arglos genoß der Knabe die todbringende
Frucht, trotzdem sein Bolognejerhündchen warnend und bittend ängst=
lich an ihm emporsprang. Von diesem Tage an siechte Kaspar
langsam hin, und es konnte ihm keine menschliche Kunst mehr
helfen. Er ward in der Gruft seiner Väter, in der Nikolaikirche
zu Freienwalde, beigesetzt. Rosmarin schmückte sein blasses Köpfchen,
über dem weißen Sterbehemd hielt er die Hände gefaltet, und um
den Hals hing ein schwarzes Sammetband, daran ein Medaillon
mit einem verborgenen Zettelchen dieses Inhalts: „Psalm 63, 10."
(Sie stehen nach meiner Seele, mich zu überfallen.)

So ist die kleine Leiche auch auf einem Gemälde in der Kirche
abgebildet, und so fand man sie, als 1833 bei einem Umbau die
Eichensärge der Uchtenhagen das Sonnenlicht wiedersahen.

Bald nach dem 1603 erfolgten Tode ihres Lieblings folgte ihm
die Mutter ins Grab, 15 Jahre später sein Vater, Hans von Uchten=
hagen, nachdem er sein Land und sein ganzes Besitztum dem Kur=
fürsten abgetreten und so die finsteren Pläne der Giftmischer dennoch

bereitet hatte. Noch in unseren Tagen aber sieht man zur zwölften Stunde in der Tag- und Nachtgleiche die Fenster der Nikolaikirche zu Freienwalde blutigrot erglühen, und durch das Gewölbe schreitet langsam im weißen Gewande, den Rosmarinkranz auf dem rötlichen Haar, das Medaillon fest mit beiden kleinen Händen umklammert, Kaspar von Uchtenhagen und spricht leise vor sich hin:

Alle Liebe ist nicht stark genug,
ich muß schon sterben und bin noch so jung!

Im Gedächtnis des Volkes leben, von der Sage über den Ahnherrn und den kleinen Kaspar abgesehen, die Uchtenhagen eigentümlicherweise nicht sehr glanzvoll fort. Ihr großer Reichtum hat den Anstoß dazu gegeben, daß man nach und nach im „alten Kietz" von Freienwalde, wo zur Winterszeit die grausen Märchen erzählt werden, anfing, geizige Schatzhüter und Mammonsknechte in ihnen zu sehen.

Den Kietzern galten die Uchtenhagen als Raubritter. Ihr Verkehr mit bösen Geistern ist offenkundig, und im Schloßberg liegt Gold und Edelgestein die Menge verborgen. Ein Uchtenhagen hat seinem eigenen Begräbnis aus dem obersten Fenster der Burg zugesehen und laut und höhnisch dabei gelacht; ein anderer verstand die höllische Kunst, auf einem Besen durch die Luft zu fahren und sich so mit Satans Hilfe zu retten, wenn die Burg vom Feinde erstürmt worden war. Den Schatz im Schloßberge zu heben ist noch niemandem gelungen, und nachdem manch waghalsiges junges Blut sein Leben dabei eingebüßt hatte, unterließ man weitere Versuche ganz. Es haftet kein Segen an den Schätzen im Schloßberge. Ein Schustergesell, der von Dannenberg hergezogen kam, verlor im Dickicht den Weg und dankte seinem Schöpfer, als er endlich nach stundenlangem Umherirren in der verschneiten Winternacht auf einem nahen Berge Licht aufblitzen sah. Freudig stieg er die Höhe hinauf, wo ein von Gold und Marmor funkelndes Schloß seinen erstaunten Blicken sich zeigte. Aber dreist und gottesfürchtig, wie jeder Handwerksbursche, klopfte er an das Tor, und da ihm niemand öffnete, trat er ein. Lange Korridore durchwandernd, sah er endlich in einem prachtvollen Zimmer zwei schwarze Herren am Tisch sitzen, von denen der eine Gold zählte und mit lauter Stimme große Summen nannte, während der andere sie in ein dickleibiges Buch schrieb. „Du kommst zu guter Stunde," sagte der erste Herr (er trug eine Maske vorm Gesicht, eine Perücke und Handschuhe an den dünnen Fingern); „wir haben eben das Gold fertig gezählt, nun sollen noch die Kreuzer dran, und das kann nur ein rechter Christenmensch. Hilf uns dabei!" Das ließ sich der Bursch nicht zweimal sagen; er zählte ununterbrochen neun Tage und neun Nächte, und als er fertig war, lachte der maskierte Herr vergnügt auf und reichte ihm zum Danke die Hand — hu, eiskalt wie Totengebein lagen dem Gesellen die dürren Knochen in der Rechten. Auf vieles Bitten und Zureden schenkten sie ihm beim Abschied für seine Bemühungen einen Silbergroschen. Froh jedoch, von der unheimlichen Gesellschaft loszukommen, steckte er den kärglichen Lohn ein und trollte sich heimwärts, nach Bernau. Den Gespenstergroschen wollte er als Andenken behalten und kaufte deshalb in Falkenberg nur für einige übriggebliebene Heller Bier; wer beschreibt aber sein Erstaunen, als er, auf der Landstraße von ungefähr in die Tasche greifend, außer dem Groschen noch zwei blitzblanke Dreier vorfand. Da ging ihm ein Licht auf — der Silbergroschen war ein Heckepfennig, und solange er ihn in der Tasche trug, so lange kehrte alles ausgegebene Geld wieder! — In Bernau fand er Vater und Mutter gestorben, viele seiner alten Freunde erkannten ihn nicht wieder, und es ward ihm klar, daß er statt neun Tage neun Jahre im Schloßberg verweilt hatte. Nun, was tat's, das Entgelt blieb ansehnlich genug. Er begann lustig in Saus und Braus zu leben, schlemmte und schlampampte von einem Morgen bis zum andern, ward ein Säufer und Spieler, und als er einstmals „im kolossalsten Brand" die Zeche bezahlte, gab er den Heckepfennig versehentlich mit aus. Von Stund' an ging's mit ihm bergab, der Geldquell versiegte, und er verdarb im tiefen Elend.

Der Lichtenhagen Ausgang.
Von Willibald Alexis.

„Wohin die Flucht, Hauptmann?" pochte der Törringer, denn davon hatten sie gesprochen. „Rechts gen Spandow oder links von Brietzen?"

Der Hauptmann hatte sich im Steigbügel aufrecht erhoben und mit sicherm Blick umgeschaut: „Wohin jeden sein Pferd trägt," antwortete er ebenso ruhig. „Lebt wohl, ihr Herren. Mancher von uns sah wohl hier den andern zum letztenmal."

„Ist das Euer letzt' Wort, Herr Feldhauptmann?" sprach ihn der Uchtenhagen an. „Wer soll denn das Feld halten?" „Das mögen Narren tun. Hier ist nichts zu halten," erwiderte der Hauptmann.

Zornig faßte der Uchtenhagen den Zaum seines Rosses: „Das ist ein schlecht Wort von einem Feldhauptmann. Der Markgraf flieht. Mein Gott, es muß doch einer den Paß schützen."

Zum Antworten war nicht Zeit. Wie Schaum über der Welle, und sie treibt ihn, jagte Herzog Ludewig mit den beiden Rittern heran, und hinter ihm die Feindesschwärme, nur um einen Speerwurf entfernt. Als eine Herde Rinder von Wölfen gescheucht, stürzten sie in den tiefen Hohlweg, einige voraus, die meisten hinter dem Fürsten. Da war keine Ordnung. Die Schilde krachten, die Rüstungen klirrten, Speere und Schienen brachen. Mancher kam zu Schaden und bügellos drüben aufs Feld. Wußte keiner was vom andern, und sprach keiner ein Wort.

Das ward eine Nacht, als sie zu solcher Flucht sich schickt, die Winde heulten zwischen den Wolken, und wenn sie schwiegen, ballten sich die schwarzen Wolkensäcke und warfen dicke Schneeflocken, der stiebte bald so dicht, daß man die Hand nicht vorm Aug' sehen konnte.

Am Hohlweg ging's heiß her. Nicht alle waren, als ein Strom durch die Schleusen, fortgesprengt. Die vordersten der Feinde trafen ihrer noch, wenige nur, aber Männer. Stahl klirrte gegen Stahl, und Speere splitterten.

Aber ehe der volle Feindesschwarm anprallte, die paar zu erdrücken, warf sich die Nacht dazwischen. Eine zwiefache Nacht. Die schwarzen Bäuche der Schneewolken barsten und warfen solche dichte Flocken nieder, daß keiner das eigene Schwert sah. Auf eine Weil' schwieg der Kampf. Die Trompeten riefen die Feinde zurück, daß sie sich zum Angriff ordneten. Ihre Führer mochten denken, es seien dort mehr.

„Vater, itzt rette dich," sagte ein junger Knappe und faßte des alten Uchtenhagen Roß am Zaum und wollte es umdrehen. „Sie reiten zurück; das ist uns günstig."

Der Alte riß sich zornig los: „Das redet nicht Uchtenhagens Sohn."

Kuno war kaum achtzehn Jahre; das gelbe Haar floß ihm um die Schultern aus dem Helm vor. Sein milchweiß Gesicht ward blutrot.

„Herrgott, mein lieber Herr, Euer Sohn rät gut," sagte ein Mann, der hieß Eisenhardt, ein Dienstmann der Achtenhagen. „Den Platz halten wir nimmer, und ist nichts zu holen als eitel Tod. Aber so wir itzt die Rosse wenden und ihnen die Sporen geben, hilft uns Gott wohl."

„Uns! Aber nicht unserm Markgrafen. Ist da einer hinter euch, der will, daß sie ihn Verräter schelten, der wende sein Pferd. Ich entlaß ihn der Pflicht, so er gegen mich hat; aber so es mein Sohn wär', der nenne fürder mich nicht Vater. Und falle ich, so soll er nicht an meinem Sarge stehn."

Ulrich Pfuel, der war den Achtenhagen nah verwandt, und ist ihr Nachbar, er sagte: „Alter Freund, was nutzt es! Gott zeigt uns selbst den Weg der Rettung."

„Und denen drüben, wo sie unsern Herrn suchen. Als lang ich seines Rosses Hufschlag höre, will ich hier stehen, und noch eine Weil'."

„Er hat uns verlassen."

„So der Herr schlecht ist, soll's der Diener auch sein?"

„Denkt, was Ihr dort im Oberhäuslein zu mir spracht."

„Herr Ulrich Pfuel, mein lieber Schwager, so ich damals zweifelte, hier ist's nicht Zeit zum zweifeln, hier ist's zum treu sein. Ich schwor dem Ludewig, und so's ein schlechter Schwur war, wär' ich doch ein schlechter Mann, so ich ihn bräche im Unglück. Ihr meine Söhne und ihr Freunde! als der Schnee weiß niederfällt, so weiß sind meine Haare; so rein ist mein Wappenschild; so rein als Gott der Herr will, wünscht ich, daß meine Seele sei. Und so rein möcht' ich in den Tod gehen. Wer's mit mir will, der schlage an, wer's nicht will, der reite heimlich davon, will ihn nicht sehn, noch je verraten; denn eines toten Mannes Zunge ist still."

Keiner antwortete, keiner ritt fort, sie schlugen gegen ihre Schilde. Es war kein Klang, der weit widerhallte, aber ein Klang war's doch, der stählte ihre Herzen.

Die Drommeter drüben antworteten. Das tönte anders von Stahl und Eisen, von Zaum und Zügel und Rosseschnauben. Nicht zwanzig Atemzüge vergingen, und die Lanzenspitzen klirrten gegen Panzer und Schild. Aber nach wieder zwanzig Atemzügen machten die Rosse kehrt; wer kämpft gegen den Schnee, der dicht ist als die Luft, und der heulende Wind treibt ihn durch die Helmgitter ins Auge?

„Gott sei gnädig seiner Seele!" sagte Ulrich Pfuel, der hielt den Knappen Kuno in den Armen; von der andern Seite stützte ihn der treue Eisenhardt. Dem Knaben war die Stahlhaube vom Kopfe geschlagen, hing blaß mit dem Kinn über auf der Helmberge, seine goldenen Locken klebten voll Blut. So schleppten sie ihn zurück und legten ihn auf einen Stein. Er war der erste gewesen zwischen den Feinden und hatte einen riesigen Mann vom Pferd geschlagen. Da spaltete ihm die Streitaxt den Helm.

„Vater," sagte er, da er das Auge aufschlug, „nun bin ich doch Uchtenhagens Sohn?"

„Bist's," sagte der Alte und drückte seine Hand. Einen Augenblick beugte er sich über ihn, mehr war zum Trauern nicht Zeit.

Wer da die Männer gesehen in dem Augenblick, hätte gemeint, es seien Steinbilder, die über Gräbern stehen. Ihres wurde doch erst gegraben. Die müden Krieger, die Hände faltend auf das Schwert, und dicker Schnee lagerte auf ihren Schultern.

Da schüttelte sich Dietrich, des Alten anderer Sohn, und faßte Helmecks Arm, der der zweite Bruder war. Zorn leuchtete in seinem Aug': „Vater, laß uns ihn rächen, ich sah's, wer ihn erschlug."

„Nicht Rache, Sohn!" sagte der Alte. „Wir sind nicht hier um uns. Nicht unser Herz ist hier, nur unsre Pflicht."

Wie Ulrich Pfuel sah, daß dem Alten das Herz brach, als er so sprach, und neben ihm seine einzigen Söhne, die er liebte und die er anschaute, als wären sie schon gestorben, da winkte er dem Eisenhardt, und sie beide traten den Alten an: „Laßt uns nun hier allein stehen, gnädiger Herr," sagte der Dienstmann. „Ein Weil' halten wir noch den Paß, so wir uns hineinziehen, und oben vom Gemäuer wälzen wir Steine. Ihr aber reitet fort mit den zween Söhnen, so Euch blieben."

„Das müßt Ihr tun, um Eures edlen Hauses willen," sagte Ulrich Pfuel; „denn Ihr habt genug getan."

„Vater, reite!" drängten ihn die Söhne.

„Da sei Gott für," rief der alte Uchtenhagen, „daß ich, was eines Edlen ist, Dienstleuten überlasse."

„Herr, mein Gott," rief der Pfuel, „der Bayer verdient nicht solche Treu' um uns."

„Aber wir, daß wir uns selbst treu sind! Das ist des Adels Pflicht, daß er besser ist als die andern. Er muß mehr tun, sonst ist er weniger als sie. Wahrlich, ich sage euch, es tut uns not, daß wir den Rost kehren von unsern Wappenschilden, daß wir den Stahl hell leuchten lassen, sonst glauben sie nicht, daß er echt war."

— „Ihr, meine lieben Söhne!" sagte er nun zu denen, da er sich wieder aufs Roß heben ließ — „Euch gebe ich's frei, wollt ihr gehen oder bleiben? Ihr setzt mein Geschlecht fort, und es ist ein wehrhaft gut Geschlecht: das hat als Markhüter an der Oder gestritten gegen die Slawen zween Jahrhunderte. Fallt ihr mit mir, dann sinkt mein Haus ins Grab. Aber es liegt dort mit Ehren. Besser, mein' ich, begraben sein mit guter Ehre, als fortleben mit bösem Leumund."

Die Söhne jauchzten, riefen: „Mit dir sterben in Ehren, Vater!"

Da breitete er segnend die Hände aus und drückte jeden auf die Stirn. Zu mehr war nicht Zeit. Es sauste heran, und ein Bolzenschauer hagelte durch den Schnee. Was klirrten die Harnische, was ward der Schnee rot von edlem Blut!

Als der Tag dämmerte und der Morgen rötete bläßlich die Wolken im Osten, schwieg der Sturm, auch der Kriegslärm toste nicht mehr. Da standen viel hundert Krieger stumm als Trauernde auf ihre Lanzen gelehnt, und sahen das Werk an, das sie verrichtet. Manchem edlen Manne ward die Wimper feucht. Sie standen am Hohlweg, und hundert Arme hätten lange arbeiten müssen, ehe sie durch konnten, ob doch kein Lebendiger ihnen wehrte. Der Weg lag voll Trümmer, so die von der Kapelle, der alten oben, hinunter gewälzt, ganze Mauerstücke, Balken, Sparren und Bäume, und darum lagen Pferdeleiber und auf den Trümmern tote Männer. Und auf den Trümmern, den Balken und den Leichen lag Schnee; da nur weniger, da handdick, da noch mehr.

„Lebt keiner mehr?" fragte der junge Führer.

„Keiner," antworteten sie.

Und nun brach die Sonne vor und leuchtete das weiße Schlachtfeld an. Oben saß noch einer, aufrecht an einem abgebrochenen Stück Mauer. Der Helm war ihm vom Kopf gefallen, das greise Haupt lehnt an der Blende, und über ihm schaute die Jungfrau Maria auf ihn nieder. Der Arm lag matt auf der Mauer, aber den Degen hielt die kalte Hand noch fest. Sein Auge war groß auf, als da er von hier befehligte und acht hatte auf alles; aber es glänzte nicht mehr.

„Der alte Uchtenhagen!" riefen sie.

„Einen vollen Beutel dem Meister," rief der junge Graf von Anhalt, „wer mir den wackern Krieger genesen macht."

Die hinaufgeklettert, schüttelten den Kopf. „Den lasse Gott genesen am Jüngsten Tag!"

Da sie ihn heruntertrugen, hielt der Tote noch immer den Degen fest und ritzte eines Hand, der zu nah kam.

„Der ist im Tod noch furchtbar," lächelte ein dritter.

„Und treu!" sagte der Graf von Anhalt.

„Da floß ein edel Blut hin," sagte er noch, aber sie fanden keine Wunde am alten Mann, als sie den Harnisch losschnallten. Hatte ihn der kalte Todesschlag getroffen von großer Anstrengung; auch wohl vor großem Schmerz, da er alle seine Söhne sterben sah vor sich. Aber er hatte keine Träne geweint.

Die edlen Herren standen still betend vor ihm. Da rieselte es rot aus dem Schnee vor, denn die weiße Decke hatte das Blut versteckt, das hier geflossen, und itzt hoben sie die Leichen der beiden Brüder auf. Aus deren Wunden kam's. Der Graf von Anhalt zog sein Tüchlein vor und taucht' es in das Blut.

„Das ist ein köstlicher Quell, der Brunnen der Treue!"

Die Hauptleute trieben die Kriegsknechte an, daß sie den Weg rein machten.

„So wir die Rosse anspornen," sagte einer zum Grafen, „holen wir doch noch den Ludewig ein vor Mittag, denn der Schnee zeigt uns die Fährte zur edlen Jagd."

„Nimmer das!" rief der Graf. „Seht Ihr nicht, daß dieser Mann mit seinem Tode und seiner Söhne das Leben des Bayern erkauft hat? Das ist sein Testament, mit edelstem Blut geschrieben. Das müssen wir heilig halten. Laßt ihn laufen, wohin er mag. Uns liegt ein besser Werk ob, daß wir mit Ehren bestatten, die hier mit Ehren starben. Aber ihn komme es, den Landesverderber, das edelste Blut, das für ihn floß. Unser Werk ist's, aber sein ist die Schuld."

Da legten sie die vier Leichen nebeneinander auf Kieferästen, des Vaters und seiner drei Söhne; der Fürst und die Herren schüttelten ihnen die Hände. Auch Ulrich Pfuels Leiche, die war ganz zerhackt, und die des treuen Eisenhardt und der andern. Wie mancher Mann von den Kriegern fand hier seinen Freund; dem hätte er lieber lebendig die Hand geschüttelt und sein letztes Hab mit ihm geteilt. So geht's im Bürgerkrieg. Da rühmten sie die Toten, und die härtesten Männer weinten.

Dann, nach Kriegesart, gruben sie drei Gräber nebeneinander, ein Priester segnete die Toten, und sie legten sie hinein in die kühle Erde. Den Vater und seine drei Söhne in eines, das hieß noch lange nachher der Uchtenhagen Grab. Und zu Füßen ihnen den treuen Eisenhardt; den wollten sie auch im Tode nicht von denen trennen, von denen er im Leben nimmer wich. Aber dem alten Uchtenhagen ließen sie den Degen in der Hand. Die Priester wollten das nicht, denn zur ewigen Urständ vor Gott schicke sich nicht, daß einer mit dem Degen komme. Aber er hielt den Griff so fest, sie hätten die Handgelenke brechen müssen. Da meinten die Fürsten, Gott wird's ihm nicht verargen, er war kein Rebell gegen den Herrn im Himmel, als er keiner war gegen seinen auf Erden. Und das Schwert hat er immer mit Ehren geführt im Leben, also wird's ihm auch jenseits keine Schande sein. Die Priester murrten wohl, aber sie mußten's doch zulassen. W. Alexis, Der falsche Waldemar.

Die Anfänge märkischer Eiseninduftrie.
Von Siegfried Passow.

Am 13. Mai 1735 erteilte Friedrich der Große dem Berliner Kaufmann und Weinhändler Konrad Georg Schürmann eine Konzession zur Gründung einer Kleineisen- und Drahtfabrik. Falls sie binnen zwei Jahren imstande wäre, das Land mit guten und billigen Weinen zu versorgen, sollte dem Unternehmer ein privilegium privatum auf 20 Jahre für die Kurmark erteilt werden, doch wurde ihm gleich bedeutet, daß er auf ein Einfuhrverbot oder höheren Zoll für auswärtigen Draht durchaus nicht zu rechnen habe. Schürmann erbat die unentgeltliche Überweisung eines Platzes vor dem Hallischen Tore in Berlin zur Anlage seiner Fabrik; da aber dieser, wie auch eine Stelle vor dem Potsdamer Tore, für den Zweck nicht erhältlich war, beantragte er am 23. Dezember 1735, daß ihm der sogenannte Wolfswinkel bei Eberswalde überlassen würde, wogegen aber die dortigen königlichen Fabriken protestierten. Endlich wurde ihm am 18. Mai 1736 ein Platz bei Niederfinow unter Zustimmung des Amtes Chorin und der Gemeinde Niederfinow erblich verschrieben. Eine Verzögerung erfuhr der Bau durch die Bedenken der Kanalverwaltung, welche dem Fabrikanten eine Reihe von Bedingungen stellte, damit die Schiffahrt nicht etwa durch das Etablissement gehindert würde. Nachdem diese Schwierigkeiten beseitigt waren, wurden am 17. August die nötigen Baumaterialien im Werte von 1250 Talern 17 Groschen vom Generaldirektorium angewiesen, und so entstand unter königlicher Beihilse dicht an der Niederfinower Schleuse eine Drahtfabrik, welche das eine Frei= archen=Gerönne des Finowkanals als Wasserkraft benutzte. Es ge= lang Schürmann, für seine Rohmaterialien die Akzise=, Zoll= und Schleusenfreiheit sich zu erwirken, auch machte er sich anheischig, dem inländischen Eisen dieselbe Güte zu geben, wie dem für teures Geld aus Schweden bezogenen Erz. Seine Versuche glückten in= dessen nicht, und er sah sich genötigt, für die zur Drahtgewinnung nicht geeigneten Reste des schwedischen Eisens anderweitige Ver= wertung zu suchen. Am 2. Januar 1760 beklagte er sich bei der Kammer, daß er für 4000 Taler Eisenabfälle zu lagern habe; er plante deshalb, diese zu Schiffs=, Huf= und anderen Nägeln ver= arbeiten zu lassen und also mit der Eisendrahthütte eine Nagel= fabrik zu verbinden. Kaum erfuhr das Nagelschmiedegewerk in Berlin von dieser Absicht, als es sich aufs äußerste dagegen erklärte. Sie müßten alle zugrunde gehen und würden als lasttragende Bürger außerstand gesetzt werden, ihre onera abzuführen. Der Magistrat der Hauptstadt trat auf die Seite des Gewerkes, und das Gesuch Schürmanns wurde am 23. Dezember 1760 gänzlich abgewiesen. Dieser ließ aber den Mut nicht sinken und verfolgte sein Vorhaben hartnäckig weiter, obwohl die Nagelschmiede und die Stadtväter Berlins es heftig bekämpften. Er erreichte es dann wirklich, daß ihm die Fabrikation von Huf= und Schiffsnägeln, später auch von solchen Nägeln gestattet wurde, die bis dahin vom Auslande her eingeführt worden waren.

Schon während des Baues der Fabrik war der Baron von Verne= zobre mit dem Berliner Kaufmann in Verbindung gekommen; die Tornower Feilenfabrik, die durch eine Nagelschmiede ersetzt wurde, verdankte offenbar dieser Beziehung ihre Entstehung. Mit einer Kapitaleinlage von 6000 Talern beteiligte sich Vernezobre an dem Draht= und Nagelwerk und schloß in der Folge 1758 eine förmliche Sozietät mit Schürmann, der im Jahre 1762 starb. Von nun an führte der Baron allein den Betrieb weiter und nannte das Eta= blissement nach seiner dritten Gemahlin, Sophie von Rheinsahrt, Sophienhaus.

Der Magistrat von Berlin legte sich alsbald erneut für die Nagel= schmiede ein, denen durch die Schürmannsche Fabrik der größte Ein= trag geschehe, und bat, die erteilten Konzessionen und Privilegien nicht auf den Baron zu übertragen. Das Gewerk aber wandte sich direkt an diesen mit dem Hinweise, daß er keinen sonderlichen Nutzen und Vorteil von der Fabrik genießen, sondern nur viele Unruhe und Verlegenheit davon haben werde. Was für Vernezobre nur eine Bagatellsache wäre, bedeute für sie eine Lebensfrage; sie würden dadurch in ihrer Nahrung sehr gehemmt und müßten mit Frau und Kindern in Not und Kummer über den ihnen zuwachsenden Verlust seufzen und klagen. Sie baten daher geradezu um Aufhebung der Fabrik und erklärten sich bereit, dem Baron das etwa vorrätige Eisen abzunehmen. Dieser ging natürlich auf das sehr naive Ansinnen nicht ein, sondern trat schon zur Rettung seiner nach und nach an das Werk gewendeten Kapitalien in Höhe von etwa 21000 Talern in die Rechte des verstorbenen Schürmann ein und setzte sich mit dessen Erben auseinander. Als sie ihm unerhörte Forderungen stellten und die Auszahlung von 30000 Talern verlangten, obwohl die ganze Fabrik nur einen Wert von 33543 Talern repräsentierte, wies Vernezobre das Ansinnen mit der Wendung ab: „Wo wollte ich heraus! Gott sei Dank, ich kann noch besser rechnen. Ich weiß auch, daß ein Dreier drei Pfennige gilt."

Die Verhandlungen mit der Familie des Vorbesitzers zogen sich in die Länge; auch das Amt Chorin mischte sich hinein und suchte zu hintertreiben, daß Vernezobre Besitzer der Fabrik würde, weil alsdann die dortigen Arbeiter ihr Bier und Branntwein von ihm beziehen müßten, worunter Seiner Königlichen Majestät Allerhöchstes Interesse sehr leiden dürfte. Der Amtsrat Meyer machte deshalb den Vorschlag, daß der König die Draht- und Nagelfabrik ankaufen und dem Amte Chorin als Pertinenz zulegen möchte. Am 19. April 1765 kam endlich ein Vergleich mit den Schürmannschen Erben zustande, die Choriner Ansprüche wurden nicht berücksichtigt, und der Baron wurde gegen Auszahlung von 4500 Talern Alleineigentümer des Werkes, das ihm viel Sorge und Mühe bereiten sollte.

Es mußten erneute Beschwerden der Schwarz- und Weiß-Nagelschmiede, die sich „mit der entsindlichsten Wehmut" über die Vernezobresche Konkurrenz beklagten, zurückgewiesen werden. Die Kanalverwaltung rügte es, daß der Betrieb der Fabrik die Passage hindere; die Zoll- und Steuerabfertigung der Waren brachte mancherlei Ärger mit sich; kleinliche Streitigkeiten mit Niederfinow, dem Amt Chorin und der Ragöfer Mühle kamen hinzu.

Trotzdem blühte das Unternehmen auf, das unter der tüchtigen Leitung des Faktors Nagel stand und 20 Personen beschäftigte. In Berlin wurde eine Niederlage eingerichtet, während in den Städten Eberswalde, Freienwalde, Wriezen, Schwedt, Küstrin, Landsberg, Driesen, Prenzlau und Stargard einheimische Kaufleute und Handwerker den Vertrieb der Produkte des Barons übernahmen. Auch in Stettin und Halle wurden Depots angelegt. Da versuchten die brandenburgischen Städte den adligen Fabrikanten dadurch zu schädigen, daß sie behaupteten, es herrsche Mangel an Draht im Lande, dem dadurch abzuhelfen sei, wenn Vernezobre in einer größeren Zahl von Städten eigentliche Niederlagen errichte. Dieser, der sehr wohl wußte, daß der Drahtumsatz nicht groß genug war, um die Kosten von Ladenmiete, Ausstattung und Personal an vielen Orten zu decken, wehrte sich gegen obige Zumutung und stellte den Städten das wohl nicht ungerechtfertigte Zeugnis aus, daß sie ihm nur Schikanen machen und suchen wollten, „wie gewöhnlich alle Neuerungen von sich abzulehnen".

Da der Grund und Boden, auf dem die Fabrik stand, zum Teil vordem zu Niederfinow gehört hatte, so mußten die Drahtzieher ihr Brotkorn auf der Ragöser Mühle, die eine Meile entfernt lag, mahlen lassen, obwohl die Hohenfinower Wassermühle unmittelbar vor ihrer Türe lag. Ebenso wurde die im Interesse der Werkleute erfolgte Errichtung eines neuen Kruges am „steiffen" (Struwen=)Berge von Chorin aus hintertrieben. Erst nach einem scharfen Kampfe mit dem Eberswalder Superintendenten gelang es dem Baron, zu erwirken, daß seine Hüttenleute, die sämtlich auf seinem Territorium wohnten, von dem Kirchzwang in Niederfinow befreit und nach Hohenfinow eingepfarrt wurden.

Infolge der Mißhelligkeiten, die sich aus der unglücklichen Lage des Etablissements ergaben, entschloß sich Vernezobre zur Verlegung nach Karlswerk, wo ihm dicht neben seiner Krappmühle ausreichende Wasserkraft sogar für eine vergrößerte Fabrik zur Verfügung stand. Die darauf abzielenden Verhandlungen begannen schon 1770. Die Übersiedlung der Nagelfabrik, die bedeutende Neuausgaben verursachte, ist tatsächlich alsbald erfolgt. Der Drahthammer blieb einstweilen in Sophienhaus. Der Gewinn aus beiden Werken war außerordentlich gering, zumal die Verwendung minderwertigen Eisens den guten Ruf der Fabrik schädigte. Die wohlmeinende Absicht des Generaldirektoriums, die Deckung des gesamten Drahtbedarfes der Kurmark dem Freiherrn von Bernezobre zu übertragen, erwies sich bei dieser Sachlage als unausführbar, und seine Erben bezeichneten nachmals die Gründungen in Sophienhaus und Karlswerk als einen Abgrund, welcher ein Kapital nach dem andern verschlungen hätte.

G. Passow, Ein märkischer Rittersitz. Aus der Orts- und Familien-Chronik eines Dorfes. Eberswalde, Rudolf Schmidt.

Phot. J. Albert Schwartz, Berlin.
Bernau.

Von Bernau zum Liepnitzsee.

Albrecht der Bär jagte um 1140 in den Liepnitzforsten, und weil die Sonne heiß auf den Kiefernwald niederbrannte, ward ihm schier durstig zu Sinnen. Als daher der Wirt des Heidekruges untertänigst mit einer Kanne selbstgebrauten, schäumenden Bieres an den Fürsten herantrat, schlürfte der Askanier den kühlen Labetrunk mit nicht geringem Behagen. Sein begeisterter Dank ging so weit, daß er eine Stadt an dieser Stelle zu bauen beschloß und die Einwohner dreier benachbarter Dörfer zwang, sich in „Bernau" anzusiedeln. Man hört von der jungen Gründung erst 1232 wieder, wo ihr das Stadtrecht verliehen wurde. Danach gelangte sie zu hohem Ansehen, umgab sich mit Wall- und Ringmauer, deren imponierende Reste noch heute den Fremdling erfreuen, und trotzte mutig allen Feinden. Es waren ihrer nicht wenig; wenn ein Kriegsheer in die Mark fiel, suchte es sich immer Bernaus zu versichern. Aber mit blutigen Köpfen wurden sie allesamt heimgeschickt, Pommern sowohl wie Schweden; auch die Quitzows vergeudeten umsonst ihre Kraft vor diesen ragenden Mauern. Der herrlichste Triumph aber blieb der markigen Bürgerschaft bis Anno 1432 aufgespart, wo die gefürchteten Hussiten in hellen Haufen vor das nun leider abgetragene Mühlentor zogen.

Kurfürst Friedrich I. hatte als Kriegshauptmann Sigismunds die kaiserlichen Völker wider die Böhmen geführt, und um sich blutig an ihm zu rächen, durchstreifte ein Korps von Mordbrennern und Plünderern unter Koska sein Brandenburg. Grauen und Entsetzen eilte vor ihnen her, und obgleich die Hussiten selbst unter den Beschwerden des Marsches furchtbar gelitten hatten und arg heruntergekommen waren, schreckte doch ihr trotz aller Niederlagen noch bedeutender Kriegsruf die kurfürstlichen Lande gewaltig. Alles um sich her niedersengend, belagerten sie mit wüstem Getümmel Bernau. Aber hier zerschellte ihre Macht und die wildbrandende Flut ihres Hasses. Die Bürger hielten auf den hohen Mauern getreulich Wacht, wichen und wankten nicht; alle Sturmangriffe des Feindes wurden abgeschlagen, und als sie einen letzten verzweifelten Vorstoß wagten, griffen auch die Bernauer Frauen und Jungfrauen in den Kampf ein und schütteten den Stürmern und Drängern siedendheißen Brei auf die dicken böhmischen Schädel, bis sie vom Berennen der Stadt abließen und sich davon machten.

Soweit meldet verbürgte Geschichte Bernaus Ruhm. Aber die Chronisten auf dem Stadthause begnügten sich nicht mit so bescheidenem und doch ehrenvollem Triumph; sie ließen den Hussiten noch eine Schlacht auf dem (von massenhaft vergossenem Blute) „roten Feld" bei Bernau liefern und sie insgesamt jämmerlich umbringen. Ein Bernauer Bierbrauer nämlich, erzählt die Sage, verstand es, die Feinde in den Glauben zu versetzen, er wäre mit ihnen im Einverständnis, und sandte ihnen nächtlicherweile mehrere große Wagen mit Bier, daran sie sich's nach des Tages Last und Mühen wohl sein ließen. Das Bernauer Bier, der Stadt Stolz und liebtes Kind, war an sich schon reich und schwer an Stammwürze, der Hussitenfreund aber hatte in diesem besonderen Falle noch gehörige Mengen Giftkrautes, „Trunkeknecht und Trunkeweizen (Triticum temulentum)" hinzugeschüttet, und als dann die ausgedörrten

Koskaner über das Teufelsbräu herfielen, lagen sie nach kurzer Zeit berauscht am Boden. Und nun stürmten die tapferen Bernauer zu ihren Toren hinaus, über die Belagerer her, und mordeten so erbarmungslos, daß nur einer über die Panke entrann und die Schreckensmär nach Boheimb bringen konnte. Wer's nicht glaubt, der lasse sich die Schlüssel zum Hussitenturm geben und steige die sich durch das Mauerwerk windende dunkle Treppe hinan zur schmucken Rüstkammer, wo die Wände mit alten, hübsch blank geputzten Rüstungen bedeckt sind, mit mittelalterlichen Waffen allerart, die man nach der Schlacht auf dem roten Felde aufgelesen haben will. Selbst Koskas Kriegswaffe, deren künstliches Schloß Bewunderung verdient, findet sich hier. Fahnen und Kupferstiche sind zu sehen, in den Fensternischen liegen beängstigend große Steinkugeln aufgehäuft; ein hübscher Kronleuchter, der früher die Vertreter der Stadt erhellte, ziert die Decke. Etwas wunderlich nimmt sich in dieser Umgebung Fausts gedankenschweres Wort aus:

„Was du ererbt von deinen Vätern hast,
erwirb es, um es zu besitzen."

Von der Rüstkammer geht's aus finsteren Steigen und schwankenden Leitern zum zweiten Wachtturm, dessen Zinne ein Storchnest krönt; der Blick ins Land ist von hier aus bemerkenswert hübsch. Sonst sieht man in dem Turm noch unterschiedliche Holzsäbel und Papphellebarden, die man 1882 gebrauchte anläßlich der Feier des 450. Jahrestages der Hussitenvertreibung.

Das erhaltene Mauerwerk ist von recht beachtenswerter Ausdehnung und Stärke; die Turmmauern sind 2 m dick, die Ringmauern an vielen Stellen 1,85 m; einzelne Steine wiegen elf Pfund und mehr. Bernaus Magistrat pflegt und erhält die Überreste einer großen Vergangenheit mit erfreulicher Pietät; die traurigen Zeiten sind vorüber, wo man Geschichtsdenkmäler niederriß, um Material zum Chausseebau zu gewinnen. Bernau weiß ja auch, daß Mauer und Wall sein höchster Schmuck sind, daß es ohne diese Kleinodien herzlich unbedeutend, fast interesselos wäre. So wird denn durch verständige und maßvolle Erneuerungen dafür gesorgt, daß die Verwitterung nicht allzu große Fortschritte macht; eifersüchtig hütet man die Türme und ihren Inhalt, jedes Stück Blech ist darin zu Protokoll genommen. · Und als die Berliner Zeughausverwaltung 1500 Mark für eine Rüstung zahlen wollte, lehnten die selbstbewußten Bernauer das lockende Anerbieten rundweg ab. Brav so.

Von hoher Bedeutung für die Geschichte der Stadt ist ihre alte Kirche, deren hübscher Bilderschmuck teils Szenen aus dem Lebensgang des Heilandes, von mittelalterlichen Meistern gemalt, darstellt, teils sich mit den hervorragenden Häuptern der Stadt beschäftigt. Die Gemälde zeigen fast ausnahmslos eine geistvoll-naive Kunst des Symbolisierens und ergreifen mächtig das Herz des Beschauers. Von Kunstverständigen werden sie übrigens mit Recht sehr hochgeschätzt. Die Perle unter ihnen ist wohl ein trefflicher Lukas Cranach.

Im Turm die Glocke, unter dem Namen die Bürgerglocke bekannt, verdankt ihre Entstehung der Freigebigkeit des Bernauertums; als sie gegossen werden sollte, tat jeder Einwohner etwas Gold oder Silber, je nach Vermögen, in die Glockenspeise. Nur ein greises Mütterlein, zu arm, edles Metall zu schenken, stand abseits, und als man sie aufforderte, auch ihren Opfermut zu beweisen, antwortete die Alte, daß ihr irdisches Gut zwar mangle, sie aber etwas schenken würde, daraus die Stadt größeren Nutzen ziehen möchte, als aus den prunkenden Gaben der anderen. Und als sie das sagte, zog sie eine Natter aus dem Ärmel und ließ sie in die zischende Gußmasse laufen. Von Stund' an verschwanden alle Schlangen aus der Umgegend Bernaus, endigte eine abscheuliche Plage, unter der man jahrhundertelang gelitten hatte. Als aber 1648 die Glocke einen Riß bekam und nicht mehr geläutet wurde, stellten sich auch sofort die Schlangen wieder ein und entwichen erst, nachdem man aus dem alten Metall eine neue Glocke gefertigt und abermals eine Natter in die Speise geworfen hatte.

Bernau war für Handel und Gewerbe im Mittelalter von großer Bedeutung, seiner Erzeugnisse wegen im ganzen Lande geschätzt; besonders aber sein schon vorhin gerühmter Gerstensaft hatte begeisterte Verehrer. Albrecht Urso ist fürwahr kein zu verachtender Ahn, kein übles Vorbild ernster Biertrinker. Authentisch ist, daß Bernau damals jährlich Hunderte von Zentnern Hopfen aus Buckow bezog, und daß Bernauer Bier alle märkischen Nebenbuhler siegreich aus dem Felde schlug. Beckmann teilt uns ein langes Loblied auf dieses Bräu mit, worin der Dichter u. a. auch dem Berliner Trunk alle Ehre widerfahren läßt, indessen:

    Alles sind zwar gute Säfte,
    doch Bernauer gibt mehr Kräfte;
    diesem müssen alle weichen
    und vor ihm die Segel streichen.

Man erzählt auch folgende äußerst glaubwürdige Historie. Ein Bernauer Schuster, der bei der trockenen Arbeit gern sein Schöpplein trank oder zwei, sandte eines Morgens den Lehrjungen Willem nach Bier. Der Bengel vertrödelte sich unterwegs, wie das so Bubenart ist — 's gab schon damals recht erfreulich blondzöpfige Kinder in Bernau — und als er Liesen endlich Ade gesagt, bemerkte er mit Schrecken, daß Mittag längst vorbei war. Zum Meister zurück wagte er sich in seiner Todesangst nicht, er kannte des Grimbarts

Aus der Märkischen Schweiz.   Phot. F. Albert Schwartz, Berlin.

dauerhaften Knieriem; auch schien ihm das Ereignis ein Schicksals= wink — längst schon hatte ihn hinter der Glaskugel in der düsteren Bude die Wanderlust gepackt, längst schon hatte ihm der ewige Pechdraht mißfallen. Um nun seine Bernauer Laufbahn mit einem anmutigen Lehrjungenstreich abzuschließen, verpichte er den wohl= gefüllten Biertrug fein säuberlich und vergrub ihn. Und dann ging's unter die Soldaten. Er hatte Glück, bald war er zum Korporal, endlich gar zum Hauptmann avanciert. In einer funkel= nagelneuen Uniform begab er sich nun zu seinem alten Meister, aber der vermutete in dem bärtigen strammen und eleganten Militär jeden anderen als seinen entlaufenen Burschen Willem. Er glaubte steif und fest, der Herr Hauptmann mache sich einen Scherz mit ihm, als er sich zu erkennen gab. Da faßte ihn denn Willem beim Arm und führte ihn zu der Stelle, wo der Krug vergraben lag. Nun natürlich zweifelte der Mann nicht länger — erkannte er doch seine längst verloren gegebene geliebte Dreilitermaß wieder. Wer aber beschreibt das Erstaunen der beiden, als sie in dem Topf, einem dunklen Öle gleich, aber noch vorzüglich erhalten und von trefflichem Wohlgeschmack, das vor 15 Jahren vergrabene Bier wieder fanden! So verstanden die alten Bernauer zu brauen. Ich weiß freilich nicht, ob sie dabei die heute üblichen hohen Dividenden erzielten.

Seitdem ist Bernau ein wenig von seiner Höhe herabgestiegen, nährt schlecht und recht die Bewohner und verdient den Namen eines freundlichen, lauschigen Landstädtchens. An Biergärten herrscht noch immer kein Mangel, und die Leute werden alt hier: Der noch erhaltene Teil des alten Walls ist zur Promenade umgeschaffen, und das Wasser des Grabens blinkt zur Nachtzeit in unheimlichem Schwarz aus den Buchen und Elsen hervor. Im Busch schlagen die Nachtigallen, und in ihr melodisches Jauchzen klingt und quarrt das Gequak von zehntausend Fröschen, die den Herrn loben zur Sommerszeit und die Wiesen um Bernau bevölkern. Es sind vielleicht Nachkommen jenes couragierten Helden Rollenhagens, des liebenswürdigen Bernauers, der uns den hochberühmten Froschmäusler geschrieben hat.

Die Bronzestadt Buch an der Panke.
Von Wilhelm Scheuermann.

Draußen bei Buch, wo Stadt Berlin seine Irrenhäuser und Siechenheime, ganze Straßen und Kasernen für unglückliche Menschen baut, sind seit längerer Zeit Schatzgräber an der Arbeit. Behutsamer und bedächtiger können die Goldsucher Klondykes nicht ihr Tagewerk betreiben, wenn es gilt, im Quarzsande die funkelnde Ader zu erschürfen, als die polnischen Erdarbeiter bei Buch, wenn sie einen verwitterten Topfscherben spüren. Handarbeit neben Handbreit wird die Erde abgehoben, geprüft, zerbröckelt und wohl gar gesiebt, wenn ein guter Fundplatz angeschnitten wurde. Wohlbewacht in einem verschlossenen Raume der benachbarten Bauhütte ist die Schatzkammer eingerichtet, wo die Funde in Schachteln und Kisten aufgestapelt werden, das Bröcklein sorglich mit weißem Papier versehen, auf dem die Fundumstände vermerkt sind.

Auch eine schöne Schatzkammer und des Aufhebens wert! würde vielleicht die Berliner Volksstimme urteilen, wenn sie um ihre freundliche Meinung über die Reichtümer befragt würde, welche da draußen in Buch eine hohe Stadtverwaltung für mehrere Tausende von Mark heben läßt. Kein Altertumshändler gäbe den buddelnden Polen nur einen Tagelohn für den ganzen Trödel. Ein Gebirge von Scherben und ein paar bronzene Drahtstückchen. Dennoch Goldes wert für die Altertumswissenschaft! Und einen Ehrenkranz verdient die Berliner Stadtverwaltung, daß sie das viele Geld gibt, um ein paar Wagenladungen von Topfscherben und Aschebrand für ihr märkisches Museum zu gewinnen.

Denn da draußen in Buch ersteht mit jedem Spatenstich deutlicher und greifbarer eine Stadt, die vor drei Jahrtausenden versunken ist. Wie es zehn Jahrhunderte vor Beginn unserer Zeitrechnung in der Mark Brandenburg ausgesehen hat, wie die Leute damals wohnten, wie sie sich kleideten und ihr Tagewerk verrann, das will uns der graue Heidesand von Buch erzählen. Freilich ist seine Sprache nicht leicht zu verstehen, und wenn wir nur die Bücherfunde allein hätten, ging es selbst dem Gelehrten so, wie wenn er aus einem Inschriftstein ein paar herausgebröckelte Buchstaben bekäme und sollte nun den Text erraten. Aber im Verein mit anderen Funden, märkischen und weiter entlegenen, wird Buch zwar nicht, wie sein Name vorahnend zu sagen scheint, zu einem Buch der Altertumswissenschaft, aber doch zu einem wichtigen Blatte in ihren Archiven. Denn niemals bisher hatten wir eine Ansiedlung der Bronzezeit von solchem Umfange kennen gelernt, niemals Hausgrundrisse aus jenen Tagen in solcher Zahl und Deutlichkeit aufgedeckt wie hier vor den Toren Berlins.

Diese Hausgrundrisse machen den Namen Buch für immer zu einer klassischen Station auf dem Wege der vorgeschichtlichen Aufklärung und stellen das märkische Dorf neben die Steinzeitdörfer Achenheim und Stützheim im Elsaß und Großgartach in Württemberg, neben das Hallstattdorf Neuhäusel im Westerwalde, das Germanendorf am Fliegenberge im Siegkreis und neben die römische Saalburg. Bei jedem dieser Namen steigt aus dem Schutt der Jahrhunderte und Jahrtausende das deutliche Bild einer menschlichen Siedlung, ein fest umrissener Kulturbegriff vor den Augen der Gegenwart auf. Das kleine märkische Buch wird sich in Zukunft in diese ehrwürdige und stolze Reihe mit hineinzählen dürfen.

Es war ein stattlicher Ort, der damals an den Erlenufern der Panke stand. 82 Häuser haben sich bisher feststellen lassen, und es ist leicht möglich, daß die Fortsetzung der Grabungen noch mehr erkennen lassen wird. Bedenkt man die damals viel kleinere Zahl der Menschen und vergleicht man diese Menge von Höfen mit der mancher heutiger Dörfer, so kann man wohl von einer bronzezeit= lichen Stadt reden, ohne sich Übertreibung vorwerfen zu müssen. Ihre Größe ist deutlich an den Umrissen im Erdboden abgezeichnet. Eines der größeren maß, das mag zur Unterstützung der Vor= stellung dienen, 5—6 Schritte in der Breite und 8—9 Schritte in der Länge. Zwischen Pfosten, deren in die Erde gegründeter Fuß deutlich im Sande durch seine Farbe abgehoben ist, von denen sich auch Holzreste und besonders die durch Feuerbrand vor Fäulnis geschützten Spitzen erhalten haben, waren die Wände aus Fachwerk errichtet. Dieses gleicht dem der Steinzeithäuser. Aus Ästen und Zweigen war die Fläche geflochten und dann mit Lehm verputzt, der uns die Abdrücke der von ihm umschlossenen, inzwischen ver= westen Holzteile oft gut erkennen läßt. Vor der Eingangsseite hatte die Mehrzahl der Häuser einen laubenartigen Vorbau, wohl eine offene Vorhalle, die auch bei Regenwetter das Verweilen und Ar= beiten im Freien ermöglichen sollte. Wir können zum Vergleich etwa an jene Art altmärkischer Bauernhäuser denken, von denen sich in Audow bei Gütergotz einige malerisch schöne Beispiele er= halten haben. An einer der Langseiten waren dann viele Häuser noch von einem weiteren Anbau begleitet, der sich im Grundriß als Seitengang abzeichnet, den wir uns als Geräteschuppen, als Stall oder Scheune vorstellen können. In jedem Hause ist aus Lehm= ziegeln und sorgfältig gesetzten Feldsteinen die flache Herdstelle er= baut; sie erzählt durch Schwarzbrand und Aschespuren noch nach drei Jahrtausenden vernehmlich vom flackernden Feuer, um das sich hier die Hausbewohner sammelten, wenn es draußen dunkelte und der Sturm über das Pankebruch heulte. Manche der größeren Häuser hatten zwei Herdstellen; wir können uns vorstellen, daß sie besser erwärmt werden sollten, wenn die Winterkälte zu streng durch Tür und Fensterritzen blies oder daß zwei Familien, vielleicht der Bauer und die Altenteiler, auf dem Hofe wohnten. Vom Dach hat sich nichts erhalten, aber aus anderen Funden, aus den gleich= zeitigen Pfahlbauten und aus den auf Hausurnen erhaltenen Wohn= hausabbildungen dürfen wir schließen, daß ein steiles Stroh= oder

Schilfdach dem Regen und dem Schnee den Zugang wehrte. Um jedes Haus ging dann, in größerem Kreis den Hof oder Garten umschließend, ein Zaun, dessen Grundriß wir ebenfalls deutlich sehen können. So haben wir das Bild vollständig, und es gehört nicht viel Vorstellungskraft dazu, es sich in allen Einzelheiten auszumalen. Ohne Schornstein suchte der Rauch durch das Eulenloch den Weg ins Freie. In der niedersächsischen Heide stehen noch heute stattliche Häuser, die, von der Besonderheit des Vorbaues abgesehen, in den großen Zügen nicht anders gebaut sind, und als ich einmal in der Nähe von Nienhagen an der Weser in das älteste Haus jener Gegend trat, war es mir, als ginge ich mit drei Schritten drei Jahrtausende zurück mitten ein in lebendige Vorzeit.

Von der Innenausstattung dieser Wohnstätten hat sich, soweit sie aus Holz war, nichts erhalten. Der märkische Boden ist nicht so archivalisch beanlagt, wie die regenlosen ägyptischen Wüstendünen, die keine unbezahlte Schneiderrechnung und keinen Tintenklex eines Notariatsschreibers gnädig vergessen haben, der ihnen einmal auf einem Papyrusblatte vor einigen hundert Menschenaltern anvertraut worden ist. Nur ein dicker, gemütlicher Sessel aus Feldstein, der einmal in der Bronzezeitstadt Buch als Großmutterstuhl an den warmen Herdplatz gewälzt worden ist, hat sich in guter Haltung an seinem Platze behauptet; wenn es nicht etwa ein Backofen ist, denn zwischen heißen Steinen buk man damals das tägliche Brot. Ob Sessel oder Backofen, so genau kann man es am Stil des Feldsteines nicht unterscheiden. Doch werden wir im übrigen gut tun, uns den Hausrat, den einst die jetzt zusammengebrochenen Wände umschlossen, nicht zu wild vorzustellen. Die Menschen jener Zeit hatten einen gesunden, guten und auch feinen Geschmack, um den sie mancher beneiden darf, der heute die Welt mit neuen Krawatten und Hutformen zum höheren Glück erzieht. Die Gefäße, in denen eine Bucher Hausfrau vor dreitausend Jahren ihre Suppe kochte, waren aus unglasiertem Ton und ohne Töpferscheibe gemacht. Indessen noch in unseren Tagen hat man in Norddeutschland Töpfe benutzt, die ohne Töpferscheibe geformt, die ohne Glasur nur schwach gebrannt waren, und das Essen soll vorzüglich daraus geschmeckt haben. In ihrer Formgebung und Verzierung aber sind diese Gefäße der Bronzezeit ein so vollkommener Zusammenklang an Zweck und Erscheinung, wie er dem Kunstgewerbe der Gegenwart nur in glücklichen Stunden gelingt. Eine Eigentümlichkeit von Buch ist

eine besondere Gestalt von Topfdeckeln mit zierlich gewundenem
Rand und aufgebuckelter Mitte, Töpferleistungen, die man getrost
als ebenso eigenartig wie schön bezeichnen kann. Und daß auch
sonst der Geschmack vor drei Jahrtausenden nicht in ohnmächtiger
Ergebung darauf wartete, daß ihm die Völker des Orients den wahren
Schwung brachten, kann nur ein Blinder bezweifeln. Denn in
Skandinavien ist eine blühende Industrie daraus entstanden, die
Schmuckstücke der Bronzezeit nachzubilden, und unsere Modedamen
finden diese Ausmünzung des urzeitlichen Erbes sehr modern und
tragen gern den altnordischen Gold- und Silberschmuck. Also dürfen
wir uns vorstellen, daß auch Bank und Bett und Tisch in diesen
Bucher Häusern nicht aus rohen Ästen gezimmert waren, wie sie
aus dem Walde kommen, sondern aus wohlgeglätteten Brettern —
schon der Steinzeitmensch hatte den Hobel erfunden — die mit
Schnitzerei und kräftigem Farbanstrich zu freudiger Wirkung ge=
bracht wurden. Der Mensch in jenem jugendlichen Zeitalter liebte
die Verzierung; was ihm in sein tägliches Leben trat, das machte
er zum Zeugen und Träger seiner Daseinsfreude. Alles, was wir
von ihm entdecken, verkündet dies. Und darum fällt es nicht
schwer, uns auch seine spurlos untergegangenen Hausausstattungen
gut gestaltet und froh geschmückt vorzustellen, besonders wenn wir
einen Augenblick daran denken, wie gleichartig heute noch, trotz
aller Mannigfaltigkeit nach Gegend und Volk, die europäische
Bauernkunst in ihren Ausdrucksformen von Bulgarien bis an das
nördliche Eismeer ist. Wir müssen sogar überzeugt sein, daß der
Hausrat jener Tage so gut wie Schmuck, Waffen und Gefäße seinen
eng mit der übrigen Kultur verwachsenen lebendigen Stil hatte.

Schon der Steinzeitmensch war seßhaft und war Bauer geworden.
Die Pflugschar ist eine der ältesten Erfindungen — bis heute viel=
leicht noch immer die nützlichste von allen —, und Pflugschare, als
solche bis in die Bronzezeit benutzt, waren die übergroßen Stein=
beile, die man in manchen Gegenden findet und deren Zweck man
sich lange nicht erklären konnte. Schon der Steinzeitmensch säte
und erntete Hirse, Gerste in mehreren Arten, und Weizen. Roggen
und Hafer kamen in der Bronzezeit hinzu. An verschiedenen Fund=
stellen konnten diese Getreidearten unter besonders glücklichen Um=
ständen gefunden werden. In Buch bisher noch nicht, aber dafür
erlebte dort ein anderes Nahrungsmittel der märkischen Vorzeit
seine Auferstehung. In einer Abfallkule lag ein zerschlagener Topf,

der mit verkohlten Eicheln gefüllt war. Vor dreitausend Jahren hatte sie eine Hausfrau auf den Herd gesetzt, um sie zu dämpfen. Irgendein Zufall rief sie ab, und als sie wiederkam, war eines jener Malheure geschehen, die damals wohl schon ebenso wie heute zum Hauskrach führten. Das Wasser war ausgekocht, die verkohlten Eicheln hatten das ganze Haus mit schwälendem gelben Dampf erfüllt, und schließlich war der Topf so zersprungen, daß man ihn nicht einmal als Vorratsbehälter in den Keller eingraben konnte. So flog er auf den Müll, und im Hause roch es noch lange angebrannt. Das verdorbene Abendessen wurde ganz gewiß durch keine Vorahnung von dem soeben der Wissenschaft geleisteten Dienst aufgeheitert, und da die Bucherin doch eine echte märkische Hausfrau, eine Urmärkerin sogar war, so glaube ich fast, sie ist noch heute in ihrer Graburne nicht stolz auf die Freude, die sie den Herren Altertümlern mit ihrem Küchenunglück geleistet hat. Dabei ist es eine sehr edle Freude, denn wären sie nicht angebrannt und verkohlt, so hätten die Eicheln sich nicht erhalten, und wir wüßten nicht, daß gedämpfte Eicheln auf dem Speisezettel von Buch gestanden haben.

Der Garten gab wohl allerlei Obst und Gemüse, auch Gewürz- und Heilkräuter. Der Wald spendete einen unerschöpflichen Segen an Haselnüssen und Beeren, von denen besonders Him- und Brombeeren von Vorzeitmenschen in großen Massen vertilgt wurden. Dazu kamen die Erzeugnisse der Milchwirtschaft, denn schon vor dreitausend Jahren wurden in Buch Kühe und Ziegen gemolken und die Milch verwertet. Das bezeugen die Reste von Siebgefäßen mit durchlochten Wänden, wie sie zum Weichkäsebereiten noch in der Gegenwart in Süddeutschland und der Schweiz üblich sind. Und wenn es sonst im Hause nichts mehr zu tun gab, so spann die Frau die Wolle der Schafe, nicht am surrenden Spinnrade, aber mit dem kreiselnden Wirbel, wie es noch heute die Mädchen in Dalekarlien machen, und webte die Fäden zum gemusterten Gewandstoffe an Webstühlen, wie sie in ganz gleicher Art bis vor kurzem im Spreewalde und immer noch bei den Slawen Südosteuropas im Gebrauche sind. Von diesen Webstühlen liegen die aus Ton gebrannten Gewichte der Fadengänge im Schutt von Buch.

Ließ dem Manne der Ackerbau freie Zeit, so sah er wohl nach, ob in der Panke Wels und Quappe nicht ausstarben. Die vielbespotteten Angler betreiben ein ehrwürdiges Gewerbe. Der Bronzezeitmensch fertigte Angelhaken jeder Größe und Gestalt so geschickt wie irgendein englischer Forellenfischer, und überhaupt verfügt die heutige Fischerei über keinerlei Fanggeräte, die nicht schon dem Stein= und Bronzezeitmenschen bekannt und geläufig waren." Gute Fischweide in Seen und Flüssen lohnte den erfinderischen Geist.

Und gar die Jagd war reich und lohnend in der damaligen Mark. In den Torfstichen und Moorbrüchen um Havel und Spree, Nuthe und Panke liegen die Reste von Wisent und Elch, Auerochs und Wildpferd, Bär und Hirsch, Luchs und Wolf in solcher Fülle, daß wir die Jagdfreude der Vorfahren verstehen, die wie ein ver= klingendes Waldhornlied noch aus dem Nibelungensang zu uns herübertönt. Mit Spieß und Pfeil fällte man das edle Wild, die kleinen Räuber fing man in Fallen, wie sie kein Forstheger heute klüger erdenkt. Das Pferd war beides, Wild und Haustier. Einen bronzenen Zaum hat der Bucher Fundplatz geliefert. Als Haus= geflügel wurden damals schon gehalten Gänse und Tauben, viel= leicht auch Enten und Hühner flatterten, scharrten und schnatterten im Hofe. Nirgends fehlte des Menschen ältestes Haustier, der treue Jagd= und Wachhund. Die Biene gab den Honig, der doppelt und dreifach geschätzt wurde in einer Zeit, die noch keinen Zucker kannte und die gegorenen Malzgetränke gern durch Honigzusatz verstärkte.

Für die Kinder wurde Spielzeug gefertigt. Klappern für die kleinen, Tonfiguren für die größeren. Vorgeschichtliche Klappern von märkischem Boden kennen wir mehrere, Spielfiguren aus Buch bisher zwei, einen Vogel und ein vierbeiniges Tier.

So erweitert sich das Bild, das wir von der damaligen Zeit ge= winnen, immer mehr. Ein Salznäpfchen, ganz in der heutigen Form, wurde in Buch entdeckt. Es erinnert uns daran, daß damals das Salz vom Meer und von den Salinen des Binnenlandes weit vertrieben wurde, daß dazu Handel und Handelswege nötig waren, und daß wir in der Tat beides bis in die Steinzeit zurückverfolgen können. Auch wandernde Handwerker kamen in die Dörfer, Bronze= gießer, die die stumpf gewordenen und zerbrochenen Geräte auf= kauften und neu gossen, ganz wie heute noch die herumziehenden Löffelmacher in vielen bäuerlichen Gegenden.

Und über das geistige Leben, mag es auch von einfacheren Vorstellungen beherrscht gewesen sein als unserer krausen Hirne, dürfen wir uns ebenfalls keine geringere Vorstellung machen. Um die Zeit, wo die Bucher Bronzezeitstadt blühte, war der riesenhafte Sonnentempel am Stoneberge, diese überwältigende Kulturschöpfung der europäischen Arier, bereits ein auch durch Alter ehrwürdiges Werk. Diese Menschen ehrten ihre Götter und dienten ihnen in Festen, von denen manche Erinnerung uns noch im Blute steckt. Diese Menschen liebten ihre Toten, und die reichen Grabbeigaben erzählen uns von einer viel selbstloseren Verehrung der Abgeschiedenen, als wir sie heute zum Ausdruck bringen. Wir sind viel zu vernünftig geworden, als daß wir einem Toten ein Vermögen an kostbarem Gerät und Schmuck in das Grab gäben, nur weil er sie im Leben liebte.

Dicht war das märkische Land zur Bronzezeit bereits besiedelt. Das lehren uns die Grabstätten, die wir öfter finden als die An= siedlungen, da diese „Heidengräber" noch bis in die späte Zeit heilig gehalten und vor Zerstörung bewahrt wurden. Vielleicht ist es nicht falsch, wenn wir uns an Stelle der meisten Dörfer der heutigen Mark schon eine vorgeschichtliche Ansiedlung denken. Manche Gegen= den, wie die Ufer des Scharmützelsees, hatten gegen Ende der Bronze= zeit sogar anscheinend eine stärkere Besiedlung aufzuweisen als heute. Und auch das vorgeschichtliche Buch mit seinen achtzig Höfen war eine unvergleichlich bedeutendere Ortschaft als das spätere Gutsdorf.

Das ist, was uns die Funde von Buch erzählen. Es schadet nichts, daß wir kaum einen ganzen Topf in der großen Ansiedlung gefunden haben. Wir wissen ja hinlänglich aus Grabfunden, wo sie desto besser erhalten sind, wie damals die Gefäße beschaffen waren. In Ansiedlungen pflegen sie immer zerstört zu sein, da dort eben alles verbraucht, aufgewohnt wurde. Es genügt, daß wir ein paar ausdrucksvolle Scherben haben, um nach ihnen die sämtlichen Formen der Gefäße, die vor dreitausend Jahren das Küchenbord der mär= kischen Hausfrauen geschmückt haben, vollkommen nachbilden zu können. Sie zeigen durchgehend die Formen, die man als den Lausitzer Typus zu bezeichnen pflegt, und danach sind wir in der Lage, die Ansiedlung genauer zu datieren, sowohl innerhalb der Bronzezeit, in deren jüngste Periode sie gehört, wie innerhalb der allgemeinen Kulturgeschichte, in der sie kurz vor dem ersten Auf= treten des Eisens steht. Ob der Bucher Boden uns sonst noch er= hebliche Stücke bieten wird, die sich auch im Museum prunkvoll ausnehmen und dem Spießbürger das zweifellose Gefühl geben, daß er für sein gutes Geld auch was Rechtes bekommen hat, ist nicht abzusehen. Vielleicht ergibt die spätere Ausgrabung der Grab= stätte solche Funde. Bis dahin sind wir dankbar für die kleinen unterhaltsamen und aufmunternden Stücke, das Kinderspielzeug, den

Kochtopf mit den verkohlten Eicheln, das Salznäpfchen, die Molkerei=
gefäße, die Webergewichte, den Pferdezaum, ein Messer, ein an=
gesägtes Hirschhorn, ein paar Nadeln, Bronzedraht und ein Stein=
beil, das sich vielleicht als ein damals schon angestauntes Altertum,
vielleicht auch als ein Zauberwerkzeug oder vielleicht auch zufällig
in die Bronzezeitstadt Buch verirrt hat.

Das alles aber ist keine Erweiterung unseres bisherigen Wissens.
Die haben uns die Hausgrundrisse gebracht, die sicher noch zu
größeren Auseinandersetzungen der Gelehrten Anlaß geben werden.
Hier ist ein neues Blatt in das Buch der Altertumskunde eingefügt
worden. Alles andere, die Funde, die der Laie schätzen würde, wenn
sie nicht so spärlich wären, sind nichts als Hinweise auf Bekanntes:
„Tonvögelchen", siehe Kinderspielzeug der Bronzezeit; „Weber=
gewichte", siehe Geschichte des Webstuhles usw. Aber Hausgrundrisse
der Bronzezeit mit Vorhalle und Seitengang — siehe Ausgrabungen
in Buch bei Berlin 1909 und 1910! Einen großen Schritt vorwärts
in der Kenntnis der Vorgeschichte haben wir gemacht durch die sorg=
same Beachtung und kostspielige Freilegung dieser Spuren im Erd=
boden, die ein ungeübtes Auge kaum betrachtet haben würde, und
durch ihre gewissenhafte gelehrte Deutung. Das mit seinen Er=
innerungen in die Bronzezeit hinaufragende Eddalied raunt:

"Denkrunen sollst du wissen,
willst du weiser werden denn andere.

Die Glocken im Heiligen See.
Von Adalbert Kühn.

Tief auf dem Grunde des Heiligen Sees liegen Glocken, die vor
alter Zeit untergesunken sind; zuweilen kommen sie zum Vor=
schein, und namentlich sieht man sie dann mitten im See auf einer
Untiefe, wo sie sich mittags im Strahle der Sonne wärmen. Einige
Leute haben sie auch schon sprechen hören, und zwar war's gerade
am Johannistag, als sie aus dem See herauskamen und die eine
zur anderen sagte:

Anne Susanne
wiste mett to Lanne?

worauf die andere antwortete: „Nimmermeh!" Dann sanken sie,
nachdem sie noch einmal angeschlagen, wieder in die Tiefe.

Fischerhaus am Heiligen See.

Am Tegelsee.
Von Gottfried Keller.

Es glänzt ein stilles weißes Haus
aus stillen grünen Kronen;
auf seinen Warten ruhen aus
die Winde aller Zonen.

Auf ihrem Hauch ein edler Klang
hat sich hinausgeschwungen;
von Meer zu Meer grüßt ihr Gesang,
Gesang in allen Zungen.

Im Hause sind Gemach und Saal
gefüllt von Glanzgestalten,
die in vergangner Tage Strahl
die stumme Wache halten.

Die Marmorlippen scheinen sich
just aufzutun wie Blüten,
erhobne Hände feierlich
ein heilig Gut zu hüten.

Laß hinter dir, was trüb und wild,
der du dies Haus betreten;
denn zu der Hoffnung reinem Bild
darfst du gefaßt hier beten!

Trittst du hinaus, den Föhrensaum
sich ernst den See umgeben,
in seinen Wipfeln rauscht der Traum
vom ferneblauen Leben.

Und auf dem Walde wandeln sacht
die weißen Wolkenfrauen,
die in der Flut kristallner Nacht
ihr klares Bild beschauen.

In leis'rem Blau die Sonne schweift,
ihr eigner Schein ist blasser,
von feuchter Reihenschwinge träuft
es perlengleich ins Wasser.

Fühlst nach der Heimat du das Weh,
o Fremdling, dich durchschauern,
fahr' auf dem nord'schen Geistersee,
hier ist es schön zu trauern!

G. Keller, Gesammelte Gedichte.
Stuttgart, J. G. Cottasche Verlagsbuchh. Nachf.

Die Zauche.

Werder zur Baumblüte.   Phot. Franz Goerke Berlin.

Werder.

Wißt ihr, was der Frühling ist für die Mark, der Maienfrühling, die Auferstehungszeit? Unserer Heimat mildes Antlitz strahlt wie ein beglücktes Menschengesicht, glänzt wie von neuem Leben und lacht im Frühling, während es in den anderen Jahreszeiten ernst und schweigsam bleibt. Der Frühling ist nirgends schöner, kann nirgends schöner sein als in der Mark, denn nirgends bleibt ihm mehr zu tun als hier. Nirgendwo tritt der Gegensatz zwischen Winter und Lenz so überraschend hervor wie im seenreichen Flach=
lande. Aber die Landschaft lohnt dem Frühling seine Liebe auch, und wenn bevorzugtere Gegenden ihren vollen Reiz erst im Juni und Juli oder gar im Herbst entfalten, so bedeuten für uns die Tage der ersten Blüte auch die der höchsten Blüte des Jahres.

Das märkische Frühlings=Lieblingskind aber ist die Havelland=
schaft um Werder.

Von der stillen Nachbarresidenz Potsdam her führt uns über Wackermannshöhe und den Brauhausberg an der ewig schönen Havel entlang unser Weg gen Caputh. Wir sehen schon aus der Ferne seine Häuser und seine blühenden Bäume weißlich schimmern.

Wie freundlich und doch voll gemessener Würde grüßt Caputh! Am Ufer der blauen Havel dehnt es sich wohl eine halbe Meile weit, glänzend und traulich dabei. Jedes Häuschen umhegt ein Obstgärtlein, und jedes Gärtlein ist mit vielen Tausenden weißer Kirschblüten geschmückt. O, welche funkelnden kostbaren Geschmeide für die niederen Hütten! Vor den Türen stehen Schiffer in ihren Teerjacken, den Priemstift im Munde, die Hände in den Hosentaschen, und sehen ihren Sprößlingen zu, die sich jauchzend im Sande der Straße sielen. Ein sonderbarer Geruch, aus Teerbrodem und Blüten= duft seltsam gemischt, durchzieht das Dorf.

Der Gartenboden von Caputh ist arm, sehr sandig und undankbar. Das Dorf nährt trotzdem seine Bewohner, denn was die Erde an klingendem Gewinn versagt, gibt das Wasser her. Während die Caputher Frauen sich mit der Pflege ihrer Obstbäume befassen und dem hellen Sande so viele Früchte abringen, wie mühevoller Fleiß es ermöglicht, liegen die Männer zumeist dem Schiffergewerbe ob, das hier reichen Lohn abwirft. In Glindow befinden sich große Ziegeleien, deren Erzeugnisse auf Caputher Kähnen zumeist nach Berlin geschafft werden, und es ist wohl nicht übertrieben, wenn wir annehmen, daß zur Sommerszeit ständig eine Flotte von vierzig bis fünfzig Caputher Havelschiffen die Wasserfläche zwischen Glindow und Berlin durchfurcht. So fordert das Dorf seinen Zoll von jedem Ziegelstein, der in den Ringöfen drüben gebrannt wird, — der starke hauptstädtische Bedarf steigert sich von Jahr zu Jahr — und mancher harte Taler macht hier Station. Dazu kommt, daß in Caputh auch die Kähne anderer Havelstädte gern zu kurzer Rast anlegen und die Reede des Dorfes zuweilen von schwerbeladenen Schiffen wimmelt. Das Bewußtsein seines Wertes aber verleiht dem Caputher ein stolzes Selbstgefühl, und wenn die patrizischen Familien des Handelsemporiums am Schwilow auch mit denen der Kaufmannsstadt Hamburg hinsichtlich des Reichtums und der Pracht= entfaltung nicht wetteifern können, an Stolz stehen sie ihnen ganz gewiß nicht nach. Wer im Schoße der Caputher Aristokratie geboren wird, erfährt bald, daß harte und angestrengte Arbeit sein Los ist; die Kleinen werden von frühester Jugend an in den Gärten be= schäftigt, die halbwüchsigen Jungen machen sich auf den Werften nützlich oder nehmen an den abenteuerlichen Seefahrten der Alten teil. Und man muß sehen, wie kräftig die schlanken Burschen an= fassen, wie unermüdlich sie das Stoßruder gebrauchen und treideln, wie sie die Segel zu handhaben wissen! Aber der Caputher ist auch eingebildet auf sein schwieriges Gewerbe und verachtet die ackerbautreibenden Binnendörfler; auch fragt er, herangewachsen und heiratslustig, immer zuerst nach der Mitgift. Zu Mesalliancen ist er kaum geneigt. Caputh scheint ihm die Krone der Landschaft, der Sitz echter Gesittung und rechter Lebensweise, ganz wie es Hamburg für seine Kaufherren und Schiffskapitäne ist. Selbst darin, daß sie gern eine tolle Nacht durchbrausen und dann mit verschwenderischer Hand den Mammon vergeuden, selbst darin ähneln sie ihren großen Vorbildern an der Elbe.

Caputh hat auch sein Herrenhaus, das früher als Schloß diente und von zwei Kurfürstinnen, Dorothee und Sophie Charlotte, bewohnt worden ist. Doch kümmern sich die praktischen und nüchternen Dörfler wenig um romantische Erinnerungen, wenig um Poesie und ähnlichen Zeitverderb. Caputh, obgleich nach Lage und Alter — es ist wendischen Ursprungs — wohl dazu befähigt, hat keine Geschichte und keine Sage. Sogar die Kinder wissen keiner ihrer Heimat eigentümlichen Spielreime; was sie singen und sagen, ist von Potsdam oder Berlin eingeführt.

Den prächtigen, imposanten Schwilow zur Seite gelangen wir auf schattigen, birkenbestandenen Wegen an der freundlichen Villenkolonie Franzensberg vorbei nach Baumgartenbrück, dem hochberühmten, dem schönsten Dorfe im Land, dessen Name und Ursprung soviel umstritten ist. Im 13. Jahrhundert finden wir es zuerst in einer Chronik als Bomgarde erwähnt, und slavenfreundliche Geschichtschreiber behaupten, daß es wie alle seine Nachbarn von den Wenden gegründet worden ist.

Baumgartenbrück lohnt die Mühsale einer Pilgerfahrt. Wer einmal von der Höhe seines Aussichtsturmes hinabgeschaut hat in das Gefild, auf das in Blütenschnee gehüllte Werder, das wie ein großer weißer Blumenstrauß in amethystener Schüssel ruht, auf das schattige Birkicht zu seinen Füßen und auf die einzige Havel, die im Halbkreise das Land umwindet, wessen Blick dann weiterschweifte, über Wäldermassen und Saaten nach Potsdams emporsteigenden Türmen und über die unruhvollen Wellen des stolzen Schwilows — der spottet nicht mehr über unsere Mark.

Eine lustige Zugbrücke führt von Baumgartenbrück aus jenseitige Haveluser. Rechts und links, vorn und hinten glitzert Wasserblau, Blütenweiß und Kieferngrün; von Süden her lugt Ferch aus den

Schwilowwogen. Alt-Geltow, laubumkränzt, mit seiner hübschen Kirche, die ihm Kaiser Friedrich schenkte, lacht uns wie eine geschmückte Dorfschöne entgegen. Zu sehen, wie das breit ausgegossene Sonnenlicht über die klare Flut dahinweht, wie der mächtige Feuerball vom Morgen bis zum Abend in ihr sich spiegelt und immer neue Farbenwunder hervorzaubert — es ist ein Schauspiel, daran sich das Herz nicht zu sättigen vermag. Wortlos, spähend und horchend, starrt man in die Pracht hinaus — durch die tiefe Stille zieht ein leises Rauschen, gleich ruhigen Atemzügen der schaffenden Natur.

Phot. J. Albert Schwarz, Berlin.
An der Havel bei Werder. (Petzow.)

Linker Hand ragt einsam mitten aus dem Wasser eine fröhlich grünende Weide, die ein Schwanennest birgt. Der Schwilow ist nicht übermäßig tief und kann sich deshalb so artige Spielereien erlauben.

Jetzt ziehen wir, Alt-Geltow, das feine, am gegenüberliegenden Haveluser nicht mehr aus den Augen lassend, die Landstraße hinauf nach Werder. Nicht lange, und die Obstpflanzungen treten dicht an den Weg heran, Häuser tauchen auf, Kinderstimmen werden laut. Der herrliche Frühlingstag hat uns heute sein Schatzkästchen geöffnet und uns seine Reize insgesamt enthüllt, aber diese augenblendende Schönheit, dies unermeßliche, süß duftende Blütenmeer hätten wir nicht erwartet! Werder im Lenz! Ein märchenhafter, nein mehr als das, ein hinreißender, die Sinne entflammender Anblick! Langsam an den Pflanzungen vorbeischlendernd, aus deren weißem Sand die Obstbaumwälder aufsteigen, Obstbaumwälder von einer Pracht der Blüten und Farben, daß ein einziger Schrei des Entzückens sich dem Herzen entringt, haben wir bequeme Muße, jeden Zweig ins Auge zu fassen und die gebenedeiten Schönheiten dieses Paradiesgärtleins in langen, durstigen Zügen einzuschlürfen. Von Blüten bereift alles, was wir erblicken; kaum hier und da ein grünes Blatt, das dann wie etwas Ungewohntes, Seltsames anmutet, sonnenvergoldete, phantastische Baumformen, dazwischen der Pfirsichblüten feines Rot.

Der Wind weht Wellen eines würzigen Duftes herüber, um den Ceylon Nordland beneiden könnte, und wenn der Weg auf die Höhe führt, sehen wir unten die leise wogenden, schier unendlichen Blütenmassen, unter denen die Dächer der Häuser, ja die Havelfluten fast verschwinden. Wer uns entgegenkommt, trägt einen dichtbeblühten Kirschbaumzweig in der Hand, und unter den breit ausladenden Wipfeln der Bäume sitzen jubelnde, schwatzende Menschenkinder, Kopf an Kopf gedrängt, und alle scheinen trunken von Lust und Sonne und Freude.

Wo sich zwischen zweien der größten Gärten ein schmaler Rain hindurchwindet, ragt eine junge Kiefer in die blaue Luft und unterbricht in eigen reizvoller Weise mit buschigem Grün den Schnee ringsum. Sie ist eben dabei, ihr Winterkleid abzustreifen und neue Nadeln zu treiben, und man sieht's ihr an, wie arm sie sich in dieser gesegneten, farbenfunkelnden Flur vorkommt, und wie sie mit allen Fibern dankbar und bescheiden an der wonnereichen Lenzfeier teilnimmt.

Kloster Lehnin.
Von Friedrich Herring.

Im Jahre 1180 erschienen die ersten Zisterziensermönche in der Mark Brandenburg.

An wenigen Orten mochten die Vorzüge insbesondere dieses Ordens so in die Augen springend sein wie gerade hier in der Mark, und zwar deshalb, weil sie an keinem Orte nötiger waren, nirgends vielleicht einen passenderen Fleck für ihre Tätigkeit fanden. Wo die Unkultur damals noch zu Hause war, wie hier in der Mark, hatten die Kulturbringer das geeignetste Arbeitsfeld. Rechnen wir die Nonnenklöster dieses Ordens mit ein, die, wenigstens was Belehrung, Lehre und Unterweisung betrifft, die gleichen Ziele wie

die Mönchsklöster verfolgten, so haben wir über zwanzig Zisterzienser=
klöster in der Mark Brandenburg und der Lausitz zu verzeichnen,
von denen die große Mehrzahl vor Ablauf eines Jahrhunderts seit
1180 entstanden war. Weder die Prämonstratenser, noch die Kar=
täuser mit ihnen, auch nicht später die die Städte suchenden Domi=
nikaner und Franziskaner sind ihnen an Ansehen und rascher Ver=
breitung gleichgekommen, während die Benediktiner sie an tiefer
und gründlicher Gelehrsamkeit, die Jesuiten aber an Macht, Ein=
fluß und Reichtum weit überragten.

Das wichtigste von den mehr als zwanzig märkischen und lau=
sitzischen Klöstern war das Kloster Lehnin: es wurde das Mutter=
kloster für diese Gegenden, aus welchem Neuzelle in der Lausitz 1230,
das Kloster Paradies im Posenschen 1234, Marienfee auf der Insel
Pelitz im Parsteiner See zwischen Oderberg und Angermünde in
der Uckermark 1273 und endlich das Kloster Himmelpforte, eben=
falls in der Uckermark gelegen, 1299 gegründet,   die genannten
waren insgesamt Mönchsklöster — hervorgegangen sind.

Die Klöster sind dahin! — Viele von denen, die hierzulande in
alten Klostermauern wohnen, wissen kaum, daß diese jetzt unschein=
baren Mauern einst zu reichen Klöstern gehörten, sicherlich nicht,
daß es Zisterzienser waren, die vor ihnen diese Stätte inne hatten.
Und hörten sie je dies Wort, so wissen sie nicht, was es meint und
bedeutet. Und doch waren diese Mönche einst Pioniere, die hundert
und tausend anderen Kolonisten, welche nach ihnen kamen, die Wege
bahnten. Die Erinnerung an sie und an all das Schöne und Gute,
Dauerbare, das sie geschaffen haben, ist geschwunden; aber es ziemt
sich wohl, darauf hinzuweisen, daß noch jetzt an Hunderten von
Orten ihre Taten und Wohltaten zu uns sprechen. Überall da,
wo in den Barnim= und Teltow=Dörfern, in der Uckermark und
in der Grafschaft Ruppin alte Feldsteinkirchen aufragen, mit kurzem
Turme und kleinen niedrigen Fenstern, das Ganze fast mehr einer
Burg als einer Kirche ähnelnd; überall da, wo die Ostwand einer
Dorf= oder Stadtkirche einen chorartigen Ausbau, ein sauber ge=
arbeitetes Sakristeihäuschen zeigt, überall da können wir mit Sicher=
heit behaupten: hier waren Zisterzienser, hier haben Zisterzienser=
mönche gebaut und der Kultur, dem Deutschtum und dem Christentum
das erste Daheim gegründet.

Lehnin wurde auf Befehl des Markgrafen gebaut, vor allem die
Klosterkirche. Sie bestand in ihrer ursprünglichen Form bis zum

Jahre 1262. — In diesem Jahre nun ließ die rasch wachsende Bedeutung des Klosters das, was da war, nicht länger als ausreichend erscheinen, und es wurde deshalb ein Anbau beschlossen. Er fiel in die erste Blütezeit der gotischen Baukunst, und mit der ganzen Unbefangenheit des Mittelalters, das ja immer baute, wie ihm gerade ums Herz war und keine Rücksichtnahme auf den Bau zurückliegender Epochen kannte, wurde nunmehr das romanische Kurzschiff der ersten Anlage durch ein gotisches Längsschiff erweitert. Dieser gotische Erweiterungsbau hat der Zeit und sonstigem Wechsel schlechter zu widerstehen vermocht als jener älteste Teil der Kirche — das Alte steht, der Anbau liegt oder vielmehr lag in Trümmern.

Es sei jetzt gestattet, noch einiges über das innere Leben des Klosters zu berichten. Die Äbte von Lehnin, die fürstlichen Rang einnahmen und das Recht hatten, den Hermelin zu tragen, standen an der Spitze ihres „Klosterkonvents", d. h. ihrer Mönchsbrüderschaft, aus der sie, sobald eine Vakanz eintrat, durch freie Wahl hervorgingen. Ihnen zur Seite oder doch eigentlich unter ihnen stand der Prior, der Subprior, ein Präzeptor, ein Senior und ein — Cellarius (zu deutsch Kellermeister), der, wie es scheint, im Lehniner Kloster auch die Stelle des Bursarius, d. h. des Schatzmeisters, vertrat. An diese schlossen sich dann 20—30 Fratres, Ordensbrüder, teils wirkliche Mönche, teils Novizen, teils Laienbrüder oder dienende Brüder genannt. Ein kleiner, fest geordneter, kraftvoller Staat!

Das Ansehen und die Gewalt des Abtes waren außerhalb und innerhalb des Klosters von großem Belang. Im Jahre 1450, unter der Regierung des Kurfürsten Friedrich II., des Eisernen, des zweiten Regenten aus dem Hause Hohenzollern, wurde den Äbten zu Lehnin vom Papste der bischöfliche Ornat zugestanden. Seitdem trugen sie bei feierlichen Gelegenheiten die bischöfliche Mitra, den Krummstab, das Pallium und den Ring. Auf den Landtagen saßen sie auf der ersten Bank, unmittelbar nach den drei vornehmsten Prälaten des Kurfürstentums, nämlich den Bischöfen von Brandenburg, Havelberg und Lebus. Innerhalb des Klosters war der Abt selbstverständlich der oberste Leiter des ganzen Haushaltes in weltlicher und kirchlicher Beziehung. Er sah auf strenge Ordnung in dem täglichen Leben und Wandel der Mönche; er beteiligte sich möglichst an jedem Gottesdienst und beaufsichtigte ihn; er kontrollierte die Verwaltung des Vermögens, die Einkünfte des Klosters, er allein vertrat es weltlichen und geistlichen Mächten gegenüber. Er allein regierte, deshalb sprach man auch vom „regierenden Abte". Aber diese Regierung war weit davon entfernt, eine absolute verantwortungslose Herrschaft zu sein. Wie er über dem Konvente stand, so stand auch der Konvent über ihm, und Klagen über den Abt, wenn sie von außerhalb des Klosters Stehenden erhoben wurden, kamen vor den Konvent und wurden von diesem entschieden. Waren die über einen Abt zu erhebenden Klagen aber Klagen des Konvents selbst, so konnte dieser nun freilich in seiner eigenen Angelegenheit nicht Richter sein, und es mußte ein anderes Tribunal entscheiden. Dies Tribunal, der Fälle zu geschweigen, in denen es der Landesherr selbst bildete, war entweder das Mutterkloster, also für Lehnin das Kloster Sitichenbach bei Mansfeld, oder das große Kapitel des Mutterklosters zu Citeaux in Frankreich, oder der Erzbischof von Magdeburg oder endlich der Papst selbst. Solche Auflehnungen des Konvents gegen den Abt, und infolge der Auflehnungen Appellationen an höhere Instanzen, zählten keineswegs zu den Seltenheiten, wenngleich die Lehniner Verhältnisse im allgemeinen durch alle Zeit hin als ruhige, ja mustergültige geschildert werden. Mehrere Urkunden tun solcher Appellationen direkt an das Generalkapitel Erwähnung, und auch anderes spricht dafür, daß unser märkisches Kloster in Frankreich, in Citeaux selbst, einen guten Namen gehabt habe. Schon die Lage Lehnins, damals an der Grenze aller Kultur, kam ihm ungemein zustatten. Die näher an Citeaux gelegenen Klöster waren eben in ihrer Bedeutung und ihrem Werte nach ziemlich gleich, während allen denen eine erhöhte Bedeutung beigelegt werden mußte, die als vorgeschobene Posten in die kaum bekehrte slawischheidnische Welt hineinragten.

Wie bereits erwähnt, hatten die Lehniner Äbte fürstlichen Bischofsrang, und sie wohnten und lebten demgemäß. Das Lehniner Abtshaus, das, an der Westfront der Kirche gelegen, noch jetzt steht, zeigt zwar keine großen Verhältnisse, dies darf uns aber nicht zu falschen Schlüssen verleiten. Es war damals überhaupt nicht die Zeit der großen Häuser und Paläste. Überdies hatten die Lehniner Äbte, ebenso wie die Bischöfe von Brandenburg, Havelberg und Lebus, „ihr Stadthaus" in Berlin, und es scheint, daß das der Lehniner Äbte dort von größeren Raumverhältnissen war. Ursprünglich stand es wahrscheinlich da, wo sich jetzt das dreibogige Schloßportal Eosanders von Göthe erhebt. Der Schloßbau unter Kurfürst Friedrich dem Eisernen (1440—1470), um das Jahr 1450 (denn 1451 wird die neugegründete Burg zu Kölln an der Spree stetige Residenz), führte zu einer tauschweisen Änderung des Besitzes, und „das Stadthaus der Lehniner Äbte" ward in die Heiligegeiststraße verlegt, dorthin, wo die kleine Burgstraße torartig in die Heiligegeiststraße einmündet, ehemals dicht neben dem nun auch längst ausgewanderten Joachimstaler Gymnasium. In Brandenburg aber haben die Äbte von Lehnin ebenfalls „ein Stadthaus", ihr Absteigequartier, gehabt. Es lag in der nach ihnen benannten Abtstraße und dient jetzt mit seinen weiten Räumen als Landwehrzeughaus und zu Militärwerkstätten. Es ist heute weder an seinem Äußeren noch in seinem Innern mehr eine Spur in Wappen, Emblemen und dergleichen von seiner ehemaligen Bestimmung zu entdecken.

Länger als drei und ein halbes Jahrhundert gab es Äbte von Lehnin. Es sei mir gestattet, bei dem Lebenslaufe des ersten und des letzten einige Augenblicke länger verweilen zu dürfen.

Siebold hieß der erste Abt von Lehnin, der von 1180—1190 regierte. In derselben Weise wie der älteste Teil des Klosters des nun halb in Trümmern liegenden Baues am besten erhalten geblieben ist, so wird auch von dem ersten und ältesten Abte am meisten und eingehendsten erzählt. Die Erinnerung an ihn lebt noch heute im Volke fort. Freilich gehören wohl alle diese Erinnerungen der Sage und Legende an, historisch verbürgt ist davon wenig oder nichts; aber ob Sage oder Geschichte, mag hier gleichgültig für uns sein, da wir ja der einen so gern nachforschen wie der andern.

Abt Siebold, so erzählen sich die Lehniner bis auf diesen Tag, wurde von den umwohnenden Wenden erschlagen, und im Einklange damit lesen wir auf einem alten halbverwitterten Bilde im Querschiffe der Kirche: „Seboldus, primus abbas in Lenyn, a Slavica gente occisus" (Sebold, der erste Abt in Lehnin, wurde vom slawischen Volke getötet). — Ich führe nun wörtlich das an, was Theodor Fontane in dem dritten Bande seines bekannten Buches „Wanderungen durch die Mark" von der Ermordung des ersten Abtes erzählt:

„Abt Siebold wurde also erschlagen, gewiß eine ernsthafte Sache; die Geschichte seines Todes wiederzugeben, ist nicht ohne eigentümliche Schwierigkeiten, da sich neben dem Ernsten und Poetischen auch Tragikomisches und selbst Zweideutiges mit in diese Geschichte hineinmischt. Und doch ist über diese bedenklichen Partien nicht

hinwegzukommen, sie gehören mit dazu: es sei also gewagt. Abt
Siebold und seine Mönche gingen oft über Land, um in den um=
liegenden Dörfern zu predigen und die wendischen Fischersleute,
die zäh und störrisch an ihren alten Götzen festhielten, zum Christen=
tum zu bekehren. Einstmals hatte Abt Siebold in Begleitung eines
einzigen Klosterbruders in dem Klosterdorfe Prützke gepredigt und,
über Mittag bei drückender Hitze heimkehrend, beschlossen der Abt
und der Mönch, in dem nahe bei dem Kloster gelegenen Dorfe
Nahmitz zu rasten, das sie eben müde und matt passierten. Der
Abt trat in eins der ärmlichen Bauernhäuser ein — die Scheu aber,
die hier sein Erscheinen einflößte, machte, daß alles auseinander=
stob. Die Kinder versteckten sich in Küche und Kammer, während
die Frau, die ihren Mann samt den anderen Fischern am See be=
schäftigt wußte, ängstlich unter den umgestülpten — Backtrog kroch,
der nach damaliger und wohl auch noch nach heutiger Sitte nichts
als ein ausgehöhlter Baumstamm war. Abt Siebold, nichts Arges
ahnend, setzte sich ermüdet auf den Trog, die Kinder aber, nachdem
sie allmählich aus ihren Schlupfwinkeln hervorgekrochen waren,
liefen jetzt an den See und riefen dem Vater und den übrigen
Fischersleuten zu: „Der Abt ist da!" zugleich beschreibend, in welch
eigentümlicher Situation sie die Mutter und den Abt verlassen
hatten. Die versammelten Fischersleute gaben dem Worte die
schlimmste Bedeutung, und der bittere Groll, den das Wendentum
überhaupt gegen die deutschen Eindringlinge unterhielt, brach jetzt
in hellen Flammen aus. Mit wildem Geschrei stürzten sie alle ins
Dorf, umstellten das Haus und drangen auf den Abt ein, der sich,
als er wahrnahm, daß ihm dieser Angriff gelte, samt seinem Be=
gleiter durch die Flucht zu retten suchte. Der nahe Wald bot vor=
läufig Schutz, aber die verfolgenden Dörfler waren ausdauernder
als der ältliche und wohlbeleibte Abt, der es endlich vorzog, einen
Baum zu erklettern, um, gedeckt durch das dichte Laubgebüsch, seinen
Verfolgern zu entgehen. Der Mönchsbruder eilte inzwischen voraus,
um Hilfe aus dem Kloster herbeizuholen. Abt Siebold schien ge=
rettet, aber ein Schlüsselbund, das er beim Erklettern des Baumes
verloren hatte, verriet sein Versteck und brachte ihn ins Verderben.
Wohl kamen endlich die Mönche und beschworen den tobenden
Volkshaufen, von seinem Vorhaben abzulassen — der Säckelmeister
bot Geld, der Abt selbst aus seinem Verstecke heraus versprach ihnen
Erlaß des Zehnten, dazu Feld und Heide — aber die wilden Burschen

bestanden auf ihrer Rache. Sie hieben, da der Abt sich weigerte, herabzusteigen, die Eiche um und erschlugen endlich den am Boden liegenden Prälaten. Die Mönche, die den Mord nicht hatten hindern können, kehrten unter Mißhandlungen von seiten der Fischersleute in ihr Kloster zurück und standen bereits auf dem Punkte, wenige Tage später die Mauern des Klosters für immer zu verlassen, als ihnen, so erzählt die Sage, die Jungfrau Maria erschien und ihnen zurief: „Redeatis! Nihil deerit vobis!" (Kehret zurück, es soll euch an nichts fehlen!), Worte, die allen Mönchen neues Gottvertrauen einflößten und sie zu mutigem Ausharren vermochten." — Soweit die Erzählung Fontanes.

Ich sprach früher von dem Stückchen Poesie, das mehr oder weniger mit dem Tode des Abtes Siebold verknüpft sei, und diese poetische Seite ist wirklich da. Doch zeigt sie sich mehr in den gespenstischen Folgen der Untat als in dieser selbst. In dem mehrmals genannten Dorfe Nahmitz bezeichnet die Überlieferung auch heute noch das Gehöft, in das damals der Abt Siebold eintrat. — „Das Haus hat längst einem andern Platz gemacht, aber ein Unsegen haftet seit jenem Unglückstage an der Stelle. Die Besitzer wechseln, und mit ihnen wechselt die Gestalt des Mißgeschicks, doch das Mißgeschick selber bleibt: das Feuer verzehrt die vollsten Scheunen, böse Leidenschaften nehmen den Frieden, oder der Tod nimmt das liebste Kind hinweg usw." So berichten mit ernstem Gesichte die Leute aus dem Dorfe Nahmitz.

Und wie die Überlieferung im Dorfe selber das Haus bezeichnet, so bezeichnet sie auch im schönen Eichwald zwischen Nahmitz und Lehnin die Stelle, wo der Baum stand, unter dem die Untat geschah. Der Stumpf war noch Jahrhunderte lang zu sehen. Daneben lag der abgehauene Stamm, über den keine Verwesung kam und den niemand berühren mochte, weder der Förster noch die ärmsten Dorfleute, die da Reisig im Walde suchen. Der Baum lag da, wie ein herrenloses Gut, gesichert durch die Scheu, die er einflößte. Erst im vorigen Jahrhundert kam ein Müller, der lud den Stamm auf und sagte zu den Umstehenden: „Wind und Teufel mahlen gut!" Aus dem Stamme aber machte er eine neue Mühlwelle und setzte die vier Flügel daran. Es schien auch alles nach Wunsch gehen zu sollen, und die Mühle drehte sich gar lustig in dem Winde, aber der Wind wurde immer stärker, und in der Nacht, als der Müller gerade fest schlief, da schlugen plötzlich die hellen

Flammen auf: die Mühlwelle, in immer schnellerem Drehen, hatte Feuer an sich selber gelegt, und alles brannte nieder. „Wind und Teufel mahlen gut!" raunten sich am anderen Tage die Leute zu.

Der Grundbesitz Lehnins war von Jahrzehnt zu Jahrzehnt gewachsen und umfaßte in den Jahren, die der Reformation unmittelbar vorausgingen, 2 Marktflecken, 64 Dörfer, 54 Fischereien, 6 Wasser- und 9 Windmühlen, 14 große Forsten, dazu weite Äcker und Wiesen und Weinberge. Jeder Zweig des landwirtschaftlichen Betriebes stand in Blüte; die Wolle der reichen Schafherden wurde

Kloster Lehnin.

im Kloster selbst verarbeitet, und die treffliche Wasserverbindung mittelst der Seen in die Havel und von ihr in die Elbe sicherte dem Kloster Markt- und Absatzplätze.

Der letzte Abt des Klosters, Valentin (von 1509 bis 1542), führte es noch einmal auf stolze Höhe. Valentin ging viel zu Hofe; aber wenn er auch häufiger in dem Abthause zu Berlin als in dem des Klosters Lehnin residiert haben mag, so war er doch nicht gewillt, um des Hofes und der Politik willen den unmittelbaren Obliegenheiten seines Amtes, der Fürsoge für das Kloster selbst, aus dem Wege zu gehen. Wir sehen, wie er sich das Wachstum, die Gerechtsame, vor allem aber auch die Schönheit und Ausschmückung seines Klosters angelegen sein ließ: er schenkte Glocken aus eigenen Mitteln, errichtete Altäre. Ganz besonders zog er die unter Albrecht Dürer, Lukas Cranach und Hans Holbein eben erst geborene deutsche Kunst heran und zierte die Klosterkirche mit jenem prächtigen Altarschreine, der bis auf diese Stunde als ein Kunstwerk ersten Ranges erhalten und jetzt das Hochaltar des Brandenburger Domes schmückt, damals der wohlbegründete Stolz des Klosters und die Bewunderung der es besuchenden Fremden. Die wohlerhaltene Unterschrift: „anno domini 1518 sub domino Valentino Abate" hat in aller Sichtlichkeit den Namen des Abtes Valentin bewahrt. —

Über fünfundzwanzig Jahre waren die Wirren der Zeit an Abt Valentin vorübergegangen, das Ausharren seines kurfürstlichen Herrn im katholischen Glauben hatte ihn vor den schwersten Bekümmernissen bewahrt — da kam fast unmittelbar nach dem Regierungsantritte Kurfürst Joachims II. Hektor im Jahre 1535 die Kirchenvisitation. Auch das Kloster Lehnin wurde ihr unterworfen. Man verfuhr nicht ohne Milde, nicht ohne Rücksicht der Form, aber in Wahrheit erschienen die Visitatoren zu keinem anderen Zwecke, als um dem Kloster den Totenschein zu schreiben. Man stellte es zuerst einmal unter Kuratel, wogegen das Kloster nur einen passiven Widerstand ausüben konnte. Der alte Abt Valentin, zu hofmännisch geschult, um dem Sohn und Nachfolger seines heimgegangenen kurfürstlichen Freundes eine ernste Gegnerschaft bereiten zu wollen, zu schwach für den Kampf selbst, wenn er ihn auch hätte kämpfen wollen, beugte sich ergebungsvoll unter das neue Regiment, und schon zu Neujahr 1542 bittet er den Kurfürsten nicht nur, „ihm und seinem Kloster auch bei veränderten Zeitläuften allezeit ein gnädigster Herr zu sein", sondern fügt auch noch den Wunsch bei, „daß seine kurfürstliche Durchlaucht ihm und seinen fratribus wie bisher etliches Wildpret verehren möge".

So verlief der Widerstreit fast in Gemütlichkeit, bis im Laufe eben dieses Jahres 1542 der alte Abt Valentin das Zeitliche segnete. Sein Tod machte den Strich unter die Rechnung des Klosters, keine Rücksichten auf den „alten Gevatter des Vaters" hemmen länger die Tätigkeit des Sohnes, und so ergeht denn der Befehl an die Mönche, „keinen neuen Abt zu wählen". Den Mönchen selber wird freigestellt, ob sie „bleiben oder wandern wollen", und die Mehrzahl — alles, was jung, gescheit und tatkräftig ist — wählt das letztere und wandert aus, den Klostermauern den Rücken kehrend. Die an Lebensjahren älteren Mönche blieben damals im Kloster. Ob sie in Lehnin selbst ruhig weiter lebten oder aber in dem drittehalb Meilen entfernten, dicht bei Paretz gelegenen Klosterdorfe Neu-

Töplitz sich häuslich niederließen, wie von einigen behauptet wird, ist nicht mehr mit voller Gewißheit zu erkennen. Gleichviel aber auch, wo die den Rest ihrer Tage beschlossen, sie beschlossen sie ruhig, friedfertig, ergeben, ohne jede Spur von Märtyrerschaft, ohne den kleinsten Schimmer von jenem Goldglanz um ihr Haupt, den zu allen Zeiten das Einstehen für eine Idee verliehen hat.

Diese letzten Lehniner Mönche standen nun für nichts mehr ein als für sich selbst, und das letzte Lebenszeichen, das wir von ihnen überliefert besitzen, ist eine „untertänigste Bitte des Priors, Subpriors und Seniors, so zu Lehnin verharren", worin sie ihren gnädigsten Herrn und Kurfürsten ersuchen, unter vielen anderen Dingen jedem einzelnen auch folgendes zu gewähren: „Zum Mittagessen vier Gerichte, zum Abendessen drei Gerichte, eine Tonne Bier wöchentlich, acht Tonnen Wein jährlich, außer diesem aber zu Neujahr und zu Mitfasten einen großen Thorner Pfefferkuchen!" —

So erlosch Lehnin. Das vierhundertjährige Klosterleben, das mit der Ermordung des Abtes Siebold begonnen hatte, schrieb zum Schluß einen „Bitt- und Speisezettel; es dabei den Räten ihres gnädigen Herrn Kurfürsten überlassend, an den obgemeldeten Artikeln zu reformieren nach ihrem Gefallen"!

Fr. Herring, Kloster Lehnin. Ein Geschichts- und Landschaftsbild.
Brandenburg a. H., Verlag von J. Wiesike.

Dietrich Kagelwit und die Schweinsohren.
Von Willibald Alexis.

Eines Tages stattete Kaiser Karl IV., der Lützelburger, nach einer Jagd mit seinem fürnehmen Gefolge dem Kloster Lehnin völlig unerwartet seinen Besuch ab. War Kirmes gewesen, oder eine Schatzung von Schnapphähnen, kurz, es war auch nicht ein Pfund Fleisch im Hause, und der Kaiser war sehr hungrig. Da war der Abt ganz außer sich; aber er hatte einen treuen Mann, der oft für ihn dachte und manches Mal für ihn handelte. Dietrich Kagelwit hieß der Mann; er hatte wohl die Weihen, aber mit seiner Gelahrtheit soll's nicht weit her gewesen sein; er machte sich lieber in der Küche zu schaffen, als in der Bibliothek. Da wußte er Kunststücke, daß den Konviktualen das Wasser über die Zunge lief, und alle hatten ihn sehr lieb.

„Kagelwit, du mußt mir helfen!" sagte der Abt.

„Ja, wie denn?"

„Ein gut Gericht, eine Kraftsuppe, wie sie ein Weidmann, der ausgehungert ist, liebt."

„Domine Abba!" sprach Kagelwit, „erst Fleisch her, dann eine Suppe. Hat der Kaiser einen Damhirsch oder einen Rehbock in der Tasche?"

„Ach, er hat nur Böcke geschossen!" erwiderte der Abt.

„Davon kocht Schmalhans nur eine Windsuppe," sagte Kagelwit.

„Ach, Kagelwit, allerliebster Kagelwit, hilf mir," sprach der Abt. „Wenn er hungrig abzieht, trägt er's uns nach, und er ist ohnedem denen in Chorin holder als uns."

„Da wären also nur unsere Schweine!" antwortete Kagelwit.

„Maria Josef! Kagelwit, wovon sollen wir den Winter leben? Wo hast du auch je gehört, daß eine Suppe von Schweinefleisch gut schmeckt? Das sage ich dir, daß du mir auch nicht ein Schwein schlachtest!"

Da rieb sich Kagelwit die Stirn, aber er kriegte es raus. Bald brodelte ein Kessel mit Erbsen überm Feuer, die quollen und hülsten sich, und er fuhr mit dem Quirl darin um und streute ganze Hände voll Pfeffer, und dann ging er doch in den Schweinestall, aber heimlich und ein Messer unter dem Habit. Und die Suppe schmeckte dem Kaiser und seinen Grafen und Herren und dem Abt und allen über die Maßen: alle lobten sie, daß sie so kräftig und würzig und nahrhaft, und zum Trinken rechten Appetit machte. „Aber was ist das für ein Fleisch, das so süß und so zart schmeckt, und darin herumschwimmt?"

„Kaiserliche Majestät halten zu Gnaden, das ist kein Fleisch," sagte Kagelwit.

Da rieten sie umher, was es sein könne. Einige meinten, es sei eine Quappe, andere eine Art Schnecken; noch andere, es sei wohl ein besonder Tier aus der Vorzeit, das sich hier erhalte, und sie kannten seine Art nicht, bis einer den Kopf schüttelte: „Das schmeckt nach Schwein!"

Da fuhr der Abt auf: „Kagelwit, hast du mir das getan!"

„Hochwürdigster Herr, wie könnt' ich Euch das tun. Höret doch, wie Eure Schweine in den Koben grunzen und zählet sie, so werdet Ihr sehen, Euch fehlt keines." Da wurden alle neugierig und gingen mit dem Kaiser und dem Abt in den Stall, und die Schweine grunzten furchtbar, und sie zählten sie, und wie er gesagt, es fehlte keines; es war aber auch keines, das auch nur ein Ohr gehabt. Kagelwit hatte alle Ohren abgeschnitten und in der Suppe verkocht. Da war ein Lachen und eine Lustigkeit, wie man selten gesehen, und die Keller mußten herhalten, und Kagelwit hörte viel Lobes und Rühmens. Denn bis dahin hatte man in Deutschland nicht gewußt, daß man die Schweinsohren essen kann, sondern sie auf den Mist geworfen. Also war Kagelwit ein großer Erfinder. Wenn ihn sein Abt hätte schelten wollen, so kam's zu spät, denn der Kaiser, der nie in seinem Leben eine so schmackhafte Suppe gegessen, nahm ihn aus dem Kloster und an seinen Hofhalt. Und seitdem ist in der Mark Brandenburg die Erbssuppe aufgekommen mit Schweinsohren und heißt Türkensuppe. Man schlachtet aber jetzt die Schweine und schneidet ihnen dann erst die Ohren ab. Denn was die in Chorin geglaubt, die auf Lehnin immer neidisch waren, das traf nicht zu. Nämlich sie meinten, die Ohren wuchsen nach, wie das Grummet auf der Wiese, und man möge des Jahres zwei- oder dreimal sie den Schweinen abschneiden, was einen guten Profit gäbe. Da sie die Schweine von den Itzenplitzens auf der Mast hatten in ihren Eichwäldern, so versuchten sie's, aber die Ohren wuchsen nicht wieder, und statt Vorteils hatten sie Schaden und Ärgernis, als die Itzenplitze im Herbst ihre Schweine holten. Da ging's den fürwitzigen Brüdern in Chorin fast an die eigenen Ohren, und die Leute sagten: Was einem gut steht, das kleidet noch nicht den anderen. Will's aber nicht verschweigen, was einige meinen, der Kagelwit selbst wär's gewesen, der das einem Choriner gestochen, der hergeschickt worden, um auszuspüren, woher es denn käme, daß der Kaiser dem Kloster Lehnin so gewogen. Denn er war ein Schelm und hatte ein gut Lehninsch Herz. Und kam beim Kaiser in große Ehren, weil er sagte, der weiß zu raten und zu treffen, und mußte ihm bei manchem Gericht, was er braute, kochen und zuschneiden helfen. Soll ihm auch bei der goldenen Bulle geholfen haben, denn, sagte der Kaiser, wer es versteht, eine Herde zu scheren ohne Geschrei und Ohren zu stutzen, und man merkt es nicht, der ist einem Fürsten mehr wert als einer, der Gold macht. Und er ging selbst in Seiden und Gold. Als ihn aber ein alter Bekannter fragte: „Kagelwit, wie hast du's angefangen, du wußtest doch nie, wie's am Hofe zuging?" Da antwortete er: „Das kommt daher: Den anderen ging ich um die Ohren, aber meine hielt ich auf!"

Aus: W. Alexis, Der Werwolf.

Die Weissagung von Lehnin.
Von R. Lutter.

Der Klostersee bei Lehnin. Phot. F. A. Schwarz.

Wer kennt nicht die Weissagungen des Bruders Hermann von Lehnin, wer zweifelt noch daran, daß sie eine offenbare Fälschung sind! Sie haben viel Staub aufgewirbelt, immer wieder und wieder, sind gebraucht und gemißbraucht worden tendenziös-politisch, und eine bändereiche Bibliothek könnte man aus den Schriften darüber zusammenstellen. Aber sie haben wohl nun ihre Zeit erfüllt. Dennoch bleiben sie merkwürdig und verdienen immerhin unsere Aufmerksamkeit um so mehr, wenn es uns vielleicht glückt, etwas noch nicht Beobachtetes darin zu entdecken.

Bekanntlich hat Heffter in seiner Geschichte des Klosters den Verfasser fast sichergestellt: es war ein mit dem derzeitigen Regiment Unzufriedener, der zu Ausgang des 17. und zu Anfang des 18. Jahrhunderts lebte. Wie dem auch sein mag, sicher ist jene Zeit die der Entstehung der die Weissagung enthaltenden lateinischen Verse. Denn alles was darin von einer Zeit vor der Wende des 17. Jahrhunderts als Weissagung auftritt, trifft unbedingt zu, aus manchen

Wortwendungen lassen sich sogar die geschichtlichen Schriften erkennen, denen der Verfasser seine Weisheit entlehnt. So bleibt
in der Tat als eigentliche Weissagung — oder Hirngespinst —
nur ein Teil des Gedichtes, der die Zeit nach dem Anfang des
18. Jahrhunderts betrifft, und das sind seine letzten 20 Verse,
vom 81.—100. Klangvolle Verse übrigens, mit ihren schönen Binnen-
reimen!

Der Verfasser behandelt, wie bekannt, die Schicksale des Staates
unter der Regierung der einzelnen Glieder des Hohenzollern-
geschlechts, doch läßt sich durchaus nicht erkennen, daß es unbedingt
immer seine Absicht war, jede Regierungszeit zu berücksichtigen
oder streng zu sondern. Nachdem der Unzufriedene von seiner
eigenen Zeit gesprochen, freilich in sehr dunklen, unverständlichen
Worten, hebt er, also weit nach Anfang des 18. Jahrhunderts, von
neuem an:

81. Mox juvenis fremit, dum magna puerpera gemit.

Wir folgen der Übersetzung Hesters:

„In kurzem toset ein Jüngling daher, während die große Gebärerin
seufzt."

Wir deuten: Der junge Friedrich setzt die Welt in Erstaunen
durch seine kühne Tat, in Schlesien einzubrechen, und allerdings
hatte die große Maria Theresia allen Grund zu seufzen.

82. Sed quis turbatum poterit relingere statum?
„Aber wer wird vermögen, den zerrütteten Staat wieder herzustellen?"

83. Vexilla tanget, sed fata crudelia planget.
„Er wird das Banner erfassen, allein grausame Geschicke zu beklagen haben."

Wie oft hat sich Friedrich der Große selbst über sein Schicksal
beklagt — aber in allem Unglück hielt er das Banner seiner Ehre
und seines Staates fest und hoch, allen Stürmen trotzend.

84. Flantibus hic austris, vult vitam credere claustris.
„Er will beim Wehen der Südwinde sein Leben den Festungen an-
vertrauen."

Wie schön klingt auster der Südwind mit austria Österreich zusammen! Die Winde daher waren dem großen Könige oft bedenklich genug, was aber claustrum die Festung anbetrifft, so kann
der Seher nur das befestigte Lager bei Bunzelwitz gemeint haben.

Die folgenden Verse lauten in der Hefterschen Übersetzung:

85. „Wer nun folgt der Schlechteste, ahmt den schlechten Ahnen nach.
86. Seinem Geiste wohnt nicht Kraft, seinem Hause nicht göttlicher Segen inne.
87. Der, dessen Hilfe er anfleht, stellt sich ihm ein Gegner gegenüber.
88. Und er, der das Oberste zu unterst kehrt, kommt in den Wellen um."

Luther will diese vier Zeilen wohl auf Friedrich Wilhelm II. beziehen, den er allerdings diskreterweise nicht beim Namen nennt. Vers 85 und 86 passen allerdings sehr gut auf den übelsten der Hohenzollern; wenn man aber das schon von Fontane betonte Recht des Sehers anerkennt, gelegentlich Einzelheiten und Einzelpersonen zu überspringen und andererseits in unmittelbarem Anschluß zusammenzufassen, was den Nachgeborenen trennt, so darf Vers 87 für Friedrich Wilhelm III. gelten, der ja sehr lange Zeit in Napoleon etwas wie einen wohlwollend Gesinnten erblickte und gelegentlich auf seine Hilfe rechnete. Eben dieser Napoleon, der das Oberste zu unterst kehrte, kam allerdings nicht in den Wellen, sondern auf der kleinen Insel St. Helena in der unendlichen Südsee um. Daß sich der Prophet in Nebensächlichkeiten irrt, weil ihm ja der Zukunft Geschehnisse schattenhaft-verworren vorübergleiten, und sein immerhin irdischer Blick die Fülle der Geschichte nicht streng auseinanderzuhalten vermag, könnte eher für die Echtheit der Weissagung sprechen. Sie fährt dann, Vers 89, fort:

Natus florebit: quod non sperasset habebit.
„Der Sohn wird blühen; was er nicht gehofft, wird er besitzen."

Ist Wilhelms I. Hoffen und Erfolg knapper und genauer zu kennzeichnen?

„Allein das Volk wird in diesen Zeiten traurig weinen."

Drei immerhin verlustreiche Kriege haben ihm dazu gerechten Anlaß gegeben, wenn sonst wohl auch Traurigkeit unter Wilhelm I. nicht gerade deutschen Lebens Regel war.

91. „Es scheinen Geschicke zu kommen sonderbarer Art,
    Und der Fürst ahnt nicht, daß eine neue Macht im Werden ist."

Die neue Macht, die uns schließlich, nach jahrzehntelangem Wachstum, den 9. November 1918 bescherte und sich in revolutionärem Wahn als stärker denn alle Fürstenmacht erwiesen hat.

93. Tandem sceptra geret, qui stemmatis ultimus erit.
„Endlich führt das Szepter, der der Letzte seines Stammes sein wird."

Eine unheimlich zielsichere Prophezeiung, wie sie die Geschichte kaum zum zweitenmal kennt. Wilhelms II. Schicksal!

Und nun die seltsamen, unendliche Perspektiven erschließenden, drohenden und verheißungsvollen Verse, die für sich sprechen müssen, weil jede Erläuterung ein frevelnder Versuch wäre, an den Schauern der Ewigkeit herumzudeuten.

94. Israel infandum scelus audet morte piandum,
95. Et poster gregem recepit, Germania regem.
 „Israel wagt eine unnennbare, nur durch den Tod zu sühnende Tat;
 Und der Hirt empfängt die Herde, Deutschland einen König wieder.

Darauf wie Glockensang nach dem letzten, endgültigen Sieg:

96. „Die Mark vergißt gänzlich aller ihrer Leiden,
97. Und wagt die ihrigen allein zu hegen, und kein Fremdling darf mehr frohlocken.

Aus dem Empfinden des Mönches heraus, physiologisch sehr verständlich, sehr echt und deshalb wirkungsvoll:

98. „Die alten Mauern von Lehnin und Chorin werden wieder erstehen,
99. Und die Geistlichkeit steht wieder da nach alter Weise in Ehren,
100. Und kein Wolf stellt mehr dem edlen Schafstall nach."

Markgraf Ludwig der Bayer und Treuenbrietzen.
Von Willibald Alexis.

Die Ratleute standen schon längst, um den verbündeten sieghaften Landesherrn anzureden, als es sich gebührt, und konnten doch nicht zur Rede kommen. Da hob sich Ludwig mit dem Leib aufrecht und saß als ein Fürst, ob es auch kein Thron war, nur ein Bund Stroh, er streckte den Arm aus, daß er ihre Rede hinderte; er liebte es nicht, lange Reden zu hören, und fiel den Bürgermeistern immer ins Wort, wo sie erst anfingen.

„Spart eure Worte, ihr treuen Männer von Brietzen, eure Taten haben besser für euch geredet, als euer Mund könnte. So lieb' ich's. Das ist brandenburgisch. Privilegien sollt ihr haben, daß die anderen Städte vor Neid bersten, und euer Schade werde euch doppelt ersetzt. Und als ihr meinen Namen in euren Herzen bewahrtet, will ich euren in meinem hegen, und soll Brietzen soviel heißen als Treue, und der Name soll eins werden mit eurem."

„Das danken dir, Herr, die Bürger deines treuen Brietzen," hub der Bürgermeister an, und wollte nun doch die Rede halten.

Aber der Fürst fiel schnell ein: „Heißt nicht noch eine Stadt so in meinem Lande?"

„Ja, Herr, das Brietzen an der Oder, das zum falschen Woldemar hält."

„So tauf' ich dich um, du treue Stadt," sagte er, und spritzte, was Weins im Becher war, über das Stadtwappen vorm Rathaus. „Von Stund' ab sollst du heißen zum Unterschied nicht Brietzen, sondern Treuenbrietzen in Ewigkeit, hört ihr's! Die Brietzener verstoß' ich, und die Treuenbrietzener drück' ich ans Herz. Ihr Herren, das sind meine guten Freunde, versteht mich. Nun ruft mit euerm Markgrafen ein Hoch dem guten Treuenbrietzen!"

Die Drommeten schmetterten und die Pauken wirbelten, und wer schreien konnte, der schrie aus Leibeskräften mit dem Herzog, dem es gar sehr behagte, wie die Bürger fast außer sich waren vor Freude. Ja, in dem Augenblick war's, als hätten sie ihr groß' Leid vergessen. Es hätte nicht viel gefehlt, und sie wären sich um den Hals gefallen, und wo die Flammen ihrer Häuser den Platz beleuchteten und das Blut ihrer Brüder die Steine netzte, da hätten die jungen Burschen die Mädchen umfaßt und einen Tanz aufgeführt vor großer Lustigkeit.

So sind die Brandenburgischen, von gutem Herzen. Und wenn ein Fürst nur ein freundlich Wort zu ihnen spricht, fließen ihnen die Augen über. Und darum, daß Ludewig zween Silben in ihrem Namen getan, es kostete ihm nicht einen roten Heller, aber wenn er's verstanden und hätte itzt Steuer von ihnen gefordert, deren beste Habe doch brannte, und die Armut stand vor der Tür, sie hätten ihm alles bewilligt und wären noch glücklich wesen.

Die bayrischen Herren lachten im Bart; meinten, solch ein Land läßt sich leicht regieren, wo die Leute zufrieden sind mit einem Namen. Bei uns geht's nicht so.

Aus: W. Alexis, Der falsche Woldemar.

Havelland.

Herr von Ribbeck auf Ribbeck im Havelland.
Von Theodor Fontane.

Herr von Ribbeck auf Ribbeck im Havelland,
ein Birnbaum in seinem Garten stand,
und kam die goldene Herbsteszeit,
und die Birnen leuchteten weit und breit,
da stopfte, wenn's Mittag vom Turme scholl,
der von Ribbeck sich beide Taschen voll,
und kam in Pantinen ein Junge daher,
so rief er: „Junge, wiste 'ne Beer?"
und kam ein Mädel, so rief er: „Lütt Dirn,
kumm man röwer, ick hebb' 'ne Birn."

So ging es viele Jahre, bis lobesam
der von Ribbeck auf Ribbeck zu sterben kam.
Er fühlte sein Ende. War Herbsteszeit,
wieder lachten die Birnen weit und breit.
Da sagte von Ribbeck: „Ich scheide nun ab.
Legt mir eine Birne mit ins Grab."
Und drei Tage drauf, aus dem Doppeldachhaus,
trugen von Ribbeck sie hinaus;
alle Bauern und Büdner mit Feiergesicht
sangen: „Jesus, meine Zuversicht",
und die Kinder klagten, das Herze schwer:
„He is dod nu. Wer giwt uns nu 'ne Beer?"
So klagten die Kinder. Das war nicht recht,
ach, sie kannten den alten Ribbeck schlecht.
Der neue freilich, der knausert und spart,
hält Park und Birnbaum strenge verwahrt;
aber der alte, vorahnend schon
und voll Mißtrauen gegen den eigenen Sohn,
der wußte genau, was damals er tat,
als um eine Birn' ins Grab er bat.
Und im dritten Jahr, aus dem stillen Haus,
ein Birnbaumsprößling sproßt heraus.

Und die Jahre gehen wohl auf und ab,
längst wölbt sich ein Birnbaum über dem Grab,
und in der goldenen Herbsteszeit
leuchtet's wieder weit und breit.
Und kommt ein Jung' über den Kirchhof her,
so flüstert's im Baume: „Wiste 'ne Beer?"
und kommt ein Mädel, so flüstert's: „Lütt Dirn,
kumm man röwer, ick geb' di 'ne Birn."

So spendet Segen noch immer die Hand
des von Ribbeck auf Ribbeck im Havelland.

Th. Fontane, Gedichte. Stuttgart, J. G. Cotta.

Die Wenden im Havelland.
Von E. Fidicin

Dürfen wir das Havelland und die Zauche auch als Gaue der Semnonen betrachten, so treten doch mannigfache Bedenken ein, den Ansichten über die gänzliche Auswanderung und Verdrängung der Deutschen durch die Wenden unbedingt beizustimmen. Betrachten wir nämlich die Beschaffenheit des Landes, so werden wir die Überzeugung gewinnen, daß es jedem Volke, von welcher Seite es auch hervorkommen möchte, sehr schwer fallen mußte, in das Innere des Havellandes einzudringen. Schon die ursprüngliche friedliche Besitznahme konnte nur sehr allmählich erfolgen. Es mochten nur unscheinbare vom Wilde getretene Pfade gewesen sein, welche von Furt zu Furt, von Insel zu Insel leiteten. Und jede dieser Inseln, auf welchen die alten Deutschen sich niederließen, war eine natürliche Festung. Daß sie zur Herstellung einer geordneten Verbindung schon angefangen hatten, Dämme zu bauen, möchte bei dem Naturleben, das sie führten, zu bezweifeln sein. Und wäre dies auch geschehen, so hätten die Dämme, bei herannahender Gefahr, leicht zerstört und der frühere unwegsame Zustand wieder hergestellt werden können.

Es ist daher nicht anzunehmen, daß die Wenden bei ihrer Ankunft an den Gewässern und Sümpfen des Havellandes und der Zauche sich erst auf zeitraubende Ermittlungen von Übergangsstellen einließen; gewiß folgten sie, wie alle unkultivierten Nationen, zuerst dem Laufe der Flüsse, mit Umgehung der Hindernisse, und verbreiteten sich, wie die Doraner, Zypriavaner und Ploniner an den Ufern der Dosse, Spree und Plane, nach welchen sie sich auch nannten. Die Besitznahme durch die Wenden erfolgte daher gewiß nur allmählich.

Was geschah aber mit den alten Bewohnern des Landes? — Waren sie alle ausgewandert oder hatten sie den ersten Andrang der Wenden erwarten und mit ihnen allenfalls einen Kampf um die alte Heimat mit ihren geweihten Bergen und Hainen eingehen können? Die Antwort hierauf ist wohl nicht schwer zu finden. Es möchte kein Beispiel in der Geschichte geben, daß wirklich seßhaft gewesene Völker, wie es die Semnonen waren, sämtlich ausgewandert oder jemals gänzlich verdrängt oder vertilgt worden wären.

Von den alten Deutschen wissen wir sogar, daß nur ein gewisser Teil der einzelnen Stämme auszuziehen pflegte, ob es den Krieg oder die Ermittlung neuer Wohnplätze galt.

Mochten die andringenden Wenden sich zuerst auch in Besitz alles Landes umher gesetzt haben, so ist es doch höchstwahrscheinlich, daß im Innern des Havellandes und der Zauche noch Deutsche saßen, die sich freilich zuletzt den Wenden unterwerfen und ihnen zins- und dienstbar werden mußten. In dieser Zeit des Überganges des Deutschen in die wendische Abhängigkeit bestand noch nicht der alles vertilgende Haß der Wenden gegen die Deutschen, wie er seit dem 11. Jahrhundert von diesen hervorgerufen ward. Es stand also einer gewissen Annäherung und Verschmelzung in Sitten und Gebräuchen beider Nationen nichts entgegen, vielmehr ist diese sogar ganz natürlich zu denken. Auch läßt es sich psychologisch erklären, daß die Wenden die Verehrung, welche sie ihren Göttern widmeten, an die Heiligenstätten der Semnonen knüpften, um sich die Götter der neuen Heimat zu befreunden; daß sie also auf dem Harlunger= berge dem Triglaff, einem Hauptgötzen der Wenden, einen Tempel bauten und daß die Hünenberge, auf welchen sich noch Spuren alter Opferstätten der Wenden vorgefunden haben, einst den Sem= nonen zu demselben Zwecke gedient hatten.

Der Wendenstamm, welcher den Havelbun in Besitz genommen hatte, nannte sich Stodor und gehörte zum großen Volke der Weleter oder Wilzen. Das Havelland wurde nach ihnen zwar Stodorania genannt, behielt aber, wie wir gesehen, seinen älteren Namen bei, den die Wenden nur etwas modifizierten. Sie hatten einen Fürsten (Knjäsen), der in der Feste Brendunburg seinen Sitz nahm. Das Volk zerfiel in Adel und Plebs. Den letzteren bildete der Bauern= stand, der sich in Freie und Leibeigene (Smurden) unterschied. Zu diesen zählte man die nicht eingelösten Kriegsgefangenen, denen wohl die Reste der alten Bevölkerung gleichgeachtet sein mochten.

Die Grenznachbarn der alten Stodoraner waren: nördlich die

Doraner im Lande Ruppin, östlich jenseits der Havel und Nute die Spriavaner (Spreeanwohner) im Lande Barnim und Teltow, südlich und südwestlich, jenseits des Havelbruches, die Ploniner um Treuenbrietzen, Niemeck und Belzig, welchen sich bis zum Einflusse der Stremme in die Havel, zwischen dieser und der Elbe die Moracianer, und diesen, Rathenow und dem Lande Rhinow gegenüber, die Liecici anschlossen.

Mehrmals hatte schon Karl der Große mit seinen Kriegsheeren die Elbe überschritten. Seine Züge galten zuerst aber den nördlich seßhaft gewesenen Wenden. Mochte auch die Gegend zwischen Elbe und Havel seinem Heere als Versammlungsplatz gedient haben, so scheint doch das Havelland von ihm nicht betreten worden zu sein. Es gibt dafür wenigstens keinen historischen Anhalt, und die Terrainschwierigkeiten, welche sich darboten, würden einer solchen Annahme auch gänzlich entgegenstehen. Erst die sächsischen Kaiser erkannten es als eine Notwendigkeit, einen allgemeinen Kampf mit den Wenden wieder aufzunehmen und tiefer in deren Gebiete einzudringen. Er wurde hervorgerufen durch das Emporstreben des polnischen Reiches und dessen Bestreben, sich alle westlich wohnende wendische Völkerschaften zu unterwerfen, wodurch es denselben Absichten der deutschen Kaiser entgegentrat, und ferner durch den Umstand, daß die Einfälle der Hunnen stets aus den Gebieten der Sorbenwenden geschahen.

Die ersten Eroberungen der Deutschen erfolgten zunächst im Süden. Das Bestreben, ihren Besitz zu sichern und die Verbreitung des Christentums nach Osten hin weiter zu befördern, hatten die Einrichtung der Markverfassung mit Landesfesten, denen Burggrafen und diesen wieder Markgrafen, hohe kaiserliche Beamte mit militärischer Gewalt, vorstanden, sowie die Stiftung von Bistümern zur Folge. Im Jahre 926 überschritt der Kaiser Heinrich I. den Elbstrom und drang in das Gebiet der Heveller ein, um den Wendenfürsten in seiner Feste Brandenburg anzugreifen. Aber eben die Bodenschwierigkeiten, welche dem Kaiser sogleich entgegentraten, stellten sich ihm als ein bedeutendes Hindernis entgegen, so daß er erst zur Winterszeit im Jahre 928, nachdem die Sumpfstrecken, die jenen Ort umgaben, mit Eis bedeckt waren, Belagerung und Kampf mit Erfolg unternehmen konnte.

Hand in Hand mit der Eroberung ging die Verbreitung des Christentums. Otto I. gründete auf der Burginsel im Jahre 949 ein Bistum, dem er die Provinzen (Gaue) Moraciani, Zervisti,

Ploni, Zypriavani, Heveldun, Ufri, Riaciani, Zamcici, Dassia und Lusici unterwarf, und östlich die Oder, westlich und südlich die Elbe und nördlich die Ufer, den Rhin- und Dossegau als Grenzen des bischöflichen Sprengels bezeichnete. Es schloß sich dieser den Grenzen des schon im Jahre vorher gestifteten Bistums Havelberg an.

Die Herrschaft der Deutschen über die Wendenländer war jedoch nicht von großer Dauer. Gereizt durch die Bedrückungen eines später über sie gesetzten Markgrafen Dietrich, empörten sich die Wenden zu Ende des 10. Jahrhunderts, zerstörten die Kirchen und Klöster und vertrieben die Deutschen aus ihren Ländern bis über die Elbe hinaus. Hierzu kam, daß der Herzog Boleslav von Polen (1002) einen verheerenden Zug durch Schlesien und die Lausitz gegen Magdeburg unternahm, alles Christliche vertilgte und die Deutschen so vollständig beschäftigte, daß sie nur auf Abwehr Bedacht nehmen, für die Wiedererlangung der wendischen Provinzen aber gar nichts tun konnten. Hierauf gingen die Liutizer Wenden zum offenen Angriff über und behaupteten im Kampfe gegen die Deutschen ihre frühere Unabhängigkeit.

Was aus den alten germanischen Wohnstätten und Dörfern geworden, ist eine nur von den Sprachforschern zu lösende Frage; Anzeichen genug sind zu der Vermutung vorhanden, daß die doch gewiß auch in der Nähe der Gewässer von den germanischen Völkern angelegten Wohnstätten nicht zerstört, sondern von den Wenden in Besitz genommen wurden. Überdies gibt es nur sehr wenige Dörfer mit alten Namen, in denen sich der wendische Urtypus, die Ringform, erkennen läßt; während doch von allen übrigen nicht wohl angenommen werden kann, daß sie sämtlich umgebaut und in eine der heutigen entsprechende Form gebracht worden sind. Dagegen hat die neuere Forschung, in Übereinstimmung mit dem Berichte des Tacitus über die Germanen, genau nachgewiesen, daß diese nicht auf vereinzelten Höfen, sondern wie heute in Dörfern wohnten, deren Häuser nur durch Räume, welche sie umgaben, und durch die Straße voneinander getrennt waren. An das Wasser war aber von jeher das Leben des Menschen geknüpft, und das stets sich erneuernde Bedürfnis der Nahrung zwang schon den einfachen Naturmenschen, seine Hütte am Ufer eines Flusses oder Sees aufzuschlagen. Das Volk, welches einst auf Walen und Dunen, inmitten des Wassers, seine Wohnsitze nahm, scheute nicht den Kampf mit dem Elemente, um in dessen Nähe Befriedigung und Schutz zu finden. Die alten Deutschen pflegten sich — wie berichtet wird — nur an Quellen, Flüssen und Gewässern niederzulassen, und ebenda nur finden wir auch die Wohnstätten der Wenden.

E. Fidicin, Die Territorien der Mark Brandenburg. 3. Band. Das Havelland. Berlin, Selbstverlag des Verfassers.

Potsdam.

Phot. F. A. Schwarz, Berlin.
Am Stadtschloß zu Potsdam.

Potsdam liegt zwischen Berlin und Sanssouci. Seine Bedeutung verdankt es dem Umstande, daß sich der Alte Fritz hier aus weißem Sande einen dämmerigen Park und ein Schloß geschaffen hat, und daß Europa an Potsdam nicht vorbeikonnte, wenn es nach Sanssouci wallfahrtete. So liegt die Stadt wachsam und ergeben vor dem Heim des Alten. All ihre Schönheit — und ihre Schönheit ist nicht gering — dient nur dazu, auf die fritzische Pracht des Königsparkes und des Königsschlosses vorzubereiten. Neben diesem Weltwunder versinkt, was sie sonst an Herrlichkeiten zu zeigen hat.

Die Nachfahren Friedrichs des Großen haben der stillen Nebenhauptstadt ihre Herrschergunst bewahrt. Teils aus kluger Pietät, zum andern Teil, weil Potsdam die Bevorzugung auch seiner selbst wegen verdiente. So sind rings um die alte Eichensiedlung herum Lustgärten und große und kleine Residenzen entstanden, deren Schöpfer Hohenzollernfürsten und -prinzen waren. Reger Wetteifer hat sie, scheint es, allesamt beseuert. Glienicke, über das so viele Flüster=Sagen umgehen; Babelsberg, Kaiser Wilhelms Lieblingsplatz mit mancherlei Lieblichkeiten und mancherlei Kuriositäten; dann die Bauten des vierten Friedrich Wilhelm, die schimmernden Paläste am Heiligen und Jungfernsee — wie ein froher Kranz umschlingen sie die Stadt. Fast alle diese stolzen Gärten und Schlösser spiegeln sich in Havelgewässern. Die Havel ist in Potsdam verliebt, windet sich und breitet sich, nur um recht lange bei der Stadt bleiben zu können. Hinter ihr steigen allenthalben dunkle Kiefernmassen an, das köstliche Bild einzuschließen.

Dem märkischen Versailles selbst fehlt die Dominante, die außerhalb der Stadt liegt und eben Sanssouci heißt. Aber auch zwischen den Toren Potsdams findet sich Anmut und Ergötzen in Fülle. Trotz der Nähe des Zweimillionen=Nestes fließt hier das Leben gehalten und ruhig dahin. Die wahnsinnige Erwerbsgier, die wilde Unrast, die erbarmungslos jeden richtigen Berliner packt und vorwärts reißt, hier verebbt sie rasch. Potsdam arbeitet und ist regsam, aber es weiß, daß Menschenarbeit adliges Werk, nicht Toben gepeitschter Sklaven sein soll. Noch immer hat Potsdam etwas von dem lieben, biedermeierisch=gemütlichen Anstrich des tüchtigen Landstädtchens, das seine netten Eigenschaften zu gut kennt, um sie gegen weniger nette umtauschen zu wollen. Protziges, Amerikanisches, Allerneuestes drängt sich hier nur selten und höchstens in Gestalt überflüssiger Ladenumbauten, neuzeitlicher Riesenschaufenster oder Firmenschilder den Blicken auf. Das Stadtschloß, die schönen weiten Exerzierplätze, Denkmäler, Säulengänge, Obelisken und Tore, sie sind allesamt würdevoll=ernst, weil die Patina des friderizianischen Alters sie deckt. Junges, lachendes Leben bringt ohnehin jeder Frühling genug hervor. Dann strotzen die Havelgärten von dicken Blüten, funkeln die Wasser in perlmutterner Schönheit, überrinnt Glanz und Blumenschmuck jedes Haus an der Lagune. All die Parks außerhalb der Stadt senden Wolken von Wohlgerüchen in sie hinein, und am stärksten duften die Lorbeerbäume draußen auf der Terrasse von Sanssouci.

Der Lorbeer duftet am stärksten. Er steht nicht hoch an dieser Stätte der Ewigkeit, zu deren geweihten Wassern und grünumbuschten Tempelhallen wir immer wieder pilgern, Preußen=Frohsinn und Preußen=Stolz im Herzen; zu diesem Nationalheiligtum, um dessentwillen wir Potsdam vor allen Städten Brandenburgs lieben.

Das Potsdamer Stadtschloß. Phot. Franz Goerke, Berlin.

Friedrich Wilhelm I. als Ehestifter.
Von Friedrich Gruppe.

An einem schönen Morgen geht
des Königs strenge Majestät
in Potsdams schatt'gen Lindenwegen.
Kommt eine Jungfrau ihm entgegen,
hübsch, artig und vor allem schlank
und wie ein Flügelmann so lang.
Es heitert sich das Angesicht
des Königs, er besinnt sich nicht.
„Sie geht nach Potsdam, liebes Kind?
Bestelle Sie mir was geschwind!"
Und tritt gleich in ein Häuschen hier,
verlangt Tint', Feder und Papier,
schreibt Order mit höchsteigner Hand,
streut dick darauf den märkschen Sand
und drückt den preuß'schen Adler drauf
und sagt zur Schönen: „Da, nun lauf,
und gib's in der Kaserne ab",
wobei er ihr 'nen Gulden gab.

Das Mädchen hat die Majestät
nun erst erkannt, und zweifelnd geht,
den Inhalt ahnend, sie zum Tor,
und Tränen brechen schon hervor.
Da kommt ein zitternd Mütterlein,
gekrümmt vom Alter, runzlig, klein,
die sagt: „Was ist dir, liebes Kind?"
„Ach, Mutter, trage Sie geschwind
den Brief da drüben hin nur eben,
ich will Ihr gern den Gulden geben."
„Den Brief — den Gulden — ei recht gern!"
Und sie geht tapfer zur Kasern'.
Der Oberst sprach: „Wart' Sie ein wenig!"
erbricht den Brief — „Ein Brief vom König!"
Er pustet von der Schrift den Sand,
er liest, was frisch geschrieben stand,
liest zweimal, dreimal diesen Brief,
worauf er Kriegsrat gleich berief.
Denn was stand in dem Schreiben drin?
Daß er mit Überbringerin
Den Schotten, Flügelmann Mac Doll,
ohn' Aufschub kopulieren soll.
Stand allen stille der Verstand;
jedoch es ist des Königs Hand,
des Königs Siegel, streng Gebot.
Was also tun in solcher Not?
Der Flügelmann wird kommandiert,
die heil'ge Trauung ausgeführt;
der Feldpropst sprach den Ehesegen,
der Glückliche war sehr verlegen. —
Nun kam der König vom Promenieren,
um selber sich zu überführen,
ob sein Befehl vollführt genau,
und um zu schauen Mann und Frau.
Wie er das junge Paar nun sah,
erst flucht er, doch bald lacht er da.
Er sprach: „Ich scheide, wie ich muß
und kann, als summus episcopus."

Sanssouci.
Von Emanuel Geibel.

Dies ist der Königspark. Rings Bäume, Blumen, Rasen;
sieh, wie ins Muschelhorn die Steintritonen blasen!
Die Nymphe spiegelt klar sich in des Beckens Schoß;
sieh hier der Flora Bild in hoher Rosen Mitten,
die Laubengänge sieh, so regelrecht geschnitten,
als wären's Verse Boileaus.

Vorbei am luft'gen Haus voll fremder Vögelstimmen
laß uns den Gang empor zu den Terrassen klimmen,
die der Orange Wuchs umkränzt mit falbem Grün;
dort oben ragt, worin sich Tann' und Buche mischen,
das schmucklos heitre Schloß mit breiten Fensternischen,
darin des Abends Feuer glühn.

Dort lehnt ein Mann im Stuhl. Sein Haupt ist vorgesunken,
sein blaues Auge sinnt, und oft in hellen Funken
entzündet sich's: so sprüht aus dunkler Luft ein Blitz;
ein dreigespitzter Hut bedeckt der Schläfe Weichen,
sein Krückstock irrt im Sand und schreibt verworrne Zeichen;
nicht irrst du — das ist König Fritz. '

Er sitzt und sinnt und schreibt. Kannst du sein Brüten deuten?
Denkt er an Kunersdorf, an Roßbach oder Leuthen,
an Hochkirchs Nacht, durchglüht von Flammen hundertfach?
Sie glänzten rot zurück vom Lauf der Feldkanonen,
indes die Reiterei mit rasselnden Schwadronen
der Grenadiere Viereck brach. —

Schwebt ein Gesetz ihm vor, mit dem er, weis' und milde,
sein schlachterstarktes Volk zu schöner Menschheit bilde,
ein Friedensgruß; wo jüngst die Kriegespauke scholl?
Ersinnt er einen Reim, der seinen Sieg verkläre,
oder ein Epigramm, mit dem bei Tisch Voltaire,
der Schalk, gezüchtigt werden soll? —

Vielleicht auch treten ihm die Bilder nah, die alten,
da er bei Mondenlicht in seines Schlafrocks Falten
die sanfte Flöt' ergriff, des Vaters Ärgernis?
Des treuen Freundes Geist will er heraufbeschwören,
dem — ach, um ihn! — das Blei aus sieben Feuerröhren
die kühne Jünglingsbrust zerriß? —

Träumt in die Zukunft er? Zeigt ihm den immer vollern,
den immer kühnern Flug des Aars von Hohenzollern,
der schon den Doppelaar gebändigt, ein Gesicht?
Gedenkt er, wie dereinst ganz Deutschland hoffend lausche
und bangend, wenn daher sein schwarzer Fittig rausche? —
O nein, das alles ist es nicht.

Er murrt: „O Schmerz, als Held gesandt sein einem Volke,
dem nie der Muse Bild erschien auf goldner Wolke;
August sein auf dem Thron, wenn kein Horaz ihm singt!
Was hilft's, vom fremden Schwan die weißen Federn borgen?
Und doch, was bleibt uns sonst? — Erschein', erschein', o Morgen,
der uns den Götterliebling bringt!"

Er spricht's und ahnet nicht, daß jene Morgenröte
den Horizont schon küßt; daß schon der junge Goethe
mit seiner Rechten fast den vollen Kranz berührt!
Er, der das scheue Kind, noch rot von süßem Schrecken,
die deutsche Poesie, aus welschen Tarushecken
zum freien Dichterwalde führt.

Friedericus Rex.
Von Willibald Alexis.

Friedericus Rex, unser König und Herr,
der rief seine Soldaten allesamt ins Gewehr,
zweitausend Bataillons und an die tausend Schwadronen,
und jeder Grenadier kriegt sechzig Patronen.

„Ihr verfluchten Kerls," sprach Seine Majestät,
„daß jeder in der Bataille seinen Mann mir steht,
sie gönnen mir nicht Schlesien und die Grafschaft Glatz
und die hundert Millionen in meinem Schatz.

Die Kais'rin hat sich mit den Franzosen alliiert,
und das Römische Reich gegen mich revoltiert,
die Russen sind gefallen in Preußen ein,
auf! Laßt uns zeigen, daß wir brave Landeskinder sein.

Meine Generale Schwerin und Feldmarschall von Keith
und der Generalmajor von Zieten seind allemal bereit.
Potz Mohren, Blitz und Kreuzelement,
wer den Fritz und seine Soldaten noch nicht kennt."

Nun adjö, Lowise, wisch ab das Gesicht,
eine jede Kugel, die trifft ja nicht,
denn träf' jede Kugel apart ihren Mann,
wo kriegten die Könige ihre Soldaten dann!

Die Musketenkugel macht ein kleines Loch,
die Kanonenkugel ein weit größeres noch;
die Kugeln sind alle von Eisen und Blei,
und manche Kugel geht manchem vorbei.

Unsre Artillerie hat ein vortrefflich Kaliber,
und von den Preußen geht keiner nicht zum Feinde nicht über
die Schweden, die haben verflucht schlechtes Geld,
wer weiß, ob der Österreicher besseres hält.

Mit Pomade bezahlt den Franzosen sein König,
wir kriegens alle Woche bei Heller und Pfennig,
potz Mohren, Blitz und Kreuzsackerment,
wer kriegt so prompt wie der Preuße sein Traktament!

Friedericus, mein König, den der Lorbeerkranz ziert,
ach hätt'st du nur öfters zu plündern permittiert.
Friedericus Rex, mein König und Held,
wir schlügen den Teufel für dich aus der Welt!

Ein Königswort.
Von Hugo von Blomberg.

Sie stiegen die Terrassen
 empor nach Sanssouci,
sie suchten sich zu fassen
und wußten doch nicht, wie.
Zu eng dem vollen Herzen
war eines jeden Brust;
doch war es nicht vor Schmerzen,
es war vor Dank und Lust.

Jüngst hatten Feuerflammen
ihr Städtlein ausgeraubt,
und alle Not zusammen
schlug um ihr armes Haupt.
Er hatt' es bald vernommen —
was wüßt' er nicht im Land! —
und Hilfe war gekommen
von seiner milden Hand.

Gewichen war das Übel
wie Nacht vor Sonnenglanz,
im Städtchen jeder Giebel
stand schmuck mit seinem Kranz.

Sie kamen reich beladen
mit Schmuck und Gotteslohn.
Das nenn' ich Ambassaden
zu einem Königsthron!

Es führt zum alten König
sie ein der Leibhusar.
Sie neigen untertänig
ihr Haupt und Herz fürwahr.
„Staub, der wir sind, wir mögen
nur danken mit Gebet,
Gott schütte seinen Segen
auf Eure Majestät!"

Da stand er mit der Krücke
so hager und gebückt.
Was hat in seinem Blicke
so demanthell gezückt?
Er sprach — es klang wie Zanken
das kurze Wort beinah —:
„Ihr habt mir nicht zu danken;
denn davor bin ich da!"

Die Exekution.
Von Friedrich Scherenberg.

„Wer da wiederbringt den Deserteur,
 dreißig preußische Taler sein Douceur!"
Vorgetrommelt ward's der Kompanei. —
Pfeifend in die Trommelmelodei
aber macht ein jeder Kamerad sich
seinen Text noch zu absonderlich,
als da lautet: „Dreißig Schweden mir,
aber sechsmal Gassenlaufen dir.
J, so lauf, so weit der Himmel blau!
In der Nacht sind alle Katzen grau."

Und alle melden, die da kommandiert:
„Der Deserteur, Herr Hauptmann, ist chappiert."
Nur einer spricht: „Ich bring' den Deserteur",
und bringet seinen eignen Bruder her.
„Schwer Geld!" spricht der Kaptän beim Dreißigzählen,
und jener spricht: „Herr Hauptmann, zu befehlen!"
Der Bruder durch die heiße Gasse läuft,
daß ihm der blut'ge Schweiß vom Leibe träuft.
Und als er durchgelaufen dreimal schon,
da tritt der Bruder in die Exekution.
„Herr Hauptmann," spricht er, „halten's mir zu Gnad',
spricht ungefragt ein Wort mal der Soldat.
Ihr wollet mich die andern dreimal Gassen
in Gnaden für den Bruder laufen lassen!"
„Packt's, Kerl, dich an deiner armen Seelen?"
Und jener spricht: „Herr Hauptmann, zu befehlen!
Herzvater schrieb ein Schreiben an uns beid'.
Klein war der Brief, doch groß das Herzeleid.
Verschuldet ist durch Krankheit, Not und Gram
um ganze dreißig Taler mir mein Kram.
Mein Gläubiger drängt mich aus Hof und Haus,
zahl' ich nicht stracks ihm seinen Glauben aus.
Ich kann's doch nun und nimmermehr erwerben
und muß an dreißig Talern ganz verderben.
Da dachten wir in unseres Herzens Drang:
er ist doch unser Vater lebelang, —
und dachten auch: ein graues Leid ist hart,
und Herz nicht haben, kein Soldatenart.
Davon noch laufen soll der alte Mann!
Viel lieber laufe, wer da laufen kann!
Soll einer laufen, nun so laufen wir.
Wir losen, Bruder, drum; dir oder mir.
Und machten Lose nach Soldatenbrauch,
zwei Stück, ein weißes und ein schwarzes auch:
weiß, der für seinen Vater läßt das Blut,
schwarz, der Verräter ist um schnödes Gut.
Und nun, Herr Hauptmann, haltens mir zu Gnaden,
wie es nun weiter kam, das zu erraten
ist keine Hexerei. Doch wie mir's flog
hier unterm Knopf, als ich den Judas zog,

das soll mit Permission von Euer Gnaden
kein Hundsfott weiter wohl erraten.
Wie Gott will, dacht ich, faßt mein Herze fest,
daß es mich nicht in schwerer Not verläßt.
Nun bricht mir's doch in tausend Stücke hin,
dieweilen ich sein lieber Bruder bin."

Der Hauptmann sprach: „Mein Sohn, der Deserteur
kriegt sechsmal, und du das Douceur.
Wie die Artikel lauten, so geschieht's,
und daran ändert auch kein Teufel nichts.
Doch hat's damit nicht allzu große Eile.
Gemeldet werd' der Kasus mittlerweile
ins Hauptquartier an Seine Majestät,
dieweil da Gnade gern vor Recht ergeht."
Und Seine Majestäten resolvieren:
„Executiones weiter nicht zu exkutieren!
Wer für den Vater macht die Gassen,
wird's auch fürs Vaterland nicht unterlassen.
Und weil ein gut Exempel förderlich,
sind Korporals sie beide. — Friederich."

Der Königswall bei Nedlitz.
Von Wilhelm Scheuermann.

Wir überschreiten die Havel bei der gelben Heilandskirche, lassen Sakrow mit seinem traulichen stillen Schloß und seinen niedrigen, schilfgedeckten Bauernhäusern zur Linken und den heimeligen Sakrowsee zur Rechten liegen. Längs der hier zum Jungfernsee erweiterten Havel geht unser Weg durch einen mit freundlichem Unterholz bestellten Laubwald. Die große Schar der Ausflügler, die an Sonntagen zumal im Herdentrott die Straße von Wannsee nach Potsdam zieht, bleibt hinter der Sakrower Fähre zurück. An Wintermorgen, wenn der Reif im Uferliesch glitzert und an den fahlen Zweigen der Ellern und Haseln hängt, spürt hier niemand, wie nahebei die Völker der großen Weltstadt branden. Nur von der breiten Wasserfläche her schallen manchmal die Signale der Schleppdampfer und die Stimmen der Schifferleute von den Zillen; oder der Ruf eines Wasservogels, den der Weih schreckt, der über den kahlen Wipfeln streicht. Nach einer starken Viertelstunde biegt der Weg vom Flusse ab und lenkt in Bruch- und Fenngebiet ein. Und wiederum nicht lange darauf verkünden Wegzeiger an den Stämmen unser Wanderziel: Nach der Römerschanze.

Man könnte sie auch ohne die Tafeln nicht verfehlen. Denn wo der Wald in einer spitzen Landzunge gegen die Havel vorspringt und den Jungfernsee von einer anderen großen Buchtung des Flusses trennt, dem Lehnitzsee, erhebt sich ein Hügel, den man hier, in der flachsten Mark, fast gelaunt wäre, einen kleinen Berg zu nennen. Zwanzig Meter hoch über die beiden Seenspiegel steigen wir auf und haben einen Rundblick, der einen beschwerlicheren Weg belohnen dürfte als unseren Schlenderspaziergang. Weite, laubwaldumsäumte Seenufer und inmitten die von Friedrich Wilhelm IV. in normannischem Stile erbaute Neblitzer Brücke, die das alte Dorf mit einer vornehmen kleinen Kolonie sonntäglich heiterer Villen verbindet. Stille wohnt auch hier um die Haveluser, wohlhäbige Ruhe über den grauen Dorfstraßen und wunschloser Friede in den Gärten der bunten Landhäuser.

Ein uralter Weg ist es, den wir kamen, und seit der Menschen Gedenkzeiten war hier ein wichtiger Flußübergang. Wo sich jetzt die türmchengezierte Brücke über den Neblitz-Paretzer Schiffahrtskanal schwingt, war ehedem eine Fähre, so lange man etwas von Potsdam und Spandau und der Straße, die sie verbindet, weiß. Schon in der Steinzeit kreuzte hier der Einbaum des Fischers, wie Funde im Uferschlamm bewiesen haben. Königswald heißt das Forstrevier, das uns umgibt, und wir gönnen ihm gern den stolzen Namen. Königsweg heißt der jetzt schmale Pfad, der sich zur Furt hinabsenkt, die unsere Landzunge mit der vom Dorfe gegenüber in das Wasser tretenden, dem großen Horn, verbindet. Namen, deren Ursprung niemand weiß und die erkennen lassen, daß hier von alters her öffentlicher Besitz und öffentliche Gerechtsame bestanden haben. Und Königswall hieß auf den ältesten Karten der Mark auch die bedeutende Burganlage auf dem Berg, an deren Rande wir stehen. Heute ist sie unter dem Namen Römerschanze bekannt, und die staatlichen Landkarten haben diese Bezeichnung übernommen, trotzdem sie schon vor mehr denn hundertundfünfzig Jahren als sinnlos zurückgewiesen worden ist. Der Volksmund in der Nachbarschaft heißt den Platz die Räuberschanze, und aus Röberschanze soll dann der jetzt übliche Name entstanden sein. Warum hier aus einer

Räuberschanze die Landsleute Ciceros zu unverdienten Ehren kamen, während eine viertel Tagereise davon, beim Räuberberge von Phöben, die märkische Bauernsprache den Quiriten diese Auszeichnung versagt hat und beim Räuberberge geblieben ist, das mögen die entscheiden, die in allen Dingen das Gesetz der gleichförmigen und notwendigen Entwicklung zu entdecken vermögen.

Mit den Römern hat dieses Denkmal vorzeitlicher Kriegskunst nie etwas zu tun gehabt, obwohl im 18. Jahrhundert ein ganz besonders hellsichtiger Gelehrter sogar den Nachweis fertig gebracht hat, daß ausgerechnet Domitius Ahenobarbus, der Großvater Kaiser Neros, der sichere Erbauer der Römerschanze gewesen sei: mit Räubern aber wohl ebensowenig. Dagegen ist diese Feste eine der schönsten Burganlagen unserer germanischen Vorfahren, die wir in Ostdeutschland kennen, und daher dürfen wir getrost bei dem guten alten Namen bleiben und wieder vom Königswalle bei Neblitz reden.

Früh schon hat das große, etwa 175 zu 125 Metern umschließende Wallviereck die Nachwelt beschäftigt, und August Kopisch, der Maler und Heinzelmännchendichter, der später die blaue Grotte auf Capri entdeckte, hat auch hier seinen Spürsinn versucht. Er fand bei seinen Ausgrabungen steinerne Netzbeschwerer und verkohltes Getreide und schloß daraus, wie es seinerzeit nahe lag, auf ein Heiligtum, das die urmärkischen Fischer hier errichtet hatten und wo sie Opfergaben darbrachten. 1879 hat dann Geheimrat Friedel, der treue Sachverwalter der märkischen Vergangenheit, eine Grabung vorgenommen, die nur oberflächlich sein konnte, aber doch die grundlegende Erkenntnis brachte, daß der Königswall eine germanische, später von den Wenden benutzte Burg war. Dann ist in den Jahren 1908 und 1909 Professor E. Schuchhardt vom Kgl. Museum für Völkerkunde mit größeren Mitteln und ausgestattet mit allen Erfahrungen der neuzeitlichen Ausgrabekunst an die Aufklärung des Königswalles gegangen, und seine Untersuchungen hatten durch die Freilegung eines altgermanischen Hauses einen kaum erhofften Erfolg.

Die heutige Anlage zeigt einen etwa drei Meter hohen, geschlossenen Wall, der oben streckenweise recht rund geworden ist und abgetreten erscheint. An drei Stellen, im Norden nach dem Lehnitzseeabhang, im Südwesten nach dem Zugangswege und im Osten nach dem tieferen Walde zu sind alte Tore erkennbar, heute noch durch Einsattelungen im Wallringe merklich abgesetzt. Die Fläche im Wallinneren, ziemlich geebnet, ist mit hohen Bäumen bestanden und verrät dem forschenden Auge nicht, was sie bedeckt. Am Hange des Hügels sind mehrfach deutlich eingeschnittene Erdstufen zu bemerken. Wall, Erdstufen und besonders das Burginnere boten Überraschungen, als sie der Spaten des Forschers anschnitt.

Die scheinbare breite Erdschüttung, durch welche der Ring der Schanze gebildet wird, hat sich in Wirklichkeit als der zusammengebrochene Überrest eines nur schmalen, aber hohen Planken- und Erdringes herausgestellt. Der heutige Wall ist nur noch die Ruine einer ehemaligen Rundmauer, die aus Pfählen errichtet, mit Flechtwerk zusammengehalten, mit Lehmbewurf vor dem Regen geschützt, drei und einen halben Meter stark und sechs Meter hoch war. Wie die Pfähle standen, wie sie mit Querhölzern durch Nieten zusammengefügt, sich gegenseitig und dem zwischen ihnen aufgeschütteten Erdreich Halt gaben, wie sie in alter Zeit ersetzt und ausgebessert werden mußten, wie dann die Innenseite der Wallverplankung durch Feuer vernichtet wurde und wie später die Wenden die Anlage wieder für ihre Zwecke herrichteten, das hat eine die unscheinbarsten Einzelheiten treffend erfassende Untersuchung gezeigt, die auch in der Geschichte der wissenschaftlichen Methodik einen ehrenvollen Fortschritt bedeutet. In verschiedenen Veröffentlichungen, besonders in der Prähistorischen Zeitschrift, ist diese sieghafte Tat fleißigen Gelehrtenscharfsinnes eingehend geschildert worden. Hier ist es nicht möglich, die Schritte aufzuzählen, die zum Ziele führten, sondern es soll nur kurz mitgeteilt werden, was sich schließlich als gesichertes Ergebnis herausstellt.

Besonders wichtig war nach der Feststellung der Bauart der Ringmauer, die keineswegs vereinzelt in der Reihe der untersuchten vorzeitlichen Burgen dasteht und auch bis in das späte Mittelalter bei zahlreichen Stadtbefestigungen üblich war, die Untersuchung der Tore. Bei dem nördlichen, dem Sector, war durch spätere Zubauung und durch ein nachträglich in den Torweg gesetztes wendisches Haus die Untersuchung schwierig. Die beiden anderen Tore aber zeigten eine hohe Stufe der Befestigungskunst. Durch Hallenbauten, die sich in einer bisher nie beobachteten Länge in das Innere der Burg hineinzogen, war dem Belagerer das Eindringen sehr erschwert. Von drei Seiten, von den Wallköpfen und vom

Torbau aus, konnten die Angreifer beschossen werden und hatten also, wie bei der späteren Ritterburg, noch nicht allzuviel gewonnen, wenn es ihnen gelungen war, die Außentore zu sprengen. Die Wenden behielten nachmals die beiden nach den Landseiten gerichteten Tore bei, bauten sie aber für ihre Verteidigungsmittel um, wobei sie sie stark verengten.

Was sich heute auf den Hängen als flache Erdstufen darstellt, so daß sogar ein kriegskundiger Untersucher früherer Zeit, der bei Wörth gefallene lippische Offizier Hölzermann, ihre Bedeutung verkannte und sie für Sohlen hielt, bestimmt hölzerne Verhaue zu tragen, hat sich bei der Nachgrabung als sehr stattliche und tüchtige Gräben erwiesen. Sie sind im Laufe der Zeit zugeweht und zugeschwemmt worden, waren aber von den Germanen hinreichend tief ausgeschachtet worden und befanden sich noch in der wendischen Zeit in kriegsmäßigem Zustande. Vor dem Osttore sind diese Gräben vorzüglich aufgeschlossen worden, und es zeigte sich, daß der etwa 13 m vor dem Wall vorgelagerte erste Graben 6 m breit und 2 m tief, mit spitzer Sohle war. In einem Abstande von etwa 11 m war ihm noch ein äußerer Graben vorgelagert, der eine obere Breite von 9 m und eine Tiefe von 3 m, aber eine flache Sohle hatte. Überall gelang es, die Abmessungen mit einiger Genauigkeit auf die Einheit des alten germanischen Fußes von 33 cm zurückzuführen und, entsprechend den Beobachtungen an anderen alten Burganlagen, hiermit einen Anhalt für die Durchgebildetheit der germanischen Befestigungskunst zu gewinnen.

Waren dies alles schon wissenschaftliche Gewinne, die die aufgewandte Mühe lohnten, so brachte die Aufschließung des Burginnern noch wie ein besonderes Gnadengeschenk das altgermanische Haus. Überall im Bezirke der Umwallung fanden sich reichliche Siedelungsspuren. Besonders die Abfallgruben wendischer Häuser und auch deren Inneres waren nicht karg an Funden. Zum Vorschein kamen: eiserne Angelhaken, Tierknochen, Fischgräten und wohlerhaltene Fischschuppen, Messer, eine Sichel, zwei Schlittschuhe aus Bein, ein Herdhaken mit einem Stück Kette, Pflasterung des Fußbodens, dazu zahllose Scherben jener slawischen, unverkennbaren Art, die durch ihre Grobheit gegenüber den viel älteren Töpferleistungen der früheren Anwohner allenthalben in der Mark so auffallend den Bevölkerungswechsel verraten, der sich durch die Völkerwanderung vollzog. Zahllos waren auch die Reste an gebranntem

Lehmbewurf, der das Flechtwerk der Hauswände bekleidet hatte, und häufig kamen auch die germanischen Scherben zum Vorschein. Die mehreren Herdstellen, die aufgedeckt wurden, waren verschieden gebaut, aus Lehm und Feldsteinen und Erde, und ließen den Mittelpunkt je eines Hauses annehmen. Aber im engen Raume hatten sich hier zu verschiedenen Zeiten Menschenwohnungen gedrängt, und so war es gekommen, daß vielfach im Boden die Grundrisse unentwirrbar durcheinander gingen. Jedoch an einer Stelle, nahe am Westrande der Burg, stand ein Herd, der von den übrigen abwich. Er war aus Feldsteinen gebaut, aber nicht flach, wie jene, sondern er umschloß ein hohles Feuerloch von 40 cm im Gebiert und bildete den Mittelpunkt eines germanischen Hauses, das sich mit zweifelloser Genauigkeit feststellen ließ. Mit dem Ausgang nach Osten, war es abgemessene 20 germanische Fuß breit und teilte sich in den Herdraum, der 25 germanische Fuß tief war, und in eine vor den Eingang gebaute Vorhalle von 10 germanischen Fuß Tiefe. In gewissenhaft eingehaltenen Abständen von jedesmal 5 germanischen Fuß waren die Pfosten gesetzt, die Ständer, die das lehmbekleidete Flechtwerk der Wände gestützt und das Dach getragen hatten.

Das Urbild des germanischen Hauses, früher niemals aus dem Boden erschlossen, lag hier zum ersten Male vor. Und doch war die Neuigkeit nicht ganz so groß, wie sie hätte scheinen können. Denn schon Jahrzehnte früher hatte, gestützt auf mittelalterliche deutsche, auf noch bestehende alte skandinavische und heute noch in urzeitlicher Überlieferung erbaute slawische Bauernhäuser, die Wissenschaft versucht, den Urzustand des arischen Wohnhauses festzustellen. Sie war zu dem Ergebnis gekommen, daß alle die vielgestalten Bauernhausformen der Gegenwart zurückgehen auf ein Vorbild, das aus einem fast quadratischen Herdraume und einer dem Eingange vorgelagerten ursprünglich offenen, später an den Seiten geschlossenen Vorhalle bestanden hatte. Kühn sagte die Wissenschaft, wir haben das urarische Haus nicht gesehen, wissen auch nicht, ob es je zu finden sein wird und dürfen doch behaupten: so muß es ausgesehen haben. Die Funde von Troja, von Mykene, von Tiryns, Schliemanns und Dörpfelds umwälzende Entdeckungen kamen und zeigten nun, aus der Erfahrung festgestellt, in den homerischen Königspalästen das arische Urbauernhaus, wie es vorher nach Wahrscheinlichkeitsbetrachtungen erschlossen worden war. Montelius, Schwedens unermüdlicher Reichsantiquar, erforschte in Bletinge aus sehr viel späterer Zeit ein Wikingerhaus mit der gleichen Grundlage. Dann brachte, für unsere germanische Vorzeit, die Ausgrabung bei Nedlitz den weiteren Schlußstein. Und nun haben wir zuletzt, bald ein Hundert, die gleichen Grundrisse in der Bronzezeitstadt an der Panke bei Buch. Es ist das ein Vorgang, in der Geschichte der Wissenschaft vergleichbar mit der Entdeckung manchen Sternes, der längst in seiner Stellung und seinem Laufe berechnet war, ehe ihn der Zufall vor das Okular des Fernrohres brachte und wirklich entdecken ließ. Immer mehr schließt sich auch in den Fundreihen die Kette unseres Wissens vom Zusammenhange der europäischen Arier, immer mehr bestätigt sich das, was die Rassenforscher aus Schädelmessungen, die Sprachforscher aus den Lautvergleichungen, die Sagenforscher aus den Sonnenmythen erschließen konnten, auch durch die handgreiflichen Beweise, die uns Mutter Erda in den letzten Jahrzehnten weniger sparsam denn früher in die Hände gibt, als wollte sie uns belohnen für die ehrliche Unbefangenheit und die verständigere Schätzung, mit der die Gegenwart ihre Gaben entgegennimmt.

Ob der Nedlitzer Königswall in der Zeit vom Abzuge der Germanen aus der Mark bis zum Einströmen der Wenden fortdauernd besiedelt, ob er zeitweilig ganz verlassen war, scheint sich aus den Funden bisher nicht entscheiden zu lassen, wie wir die Vorgänge bei diesem Bevölkerungswechsel ja auch für andere Stellen weniger gut kennen, als wir wünschen möchten. Die Zeit der Errichtung der Feste wird von Prof. Schuchardt einige Jahrhunderte vor dem Beginn unserer Zeitrechnung angenommen, die des germanischen Hauses in die letzte germanische Zeit gesetzt. Die vorslawischen Funde gehören fast durchweg der jüngsten Zeit der sogenannten Lausitzer Keramik und der La Tène-Zeit an, also dem Zeitalter, wo das Eisen herrschte und wo zweifellos Germanen die Bewohner der Mark waren.

In der Wendenzeit hat die Anlage noch einmal große Bedeutung gewonnen. Die Funde beweisen es und, etwas wichtigtuerisch, erzählt es uns auch die Überlieferung, die wissen will, daß Jaczo, der Wendenfürst von Köpenick, hier seinen letzten Stützpunkt hatte, ehe ihn Albrecht der Bär bei Groß-Glienicke schlug und zur Flucht über die Havel beim Schildhorn zwang. Doch das ist nebelhafte Sage, die schwerlich je ein Fund so aufklären wird wie das viel ältere Germanenhaus vom Königswalle bei Nedlitz.

An das Dorf Fahrland.
Von Friedrich Wilhelm August Schmidt (Schmidt von Werneuchen).

Du, dem die süßesten Freuden der frühen Jugend ich danke,
das mein romantisch Gefühl in seinen traulichen Winkeln
früh mir geweckt, o Dorf! wie gern mag ich deiner gedenken!
Ha! Ich kenne dich noch, als hätt' ich dich gestern verlassen,
kenne das hangende Pfarrhaus noch mit verwittertem Rohrdach,
wo die treuste der Mütter die erste Nahrung mir schenkte,
kenne die Balken des Giebels, wo längst der Regen den Kalk schon
losgewaschen, die Tür mit großen Nägeln beschlagen,
kenne das Gärtchen vorn mit dem spitzen Staket und die Laube,
schräg mit Latten benagelt und rings vom Samen der dicken
Ulme des Nachbars umstreut, den gierig die Hühner sich pickten.
Nimmer, nimmer vergeß' ich der herrlichen Schaukel von Stricken,
die an den Nußbaum selbst ich geknüpft, der Pfütze des Hofes,
wo nach dem Regen die Enten sich wuschen, wo öfter ich mutig
neckte die zischende Gans, die die wolligen Kleinen in Schutz nahm,
jenes Winkels im Hof, wo der Iltis hinter dem Holzstoß
schlau sich versteckte, wo forschend hinter modernden Brettern
Hühnereier oft fand, die jauchzend der Mutter ich brachte;
in der Mitte des Hofs der Futterraufe, die müßig
oft ich herumgedreht, der Scheune durchlöcherter Lehmwand,
von den Bäumen des Gartens beschattet, wo einsam die Elster
haust', und auf kleinen Rabatten, mit hohem beschnittenen Buxbaum
eingefaßt und Salbei, die schönen Johannisbeerbüsche,
nicht viel größer als ich, mit roten Trotteln mich lockten.
Möchte die Zeit mit geschäftiger Hand doch alles zerstören,
wenn, o Dörfchen! nur du die Gestalt, die ich kenne, bewahrtest!
Wenn ich, von keinem gekannt, in deine Stille mich schleiche,
find' ich des Kirchhofs Mauer, von Wind und Wetter zerbröckelt,
noch? Die geflochtenen Zäune, mit lilablühenden Disteln
und Kamillen am Boden umkränzt, das knarrende Heck noch,
und die Schmiede dabei mit dem abends funkelnden Schornstein?
Noch im Walde von Sakrow die Stelle, wo rötliche Reitzker
suchten mein Vater und ich, um sie abends gebraten zu essen?
Noch die Löcher voll Schwalben am sandigen Hügel der Windmühl',
und das Becken der Heide voll hoher schuppichter Fichten,
duftend von Harz, voll Hambutten und hundertjährigen Eichen,

deren Eichelnäpfchen so gern ich gesammelt? Die öde
Krähenhütte mit lockendem Uhu, zur Seite das Scheusal,
das sich im Hirsefelde zum Schrecken der Vögel bewegte?
Grünt in jenem Gehege der tiefgewundene Busch noch,
wo, trotz hüpfenden Kröten, die heimlich reisende Bartnuß,
sonst von keinem erspäht, vor mir sich vergebens versteckte?
Säuselt auf halbem Wege nach Carzow der knorrichte wilde
Birnbaum noch, wo Zigeuner und Bettler gewöhnlich sich lagern?
O! wie warst du so schön, wann zum erstenmal wieder die Kühe
wateten brüllend am Ufer der Havel durch blühende Mummeln,
dumpf von Wespen umsummt, wann im Blütenschatten der sauren
Kirschen die Küchlein so froh durch die Flügel der gluckenden Henne
guckten, im Strohhut Weiber auf blumiger Wiese die Leinwand
bleichten und singend am Graben das neue Gras sich die Kuhmagd
sichelte! Schlug es dann fünf im Türmchen, so langte vom Nagel
Meister Katsch, der Schulmeister, den großen Schlüssel, um dreimal
anzuziehn den Hammer der Betglock'; über des Kirchhofs
blühende Wolfsmilch schritt er in schweren Pantoffeln; es glänzte
unter der Mütz' ihm hervor der gelbe Kamm; aus dem Schalloch
grüßt ihn die lärmende Schar der liebegirrenden Schwalben.
Beim Backofen der Bauern, geschwärzt am dampfenden Rauchloch,
schief vom Wetterdache beschirmt und von Nesseln umwuchert,
spielten fröhliche Kinder im Sand, am Rücken den Pohlrock
zugeknöpft, mit dem alten geduldigen Hunde des Jägers;
andre bliesen vom Stengel die wolligen Köpfe verblühter
Butterblumen und lauerten still am Garten des Amtmanns,
wo die schlechtesten Tulpen der Gärtner über den Zaun warf!
Rings war dann alles so still; denn im Felde säten die Bauern
Haber, fällten Holz für der Stadt Teerofen, und suchten
watend die grünlichen Eier der wilden Enten im Schilfbruch.
Doch, wann matter die Strahlen der Sonne wärmten, und sanfter
die durchlöcherten Kasten voll Fisch' am Ufer der See hob,
schlenderte jeder nach Hause mit Axt und Kober und Sätuch.
Dann erquickt von der nährenden Milch und dem kräftigen Schwarzbrot,
reckten Männer und Weiber und Knecht' und Kinder und Mägde,
samt den ehrbaren Spitzen mit schweren Knüppeln am Halse,
unter dem Rüster vorm Hause sich aus. Der blühnden Ebereschen
bittersüßes Gedüft, die grünlichen Dächer voll bunter
Tauben, der trommelnde Tauber, der schönen Kastanienblüten

niedliche Pyramiden, der hohen Weiden am Dorfpfuhl
erstes gelbliches Grün und der wiederkehrende Kuckuck,
der vernehmlich herüber vom andern Ufer des Sees rief,
alles war dann so herrlich, und alles weckte zur Freude!
O, wie warst du so schön, wann die Fliegen der Stub' im September
starben und rot die Ebereschen am Hause des Jägers sich färbten;
wann die Reiher zur Flucht im einsam schwirrenden Seerohr,
ahndend den Sturm, sich versammelten, wann er am Gitter der Pfarre
heulend die braunen Kastanien aus platzenden Schalen zur Erde
warf, und die schüchternen Krammetsvögel vom Felde zu Busch trieb;
wann im November er abends die Wetterdächer der kleinen
Fenster zerrt', und nur selten die Wolken zerriß, daß der Vollmond
malt' ein Weilchen die Scheiben ab auf die Dielen der Stube!
Froher alsdann als der Sperling im Dach, dem von hinten die Federn
übers Köpfchen der Sturmwind blies, unterhielt ich so gerne
in dem roten Kamine die Glut mit knitternden Spänen,
die auf dem Hof ich gesammelt, indessen die redliche Mutter
spann, und dem lesenden Vater die wärmende Schnauze der Dachshund
traulich über die Lende legte. Mit inniger Wollust
wandert' am Morgen ich dann durch deine Gassen, beguckte
deine Zäune vom Regen geschwärzt, die zerbrochenen Äste
und die Löcher im Sande, die nachts vom Dache die Tropfen
ausgehöhlt. O wie tanzte das Herz mir, so oft ich die Flocken
rieseln hört' an den Scheiben des Nachts und nicht wußte, was Himmel
oder Kirchdach sei, sobald ich am Morgen erwachte,
um mit Hunden zugleich und hungrigen Dohlen die erste
Bahn zu machen. O Dorf! soll einst ich des ländlichen Friedens
schmecken mit meiner Getreuen, so sei er ähnlich dem Deinen.
Labe, mein Herz, auch entfernt, dich oft an der süßen Erinnerung!
Calender der Musen und Grazien für das Jahr 1796.

Der von Arnstedt und der wilde Jäger.
Von Adalbert Kuhn.

Der Urgroßvater des Großvaters des jetzigen Herrn von Arnstedt in Groß-Kreutz lag einst des Abends bereits im Bette, als er die wilde Jagd heranbrausen hörte. Nun war er ein gar lustiger und übermütiger Herr und rief darum hinaus: „Halb Part!", schlief dann ein und erwachte erst spät am Morgen. Aber wie war er

Flötenkonzert Friedrichs des Großen
Gemälde von Adolf von Menzel

verwundert, als er die Augen aufschlug! Dicht vor seinem Fenster hing an einem gewaltigen Haken eine große Pferdekeule. Von solcher Jagdbeute hatte er nun freilich nicht der Halbpartner sein mögen, darum ließ er sie fortbringen, aber kaum war's geschehen, hing sie auch schon wieder da. Das kam ihm gar wunderbar vor. Er dachte, „vielleicht liegt's am Haken", und ließ den, ob es gleich große Mühe kostete, herausziehen, aber mit dem ging's ebenso; er war nur eben heraus und man hatte den Rücken gewandt, so saß er schon wieder so fest drin wie zuvor, und die Pferdekeule hing auch wieder da. Und so mag sie wohl heute noch da hängen.

Feindliche Nachbarn an der Havel.
Ein Kulturbild aus dem Mittelalter.
Von Richard Schillmann.

Eine halbe Meile oberhalb der Einmündung der Havel in den großen Breitlings- oder Plauer See liegt die Stadt Brandenburg. Der Fluß, von Ketzin aus in südwestlicher Richtung strömend, durchzieht bis zu seinem Gemünde breite Wiesen und Torfniederungen; nur an einer einzigen Stelle wird er von zwei, links und rechts an ihn herantretenden Hügelabhängen so bedeutend eingeschnürt, daß sich hier besonders in alten Zeiten, wo diese Wiesen noch flüssiges Moor waren, ein erwünschter Paß darbot. Der eine dieser Hügel ist der Harlunger-, jetzt Marienberg genannt, der andere derjenige, auf dessen Gipfel die Katharinenkirche der Neustadt-Brandenburg steht. Da die Havel nun, sich spaltend und wieder vereinend, in unmittelbarer Nähe dieser Einschnürung zwei von Wasser und Moor umgebene Werder bildet, da die Örtlichkeit fischreiche Gewässer, Wiesen und nicht unfruchtbare Ackerflächen darbot, so gewährte sie dem Ansiedler, was ihm am erwünschtesten ist: Nahrung, Sicherheit und eine Verkehrsstraße. Es war hier das semnonische Brennaburg oder Brendanburg, die alte Wasserburg, entstanden, welche nach dem slawischen Einfall eine Hauptfeste der Heveller wurde. Nach vielfachen Kämpfen wurden Ort und Umgegend endlich durch Albrecht den Bären dem Deutschtum und durch die Bischöfe Wigger und Wilmar, wie durch die das Domkapitel bildenden Prämonstratenser Chorherren dem Christentum endgültig wiedergewonnen. In einer Zeit, in welcher geschichtliche Nachrichten spärlich fließen, hatte Albrecht dem Orte städtische Gerechtsame verliehen; später aber finden wir an der beschriebenen Örtlichkeit drei nicht nur räumlich, sondern auch hinsichtlich der Verwaltung vollständig voneinander getrennte Gemeinwesen, ohne zu erfahren, wann diese Trennung — denn eine solche glauben wir bestimmt annehmen zu dürfen — sich vollzogen hat. Der kleinere, nördlichere Werder, auf dem sich an der Stelle der alten von Otto dem Großen gegründeten, aber von den Slawen zerstörten Domkirche der neue Dom erhoben hat, ist in den Besitz des Domkapitels übergegangen; auf der südlich gelegenen großen Tafel steht die Neustadt-Brandenburg, auch schlechthin Brandenburg genannt, weil sie, durch Gewerbtätigkeit und Handel mächtig geworden, die auf dem nördlichen Haveluser gelegene Schwesterstadt, die Altstadt Brandenburg, bald verdunkelte. Die Altstadt, die aus dem wendischen Flecken Parduin erwachsen war, wurde von dem Harlungerberge beherrscht, von dessen Kuppe die Marienkirche mit ihren vier Türmen weit in das Havelland hinausschaute.

Aber weit entfernt, daß diese drei Schwestern, die Burg, die Neustadt und die Altstadt Brandenburg, in friedlichen, die allgemeine Wohlfahrt fördernden Verhältnissen lebten, lagen sie vielmehr bald miteinander im bittersten Hader, der ihre Kräfte lähmte und nicht zum wenigsten dazu beitrug, daß sie von den viel jüngeren Schwesterstädten an der Spree überflügelt und in den Schatten gestellt wurden. Der Hader verlief in einem geschlossenen Kreise: das Domkapitel zankte mit der Altstadt, diese mit der Neustadt, und diese wieder mit dem Domkapitel, das seinerseits außerdem mit dem benachbarten Dorfe Klein-Kreuz in unangenehme Berührungen kam. Altstadt und Neustadt hatten ihren „Krieg" wegen des Fischmarktes, des Wochenmarktes, des Jahrmarktes, wegen der Mühle zwischen beiden Städten, vor der es schon zu Tätlichkeiten gekommen war, wegen der Lehmgrube an dem Berge, wegen der Aufnahme der beiderseitigen Zünfte; die Neustädter wollten die Altstädter nicht durch ihre Stadt fahren lassen, wenn jene Holz aus dem freien Havelbruche holten, endlich duldete keine der beiden Städte den Verkehr der Bürger der anderen in ihren Mauern. Die aneinander zugekehrten Tore wurden geschlossen.

Ein Hauptgrund für die Zwistigkeiten lag in dem Bestreben der drei Nachbarn, sich in der Umgegend von Brandenburg mit ihrem Grundbesitze auszubreiten. Man hätte sich nun vernünftigerweise dahin einigen können, daß man der Altstadt den Norden, dem Kapitel den Osten, der Neustadt den Süden überließ. Allein die Menschen unseres Mittelalters, das die Romantik so wunderlich aufgeputzt und aufgeschmückt hat, schwangen sich selten zu einem höheren Gesichtspunkte, zur Idee des allgemeinen Nutzens auf. In kleinlicher Selbstsucht verfolgten sie kurzsichtig die nächsten Interessen, und so gingen denn unsere Havelanwohner mit stierköpfiger Beharrlichkeit ihre Wege, gleichviel, ob sie die der anderen kreuzten. Das Domkapitel griff in das Gebiet der Altstadt über, erwarb das im Norden gelegene Dorf Görne, an dessen Besitz der Altstadt wegen der Erwerbung einer Heide besonders lag. Es kam dort zu Streitigkeiten, vergeblichen Grenzregulierungen, tätlicher Beleidigung der Domherren, derentwegen die Bürger natürlich abbitten und büßen mußten. Aber in Görne haben sie sich schließlich doch behauptet. Die Neustädter hinwiederum erwarben zwei Ortschaften im Osten, den Kreb Krakow und das Dorf Stenow — beide sind jetzt nicht mehr vorhanden — zum großen Verdrusse des Domkapitels. Die Grenzen dieser Feldmarken von denen des wendischen Dorfes Mötzow, das in den Besitz des Domkapitels gekommen war, ist der Schauplatz der Ereignisse, die uns hier beschäftigen sollen.

Wir beschränken uns auf die Darstellungen der hauptsächlichen Kämpfe zwischen dem Domkapitel und der Neustadt. Der Hader brach im Jahre 1346 mit einem Krawall in der Neustadt aus. Ein Priester war, man weiß nicht, aus welchem Grunde, vom Dome geflohen und hatte sich, hart verfolgt, in die Neustadt auf den Kirchhof gerettet. Aber dem Kapitel muß sehr viel an der Ergreifung des Flüchtigen gelegen haben, denn in seinem Auftrage erschien Herr Dietrich, derzeit „Hovemeister des Bischofs Ludwig von Brandenburg", in der Stadt, drang auf den Kirchhof ein, schleppte den Flüchtling „mit Gewalt gezogenen Messers und Schwertes" hervor und schickte sich an, ihn auf einem bereit gehaltenen Wagen aus der Stadt zu fahren. Aber die Sache ward sofort ruchbar. Es entstand ein Auflauf des gemeinen Volkes, das unverzüglich für den Gefangenen Partei ergriff, die Tore schloß und sich bereitete, Gewalt der Gewalt entgegenzusetzen und den Priester zu befreien. Endlich erschien auch der Rat auf dem Platze. Er hatte Not, dem Aufruhr zu steuern. In einem darauf geschlossenen Vertrage zog das Domkapitel den kürzeren, denn die erste Bestimmung setzte fest, daß der Priester „los und ledig sein sollte jedes Dinges ohne alle Arglist"

Vierunddreißig Jahre später schlossen beide Parteien wieder einen Vertrag wegen der Streitigkeiten, welche sie seit alters gehabt haben, „auf ewige Zeiten". Wir übergehen hier die wenig interessanten Streitpunkte und erwähnen nur die Vorkehrungen, die getroffen wurden, um den Frieden in aller Zukunft aufrechtzuerhalten. Bei einer neuen Streitfrage, heißt es in dem Vertrage, soll jede Partei einen gemeinen, biderben Mann wählen, aber nicht einen Fürsten, nicht einen Herrn, nicht einen Bischof, nicht einen Abt, Propst oder Pfaffen, nicht einen Juristen und Ritter. Vor diese beiden Männer sollte nun jede Streitsache zur genauen und gründlichen Feststellung der Klagepunkte gebracht werden. Hätte, so ward bestimmt, das Domkapitel eine Klage gegen die Neustadt, so würde der Propst vor die genannten zwei kommen, um ihnen seine Klage mündlich vorzutragen; die beiden Schiedsrichter sollten sie dann aufschreiben und vorlesen lassen. Hierauf hatten sie zu fragen, ob dem Propste an der Schrift genüge. Antwortete er „nein", so sollte er noch eine Frist zur Besprechung haben, aber nur so lange, „als ein Mann redeliches Ganges dreimal möge um den Kirchhof zu St. Katharinen gehen, wie die Leute gewöhnlich um den Kirchhof zu gehen pflegen". Danach konnte die Schrift verbessert werden, woran es dann aber für diese Partei sein Bewenden haben sollte. Alsdann hätte die Schrift an den Rat der Neustadt zu gehen, der nun mündlich vor den zweien darauf entworten müßte. Und nun wiederholte sich derselbe Vorgang, dessen Szene vor dem Rathause der Neustadt ist. Hatte man dann endlich auf diese Weise die gegenseitigen Streitpunkte urkundlich festgesetzt, so sollten beide Parteien ihre Insiegel

Phot. J. R. Schwarz, Berlin.
St. Katharinen zu Brandenburg.

unter die Schrift hängen lassen, worauf die beiden Schiedsrichter damit an den Hof des Markgrafen reiten würden, bei dessen Spruch man sich beruhigen wollte. Zu guter Letzt ward eine Strafe von vierzig Mark brandenburgischen Silbers gegen den festgesetzt, der diesen Vertrag nicht halten würde.

Dieser „ewige" Friede zu Brandenburg teilte das Schicksal aller übrigen: er war nicht von langer Dauer. Tatsächlich ist das schöne Abkommen nie perfekt geworden, da das Domkapitel von vornherein der Meinung war, daß die beiden Entscheider — es waren die Neu= städter Bürger Henning Blankenfelde und Nikolaus Staken der nötigen Unparteilichkeit entbehrten und den Streit zugunsten ihrer Stadt entschieden hätten. Es lag daher dem Propste so sehr daran, den Vertrag außer Kraft treten zu lassen, daß er das Haupt der ge= samten Christenheit, den Nachfolger Petri, um Wahrung seines Rechtes anging.

Papst Bonifaz IX. erließ denn auch am 14. März 1389 von Rom aus ein uns erhalten gebliebenes Schreiben an den Propst zu Witten= berg. Zur Schlichtung der alten Streitigkeiten, heißt es darin, die zwischen dem Propste und dem Kapitel einerseits und den Pro= konsuln, Konsuln und der Bürgerschaft der Neustadt=Brandenburg andererseits über einige Gewässer, Fischereien und andere Dinge herrschten, seien die Bürger Henning Blankenfelde und Nikolaus Staken von beiden Parteien als Entscheider angenommen. Sie hätten indes die gehörige Form gar nicht beachtet und ein Urteil zuwege gebracht, wodurch die Interessen der Kirche über die Maßen verletzt würden. Er übertrage nun dem Wittenberger Propste diese Angelegenheit zur Untersuchung; er möge die nötigen Vorladungen und Vernehmungen veranlassen und mit Ausschluß jeder Berufung seine Entscheidung treffen, da er durch kirchliche Strafen den ge= hörigen Nachdruck zu geben hätte.

Wie dieses Urteil ausgefallen ist, wissen wir nicht; soviel steht aber fest, daß die Neustadt sich ihm nicht unterworfen hat. So nahm denn der Hader seinen ungeschwächten Fortgang, und neue Eini= gungen, die hin und wieder getroffen wurden, führten besonders in jener Zeit zu keinem Ergebnis, wo die Funktionen der landes= herrlichen Gewalt in der Mark entweder gar nicht oder doch ganz nachlässig ausgeübt wurden.

Als nun 1412 Friedrich von Hohenzollern in die Neustadt Brandenburg eingeritten war und die Huldigung als Landeshaupt=

mann empfangen hatte, begegnete ihm zu seinen anderen Sorgen eine ganze Flut von Beschwerden und Klagen der feindlichen Nachbarn an der Havel. Die Altstadt lag damals in bitterster Fehde mit der Neustadt und verwandte eben eine achtbare Menge von Pergament zur Formulierung ihrer Beschwerden. Aber schon im Dezember trat ihm die Neustadt mit einer langen Reihe von Klagen über das Domkapitel entgegen: „Wir haben", heißt es in diesem Schriftstück, „die Feldmark Stenow zu unserem Eigentum erworben und sie zehn, zwanzig, vierzig Jahre, ja so lange in Besitz gehabt, daß es niemand mehr anders weiß. Auf derselben Feldmark, unserer Stadt rechtmäßigem Eigentum, haben aber der Propst und das Kapitel pflügen und säen lassen im rechten Übermut, mit Vorsatz und nicht mit Recht, haben dort gegen unseren Willen Ziegelerde graben, auf unserem Eigentum hauen lassen, haben unseren Bürgern und unserer Bürger Knechten die Sensen nehmen und die Malsteine an der Grenze heimlich entfernen lassen. Als wir dort eine Landwehr zu graben begonnen zu unserem und des ganzen Landes Besten, da kam einer der Ihren, Herr Johannes Grüneberg, zornigen Mutes und sprach zu unseren Knechten: Wer hat das geheißen zu tun? Die antworteten ihm: Das haben getan unsere Herren, die Ratmannen. Da sprach er wieder in seinem großen Übermut „honliche genug", alles, was ihnen die Ratmannen taten und tun ließen, das täten sie mit Gewalt und zu großer Schande. Ferner ist uns, den Ratmannen, Klage gekommen von unserem Richter, daß Herr Mathis Betke und Herr Johann Grüneberg zu unserer Herrn (der Markgrafen) und unserer Stadt Gerichte gekommen und mit Vorsatze an unserer Borgerschen Katharine Berlyn Haus gegangen sind. Mit Frevel haben sie eine Art genommen, eine schloßhafte Kammer aufgeschlagen, die Frau, die dort tot lag, von der man doch noch nicht wußte, wie sie zu Tode gekommen, mitgenommen, sich auch ohne unser und unsers Richters Wissen und Willen ihrer Barschaft bemächtigt, die man wohl über hundert Schock Pfennige achtet." Außer diesen Klagen hatten die Ratmannen noch viele andere auf dem Herzen. Eines Bürgers Magd hatten die Domherren beim Grasschneiden den Mantel abgepfändet; eine Mühle wollten sie bauen, um die Stadt damit zu hindern und zu schädigen an ihren Mühlen, wofür die Bürger doch dem Markgrafen großen Zins geben mußten. Mit Schmähungen und Drohungen verjagten sie die armen Fischer von der Havel und nahmen ihnen die Netze; ihre Schweine trieben sie auf die städtischen Dämme, die die Stadt doch mit schwerer Arbeit herstellen und gegen die Wasserflut aufrechterhalten mußte usw. „Hochgeborner Fürste, lieber gnädiger Herr," so schließt die beweg= liche Klageschrift, „wir bitten mit ganzen Treuen, daß Ihr diese Stücke erwägen und in Freundschaft für uns sorgen wollet, daß wir bei unserm Rechte und unserm Eigentum bleiben und solcher Schande und solches Hohnes Wandel werde und solcherlei auch nicht mehr geschehe. Das wollen wir Euer fürstlichen Gnaden allerwege danken, wie wir nur mögen."

Das klingt recht unschuldig und friedfertig; allein man wird bei diesen Reden unwillkürlich an das Gebahren Reinekes vor König Nobels Thron erinnert.

Unsere Ratmannen hatten die Sache doch bedenklich gefärbt, hatten vor allen Dingen verschwiegen, daß ihr Recht keineswegs so unzweifelhaft feststand, wie sie behaupteten; daß sie Repressalien geübt und das Recht des Stärkeren auf eine Weise angewandt hatten, in Vergleich mit der jene „honliche Rede" und jene Gewalttätigkeiten eigentlich recht unbedeutend erscheinen mußten.

Das Domkapitel ließ denn auch nicht lange mit seiner Klage= beantwortung warten. Was den ersten Punkt anbelangte, wonach der Propst auf städtischem Eigentum Hafer gesäet haben sollte, so bestritt er einfach das Anrecht der Stadt an jenes Stück Feld, und da es auf der Grenze zwischen der Stenowschen und Mötzowschen Feldmark (hart am östlichen Ufer des Bergsees) lag, so mochte es auch nicht so zweifelsohne feststehen, wohin der Acker und die Wiese ge= hörten. Daneben aber hatten die Ratmannen verschwiegen, daß sie sich ihr Recht mit Gewalt genommen hatten. „Am Abende St. Lau= rentii," so erklärte der Propst Nikolaus, „als man schrieb nach Gottes Geburt 1403, sind sie mit Selbstrecht und Frevel geritten und gefahren auf unseres Gotteshauses freieigenem Acker, welcher, da ihn das Gotteshaus damals in ruhigem Besitz hatte, mit Hafer besäet war. Als dieser von Gottes wegen wohl geraten war und schon in Mandeln stand, haben sie ihn mit Vorsatze niedergetreten und von ihrem Vieh auffressen lassen, wodurch sie uns großen Schaden, Hohn und viele Schmach zugefügt; ebenso haben die Rat= mannen mit Willen und Witschap der vier Gewerke und der ge= meinen Bürgerschaft uns unser Heu verbrennen lassen, haben sich unseres Bruches bemächtigt, auf unserem Wasser gefischt, uns ge= hindert Ziegelerde zu graben, unseres Gotteshauses Diener ge=

fangen und in ihren Turm gelegt." Was die Klage der Stadt betraf, daß das Kapitel die Ratmannen in dem patriotischen Werke, eine Landwehr zu des ganzen Landes Besten zu bauen, gestört haben sollte, so erblickte der Propst in diesen Erdarbeiten lediglich einen Versuch, Gräben aus dem See zu ziehen, um die Fische von des Kapitel Wehr landeinwärts zu locken. Auf den Vorwurf endlich, daß die Domherrn Katharina Berlyn mit ihren Pfennigen gewaltsam entführt hätten, antwortete Propst Nikolaus, die Ratmannen hätten ihn nicht zum Genuß dessen kommen lassen, was dem Gotteshause durch Testament zugefallen sei. Durch diese Aussage erst wird jener Vorgang klar. Katharina Berlyn hatte zugunsten des Kapitels testiert. Als nun der Rat die Leiche mit ihren Pfennigen unter Schloß und Riegel legte, hatten unsere streitbaren Herren Betke und Grüneberg sich auf ihre Art Recht geschafft.

Die Neustadt hatte indes nicht gezaudert, den bewaffneten Besuch sofort zu erwidern.

Denn wie der Propst Nikolaus in seiner Entgegnung auf die Klage der Neustadt angab, waren am Freitag nach Barnabas des Jahres 1412 die Bürgermeister mit einer großen Schar von Bürgern vor die Burg auf des Gotteshauses freieigenen Besitz gekommen und hatten die Herren friedlich und gütlich zu sich entbieten lassen, worauf diese erschienen waren, zu hören, was ihr Begehren wäre. Sobald dies geschehen war, hatten die Bürgermeister sofort das Kloster durch ihre Knechte besetzen lassen und den Wiedereintritt in das Haus nur unter der Bedingung gestattet, daß sie versprachen, nach der Weise von Gefangenen zu leben und nicht flüchtig zu werden, sondern sich den Bürgern wieder zu stellen, sobald diese das heischen würden. Ferner hatten sie die beiden Herren Betke und Grüneberg festgesetzt und gleich gefangenen Missetätern Tag und Nacht bewachen lassen „wider das heilige päpstliche und kaiserliche Recht und die gemeine Freiheit, womit die ganze Geistlichkeit vom Papst und Kaiser begabt ist". Damit nicht genug, hatten die Bürgermeister und Ratmannen alle Schlüssel, die zur Propstei, der Gerkammer, zur Librei und zu anderen amtlichen Lokalitäten ernstlich begehrt und mit Unrecht und Gewalt in ihr Gewahrsam genommen, hatten sich darauf der Propstei, der Librei, der Sakristei und alles dessen, was darin war, bemächtigt, sich sämtliche Schlösser an Kisten und anderen Behältnissen öffnen lassen, alle Kammern, Zellen und anderen Heimlichkeiten des Gotteshauses besucht, „gleichermaßen als wenn man

Nachsuchung hält nach verlorenem Gute, dem Gotteshause wie dem Orden zu Hohn und Schmach". Die Schrift schließt: „Möge uns allerlei Gnade dazu verhelfen, daß uns solcherlei Frevel, Gewalt, Hohn, Schmach, Beschwerung und Schaden nicht mehr geschehe, und daß uns unser Eigentum, dessen wir mit Gewalt entledigt sind, wieder werde, damit wir dem Allmächtigen, dem wir alle zum Dienste geführt und geschickt sind, desto früher dienen mögen."

Auf Objektivität konnte aber auch diese Replik des Kapitels schwerlich Anspruch machen; es war manches darin verschwiegen. Die Stadt führt dies in ihrer Entgegnung des näheren aus und sucht auch nachzuweisen, daß sie mehrmals, aber immer vergeblich, den Weg gütlichen Ausgleichs erstrebt habe.

Daß sich die Ratmannen nach allerlei Hin und Her der ganzen Burg bemächtigten, war nur eine Folge des vorangegangenen Handelns, denn allein so hatten sie die Gewißheit, daß ihnen die Herren Betke und Grüneberg nicht entwischten. Vor dem Landesherrn war diese Tat freilich schwer zu rechtfertigen, weshalb auch in bezug auf die Gründe, die die Ratmannen dafür angaben, der Rede Sinn etwas dunkel ist. Sie hatten gefürchtet, erklärten sie, daß in dieser Zeit der Zwietracht zu des Landesherrn, ihrem und des Landes Schaden sich ein anderer „in Friedensweise" in der Burg hätte festsetzen können. Es kann das nur auf Hans von Quitzow gemünzt sein, dessen Vermittlung der Propst in Anspruch genommen hatte, und der ihn dann auch aus seiner peinlichen Lage befreite. Ihm dankte das Domkapitel die Befreiung aus dem Belagerungszustande. Er kam eines Tages durch die Stadt geritten und forderte die Ratmannen zu einer freundlichen Besprechung mit dem Propste zu dem Kapitel auf, worauf sie auch eingingen. Schließlich übergaben die Städter die Burg dem Kapitel wieder unter der Bedingung, daß dieses sie mit den Herren Betke und Grüneberg an die Stadt zurücklieferte, falls man sich in einer bestimmten Frist nicht über die Streitigkeiten geeinigt haben würde. Damit war die Sache vorläufig zum Nachteile der Stadt entschieden; der Propst gab natürlich die Burg nicht wieder heraus, und die Stadt glaubte sich schwer in ihren Rechten gekränkt.

Wie Burggraf Friedrich diesen Punkt entschieden hat, darüber fehlt uns jeder Bericht. Über die Stenowschen Streitigkeiten traf er 1416 eine Entscheidung, die uns erhalten ist; danach soll der strittige Acker von keiner Partei gepflügt werden, sondern gemeine

Weide bleiben. Dem Kapitel sollte gehören, was nördlich daran liegt, was südlich, der Stadt usw.

So verbitterten sich die Menschen damals durch unaufhörliche Streitigkeiten ihr Leben. Darüber sind nun mehr als 450 Jahre dahingegangen. Brandenburg hätte, wenn seine Bürger einig gewesen wären, eine ganz andere Zukunft errungen, als ihm jetzt beschieden ist. Die ewigen erbitterten Kämpfe und Zänkereien hielten die Entwicklung der Stadt zurück und andere, jüngere und jedenfalls minder begünstigte Städte stiegen auf den Schultern der altehrwürdigen Havelfeste empor.

Der Bär. Illustr. Berliner Wochenschrift. Berlin, Gebr. Paetel.

Der Rabe mit dem Ringe.
Von Adalbert Kühn.

Auf der Spitze des Rathenower Tors zu Brandenburg sieht man einen Raben, in dessen Schnabel ein Ring mit daran befindlicher Kette sichtbar ist. Den hat einer der ehemaligen Bischöfe dort anbringen lassen zum ewigen Andenken an die von ihm befohlene, ungerechte Hinrichtung eines treuen Dieners. Dem Bischof war nämlich ein Ring fortgekommen, und da sein Verdacht, soviel er auch hin und her sann, wer das Kleinod genommen haben könnte, doch immer wieder auf jenen Diener fiel, der allein in seinem Zimmer gewesen war, so befahl er, daß er wegen des Diebstahls mit dem Tode bestraft werde. Der Befehl wurde auch sogleich vollzogen. Hierauf vergehen einige Jahre. Da wird an dem Dache eines der Kirchtürme etwas ausgebessert, man findet viele Rabennester und wunderbarerweise in einem davon den Ring, um dessentwillen der arme Diener hingerichtet worden war.

Vom sechshundertjährigen Nauen.

Bei den Landläufern der Mark steht Nauen nicht im besten Rufe, seines Pflasters wegen, und in der Tat, wenn man tagsüber den weichgepolsterten Brieselang durchstreift hat und die üppigen Grasflächen des havelländischen Bruches, dann empfindet der Fuß qualvoll genug die Tücken der spitzigen Kopfsteine. Sitzt man aber erst in einer der traulich verräucherten Kneipen Nauens und sieht auf die Gassen hinaus, wo Sonntag nachmittags die „lieblichen Kinde" spazieren wandern und die jungen Burschen hinterdrein; kommt man gar langsam ins Gespräch mit den biederen Märkern, die trotz Berlins alles gleichmachender Nähe noch viel von dem Wesen der Altvordern haben: die Wortkargheit, die kurz angebundene Derbheit und knausernde Sparsamkeit, der ein Groschen so viel gilt wie ein Silbertaler — dann fühlt man sich wohl an dieser gut brandenburgisch gebliebenen Stätte und freut sich der kernigen, vierschrötigen, eckigen Gestalten.

Nauen ist alt, uralt. Einige Geschichtsforscher verlegen den Zeitpunkt seiner Gründung bis ins 10. Jahrhundert zurück und glauben, daß aus dem 980 unter Kaiser Otto II. erwähnten Kastell Nienburg (novum castrum) das spätere Nowen entstand. Die Annahme hat viel für sich, doch läßt sich ihre Richtigkeit darum nicht beweisen, weil bei den wiederholten schweren Feuersbrünsten, unter denen Nauen zu leiden hatte, auch alle Ratsurkunden in Flammen aufgingen. Wirklich zuverlässige Urkunden erwähnen den Ort erst seit 1186, wo sie von seinen Pfarrern, seinen Rittern und Burgherrn erzählen. Ein märkischer Schriftsteller, der jetzt verlorene Pergamente noch benutzen konnte, berichtet uns von der 1292 erfolgten Erhebung Nauens zur Stadt. In diesem Jahre erhielt es von dem Markgrafen „Otte mit dem pfile", dem sangeskundigen Askanier, Stadtrechte zugebilligt. Es nahm einen Karpfen ins Wappen, wohl infolge alter Überlieferungen, wonach seine Bewohner einst in Sumpfseen und Bruchfließen fleißig Fischfang betrieben haben.

Nauen blühte rasch auf, besonders nachdem ihm der große Askanier Waldemar belangreiche Privilegien verliehen hatte, die Befreiung von dem lästigen Patronat des Domkapitels zu Brandenburg beispielsweise, das Holzrecht in den Waldungen und Luchen, ferner „die Schenkung zweier Juden zur besseren Konservation der Stadt". Bekanntlich waren in jenen Tagen Juden nur gegen Zahlung hoher Schutzgelder gelitten, die dem landesherrlichen Säckel zuflossen; indem Waldemar diesen Betrag für zwei Familien nun dem Kämmereischatze Nauens überwies, sicherte er ihm eine ganz erkleckliche Einnahme. — Es gelang der betriebsamen Bürgerschaft, so emporzukommen, daß Nauen bald zu den wohlhabendsten Orten der Mark zählte; nach dem Landbuche Kaiser Karls IV hatten viele seiner Einwohner große Lehensbesitzungen auf dem platten Lande inne, und seine „Urbede", sein Steuerbeitrag zu den allgemeinen Verwaltungsunkosten, war weitaus beträchtlicher als die zahlreicher anderer, ärmerer Städte.

Dann freilich schlug die Witterung des Glückes um, und zwar trug hauptsächlich — Nauens Treue gegen den ersten Hohenzoller, den Burggrafen Friedrich, daran schuld. Die Stadt öffnete ihm bei seinem Einzug unverzüglich die Tore, stellte ihm Mannschaften und Ausrüstung; Nauens Bürger halfen Burg Friesack einnehmen. Der rachsüchtige Dietrich von Quitzow hetzte dafür die allzeit plünderlustigen Pommern gegen die Stadt, und am 21. August 1414 wurden ihre Mauern gestürmt, sie selbst ausgeraubt und in Brand gesteckt. „Na godes ghebort dusent Jar vyrhundert Jar darna in deme virteynden Jare des dynstedhages vor Bartholomei wart Nowen ghebrant und vordorven ot deme lande thu stettyn alze van Czedenik vnd weder darthn", meldet lakonisch ein Pergament. „Den schaden des godeshus, der Stad vnd der borger hebbe wy nach redelicheiden geachtet und gherekent up vyff dusent schock Bemescher groisschen." 5000 Schock böhmischer Groschen also betrug der Schaden, d. h. den 250 fachen Betrag von Nauens jährlicher Steuerabgabe! Langsam nur, vom Markgrafen Friedrich fast gar nicht unterstützt, erholte sich die treue Stadt von dem fürchterlichen Schlage; aber kaum war sie wieder gekräftet, da brannte am Sonntag Kantate, am 14. Mai 1514, die Stadt bis auf den Grund nieder. „Auff funf Jahr lang" mußte Kurfürst Joachim die Bürger von jeder Steuer, sowie auch von der Rückzahlung eingegangener Schulden befreien, damit die Neuaufrichtung Nauens möglich war.

Wieder ein Jahrhundert später lastete Gottes Hand noch schwerer auf der Stadt. 1626 zog der Mansfelder nach seiner Niederlage an der Dessauer Brücke auf den Mühlberg vor Nauen und beschoß die Tore, bis sie sich öffneten; Mord und Brand folgten. Das war der erste Hieb von der Glühgeißel des schrecklichen Dreißigjährigen Krieges. Die Feuerstellen schrumpften zusammen und vereinsamten; Unkraut wuchs auf den Straßen; Kontributionen von unerhörter Härte jagten sich. Heute sprengten kaiserliche Reiter zum Tore hinein und nahmen mit, was nicht niet- und nagelfest war, und was niet- und nagelfest war, zertrümmerten sie; morgen kamen die gelben und blauen Regimenter der „Löwen aus Mitternacht", des Schwedenpöbels. Schäumend vor Wut, daß für sie nichts mehr zu stehlen war, vergriffen sie sich an den armen, von allem entblößten Menschen,

schlugen die Männer mit Kolben und Säbel zu Boden, schleppten die Jungfrauen mit sich und mordeten die Säuglinge. „Der Kirchen=
schmuck", heißt es in einem Aufsatz aus damaliger Zeit, „ist unter gotteslästerlichen Reden weggeraubt, ein Bürger an dem untersten Knauf der Kanzel aufgeknüpft; was sie weiblichen Geschlechts mächtig werden konnten, ohne Unterschied in der Kirche angegriffen; faul Wasser, was sie am unreinsten bekommen konnten, den Leuten ein=
geschüttet worden. Andern haben sie mit Daumschrauben und eisernen Stöcken die Hände wund gepreßt, Mannspersonen die Bärte abge=
brannt, einige alte Frauen und Mannsleute in den Backofen gesteckt oder in den Rauchfängen aufgehangen und in die Brunnen ver=
senket, noch andere haben sie bei den Haaren aufgehängt und sich quälen lassen, bis sie ganz schwarz wurden." Die gottverfluchte Mörderbande lag bis 1641 unter dem schrecklichen Baner in der Mark, bis endlich Friedrich Wilhelm, der Große Kurfürst, einen Waffenstillstand mit den Schweden schloß und sein zermalmtes Land von ihnen befreite, unter schweren Opfern freilich. Frankfurt z. B. blieb in den Händen des Fremdlings.

Ganz allmählich nur erwachten wieder Arbeitslust und Lebens=
freude; die Felder wurden wieder bestellt, die in rauchende Trümmer verwandelten Häuser wieder aufgebaut. Und was Brandenburg bisher so schwach gemacht, allen feindlichen Anfällen wehrlos preis=
gegeben hatte, auch darin griff des Großen Kurfürsten feste Hand wandelbringend ein: er schuf ein starkes Heer, von wenigen hundert Mann brachte er seine Streitkräfte auf dreißigtausend, und an tüch=
tigen Feldherrn war kein Mangel.

Nicht lange sollte sich die Mark des Friedens erfreuen. 1675, während Friedrich Wilhelm am Rhein stand, hetzten ihm die Fran=
zosen wieder den Schweden ins Land, und von neuem hausten die Raubgesellen in unseren Gauen. Mit 10000 Mann und 40 Ge=
schützen zerstampfte Wrangel Fluren und Felder. Die Leiden des Volkes überstiegen alles Maß, und wo die blaue Fahne mit den drei Kronen am Horizont auftauchte, da hieß es: „Betet, Kinder, der Schwed' kommt!" Aber nicht mehr wie vordem ertrug der Märker stumpf und gleichgültig die Martern; er hatte brandenburgisch denken gelernt, man rottete sich zusammen unter dem Panier des roten Adlers:

Wir sind Bauern von geringem Gut,
doch dienen unserm Kurfürsten mit Leib und Blut.

Sie überfielen allenthalben die schwedische Nachhut, schwedische Marodeure, schlugen sie nieder und schlachteten sie förmlich ab. Ehe noch der Feind es ahnte, hatte Derfflinger den Wangelin in Rathenow überrumpelt und gefangen genommen. Und Mitte Juni 1675 schlug Kurfürst Friedrich Wilhelm sein Hauptquartier in Nauen auf — o mit welch heißen Segenswünschen sah die erlöste Bürgerschaft diese blauen Monturen und Elenskoller, diese weißen, breiten Gurte, schweren Reiterstiefel, mächtigen Pallasche und Hellebarden ihres kurfürstlichen Heeres, diese Haken, Doppelhaken, Falkennester, Mörser und Kartaunen ihres geliebten Befreiers! Schon am 17. Juni suchte der Monarch die Schweden vor Nauen festzuhalten, aber sie entkamen der Hatz und zogen sich über den Nauener Damm nach Linum und Fehrbellin zurück, wo dann am Morgen des nächsten Tages die herrliche, unvergleichliche Schlacht begann, die Brandenburg für immer schwedenfrei machte.

Wie Bestien mit glühendem Atem fielen noch öfter schwere Feuersbrünste über Nauen her; 1695 lohte in einer Mitternacht der schlimme Brand auf, der kein Haus verschonte, Rathaus und Kirche fraß. Doch halfen nun Preußens Monarchen immer mit kräftigen Händen, und hervorragend verdient machte sich Friedrich Wilhelm I. um Stadt und Landschaft, indem er hier „eine Provinz in Frieden" eroberte.

Bis Friesack hinunter dehnt sich das große Havelländische Luch, noch jetzt im Frühling eine ungeheure braune Heidefläche, von den Grundwassern seenartig überschwemmt, vor zwei Jahrhunderten aber überhaupt nichts als Wasser, feuchte, saure Weide und erlenbestandenes Sumpfgebiet, das selbst zur Sommerzeit kaum passierbar war. Wüste, undurchdringliche Moore zogen sich längs der Havel hin, und von ein paar Fischerhütten abgesehen, fanden sich menschliche Ansiedlungen nur in Gestalt armseliger Bauernhäuser, deren Insassen mit Hacke und Karst kahle Sandhöhen im Sumpf beackerten. Während der Jahre 1718—1723 nahm dann endlich auf Befehl Friedrich Wilhelms I. sein Oberjäger von Hertenfeld die Entwässerung des Bruches vor. Gräben und Kanäle wurden zuvor durchs Luch gezogen, der Fluß eingedämmt, Deiche aufgeworfen, Schleusen und Brücken angelegt; man rodete das Dickicht aus, schüttete Hügel in alte Sumpfseen und baute Landstraßen. 200 Grenadiere und 20 Unteroffiziere legten mit Hand an, Beweis genug, wie sehr dem König sein Werk am Herzen lag. Und wenn auch die Hoffnung, hier dem Wasser fruchtbare Äcker abzugewinnen, schlschlug, da der dürre Sandboden nur widerwillig karge Früchte hergab, so sind die 71 Meilen Gräben und Nebengräben doch nicht umsonst geschaffen worden: havelländische Viehzucht erwarb sich hohen Ruhm, und der Gesundheitszustand des Landes besserte sich zusehends. Dem Sumpfbezwinger aber, dem fleißigen und unermüdlichen Soldatenkönig Friedrich Wilhelm I., hat Nauen seinen Dank dadurch abgestattet, daß es eine Kolossalbüste von ihm am Marktplatz aufstellte.

Abseits von der großen Heerstraße, in einem fast vergessenen Weltwinkel gelegen, zwischen Wald und Luch, wo das Unglück es zwar immer zu finden wußte, Fürsten- und Zufallsgunst aber selten, ist Nauen das schlichte Landstädtchen geblieben, trotz seines bemoosten Hauptes und seiner in sechs Jahrhunderten gewonnenen Erfahrungen. Die Jungen haben es überflügelt, Emporkömmlinge drängten es in die letzten Reihen zurück und prunken nun mit hunderttausend, wo Nauen kaum zehntausend aufweisen kann. Ja wahrhaftig, elende Wasserdörfer, Kietze sogar, deren Namen man um 1292 kaum kannte, geschweige denn nannte, spielen heute die erste Geige. Nauen mag sich trösten. Brandenburg und Tangermünde, Lebus und Stendal, die mehr waren als der entlegene Ort im Havelländischen Bruch, die Kaiser und Kirchenfürsten, prächtige Kriegsreiter und ungeahnte Schätze in ihren Mauern bargen, die als Hauptstädte des deutschen Ostens galten — was sind sie heute, diese trutzigen Markgrafpfalzen? Wer weiß noch von ihrer Herrlichkeit? Und wer sie besucht, ahnt kaum, daß er auf geheiligtem weltgeschichtlichem Boden steht. Einsam, in melancholischer Pracht, ragt dann inmitten der kümmerlichen Armut der glorreiche Kirchenbau auf oder das machtvolle Rathaus, letzte Zeugen einer nach dem Höchsten strebenden, königlichen Baukunst.

Königshorst.
Von Richard Schillmann.

Das sogenannte große Havelländische Luch hatte eine Länge von sieben Meilen und war durchschnittlich eine Meile breit. An seinem Rande lag eine beträchtliche Anzahl von Dörfern, welche teils Privatbesitzern, teils dem Königlichen Domänenfiskus gehörten; alle hatten in dem Luche Hütungen und Wiesenwuchs. Zu beiden Nutzungsarten war aber das Luch wenig brauchbar, denn die Vegetation war unergiebig, weil nur auf Sumpfpflanzen, saure und bittere Gräser beschränkt. Die beständige Nässe erschwerte sowohl den Weidegang des Viehes wie die Heugewinnung. Das Weidevieh geriet täglich ins Wasser und erkrankte deshalb häufig; nicht selten versanken die Tiere so tief im Schlamm und Morast, daß sie unrettbar verloren waren; der arme Bauer büßte in dieser Weise oft die besten Häupter seines Viehstandes ein. Das Mähgras aber mußte an den meisten Stellen bis zum Eintritte harten Frostes stehen bleiben, da man sonst nicht hinzu kommen konnte, und blieb daher in manchen Jahren ganz aus. Dadurch entstand entsetzlicher Mangel an Futter in der ganzen Gegend. Aber auch im glücklichsten Falle war das Gras von sehr schlechter Beschaffenheit. Unter solchen Umständen blieb der Viehstand der Luchanwohner stets gefährdet. Ein Herr von Bredow auf Wagnitz berichtete, daß aus seinen neun Luchdörfern durchschnittlich jährlich sechs bis sieben Stück Vieh ums Leben gekommen seien; bisweilen habe man die versunkenen Kühe im Morast geschlachtet und stückweise herausgetragen. Wenn die Kühe von der Luchweide zurückgekommen, seien sie in der Regel mit Moder so überdeckt gewesen, daß man sie voneinander nicht habe unterscheiden können.

Schon der Große Kurfürst dachte daran, dieses Luch zu entwässern, allein es fehlte an Geld, auch wohl an sachverständigen Unternehmern. Mit vollem Ernste ging Friedrich Wilhelm an die Sache, nachdem er sich von dem Nutzen des Unternehmens überzeugt hatte. Es wurde den Luchanwohnern kundgemacht, daß die Entwässerungsarbeiten beginnen sollten, zugleich daß jeder nach Verhältnis seines Anteils zu den Kosten beizutragen habe; der König werde seinen Anteil vorweg bezahlen und nach Bedürfnis noch verzinsliche Vorschüsse leisten.

Der Landreiter von Spandau erhielt den Auftrag, mit dieser königlichen Botschaft von Dorf zu Dorf zu reiten, mußte aber überall lebhaften Widerspruch hören. Niemand wollte bezahlen; wo denn überhaupt noch Gras wachsen solle, wenn das Luch trocken gelegt sei, murrten die einen; es sei das Unternehmen ganz unausführbar, die andern. In der Tat waren die den Dorfgemeinden auferlegten Beiträge so hoch, daß die Besitzer ihre Güter mit Schulden belasten mußten. Der König, welcher fest überzeugt war, daß das für die Entwässerung angelegte Geld eine Kapitalanlage sei, die sich reichlich verzinsen werde, ließ sich indes durch keine Einreden irre machen, sondern erklärte rundweg, er werde, falls man nicht willig zahle, zwar die Auslagen machen, die Beiträge aber mit den Zinsen durch Exekution eintreiben lassen.

Die Arbeit begann 1718 bei Hohennauen, bei Friesack und den sogenannten Arendshorsten und war 1724 vollendet. Im Mai des Jahres 1719 fanden 1000 Arbeiter Beschäftigung; dazu ließ der König von vier Regimentern 200 Mann abkommandieren, welche hier um Tagelohn mit arbeiten mußten; die zum Hofedienst verpflichteten Untertanen der Domänen hatten Spanndienste zu leisten, die benachbarten Städte einen hinreichenden Vorrat an Proviant bereitzuhalten. Es waren, die zur Entwässerung nötigen Nebengräben eingerechnet, Abzüge hergestellt worden, welche zusammen eine Länge von 67³/₄ Meilen aufwiesen. Die Gesamtkosten betrugen 70374 Taler.

Der König konnte sich bald mit eigenen Augen von den wohltätigen Folgen dieser Luchentwässerung überzeugen. Der Boden war fester und wärmer, die Vegetation reicher und edler geworden. Man hörte nichts mehr von versunkenem Vieh, und ansteckende Viehkrankheiten wurden immer seltener. Die Winterfütterung des Viehes wurde auf eine regelmäßige Heuwerbung gegründet, welche statt des bitteren Sumpfgrases dem Rindvieh ein schmackhaftes, gesundes Nahrungsmittel bot. Der Viehstand verdoppelte sich nicht allein, sondern die Kuh lieferte nach eigener Angabe der durch diesen Erfolg überraschten Interessenten das Sechsfache an Milch.

Der König beschloß, den ihm gehörigen Arendshorst durch Käufe und Tausch zu erweitern und hier eine Musterwirtschaft anzulegen. Er ließ Zuchtkühe aus Friesland und Holland verschreiben, Ställe bauen und durch zahlreiche Arbeiter Rodungen und Ebnungen vornehmen. Nachdem er alles in Augenschein genommen, zeigte er sich höchst befriedigt, befahl, ein Wohnhaus im holländischen Stile zu bauen und Brunnen zu graben. In demselben Jahre (1719) erschien er zum zweiten Male in Horst, brachte dort mehrere Tage in einer in der Nähe des Wirtschaftshofes errichteten hölzernen Bude zu, in welcher er auch schlief. Seiner Zufriedenheit gab er dadurch Ausdruck, daß er die Kolonie Königshorst nannte. Diese Zufriedenheit erwuchs nicht allein aus dem Gefühle, aus einer Wasserwildnis nutzbringendes Land geschaffen zu haben, sondern auch aus den sich steigernden Einnahmen, die ihm aus Horst zuflossen. Im Jahre 1720 konnte er schon 400 Ochsen und 600 Hammel fett machen; ja, er gewann den Wintervorrat an Heu für ein ganzes Dragonerregiment.

Königshorst sollte im allgemeinen eine Musterwirtschaft werden, im besonderen aber dahin wirken, daß in der Mark Brandenburg eine bessere Milchwirtschaft, Butter- und Käsebereitung in den Gang käme. Deshalb ließ Friedrich Wilhelm die kleine märkische Rindviehrasse durch holländische oder friesische Tiere ersetzen; nahm auch eine holländische, mit der Milchwirtschaft, der Butter- und Käsebereitung vertraute Familie in Dienst, welche eine förmliche Butter- und Käseschule in Königshorst eröffnete. Friedrich Wilhelm ordnete nämlich an, daß Bauerntöchter aus den königlichen Ämtern zu einem zweijährigen Kursus nach Königshorst geschickt würden, damit sie bei den Holländern dienten und arbeiteten, in der Milchwirtschaft, im Butter- und Käsebereiten ebenso geschickt würden, wie die Holländer; welche Mägde, wenn sie nachher sich anderswohin verheirateten, solche Wissenschaft ausbreiten könnten, wodurch es dahin kommen werde, daß man mit der Zeit im ganzen Lande gute Butter zu bereiten verstehe. War die Lehrzeit um, so mußte das Mädchen ein Examen bestehen. Der König ordnete an, daß sie im Beisein der Beamten ohne jegliche Hilfe Butter bereiten mußte. Von dieser Probe war ein Viertelpfund an ihn nach Berlin zu schicken; war sie gut ausgefallen, so ließ er dem Mädchen 24 Taler Brautschatz zahlen, „damit es desto eher einen guten Mann bekomme". Die drei besten Butterbereiterinnen befahl er auf die Vorwerke zu versetzen, damit sie sich dort noch vervollkommenen. Hatten sie sich hierin ausgewiesen, so erhielten sie 160 Taler Brautschatz und — einen Mann. „Es soll der Kriegsrat Berendes", so verfügte der vorsorgliche Monarch, „drei Kerls von guten Leuten aussuchen, welche diese Mädchen heiraten und dann wie Holländer eingesetzt werden sollen." Der König mußte freilich erfahren, daß von den Ämtern an seine Schule oft untaugliche Schülerinnen geliefert wurden, oder, wie er sich ausdrückte, „einfältige, dumme Menscher, die weder Lust noch Vermögen haben, das Butter- und Käsemachen recht zu begreifen, auch zum Teil nur Kossätentöchter sind". Es sollten ihm, so verlangte er, ordentliche Bauernmädchen geschickt werden.

Die Königshorster Butter gewann sich denn auch bald den Berliner Markt, wo sie den damals für hoch geltenden Preis von fünf Groschen erzielte.

A. Schillmann, Bilder aus der Geschichte der märkischen Heimat. 2. Bändchen.
Berlin, L. Oehmigkes Verlag.

Die Herkunft derer von Bredow.

Von Adalbert Kühn.

Der Teufel hat einmal Musterung auf der Erde gehalten und alle die Edelleute, die nicht mehr gut tun wollten, in einen großen Sack gesteckt, den auf den Rücken getan und ist lustig damit zur Hölle geflogen. Wie er nun über der Stadt Friesack ist, so streift der Sack etwas hart an der Spitze des Kirchturms, so daß ein Loch hineinreißt und eine ganze Gesellschaft von Edelleuten, wohl ein Viertel der Bewohner des Sackes, ohne daß der Teufel es gemerkt hätte, herausfallen. Das sind aber die Herren von Bredow gewesen, die nun nicht wenig froh waren, den Krallen des Teufels entkommen zu sein. Zum Andenken nannten sie die Stadt, wo der Sack das Loch bekommen und sie befreit hatte, Frie=Sack, und von hier haben sie sich dann über das ganze Havelland verbreitet, wo bekanntlich eine große Menge von Rittergütern in ihrem Besitz sind. Die Namen haben sie ihnen ebenfalls gegeben, und zwar meist nach der Richtung des Weges, den sie nahmen; der älteste der Brüder nämlich, der in Friesack blieb, sagte zum zweiten: „ga beß hin", da nannte der den Ort, wo er sich niederließ, Beßhin, woraus nachher Pessin wurde; ein dritter ging von Friesack, das am Rande des mächtigen Havelländischen Luchs liegt, landeinwärts, darum nannte er seine Ansiedlung „Land in" oder Landin; ein vierter ging denselben Weg entlang wie der zweite und baute Selbelang; ein fünfter ging von dort aus rechts zu (rechts too) und baute Retzow, ein sechster endlich nannte sein Dorf nach seinem eigenen Namen Bredow.

Die Schlacht bei Fehrbellin in der Dichtung.

I.

(Ein Kanonenschuß fällt.)

Obrist Kottwitz: Holla, ihr Herrn, holla! Sitzt auf, sitzt auf! Das ist der Hennings, und die Schlacht beginnt!

(Sie besteigen sämtlich einen Hügel.)

Der Prinz v. Homburg: Wer ist es? Was?

Hohenzollern: Der Obrist Hennings, Arthur, der sich in Wrangels Rücken hat geschlichen! Komm nur, dort kannst du alles überschau'n.

Golz (auf dem Hügel): Seht, wie er furchtbar sich am Rhyn entfaltet!
Der Prinz v. Homburg (hält sich die Hand vor's Auge):
 Der Hennings dort auf unserem rechten Flügel?
Erster Offizier: Ja, mein erlauchter Prinz.
Der Prinz v. Homburg: Was auch, zum Henker!
 Der stand ja gestern auf des Heeres linkem!
 (Kanonenschüsse in der Ferne.)
Obrist Kottwitz: Blitzelement! Seht, aus zwölf Feuerschlünden
 wirkt jetzt der Wrangel auf den Hennings los!
Erster Offizier: Das nenn' ich Schanzen das, die schwedischen!
Zweiter Offizier: Bei Gott, getürmt, bis an die Kirchturmspitze
 des Dorfs, das hinter ihrem Rücken liegt!
 (Schüsse in der Nähe.)
Golz: Das ist der Truchß!
Der Prinz v. Homburg: Der Truchß?
Obrist Kottwitz: Der Truchß, er, ja;
 der Hennings jetzt von vorn zu Hilfe kommt.
Der Prinz v. Homburg: Wie kommt der Truchß heut' in die Mitte?
 (Heftige Kanonade.)
Golz: O Himmel, schaut, mich dünkt, das Dorf fing Feuer.
Dritter Offizier: Es brennt, so wahr ich leb'!
Erster Offizier: Es brennt! Es brennt!
 Die Flamme zuckt schon an dem Turm empor!
Golz: Hui! Wie die Schwedenboten fliegen rechts und links!
Zweiter Offizier: Sie brechen auf!
Obrist Kottwitz: Wo?
Erster Offizier: Auf dem rechten Flügel! —
Dritter Offizier: Freilich! In Zügen! Mit drei Regimentern!
 Es scheint, den linken wollen sie verstärken.
Zweiter Offizier: Bei meiner Treu! Und Reuterei rückt vor,
 den Marsch des rechten Flügels zu bedecken!
Hohenzollern (lacht): Ha! Wie das Feld die wieder räumen wird,
 wenn sie versteckt uns hier im Tal erblickt!
 (Musketenfeuer.)
Obrist Kottwitz: Schaut! Brüder, schaut!
Zweiter Offizier: Horcht!
Erster Offizier: Feuer der Musketen!

Dritter Offizier: Jetzt sind sie bei den Schanzen aneinander! —
Golz: Bei Gott! Solch einen Donner des Geschützes
hab' ich zeit meines Lebens nicht gehört!
Hohenzollern:
Schießt! Schießt! Und macht den Schoß der Erde bersten!
Der Riß soll eurer Leichen Grabmal sein.
(Pause. — Ein Siegesgeschrei in der Ferne.)
Erster Offizier: Herr, du, dort oben, der den Sieg verleiht:
der Wrangel kehrt den Rücken schon!
Hohenzollern: Nein, sprich!
Golz: Beim Himmel, Freunde! Auf dem linken Flügel!
Er räumt mit seinem Feldgeschütz die Schanzen.
Alle: Triumph! Triumph! Triumph! Der Sieg ist unser!
Der Prinz v. Homburg (steigt vom Hügel herab):
Auf, Kottwitz, folg' mir!
Obrist Kottwitz: Ruhig, ruhig, Kinder!
Der Prinz v. Homburg: Auf! Laß Fanfare blasen! Folge mir!
Obrist Kottwitz: Ich sage: ruhig.
Der Prinz v. Homburg (wild): Himmel, Erd' und Hölle!
Obrist Kottwitz: Des Herrn Durchlaucht, bei der Parole gestern,
befahl, daß wir auf Order warten sollen.
Golz, lies dem Herren die Parole vor.
Der Prinz v. Homburg:
Auf Ord'r! Ei, Kottwitz! Reitest du so langsam!
Hast du sie noch vom Herzen nicht empfangen?
Obrist Kottwitz: Order?
Hohenzollern: Ich bitte dich!
Obrist Kottwitz: Von meinem Herzen?
Hohenzollern: Laß dir bedeuten, Arthur!
Golz: Hör', mein Obrist!
Obrist Kottwitz (beleidigt):
Oho! Kömmst du mir so, mein junger Herr? —
Den Gaul, den du daher sprengst, schlepp' ich noch
im Notfall an dem Schwanz des meinen fort!

Marsch, marsch, ihr Herrn! Trompeter, die Fanfare!
Zum Kampf! Zum Kampf! Der Kottwitz ist dabei!

Golz (zu Kottwitz): Nein, nimmermehr, mein Obrist! Nimmermehr!

Zweiter Offizier: Der Hennings hat den Rhyn noch nicht erreicht!

Erster Offizier: Nimm ihm den Degen ab!

Der Prinz v. Homburg: Den Degen mir?
(Er stößt ihn zurück.)
Ei, du vorwitz'ger Knabe, der du noch
nicht die zehn märkischen Gebote kennst!
Hier ist der deinige, zusamt der Scheide!
(Er reißt ihm das Schwert samt dem Gürtel ab.)

Erster Offizier (taumelnd): Mein Prinz, die Tat, bei Gott —!

Der Prinz v. Homburg (auf ihn einschreitend):
Den Mund noch öffnest —?

Hohenzollern (zu dem Offizier): Schweig! Bist du rasend?

Der Prinz v. Homburg (indem er den Degen abgibt): Ordonnanzen!
Führt ihn gefangen ab, ins Hauptquartier.
(Zu Kottwitz und den übrigen Offizieren.)
Und jetzt ist die Parol', ihr Herrn: ein Schurke,
wer seinem General zur Schlacht nicht folgt!
— Wer von euch bleibt?

Obrist Kottwitz: Du hörst. Was eiferst du?

Hohenzollern (beilegend): Es war ein Rat nur, den man dir erteilt.

Obrist Kottwitz: Auf deine Kappe nimm's. Ich folge dir.

Der Prinz v. Homburg:
Ich nehm's auf meine Kappe! Folgt mir, Brüder!
(Alle ab.)
Aus: Heinrich von Kleist, Prinz Friedrich von Homburg. 2. Akt, 2. Auftritt.

II.

Herr Kurfürst Friedrich Wilhelm, der große Kriegesheld,
seht, wie er auf dem Schimmel vor den Geschützen hält!
Das war ein rasches Reiten vom Rhein bis an den Rhyn,
das war ein heißes Streiten am Tag von Fehrbellin.

Wollt ihr, ihr trotz'gen Schweden, noch mehr vom deutschen Land?
Was tragt ihr in die Marken den wüt'gen Kriegesbrand?
Herr Ludwig von der Seine, der hat euch aufgehetzt,
daß Deutschland von der Peene zum Elsaß werd' zersetzt.

Doch halt, Graf Gustav Wrangel, hier steh' nun einmal still!
Dort kommt Herr Friedrich Wilhelm, der mit dir reden will.
Gesellschaft aller Arten bringt er im raschen Ritt
samt Fahnen und Standarten zur Unterhaltung mit.

Nun seht ihn auf dem Schimmel: ein Kriegsgott ist es traun!
Den Boden dort zum Tanze, den will er sich beschaun.
Und unter seinen Treuen, da reitet hintenan
zuletzt, doch nicht aus Scheuen, Stallmeister Froben an.

Und wie Herr Wrangel drüben den Schimmel nun erblickt,
ruft er den Kanonieren: „Ihr Kinder, zielt geschickt!
Der auf dem Schimmel sitzet, der Große Kurfürst ist's;
nun donnert und nun blitzet! Auf wen's geschieht, ihr wißt's."

Die donnern und die blitzen und zielen gar nichts Schlechts,
und um den Herren fallen die Seinen links und rechts.
Dem Derfflinger, dem alten, fast wird es ihm zu warm;
er ist kein Freund vom Halten mit dem Gewehr im Arm.

Und dicht und immer dichter schlägt in die Heeresreihn
dort in des Schimmels Nähe der Kugelregen ein —
„Um Gott, Herr Kurfürst, weiche!" Der Kurfürst hört es nicht,
es schaut sein Blick, der gleiche, dem Feind ins Angesicht.

Der Schimmel mocht' es ahnen, wem dieses Feuer gilt;
er steigt und schäumt im Zügel, er hebt sich scheu und wild;
die Herren alle bangen, doch sagt's ihm keiner an;
wär' doch nicht rückwärts 'gangen der fürstlich große Mann.

O Preußen, damals wägte auf eines Auges Blick,
auf eines Zolles Breite sich furchtbar dein Geschick:
O Zollern, deine Krone — o Friederich, dein Ruhm!
Hier galt's im Ahn' dem Sohne, im Hut dem Königstum.

Hier galt es Deutschlands Freiheit von nord'scher Übermacht;
und wer, wenn er gefallen, wer schlüge seine Schlacht?
Nicht Homburgs edle Hitze, nicht Derfflings rauher Mut,
nicht Grumbkows Säbelspitze, nicht Heer noch Landsturm gut.

Und doch, der Tod ist nahe und mäht um ihn herum,
und alles zagt und banget und alles bleibet stumm.
Die Scheibe ist der Schimmel, das merket jeder nun;
doch helfen mag der Himmel, von uns kann's keiner tun.

Da reitet zu dem Fürsten Emanuel Froben her*):
„Herr Kurfürst, Euer Schimmel, er scheut sich vorm Gewehr;
das Tier zeigt seine Launen, ihr bringt's nicht ins Gefecht;
so nehmt nur meinen Braunen, ich reit's indes zurecht."

Der Herr schaut ihm herüber: „Es ist mein Lieblingsroß!
Doch das verstehst du besser, so reit' es nur zum Troß."
Sie wechseln still, dann sprenget rasch, ohne Gruß und Wort,
die Zügel lang verhänget, der edle Froben fort.

Und weit von seinem Herren hält er zu Rosse nun.
Für wenig Augenblicke scheint das Geschütz zu ruhn;
der Kurfürst selber sinnet, warum es jetzt verstummt,
und: „Wacker war's gemeinet!" der alte Derffling brummt.

Da plötzlich donnert's wieder gewaltig übers Feld,
doch nur nach einem Punkte ward das Geschütz gestellt;
hoch auf der Schimmel setzet, Herr Froben sinkt zum Sand,
und Roß und Reiter netzet mit seinem Blut das Land.

Die Ritter alle schauen gar ernst und treu hinein.
O Froben dort am Boden, wie glänzt dein Ruhmesschein!
Der Kurfürst ruft nur leise: „Ha! war das so gemeint?"
Und dann nach Feldherrnweise: „Nun vorwärts, in den Feind!"

Julius Minding.

---

*) Von dem Wechsel der Pferde ist in der Geschichte nichts bekannt. Eine Tatsache ist dagegen, daß der Stallmeister Froben hart an der Seite des Kurfürsten fiel.

Die kurbrandenburgische Marine.
Von Prof. Dr. Ed. Heyck.

Auch in der Geschichte gibt es Gemütswerte. Ich meine natürlich, Gemütswerte für die geschichtliche Aufmerksamkeit, und es ist unnötig zu sagen, daß sie entstehen, wenn eine Gegenwart ihr lebhaftestes Begehren schon von einer älteren Zeit geteilt sieht oder wenn sie diese als Inhaberin dessen sieht, was sie selber schmerzlich vermißt. Aus dem überzärtelsten, unmännlichsten Jahrhundert unserer Geschichte entstand zu Klopstocks träumerischer Zeit die aufwallende Begeisterung für die Tugend und gesunde Einfachheit der alten Germanen, für den lachenden Lebens- und Todesmut der Kämpfer der Hermannsschlacht. Mit einem schon überstiegenen Kultus des hohenstaufischen Mittelalters, der deutschen Kaiserzeit, wie man sagte, erfüllten sich die Jahrzehnte von 1815 bis in den Regierungsanfang König Wilhelms I., darum, weil sie selber die kaiserlosen waren und weil sie dort, zur Zeit der schwäbischen Kaiser, das europäische Ansehen und Übergewicht eines Deutschen Reiches geschichtlich verkörpert sahen, das sie selber erst so heiß wieder zu ersehnen hatten. Und endlich, seit wir dann das Reich hatten, sind vollkommen vergessen gewesene Dinge aus dem Archivstaub der ruhig lagernden Akten auf einmal ans Tageslicht zurückgekehrt. Das ist die Tatsache, von der bedeutende Historiker bis dahin kaum ein Wörtlein nebenbei zu erwähnen für nötig gehalten hatten: daß es schon früher eine Zeit gab, wo der kühne Sinn eines zu Berlin und Potsdam regierenden Herrn über die engeren Verhältnisse der deutschen und europäischen Kabinettspolitik hinausblickte, wo er erkannte, daß ein aufstrebendes Volk auch wirtschaftlich nicht in unfreier Abhängigkeit leben dürfe. Auf sein Geheiß entfalteten tüchtige Orlogschiffe den brandenburgischen Adler, um die kümmerliche Handelsschiffahrt des Landes schützend zu ermutigen und ertragreiche Kolonialländer an Küsten fremder Erdteile in die unmittelbare Hand dieses weit vorausschauenden norddeutschen Territorialherrn zu nehmen.

Es mindert Friedrich Wilhelms Ruhm nicht, wenn man darauf hinweist, daß der Gedanke an eine Flotte und Kolonien nicht wie ein unerhörtes Experiment ganz original in seinem Kopfe geboren worden ist. Es ist ebensoviel, wenn ein Fürst den Verstand und den Entschluß hat, zu erkennen, was in dem allgemeinen Zeitgedanken gesund und wichtig ist, und wenn er dann das Seine kraftvoll tut, um durch sie sein Land voranzubringen, anstatt der Zurückgedrängte zu bleiben. Was Flotte und Kolonien für die Macht eines selbst kleinen Landes bedeuteten, das hatte Friedrich Wilhelm kennen gelernt, als er in seiner frühen Jugend als Kurprinz in den Niederlanden sich aufhielt. Mit staunenden Augen sah der aus dem ärmlichen Sand- und Kiefernlande gekommene junge Hohenzoller, wie dort an der Nordsee ein wenig großes Land, dem es wahrlich an fliegendem Sand und ungangbaren Moorheiden auch nicht fehlte, aus Schiffahrt, Kanalbau und Welthandel sich zum blühendsten, gewerbreichsten, bürgertüchtigsten und gebildetsten Gemeinwesen Europas aufgeschwungen hatte. Zur ersten Seemacht und gebietenden Weltmacht unseres Erdteils waren diese Niederlande geworden. Erst nach des Kurfürsten Tode hat die nachdrückliche Krafteinsetzung und einfach robuste Klugheit des Engländertums die bis dahin wahrhaft „hochmögenden" Generalstaaten aus dieser Stellung geworfen. Außerordentlich und unvergeßlich aber haben diese Eindrücke die Phantasie und die Gedankengänge des lebhaften Prinzen angeregt· seine Waren und angestaunte Merkwürdigkeiten, die die großen Indienfahrer heimbrachten, wenn sie am Tegel vorbei durch die Zuidersee nach Amsterdam hereinrauschten, sammelte er und sandte sie dem mehr als durchschnittlichen Vater daheim als bedeutungsvolles Geschenk.

Auch andere Fürsten haben damals und vorher schon an eine deutsche Seemacht oder an eigenen Welthandel gedacht. Im Gedanken an solche Pläne hatte sich Wallenstein als Herzog vom Kaiser mit Mecklenburg belehnen lassen; aus Holstein sandte Herzog Friedrich von Gottorp zur Aufschließung von Handelsbeziehungen seine Gesandtschaft durch Rußland nach Asien, die 1637 nach Persien kam und mit der der Dichter Paul Fleming zog; mitteldeutsche und bayrische Herren sind deutschen Seeprojekten dieses Jahrhunderts näher getreten. Aber von wirklicher Bedeutung ist doch allein geworden, was Friedrich Wilhelm unternahm, sobald er Landesherr geworden und von den Kriegen und Verwicklungen seiner Anfangsregierung einigermaßen zur Ruhe gekommen war.

Und dann entsprach es diesem selbstlos deutschen Kurfürsten von Brandenburg und Herzog in Preußen ganz und gar, daß er zuerst noch ein Vorgehen betrieb, das ein gemeinsam nationales sein und bei dem der Kaiser und er an der Spitze stehen sollten. In den Jahren um 1660 hat er es verwirklicht, beschäftigt aber hat ihn der

Gedanke schon ein Jahrzehnt vorher, und schon damals ist er mit dem ehemaligen holländischen Admiral und Moluffengouverneur Gijsels van Lier in Beziehung getreten, der mit den Generalstaaten zerfallen war und anderswo eine große Tätigkeit suchte. Nicht durch Friedrich Wilhelms Lauheit, sondern durch die des Kaisers und der übrigen benachrichtigten Reichsstände sind diese Pläne ergebnislos verlaufen, — der letzte Versuch, das alte Deutsche Reich nicht tatlos zusehen zu lassen bei der Aufteilung der Erde, die damals im Wetteifer der westeuropäischen Nationen geschah. Danach ist der Kurfürst frei auf eigene Hand vorgegangen. In den herrlichen Tagen nach Fehrbellin, als er die Schweden aus Pommern und aus Preußen jagte und die deutschen Küsten für immer von ihnen freigemacht — hätte, wäre nicht der „Verbündete" Kaiser Leopold gewesen, der ihn und Deutschland zu Nimwegen um die Siegesfrucht brachte. In diesen selben Tagen der fröhlichen Schwedenjagd von 1675 ist auch die kurbrandenburgische Flotte geboren. — Nicht sogleich im klaren Eigentumsrecht des brandenburgischen Herrn. Damals war ja der Gedanke der staatlichen Selbstunternehmung längst nicht so entwickelt wie heute. Wie die Fürsten, die den Staat in sich verkörperten, privatrechtlich ihre Besitzungen teilten, so handelten sie auch sonst wie große Privatpersonen, die es unter Umständen vorzogen, andere als Unternehmer durch Verträge in ihren Dienst zu stellen und dadurch die augenblicklichen großen Ausgaben und einen Teil des Risikos zu vermeiden. Auf diese Weise hat Friedrich Wilhelm um den Anfang des Jahres 1675 den von der Insel Zeeland stammenden Großreeder Raule zur Kaperei mit zehn Fregatten gegen die feindlichen Schweden bevollmächtigt, worauf Raule diesen 21 schwer beladene Schiffe. abnahm und die militärischen Maßnahmen des Kurfürsten wirksam unterstützte. Nach diesem fröhlichen Anfang aber nahm Friedrich Wilhelm 1676 Raule in seinen unmittelbaren Dienst als „Schiffsdirektor". Damit wurde er selbst der Gebieter über Raules von ihm gemietete Flotte, wodurch er besser seiner persönlich durchgreifenden Natur gerecht wurde. Damals auch bekamen die Rauleschen Schiffe die Namen, die dem neuen Verhältnis entsprachen, und wurden nun als „Kurprinz von Brandenburg", „Berlin", „Potsdam", „Kleve" usw. neu benannt. Sie haben am 5. Juni 1676 an der Seite der verbündeten Dänen an dem Seegefecht zwischen Rügen und Bornholm gegen die Schweden teilgenommen. Und den geenterten „Leopard" brachten sie, hoch am Top über die gedemütigte schwedische Flagge den brandenburgischen roten Adler gesetzt, als

Prise in den kleinen Häfen von Kolberg, zum Jubel der allzeit wackeren patriotischen Bevölkerung der Stadt, ein. Darauf hat dann jener Friede von Nimwegen dem Kurfürsten das eroberte Stettin und Vorpommern mit Stralsund wieder genommen, auf die er den Ausbau seiner Seeunternehmungen stützen wollte. So furchtbar schwer ihn das traf und verbitterte, hat er dennoch, und nun erst recht mit zäher Ausdauer an jenen Plänen festgehalten, obwohl ihm jetzt kein brauchbarerer Seehafen als das weit entlegene Pillau zur Verfügung blieb. Von Pillau zuerst sind die Schiffe einer unter kurfürstlichen Schutz gestellten Raule'schen Handelsgesellschaft nach der an Gold und Elfenbein reichen afrikanischen Guineaküste abgefahren. Aber auch auf diesem kaufmännischen Gebiet beobachten wir den Fortschritt vom kurfürstlichen Privatunternehmen zum landesfürstlich souveränen. Schon 1682 erfolgte die Umwandlung in eine kurfürstliche Guinea-Kompanie. Die Hauptteilhaber waren der Kurfürst, Raule, der in brandenburgische Kriegsdienste getretene Fürst Johann Georg II. von Anhalt-Dessau — Vater des späteren „alten Dessauers" Leopold , der Feldmarschall Derfflinger und andere treffliche Gefolgsleute des hohen brandenburgischen Führers. Nach dieser bedeutungsvollen Gründung sind nacheinander auch die Kolonien eingerichtet worden: an der Goldküste, wo 1681 Verträge geschlossen, dann am 1. Januar 1683 die brandenburgische Flagge gehißt und die „Große Friedrichsburg" befestigt wurden; 1684 etwas östlicher Accada und Taccarary; 1687 Arguin nördlich vom Senegal, in der Bucht am Kap Blanco; schon vorher, 1685, war eine Niederlassung auf St. Thomas, als Stützpunkt für Westindien, begründet worden. Auch in Ostindien, an das der Kurfürst zu allererst gedacht hatte, wollte man Anknüpfungen suchen.

Im Jahre 1683 konnte Friedrich Wilhelm die Kompanie und Flottenstation von Pillau weg und viel bequemer nach Emden verlegen. Emden war nicht brandenburgisch, sondern ostfriesisch. Aber eine politische Aktion zugunsten der ostfriesischen Landesstände verschaffte dem Kurfürsten die Möglichkeit zu dieser Vereinbarung mit der Stadt Emden, und die dankbaren ostfriesischen Stände traten selbst der Kompanie mit stattlicher Einlage bei. So ebneten sich die einen Schwierigkeiten, während freilich die anderen fortdauerten. Vor allem die gewalttätige und ränkevolle Eifersucht der über das Aufstreben einer auswärtigen, wenn auch bescheidenen Seemacht schwer geärgerten Niederländer, die ungefähr alles das auch getan haben, was später die Engländer gegen die Flotte und die Kolonien des Deutschen Reiches öffentlich und heimlich taten. Sie haben an Drohungen, Hetzereien, Intrigen und Aufstachelung der Eingeborenen das mögliche geleistet. Sie scheuten auch vor offener Gewalttat auf See gegen die brandenburgischen Schiffe nicht zurück; entsprechend der Gebundenheit des Kurfürsten in hundertfältigen Schwierigkeiten. Im Kleinen erging es der aufstrebenden Macht damals wie jetzt dem deutschen Vaterlande im Großen.

In Emden ist dann endlich auch die unmittelbare staatliche Flotte des kühnen Brandenburgers entstanden, die bis dahin noch immer eine bloß durch Mietsvertrag zu seiner Verfügung verpflichtete gewesen war. — Das erste eigene Schiff des Kurfürsten war der „Markgraf von Brandenburg", ein mit 28 Kanonen bewehrter starker Kauffahrer. Er hieß eigentlich „Carolus Secundus" als spanisches Schiff und war im September 1680 auf der Höhe von Ostende erobert worden. Damals ließ Friedrich Wilhelm die Rauleschen Fahrzeuge gegen Spanien kreuzen, um die seit Jahren ihm geschuldeten 1 800 000 Taler Kriegssubsidien zu erzwingen. Von Raule wurde im September 1681 auch das denkwürdige Seegefecht unweit Kap St. Vincent gegen die mit überlegener Macht ausgesandte spanische Küstenflotte bestanden. Die Prisen jener Ausfahrt waren Eigentum des Kurfürsten, und dadurch wurde es der „Carolus II.", der, wie alle großen Schiffe damals, zugleich als Orlogschiff und Kauffahrer verwendbar war. 1684 kaufte der Kurfürst aus dem Rauleschen Bestande weitere Schiffe zu freiem Eigentum hinzu. Es waren, im ganzen für 169340 Taler, die folgenden: „Friedrich Wilhelm zu Pferde" von 50 Kanonen, „Dorothea" (der Name der damaligen Kurfürstin) von 40, der „Kurprinz" von 36, die Fregatte „Der Fuchs" von 20, die Fleete „Friede" von 10, die Schnaue „Der Litauer Bauer" von 8, „Der Rommelpot" von 8, die Galiote „Marie" von 4 Kanonen, der Boyer (holländisch boeier, Schnellsegler) „Prinz Philipp", ohne Armierung.

Alle diese Schiffe waren neu oder erst wenig in See gewesen. In Königsberg, Hamburg und Pillau wurden sie übergeben. Gleichzeitig wurde das Marineamt, wie wir sagen würden, die Admiralität, „auf einen regulierten Fuß" gebracht und ihr u. a. auch die Schiffszimmerwerft zu Berlin unterstellt. Raule blieb der Direktor. Erst unter Friedrich III. wurde der weitgehenden Unabhängigkeit des tüchtigen und energischen Mannes, den der Große Kurfürst nachdrücklich gegen die verschnörkelte Eifersucht der Bureaukratie geschützt hatte, das Ende gesetzt durch eine gewohntermaßen lähmende Kollegialbehandlung in Marinesachen. Zuletzt ist ihm sogar noch, mit recht zweifelhafter Begründung, der Prozeß gemacht worden.

Friedrich Wilhelm war 1688 aus jenen hoffnungsvollen Anfängen hinweggestorben. Denn mehr konnten sie noch nicht sein, und an den Schwierigkeiten, Lehrgeldzahlungen und Kinderkrankheiten, die immer mit solchem Entstehen verbunden sind, hat es auch nicht gefehlt. Zu prophezeien, was unter einem gleich tatkräftigen Nachfolger aus diesen Anfängen geworden wäre, ist zwecklos. Er war eben nicht vorhanden. Unter Friedrich III. oder, wie er seit 1701 als König hieß, Friedrich I., drehte sich alles um Dekoration und vornehme Fassade. Die verschwenderisch verbrauchte Finanzkraft des Staates kam bestenfalls geschmackvollen Bauten und Denkmälern zugute — denn Geschmack hatte nun einmal diese in sicherer Tradition stehende Zeit, die einen Schlüter hervorbrachte. Eine seidenbewimpelte, mit Vergoldung überladene Prunkjacht auf der Spree war wichtiger als die ganze Marine, die nutzlos im Hafen lag und Wasser zog, und ein greuliches Günstlingswesen nebst saft- und kraftloser, nicht einmal im üblen Sinne zielbewußter Willkürherrschaft verwüstete Hof und Staat. Kein fester Entschluß, kein Ziel irgendwo; alles Ererbte wurde nur gerade eben weiter „gewurstelt", machte ungeheure Kosten und wurde doch zu nichts Rechtem und Nutzbarem verwandt. Die oberen Würdenträger der Marine und Kompanieverwaltung lebten bequem und faul, die Unterbeamten hungerten, die Hinausgeschickten saßen auf verlorenen Posten. Die Sache an sich verkam in Untätigkeit und Widrigkeiten, die man mit schlaffer Ergebenheit hinnahm, um desto ungestörter im wertlosen Getue zu bleiben. So fand der neue König Friedrich Wilhelm I., als er 1713 zur Regierung kam, nur noch verkommene Reste von Kompanie und Flotte vor. Die hat er nebst den Kolonien ohne Zaudern abgeräumt. Es gab nähere, dringlichere Aufgaben und Anstrengungen für seine Erkenntnis: von vorn anzufangen und den herabgewirtschafteten preußischen Staat erst einmal von neuem auf die Fundamente der bedächtigsten Sparsamkeit, der verlässigen Verwaltung durch ein zu strenger Redlichkeit erzogenes Beamtentum und vor allem auf das straff durchgebildete Landheer zu stellen.

Daheim.

Das Wustrauer Luch.
Von Theodor Fontane.

*Es schien das Abendrot
auf diese sumpf-gewordne Urwaldstätte,
wo ungestört das Leben mit dem Tod
jahrtausendlang gekämpfet um die Wette.*
Lenau.

Der Rhin nimmt auf der ersten Hälfte seines Weges seine Richtung von Nord nach Süd, bis er nach Passierung des großen Ruppiner Sees beinahe plötzlich seinen Lauf ändert und, rechtwinklig weiterfließend, ziemlich genau die Südgrenze der Grafschaft zieht. Auf dieser zweiten Hälfte seines Laufes, Richtung von Ost nach West, gedenken wir ihn zu begleiten, dabei weniger ihm selbst als seinen Dörfern unsere Aufmerksamkeit schenkend.

Das erste unter diesen Dörfern ist Wustrau. Unmittelbar nach seinem Austritt aus dem See bildet der Rhin auf Meilen hin das Wustrauer Luch, und ihm gilt unsere heutige Wanderung.

Wir beginnen sie vom Zentrum des Fehrbelliner Schlachtfeldes, von dem hochgelegenen Hakenberger Kirchhofe aus, und steigen nach einem vorgängigen Überblick über die Torf= und Wiesenlandschaft an die Rhinufer nieder. Kahnfahrten werden uns aushelfen, wo Wasser und Sumpf jede Fußwanderung zur Unmöglichkeit machen. Unser nächstes Ziel aber ist eine zwischen den Dörfern Wustrau und Langen gelegene „Faktorei", deren rotes Dach hell in der Sonne blitzt.

Es war ein heißer Tag, und der blaue Himmel begann bereits kleine grauweiße Wölkchen zu zeigen, die nur verschwanden, um an anderer Stelle wiederzukehren. Auf einem schmalen Damme, der wenig mehr als die Breite einer Wagenspur haben mochte, schritten wir hin. Alles mahnt hier an Torf. Ein feiner, schnupftabak= farbener Staub durchdrang die Luft, und selbst die Sträucher, die zwischen den Gräben und Torfpyramiden standen, sahen braun aus, als hätten sie sich gehorsamst in die Farben ihrer Herrschaft gekleidet. Das Ganze machte den Eindruck eines plötzlich aus Licht geförderten Bergwerks, und ehe zehn Minuten um waren, sahen wir aus wie die Veteranen einer Knappschaft.

Wir mochten eine halbe Stunde gewandert sein, als wir bei der vorgenannten „Faktorei" mit dem roten Dache ankamen. Ich weiß nicht, ob diese Etablissements, deren wohl zehn oder zwölf im Wustrauer und Linumschen Luche sein mögen, wirklich den Namen

„Faktorei" führen, oder ob sie sich noch immer mit der alten Bezeichnung Torfhütte behelfen müssen. Jedenfalls sind es Faktoreien, und dieses Wort drückt am besten die Beschaffenheit einer solchen Luchkolonie aus.

Die Faktorei, vor der wir uns jetzt befanden, lag wie auf einer Insel, die durch drei oder vier hier zusammentreffende Kanäle gebildet wurde. Sie bestand aus einem Wohnhaus, aus sich herumgruppierenden Stall- und Wirtschaftsgebäuden und endlich aus einer Reihe von Strohhütten, die sich, etwa zwanzig an der Zahl, an dem Hauptgraben entlang zogen. Nach flüchtiger Begrüßung des Obermannes schritten wir zunächst diesen Hütten zu.

Sie bilden nebst hundert ähnlichen Behausungen, die sich hier und überall im Luche vorfinden, die zeitweiligen Wohnplätze für jene Tausende von Arbeitern, die zur Sommerzeit die Höhendörfer der Umgegend verlassen, um auf etwa vier Monate hin ins Luch hinabzusteigen und dort beim Torfstechen ein hohes Tagelohn zu verdienen. Die Dörfer, aus denen sie kommen, liegen viel zu weit vom Luch entfernt, als daß es den Arbeitern möglich wäre, nach der Mühe und Hitze des Tages auch noch heimzuwandern, und so ist es denn Sitte geworden, zeitweilige Luchhäuser aufzubauen, eigentümliche Sommerwohnungen, in denen die Arbeiter die Torf-Saison verbringen.

An diese Wohnungen, so viel deren dieser einen Kolonie zugehören, treten wir jetzt heran.

Die Hütten stehen behufs Lüftung auf und gestatten uns einen Einblick. Es sind große, vielleicht 30 Fuß lange Strohdächer von verhältnismäßiger Höhe. An der Giebelseite, wo die Dachluke hingehören würde, befindet sich die Eingangstür, und gegenüber, am anderen Ende der Hütte, gewahren wir ein offenstehendes Fensterchen. Zwischen Tür und Fensterchen läuft ein schmaler, tennenartiger Gang, der etwa dem gemeinschaftlichen Flur eines Hauses entspricht. An diesen Flur grenzen von jeder Seite her vier Wohnungen, d. h. vier niedrige, kaum einen Fuß hohe Hürden oder Einfriedigungen, die mit Stroh bestreut sind und als Schlaf- und Wohnplätze für die Torfarbeiter dienen. Wie viele Personen in solcher Hürde Platz finden, vermag ich nicht bestimmt zu sagen, jedenfalls aber genug, um auch bei Nachtzeit ein Offenstehen von Tür und Fenster als ein dringendes Gebot erscheinen zu lassen. Es war Mittag, und wir fanden fünf, sechs Leute vor, die sich ausruhten oder ihr Mittagsmahl verzehrten. Ein Gespräch ergab das Folgende. Die Arbeit ist schwer und ungesund, aber einträglich, besonders für geübte Wochenarbeiter, die mittels ihrer Geschicklichkeit das Akkordquantum überschreiten und ihre Arbeitsüberschüsse bezahlt bekommen. Drei Arbeiter bilden immer eine Einheit, und als das täglich von ihnen zu liefernde Durchschnittsquantum gelten 13000 Stück Torf. Leisten sie das, so haben sie einen mittleren Tagelohn verdient, der aber immer noch beträchtlich über das hinausgeht, was für Feldarbeit in den Dörfern bezahlt zu werden pflegt. Gute Arbeiter indes (immer jene drei als Einheit gerechnet) bringen es bis zu 20000 Stück, was bei zehn Arbeitsstunden etwa zwei Sekunden für die Gewinnung eines Stückes Torf ergibt. Aber diese Produzierung sei noch ein Wort gesagt. Man hat es eine Zeitlang mit Maschinen versucht, ist aber längst zur Handarbeit als zu dem Rascheren und Einträglicheren zurückgekommen. Das Verfahren ist außerordentlich einfach. Drei Personen und drei verschiedene Instrumente sind nötig: ein Schneideeisen, ein Grabscheit und eine Gabel. Das Schneideeisen ist die Hauptsache. Es gleicht einem Grabscheit, das aber zwei rechtwinklig stehende Flügel hat, so daß man bei seinem Eindrücken gleichzeitig drei Schnitte macht. Die Arbeiter stehen nun an einem langen, glatt und steil abfallenden Torfgraben, und zwar zwei in ihm, der dritte auf ihm. Dieser Dritte drückt von oben her das Schneideeisen oder Torfmesser in den Grabenrand ein und schneidet dadurch ein fix und fertiges Torfstück heraus, das nur noch nach unten zu festhaftet. In demselben Augenblick, wo er das Eisen wieder hebt, um es dicht daneben in den Boden zu drücken, sticht einer der im Graben stehenden Leute mit dem Grabscheit das Stück Torf los und präsentiert es, wie ein vom Teller gelöstes Stück Kuchen, dem dritten. Dieser spießt es sofort mit einer großen Gabel auf und legt es beiseite, so daß sich binnen kurzem die bekannte Torfpyramide aufbaut.

Wir schritten nun zu dem eigentlichen Faktoreigebäude zurück. Es teilt sich in zwei Hälften, in ein Bureau und eine Art Bauernwirtschaft. An der Spitze des Comptoirs steht ein Geschäftsführer, ein Vertrauensmann der „Torflords", der die Wochenlöhne zu zahlen und das Kaufmännische des Betriebes zu leiten hat. Er ist nur ein Sommergast hier, ebenso wie der Arbeiter, und kehrt, wenn der Herbst kommt, für die Wintermonate nach Linum oder Fehrbellin zurück. Nicht so der Obermann, der Torfmeier, dem das Gehöft gehört. Er ist hier zu Hause, jahraus, jahrein, und nimmt

seine Chancen, je nachdem sie fallen, gut oder schlecht. Der November-
sturm deckt ihm vielleicht das Dach ab, der Winter schneit ihn ein,
der Frühling bringt ihm Wasser statt Blumen und macht die „Faktorei" zu einer Insel im See, aber was auch kommen mag, der Obermann trägt es in Geduld und freut sich auf den Sommer, wie sich
die Kinder auf Weihnachten freuen. Dabei liebt er das Luch. Er
spricht von Weizenfeldern, wie wir von Italien sprechen, und bewundert sie pflichtschuldigst als etwas Hohes und Großes, aber sein
Herz hängt nur am Luch und an der weiten, grünen Ebene, auf der
wie auf einem Lagerplatz, den die Unterirdischen verlassen haben,
der Torf in schwarzen Kegeln steht.

Der Obermann hieß uns zum zweitenmal willkommen und rief
jetzt seine Frau, die uns freundlich-verlegen die Hand schüttelte.
Beide zeigten jene lederfarbene Magerkeit, die mir schon früher in
Sumpfgegenden, namentlich auch bei den Bewohnern des Spreewaldes, aufgefallen war. Die blanke, straffe Haut sah aus, als
wäre sie über das Gesicht gespannt. Die Frau ging wieder, um
in der Küche nach dem Rechten zu sehen, und ließ uns Zeit, das
Zimmer zu mustern, in dem wir uns befanden. Es war, wie märkische Bauernstuben zu sein pflegen: zwei Silhouetten von Mann
und Frau und gemeinschaftlichem Glas und Rahmen, zwei preußische
Prinzen daneben und ein roter Husar darunter. Die Katze, mit
krummem Rücken, strich an allen vier Tischbeinen vorbei, der flachsköpfige Sohn verbarg seine Verlegenheit hinter dem Kachelofen,
und die Wanduhr, auf deren großem Zifferblatt Amor und Psyche
vertraulich nebeneinander lehnten, unterbrach einzig und allein die
langen Pausen der Unterhaltung. Denn der Obermann war kein
Sprecher.

Endlich trat die Magd ein, um den Tisch zu decken. Sie öffnete
die kleinen Fenster und zugleich mit der Sonne drangen Hahnenschrei
und Gegacker ins Zimmer: war doch der Hühnerhof draußen seit
lange daran gewöhnt, ein dankbares Hoch auszubringen, sobald das
rote Halstuch der Köchin an Tür oder Fenster sichtbar wurde. Nun
kam auch der Flachskopf aus seinem Versteck hervor und stellte Stühle,
während eine Flasche Wein aus unserem Reisesack die Vorbereitungen
vollendete. Das Mahl selbst war ganz im Charakter des Luchs: erst
Perlhühner, dann wilde Enten und schließlich ein Kuchen aus
Heidemehl, dessen Buchweizen auf einer Sandstelle des Luches gewachsen war. Wir ließen den Obermann leben und wünschten ihm

guten Torf und gute Kinder. Aber kein Glück ist vollkommen: als wir um ein Glas Wasser baten, brachte man uns ein Glas Milch; das Luch steckt zu tief im Wasser, um Trinkwasser haben zu können.

Bald nach Tisch nahmen wir Abschied und stiegen in ein bereitliegendes Boot, um nunmehr unsere Wasserreise durch das Herz des Luches hin anzutreten. Der Himmel, der bis dahin zwischen schwarz und blau gekämpft hatte, wie einer, der schwankt, ob er lachen oder weinen soll, hatte sich mittlerweile völlig umdunkelt und versprach unserer Wasserfahrt einen allgemeineren und strikteren Charakter zu geben, als uns lieb sein konnte. Dennoch verbot sich ein Abwarten, und unter Hut= und Mützenschwenken ging es hinaus. Es war eine Vorspannreise, kein Ruderschlag fiel ins Wasser, keine Bootsmannskunst wurde geübt, Ruderer und Steuermann waren durch einen graukitteligen, hochstiefeligen Torfarbeiter vertreten, der ein Riemenzeug um den Leib trug und mittelst eines am Mast befestigten Strickes uns rasch und sicher die Wasserstraße hinaufzog. Gemeinhin war er links vor uns und trabte den grasbewachsenen, niedrigen Damm entlang, immer aber, wenn wir in einen nach rechts hin abzweigenden Graben einbiegen mußten, ließ er das Boot links auflaufen, sprang hinein, setzte sich als sein eigener Fährmann über und trat dann am andern Ufer die Weiterreise an. Eine andere Unterbrechung machten die Brücken. Sie sind sehr zahlreich im Luch, wie sich's bei einundsiebzig Meilen Kanalverbindung annehmen läßt, und dabei von einfachster aber zweckentsprechendster Konstruktion. Ein dicker mächtiger Baumstamm unterhält die Verbindung zwischen den Ufern und würde wirklich, ohne weitere Zutat, die ganze Überbrückung ausmachen, wenn nicht die vielen mit Mast und Segel herankommenden Torfkähne es nötig machten, den im Wege liegenden Brückenbalken unter Umständen auch ohne sonderliche Mühe beseitigen zu können. Zu diesem Behufe ruhen die Balken auf einer Art Drehscheibe, und die Kraft zweier Hände reicht völlig aus, den Brückenbaum nach rechts oder links hin aus dem Wege zu schaffen.

Die zahllosen Wasserarme, die das Grün durchschneiden, geben der Landschaft viel von dem Charakter des Spreewalds und erinnern uns mehr denn einmal an das Kanalnetz, das die fruchtbaren Landstriche zwischen Lehde und Leipe durchzieht. Aber bei aller Ähnlichkeit unterscheiden sich beide Sumpfgegenden doch auch wieder. Der Spreewald ist bunter, reicher, schöner. In seiner Grundanlage dem

Luch allerdings nahe verwandt, hat das Leben doch überall Besitz von ihm genommen und heitere Bilder in seinen einfach grünen Teppich eingewoben. Dörfer tauchen auf, allerlei Blumen ranken sich um Haus und Hütte, hundert Kähne gleiten den Fluß entlang, und weidende Herden und singende Menschen unterbrechen die Stille, die auf der Landschaft liegt. Nicht so im Luch. Der einfach grüne Grund des Teppichs ist noch ganz er selbst geblieben, das Leben geht nur zu Gast hier, und der Mensch, ein paar Torfhütten und ihre Bewohner abgerechnet, stieg in eben diesen Moorgrund nur hinab, um ihn auszunutzen, nicht um auf ihm zu leben. Einsamkeit ist der Charakter des Luchs. Nur vom Horizont her, fast wie Wolkengebilde, blicken die Höhendörfer in die grüne Öde hinein; Gräben, Gras und Torf dehnen sich endlos, und nichts Lebendes wird hörbar, als die Pelotons der von rechts und links her ins Wasser springenden Frösche oder das Kreischen der wilden Gänse, die über das Luch hinziehen. Von Zeit zu Zeit sperrt ein Torfkahn den Weg und weicht endlich mürrisch zur Seite. Kein Schiffer wird dabei sichtbar, eine rätselhafte Hand lenkt das Steuer, und wir fahren mit stillem Grauen an dem häßlichen alten Schuppentier vorüber, als wäre es ein Ichthyosaurus, ein alter Beherrscher dieses Luchs, der sich noch besönne, ob er der neuen Zeit und dem Menschen das Feld räumen solle oder nicht.

So hatten wir etwa die Mitte dieser Torfterritorien erreicht, und die nach Süden zu gelegenen Kirchtürme waren uns aus dem Gesicht entschwunden, während die nördlichen noch auf sich warten ließen. Da brach das Gewitter los, das seit drei Stunden um das Luch herum seine Kreise gezogen und geschwankt hatte, ob es auf der Höhe bleiben oder in die Niederungen hinabsteigen sollte. Diese Luchgewitter erfreuen sich eines allerbesten Rufs; wenn sie kommen, kommen sie gut, und ein solches Wetter entlud sich jetzt über uns. Kein Haus, kein Baum in Näh' oder Ferne; so war es denn das beste, die Reise fortzusetzen, als läge Sonnenschein rings um uns her. Der Regen fiel in Strömen, unser eingeschirrter Torfarbeiter tat sein Bestes und trabte gegen Wind und Wetter an. Der Boden ward immer glitschiger, und mehr denn einmal sank er in die Knie; aber rasch war er wieder auf, und unverdrossen ging es weiter. Wir saßen derweilen schweigsam da, bemaßen das Wasser im Boot, das von Minute zu Minute stieg, und blickten nicht ohne Neid auf den vor uns hertrabenden Granittel, der, in der Lust des Kampfes,

Gefahr und Not einigermaßen vergessen konnte, während wir in der Lage von Reservetruppen waren, die Gewehr bei Fuß stehen müssen, während die Kugeln von allen Seiten her einschlagen.

Jeder hat solche Situationen durchgemacht und kennt die fast gemütliche Resignation, die schließlich über einen kommt. Mit dem Momente, wo man die letzte trockene Stelle naß werden fühlt, fühlt man auch, daß der Himmel seinen letzten Pfeil verschossen hat, und daß es nur besser werden kann, nicht schlimmer. Lächelnd saßen wir jetzt da, nichts vor uns als den grau-grünen, mit Regen und Horizont in eins verschwimmenden Luchstreifen, und sahen auf den Tropfentanz um uns her, als ständen wir am Fenster und freuten uns der Wasserblasen auf einem Teich oder Tümpel.

Endlich aber hielten wir. Wir hatten den ersehnten Nordrand erreicht, und die Sonne, die, sich durchkämpfend, eben ihren Friedensbogen über das Luch warf, vergoldete den Turm des Dorfes Langen vor uns und zeigte uns den Weg. In wenigen Minuten hatten wir das Wirtshaus erreicht, bestellten in fast beschwörendem Ton „einen allerbesten Kaffee" und baten um die Erlaubnis, am Feuer Platz nehmen und unsere Garderobe stückweise trocknen zu dürfen. Und wirklich traten wir gleich danach in die große Küche mit dem Herd und dem Hängekessel ein. Der Rauchfang war mit allerlei kupfernem Geschirr, die roten Wände mit Fliegen bedeckt, und die jetzt brennend über dem Hause stehende Sonne drückte von Zeit zu Zeit den Rauch in die Küche hinab. Eine braune, weißbäuchige Kanne paradierte bereits auf dem Herd, und eine behäbige Alte, die (eine große Kaffeemühle zwischen den Knien) bis dahin mit wunderbarem Ernste die Kurbel gedreht hatte, stand jetzt von ihrem Schemel auf, um das braune Pulver in den Trichter zu schütten. Ebenso war die Magd mit dem Hängekessel zur Hand, und im nächsten Augenblick zischte das Wasser und trieb die Schaumblasen hoch über den Rand. Wir aber standen umher und sogen begierig den aromatischen Duft ein. Alles Frösteln war vorüber, und die Tasse mitsamt dem Herdfeuer vor uns, auf einen alten Binsenstuhl uns wiegend, plauderten wir vom Luch, als wären wir über den Kansas-River oder eine Partie „far in the West" gefahren.

Th. Fontane, Wanderungen durch die Mark Brandenburg. 1. Teil. Die Grafschaft Ruppin. Stuttgart, J. G. Cottasche Verlagsbuchh.

Die Prignitz.

Phot. J. Albert Schwartz, Berlin.

Havelberg.
Von Marie v. Bunsen.

Es ist der uralte Fischerkietz. Jetzt ist es hier überaus behaglich, jedes Haus hat Garten, Steg, Kahn und Fischgerät. Geradezu ungewöhnlich malerisch wirkte die Ansiedlung jedoch, als ich, an der Brücke landend, nach dem Dom heraufstieg. Hinter dem Ufer ist eine baumbeschattete Gasse, mit altmodisch netten, berankten Häusern, jedes von diesen hat einen grün bemalten Beischlag, mit zwei gegenübergesetzten Bänken. Ein ganz eigenartiges Stilleben dort zwischen der Havel und dem alten Dom. In der Nähe wirkte der Dom weniger bedeutend als von fern. Es fehlt der Turm; großartig ist der granitene untere Teil, gewaltige Türme sollten weit ins Land hinausragen, bescheiden wurde der Bau vollendet. Innen herrscht gute Spätgotik vor, steinerne Balustraden mit reichem Maßwerk, alte Glasfenster mit herrlich leuchtenden Farben, unter denen Grün vorherrscht und merkwürdige Töne auf die Fliesen zaubert. Dann noch allerhand Bildhauerschmuck und Holzschnitzereien. Ganz eigenartig zwei Kerzenhalter des 13. Jahrhunderts; je zwei Jünglingsgestalten, kühn gestellt, halten die Säule, auf welcher der Kerzenkranz brannte. Das eine Paar stellt niedere Klosterbrüder dar, plumpe, platte Gestalten; sie haben für das leibliche Wohl zu sorgen und sind mit Küchenlöffeln, Bratenmessern und Schüsseln versehen. Das andere Paar, schlank gewachsene Chorknaben, mit edlen Zügen, mit welltem Haar, lobsingen dem Herrn. Die eine „Laienbank" zeigt in grober Schnitzerei, aber guter Stilisierung einen über den Baldachin gebogenen Eselskopf; in den Zwickeln des gotischen eichenen Bischofsstuhls erscheint rechts ein musizierender Engel, links die Unzucht als nacktes, auf einem Schwein reitendes Weib. Es ist schwer, in der Mark Heimatskunst zu entdecken; hier glaubte ich eine bodenständige Entwicklung zu verspüren. Etwas Eigenartigerem als diesen realistisch-symbolischen Kerzenträgern bin ich in diesen Provinzen noch nicht begegnet; es müßte jedoch der Nachweis geführt werden, daß wir sie einheimischen Steinarbeitern verdanken.

Phot. H. Albert Schwarz, Berlin.
Der Lettner im Dom zu Havelberg.

Nebenan erstreckten sich die Klostergebäude; in der Mönchsstube wurden kleine Bleistücke mit dem Zeichen der heiligen drei Blutstropfen gegossen, und jeder der unzähligen, zum heiligen Blut von Wilsnack wallenden Pilger mußte eines kaufen und am Hut befestigen. Vor dieser Tür drängte sich einst die Menge. Zitternde Sünder, demütig-fromme Seelen, Aufregungsbedürftige, Nervöse, vergnügte Ausflügler, sie alle lösten sich das Zeichen, und für das schwere Geld wurden die Gebäude hier erhalten und verschönert und Bücher angeschafft. Diese vortrefliche Nutzanwendung genügte wohl dem Bischof Worpelius. Ein bedeutender Mensch, ebenso fromm wie fein gebildet und gelehrt, wird ihm jener besonders kraß auftretende Aberglaube, der sich mit den drei blutenden, im Kirchenbrand unversehrt gebliebenen Hostien verknüpfte, kaum nach dem Herzen gewesen sein. Er war ein Familienfreund und Gönner von dem in seiner Nachbarschaft aufwachsenden Dietrich von Quitzow und von dessen Brüdern. Hier in dem „berühmten" Paradies kann man sich den ehrwürdigen Herrn und die märkischen Junker denken.

Vor Wittenberge.
Von Marie v. Bunsen.

Unaufhaltsam, im Selbstvernichtungstrieb, drängt die Havel ihrem Ende entgegen. Ein schmaler Deich trennt die beiden Flüsse; einige Kähne halten dort Sonntagsrast, an der äußersten Spitze steht ein Schifferjunge in der Morgenstille und angelt. Das Wasser flutet und schwillt; ich bin in der Elbe. Sie kommt vom Reiche her, die hohen Sandsteinfelsen haben sich in ihr gespiegelt, sie ist unter der stattlichen Dresdner Bogenbrücke geflossen. Die Havel ergießt sich in den mächtigen Strom; Brandenburg ist Deutschland geworden.

Deiche gibt es glücklicherweise nur hin und wieder; an die mit Weiden bepflanzten Wehre muß man sich gewöhnen, beim Rudern auch gut auf sie zu achten. Wenn aber auch die trauliche Schilfeinrahmung, der Blumenkranz der Haveluser fehlt, so entschädigen ungewöhnlich schöne Flußbilder. Hier sehe ich eine Gruppe herrlicher Eichenbäume, unter ihnen weiße Fachwerkhäuser, Kähne, aufgespannte Netze und weidende Kühe. Bei Windstille muß die Strömung dieses so weit stärkeren Stromes recht bemerkbar sein, bei günstigem Wind muß man nur so dahinfliegen können; heute weht es mir jedoch schnurstracks entgegen, und das Fortkommen ist überaus mühsam. Als hinter mir eine Havelzille langsam angestakt kommt, fasse ich es als Schicksalswink auf, rudere heran und frage, ob sie mich für drei Mark nach Wittenberge mitschleppen würden. Ja, sie willigen ein. Mit dem Bootshaken hält der Schiffer die „Formosa", während ich das zugeworfene Tau befestige; dann richte ich mich behaglich mit Kissen auf dem Boden ein, durch den Helgoländer gegen Wind und Sonne geschützt.

Das Getriebe einer Zille ist ganz interessant. Trotzdem wir zu Tal gingen, war bei diesem Wind, dessen Stärke ich ja würdigen konnte, die Arbeit schwer. Zwei Männer und ein halbwüchsiger Jüngling staken; mit aller Gewalt die Schulter anstemmend, zogen sie, schweißtriefend, manchmal ächzend, gekrümmt, immer wieder den schmalen Steg zwischen Schiffsrand und Bretterverschlag entlang. Vor mir, im Bug, im Schutz der Kajüte, saß die Frau im Helgoländer, um sie herum drei flachsköpfige Mädchen. Alle schälten Kartoffeln, auch die kleine Sechsjährige wirtschaftete mit ihrem Messer herum. Abwechselnd machten die Männer Pause, setzten sich zu ihnen hin, tranken viel Kaffee und aßen Brotschnitte und Schmalz. Ich frage nach einigen großen, dunklen Stämmen, die auf dem leuchtend grünen Wiesengras lagen. Der Schiffer sagte mir, dies sei „Schwarzholz", es sei furchtbar alt und werde ab und zu angeschwemmt. Die Stämme sind wertvoll, sind an einen „Holzwinder" in Hitzacker verpachtet; er sucht die Elbe nach ihnen wie nach alten Ankern ab. Diese sind teils uralt, teils kürzlich verloren. Melden sich die Besitzer der letzteren nicht, so gehören auch diese ihm; dort unter den Weiden lagen einige am Strand.

Endlich kam die Wittenberger Brücke in Sicht, aber es dauerte volle dreiviertel Stunden, ehe der ungefüge, große Kahn glücklich dort vor Anker lag. Nicht nur große körperliche Kraft, auch genaue Kenntnis der Strömungsverhältnisse, uralte Schiffererbweisheit war vonnöten; erst nach umständlichem Wenden und Steuern und Staken rasselte der Anker herunter.

Das Wunderblut von Wilsnack.
Von Friedrich v. Kloeden.

Am 16. August 1383 war das Dorf Wilsnack von einem Bülow eingeäschert worden. Der Priester der dem heiligen Nikolas gewidmeten Dorfkirche hielt sich mit seiner verscheuchten Herde still zusammen, und niemand wagte die Rückkehr aus Furcht, den Feinden in die Hände zu fallen. Was hätte man auch auf den noch rauchenden heißen Feuerstellen gesollt, die noch nicht einmal das Nachsuchen nach unverbrannten Dingen gestatteten? Erst als am fünften Tage Ritter Kuno von Quitzow mit seinen Leuten heimkehrte, wagten sich einzelne nach den Brandstätten und verkündigten bei ihrer Rückkehr, was man schon im voraus wußte, daß nämlich das ganze Dorf niedergebrannt sei und das Feuer unterm Schutte noch fortschwele. Indessen fingen nun doch schon mehrere an, auf ihren Brandstätten Nachsuchungen zu halten, und am achten Tage, an St. Bartholomäus, dem 24. August, machte sich auch der Priester Johann auf, die verheerte Stätte seines Dienstes näher zu untersuchen.

Da lag sein Kirchlein, dampfend in Ruinen, rings umgeben von rauchenden Schutthaufen, deren branstiger Geruch sich weithin zu erkennen gab und hier in der Mitte der Brandstätten fast brustbeengend wirkte. Da stand das dachlose Gemäuer mit ausgebrannten Fenstern, vorn die Ruine des Turms, kaum noch ein Stockwerk hoch, mit türlosem Eingange. Die Morgensonne leuchtete durch die gewölbten Fensterlöcher, und ihr Schein fiel auf die gegenüberliegende kahle und nackte Wand. Schwarze verkohlte und zerbrochene Balken stützten sich hier und da gegen die Mauern und durchkreuzten sich besonders nach hinten, wo die Altarwand der Kirche einen tiefen Schatten bildete. Hier und da drang der Rauch aus den Schutthaufen. So zeigte sich das Kirchlein unserem Priester, als er durch den Eingang, vor dem Turme stehend, in das Heiligtum sah. Innerhalb des Turmes waren sein Sakristan und ein Bauer beschäftigt, das Metall der geschmolzenen Glocken aus dem Schutte herauszugraben; sie brachten ein unförmliches Stück nach dem andern an das Tageslicht, das im roten Sonnenlichte wunderbar funkelte, aber tonlos und stumm sich zu dem schon vorhandenen Haufen Metalles gesellen ließ. Unserm armen Geistlichen brach das Herz. Wie hatten die Glocken noch am Tage vor dem Unglück, am Auffahrtsfeste der Himmelskönigin, so freundlich geklungen, wie hatte sein Kirchlein so festlich und feierlich geprangt zu der Jungfrau Ehren, und nun zeigte es nichts als den Greuel der Verwüstung! Ihm war zumute, als sei ihm sein liebster Freund gestorben und er stehe neben seinem verwitterten Leichnam. Rings um ihn wühlte das verarmte Häuflein seiner Gemeinde auf den Brandstätten nach den armseligen Resten, welche die Wut des Feuers wie die Habsucht der Feinde verschmäht hatte. Wann war diese wieder so weit, daß sie eine Kirche bauen konnte? — Seine Augen waren naß geworden, es zog ihn gewaltsam in das Gemäuer hin zur Stelle des Hochaltars. Aber Schutt, herabgestürztes Mauerwerk und schwarze Balken mußte er schreiten und klettern. Sein Sakristan war ihm still gefolgt. Es sah hier schmerzlich aus. Einige kreuzweis liegende Balken, auf welchen große Stücke Mauerwerk lagen, die mit anderem Schutte das weitere Verbrennen des Holzes verhindert hatten, mußte er wegräumen, ehe er sah, was er vor sich hatte. Da stand sein Altar erhalten, denn er war von Stein. Aber verschwunden war der Schmuck, fort das Muttergottesbild und alle Zieraten, welche es umgaben. Große Schuttmassen bedeckten die Oberfläche, aber siehe, wunderbar hing darunter die Altardecke fast unversehrt herab. Darauf hatte er nicht gerechnet, und ein freudiger Schreck durchbebte ihn. Es fiel ihm nicht ein, daß eine dicht anliegende Decke auf Stein so leicht nicht verbrennen kann, wenn der Stein nicht übermäßig heiß gemacht wird,

Phot. F. Albert Schwarz, Berlin.
Ruine der Quitzowburg bei Kletzke i. d. Prignitz.

wahrscheinlich hatte er davon auch nie etwas gehört. Emsig arbeitete er mit seinem Sakristan den Schutt herunter. Auch zwei umgefallene Leuchter wurden darin erhalten gefunden. Man konnte endlich die Decke abnehmen und ausschütteln, und siehe, sie zeigte kaum einige Brandflecken. Emsig deckte sie Johann wieder auf den Altar und stellte die Leuchter in Ordnung; wunderbar wurde er ergriffen, als er so den Altar nicht ohne Schmuck in der wüsten Kirche erblickte. Unterdes war der Sakristan hingeeilt zu einem Behältnis hinter dem Altare, welches sich in der Mauer befand und durch eine eiserne Tür geschlossen war. In dieser Wandvertiefung hatte der Geistliche eine Büchse mit drei geweihten Hostien aufbewahrt für den Fall, daß plötzlich ein Kranker das Viatikum begehre. Auch lagen hier zwei Enden großer Wachslichte für denselben Fall. Der Sakristan öffnete die Tür und fand die Lichte in der hintersten Mauervertiefung wie die Büchse, in eine kleine Altardecke gehüllt, unversehrt. Eilig kehrte er damit zu seinem Pfarrer zurück, der unterdes seinen Altar geordnet und in seinem Eifer nicht bemerkt hatte, daß er sich einen Finger blutig gestoßen. Wie ein Verklärter stand er davor, in Anbetung versunken. Auch den Küster überraschte das Aussehen des Altars, und schnell kam ihm ein Gedanke, wie er seinen Priester erfreuen möchte. Er übergab seinem Pfarrer die Büchse mit dem Umschlage und eilte mit dem Lichte zu einem in der Tiefe noch glimmenden Balken. Hier entzündete er das Licht, kehrte damit zurück, zündete das andere Ende daran ebenfalls an und besteckte damit die Leuchter, während sein Pfarrer die Büchse untersuchte, in welcher er mit Staunen die Hostien, wie von Blut gerötet, vorfand. In diesem Augenblicke traten einige der Gemeindemitglieder in die Kirche, erblickten voll Verwunderung den Altar und schrien überlaut Mirakel. Auch unser Geistlicher blickte auf, sah die brennenden Lichter und stimmte in das Geschrei mit ein. Jetzt war ihm deutlich, worüber er gesonnen hatte; und was er kaum auszusprechen gewagt, hatte der Himmel sichtbar bestätigt. Bald füllte sich die Kirche mit seinen Beichtkindern, und alle durchbebte der freudigste Schrecken, und alle schrien vor Erstaunen. Kaum vermochte der in heiligem Eifer erglühende Priester durch Winken mit der Hand den lauten Ausbruch seiner entzückten Gemeinde soweit zum Schweigen zu bringen, daß er zu Worte kommen konnte. Endlich hatte man ihn begriffen, eine ehrfurchtsvolle Stille trat ein, und der Priester vor dem Altare, kniend wie seine Gemeinde, pries das herrliche Wunder, welches Gott und der Schutzpatron St. Niklas getan, in feurigen Worten.

Vor allem war es nötig, den Bischof von Havelberg von der Sache in Kenntnis zu setzen, und der Pfarrer Johann machte sich mit seinem Sakristan sofort dahin auf. Dietrich Mann hörte mit Erstaunen die Erzählung und erkundigte sich sorgfältig nach allen Umständen. Dem Pfarrer stellte sich die Sache in seiner Aufregung immer wunderbarer dar, der Küster, nicht minder aufgeregt, hatte Geschmack an dem Wunder gefunden und verschwieg, wie er glaubte aus Bescheidenheit, das wenige, was er dabei getan hatte. Dem Bischof waren die Hostien das wichtigste, und er beschloß sofort, an Ort und Stelle das Wunder zu untersuchen. Er ließ den Dompropst und den zufällig anwesenden Pfarrer von Alt-Ruppin einladen, ihn zu begleiten und Zeuge in der Sache zu sein. Auch einige Mönche seines Kapitels schlossen sich mit seiner Erlaubnis an. So setzte sich der Zug in Bewegung.

Auf der Landstraße fand man viele Menschen, welche auf den Ruf des Wunders nach Wilsnack eilten, und je näher man dem Orte kam, um so dichter war die Straße bedeckt. Bunt und bewegt war das Leben in dem abgebrannten Orte selber. Man war beschäftigt, Laubhütten zu errichten, und außerdem hatte sich bereits eine Menge wandernden Volks mit Lebensmitteln und anderen Waren eingefunden und schlug seine Buden auf, um feilzuhalten. Ein großes Kreuz, das Zeichen des allgemeinen Friedehaltens, welches auf allen Jahrmärkten errichtet wurde, überragte das Getümmel, durch welches man sich kaum der Kirchenruine nähern konnte. Die Geistlichen bildeten unter Vortragung eines Kreuzes eine Prozession, und da man wohl begriff, daß sie in dieser Angelegenheit Hauptpersonen waren, wurde sofort Platz gemacht und der Weg geöffnet. Pfarrer Johann hob einen Gesang an, in welchen die Geistlichen einstimmten. So näherte sich der Zug der Kirchenruine, in welcher sich die Neugierigen zusammendrängten und auf die Mauern und Balken kletterten, um Platz zu machen, ohne die Kirche zu verlassen. Man trat ein, und mit Bewundern erblickten die Geistlichen den Altar mit seiner Decke, seinen Leuchtern, seinen brennenden Kerzen und dem Hostienbehältnisse. Es wurde bestätigt, daß dies alles Dinge seien, welche schon vorher dem Altare eigen gehört und in der Kirche befindlich gewesen seien. Jetzt begab sich der Bischof vor den Altar, um die Hostien zu untersuchen und das Behältnis zu öffnen. Der Zudrang der Gläubigen wurde furchtbar, die beiden wachthaltenden Bauern waren zu schwach, ihm Widerstand zu leisten; kaum hielt die Ehrfurcht vor dem heiligen Orte sie ab, die Geistlichen zu drängen. Ein altes Mütterchen auf Krücken wurde zurückgestoßen und versuchte immer von neuem, sich nach dem Altare hinzuarbeiten und das Wunder zu schauen. Weinend vor Ärger warf sie die Krücken von sich und stürzte sich wild in das Gewühl, indem der Bischof soeben die Hostien herausnahm. Sofort schrien die Umstehenden Mirakel und hoben die Krücken als sichtbares Zeichen des Wunders hoch in die Höhe. Ja selbst die Alte wurde in die Höhe gehoben, und ein paar Männer nahmen sie auf die Schultern, wo sie zu ihrer Freude gar gut sehen konnte. Der Bischof und die Geistlichen bestätigten vor dem Altare, daß jede der drei Hostien frische Blutflecke habe und an dem Wunder nicht mehr zu zweifeln sei. Darauf mußte die Alte vor dem Altare niedergesetzt werden. Sie ver=

sicherte, kurz vorher noch in einem Zustande gewesen zu sein, in welchem sie nicht habe gerade stehen oder ohne Krücken gehen können, und die Umstehenden bezeugten dies. Im Augenblicke, wo das heilige Blut sichtbar geworden, habe sie einen Ruck durch den ganzen Körper gespürt, habe geradestehen und ihre Krücken wegwerfen können und vermöge auch jetzt noch wie andere zu stehen und zu gehen, wovon sich jeder überzeugen könne. Auch ein alter Mann arbeitete sich zum Altar hin, zeigte seinen Arm vor und versicherte, er sei lahm gewesen, als er zur Kirche gekommen und habe ihn so gelähmt in einer Binde getragen, die man ihm jedoch im großen Gedränge abgerissen. Im Augenblicke, wo die Hostie gezeigt worden, sei sein Arm plötzlich gesund gewesen, und er habe ihn gebrauchen können wie den andern. Noch einige andere Personen kamen hierbei und bezeugten ihre Genesung von kleineren Übeln. Über dies alles ward an Ort und Stelle sofort ein Protokoll aufgenommen, in welchem die angesehensten Personen als Zeugen genannt waren, und der Bischof verließ die Kirchenruine mit der Bestätigung des Wunders und dem vollen Glauben daran.

Nunmehr war des Menschenzuflusses kein Ende. Von allen Orten her pilgerte man zum heiligen Blute nach Wilsnack. Es geschahen Zeichen und Wunder, und man spendete reichlich zur Erbauung einer der Heiligkeit des Ortes angemessenen Kirche. Die Bauern benutzten die ihnen gebotene Gelegenheit, von den Pilgern zu verdienen und waren bald imstande, ihre Häuser ansehnlicher und besser als die früheren aufzubauen. Auch mit dem Kirchenbau wurde der Anfang gemacht, denn der Priester Johann wußte die Gelegenheit gut zu benutzen.

Aber auch der Bischof von Havelberg überschaute unschwer, wie wichtig dies Wunder für seine Kirche werden mußte. Er setzte seinen Vorgesetzten, den Erzbischof von Magdeburg sowie die Bischöfe von Lebus und Brandenburg von der Sache in Kenntnis und übersandte ihnen Abschrift des Protokolls. Man fand keinen Grund, an der Wirklichkeit des Wunders zu zweifeln. Zweifelsucht und Ungläubigkeit war überhaupt nicht der Charakter dieser Zeit, und man würde sich sehr irren, ja eine ganz fremde Denkweise diesen Köpfen andichten, wenn man annehmen wollte, sie hätten sich nur gestellt, als glaubten sie daran. Praktischer Verstand und Wunderglaube kann recht gut mit- und beieinander bestehen, er kann es sogar zu einer Zeit, wo eine Naturkunde existiert, die damals fehlte.

Der Bischof von Habelberg gab eine schöne Monstranz her, in deren kristallenen Behälter die wunderbaren Hostien gesetzt wurden. Bald empfahlen andere Bischöfe ihren Kurranden die Wallfahrten nach Wilsnack ebenso dringend und erteilten nicht geringeren Ablaß. Überall wurde das Wunder gepriesen, und die Menge der Andächtigen mehrte sich, je länger um so mehr. Dies veranlaßte den Bischof Dietrich, dem bisherigen Dorfe die Rechte einer Stadt zu verleihen. Fast alle Bauern verwandelten sich in Herbergswirte; denn selbst im Winter wurde es nicht leer, weil eine Menge von Personen, welche verbannt oder verfolgt waren, den heiligen Ort als ein Asyl ansahen, dem das Asylrecht der Kirchen zukäme, aus denen kein Verbrecher weggeholt werden durfte. Selbst die Geistlichkeit scheint diese Meinung eine Zeitlang geteilt zu haben.

<small>F. v. Kloeden, Die Quitzows und ihre Zeit oder die Mark Brandenburg unter Kaiser Karl IV. bis zu ihrem ersten Hohenzollernschen Regenten. Berlin, Weidmannsche Buchhandlung.</small>

Der Glaube an die Wunderblut=Hostien ist von der katholischen Kirche seit langem völlig aufgegeben. Frühzeitig schon, während die Wallfahrten nach Wilsnack noch im besten Gange waren, hatte eine scharfe Kritik des Wunders begonnen. In der Kommission, die 1403 zu seiner Prüfung eingesetzt worden war, stellte Johannes Huß fest, daß sich der lahme Fuß eines angeblich geheilten Knaben durchaus nicht gebessert, sondern im Gegenteil verschlechtert hatte; und daß zwei Frauen, von denen behauptet wurde, daß sie in der Wunderkirche ihr Augenlicht wiedererlangt hätten, überhaupt nie blind gewesen waren. Indessen erlosch die Zuversicht der Pilger nicht, und ihr Andrang verminderte sich nur wenig, obgleich endlich der Papst selber die Wallfahrten verbot. Erst 1552, als ein evangelischer Priester die drei Hostien verbrannte, hörte der Zulauf auf. Daß die Beteiligten ihn nicht ungern sahen, liegt auf der Hand; trug er doch der Stadt und dem Kapitel ganz gewaltige Summen ein. Bemerkt zu werden verdient die Sage, daß vom Habelberger Dome aus ein unterirdischer Gang nach der Wilsnacker Kirche geführt habe. Sobald nun Pilger in Habelberg eingetroffen seien und arglos den dortigen Priestern Namen und Herkunft angesagt, ihre Wünsche und Leiden kundgetan hätten, sei unverzüglich ein Bote durch den Gang nach Wilsnack gelaufen, um den dortigen Geistlichen alle Einzelheiten ihrer Angaben mitzuteilen. Die Pilger sollen dann nicht wenig überrascht gewesen sein, wenn man sie in Wilsnack beim Namen gerufen, ihnen ihre Leiden genannt und mit ihnen über ihre geheimsten Hoffnungen gesprochen habe. Sie glaubten dann um so inniger und überzeugter an die Wunderkraft der Hostien. — An natürlichen Erklärungen des Wunders hat es selbstverständlich nicht gefehlt. Neuerdings weist man auf eine ganz ähnliche Erscheinung hin, die sich der Aberglauben zunutze macht: auf das alljährlich einmal in Neapel gezeigte Blut des heil. Januarius. Daß ein roter Schimmelpilz die Hauptrolle bei dem Wunder spielt, nimmt auch Wilhelm Bölsche an.

Das Königsgrab von Seddin.
Von Wilhelm Scheuermann.

Wenn ein wendischer Knecht in der Prignitz Dienst nahm, so versäumte er nie, bei Gelegenheit den Hinzberg bei Seddin zu besuchen, denn von Großmutter und Urahne wußte er die Mär, daß dort „unser großer Wendenkönig" begraben liegt. In ihren schwermütigen Liedern sangen und singen die Spreewald-Sorben von ihrem toten Herrscher im Königsgrab von Seddin.

In der Prignitz gehen mancherlei alte Sagen um. Auf Waldwegen läuft ein Pferd ohne Kopf, auf einer Brücke treibt, wie vielen Ortes im deutschen Märchengebiete, ein neckischer Huckup sein Wesen und springt den vom Felde heimkehrenden Mägden auf ihren Tragkorb, daß sie fast darunter zusammenbrechen. Ein feuriger Drache fährt nächtlich als leuchtende Schlange durch den Schlot ins Haus, und von dem hat eine Krügersfrau ihr großes Vermögen bekommen, dessen Herkunft allen Nachbarn rätselhaft war, bis man den Drachen bei ihr belauschte. Als weißes Flämmchen sitzt er dem Weibe oftmals in nächtlicher Stunde im Wohnzimmer zu Füßen und hält mit ihr Zwiesprache. Aber die meisten Prignitzsagen beschäftigen sich mit dem großen König der Vorzeit, der in einem der dort zahlreichen Hünengräber zur Ruhe gebettet worden ist. Man wußte nicht genau in welchem. Die einen sagten, der Riesenkönig Hinze schlafe in einem dreifachen Sarge von Gold, von Silber und von Eisen im Kehrberg in der Ostprignitz. Die anderen nannten ihn den großen Wiesenkönig und zeigten sein Grab bei Krams, wo seine Gebeine in einem mit Gold ausgefüllten Sarge beigesetzt sein sollten. Die meisten aber glaubten, daß des Riesen Schlummerstatt im Hinzberg bei Seddin bereitet worden sei, der im Volksmunde schon immer das Königsgrab und später anscheinend zuweilen auch das Kaisergrab geheißen hatte. Auch hier verkündete wieder die Sage, daß den Leichnam ein dreifacher Sarg von Gold, von Silber und von Eisen, andere sagten von Kupfer, umschließe. Überall aber, wo einer die Sage erzählte, vergaß er nicht zu erwähnen, daß der König sein goldenes Schwert und viele Kleinodien bei sich habe.

Schatzmärlein wie diese sind viele bekannt in Land und Stadt. Überall finden sich Leute, die sie gern glauben, weil sie sie glauben wollen. So hat es auch bei Seddin des öfteren Menschen gegeben, denen es nichts verschlagen hätte, ob das Geld von einem Totenschrein stammte, wenn sie es nur erst gefunden hätten. Der Versuch wurde zu wiederholten Malen gemacht, und ein Besitzer des Hinzberges, dem es schlecht ging, grub mit seinem Knecht einmal wochenlang im Schweiße des Angesichts nach dem Goldschatz, fand aber nichts als große Steine und ward vom Schatzgräberteufel doppelt geprellt. Denn er mußte sein Besitztum doch verlassen, und der neue Herr verkaufte für gutes Geld die großen, schweren Findlingssteine, die sein Vorgänger statt des Goldes ausgegraben hatte.

Das Hünengrab von Seddin ist das größte, das auf deutschem Boden steht, und wohl eines der größten in Europa. Sein Umfang mißt 300 Schritt und seine Höhe heute noch 10—11 m, obwohl durch späteres Einebnen der Oberfläche und durch Abrutsch des Erdreiches an den Hängen die ehemalige Größe vermindert scheint. Die stattliche, weithin sichtbare Höhe hebt sich wie eine flache Glocke vom moorigen Wiesengrund der Umgebung ab. Rings um den Fuß des Berges sind in derselben Art, wie bei vielen anderen Hünengräbern, große Findlingsblöcke zu einem heiligen Steinkreise aufgerichtet worden. Unweit von dem großen Hügel erhoben sich zwei kleinere, und auch die waren der Sage bekannt. In dem einen war des toten Königs Fingerring, das Sinnzeichen seiner Herrschergewalt, begraben, in dem anderen aber lag sein Goldwert. Die Hügel wurden angeschnitten und abgegraben, wobei für die Besitzer ein sicherer Gewinn als sagenhafte Goldschätze in Aussicht stand: die vielen Findlinge, die in den Hügeln steckten, sollten zu Haus- und Straßenbauten ausgebeutet werden. Dabei zeigte sich, daß der angebliche Geldschrank spurlos verschwunden war. Vielleicht war ein früherer Finder glücklicher gewesen und verschwiegen genug, die übrigen bei ihren Hoffnungen zu lassen. Denn schon zu Karls des Großen Zeiten haben unbekümmerte Abenteurer im gewerbsmäßigen Ausplündern vorgeschichtlicher Grabstätten ihren Unterhalt gesucht. Andere waren geneigt, die ganze Sammlung der Prignitzer Königsgrabsagen zu jenen anderen vom Schatz im brennenden Dornbusch und von der leuchtenden Stalltürschwelle zu rechnen, unter denen auch noch nie ein Sonntagskind goldene Leuchter und silberne Löffel gefunden hat.

Dann aber kam der zweite Hügel, der den Fingerring bergen sollte, an die Reihe, und siehe da: er enthielt den Ring, von dem die Sage wußte! Zwar keinen Fingerring, sondern einen starken Armreif, wie er in der Vorzeit auch als Männerschmuck üblich gewesen war, was aber seit vielen Geschlechtern keiner mehr von denen wissen konnte, die die Sage weiter erzählt und lebendig erhalten hatten. Und endlich kam die Aufdeckung des Königsgrabes selbst, die ein Zufall brachte, nachdem alle qualvollen Bemühungen so oft vergeblich gewesen waren, und die, wie sich zeigte, auch nur ein Zufall hatte bringen können.

Im Jahre 1899 war zum Zweck der Steinausbeutung ein Graben in dem Hinzberg getrieben worden, bis etwa in der Mitte des Hügels die Arbeiter auf ein unüberwindliches Hindernis stießen. Gewaltige Felsblöcke waren wie eine Wand aufgerichtet, und als das Erdloch einen größeren Überblick gestattete, sah man, daß sie eine Kammer umschlossen, die an einer Stelle einen Eingang zeigte. Schleunigst wurde der Pfleger des Märkischen Museums in der Prignitz und dessen Leitung in Berlin benachrichtigt, und Geheimrat Ernst Friedel, der schon viele Jahre früher emsig alles gesammelt hatte, was der Volksmund über die Königsgräber wußte, erlebte die Genugtuung, daß er als erster in das Totengemach des großen Königs im Hinzberge eintreten durfte.

Der Fund, der hier gelungen war, gehört zu den großartigsten, welche die europäische Altertumskunde zu verzeichnen hat, und in der Mark Brandenburg ist ihm nicht entfernt seinesgleichen zur Seite zu stellen. Es war wirklich eine Schatzkammer, wenn auch im höheren Sinne, als die Volkssage meinte, und als ein Schatz steht heute der Inhalt des Königsgrabes von Seddin im Berliner Märkischen Museum, gleichsam dessen Mittelpunkt und Allerheiligstes bildend, um das sich in ehrerbietendem Abstande die übrigen Ausstellungsgegenstände der Vor- und Frühzeit gruppieren.

Die Sage vom dreifachen Sarg fand ihre Bestätigung. Das verbrannte Gebein des Königs war in einem prächtigen großen Gefäß aus getriebener Goldbronze gesammelt, das mit einem mit Bronzedraht angehefteten Deckel fest verschlossen war. Dieser erste Sarg stand in einem zweiten, in einer dickwandigen Tonurne von bedeutender Größe, die von einem flachen, nach innen in einen Falz verlaufenden Deckel luftdicht zugehalten wurde. Vier aus Ton gebrannte Nieten befestigen durch ebenso viele Löcher den Deckel mit dem Gefäßrande. Den dritten Sarg, von dem die Sage meldete, bildeten dann die Felsblöcke der Grabkammer. Neun ziemlich ebenwandige Findlinge waren fast kreisförmig aufgestellt, so daß ein Gemach entstand, das über 160 cm hoch und über 2 m im Durchmesser groß, Raum genug für vier Menschen bot. Das Dach war in der Art, wie wir es von den Zyklopenbauten kennen, aus treppenförmig übereinandergeschobenen Felsblöcken zu einer Kuppel errichtet. Den Boden bildete hartgeklopfter, brauner glatter Lehm, der beim Öffnen fast den Eindruck von Linoleum machte. Die Wände der Felsblöcke waren mit einem Bewurf von Lehm geglättet, auf dem mit leuchtend roter Farbe mäanderartige Teppichmuster aufgemalt waren, wie die ersten Besucher zu erkennen glaubten und wie sich aus den erhaltenen Fundstücken auch annehmen läßt. Nach dem Zutritt der Luft bröckelte dieser Bewurf rasch herunter.

Auch die Sage vom goldenen Schwert fand ihre Bestätigung. Denn ein Schwert, zwar nicht von Gold, aber von Goldbronze, stand neben der Graburne des Königs, an diese gelehnt, wie um dem Toten Gelegenheit zu geben, seine Waffe jederzeit zu ergreifen. Neben der Königsurne standen mehrere andere tönerne Gefäße. Zwei enthielten verbranntes Menschengebein, eine andere war wohl ehedem mit Met oder anderem Trank gefüllt gewesen, und der flache Stein, der sie zudeckt und im Laufe der Jahrtausende zerdrückt hatte, trug wohl die Brotfladen, die man dem Toten als Speise gereicht hatte. Reichlich bronzenes Geschirr und Gerät war beigegeben. Zwei getriebene Schalen, eine gegossene, die im Henkel einen verzierten Armring trug, Messer mit schöner feiner Ornamentik, Ringe als Arm=, Hals= und Fingerschmuck, Schmelzperlen und bronzene Spiralröhrchen von einem Halsband, ein bronzenes Beil, ein Rasiermesser mit Schwanenhalsgriff, eine Pinzette, ein kleiner bronzener Kamm mit einer Radspeichenverzierung, Doppelknöpfe, Knebel und allerhand anderes Kleingerät. Das Bronzemetall war damals wirklich ein Schatz und sein Besitz Reichtum. Selbst ein kleines Bruchstück eines Halsringes hatte man den Toten als ihr Eigentum gewissenhaft mitgegeben. Noch größeren Wert aber hatte damals das seltene Eisen, das in der kleinen Deckelgraburne in zwei winzigen Stückchen, darunter einer Nadel, entdeckt wurde. Die Untersuchung des Ganzen erwies, daß die Königsurne das Gebein eines starken Mannes von 30—40 Jahren enthalten hatte, während in den beiden kleineren Graburnen zwei Frauen, eine von 20—30 Jahren und eine jugendlicheren Alters beigesetzt waren. Man nimmt an, daß es die Gemahlin des Königs und eine Dienerin waren. In der Königsurne lagen außerdem die Überreste eines kleinen Raubtieres, wie es sich herausstellte, eines königlichen Tieres, des Hermelins. Das Alter der Grabstätte wird etwa um 1000 Jahre vor unserer Zeitrechnung angesetzt. Daß es sich um einen Fürsten handelt, kann nach der Schönheit und Bedeutung der Funde nicht zweifelhaft sein. Ob es ein Gaukönig der Sweben oder der Semnonen war, ist bisher nicht zu entscheiden.

Sicher aber war dieser große König im Märkischen Lande ein Germane. Desto wunderlicher ist die Erhaltung der Königsgrabsage, die den großen Eindruck, den vor 3000 Jahren die fürstliche Bestattung in dem goldglänzenden Grabgefäße und der purpurn ausgemalten Totenkammer auf das Volk gemacht hatte, bis heute widerspiegelte, die den Auszug der Germanen aus der Mark, das Einrücken der Wenden und die Wiedereroberung durch die Deutschen überdauerte. Sie enthielt noch immer einen richtigen Kern, nachdem die Prignitzbauern den germanischen Recken zum Riesenkönig Hinze gemacht hatten, und als die Spreewaldwenden ihn als ihren großen toten König besangen!

Den Hinzberg, dem nun sein dreitausendjähriges Geheimnis genommen ist, hat die Provinz Brandenburg als Eigentum erworben, um ihn vor Zerstörung zu schützen und das Denkmal, das die Männer der Vorzeit ihrem Helden errichtet haben, für alle Zukunft zu erhalten. Der Zugang zur Grabkammer ist offen geblieben und durch Mauerwerk vor dem Zusammensturz gesichert. Eine eiserne Gittertür bewahrt das Totengewölbe vor ungerufenen Gästen, läßt aber den Einblick in die Kammer offen, wo die Abgeschiedenen wohnten. Noch sieht man im düsteren Raume die beiden steinernen Sitze, die den Seelen des Herrscherpaares von ihren Mannen errichtet wurden. Der Dienerin kam es zu, vor der Herrschaft zu stehen, im Jenseits wie im irdischen Leben.

Grafschaft Ruppin.

Neu-Ruppin.

Theodor Fontane, dem die Stadt, als ihrem gefeierten Sohn, durch den Bildhauer Max Wiese ein schlicht-gefälliges Denkmal hat setzen lassen, Theodor Fontane sagt eigentlich schon alles Erwähnenswerte über sie in den Versen:

> Und fragst du mich: Den vollsten Reiz,
> wo birgt ihn die Ruppiner Schweiz?
> Ist's norderwärts in Rheinsbergs Näh'?
> Ist's süderwärts am Malchowsee?
> Ist's Rottstiel tief im Grunde kühl?
> Ist's Kunsterspring, ist's Boltenmühl?
> Ist's Boltenmühl, ist's Kunsterspring?
> Birgt Pfefferteich den Zauberring?
> Ist's Binenwalde? — Nein, o nein,
> wohin du kommst, da wird es sein!
> An jeder Stelle gleichen Reiz
> erschließt dir die Ruppiner Schweiz!

Köstlich zwischen Fluß und Seen, von frischen Buchenwäldern umringt, liegt die Stadt. Die Wasserflächen der Grafschaft tauchen oft überraschend zwischen den mächtigen grauen Baumsäulen auf, und die wellige Bodengestaltung, die den neckischen Kosenamen Ruppiner Schweiz verursacht hat, erhöht die Lust an der Wanderung in diesen Bezirken. Man tut unrecht, Ruppins Umgebung schüchtern nur und verlegen lächelnd mit Thüringen zu vergleichen — sie hält, schon ihrer großen, klaren Seeaugen wegen, die Nebeneinanderstellung recht wohl aus. Natürlich darf man nicht an Thüringens reisebuchberühmte Glanzpunkte denken, sondern muß seine waldigen Durchschnittslandschaften heranziehen. Schade, daß die stille Pauline,

Neu-Ruppins einzige Eisenbahnverbindung, ungemein geduldige
Fahrgäste verlangt und daß die Reise von der Hauptstadt her recht
umständlich und ziemlich langwierig ist. Sonst stünde das Revier
bei allen fahrenden Gesellen in sehr hohem Ansehen und könnte
Zweiflern, die das kränkende Wort von der Reichssandbüchse noch
nicht verlernt haben, als überzeugender Gegenbeweis angeführt
worden.

Die Stadt ist anspruchslos. Da 1787 eine wütende Feuersbrunst
sie von Grund auf zerstörte und völligen Neubau nötig machte,
hat sie keine Insignien der Vergangenheit bewahren können und
stellt sich ohne den anziehenden Schmuck glücklicher Schwesterstädte in einiger Nüchternheit dar. Soweit Farbe und Bewegung von ihr ausstrahlen, trägt die Verantwortung dafür
Gustav Kühn, der bekannte Gustav Kühn in Neu-Ruppin, dem
wir die schauerlich bunten Bilderbogen verdanken. Keine Land-
oder Seeschlacht, kein Bombardement oder sonstige kriegerische
Begebenheit, die die phantasievollen, mit bezwingend einfacher
Technik arbeitenden Künstler des Welthauses nicht schon wenige
Tage nach dem schrecklichen Ereignis aus dem Kopfe nachgemalt und als Bilderbogen zum Verkauf gebracht haben. Man
kann von jeder Kühnschen Kunstschöpfung und ihrem Anlaß mit
Recht sagen, daß ein Unglück selten allein komme. Aber wie schon bemerkt, es war ein großes Geschäft. Millionenweise sind diese Meisterwerke der Farbe ins Volk gedrungen, dem die Verwogenheit der Idee
wie die knallend ins Auge springende Buntheit der Ausführung
gleicherweise ans Herz griff. Die Firma Gustav Kühn, deren Gründer
und Hauptarbeiter von echter märkischer Tüchtigkeit und von menschenfreundlicher Noblesse dazu war, dies Neu-Ruppiner Welthaus beschäftigt auch jetzt noch über 500 Angestellte.

Neben seinen blauen Seen, seinen buchenbestandenen Höhen und
seiner volkstümlichen Bilderbogen-Kunst hat Neu-Ruppin etwas ganz
Großes aufzuweisen. Kronprinz Friedrich, der junge Fritz, lebte
hier nach den Küstriner Schreckenstagen, von 1732—1740, als Oberst
des Regiments von Goltz. Es ist nicht allzu weit von Neu-Ruppin
nach Rheinsberg, dem Jugendparadies des preußischen Löwen.
Rheinsberg und Neu-Ruppin sind klein unter den Städten in Juda;
Friedrich hat jede von ihnen zum Bethlehem Ephrata gemacht. Für
jede von ihnen gilt das leicht gewandelte Wort: „Ein Strahl der
Königssonne fiel auf sie, so reich, daß er Unsterblichkeit ihr lieh."

Phot Franz Woerle, Berlin.

Rheinsberg.

Rheinsberg verdankt unter allen Städten der Grafschaft sein Licht fast ausschließlich dem großen König. Es ist freilich indirektes Licht. Denn wenn auch der junge Fritz hier vielleicht die frohesten Jahre seines Lebens verbracht hat; wenn auch Rheinsberg der begnadete Ort gewesen ist, wo er von den Schrecken Küstrins genesen durfte, so war sein Aufenthalt hier doch nur von kurzer Dauer. Ein paar glückliche Jahre der Freundschaft, die unter angestrengter Kronprinzenarbeit und heiterer Erholung dahinflossen, — „saure Wochen, frohe Feste" — und schon rief ihn Preußens gewaltiges Schicksal für immer aus dem anmutigen Schlosse fort.

Nach ihm residierte dort von 1753—1802 sein Bruder Heinrich. Rheinsberg, das des jungen Adlers stilles Werden gesehen hatte, wurde zum Mittelpunkte fruchtloser, deshalb aber doch nicht ganz einflußloser Opposition gegen ihn. Beide Brüder verstanden sich nicht zum besten. Heinrich glaubte sich dem König himmelhoch überlegen und hielt es wohl für eine außerordentliche Dummheit des Zufalls, daß nicht ihm, sondern Friedrich die Macht überantwortet worden war. Er wußte alles besser als der andere, er hatte den weiteren Blick, die größeren Feldherrn- und Regentengaben; ihm, dem einzigen, der nach Friedrichs eigener freundlicher Behauptung keinen Fehler während des ganzen Krieges gemacht hatte, ihm wäre ein Kolin oder gar ein Kunersdorf niemals zugestoßen. So saß er denn und grollte. Um ihn herum scharte sich eine Gemeinde von Frondeuren, die teils Eigennutz, teils verwandter Nörglergeist und nur zum kleineren Teil echtes herzliches Empfinden zu Heinrich hinzog. Rheinsberg wurde so mehr und mehr der Mittelpunkt eines zwar tatenlosen, aber an Worten und Bosheiten reichen passiven Widerstandes gegen die Fritzische Ära. Dieser verhaltene Zorn entlud sich in hundert Kleinlichkeiten, deren steinerner Ausdruck schließlich der berühmte Obelisk im Park geworden ist. Alle Feldherren und Generäle, denen Friedrich angeblich unrecht getan hatte, fanden auf diesem Denkmal, das gleichzeitig zu Heinrichs Grabstätte bestimmt war, ihre Verewigung. Der kuriose Bau faßte sozusagen alles bittere Empfinden Heinrichs und alle Unannehmlichkeiten, die er dem Bruder zeitlebens zu bereiten suchte, zusammen. Friedrich selbst kümmerte sich, echt fürstlichen Sinnes, wenig um die Rheinsberger Treibereien. Er blieb dem Bruder bis zuletzt sein wohlaffektionierter König. Er erkannte willig und gern, vielleicht über das notwendige Maß hinaus, die zweifellos hohen Gaben des Grollenden an und freute sich, wenn er ihm herzliches Lob zollen konnte. So hat er die Verdienste Heinrichs um die Teilung Polens, sein diplomatisches Wirken bei der russischen Kaiserin in hohen Tönen gepriesen und der Überzeugung des Bruders, daß dieser Erfolg ausschließlich ihm persönlich zu verdanken gewesen wäre, niemals widersprochen. In dem Schriftwechsel zwischen beiden ist Friedrich immer der Nachgiebige, Liebenswürdige gewesen. Er übersah die Nücken und Tücken, die zwischen den Zeilen der Briefe Heinrichs grinsten, und gab sich redliche Mühe, jede Spitze umzubiegen.

Bis in seine letzten Jahre hat er es an Ehrenbezeugungen für den Bruder nicht fehlen lassen. Allerdings kannte auch seine Nachgiebigkeit bestimmte Grenzen. Wenn Heinrich selbst in den allerschwersten Tagen, die den Preußenstaat bedrohten, Mut genug fand, zu mäkeln und zu tadeln und dem König nach Möglichkeit das Herz schwer zu machen, so rief ihn ein nicht mißzuverstehendes Herrscherwort doch immer wieder zur Pflicht zurück. Solange Friedrichs Adler siegreich vordrangen, ließ der Bruder es bei ausgiebigen Kritiken bewenden, die aller Welt klar bewiesen, daß er die Sache hundertmal besser gemacht hätte. Preußische Niederlagen dagegen erweckten seine ganze negierende Schöpferkraft. Nicht einmal, nein, drei= und viermal sah er den „Untergang des Staates" mit tödlicher Sicherheit voraus und scheute sich nicht, ihn seiner ganzen

Umgebung schier triumphierend zu verkünden. Auch im Jahre 1760, wohl dem schlimmsten, das dem Großen beschieden war, bat Heinrich, „von dem ihm anvertrauten Kommando entbunden zu werden, da er den Untergang des Staates unwiderruflich vor Augen sehe". Damals schrieb ihm Friedrich die folgenden ernsten Worte: „Ich kann nicht glauben, daß das, was Sie sagen, Ihr Ernst ist. Es ist gewiß, daß weder Sie noch ich in der gegenwärtigen Lage für die Ereignisse verantwortlich sind; allein wenn wir alles, was in unseren Kräften steht, getan haben, wird unser eigenes Gewissen und das Volk uns Gerechtigkeit widerfahren lassen. Was die gegenwärtige Lage anbetrifft, so wird es allem Anschein nach in wenigen Tagen zur Entscheidung kommen. Wir werden uns für die Ehre und das Vaterland schlagen, ein jeder wird das Unmögliche zum Gelingen tun, die Mehrzahl der Feinde schreckt mich nicht, doch kann ich trotz aller günstigen Umstände nicht für den Ausgang stehen."

Phot. Franz Goerke, Berlin.
Im Park von Rheinsberg.

Heinrich gehorchte damals. Aber dem Bruder auch nur einmal freudig und mit ganzem Herzen zu folgen, in Treue und preußischer Mannszucht zu seinem Herrn zu halten, das war ihm schlechterdings nicht gegeben. Wenn schließlich doch alles gut ausging, wenn es dem Unerschrockenen und Überlegenen, der nur einmal, beim Kanonengebrüll von Kunersdorf, an seinem endlichen Siege gezweifelt hatte, schließlich doch gelang, sich gegen das ganze Europa zu behaupten, so hielt Heinrich das für einen unerhört glücklichen, innerlich durch nichts berechtigten Zufall. Die

Späße mit der Kommandoniederlegung wiederholte er sogar noch im bayrischen Erbfolgekrieg. Auch bei dieser Gelegenheit mußte ihn Friedrich, mühevoll genug, beruhigen. Erst der scharfe Appell an seine Pflichttreue schlug durch.

Heinrich überlebte den Bruder um anderthalb Jahrzehnte. Es wurde allmählich einsam um ihn, und seine Hoffnung, unter den Nachfolgern Friedrichs zu größerem Einfluß zu gelangen, verwirklichte sich nicht. Schloß Rheinsberg stieg niemals zu jener überragenden Höhe empor, die der Ehrgeizige ihm zeitlebens in brennender Begier gewünscht hatte. Und als dieser schärfste Kritiker des größten Monarchen in Preußen die Augen geschlossen hatte und als auf königlichen Befehl die Tür des Obelisken vermauert worden war, da sank Rheinsberg wieder zum vergessenen Landstädtchen herab. Wenn märkischer Sinn heute durch die Parkgänge um das Haus Knobelsdorffs wandert, dann gedenkt er nicht des eifrigen Tadlers und Besserwissers, sondern nur des starken Vollbringers. Prinz Heinrich ist vergessen, vergessen sind die Jahre seiner Herrschaft auf Rheinsberg. Lebendig bleibt allein die Zeit, da Rheinsberg die Zufluchtsstätte des jungen Fritz gewesen ist.

Gransee.
Von H. Osman.

Auf Fontanes Spuren im — Automobil! Eigentlich ein widersinniger Gedanke! Da, wo der alte Wanderer auf Schusters Rappen oder zu Pferde von Ort zu Ort gepilgert ist und mit liebevollem Spürsinn die Kirchenbücher durchstöbert oder alte Frauen, wie z. B. die Stägemannsche über die Krantentochter, ausgefragt hat, auf diesen Wegen mit dem Kraftwagen dahinzusausen, das hat fast etwas Beschämendes. Man hat auch weniger davon, als wenn man bedachtsam fürbaß wandert. Die Eindrücke reihen sich zu schnell aneinander: Oranienburg mit seinem verlassenen Schlößchen, das wie verträumt am Wasser liegt und mit leeren Fensterscheiben trübe und wehmütig auf den Platz mit der Kurfürstin Henriette hinstarrt, lockt schier unwiderstehlich, Halt zu machen und in den etwas verwahrlosten Park hineinzugehen, um von alten Zeiten zu träumen. Aber es sind seit Berlin noch zu wenig Kilometer abgerast worden, und das Ziel liegt noch fern.

Und so geht's hinaus aus dem Städtchen, links ab, vorbei an
Roggenfeldern, auf denen schon in langen Zeilen die Mandeln stehen.
Ein feiner, süßer Duft, wie von Blütenhonig, liegt in der Luft.
Er kommt von den Lupinenschlägen, die überall ihre tausend gelben
Kerzen angezündet haben und nun wie goldgrüne Teppiche rechts
und links von der Chaussee liegen. Ein prachtvoller Eichenbestand,
am Wege hohe, schlanke Eichenstämme, dahinter dichtes Grün, —
kilometerlang nichts als Eichenwald, hie und da vermischt mit dunklem
Nadelholze oder vereinzelten lichten Birken — alles fliegt vorüber.

Der Chauffeur sieht nichts von alledem. Er sitzt, über das
Steuerrad gebückt, und stiert auf die Strecke vor sich. Hinten im
Wagen ist's einem, als sähe man jemandem über die Schulter, der
in einem schönen, alten Bilderbuche blättert, und der die Seiten
immer so schnell herumschlägt, daß man nur einen kurzen Blick auf
jedes Bild werfen kann. Dann kommt wieder ein anderes, immer
wieder ein neues, so daß man zuletzt ganz verwirrt ist. Lieben=
walde, Zehdenick, — ein Gewirr von alten, niedrigen Häusern
und krummen Straßen, an denen Akazienbäume mit altmodisch ver=
schnittenen Kronen stehen, — dann wieder ein langgestrecktes Dorf
mit einer märkischen Feldsteinkirche, die der feste, niedrige Turm krönt.

Hinter Zehdenick wird das Gelände wellig. Auf der breiten guten
Chaussee ist's noch sonntäglich leer. Das Automobil saust wie ein
Teufel dahin. Die Luft flattert an den Ohren wie ein Fahnentuch
im Winde. Endlich sieht man, noch in ziemlicher Ferne, zwei Türme,
dicht nebeneinander, als gehörten sie zusammen, und doch sind sie
ganz verschieden — den einen krönt ein wuchtiger stumpfer Kegel,
während der andere eine leichte, zierliche Spitze trägt: die Granseer
Kirchtürme. Noch einige Augenblicke, dann hält der Wagen auf
einer Höhe, von der man einen weiten Überblick in den Granseer
Kessel hat.

Zur Linken des Weges ragen drei mächtige Linden, wie ein
Wahrzeichen. Früher soll hier irgendwo der eine Wartturm der
Stadt gestanden haben, von dem aber heute nichts mehr zu sehen
ist. Auf der anderen Seite des Tales hebt sich, mitten aus dem
Kiefernwalde, ein trutziger Luginsland, der zweite Wartturm empor,
zu dessen Füßen das Städtchen Gransee liegt.

Nach drei Minuten stukert der Wagen über das holprige
Pflaster. Zunächst geht es an einigen neumodischen Villen vorbei,
die vor der eigentlichen Stadt liegen. Aber sie stören das Bild

wenig, das sich nun bietet, denn die hohe Stadtmauer, die sich
rings um das Städtchen herumzieht, schließt sie gleichsam aus. Die
Hauptstraße ist, wie in den meisten märkischen Städten, von niedrigen
Häusern eingerahmt, mit breiten runden Torbögen, über denen hier
und dort eine Jahreszahl steht. Besonderes zeigt sich dem Auge
kaum, höchstens vielleicht einige Häuser im friderizianischen Bau=
stile, die an Sanssouci und Potsdam erinnern.

Jenseits des Marktes aber beginnen die Sehenswürdigkeiten
der Stadt. Zuerst die Marienkirche, von der Fontane sagt, daß sie
„von keiner in der Grafschaft Ruppin übertroffen wird". Und das
ist wahr. Auch anderen geweihten Stätten darf sie sich keck ver=
gleichen. Die Ruinen von Chorin weisen vielleicht edlere Linien
auf, mit ihren schlanken Pfeilern und hohen Fensterbögen, aber
dieser Bau wirkt doch beinahe wuchtiger und großartiger. Im echten,
märkischen Baustile, jenem Gemisch von romanischer Bauart mit
gotischen Bögen, zeugt der mächtige Backsteinbau davon, daß die
Bauherrn sich damals nicht von sogenannten künstlerischen Motiven,
sondern nur von natürlichem Kunstempfinden leiten ließen.

Die beiden Türme mit den schon oben erwähnten verschiedenen
Spitzen scheinen der älteste Teil zu sein. Ihr Unterbau ist aus
Feldsteinen gemauert, während die übrige Kirche aus roten Back=
steinen aufgeführt ist. Fontane ist der Ansicht, die verschiedene Be=
dachung der Türme rühre daher, daß man Zimmermann und Maurer
in gleicher Weise an dem Bau beteiligen wollte. Es scheinen dabei
aber eher Sparsamkeitsgründe gewaltet zu haben. In der ersten
Hälfte des vorigen Jahrhunderts hat ein Kreisbaumeister der Kreise
Templin und Grafschaft Ruppin als Ersatz für das von Feuer zer=
störte Dach des einen Turmes die jetzige Holzspitze errichtet, weil das
billiger und leichter ausführbar war. Besonders schön wirkt die
geradezu verschwenderisch über die ganze Kirche sich hinziehende
Filigranverzierung, in der das vierblättrige Kleeblatt immer wieder=
kehrt, nicht nur an den Friesen, sondern ganze Flächen berankend.
Namentlich am westlichen Giebel klettert das regelmäßige Rankwerk
über die starren Mauern und verleiht ihnen so etwas Warmes.

Vor der Südwestfront wurde uns ein mächtiger Maulbeerbaum
als etwas besonders Sehenswürdiges gezeigt; interessanter als er
aber waren an der Nordseite merkwürdige, eingeschliffene Marken
und Löcher, die etwa von Mannshöhe bis einen Meter über den
Erdboden reichten, und an Fenstergesimsen und Mauerwerk häufig
wiederkehrten. Sie sind vollkommen unregelmäßig verstreut, so daß

sie kaum eine Verzierung bedeuten können. Noch weniger glaubhaft klingt die Auslegung, daß sie zum Zwecke der Befestigung von Marktbuden gedient haben. Es scheint eher, als ob sie durch Schleifen von harten Gegenständen, wahrscheinlich Pfeil- und Speerspitzen, entstanden sind.*)

Der Kirchplatz ist ziemlich durch Gebäude eingeengt, Scheunen und alte Wohnhäuser umgeben ihn von allen vier Seiten, und die hohen Lindenbäume, die dicht um die Kirche herumstehen, erhöhen noch den etwas düsteren, verlassenen Eindruck, den das Ganze macht.

Ein paar Schritte weiter, durch eine alte, stille Straße, und man ist am Kloster. Hier ist nicht mehr viel erhalten. Nur ein Gebäude steht noch, das heute zu „modernen" Zwecken umgebaut ist. Der Kreuzgang ist zugemauert, und die Fenster sind verkleinert. Der Bau wird, glaube ich, jetzt als Schule benützt. Ein schöner Platz mit schattigen Kastanien liegt davor, und der alte Klostergarten erstreckt sich bis hinunter zum See, der indes keine besonderen Schönheiten hat.

Das Kloster ist in der Zeit zwischen 1270—1280 von Barfüßermönchen gegründet worden. Ihm gegenüber lag ein Benediktiner-Nonnenkloster, von dem aber heute nichts mehr vorhanden ist. Das Kloster, dessen Konvent im Jahre 1560 noch vollständig beisammen war, wurde, als der letzte Guardian, Jochen Heins, starb, vom Kurfürsten Joachim II. an den Magistrat für 200 Gulden mit allen Liegenschaften verkauft. Bei dem großen Brande im Jahre 1606, der fast die ganze Stadt zerstört und alle Dokumente des rathäuslichen Archivs vernichtet hat, brannte auch die Klosterkirche völlig nieder.

Als Hauptsehenswürdigkeit von Granjee gilt das Luisendenkmal. Auf einem rechteckigen Platze, der auf drei Seiten von einer Reihe Lindenbäumen mit viereckig verschnittenen Kronen umgeben ist, wie von einer Säulenhalle, steht dieses merkwürdige Monument, das einen gar traurigen Anlaß gehabt hat. Auf ihrer letzten Reise nach Mecklenburg hatte die Königin versprochen, die getreue Stadt Gransee mit ihrem Besuche zu erfreuen. — Es sollte nichts daraus werden.

*) Über die Entstehung dieser sogenannten Näpfchensteine, die man an märkischen Kirchen häufig findet, sei bemerkt, daß sie der Vermutung nach entweder von Landsknechten herrühren, die ihre Waffen weihen wollten und deshalb die Spitzen in die Steine hineingebohrt haben, oder aber von Büßenden, die die Steine mit ihren Fingern durch Reiben und Drehen näpfchenartig ausgehöhlt haben. Gewisses weiß man aber nicht, trotz der sehr reichen Literatur über den Gegenstand.   D. H.

Nur als Leiche kehrte sie in die Mauern von Gransee zurück. Die Einholung der sterblichen Überreste der geliebten Landesmutter war vielleicht das einzige historische Moment, das die kleine märkische Stadt erlebt hat. Doch nein — ein anderer Augenblick der märkischen Geschichte, der ein paar Jahrhunderte mehr zurückliegt, aber schon von der Sage umwoben ist, war wohl der erste. Wir kommen später noch darauf zurück. —

Die Stelle des heutigen Denkmals ist derselbe Platz, auf dem vor hundert Jahren der Sarg der Königin Luise gestanden hat. Es besteht aus Eisen. Aus dem Stoffe, der die nächstfolgenden Jahre regiert hat. Die alten Familienringe aus dem schlichten, schwarzen Metall, auf denen wohl hier und da der Spruch steht: „Gold gab ich für Eisen", werden heute immer seltener. Eine vergeßliche Zeit hat diese Erinnerungszeichen vaterländischer Gesinnung verloren gehen lassen.

Aber die Menschen, die damals in der Mark lebten, dachten anders. Als in der Nacht vom 25. bis zum 26. Juli die sterblichen Überreste Luisens von Preußen auf der stillen Stätte im Fackelschein ihre letzte Rast gehalten hatten, da erwachte in den Granseer Getreuen der Gedanke, daß die Stelle für alle Zeiten heilig bleiben sollte, und so entstand das Denkmal. Aus freiwilligen Beiträgen der Bewohner der Ruppiner Grafschaft ist es unter der Führung der Bürger von Gransee errichtet worden. Es ist merkwürdig, wohl kaum ein Denkmal spricht so zu Herzen, wie gerade dies. In schlichtem, schwarzem Eisen ausgeführt, und doch so ernst und zum Gemüte redend, ein memento mori und doch eine erhebende Mahnung. Auf sockelartigem Aufbau, von schlichtem Gitterwerk umgeben, erhebt sich ein Sarg, auf dem die goldene Königskrone ruht, darüber ein Tabernakel, von schlanken Säulen getragen. Schinkel, ein Sohn der Nachbarstadt Ruppin, hat es entworfen.

Ein freundlicher Granseer, der uns die Honneurs machte, erzählte mit Stolz, daß Schinkel „sich aus Gransee selbst stammte". Die Schinkels wären eine Granseer Familie, und der Baumeister sei mit zwei Brüdern in Gransee aufgewachsen. Der eine sei Pfarrer geworden und habe viele Kinder gezeugt, der andere wäre Färber geworden und hätte ein besonderes Blaudruckverfahren für Kattunschürzen erfunden. Er hätte am Markte ein großes Haus gehabt, auf dessen Flur immer die blaubedruckten Schürzen zum Trocknen gehangen hätten.

Nun steht aber fest, daß Schinkel nicht aus Gransee, sondern aus der Nachbarstadt Ruppin stammt. Der Granseer war aber so stolz auf seinen Landsmann, daß es unrecht gewesen wäre, ihm diese Freude zu verderben. Zumal, da die Stadt sonst gar zu wenig geschichtliche Ereignisse gehabt hat. Zwar geht ihre Geschichte weit zurück: schon 1262 hat der Markgraf Johann ihr das „Recht seiner alten Stadt Brandenburg" verliehen — aber sonst hat sie still in ihrem Kessel dahingelebt. Der Name Gransee wird verschieden gedeutet. Vermutlich ist in den beiden ältesten Schreibarten: Granzoye und Granzoyge die Silbentrennung Granz=oye und =oyge die richtige. Nach dieser Trennung würde der Name: „Grenzauge", das heißt der Ort, der nach der (mecklenburgischen) Grenze hinsieht, bedeuten. Wenden und Obotriten grenzten in dieser Gegend tatsächlich seit alters aneinander. J. Knuth entscheidet sich in seiner Geschichte von Gransee für diese Auslegung. Indessen kommt bei der Trennung Gran=zoye = Grenzsee dem heutigen Sinne doch näher. Pest, Kriegsgeläufe und Feuersbrünste haben auch ihrer nicht geschont; namentlich im 17. Jahrhundert ist sie von schwerem Feuer heimgesucht worden, aber irgend etwas Schwerwiegendes hat sich nicht in ihren heute noch fast völlig erhaltenen Mauern abgespielt. Den Anhaltiner Markgrafen hat sie einige Male als gutes Pfandobjekt dienen müssen — die Herren waren immer in Not um Geld —, und so hat Gransee dies Schicksal mit noch anderen Orten der Grafschaft teilen müssen.

Woldemar der Große mußte sie im Jahre 1319 an die vier Grafen von Lindow verpfänden. Diese erteilten ihr ein Privileg, worin es heißt: „Die Stadt Granzoyge in allen, bei denen Markgrafen gehaltenen Rechten und Besitzungen verbleiben, und nicht, ihrer Bitte zufolge der Mühle zu Tornow fernerhin mahlpflichtig sein sollte, sondern sich eine eigene Mühle erbauen könne." Der große Woldemar, ein streitlustiger Herr, brauchte eben zu seinen Kriegen, die er mit seinen neidischen Nachbarn führte, viel Geld. Eine seiner blutigsten Schlachten lieferte er im Jahre 1316 zwischen Gransee und Schulzendorf, davon das „rote Luch" bei Gransee noch heute seinen Namen hat. Die Grafen von Ruppin und Lindow waren ordentliche Leute, litten aber ebenfalls viel unter ewiger Geldnot, so daß auch sie die Stadt häufig in Pfand geben mußten.

Die beste Zeit brach wohl für das Städtchen unter Markgraf Joachim im 16. Jahrhundert herein, wie für das gesamte Bürgertum in der Mark. Ob die stellenweise noch heute in ihrer vollen

Höhe von 18 Fuß erhaltene Stadtmauer damals in ihrer jetzigen Gestalt aufgeführt worden ist, konnte man mir nicht sagen. Wahrscheinlich ist sie aber schon früher errichtet worden. Mit zahlreichen eingebauten Mauerwarten und Galerien, zu denen steile Treppen hinaufführen, muß diese Stadtmauer damals ein gutes Bollwerk gegen die fehdelustigen Herren vom Lande gewesen sein. Heute ist das Feldsteinwerk vielerorts durchbrochen. Kleine Tore führen hindurch zu den Bürgergärten, — dreihundertundeinundzwanzig an der Zahl, umgeben sie das Städtchen an der Stelle, wo früher der Stadtgraben lag. An der Mauer selbst rankt sich Wein empor, und auffallend viele Walnußbäume stehen an ihr entlang neben Kirschbäumen und Holundersträuchen.

Die Mauern haben gewiß schon aufgeragt, ehe noch die Zollern ins Land kamen. Denn in jenen unruhigen Zeiten, da die Mark wie ein schlechter Groschen von einer Hand in die andere ging, mußte sich der friedliche Städter vor trutzigen Überfällen schützen. So hatte auch Gransee mit dem benachbarten Adel zahlreiche Fehden auszukämpfen. In den trübsten Jahren der Mark, unter der bayrischen Herrschaft, waren es hauptsächlich die Winterfeld und die Quaste, die ihm viel Abbruch taten, darunter Tile Quast und neben ihm Tacke de Wonz tu Predulyn, Reinecke de Gartz, Hans von Lüderitz und Hans Lüddecke vom Roten Hause. An die Figur dieses letzteren, eines gar gewalttätigen Herrn, knüpft Willibald Alexis in seinem Falschen Woldemar an. Aber um von dieser Geschichte zu reden, muß man an den richtigen Platz gehen, wo sie sich abgespielt hat. Der liegt draußen, vor der Stadt. Und so nehmen wir Abschied von dem Luisendenkmal und wenden uns der Lindower Landstraße zu, die zum Ruppiner Tor führt. Zur Rechten liegt noch ein ganz interessantes Gebäude, eine kleine, weißgetünchte Kapelle, die zum St. Spiritus-Hospital gehört, — mit schlichten Säulen am weißgetünchten Mauerwerk und einem Türmchen auf dem niedrigen Dache, das sich scheu umsieht, als gehöre es gar nicht unter die ziemlich nüchternen Häuser in seiner Umgebung.

Dann kommt das Tor, das nach Ruppin hin den Weg weist. Das heißt, in Wahrheit sind es zwei — das eine ein schlichter, etwas plumper Bau, aber auch mit dem Filigranwerk des viereckigen Kleeblattes überwuchert, das andere ein gotischer Bau mit Türmen und Türmchen, viel reicher und feiner. Trotzdem steht das erste Tor gerade in der Fluchtlinie der Straße, während das andere etwas abseits

steht. Auf die Frage, was das zu bedeuten habe, wird uns die
Antwort, „das ältere Tor ist das Woldemar=Tor", das mußte zu=
gemauert werden, zur Buße, weil die Granseer den falschen Woldemar
durch dieses Tor in die Stadt passieren ließen. Erst im Jahre 1818
ist das Woldemar=Tor wieder aufgebrochen und der Bann von ihm
genommen worden. —

Ob diese Erklärung stimmt, steht dahin. J. Knuth berichtet in
seiner Geschichte von Gransee darüber: „Alle Städte, die dem falschen
Woldemar ihre Tore geöffnet und dadurch sich zu ihm bekannt hatten,
wurden, als der bayrische Markgraf wieder herrschte, dahin bestraft,
daß sie die Tore zumauern mußten, durch die der falsche Woldemar
eingezogen war. Hart neben ihnen waren inzwischen neue, reich=
gegliederte, mit Türmen und Zinnen geschmückte gotische Tore ent=
standen, die nun jahrhundertelang den Verkehr vermittelten, bis
das neuerblühte Leben der Städte den verhältnismäßig schmalen
Eingang der gotischen Portale störend empfand. Da entsann man
sich der zugemauerten Tore, nahm den fünfhundertjährigen Bann
von ihnen, brach die Steine aus dem alten Rundbogen wieder heraus
und schuf so dem Leben und Verkehr eine doppelte Straße."
W. Schwarz deutet diese Woldemar=Tore anders: sie seien Wenden=
tore gewesen, durch die man die als unrein betrachtete wendische
Bevölkerung vertrieben und sie dann zugemauert habe. Daneben
gibt es noch eine dritte Version, die wieder auf den falschen Wolde=
mar hindeutet, und die auch etwas für sich hat. Die Lübecker mauerten
das Tor, durch das Kaiser Maximilian in die Stadt einzog, zu,
damit nach ihm kein zweiter Einzug es entweihen solle. Bei der
großen Verehrung, die der falsche Woldemar im Lande genoß, wäre
auch diese Lesart nicht ganz von der Hand zu weisen.

Ob nun der „Jacckel Rebuck", von dem Kramtzow in seiner Pom=
merschen Chronik spricht, tatsächlich nur der schlaue Müllerbursch
aus Hundeluft im Anhaltischen gewesen ist, oder ob der Glauben,
den er durch sein sicheres Auftreten und sein energisches Walten
in der Mark nicht nur beim Volke, sondern auch bei den Reichsfürsten
und bei Kaiser Karl IV. durch lange Jahre gefunden hat, eben doch
der richtige Glaube war, das wird wohl ein ewiges Rätsel bleiben.
Wenn es wirklich nur ein schlauer Betrüger war, so war er doch
einer der erfolgreichsten in der Weltgeschichte, erfolgreich trotz seines
schließlichen Verzichtes auf die Macht — bis zu seiner letzten Ruhe=
stätte in der Dessauer Fürstengruft.

Unter diesen Betrachtungen sind wir an der Seufzerallee, einem köstlichen Laubengange aus verschnittenen Buchen, der rechter Hand die Chausse begleitet, entlang gefahren. Links steigt jetzt eine bewaldete Höhe auf, die mit schön gepflegten und sehr geschmackvoll angelegten Anlagen bepflanzt ist. Hier steigen wir aus und gehen unter schattigen Birken am Waldesrande den Anhang hinauf. Der Weg führt durch gemischten Wald — das heißt, es sind noch junge, fünfzehn- bis zwanzigjährige Bestände, — zu dem Wartturm, der als erstes Wahrzeichen von Gransee weithin sichtbar ist.

Ein trutziger Bursche, dem die Jahrhunderte nicht viel anhaben konnten, steht er da, etwa 17 m hoch, aus groben Feldsteinen aufgeführt. Eine schmale, halsbrecherische Wendeltreppe führt in seinem Innern nach oben. Es ist eine mühselige Kletterei auf den glatten, ausgehöhlten Stufen, aber oben wird man für die Mühe ausgiebig belohnt. Ein herrlicher Fernblick! Meilenweit schweift das Auge über Wälder und Fluren; am Horizont sieht man vereinzelte Türme: Zehdenick, Schloß Meseberg, an dem ein Graf Wartensleben sich einst „kaput gebaut" hat und das dann Prinz Heinrich seinem Freunde, dem Major v. Kaphengst, schenkte.

Aber immer wieder kehrt der Blick nach dem reizvoll zu Füßen der Anhöhe gelegenen Gransee zurück. Man spricht von Rothenburg ob der Tauber immer mit einem solch wehmütigen Bedauern, weil es heute nur noch so wenige Städte gibt, die sich ihre altertümliche Schönheit bis in die Neuzeit erhalten haben. Nun, wer Gransee oben von der Turmwarte herab liegen sieht, der kann sich wohl eine klare Vorstellung machen, wie eine alte Stadt ausgesehen hat. Wie die hohen Mauern es einschließen, und wie die Häuserchen alle um die stolze Kirche herumkriechen wie Küchlein, die unter den Flügeln der Glucke Schutz suchen! Die Schornsteine der zahlreichen Ziegeleien, die weit verstreut im Umkreise liegen, sind das einzige, was daran erinnert, daß heute eine andere Zeit ist als damals, als der falsche Woldemar hier vor den Toren stand. Nach Willibald Alexis hatten die Granseer gerade ihren schlimmsten Gegner, Herrn Hansen Lüddecke, beim Koller erwischt. Er war nächtens in die Stadt mit seinen Raubkumpanen eingedrungen, nachdem er den Turmwart durch einen seiner Gesellen hatte trunken machen lassen. Aber der Überfall war dem kecken Ritter, der sich schmunzelnd zu rühmen pflegte, daß die Granseer Kühe sein eigen und die Granseer Bürger seine Viehhirten seien, diesmal mißlungen. Und die erbitterten Bürger wollten ihm ans Leben. Mit ihm sollte der ungetreue Torwart sterben. Ob sie nun tatsächlich mit einem Opfer sich begnügen wollten oder ob die andere Version richtig ist, nach der die guten Gransser sich gerade mit dem auswärts wohnenden Henker erzürnt hatten und sich die Ratsherren deshalb scheuten, die hohe Halsgerichtsbarkeit manu propria auszuüben — jedenfalls wurde beschlossen, ein Gottesurteil herbeizuführen und die beiden Schelmen da büßen zu lassen, wo ihre Schuld begonnen hatte: auf dem Wartturme. Sie wurden beide in dem Luginsland eingesperrt und sollten dort miteinander um ihr Leben kämpfen. Wer übrig bliebe, sollte frei von dannen ziehen. Dem Ritter soll's gar nicht recht gewesen sein, mit dem Tölpel von Wächter zusammen kämpfen zu müssen. Hat sich überhaupt gesträubt es zu tun und von den Bürgern verlangt, sie sollten's kurz machen, und — wenn sie es wagen sollten, die Halsgerichtsbarkeit an ihm ausüben. Zum Narrenspiel mit dem Kerl gäbe er sich nicht her. Der Wächter hat natürlich gewinselt und bald den Ritter, bald wieder die Bürger um Gnade angefleht, — hat ihnen aber schließlich beiden nichts geholfen. Sie sind in den Turm gesperrt worden, und ganz Gransee ist mit hinausgezogen, wie zum Schützenfeste, um sich das Spektakel mit anzusehen. Da ist aber die Sache zunächst anders gekommen, als man erwartete. Die Gefangenen sind, anstatt im grimmigen Zweikampfe, ganz vergnügt oben auf dem Turme erschienen und haben vor den Augen der geprellten Bürger ein leckeres Mahl von den Vorräten des Turmwarts gehalten. So ist es eine Reihe von Tagen gegangen, ohne daß die Gransser etwas dazu tun konnten — sie wollten ihr einmal gefälltes Urteil nicht ändern, und zum andern konnten sie's wohl auch nicht recht, denn die beiden hatten den Turm kräftig von innen verrammelt, und nun trotzte er seinen eigenen Erbauern. Wenn sie aber das Tor zu erbrechen suchten, warf ihnen der vom Roten Hause tüchtige Quadersteine auf den Kopf. Die Gransser waren in keiner guten Lage. Von oben Spott und Hohn und — Steine, und aus dem Lande konnte man täglich erwarten, daß die Winterfelde und Quaste ihrem bedrängten Freunde Entsatz bringen würden. Da erschien am fünften Tage der geheimnisvolle Pilgrim, von dem in den letzten Wochen schon überall in der Mark gesprochen wurde — aber er kam nicht als Jaeckel Rebuck, sondern als Markgraf Woldemar mit einem glänzenden Gefolge. Das Ende kann mit wenig Worten erzählt werden. Nach anfänglichen Zweifeln erkannten ihn die Gransfeer als Herrn an, nachdem auch der gefangene Ritter für ihn gezeugt hatte. Hans Lüddecke schwur der Stadt Urfehde, wurde befreit und ritt im Gefolge des Markgrafen in die festlich geschmückte Stadt ein.

Soweit die Erzählung von des falschen Woldemars Auftreten in Gransee, die ich nicht nach Willibald Alexis, sondern so aufgeschrieben habe, wie sie mir in Gransee berichtet wurde, und zwar nicht als das, was sie wirklich sein mag: eine sagenhafte Historie, die auf einigen mageren geschichtlichen Tatsachen aufgebaut ist — sondern als ein wirklich geschehenes Ereignis. Zu Füßen des Wartturmes erschien sie mir auch ganz glaubhaft, und ich hätte mich nicht gewundert, wenn auf einmal aus den Tannen der falsche Woldemar mit seinem Gefolge, darunter der Magdeburger Bischof, herausgeritten wäre.

Auf dem Rückweg wurde noch dem recht geschmackvollen Kriegerdenkmale, einem schlichten Sandsteinobelisk, der auf halber Höhe nach der Stadt herunterblickt, ein Besuch abgestattet, und dann hieß es Abschied nehmen von dem freundlichen Städtchen, dessen Bewohnern man das Zeugnis ausstellen kann, daß sie pietätvoll erhalten, was von den Vätern auf sie überkommen ist, und daß sie das Neue so schaffen, daß es dem Alten sich würdig anpaßt.

Noch eine kurze Rast beim Kloster Lindow, das halbwegs zwischen Ruppin und Gransee liegt. Ein Gang durch den stillen herrlichen Garten des alten Stifts mit seinen Linden am Wutzer See, die ihre mächtig ausladenden Äste zur Erde niederhängen, so daß sie von da aus in leichter Krümmung wieder emporstreben, ein Blick auf die stillen Gräber der Konventualinnen, die im vorderen Teile des Parkes neben den Ruinen einer alten Kirche ihre letzte Ruhestätte haben. Alte, gute märkische Namen liest man auf jedem der Steine, und man kann die tröstliche Gewißheit mitnehmen, daß die Damen, die hier in der wunderbaren Stille dahinlebten, fast alle ein hohes Lebensalter erreichten.

Ein Rheinsberger Gedicht des Kronprinzen Friedrich an Voltaire.

Im Besitz des Herrn Oberkammerherrn Grafen A. Lewenhaupt auf Schloß Sjöholm in Södermanland befindet sich das Autograph des Briefes des Kronprinzen Friedrich an Voltaire vom 15. April 1739, der zuerst in der Kehler Ausgabe der Werke Voltaires und daraus in den Œuvres de Frédéric le Grand XXI, 279 gedruckt ist. In dem Drucke, der übrigens bis auf drei kleine, von dem ersten Herausgeber angebrachte stilistische Verbesserungen das Original treu wiedergibt, fehlen die folgenden, dem Briefe beigefügten Verse:

à Reinsberg, ce 15 d'Avr. 1739.
Quel monstre sur tes jours versant ses noirs poisons
elétrit de ton repos la fleur si passagère?
Sans doute il échappa des profondes prisons
qu'Alecto, Némésis, Tisiphone et Mégère
 embrasent de leurs tisons.

O Ciel! qu'il est affreux! Son oeil est morne et louche,
sa gueule meurtrière, encor teinte de sang,
nourrit de trahisons sa cruauté farouche.
Le héros vertueux et toujours l'innocent
 servent de proie à sa bouche.

L'Enfer qui le forma, distilla ses fureurs
et de ses intestins le vomit sur la terre
afin d'éterniser le crime et les malheurs.
Mais du ciel irrité la tardive colère
 saura venger ses noirceurs.

De ce nuage obscur quel rayon de lumière
écarte de la nuit le voile ténébreux,
que la vive clarté vient frapper ma paupière?
La vérité paraît. Fuyez, monstres affreux.
 C'est son flambeau qui m'éclaire.

Reconnaissez enfin, trop crédules mortels,
d'un monstre détesté l'infâme perfidie.
Fuyez de ses douceurs les appas criminels;
au lieu que le mérite enflamme votre envie,
 élevez-lui des autels!

Tombez, bandeaux épais, qui fascinez la vue
d'imbéciles humains par le crime aveuglés.
Adorez humblement la vertu reconnue,
et que paraisse enfin à vos yeux dessillés
 la vérité toute nue.

Du cygne de Circy vénérez les talents ;
ses accords enchanteurs, sa lyre harmonieuse
et son premier soleil et ses jours défaillants
furent pour ce public, race ingrate, envieuse,
  indigne de ses présents.

Elle dit ! Et sitôt d'un vol prompt et rapide
un rayon la transporte à la céleste cour
de l'espace infini elle parcourt le vide,
à l'ombre paraissant fait fuir l'astre du jour
  au fond de la plaine humide.

Ainsi pour ton secours la chaste vérité
daigna quitter les cieux pour éclairer la terre.
C'est ce que la vertu n'a que trop mérité,
mais ce secours est vain; la vérité, Voltaire,
  ne peut rien sans l'équité.

Mitgeteilt von Fr. Arnhelm in den Forschungen zur
brandenburgischen und preußischen Geschichte. 2. Band.
Leipzig, Duncker & Humblot.

Die Menzer Forst.
Von Andrew Hamilton.

Fast plötzlich verwandelte sich der Wald aus einem Bestande dunkler Föhren, die, dicht aneinandergereiht, aus dem ebenen, glatten Nadelteppich aufragten, in ein prächtiges Gewirr von Zweigen in allerlei Gestalt und von glänzendem Laubwerk in dem verschiedenartigsten Grün; alles untereinander verwoben, einander drängend und fast erdrückend im Kampfe um freien Raum zum Leben, dazu ein herrlicher Unterwuchs, der sich überall an die dicken Stämme anschmiegte. Auch der Waldesboden war mit einem Male wellig und hügelig geworden und mit einem üppigen Gras- und Blumenteppich überzogen; kurz, es war, wenn nicht das großartigste, so doch wenigstens das prächtigste und lieblichste, und was noch mehr ist, das scheinbar von Menschenhand unberührteste Stück Wald, das ich in dieser Gegend gesehen hatte.

Wahrlich, die grüne, in Julisonnenlicht getauchte Waldesherrlichkeit wollte kein Ende nehmen, und so wanderte ich weiter und weiter, in der Hoffnung, daß ich auf dem richtigen Wege sei, mich nur nach dem Stande der Sonne richtend. Keinem menschlichen Wesen begegnete ich), erblickte kein lebendes Geschöpf. Nur bisweilen blitzte es hoch über mir plötzlich auf, von irgendeiner beschwingten Kreatur, die durch die Zweige strich. Wege gab es in großer Fülle, oder richtiger, Spuren und Pfade, die einen aber nur verwirrten und in Versuchung führten, wenn sie, wie hier, alle bis auf einen nur da sind, um nicht eingeschlagen zu werden.

An einem See kam ich vorüber, an dessen entgegengesetztem Ende sich ein schmaler Ausblick in freies Land hinaus, wohin weiß ich nicht, öffnete. Hier und da stieß ich auf abscheuliche, mit Dornen dicht verwachsene Sumpfflächen, die tief sein mochten, aber mit allerhand Unkraut und Massen gefallenen Laubes angefüllt waren; dann wieder passierte ich einen starken Bach braunen Wassers auf einer malerischen Brücke. Sein „Fließen" würden wohl die meisten als seine schwächste Seite bezeichnen, wenigstens da, wo ich auf ihn stieß; aber schon in dem trägen Dahinschleichen eines Gewässers dieser Art im dichten Walde, in dem Vergessensein, das es umgibt, wenn es so verborgen zwischen seinen zusammenbröckelnden, halb überwachsenen Ufern sich hinschleppt, gleichsam lauernd und eher zurückhaltend, als wirklich sich von der Stelle bewegend, dunkelfarbig, geräuschlos, tückisch und Unheil brütend, liegt eine seltsame, Widerwillen einflößende Gewalt.

Das war nun die große Menzer Forst, so genannt nach einem an ihrem Rande gelegenen Dorfe. Sie bildet, glaube ich, das größte zusammenhängende Stück Waldes in der Grafschaft Ruppin und bedeckt 24000 Morgen Land, indem sie gerade die äußerste nordwestliche Ecke der Grafschaft ausfüllt und sich längs der mecklenburg-strelitzschen Grenze hinzieht. Da sie weitab in einem der verlassensten Landstriche der Mark, fern von jeder großen Straße, jeder Stadt, jedem Herrensitze oder sonst einem Platze von irgendwelcher Bedeutung gelegen ist und in ihrem Umkreise kaum eine menschliche Wohnstätte aufzuweisen hat, so kann es schwerlich einen einsameren, weniger begangenen Fleck Erde geben. Bei der Schwierigkeit, die es hat, zu ihr zu gelangen, bekommt sie selten jemand aus der Welt draußen zu sehen, und es ergeht ihr, wie anderen Dingen auch, die man immer nur von fern, nie aber aus der Nähe sieht, d. h. sie erhält das Gepräge des Fabelhaften, Geheimnisvollen, und ist dazu auch noch in den Ruf gekommen, weder ein sehr wirtlicher, noch ein sehr sicherer Aufenthalt zu sein. Ein Schleier von Gerüchten, und selbst von Sagen, hat sich um sie gewoben, für die freilich ihre vergangene wie gegenwärtige Geschichte Belege genug aufzuweisen hat. Bei ihrer gewaltigen Größe und infolge ihrer geographischen Lage war die Menzer Forst von jeher ein Lieblingsschlupfwinkel der Schmuggler, in jenen Zeiten, da jeder deutsche Staat noch seine eigene Zollgrenze hatte. Da der Wald an der Grenze nicht aufhört, sondern sich, ich weiß nicht wie weit, ins Mecklenburgische hinein fortsetzt, und die Grenze durch einen Graben markiert wird, so konnte es kaum eine bequemere Gelegenheit zum Schmuggeln und Wildern geben. In den zahllosen Dickichten und schilfverwachsenen Lachen gibt es Verstecke in Fülle; und auch ohne direkte Gewalttat wird ein gesetzwidriges Treiben in so wilder Natur unter den gegebenen Bedingungen oft seine Opfer fordern. Ein solches Wetter wie an diesem köstlichen Julitage herrscht eben nicht das ganze Jahr hindurch. Unter so klarem Himmel ist es nicht so leicht, sich eine Vorstellung davon zu machen, was ein Wintersturm hier zu bedeuten hat, wenn alle Elemente freies Spiel haben, Nebel und Finsternis, Regen und Schnee den Wanderer blenden und irreführen, rasende Winde sich ihm entgegenstemmen, herabstürzende Äste und geschwollene Wasser ihm den Weg verlegen. Solche Zeit sucht sich das gesetzwidrige Treiben gern für seine Unternehmungen aus, sei es auch nur für die armselige Praxis des Holzstehlens, weil es dann weniger Gefahr läuft, ertappt zu werden. Aber auf so wildem Schauplatze ist es immer gefährlich, mit den Elementen zu spielen; die Polizei wählt sich gerade solche Tage, weil sie weiß, daß man sie nicht erwartet, und dann geschieht es wohl, daß der Kampf der um Mein und Dein streitenden Interessen sein Opfer fordert, sei es, indem der Verfolgte beim unsicheren Lichte der kurzen Tage oder bei einem Wintersturm in ein verborgenes Wasserloch gerät und ertrinkt oder daß ein Schuß ihn fällt; vielleicht kommt er auch mit einer Kugel im Bein, und eine Blutspur hinter sich zurücklassend, davon; ein Waldsee, den er, rasch entschlossen, durchschwimmt, nimmt ihn freundlich auf (es ist gerade nicht jedermanns Sache, ihm dorthin zu folgen), und er hat dann obenein noch etwas zu erzählen.

Jeder Wald von so bedeutender Ausdehnung wird stets eine Reihe Unglücksfälle von verschieden spezieller Natur aufzuweisen haben; und wollte man darüber eine Liste führen, so würde sie am Ende eines Zeitraumes von hundert Jahren von recht erklecklicher Länge sein. Die braven Leute, welche ihr Geschäft in den Wald hineinführt, büßen oft ihr Leben dabei ein. Einen Holzfäller trifft der Tod häufiger auf seinem Berufswege als den Ackersmann. Er verletzt sich mit seiner Axt, oder ein Baum, den er fällt, erschlägt ihn; irgendein mächtiger Ast, der schon lange faul war, stürzt plötzlich herab und tötet ihn oder einen zufällig des Weges Kommenden. Wasserbecken von allen Größen, tiefe, halbverborgene Sumpflachen, die, wie Fontane sagt, „von alter Zeit her den Hang nach Menschenleben haben" und, in den am dichtesten verwachsenen Stellen des Waldes, „ihre Polypenarme phantastisch ausstrecken", sie alle fordern an nebeligen Tagen oder in stürmischen Nächten ihre Opfer.

Natürlich ereignen sich neben diesen Unglücksfällen, welche unschuldige, fleißige Menschen treffen, ab und zu auch solche von komplizierterer und mehr anekdotischer Natur. Die gewöhnlichen bösen Leidenschaften der Menschen, der Zorn, der Haß und die Rachsucht, tragen auch ihren kleinen Teil bei zu der Totalsumme von Gewalttaten. Unter dem Schutze von Schonungen und morgengroßer Dickungen hochgewachsenen Schilfes kann man sich ihnen leicht, ja bisweilen ganz ungestraft überlassen.

So erzählt Fontane in seiner dritten Ausgabe (1873), als er bei der Beschreibung einer Fahrt durch die Menzer Forst von den dunklen Taten spricht, die sich dort vollziehen:

„Eben haben wir eine solche Stelle passiert, die ihre Geschichte hat und von neuestem Datum dazu. Hier, wo das Unterholz sich durch die Waldrinne zieht, gleich links neben der Weißbuche, da lag er, da fanden sie ihn, den Kopf nach der Tiefe zu, den einen Fuß im Gestrüpp verwickelt. Und neben ihm die Büchse. Er war erst 19 Jahre. Der grüne Aufschlag des einen Armels war rot, und man sah deutlich, er war mit der Rechten nach der Brust gefahren. Wessen Kugel hatte ihn getroffen? Einen Augenblick war man dem Geheimnis auf der Spur: in Herz und Lunge des Toten hatte man das Kugelpflaster gefunden und an diesem acht scharfmarkierte, schwarze Strichelchen, die es dem Kundigen verrieten, daß die Kugel aus einer Büchse mit acht Rillen geschossen war. Und solcher Büchsen gab es am Rande der Menzer Forst hin nicht allzu viele. So wies man denn mit Fingern auf den und den. Aber die Sache kam dadurch zu früh in Kurs, und als an den verdächtigsten Stellen gesucht wurde, waren die achtrilligen Büchsen verschwunden. Sein Begräbnis war groß, groß wie die Teilnahme, das Geheimnis aber ‚Wer tat es?', das hat der Tote mit ins Grab genommen."

Das Leben in einem großen Forste oder in einer vorwiegend aus Waldland bestehenden Gegend (d. h. das Leben an sich, abgesehen von seinen dunklen Seiten) hat überhaupt vieles, was den Leuten draußen fremd und ungewohnt erscheint. Die in einem Ackerbaudistrikte gewöhnlichen Zweige menschlicher Tätigkeit fehlen hier. Es gibt eben keinen Ackerbau. Der Mensch gräbt, pflügt, erntet hier nicht. Die Waldesbäume bedürfen nicht der täglichen Pflege, daher ist die Zahl derjenigen, die nach ihnen zu sehen haben, verhältnismäßig nur klein. Gejagt wird das ganze Jahr hindurch, gefischt ab und zu, d. h. nach der in Deutschland üblichen unwirtschaftlichen, für die Fischzucht unheilvollen Art und Weise. Wo, wie im vorliegenden Falle, Glashütten vorhanden sind, da entwickelt sich durch sie eine eigene Industrie, welche dann einer Menge Menschen Beschäftigung gewährt. Veränderung gibt es hier wenig, so wie die Dinge vor hundert Jahren gestanden haben, so stehen sie heute noch. Je nach ihrer Lage (obgleich dieser Umstand heutzutage mit der zunehmenden Entwicklung der Transportmittel immer mehr an Bedeutung verliert) sind die Wälder entweder von enormem Werte oder nicht. Was den der Menzer Forst betrifft, so will ich mir hier noch einmal die Freiheit nehmen, Fontane zu zitieren, und zwar diesmal in ziemlicher Länge. Er erzählt uns:

„Um die Mitte des vorigen Jahrhunderts ward in der Kriegs- und Domänenkammer die Frage rege: ‚Was machen wir mit diesem Forst?‘ Hochstämmig ragten die Kiefern auf, aber der Ertrag, den diese herrlichen Holz- und Wildbestände gaben, war so gering, daß er kaum die Kosten der Unterhaltung und Verwaltung deckte. Hirsch und Wildschwein in Fülle, doch auf Meilen in der Runde kein Haus und keine Küche, dem mit dem einen oder anderen gedient gewesen wäre. ‚Was machen wir mit diesem Forst?‘ so hieß es wieder. Kohlenmeiler und Teeröfen wurden angelegt, aber wenig war damit geholfen, Teer und Kohle hatten keinen Preis. Die nächste, nachhaltige Aushilfe schien die Errichtung von Glashütten zu bieten: die Kiefern lieferten die Feuerung, das Laubholz gab die Pottasche, und der quarzene Sand war ja der Grund und Boden, auf dem die ganze Waldherrlichkeit ruhte. Also Glashütten! Wirklich, so entstanden ihrer verschiedene, in Dagow, in Globsow, in Stechlin, und ein Feuerschein lag bei Nacht und eine Rauchsäule bei Tag über dem Walde. Aber auch die Glashütten vermochten nichts, und der Wald brachte es nur spärlich auf seine Kosten.

Phot. Franz Goerke, Berlin.
Zwischen Menz und Rheinsberg.

Da zuletzt erging Anfrage von Berlin her an die Menzer Oberförsterei: wie lange der Forst aushalten werde, wenn Berlin aus ihm zu brennen und zu heizen anfange? worauf die Oberförsterei mit Stolz antwortete: ‚Die Menzer Forst hält alles aus.‘ Das war ein schönes Wort, aber doch schöner, als sich mit der Wirklichkeit vertrug. Das sollte bald erkannt werden. Die betreffende Forstinspektion wurde beim Wort genommen, und siehe da, ehe 30 Jahre um waren, war die ganze Menzer Forst durch die Berliner Schornsteine geflogen. Was Teeröfen und Glashütten in alle Ewigkeit hinein nicht vermocht hätten, das hatte die Verbrauchskraft einer großen Stadt in weniger als einem Menschenalter geleistet. Hilfe war gekommen, die Menzer Forst hatte sich rentiert, aber freilich die Hilfe war gekommen nach Art einer Sturzwelle, die, während sie das aufgefahrene Schiff flott macht, es zugleich auch zerschellt. Abermals mußte Abhilfe geschafft werden, diesmal nach der entgegengesetzten Seite hin."

Nicht ganz zwei Stunden später sah ich vor mir eine breite Öffnung. Bald darauf trat ich in eine Pflanzung ganz junger Bäume hinaus, und wenige Minuten später erblickte ich den Großen Stechlin, der vor mir lag, — ein weites, einsames Meer von Glas, rings umgeben von endlosem Walde. In der Tat, nichts konnte einsamer, die Stille nicht größer sein. Der Große Stechlin ist bei weitem der ausgedehnteste und auch der an Gestalt regelmäßigste See in dieser Gegend. Nimmt man es nicht zu genau und läßt Landzungen und Einbuchtungen aus dem Spiele, so könnte man ihn kreisrund nennen. Er liegt von allen Seiten in den Föhrenwald eingebettet, und die einzigen menschlichen Wohnstätten, die man, soweit mir bekannt ist, von seinen Ufern aus erblickt, sind ein paar halbverfallene Fischerhütten, die im Winkel einer seiner Buchten liegen. Zu gewissen Zeiten des Jahres mögen wohl einige wenige Fischerboote hier auf den Fang ausgehen, aber während der ganzen übrigen Zeit des Jahres — wohl aller Jahre — berührt kein Ruder seine Fläche, wird kein Segel auf ihr gesehen. Kein Zeichen des Lebens rings umher an seinen Ufern, am allerwenigsten irgendeine Spur menschlichen Daseins, sei es nun dem Vergnügen oder der Tätigkeit gewidmet. Fast überall treten die Föhren bis dicht an den Rand des Wassers heran. Am fernen jenseitigen Ufer der Einbuchtung, in der ich stand, und die nur eine Ecke des gewaltigen Sees bildet, standen die Bäume, die hier nur erst halbwüchsig und deshalb noch nicht gelichtet worden waren, so dicht und hatten eine so tiefgrüne Färbung, daß sie einem schweren dunklen Vorhange glichen, der sich um den Rand eines Spiegels legt. In regungslosem Glanze lag der See unter dem sonneglühenden Himmel gebreitet; kein flüchtiger Schatten, kein Spiegelbild einer Wolke streifte über die stille schimmernde Fläche, kein noch so kleines Fältchen kräuselte sie, nichts regte sich ringsumher, kein Laut ließ sich hören. Eine blendende, sonnendurchglänzte, schweigende Schönheit, lieblich und doch voll herben Ernstes, voll unvergänglicher, keinen Wechsel kennender Trauer. Überall derselbe dunkle Waldesrahmen, dasselbe tiefe

Himmelsgewölbe, derselbe süße Sonnenschein, er allein frei, zu kommen und zu scheinen, wo es ihn gelüstet. Es war die Schönheit eines Wesens, das niemals gelächelt oder gewußt hat, was Freude ist, welches durch unerbittlichen Schicksalsschluß auf immer von aller irdischen Gemeinschaft ausgeschlossen, dahinlebt, ungekannt, unbewundert, ungeliebt, in Abgeschlossenheit und Selbstentsagung, ohne Erinnerung an Vergangenes, ohne Hoffnung auf Zukünftiges, ewig hinaufstarrend in den unendlichen Raum des Himmelsgewölbes über sich, schutzlos und doch unantastbar, den Stürmen zahlloser Winter preisgegeben, immer nur allein mit seiner eigenen unsterblichen Schönheit und unbekümmert um die Teilnahme der Menschen.

Der Große Stechlin soll reich an Sagen, namentlich solchen übernatürlichen Inhalts sein. Das behaupten alle Schriftsteller, welche den Gegenstand behandeln, und geben ihm, wo sie von ihm reden, die vielversprechenden Beiworte „der sagenreiche, sagenumwobene usw.". So fühlte ich mich denn ein wenig enttäuscht, als ich fand, daß sie sämtlich nur ein einziges Beispiel solcher Sagen, und zwar immer nur ein und dasselbe, anzuführen wissen. Es ist folgendes:

Wenn ein Sturm wütet und der Stechlin sehr aufgeregt ist, dann steigt bisweilen ein roter Hahn aus den Tiefen des Sees empor und flattert krähend über die Kämme der Wellen hin, die sich zu furchtbarer Höhe aufbäumen; und dann heißt es weiter, daß die Fischer sich in der Tat vor dem Hahne sehr fürchten und meistens eilen, ans Ufer zu kommen, wenn sie meinen, er könne erscheinen, denn in schlimmen Fällen „greift er das Boot mit seinen Krallen an, laut dabei kreischend und krähend, und mit seinen Flügeln das Wasser schlagend, daß es rings die ganze Forst durchhallt, und die Wogen bergehoch aufschäumen, bis die Planken des Bootes auseinanderreißen und die Fischer in die Tiefe sinken."

Während des Erdbebens von Lissabon soll der Stechlin in Wallung geraten und bis auf den Grund aufgerührt worden sein.

A. Hamilton, Rheinsberg. Friedrich der Große und Prinz Heinrich von Preußen. Berlin, R. v. Deckers Verlag.

Die Uckermark.

Schloß Grimnitz.

Das ist eine stille Stadt, die nun aus dem Grunde heraufgrüßt, die Stadt zwischen den beiden schönen Seen, die Stadt im Walde, Joachimsthal. Auf langer, wald- und seenbegrenzter Fahrstraße, die, in Wellenlinien auf- und niedersteigend, uns bald in tiefe, sonnendurchleuchtete Forsten, bald auf beschneite Wiesen, bald in winterlich vermummte Dörfer blicken läßt, wo Fenster, Tore und Brunnen sich zum Schutz vor der bitteren Kälte mit Stroh umwickelt haben, nähern wir uns der Hohenzollernstadt. Lange noch schallt das Gekläff der erregten Dorfhunde hinter uns her, denn fremde Wandersleute in dieser ruhigen Gegend, und gar zur Winterzeit, sind ihnen eine wundersame Neuigkeit.

In den großen Steinbrüchen zur Rechten, deren Erzeugnisse sonst überall in der Mark hochgeschätzt waren und dank der Nähe des Werbellinsees billig verfrachtet werden konnten, ruht nun seit Jahren schon die Arbeit. Auch dieser letzte Lärm bei Joachimsthal ist verstummt. Die endlose Kette der heraufkrabbelnden Karren dient anderem, minder geräuschvollem Werk; das lustige Gehämmer und Gepoch stört den Frieden der Landschaft nicht mehr. Vor dem Blick in das Tal hinunter liegt die Stadt. Sie war einst bestimmt, allen Söhnen der Mark Weisheit zu spenden, der Mittelpunkt brandenburgischer Bildung zu werden; fürstliche Huld ließ es ihr an nichts gebrechen, und doch verkümmerte sie, ein allzu empfindliches Pflänzlein für märkischen Sand. In Amerika erheben sich mächtige Städte im Urwald und verzehren die Wildnis, die sich um sie breitet, rasch, Brandenburgs Bäume trotzten der Stadt, die man unter sie setzte, und erwürgten sie. So ging es Blumenthal im Blumenthalwalde, dem Städtchen, von dem nur noch gespenstische Sagen melden; so ist es Joachimsthal ergangen, das sein Bestes, sein Gymnasium, schließlich den Berlinern geben mußte.

Weiße Dächer, auf welche die Sonne mattes Gold niederstrahlt; des sagenreichen Grimnitzsees runde, graue Fläche vor uns, hinter uns der askanische Werbellin; Kiefernwald ringsum, der unwillig die leichte, weiße Decke trägt und sie an vielen Stellen schon abgeschüttelt hat. In nebliger Ferne verschwimmen Wald und See und Horizont ineinander, als wollten sie damit kundtun, wie eng begrenzt der Wirkungskreis dieses Städtchens ist, wie es abgeschieden von aller Welt in Waldeinsamkeit sein Leben fristet. Und doch, mit heller Wucht unter den Schwingen flog Joachimsthals Glück einst auf, und das Höchste schien ihm erreichbar. An der Stelle, wo bis 1607 eine mächtige Glashütte sich erhob, die nicht nur die Mark, sondern auch alle Nachbarländer mit grünem Glas versorgte und nur den einen Übelstand hatte, daß sie zuviel Holz verbrauchte und deshalb der Erhaltung des Waldes zuliebe eingehen mußte, an dieser Stelle errichtete der Gründer Joachimsthals, Kurfürst Joachim Friedrich, eine Fürstenschule, die den Bedarf des lutherischen Brandenburgs an ehrbaren und gelahrten Studenten der Theologie und der Staatswissenschaften decken sollte. 130 Schüler, teils dem Adel, teils der Bürgerschaft entsprossen, bezogen das Gymnasium; wenn sie den Cursum durchschmarutzt hatten, winkte ihnen die Universität Frankfurt an der Oder. Am 24. August 1607 ward mit großem Gepränge die Gelehrtenschule eröffnet. Der Kurfürst sicherte ihr bedeutende Einkünfte aus den Wäldern, den Seen, den Klöstern und Dörfern ringsum; er kam sehr oft nach Joachimsthal hinüber und ließ die Knaben nach dem nahegelegenen Schloß Grimnitz führen, wo sie den Feierlichkeiten zusehen durften und dann „nach Billigkeit" bewirtet wurden. Anfänglich gedieh denn auch das Unternehmen aufs beste; die weltferne, stille Lage des Städtchens machte es für ernste Bildungszwecke vortrefflich geeignet und hielt von den Zöglingen die ablenkenden Zerstreuungen großer Plätze fern. Auch gab der erste Rektor des Gymnasiums, Dresemius, ein großer Naturfreund, verlockende und überschwängliche Schilderungen von den Reizen der Umgebung. „Was soll ich sagen", ruft er, „von den mit vielfarbigen Sinnbildern gewirkten Wiesen, von dem Schatten der herrlichen Bäume, der zwischen dem Laube und den Zweigen umherirrt, vom Wispern schmeichelnder Winde, von der süßen Harmonie des Vogelgesanges? Solche Schätze bezeichnen die Heimat und das Vergnügen des Liebhabers der Natur." Aber in diese anmutig tönenden Loblieder mischten sich bald schrille Dissonanzen. „Der Ort", bemerkt unter anderem griesgrämig der Rektor Gerson Bechner, „liegt zwischen Sümpfen und morastigen Wäldern, giftigen Aus=

dünstungen ausgesetzt, woraus verschiedene garstige Krankheiten entstehen; auch unvorhergesehener Tod betraf schon viele von uns. Schlangen und Vipern gibt es in solcher Menge, daß sie nicht allein auf dem Schulhof in Menge herumkriechen und sich sonnen, sondern auch in den Gebäuden, der Küche, in den Betten sich wärmen." Allzu viele Schüler mag diese eigenartige „Jubelrede" nicht zur Wallfahrt nach Joachimsthal verlockt haben, trotzdem der Landesherr die Kosten des Unterhaltes und Unterrichtes trug, und so kam es denn, daß nach der Zerstörung durch kursächsische Truppen im großen Kriege das Gymnasium aus dem „kalten Moderloch" erst nach Angermünde, dann aber nach Berlin verlegt wurde, zum Bedauern aller Joachimsthaler. Was wäre Jena ohne seine Studenten? Und doch stünde es ohne Universität noch hoch über Joachimsthal. Mit den Alumnen nahm man der märkischen Stadt Lebenszweck und inneren Wert.

„Schloß Grimnitz" bei Joachimsthal ist ein unheimlicher Ort. Wenn dämmernde Winternacht den grau blinkenden See umgibt, während durch zerrissene Wolken fahler Mondschein wie weißes Geisterblut quillt, während durch leichte Nebel die roten Lämplein des Dorfes Grimnitz gleich Irrlichtern aufblitzen, dann steigt man nur zögernd zu den gewaltigen Kellern mit ihren hohen Wölbungen hinunter. Man glaubt ja nicht an Spukwesen und Gespenster, aber trotzdem und alledem   In den Ruinen der Uchtenhagen=Burg bei Freienwalde habe ich eine Pfingstnacht verschlafen; hier möchte ich es nicht tun. Schloß Grimnitz war als Grenzfestung gegen die Uckermark stark befestigt, teils durch den See, teils durch breite Sumpfgürtel vor jeder Überrumpelung geschützt. Im Keller sieht man noch den jetzt verdeckten, tiefen Brunnen, der den Belagerten Wasser spendete. Unschwer kann man sich aus den Überresten und der Lage des Schlosses seine frühere Gestalt wieder herstellen, und so betrachtet, nehmen sich die Trümmer weit imposanter aus. Grimnitz war vielleicht die festeste Burg im Lande.

Wir sind sehr geneigt, die Zerstörungswut früherer Jahrhunderte, welche kein geschichtliches Denkmal verschonte, mit harten Worten zu verdammen; und in der Tat, wenn wir sehen, wie mit Hacke und Pulver gewütet worden ist, um diesen Horst der askanischen Aare, diese Wiege märkischer Kultur zu zerstören und Steine für Kuhställe und Landstraßen daraus zu gewinnen, dann überkommt uns immer wieder der Zorn. Doch darf man rechtens niemand da=

für verantwortlich machen, daß ihm ein Sinn fehlte, dessen wir uns erfreuen, und so sehr die erwachte Liebe zur vaterländischen Geschichte uns ehrt, so wenig wollen wir den rationalistischen Vorfahren zürnen, die das alte Gemäuer nicht nutzlos verwittern lassen wollten. Zum Glück trotzte, wie andere Burgen, auch Grimnitz wenigstens der vollständigen Zerstörung; der Mörtel hielt fester noch als das Gestein, hielt aus gegen Hacke und Pulver, und als es zum Äußersten kommen wollte, griff Friedrich Wilhelm IV. auf einen Notschrei aus Joachimsthal ein. Er rettete, was noch zu retten war.

Durch Klödens Forschungen ist die Geschichte von Schloß Grimnitz klar und fast lückenlos dargestellt worden. 1247 von dem Markgrafen Johann erbaut, war es ebenso geräumig wie mit allem damaligen Luxus versehen. Den nicht eben großen Gemächern fehlten buntgestickte Teppiche, wie sie seit den Kreuzzügen stark in Aufnahme gekommen waren und zum Schmuck der Wände benutzt wurden, keinesfalls· Teppiche schlossen auch bei ungünstiger Witterung die offenen Fensterbogen der Hallen. Dann wurden Eichenkloben nicht gespart, und die Kamine glühten Tag und Nacht. An den dicken Qualm und den Dunst, der ihnen entstieg, waren Ritter und Frauen hinlänglich gewöhnt, gerade wie an die bescheidene Beleuchtung durch schwelende Fackeln. Durch die morgenländischen Unternehmungen war eine früher unerhörte Üppigkeit auch in die Mark gekommen, Waldemar besonders, der nach der deutschen Kaiserkrone trachten durfte, häufte im Schlosse Grimnitz schöne und kostbare Goldgeräte, Seidenzeuge, Ambrabecken und süß duftendes Räucherwerk, alle Kleinodien des Orients zusammen. Natürlich wurden diese Schätze wohl verwahrt und gut bewacht; noch heute finden sich in der Grimnitzer Heide, eine halbe Stunde vom Schlosse entfernt, drei mächtige, aus Feldsteinen gemauerte, quadratische Pfeiler — der vierte ist abgetragen —, die vom Volk „das witte Hüseken" genannt werden und früher wahrscheinlich als Luginsland dienten.

Nach dem Tode seines Oheims Otto verstand es Waldemar der Große, alles askanische Land unter seinem Zepter zu vereinigen. Genial und willenskräftig, von feiner Klugheit und rauher Tatkraft zugleich wäre ihm das Höchste gelungen, wenn nicht ein seltsamer Hang zu Seltsamkeiten, launenhafter Übermut und trotziges Selbstbewußtsein ihm geschadet hätten. Doch bestand er siegreich alle Feinde, weltliche wie geistliche, die mit nimmersatter Habgier nach seinem Lande trachteten, und vergrößerte sein Land um ein Beträchtliches.

Trotz seines verschwenderischen Hofhaltes verfügte er immer über gefüllte Kassen. Schloß Grimnitz wurde auch von ihm bevorzugt, bis er 1314 seinen Kanzler Nikolaus von Buch dort einsperren und verhungern ließ. Er hatte ihn zur Kaiserwahl an den Rhein geschickt; Brandenburgs Stimme war viel umworben, und Nikolaus von Buch stimmte, wie sein Herr behauptete, in einem anderen als dem ihm vorgeschriebenen Sinn ab, wodurch die Krone Ludwig dem Bayer zufiel. Waldemar erließ in wildem Jähzorn das fürchterliche Urteil gegen seinen langjährigen Diener, und der Gefängniswärter erhöhte die Qualen des Unglücklichen, wie die Sage behauptet, noch dadurch, daß er ihm täglich frische Äpfel vor die Gitter des Fensters legte, die Nikolaus nicht zu erreichen vermochte. Zur gerechten Strafe dafür läßt das Volk seitdem den schurkischen Kerkermeister nächtlicherweile als kopfloser Hund um die Ruinen des Schlosses schleichen. Nach Buchs Tode duldete es den Markgrafen nicht mehr auf Grimnitz; er zog sich nach der fast drei Stunden entfernten Burg Werbellin zurück. Immer phantastischer, anmaßlicher, waghalsiger und herausfordernder in seinen Plänen, von den Feinden immer wütender umdrängt, aber sich ihrer aller heldenhaft erwehrend, starb der kranke Löwe kinderlos am 14. August 1319 zu Berwalde, 28 Jahre alt, und ward zu Chorin begraben. Der Sage nach pilgerte er, von widerstrebenden Empfindungen und Gefühlen zerrissen, zum heiligen Grabe, um dort Ruhe und Trost und Heilung zu finden und als siebenundfünfzigjähriger Greis in die Heimat zurückzukehren. Bis heute ist es noch nicht unwiderleglich entschieden, ob der vielgenannte falsche Waldemar wirklich ein Betrüger gewesen ist, psychologische Momente wie urkundliche Beweise sprechen bei der verhältnismäßigen Dürftigkeit der auf uns gekommenen Quellen sowohl für als gegen ihn.

Burg Werbellin ward in den Wirren, die unter Ludwig dem Bayer in der Mark ausbrachen, zerstört und verbrannt, Schloß Grimnitz begegnet uns wieder unter den Hohenzollern. 1529 ward hier mit großem Pomp der bekannte, für Deutschlands Geschicke so wichtige Erbschaftsvertrag zwischen Brandenburg und Pommern abgeschlossen, nach dem Pommern bei dem Aussterben seines Fürstenhauses an Brandenburg fallen sollte. Nach zwanzig fröhlichen, lustreichen Jahren traf das kurfürstliche Haus hier ein schwerer Schlag: Frau Hedwig, Joachims II. Gemahlin, stürzte in früher Morgenstunde durch eine verfaulte Diele des Spundbodens aus dem Ober-

geschoß in die untere Halle und fiel so unglücklich auf zackige Hirsch=
geweihe, daß sie sich schweren Schaden tat und hinfort auf Krücken
gehen mußte.

Die Menschen sind nicht mehr, und nur die Steine sprechen noch
von den Freuden und den Kümmernissen, den großen Gedanken
und den kleinen Stunden vergangener Geschlechter. Graue Winter=
nacht umfaßt die beschneiten Trümmer, und ein scharfer Wind bläst
vom Wasser her. Vor Kälte halb und halb vor unbestimmtem Grausen
fahre ich zusammen, als wäre aus dem Keller röchelndes Wimmern
gedrungen, wie das eines Verhungernden. „Na, nu wird's ook
bald Tied," brummt der Büdner, der mich immer mißtrauischer
betrachtet hat und sich nicht erklären kann, was ich zu so später
Stunde noch auf dem armseligen Besitztum suche.

Am Werbellin.

Zur Sommerszeit muß man an den Werbellin kommen. Durch
die öde, heiße Kiefernheide hinter Eberswalde, an dem Lichter=
felder Schloß des alten Feldmarschalls, Glockengießers und Zauberers
Christoph Sparr vorbei, und dann durch gelbwogende Kornfelder.
Plötzlich sieht man, wie alles Wachstum frischer und reicher wird, die
Bäume sich stolzer aufrecken; Buchenhallen spreiten sich mit üppigem
Grün und künden die Nähe des Wassers. Einsam glänzt der schöne
Seesaphir, vergessen fast im Walde. Steinbeladene Oder= und Habel=
kähne streichen schwerfällig über ihn hin, dem Finowkanal, der Haupt=
stadt zu; verschlafene Dörfer und Waldhütten, eine verschlafene
Stadt, Burgtrümmer liegen um ihn her. Und all die träumerischen
Reste alter Größe schließt endloser Wald ein, den man freilich zum
Teil ausgerodet hat, der aber noch zur Zeit der hohenzollernschen
Kurfürsten 5 Meilen tief, 4 Meilen breit war und eine Gesamt=
fläche von etwa 160000 Morgen umfaßte. In diesem Forste fand
jegliches Getier Nahrung und Gedeihen, und die magna merica
Werbelyn, wie sie im Landbuche Kaiser Carolus IV. heißt, barg viele
Rudel des prächtigsten Dam= und Rotwildes, mancherlei Raubtier,
vom Luchs bis zum Bären aufwärts. Noch 1522, als Kurprinz
Joachim von Schloß Grimnitz aus auf die Pirsch zog, packte ihn
ein reisiger Bär und riß ihm den Sammetwams bis zum Sattel=
knopf auf, glücklicherweise ohne den jungen Herrn zu verletzen.
Auch Mammutzähne haben sich im Werbellinwalde vorgefunden.

Lange war die Schorfheide, der westlich am See gelegene Teil des riesigen Forstes, Kaiser Wilhelms II. Lieblings-Jagdgrund. Noch heute enthält sie mehr als 3000 Hirsche, mehr als irgendein anderes Jagdgehege der Welt. Wenn zur frühen Morgenstunde oder abends im verglimmenden Licht die Tiere in langen Reihen zur Tränke an den See ziehen, der die Reinheit seines Wassers dem Tongrunde verdankt, glaubt man die Märchenzeit des Minnesingers und Markgrafen „Otto mit dem Pfile" wiederkehren zu sehen. Der Wildreichtum des Waldes übertrifft in der Tat die kühnsten Vorstellungen. Freilich sind auch alle Vorbedingungen dazu vorhanden: sorgsame Pflege besonders des geweihgekrönten Getiers, so daß die Förster fast jeden einzelnen Hirsch kennen; treffliche Futterstätten im Winter; weite Tummelplätze; Abschuß nur nach bestimmten strengen Regeln. Mitte September erfährt die Zahl der Tiere eine bedeutende Steigerung durch Ankunft der Wanderhirsche aus Pommern, Schlesien, Litauen und Polen. Grimmige Schlachten heben dann an; schauerlich tönt das Röhren der brünstigen Kämpen, es hämmern und klappern die Geweihe aufeinander, der Boden ist vom Blut gerötet und weithin aufgewühlt. Zumeist doch, sagen die Förster, erringt der Einheimische den Sieg und damit die vielumworbene Kuh; Mitte Oktober, wenn die Wunden verharscht sind, wandern die Eindringlinge heim, um im nächsten Jahre das Spiel zu erneuern.

Minder berühmt als der Wildstand des Waldes, aber groß wie dieser, war von der Herrschaft der Askanier an bis zu Ende des vorigen Jahrhunderts der Fischreichtum des Sees. Besonders den Muränen stellte man mit Eifer und Glück nach; Joachim II. konnte nach Klöden dem Rate von Neustadt-Eberswalde befehlen, „maßen man gegen Fastel-Abend etzlich vieler Fische benöthigt wäre, so viel Muränen und Karpfen, als nur zu bekommen wären, in dem Werbellin zu fangen und mit zwei Pferden und Wagen zur kurfürstlichen Küche bringen zu lassen" Erst durch den Einfall des Kormorans, des japanischen Tauchervogels, in die Mark, ward dieser Verschwendung ein Ziel gesetzt. Am Werbellin, den er auf seinen Nordlandfahrten bisher nur immer im Vorüberflug kennen gelernt hatte, behagte es ihm über die Maßen, sobald er seine Reize zu würdigen wußte, und nun begann ein Raubzug, der den See im Laufe weniger Jahre von Muränen völlig säuberte. Begreiflicherweise war die Behörde, so sehr sie den Besuch aus Japans und Chinas Meeren schätzte, keineswegs mit der Lebensführung des

Kormoranvolkes einverstanden, und als alle Mittel, die ungebetenen Gäste in Güte loszuwerden, fehlschlugen, der Kormoran vielmehr weiter gedieh und auch den Aserwald gefährdete, berief man das Potsdamer Gardejägerbataillon an den Werbellin. Vor Pulver und Blei sank die Räuberrepublik zusammen, aber leider erst, nachdem auch die letzte Muräne verschlungen war.

Die Kultur hat allmählich die rauhe Ursprünglichkeit des Werbellin verwischt, Tiere und Forst sind dem Menschen untertan geworden. Einst umspann und verband Unterholz die Stämme so dicht, wie niedere Lianen den tropischen Urwald und machten ihn undurchdringlich; was der Sturm fällte, was der Herbst tötete, verfaulte langsam und nährte so neues Wachstum. Der Wald war ein Tummelplatz für fürstliche und bäuerische Jägersleute. Während die ersten mit lautem Getöse, beim Schall des Hifthorns hetzten, verhielten die anderen sich still, denn auf Wildfrevel stand grausame Strafe. Im übrigen war die Freijägerei ungefährlich. Von den Heidereitern hatte man wenig zu fürchten, und die Kohlen- und Teerbrenner, welche hier und da ihrem schwarzen Gewerbe nachgingen, als die einzigen Bewohner des mächtigen Forstes, pirschten selbst und verrieten niemand. Die Überhandnahme des Werbelliner Wildes würde das Land gefährdet haben, wenn die umwohnenden Städter und Dörfler nicht leidenschaftlich gern die Armbrust geführt hätten. Schon in der Vorzeit waren die Jagdgründe am Werbellin berühmt, aber den hochgemuten Askaniern gebührt der Ruhm, sie entdeckt zu haben.

Es ist nicht zu sagen, wie tief Brandenburg in der Schuld dieses Geschlechtes der Ballenstädter steckt. Daß die Mark deutsch geworden ist, frühzeitig volkreiche Städte, schmucke Dörfer, eine blühende Kultur aus ihrem sandigen Boden erwuchs, Christentum und Kirche mit ihren Segnungen zu uns kamen – sie erwirkten es. Mit dem Erlöschen des unermüdlich tätigen Geschlechts sank die Mark auf lange Jahre in Finsternis und Armut zurück. So groß und herzlich war die Sehnsucht des Volkes nach seinen heimgegangenen Herrschern, daß es felsenfest an ihre Auferstehung glaubte. So sehnlich wie nur jemals der Kaiser Rotbart ward Waldemar der Große von seinen Märkern herbeigesehnt, die unter bayrischem Regiment, unter der Geißel des schwarzen Todes verkamen. Wir Enkel wissen nichts mehr von ihnen als die spärlichen Geschichtsdaten aus der Schule. Im Kloster Lehnin jedoch, in Havelberg und Himmelpfort, in Chorins Kreuzgängen würden wir mit anderen Empfindungen auf die Reste alter Pracht, auf die Grabstätten der Askanier blicken, wenn wir uns daran erinnerten, daß wir unsere Kultur ihnen verdanken. Das Volk hat die Ballenstädter längst vergessen. Wo sind sie geblieben, die alten kolonisierenden Bauernfamilien, die mit Albrecht dem Bären ins Land zogen? Krieg und Tod haben sie ausgerottet; die verödeten Dörfer wurden in der zweiten Hälfte des 14. Jahrhunderts neu besiedelt; fremde Arbeiter zogen mit Karst und Pflug über die Feldmarken; das Andenken der Wendenbezwinger erlosch. Übriggeblieben im Volksgedächtnis sind nur schwankende Sagen. Des Großen Kurfürsten Feldmarschall Christoph Otto Sparr, dessen Besitzungen in der Nähe des Waldes lagen und der die Kirchen ringsum mit Glocken und bemalten Fenstern beschenkte und zum Mißvergnügen seiner Erben seinen Reichtum für die Allgemeinheit verwandte, der Türkenheld Christoph Otto Sparr gilt heute in der Landschaft als Zauberer, der durch die Luft über Kirchtürme fortkutschierte, mit dem Teufel im Bunde stand und noch in unseren Tagen die Gegend am Finow unsicher macht. Solche dunkle Sagen umspinnen auch die Kurfürsten, die ihre Burgen im See hatten und „reicher und schlimmer als der Teufel" waren. Mit der Stadt im Werbellinsee hat es auch eine eigene Bewandtnis. Was man von ihrem Untergang erzählt, erinnert an Sodom und Gomorras Ende. Die Leute in Werbellow waren so übermütig geworden, daß sie das Brot in der abscheulichsten Weise vergeudeten, ihre Häuser mit Gold beschlugen und ihre Mauern mit Edelsteinen besetzten. Die Stadt funkelte hundert Meilen weit ins Land hinein und weckte den Neid der Himmlischen, die nicht so reich waren wie die Leute von Werbellow. Weil aber noch ein ehrlicher und gläubiger Mann in der Stadt war, beschlossen die Götter, ihn zu retten; der Lot von Werbellow gehorchte ihrem Wink und wanderte mit seinem Diener und seiner Habe aus. Unterwegs erinnerte er sich, ein Festkleid daheim liegen gelassen zu haben, und schickte seinen Knecht zurück. Aber der Diener sah an der Stelle der prächtigen Stadt einen stillen, tiefblauen See sich meilenweit ausdehnen. Von Altenhof gegenüber der Schorfheide, wo einst Schloß Bretten stand — auf seinen Fundamenten erhebt sich das Forsthaus, dessen Keller noch viele Erinnerungen an die Askanier bergen sollen — führt ein Gang in die schätzereiche Seestadt hinab. Aber die Tür, welche ihn verschließt, läßt sich nur einmal im Jahr öffnen, an dem Tage nämlich, wo der Werbellin sein Menschenopfer fordert und verschlingt.

Kloster Chorin.

Ein seltsames Gewässer. Im Waldesdunkel rücken plötzlich die Kiefern und Buchen auseinander und umlagern in breitem Ring die verwunschene Stätte. Verwesendes Laub liegt breitgeschichtet am Rande und nährt allerhand unheimliches Wachstum. Niedriges, aber üppig grünendes Buschwerk, hoch in die Halme geschossenes Moorgras drängt sich hart an den regungslos ruhenden Sumpf heran. In so quellender Fülle überwuchert ihn zierliches Sternmoos, mit so dichtgewebtem, hellgrünem Sammetteppich hält es ihn bedeckt, daß die Sonne vergebens sich müht, für ihre funkelnden Farbenspiele ein einziges Wassertröpflein zu finden. Und aus der modrigen, verfaulenden Tiefe des Weihers steigen in mächtigen Bündeln Rohr und Pfeilkraut, abenteuerliches Sumpfgewächs auf, Erlen- und Elsengruppen erheben sich inselartig über die stille, gelbgrüne, mittagsgespenstische Fläche. In den Morast vorgeschoben, überflattern junge Birken ihn da und dort mit ihrem langen, fröhlichen Gezweig, das an Mädchengelock erinnert, wie der ganze Baum an verzauberte Prinzessinnen. Und die Sonne glüht auf den Sumpf, die sommerliche Sonne, daß jedes Blatt, jeder Ast in greller Beleuchtung hervortritt, daß die Farben satter, märchenhafter erscheinen.

Im weiten Umkreis keine Blume, die mit frischem Weiß oder Rot, mit freundlichem Blau das eintönige Grün unterbräche, kein lachendes Leben, kein Vogelschrei — alles vornehmere Getier meidet diesen Platz. Nur vereinzelt hüpft ein junges Krötlein über die Sternmoosdecke fort, die unter der Erschütterung zedert, aber nicht bricht. Zertrümmerst du mit einem Steinwurf die trügerische Hülle, so quillt schwarzer Moder widrig hervor. Wir sehen die Natur bei der Arbeit, blicken in ein ungeheures Grab, wo Millionen von Pflanzen= und Tierleichen verwesen, vertorfen, und leises Grauen beschleicht uns jetzt bei dem Anblick dieser im tiefsten, prächtigsten Grün prangenden Kirchhof= vegetation, die nur dazu bestimmt ist, mit welkenden Körpern den gefräßigen Sumpf dereinst verdichten zu helfen.

Und diesem Moraste gleich, den der Wald wie ein finsteres Ge= heimnis scheu verbirgt, lagen unermeßlich weite Strecken unseres märkischen Landes, ehe das Christentum kam, der Menschenfleiß und die Kultur.

Durch den wunderherrlichen Buchenbestand des schönen Forstes — welche Riesen stehen hier am Wege, welche Baumpaläste! — wall= fahren wir nach Kloster Chorin. Hohes Gras, dunkles Unkraut polstert seinen Hof und erweckt mit eins die Vorstellung weltfremder Stille, einsamer Abgeschiedenheit. Am Fenster der Oberförster= wohnung sitzt kopfnickend, die müden Augen hinter der blauen Brille geschlossen, ein steinaltes Mütterlein, und das Gesangbuch liegt auf der Erde.

Es faßt uns doch wie wehmütige Trauer, melancholische Dank= barkeit faßt uns an, wenn wir das hohe Kirchenschiff durchschreiten. Hier, wo eine spätere, pietät= und religionsarme Zeit aus heiligen Räumen Ställe für ihr Schlachtvieh machte, wo barbarische Unbe= kümmertheit unersetzlich kostbare Grabsteine zu Mauerkalk verarbeitete und wertvolles Gestein zu Chausseebauten, hier mühten sich vordem in ernster, erdrückend schwerer Arbeit, Kranke und Sieche pflegend, einen Acker um den anderen vom störrischen Luch erobernd, die Männer des Zisterzienserordens. Was draußen im Reich und außer= halb seiner Marken Mönche und Klerus auch gefrevelt haben mögen, wie abgrundtief sie in fauler Schlemmerei und frechem Lasterleben auch versunken waren, unsere brandenburgischen Fratres sind immer leuchtende Vorbilder echten Christentums gewesen. Der Glaube an den Nazarener drang sehr spät in unsere Gaue; noch im 12. Jahr= hundert thronten Vielebog und Tschernebog auf märkischen Sand= höhen, und 1542 war der Katholizismus bereits wieder aus dem Lande gejagt. Es war ihm gar keine Zeit vergönnt, zu entarten, und so hat er uns nichts als seine Segnungen hinterlassen. Man weiß, daß gerade die Zisterzienser sich vor allen anderen Orden durch ihre unermüdliche Schaffenslust, durch die befruchtende Verbindung geistlicher und weltlicher Bestrebungen sehr vorteilhaft auszeichneten.

Man weiß, daß sie gehalten waren, ihre Klöster in sumpfigen Tälern zu erbauen, daß die Ordensregel sie zwang, feuchte Niederungen in nahrhafte Wiesen und Getreidefelder umzuwandeln durch Anlage von Kanälen und Teichen. Die Wüsten unserer Heimat haben zum großen Teil Lehnin, Chorin und die anderen Tochterklöster in blühende Gärten verwandelt; das Christentum legte unsere Niederungen trocken und schuf recht eigentlich mit Bibel und Spaten Kurbrandenburg. Diese Mönche haben vorbildlich gewirkt auf unsere Monarchen, sie waren die Lehrmeister des Großen Friedrich und seines Vaters, ihr Geist half ihnen „Provinzen im Frieden erobern".

1231 übergaben laut Schenkungsurkunde die Markgrafen Johann I. und Otto III. dem frommen Vater Theodorich und seiner prämonstratensischen Brüderschaft das Dorf Barsdyn bei Oderberg, wo ein verwahrlostes Hospital bestand. Die Mönche sollten das Krankenhaus seinem heiligen Zwecke wieder zuführen und durch Aufführung eines Klosters seinen Bestand für alle Zeiten sichern, „Schutz und Obdach aber gewähren allen treuen Dienern Gottes, allen Siechen, Fremden und Flüchtlingen". Historisch ist nun nicht festzustellen gewesen, aus welchem Grunde der Klosterbau in Barsdyn unterblieb und der prämonstratensische Konvent auf dem Pählitzwerder im großen Paarsteiner See sich ansiedelte; jedenfalls bestätigte 1233 Papst Gregor die Errichtung und den Güterbesitz des „Klosters der heiligen Jungfrau, Gottesstadt, auf der insula caprarum" („Ziegen-Insel", durch ein Mißverständnis aus „Siechen-Insel" verderbt). Gottesstadt im Mariensee blieb dann bis zum Jahre 1258 in den Händen der Prämonstratenser, wo sie verjagt und ihres Besitzes beraubt wurden, und nun kam das Klosterhospital unter die Obhut Lehnins. Die „geliebten Brüder vom Kloster Mariensee" erhielten auch Barsdyn mit allen Rechten und allem Zubehör zum Geschenk.

Die Mönche und ihre Pflegebefohlenen hatten unter den ewigen, schweren Überschwemmungen in Gottesstadt entsetzlich zu leiden; das kalte Sumpfloch erwies sich zur Krankenheilung als gänzlich ungeeignet, und so erfolgte denn „wegen vieler Beschwerden, welche den Gottdienenden nicht gebühren", im Jahre 1260 die „Übersiedlung nach Koryn", die von den Markgrafen Johann, Ott und Konrad freilich erst am 8. September 1273 genehmigt wurde. Das Kloster, dessen Kirche 1310 fertiggestellt wurde, wuchs rasch an Reichtum und Bedeutung; es eigneten ihm schließlich 52 Güter, Mühlen und Dörfer, 24 Seen und mächtige Wälder.

Kaum drei Jahrhunderte waren vergangen, als der Sang der Wittenberger Nachtigall auch Chorins Mauern einstürzen machte. 1542 erfolgte mit der Säkularisation der Schluß des Klosters. Die Mönche wanderten aus oder erhielten, wenn sie sich zum evangelischen Glauben bekehrten, hübsche Pfarrstellen; ein kleines Häuflein unter Abt Brixius blieb bis zu seinem Lebensende im Kloster; es war ihm erlaubt worden, seinem Gott und der heiligen Jungfrau treu zu bleiben. Der Dreißigjährige Krieg, kaiserliche und auch schwedische Soldateska verwüsteten mit Brand und Raub die Gottesstadt; aus ihren schwärzlichen Trümmern ließ König Friedrich I. ein Invalidenhaus errichten, und sein Nachfolger benutzte die Stätte für Dominialzwecke. Altarschmuck und sonstiger Prunk ward weggeschafft, in die dachstuhllose Ruine strömte der Regen, fiel der Schnee, und bald lag fürchterlich verwüstet und beschmutzt, was als herrlichstes märkisches Heiligtum hätte hochgehalten werden sollen.

Neuerdings hat man der Ehrenpflicht gegen die schöpferische Vergangenheit zu genügen begonnen und die Wiedererbauung Chorins in Angriff genommen.

Alle Schönheiten der dreischiffigen Pfeilerbasilika, die geheimnisvollen Kreuzgänge kommen wieder zum Vorschein, die überraschende, fromme Herrlichkeit des Chors, die mannigfachen Formen der Fenster, denen die Glasmalereien freilich noch fehlen, der reiche Wechsel in den Verzierungen der Säulenkapitäle, der Fries, der Torbogen. Schon sind im Fürstensaal, einem hohen, auf Backsteinsäulen ruhenden Gewölbe, unter der Tünche Freskomalereien entdeckt worden, den König Salomo und die Weisen aus dem Morgenlande darstellend, und man hofft auf weitere Funde; das Refektorium soll wieder auferstehen in alter Pracht.

In ganz besonderer Schöne stellt sich die Westfront der Ruine dar, reich gegliedert, von imposanter Formenschönheit und bezwingender Großartigkeit. Wo den im Kriege von 1870/71 gefallenen Forstmännern ein bescheidenes Denkmal gesetzt worden ist und gleichzeitig der schönste Blick auf das Kloster sich öffnet, verweilen wir gern ein paar Minuten, in ernste Gedanken versunken. Was jene begonnen haben, die unter dem Altar der Klosterkirche schlafen und in dem stolzen Gotteshaus ein unvergängliches Denkmal sich schufen: den Aufbau unseres lieben Vaterlandes — die hochgemuten Jünglinge, von deren Heldentod dieser schlichte Stein berichtet, haben es mit ihrem Herzblut herrlich vollenden helfen.

Sie haben gebaut und wir, so will es scheinen, haben verloren, was sie schufen. Welche Aufgaben erwachsen uns im Dunkel dieser Zeit? Werden die Askanier und die von der Wacht am Rhein wiederkommen? Im Anblick Chorins versunken bejahen wir gläubig die

Phot. J. Albert Schwarz, Berlin.
Kloster Chorin.

Frage. Zeichnet unsere Nachfahren die zähe Kraft und das feste Gottvertrauen derer aus, die einst diese Stätte gründeten, dann wird das wiedererstandene Kloster dereinst ein glorreich wiedererstandenes Deutschland hoch in Ehren sehen. Ein Volk ist nur verloren, das sich selbst verloren gibt. „Irgendwo im deutschen Wald wächst doch bereits der blonde Junge", der die Schmach tilgen wird. Des getrösten uns die aus Schutt und Schmutz wiedererstandenen Hallen Chorins... So berühren sich an diesem heiligen Ort graue Vergangenheit und Gegenwart, und wie ein frommes Gebet für die Tapferen, die Treuen weht die Erinnerung durch unser Gemüt.

Chorins Umgebung ist lieblich und reizvoll, seines Schatzes würdig. Aus dem Forstgarten wandern wir, Deckung vor den niederbrennenden Sonnenstrahlen suchend, durch den Nettelgraben, einen anmutigen kühlen Grund, den mächtige Buchen umdüstern und tief unten ein schwarzblinkendes Bächlein durchrieselt. Die Szenerie gemahnt an Buckow und seine freundlichen „Kehlen". Eine Gatterfalltür öffnet uns dann den Weg, der nach rechts, an der Oberförsterei vorüber, zum Amtssee führt, einem hübschen, mit bewaldeten Ufern und Werdern geschmückten Wasser. An sein Südgestade lehnt sich die alte Klosterschenke. Es rastet sich gut hier an den weißgescheuerten Pappelholztischen, unter stolzen, schattigen Bäumen, während die Blicke über die weißbläuliche Fläche, über den leichtbewölkten Himmel, in die leichtbewölkte Vergangenheit schweifen. Werden und Vergehen, Sonnenglanz und Wetternacht — ein enger Kreis, ein ermüdendes Einerlei, wenn unser Herz darin nicht Gottes Herrlichkeit sieht, die immer aufs neue strahlend emporsteigt, immer wieder die Edelsten und Besten anspornt zur Entfaltung aller Kraft, die nichts vergebens wachsen und welken läßt, keinen Grashalm, keinen Gedanken, keine Tat.

Gewitterdunst kam vom Bruch hergezogen, seine Schleier verhüllten das große Gestirn, knäulten sich zusammen, drehten sich langsam im Kreise, bis träge über die weißen Fetzen dunkelgraues, schier steinernes Gewölk sich schob. Noch leuchtete durch schmale Risse die Sonne in mattem, silbernem Glanz, und wie mit feinem Pinsel aufgetragen glitzerten fern im Osten gelbfunkelnde Striche auf der bleiernen Wand, die sich mählich verbreiterten und dann mächtigen Barren Goldes glichen. Und dazwischen grollte dumpfer, wohl hundert Meilen entfernter, langrollender Donner. Dann Schweigen, atemloses Schweigen. Mit gespenstischem Schritt wandelte das Grauen durch die aufhorchende Landschaft. Kein Blitz, kein Wetterwind. Wie verzaubert standen die Bäume, starr, bewegungslos. Aber phosphorisches Licht umwitterte die Kronen, und bleicher, geisterhafter Schein glomm in der erwartungsbangen Flut zu ihren Füßen

Die stummen Frösche zu Chorin.
Von Adalbert Kühn.

In dem bei dem Kloster Chorin gelegenen kleinen Mariensee befindet sich zwar eine große Zahl von Fröschen, aber so viele ihrer auch darin sind, so läßt doch keiner irgend jemals sein Gequak vernehmen. Das kommt, wie einige behaupten, daher, daß, als das ganze Kloster verwünscht wurde, auch die Frösche mit verwünscht und zu ewigem Schweigen verdammt wurden. Andere behaupten, einst, als noch Mönche in dem Kloster wohnten, hätten die Frösche mit gewaltigem Gequak die Andacht der frommen Männer gestört, so daß die Brüder, als es gar kein Ende hätte nehmen wollen, endlich Gott gebeten hätten, jene auf ewig verstummen zu machen, die Bitte sei auch augenblicklich erfüllt worden. Seit dem Augenblick sind nun die Frösche stumm bis auf den heutigen Tag.

Der tolle Markgraf.
Von W. Weyergang und Dr. G. Thomae.

Gleichweit von Berlin und Stettin entfernt, mit beiden durch die Bahn, mit Stettin auch durch den Fluß in bequemer Verbindung, liegt halb vergessen Schwedt, das einst belebteste und lustigste Städtchen an der Oder.

Schon 1138 bekannt und von den Wenden als „Sweti" oder heilig bezeichnet, hat Schwedt dennoch nicht fortblühen und sich ausdehnen mögen wie andere Städte in weit weniger günstiger Lage und zehrt drum noch immer an seinen Erinnerungen.

Des Gedenkens und Aufzeichnens wert aber erscheint die Zeit, wo es ein einziges kurzes Jahrhundert unter der Herrschaft eigener Markgrafen gestanden.

Dorothea, die zweite Gemahlin des Großen Kurfürsten, hatte, nachdem sie ihre mannigfachen geheimen Pläne zugunsten ihrer eigenen Nachkommen, aus des Großen Kurfürsten zweiter Ehe, hatte scheitern sehen, aus eigenen Mitteln für ihren ältesten Sohn Philipp die verpfändeten Herrschaften Schwedt und Wildenbruch erstanden, welches letztere der alte Derfflinger nach der Schlacht bei Fehrbellin vom Großen Kurfürsten zum Geschenk erhalten und bald wieder veräußert hatte. Allzeit weit vorausschauend, hatte ihr Gemahl an den Verkauf Schwedts, als eines unveräußerlichen Domänengutes, indes die Bedingung geknüpft, daß nach dem Aussterben der männlichen Linie die Herrschaft an das Kurhaus zurückfalle.

Genau ein Jahrhundert nun, von 1690—1789, herrschten im Schwedter Ländchen Dorotheens Nachkommen, die Markgrafen Philipp und dessen beide Söhne Friedrich-Wilhelm und Heinrich. Friedrich Wilhelm, der tolle Markgraf, ist die eigentliche historische Persönlichkeit des lustigen Städtchens Schwedt. Vom königlichen Vormunde und Namensvetter Friedrich Wilhelm I. ganz in dessen starrem Sinne erzogen, ward der junge Markgraf nicht nur zu seinem Lieblinge, sondern bald auch zu seinem Ebenbild im Innern und Äußern.

Des Königs Plan, dem jungen Markgrafen durch eine Heirat mit Anna, der Witwe des letzten Herzogs von Kurland und Nichte Peters des Großen, das erledigte Herzogtum zu gewinnen, war gescheitert, und so beschloß er, ihn zu seinem eigenen Schwiegersohn zu machen. Seine älteste Tochter Wilhelmine, die Lieblingsschwester des Alten Fritz, hielt er wegen ihrer Parteinahme für den widersetzlichen Bruder und wegen ihrer Neigung für den englischen Kronprinzen eben in strenger Haft; ihr hatte er den Markgrafen bestimmt. Dennoch ließ er ihr die Wahl zwischen ihm, dem Herzog von Sachsen-Weißenfels und dem Erbprinzen von Bayreuth. In ihren eigenhändigen Memoiren schildert die Prinzeß die unglaublich schweren Zeiten, die sie vor ihrer Verheiratung und auch später im elterlichen Schlosse zu durchleben hatte. Von Vater und Mutter in entgegengesetzter Richtung bedrängt — die Mutter hielt als hannoverisch-englische Prinzessin an ihren englischen Heiratsplänen fest —, entschied Wilhelmine sich endlich für den Erbprinzen von Bayreuth, nur — weil sie von diesem am wenigsten wußte.

Seiner jüngeren Tochter Sophie ließ der König gar keine Wahl; der Markgraf ward ihr bestimmt, und 1734 hielt die kaum fünfzehnjährige Prinzessin, als seine Gattin, ihren Einzug in das Schloß zu Schwedt a. O. Schon bald nach seiner Vermählung klagte ihr Gemahl, daß ihre Mitgift von 100000 Talern kaum genüge, einen Stall dafür zu bauen. Richtig erbaute er auch seinen Kürassieren ein kostspieliges Reithaus mit kunstvollem Hängedach, obgleich er später wiederholt beklagte, daß er der Schwager Friedrichs des Großen geworden und — wider Willen — Soldat sein müsse. In seiner ersten Regierungszeit fand er wenigstens am Werben riesiger Soldaten und am Ausputz seiner Leibkompagnie ein vorübergehendes Gefallen. Wenn wir den uns überkommenen Beschreibungen trauen dürfen, müssen sich die riesigen Kürassiere in den dunkel gewichsten Kürassen, den weißen, mit hellblauen Aufschlägen gezierten Röcken, den langen, steifen Reiterstiefeln, den rotseidenen Halstüchern, den orangefarbenen Schärpen, Schulter- und Degenbändern mit karmesinroten Quasten, auch seltsam genug ausgenommen haben. Der riesige Pallasch hing ihnen in versilberter Scheide zur Seite, und die hellblauen, weißbeschnürten Patronentaschen enthielten die Munition für die langen Karabiner. Den Mannschaften entsprachen die Pferde; diese waren von schwerer Holsteiner Rasse und ebenso kolossal wie untüchtig zu raschen Bewegungen, mit denen man sie denn auch nicht quälte. Sie mußten ebenfalls zu jeder Zeit spiegelblank geputzt sein und wurden förmlich fett gemästet; ihre tägliche Ration bestand aus 4_5 Metze Korn, 1^3 Metze Hafer, 4 Pfund Heu und 10 Pfund Stroh. Auf längeren Märschen mußten sie von den Reitern am Zügel geführt werden; auf jedem Stücke des Sattelzeuges glänzte spröde Wichse. Kein Wunder, wenn Friedrich der Große nach der Mollwitzer Schlacht ausrief: „Die Kavallerie ist nicht wert, daß sie der Teufel holt, kein Offizier geht mit sie um."

Mit größerer Treue als seine soldatischen Neigungen bewahrte Markgraf Friedrich Wilhelm seinen anerzogenen Charakter durch seine langjährige Regierungszeit. Wie er selbst unablässig tätig und beschäftigt war, so haßte er auch jeden Müßiggänger, und oft schickte er vom Schlosse seine Lakaien aus, um die Spaziergänger von der Freiheit zu vertreiben. „Ihr sollt die Zeit nicht unnütz vergeuden, sondern fleißig sein," herrschte er sie selbst an. Daher mied es jedermann, sich von ihm unbeschäftigt treffen zu lassen, oder wer dieses Mißgeschick hatte, zeigte sich wenigstens zum Scheine tätig. Einer Dame, die er eines Tages überraschte, als sie in behaglicher Ruhe aus ihrem Fenster schaute, rief er zu: „Warte Sie, wenn Sie Langeweile hat, werde ich Ihr zu tun geben", und bald erhielt sie durch einen Diener zwei große Stücke grober Leinwand, mit der Weisung, daraus Hemden für die Kürassiere zu nähen. Auf einer Rückfahrt von Wildenbruch — so wird erzählt — hieß er in Nahhausen den Ortsprediger, der in Schlafrock und Unterhosen vor seiner Tür stand, in seinen Wagen steigen und ihn ein

Stück begleiten. Trotz aller Bitten nahm er ihn mit nach Schwedt und schob ihn mit boshafter Freude, sowohl über die Verlegenheit des Pastors als über den Schrecken der Damen, in das Zimmer der Markgräfin hinein, die eben große Damencour abhielt.

In der Dorfkirche zu Wildenbruch hatte ihn schon immer der für den markgräflichen Sitz zu hohe Stand des Predigers auf der Kanzel geärgert. Um sich dies Ärgernis aus den Augen zu schaffen, gab er — man sagt, es sei dies vor dem Sonntage geschehen, an welchem das Kapitel von der Selbsterhöhung und Selbsterniedrigung den Text der Predigt bilden mußte — gemessenen Befehl, ein Stück aus der Kanzelsäule herauszuschneiden, um dadurch die Kanzel tiefer zu bringen und so den Prediger zu erniedrigen. Man hatte bereits mit der Arbeit begonnen, als man gewahr wurde, daß die Kanzel oben mit vier hölzernen Balken in der dahinter befindlichen Mauer befestigt war. So mußte man die Arbeit aufgeben, und Kanzel und Prediger blieben in ihrer ursprünglichen Höhe stehen. Der runde Sägeschnitt ist aber heute noch an dem Kanzelständer sichtbar.

Ebenso wurde ein markgräflicher Anschlag gegen die Frau des Predigers zuschanden. Diese, einer adligen Familie entsprossen, „trug ihm die Nase zu hoch", wenn sie Sonntags ihren dem markgräflichen Gestühl gegenüberliegenden Sitz eingenommen hatte. Um das hochmütige Gesicht nicht länger zu sehen, ließ er eines Tages den Predigerstuhl versiegeln, in der Voraussetzung, daß die Pastorsfrau es nicht wagen würde, das markgräfliche Siegel zu verletzen. Doch hatte er sich geirrt, denn als sie das nächstemal zur Kirche kam, riß sie im Gefühl der Grenzen markgräflicher Macht ohne Umstände die versiegelte Tür auf und nahm nach wie vor ihren Platz ein. Das Siegel schimmert aber noch heute durch den bei einer späteren Renovierung der Kirche übergestrichenen Firnis hindurch und läßt deutlich die Krone und einen der wilden Männer erkennen.

Natürlich verfehlten auch die Geistlichen nicht, sich gelegentlich an dem Gewaltigen zu rächen. Auf einer Fahrt nach Wildenbruch war eines Sonntags der markgräfliche Wagen bei Marienthal in dem morastigen Wege stecken geblieben. Der hohe Herr schickte den Lakai in das Dorf mit dem Auftrage an den Schulzen, mit Hilfe der Bauern den Wagen aus dem Schlamme herauszuziehen. Schulze und Bauern befanden sich gerade in der Kirche. Da der Schulze die Dringlichkeit des markgräflichen Befehls fühlte und den markgräflichen Zorn vielleicht schon aus Erfahrung kannte, schlich er zur Kanzel und machte dem Herrn Pastor Mitteilung von dem Ereignisse vor dem Dorfe. Dieser setzte wiederum die Gemeinde von dem Unglück in Kenntnis und ermahnte sie, trotz des Sonntags die verlangte Hilfe zu leisten, „denn", fügte er hinzu, „welcher ist unter euch, dem sein Ochse oder Esel in den Brunnen fällt und er ihn nicht alsbald herausziehet am Sabbattage?" — Noch empfindlichere Abfertigung fand der Markgraf bei einem anderen Prediger seiner Herrschaft. Mit der Absicht, diesem seinen markgräflichen Unwillen tatsächlich fühlbar zu machen, drang er in dessen Wohnung ein, nachdem er seinem vor der Tür aufgestellten Lakaien die strenge Weisung gegeben hatte, auf keinen Fall jemand herauszulassen. Allein die Exekution verunglückte gänzlich; denn unter Vertauschung der Rollen bearbeitete der handfeste geistliche Herr mit kräftigen Fäusten die markgräfliche Hoheit so rücksichtslos und schonungslos, daß diese laut zu schreien begann, jedoch infolge der treuen Wacht ihres Dieners, der seinen breiten Rücken gegen die Tür stemmte, ruhig aushalten mußte, bis der hochehrwürdige Herr die Lektion für ausreichend hielt.

Groß war des Markgrafen Tollkühnheit im Reiten und Fahren; die steile Rampe im Schloßgarten wurde mit Rasen belegt — daher damals die grüne Rampe genannt —, damit er hinauf reiten und fahren konnte. Selbst im reiferen Mannesalter war er noch überall voran, wo es galt, einen tollen Streich wüster Ausgelassenheit oder waghalsigen Übermutes auszuführen. Einen getreuen Schildknappen hatte er mehrere Jahre lang an dem jungen Seydlitz, dem nachmaligen berühmten Reitergeneral und Sieger von Roßbach und Zorndorf, dessen Vater (im Jahre 1728) als Rittmeister einer Schwadron im markgräflichen Kürassierregiment nach Schwedt kam, hier jedoch bald starb. Nachdem der bei des Vaters Tode erst achtjährige Knabe einige Schuljahre in Freienwalde zugebracht hatte, trat er im Alter von 13 Jahren als Page in des Markgrafen Dienste. Bald tat er es dem Herrn an tollen Wagnissen zuvor. Ihm genügte es nicht, das wildeste Pferd der eben aus den Wäldern Litauens eingetroffenen Remonte zu besteigen und zu bändigen; er ließ sich den stärksten Vierundzwanzigender des Wildparks einfangen, bestieg ihn ohne Sattel und Zaum und jagte mit ihm über die Heide, bis das Tier niederstürzte. Bei dem absichtlich veranlaßten Durchgehen der scheu gewordenen angespannten Pferde wurden Wetten gemacht, wer aus dem über Stock und Stein hingeschleuderten Wagen durch den geschicktesten Sprung sich zu retten wisse. Eines der verwegensten Stücke des gewandten jungen Reiters war, im Galopp zwischen den sausenden Flügeln einer Windmühle hindurchzureiten, wobei er außer seiner Geschicklichkeit zugleich seine Kunst, dem Pferde jede Scheu abzugewöhnen, bewies. Obgleich Seydlitz so ganz der Mann des Markgrafen war, so wurde doch einmal das Einvernehmen zwischen beiden gestört. Vermöge einer eigentümlichen sympathischen Neigung, mit seinem Pagen nicht bloß seine Freuden, sondern auch seine Leiden zu teilen, zwang der Markgraf diesen einst, sich eine spanische Fliege auf den inneren Oberschenkel legen zu lassen, wie er es selbst auf ärztliche Weisung hatte tun müssen. Der junge Kavalier gehorchte; als er jedoch am anderen Morgen, nachdem das Pflaster über Nacht kräftig gezogen hatte, vom Markgrafen den Befehl erhielt, schnell nach Wildenbruch zu reiten, erregte diese neckisch-boshafte Zumutung seinen Unwillen dermaßen, daß er nach Berlin fuhr, um sich persönlich beim Könige über die unwürdige Behandlung zu beschweren. Infolgedessen ging von diesem an den markgräflichen Vetter, über den schon so manche Beschwerde in Berlin eingelaufen war, ein Kabinettsschreiben ein, in welchem es hieß: „Wenn Ew. Liebden nicht Dero Conduite changiren, so werde Ich Mich nécessitiret sehen, Dero Séjour in Schwedt ein Ende zu machen." Bald jedoch scheint sich das Zerwürfnis zwischen dem Markgrafen und seinem Pagen wieder ausgeglichen zu haben. Als Seydlitz, 17 Jahre alt, als Kornett in das markgräfliche Regiment eingetreten und bald im ersten schlesischen Kriege von seinem ihm nicht gewogenen Rittmeister auf einen sehr gefährlichen Posten gestellt und in österreichische Gefangenschaft geraten war, veranlaßte der König auf Verwendung des Markgrafen den Austausch des jungen Seydlitz gegen einen gefangenen österreichischen Rittmeister und ernannte ihn wegen seiner bei der Gefangennehmung bewiesenen Bravour gleich zum Rittmeister.

Bei seiner Unlust, sich in seiner Stellung in die Schranken von Gesetzen zu fügen, handhabte der Markgraf die Justiz entweder selbst in seiner Weise oder ließ die Beamten nach seinem Sinne schalten. König Friedrich Wilhelm war bei den häufigen Beschwerden kaum jemals anders als mit Drohungen gegen den markgräflichen Vetter und Schwiegersohn vorgegangen, und auch König Friedrich scheint sich lange Zeit auf bloße Ermahnungen des Schwagers beschränkt zu haben. Endlich wurde er jedoch der fortwährenden

Klagen der herrschaftlichen Insassen müde und beschloß, dem Unwesen in Schwedt durch eine Umgestaltung der dortigen Justizverwaltung für immer ein Ende zu machen. Unter dem 17. Dezember 1754 schrieb er an den Markgrafen: „Ich habe zwar von Zeit zu Zeit gehoffet, es würden Ew. Liebden nach meinen so vielfältig an Sie ergangenen Ermahnungen von dem harten Verfahren gegen Dero Untertanen endlich einmal desistieren, und auch Dero Kammer und übrigen Bedienten darunter ernstlichen Einhalt tun; allein Ich muß mit großem Mißvergnügen wahrnehmen, daß meine guten Hoffnungen bis hieher nicht allein unerfüllt geblieben sind, sondern auch die Bedrückungen der armen Leute mehr zu= als abgenommen und die zu deren Hebung veranlaßten vielen Commissiones den gewünschten Effekt nicht gehabt haben" usw. „Ich habe nunmehr resolviert, das schon längst projektierte Justizkollegium in Schwedt wirklich zu etablieren und dergestalt zustande zu bringen, daß solches in Meinem Namen daselbst die Justiz administrieren soll" usw. Der Markgraf bemühte sich, diese ihm fürchterliche Drohung abzuwenden und erwiderte, Sr. Majestät Resolution mache ihn bis an den Tod betrübt. Alsbald antwortete der König, er werde sich durch des Markgrafen Protestation nicht kümmern lassen, und es sollten die für ihn selbst in Eid und Pflicht genommenen Mitglieder seines Justizkollegiums nicht nur aus der markgräflichen Kasse besoldet, sondern ihnen auch ein Haus zum Geschäftslokal eingeräumt und freies Holz nebst Bedarf an Schreibmaterialien überwiesen werden. Des Markgrafen Justizkammer dürfe fortan nur Jurisdiktion über Dienstzwang und Pfändung behalten und unter keiner Bedingung die Instruktion des Justizministers überschreiten. Und wieder protestierte der Markgraf, es sei ein ganz unerhörter Fall, daß der erste Prinz von Geblüt ohne Jurisdiktion, also gleichsam unter beständiger Vormundschaft sein solle; das Königliche Justizkollegium nehme ihm Autorität und Respekt bei seinen Untertanen, das Gehalt der Königlichen Räte könne er durchaus nicht zahlen, da er schon seit zehn Jahren seine Revenüen um 12 000 Taler geschmälert sehe. Schließlich droht er, seine militärischen Würden niederzulegen, für die Güter gar nichts mehr zu tun, sondern sich weit davon zu entfernen, um nicht der Spott seiner Untertanen zu sein. Allein der König ließ sich in seinem Entschlusse nicht wankend machen. Sein Justizkollegium wurde am 10. Mai 1755 zu Schwedt eingerichtet, nachdem die General=Domänenkammer Befehl erhalten hatte, der Justizbeamten Gehalt von der Apanage des Markgrafen abzuziehen, General Meier aber das auf der Freiheit gelegene „Fürstenhaus" mit Gewalt hatte räumen lassen, um daselbst das Gerichtslokal des Kollegiums einzurichten. Trotz und Stolz des tollen Markgrafen waren gebrochen.

Der Bär. 7. Jahrgang. Berlin, Gebr. Paetel.
G. Thomae, Geschichte der Stadt und Herrschaft Schwedt
Berlin, Puttkammer & Mühlbrecht.

Märkischer Tabak.

Der Raucher läßt sich ungern daran erinnern, daß sein geliebtes Kraut nicht durchweg unterm saphirenen Himmel Havannas gewachsen ist; und das Bewußtsein, deutschen Tabak zu verqualmen, würde manchem allen Genuß an seinem Glimmstengel rauben. Aber die Wahrheit darf nicht verschwiegen werden, wenn sie auch Feinschmeckern unangenehm auf die Nerven fällt: etwa ein Drittel alles in Deutschland verbrauchten Tabaks wird im Vaterlande selbst gebaut. Und nicht etwa allein im begünstigteren Süden, jenseits der Mainlinie, wie Partikularisten vielleicht glauben machen möchten. Das ganze Deutschland soll es sein! Auch der Norden steuert zu den täglichen Brandopfern sein gemessen Teil bei. Außer Pommern und Westpreußen ist es unsere Provinz Brandenburg, die den Markt eifrig versorgt. Schwedt steht da an der Spitze. Auch vom Uckermärker und Vierradener hat jeder schon gehört, und jeder spottet über ihn, wie jeder über den Grüneberger Wein spottet. Raucht und trinkt sie aber doch, obgleich häufig unter pomphafterem Namen, und dann natürlich entsprechend teurer.

Tabaksbau ist, zumal im rauhen Norden, ein mühseliges Geschäft, das ungemein viel Sachverständnis, Aufmerksamkeit und Fleiß erfordert. Die südliche einjährige Sommerpflanze findet ihre Existenzbedingungen bei uns nicht ohne weiteres. So kann der Tabaksamen nicht sofort der Erde übergeben, sondern muß erst auf einem Mistbeet (Tabakskutsche), das in der Hauptsache aus drei Schichten Dünger, guter Gartenerde und Komposterde besteht, angekeimt werden. Schon das Ansäen des Tabaks ist nicht so einfach, wie man vielleicht glauben möchte, kommen doch etwa 3000 Samenkörner auf ein Gramm! 14 Tage nach der Aussaat zeigen sich die ersten Pflänzchen, die mit großer Sorgfalt gepflegt werden müssen; sie werden nun auf das freie Feld in Reihen von etwa 40 cm Abstand gesetzt. Zwei Wochen darauf müssen die kleinen Pflänzchen sorgfältig behackt werden, eine äußerst mühsame Arbeit, da unter keinen Umständen Erde auf die Blätter geraten darf. Um möglichst große volle Blätter zu erzielen, wird die Blütenknospe beseitigt, der Tabak, wie man's nennt, „geköpft". Bei dem Bauerntabak, der vielfach leicht in die Breite wächst, pflegt diese Arbeit überflüssig zu sein; die anderen

Phot. Cäsar Pfeifer, Berlin.
Das Trocknen des Tabaks.

Sorten verlangen sie gebieterisch. Später werden auch die neuen kleinen Blattriebe in den Winkeln der alten Blätter ausgebrochen. Hat dann Anfang September das Wachstum der Blätter nachgelassen, welken die unteren „Sandblätter" und ist damit der Tabak „reif" geworden, so beginnt die Ernte. Die Blätter werden dicht am Stengel abgebrochen und oft gleich nach der Güte gemustert. Am besten sind die oberen Blätter, die sich genügend im Sonnenlicht baden konnten; die untern vier bis fünf taugen wenig oder nichts, da sie durch Erde und Nässe meist sehr gelitten haben. Man reiht nach der Ernte die oft fast einen Meter langen Blätter zum Trocknen

auf Schnüre und ersetzt nun in den Tabakscheunen durch kluge Be=
handlung, reiche Luftzufuhr und Wärmeregelung, was in südlicheren
Ländern das Klima ohne weiteres besorgt. Hier ist wieder die größte
Sorgfalt geboten. In manchen Orten, z. B. in Gartz a. O., hängen
die Blätterreihen bei gutem, geeignetem Wetter quer über der Straße;
Nebel und Regen verbieten indes diese Behandlung zumeist. Sind
die Blätter dann vollständig trocken, so gelangen sie in kleinen, ab=
gezählten Bündeln in die Hände des Fabrikanten. Den weiteren
Werdegang, der immerhin vielen Menschen zu ihrem täglichen Brot
verhilft, wollen wir nicht verfolgen.

Daß der Tabaksbau bei uns eine große Zukunft hat, darf man
kaum behaupten. Es wird ihm wohl ähnlich wie dem Weinbau er=
gehen. Die Zungen werden immer leckerer, und der Wettbewerb
der eigentlichen Tabaksländer steigt. Hinzu kommt, daß die an sich
berechtigte hohe Steuer den Verdienst noch wesentlich verkürzt. Er=
wägt man, daß das empfindliche Kraut „neun Wochen im Beete,
neun Wochen auf dem Felde und neun Wochen im Gerüst" bleiben
muß; daß Wetterungunst und andere Zufälligkeiten den Ertrag oft
bedrohlich verringern, so begreift man, weshalb die märkischen Bauern
es vorziehen, die verantwortungsvolle Mühsal besonderen Tabaks=
pflanzern zu überlassen. Sie verpachten ihnen das entsprechend
gut vorbereitete Land und machen im Herbst Halbpart mit ihnen.

Sternberg und die Neumark.

Dietrich von Wackenitz.
Von Hugo von Blomberg.

Das war die Schlacht, die zornige Schlacht
auf Zorndorfs blutigen Wiesen.
Das war, als schlüge der Götter Macht
sich wider die alten Riesen.
Das war, als wenn wider Nordpoleis
sich Stürm' um Stürme wälzen,
und schnaubt ihr Zorn noch einmal so heiß,
die Gletscher wollen nicht schmelzen.

Die Russen waren das Nordpoleis,
die Stürme Preußengeschwader.
Wie standen die einen so fest und stramm,
so fügt sich Quader an Quader!
Wie wagten's die andern immer aufs neu,
so todeskühn und edel,
und prallten an und prallten ab
und brachen sich Ripp und Schädel!

Der Rosse Drang und der Pallasche Wucht,
sie wollten heut' nichts frommen,
und selber der Seydlitz kam zurück,
wie er nimmer zurückgekommen.
Sein Auge düster und bleich die Stirn
und blutig Lipp' und Sporen:
„Beim Teufel ist heut' unser gutes Glück
und die Bataille verloren."

So grollte der Seydlitz müd und matt,
sonst aller Reiter Spiegel.
Da rief der Dietrich von Wackenitz
und hob sich keck im Bügel:

„Das sage mir keiner, daß mein Herr
und König das Feld verliere,
bevor seine Garde hat attackiert.
Wohlauf, ich attackiere!"

Und vorwärts reißt er auf Leben und Tod
die Reiter, dicht geschlossen.
Wie schwimmt und glimmt es silbern und rot
über all ihren dunklen Rossen!
Das kommt auf die Russen in Staub und Qualm,
sie sehen's wie im Traume,
ein Wettergewölk, die Gipfel im Licht,
mit Blitzen gestreift am Saume.

Und eben noch fern die Trompeten hell
wie steigende Lerchen singen,
und schon ist's heran, und schon ist's herein,
und nieder sausen die Klingen.
Und hei, gesprengt ist der lebende Wall
mit lautem Siegesrufe,
und über den knirschenden Russentrotz
hindonnern die preußischen Hufe.

Der Seydlitz sieht's und hinterdrein!
Was soll ich's euch lange noch sagen?
Ihr wißt, wie's den Russen bei Zorndorf ging:
sie standen, bis sie lagen.
Doch wer ein preußischer Reiter ist,
dem gilt es fortan wie beschworen:
„Eh' des Königs Garde hat attackiert,
ist keine Schlacht verloren."

Kunersdorf.
(12. August 1759.)
Von Reinhold Koser.

Die große Entscheidung, die Friedrich suchte und der sein Gegner gern ausgewichen wäre, verzögerte sich für den König unwillkommenerweise um die für den Oderübergang erforderliche Frist. Am 6. August nahm er, noch bei Müllrose, das bei Schiblo über den Fluß gekommene Wedellsche Heer auf, dem der Tag von Kay

7000 Mann gekostet hatte. Am 9. traf Finck ein. Nach den Tages-
listen zählte die vereinigte Streitmacht jetzt 53121 Mann mit
114 Geschützen, außer den Bataillonsstücken. Abgezweigt wurden
9 Bataillone und 5 Schwadronen, teils um das an der Oder zurück-
bleibende Gepäck und die Brücken zu decken, teils um während der
Schlacht dem Feind den Rückzug auf das linke Ufer zu versperren.
Mit der Hauptmasse schickte sich der König für die Nacht vom 10.
auf den 11. zum Übergang an. „In zwei Tagen", schreibt er am
Abend, wieder an Finckenstein, „werdet ihr eine kleine Hymne an
Fortuna richten müssen. Ich glaube, daß Hadik es auf Berlin abgesehen hat, und ich bin genötigt, mich hier zu beeilen, um seinen
Streich beizeiten zu parieren. Ein Verdammter im Fegefeuer ist
in keiner abscheulicheren Lage, als jetzt ich."

Nachdem das Heer ungehindert bei Oscher über den Fluß gelangt
war, lagerte es sich ohne Zelte zwischen den Dörfern Leissow und
Bischofssee. Von den Höhen bei Trettin hatte man den Einblick
in die feindliche Stellung jenseits der von dem Hühnerfließ durch-
schnittenen sumpfigen Einsenkung.

Die Verbündeten hielten den 6—7000 Fuß langen, schmalen
Hügelrücken besetzt, der die im Osten und Süden von Wald, dem
Frankfurter Forst, begrenzte Feldmark von Kunersdorf nach Nordwest
abschließt und sich dort zu dem steilen Talrand der Oder senkt. Die
Front des Lagers war dem Strom zugekehrt, die erst später trocken
gelegten Sümpfe des Hänkerbusches und des großen Elsbruches
machten sie damals in ihrer ganzen Ausdehnung fast unzugänglich.
Nur ein schmaler Saum von herabgeschwemmtem Sand legte sich
zwischen die morastige Niederung und den Höhenzug: der Fahrweg
von Trettin nach dem Frankfurter Brückendamme. Mehrere, durch
tief eingeschnittene Schluchten voneinander getrennte sandige Er-
höhungen, südwestlich die Judenberge, in der Mitte der große Spitzberg, nach Nordost, den Trettiner Höhen gegenüber, die breite Plattform des Mühlbergs, sprangen, mit Batterien gekrönt, nach der
anderen Seite als Bastionen vor und waren durch Erdwerke und Laufgräben verbunden. Nach dem Erscheinen der Preußen auf dem rechten
Oderufer ließ Ssaltykow, wie Fermor bei Zorndorf, das Heer Kehrt
machen und brannte vor seiner nunmehrigen Front die Gehöfte von
Kunersdorf nieder. Die Truppen standen in zwei Treffen auf dem
Höhenzuge, die Reiterei und die Irregulären am Fuße der Judenberge, die Österreicher teils ebendort in der seither Laudonsgrund

geheißenen Einsenkung, teils auf der Höhe im zweiten Treffen des rechten Flügels. Der Wagenpark war auf das jenseitige Ufer geschafft. Die russischen Schlachttruppen beliefen sich auf etwa 40000 Mann, ihre Irregulären auf 10000. Die Österreicher zählten 18—19000, einschließlich etwa 6000 Kroaten.

Den Schlüssel der Stellung bildeten die Judenberge. Wurde dieser Punkt bezwungen, so war nicht bloß das ganze Lager dem Feuer des Siegers ausgesetzt, den Besiegten war dann auch der Rückzug abgeschnitten. Es hat indes wohl von vornherein nicht in der Absicht des Königs gelegen, sich wie bei Prag und Kolin, Leuthen und Zorndorf an die ihm am weitesten abliegende Flanke des Feindes heranzuschieben, wo überdies im vorliegenden Falle der bis auf 300 Schritt an die Schanzen der Judenberge herantretende Wald der Artillerie eine wirksame Vorbereitung des Angriffs unmöglich gemacht hätte. Friedrichs Augenmerk scheint sich vielmehr sofort auf die ihm zugewandte Flanke, den Mühlberg, gerichtet zu haben: wenn er am nächsten Morgen für den Anmarsch zur Schlacht den Umweg durch die Neuendorfer Heide einschlug, so geschah das seiner Angabe nach, weil er in gerader Richtung von Trettin aus sich dem Mühlberge nur auf zwei schmalen, dem russischen Feuer ausgesetzten Dämmen hätte nähern können.

Zum Schutze der Batterien, die von den Trettiner Höhen aus die russische Flanke bestreichen sollten, blieb General Finck mit 8 Bataillonen und 21 Schwadronen zurück, während das Heer seit der zweiten Nachtstunde in zwei Kolonnen über das Hühnerfließ durch den sandigen Forst vorrückte, bis eine langgestreckte Sumpfniederung, die südliche Fortsetzung des Seenbeckens von Kunersdorf, sich dem Marsche vorlegte. Noch im Walde, da kein Unterholz hemmte, wurde aufmarschiert; der linke Flügel, hinter dem fast die ganze Reiterei stand, wurde zurückgehalten, der zum Angriff bestimmte rechte lehnte sich an das Hühnerfließ; voran rückte ein Vortreffen von acht Bataillonen bis hart an den vor dem Mühlberg liegenden, zu dem Bäckergrunde abfallenden Ausgang des Waldes. Auf zwei Waldhöhen am Saume, sowie auf dem kleinen Spitzberg bei Kunersdorf wurden Batterien errichtet.

Erst eine halbe Stunde vor Mittag, denn der beschwerliche Marsch und Aufmarsch im Holze hatte unendliche Zeit erfordert, eröffneten die Batterien aus 60 Geschützen das Feuer gegen den Mühlberg. Bald glitten die Grenadiere des Vortreffens aus ihrem Waldversteck in den Bäckergrund hinab und kletterten jenseits empor, auf 100 Schritt aus den russischen Verschanzungen mit Kleingewehrfeuer und Kartätschen begrüßt. Sie antworteten mit einer Salve und überstiegen mit gefälltem Gewehr die Erdaufwürfe und das in hellen Flammen stehende Verhack. 15 russische Bataillone wandten sich zur Flucht, der Mühlberg mit 40 Geschützen gehörte den Preußen, die Erstürmung hatte ihnen nur etwa 200 Tote und Verwundete gekostet.

Mit der glänzenden Einleitung der Schlacht war für die Angreifer so viel gewonnen, wie am Tage von Leuthen durch die Überwältigung der Höhen von Sagschütz. Aber wenn damals der geschlagene Flügel des angegriffenen Heeres haltlos bis auf die Zentralstellung zurückgerollt war, so bot heute den Russen für die verlorene Flankendeckung schnell eine jener tiefen Falten des Geländes Ersatz und hemmte die Schritte der mit Siegesgeschrei von dem erstürmten Mühlberg her andrängenden Verfolger: der Kuhgrund, durch den vielleicht ehedem der Kunersdorfer Dorfteich und die beiden oberhalb des Ortes liegenden Gewässer, der blanke und der faule See, ihren Abfluß zum Odertal genommen haben, eine etwa 400 Schritt lange, stellenweise bis zu 40 Fuß tiefe Schlucht mit breiter Sandsohle, an den steilen Rändern mit kurzem, glattem Rasen bekleidet. Hinter diesem Einschnitt bildete der Feind aus frischen Truppen, auch österreichischen, mehrere Linien, während zugleich inmitten der Trümmer des an den Grund anstoßenden Kunersdorf der ummauerte Kirchhof stark besetzt wurde.

Wäre auf preußischer Seite Reiterei zum Einhauen und Artillerie zum Nachfeuern gleich in größerer Masse zur Hand gewesen, so würde die Verwirrung unter den Russen viel verheerender um sich gegriffen haben. Vor allem aber fehlte es der glänzenden Attacke der Grenadiere auch an sofortiger Unterstützung durch frische Infanterie. Zwar auf der Plattform des Mühlberges häuften sich die preußischen Bataillone derart, daß der Feind vom Spitzberg aus eine einzige dichte Kolonne zu erblicken glaubte; aber statt nun dem Vortreffen nachzurücken, verirrten sich die Bataillone des rechten Flügels so weit nach rechts, daß sie in das Elsbruch hinunterkamen und erst nach anderthalbstündiger Verspätung wieder oben und zur Ablösung des Vortreffens bereit waren.

Inzwischen mühten sich die braven Grenadiere vergebens damit ab, wie den Mühlberg so auch den steilen jenseitigen Hang des Kuhgrundes zu erklettern; wer sich emporarbeitete, ward hinuntergestoßen.

„Das Würgen", erzählt ein Augenzeuge, „war auf beiden Seiten entsetzlich, weil die Truppen an manchen Orten nicht fünfzig Schritt auseinander standen und das kleine Gewehr in seiner vollen Stärke wirkte." Unter diesen Umständen beschränkten sich die Grenadiere, ohne Unterstützung gelassen, bald auf ein Schützengefecht.

Was dem Frontalangriff nicht gelang, wurde endlich durch Bedrohung der feindlichen Flanken erreicht. Zur Rechten des Grenadierkorps drang längs der Niederung des Elsbruches die Abteilung des Generals Finck vor, der, durch die Batterien des Mühlbergs nicht mehr gehemmt, von Trettin her über die Dämme herangekommen war. Zur Linken stürmte das Regiment Knobloch vom rechten Flügel den Kunersdorfer Kirchhof und öffnete dadurch sich und den Nachbarregimentern zwischen dem Dorfsee und dem Kuhgrund ein Angriffsfeld.

Die feindlichen Truppen räumten den so lange hartnäckig behaupteten Talrand und wurden hinter die neue Verteidigungsstellung zurückgenommen, welche die Heeresleitung inzwischen ausgewählt und hergerichtet hatte: eine etwa 1000 Schritt lange, an beiden Enden durch starke Redouten eingefaßte Querlinie im Zuge der Bodenwelle, die sich von dem großen Spitzberge bis zum tiefen Grunde, der hinter dem Kuhgrund das Schlachtfeld durchschneidenden Schlucht, allmählich absenkt.

An dieser Schranke und insonderheit an dem Bollwerk des großen Spitzberges sind alle weiteren Angriffe der Preußen, deren schwere Geschütze nicht in genügender Anzahl zur Stelle geschafft werden konnten, gescheitert.

Auf der äußersten Rechten, am Elsbruch, kamen Fincks Bataillone, zwischen dem Kuhgrund und dem tiefen Grund, unter die Kartätschenladungen der auf der Höhe aufgestellten Batterien und das Gewehrfeuer immer neuer Gegner. Hier fiel beim Regiment Hausen der Major Ewald v. Kleist, zum Tode verwundet, in die Hände der Kosaken. Den von Kunersdorf herbeigerufenen Reitern des Prinzen Friedrich Eugen von Württemberg gelang es, obgleich sie auf dem schmalen Sandwege zwischen Sumpf und Hügel nur „zu zwei Mann hoch" defilieren konnten, aus der Niederung auf die Hochfläche zu kommen; sie ritten ein Musketierregiment über den Haufen und bedrohten schon die eine der großen Batterien, als zwei russische und ein österreichisches Reiterregiment sie anfielen und von den Höhen hinunterwarfen. Der Prinz selber wurde schwer verwundet.

Ebenso ergebnislos verlief das Gefecht auf der Kunersdorfer Seite. Vom Dorfe her strebten die Regimenter Knobloch, Prinz Heinrich, Fink dem großen Spitzberg zu, und zeitweise ist die Höhe, aber noch nicht die große Redoute, in ihrem Besitz gewesen: der König gedenkt eines Augenblickes, in welchem sein Fußvolk von der schon verlassenen Batterie nur noch 150 Schritt entfernt gewesen sei, als herbeieilende feindliche Reserven den Preußen einen Vorsprung von wenigen Minuten abgewonnen und dann das Kartätschenfeuer aus nächster Nähe auf die Angreifer gerichtet hätten.

Der zurückgehaltene linke Flügel des preußischen Heeres hatte bisher hinter der fast eine viertel Meile langen Linie der Sümpfe und Seen oberhalb von Kunersdorf gestanden. Es kam die Stunde, da auch er eingesetzt werden mußte. Als er zum Kampf anrückte, sollen von den mehr als 30 bisher ins Feuer geschickten Bataillonen kaum noch 21 gegen den Feind gestanden haben.

Nach Friedrichs Theorie sollte die „Refüsierung" des einen Flügels vor allem dem Zwecke dienen, bei einem Mißerfolg des Angriffsflügels dem Heere den geordneten Rückzug zu sichern. An diesem 12. August stellte der König wieder wie bei Leuthen und Zorndorf dem aufgesparten Flügel schließlich eine andere Aufgabe, die Fortführung des stockenden Angriffs, und setzte sich damit über die Sorge um den Rückzug gänzlich hinweg. Im preußischen Offizierkorps, unter den Mitstreitern von Kunersdorf, pflanzte sich die von Gaudi aufgezeichnete Überlieferung fort, daß nach der Wegnahme des Kuhgrundes, als zwei Drittel des vor der Schlacht vom Feinde besetzten Bodens erobert waren, General Finck dem Könige geraten habe, sich ferneren Angriff zu ersparen, „da die Bataille völlig gewonnen sei, unsere Infanterie viel gelitten hätte und der Feind gewiß nur die Nacht abwarten würde, um sich längs der Oder durch die Wälder zurückzuziehen". Der König soll geantwortet haben: der Feind habe gar keine Retraite, wenn er in das Odertal geworfen würde; man müsse die Russen dergestalt in Schrecken setzen, daß ihnen die Lust vergehe, künftig die preußischen Staaten zu betreten. Andere wollten wissen, daß auch Seydlitz, ja alle Generale, den einzigen Wedell ausgenommen, die erlangten Vorteile als ausreichend angesehen hätten; ja es ist behauptet worden, daß man schon nach der Bezwingung des Mühlberges hätte einhalten können oder müssen — eine Meinung, auf die Tempelhoff treffend erwidert hat: das heiße, der König hätte gerade in dem Augenblick haltmachen sollen, da er alle Wahrscheinlichkeit auf seiner Seite hatte, den vollkommensten, entscheidendsten Sieg zu erringen. Ob in irgendeinem späteren Zeitpunkt, etwa nach Erschöpfung des rechten Flügels, der Kampf zweckmäßig abgebrochen worden wäre? Der in der Schlacht verwundete General Hülsen hat bald darauf erklärt, daß auch er als Feldherr die letzte Stellung des Feindes angegriffen haben würde; daß der König Tadel verdient hätte, wenn er es hätte unterlassen wollen. Und schon fünf Tage nach der Schlacht schrieb der Reitergeneral Platen an den Prinzen Heinrich, er könne den Vorwurf, daß der König nach der Wegnahme des Dorfes nicht eingehalten habe, nicht als berechtigt anerkennen; nur war Platen der Meinung, daß es sich in dem bezeichneten Zeitpunkt empfohlen haben würde, nunmehr mit dem linken Flügel die feindliche Stellung in ihrer rechten Flanke zu umfassen. Die ihn wegen seiner Verwegenheit und Ungenügsamkeit gescholten haben, und Friedrich selbst, haben dabei immer angenommen, daß das Hindernis, an dem der Angriff sich brach, der große Spitzberg, bereits das letzte Bollwerk des Feindes, d. h. der Judenberg oder gar der ganz nahe an Frankfurt gelegene Judenkirchhof gewesen sei, und diese irrige Annahme hat die Tadler in ihrer Vorstellung von der Zugänglichkeit des erstrittenen Teilerfolgs, den König aber in seiner Tendenz auf völlige Vernichtung des Gegners bestärkt. In Wirklichkeit hätten die Verbündeten auch nach Verlust des großen Spitzbergs immer noch eine Zuflucht hinterwärts gefunden und würden so den letzten Abschnitt des Schlachtfeldes behauptet haben, obgleich die auf dem Judenberge aufgestellte Reserve schließlich, in dem Maße, als der preußische Angriff Zug um Zug ihre Abberufung erheischte, bis auf sechs österreichische Bataillone und drei Husarenregimenter zusammenschrumpfte.

Die Tadler, denen des Königs zähes Festhalten an dem lockenden Bilde eines Vernichtungsschlages ein Ärgernis oder eine Torheit gewesen ist, waren dieselben, die sein kühnes Bataillieren von vornherein verurteilten. Oft mit ihren Ausstellungen einverstanden, hat ein späterer Kritiker, der Franzose Jomini, für die Beurteilung des Entschlusses von Kunersdorf doch das richtige Wort gefunden: es sei lächerlich, einem General nachträglich vorzuwerfen, daß er den Sieg habe verfolgen wollen — wie dürfe man einen großen Mann tadeln, wenn er die Hälfte eines verschanzten Lagers in seine Gewalt gebracht, daß er den Rest über den Haufen zu rennen gesucht habe? Und vergessen wir nicht, daß dem Könige, als sein rechter

Flügel erlahmte und wich, noch 20 unberührte Bataillone, deren Mehrzahl allerdings in der Schlacht bei Kay gelitten hatte, und die große Masse seiner Reiterei zur Verfügung standen.

Es bleibt dahingestellt, ob es möglich gewesen wäre, wie Platen und spätere es gewünscht hätten, diese frischen Bataillone durch die Seeniederung hindurchzuziehen und zu einer Umfassung der feindlichen Stellung von der Südseite her zu verwenden. Genug, daß sich der König dahin entschied, seinen Angriff immer wieder auf denselben Punkt zu richten und also auch den linken Flügel auf dem beengten Raum rechts vom Dorfteiche gegen den großen Spitz= berg losstoßen zu lassen: zu dem Behuf mußten die Bataillone erst längs der Seelinie bis zu dem Kunersdorfer Kirchhof heran= marschieren.

Auf dem Gelände südlich des Dorfes blieb somit nur die Reiterei. In halber Zugbreite waren die Schwadronen auf dem etwa 200 Schritt messenden Talboden zwischen dem Dorfteich und dem blanken See hindurchgegangen und hatten sich unter dem Schutz einer Boden= anschwellung formiert. Seydlitz, der den Verlauf des Kampfes an= fänglich von dem kleinen Spitzberg bei Kunersdorf überschaut hatte, war auf den rechten Flügel zu dem Könige geritten, um ihm vorzustellen, daß die Kavallerie auf dem vor ihr liegenden Felde nicht wohl angreifen könne. Auf dem Standort des Königs wurde ihm durch eine Kugel der Degengriff in die Hand hineingetrieben; er mußte sich ebenso vom Kampfplatze fortschaffen lassen wie der andere Reitergeneral, der Württemberger. An den Attacken dieses Tages hat der Sieger von Zorndorf somit keinen Teil gehabt.

Nicht in Masse, nur truppweise, gleichsam tastend, schickten sich die Reiter zum Angriff an. Die preußischen Pallasche verstanden vortrefflich, unter gelockerter Infanterie aufzuräumen; sie hatten im freien Felde auch schon Batterien genommen; hier aber, bei dem An= griff auf ein befestigtes Lager, trennten den Angreifer von den Feuer= schlünden, die ihn jetzt mit Kartätschen überschütteten, Schanzen und Wälle, Palisaden und Wolfsgruben. Der Angriff brach sich und flutete zurück.

Generalleutnant v. Platen, der das zweite Reitertreffen führte, erkannte, daß hier das Spiel zu hohen Einsatz erheischte. Er zog sich mit der ganzen Kavallerie dieses Flügels nach links, so daß er die Verschanzungen des Spitzberges nun zu seiner Rechten hatte, und ließ durch die Dragoner von Schorlemer ausspähen, ob die

Redoute von hinten zu umgehen sei. Dort aber zeigten sich große Kavalleriemassen, die Batterien deckend und von ihnen gedeckt.

Es war fünf Uhr vorüber. Das Feuer des kleinen Gewehrs hatte bisher ununterbrochen angedauert. Sämtliche Bataillone auch des linken preußischen Flügels hatten der Reihe nach ihre Kraft an den feindlichen Schanzen versucht, sämtlich vergebens: der Feind hat, so besagt der österreichische Schlachtbericht, „bei seiner wenigstens siebenmal erneuten Attacke jedesmal mit frischen Truppen kämpfen müssen". Diese abgearbeitete, todmüde Infanterie war für den Gnadenstoß reif. Mit vier Kompagnien reitender Grenadiere und im zweiten Treffen mit zehn Schwadronen Dragonern brach Laudon am Häuckerbusch quer durch die eigenen Bataillone aus Staub- und Rauchwolken jählings in die preußische Feuerlinie ein. Ihr letzter Zusammenhalt löste sich, was noch stand und zum Teil noch eben avancierte, flüchtete nach Kunersdorf und über den Kuhgrund zurück. Die Entscheidung war gefallen.

Vom Kuhgrund bis auf den Mühlberg, in dem in den ersten Nachmittagsstunden erkämpften Teil des russischen Lagers, stauten sich die Trümmer aller an diesem blutigen Sonntag im Feuer gewesenen Bataillone und bargen sich in den Bodenfalten gegen den Traubenhagel der berühmten weittragenden Haubitzen von Peter Schuwalows Erfindung. Seit fünfzehn Stunden auf den Beinen — auf dem Marsch, während des Haltens und im Kampfe dem Sonnenbrand eines erdrückend heißen Augusttages ausgesetzt, war die Truppe jetzt völlig verbraucht; auch die Gegenwart und das Beispiel des Königs fruchtete nichts mehr. „Der König", berichtete ein schlichter westfälischer Musketier nach der Schlacht in die Heimat, „ist allzeit vorn gewesen und hat gesagt: ‚Kinder, verlaßt mich nicht,' und hat noch zuletzt eine Fahne von Prinz Heinrichs Regiment genommen und gesagt: ‚Wer ein braver Soldat ist, der folge mir!' Wer noch Patronen hatte, ging getrost. Zuletzt soll er selber Rechtsum! kommandiert haben und gesagt: ‚Ziehet euch zurück, Kinder!'"

Zwei Pferde waren ihm unter dem Leibe zusammengeschossen. Eine Flintenkugel, die ihm den Tod hätte bringen müssen, prallte an dem goldenen Etui in seiner Tasche ab, nachdem sie es plattgedrückt. Die Beschwörungen seiner Begleiter, sich dem Feuer zu entziehen, wies er mit den Worten ab: „Wir müssen hier alles versuchen, um die Bataille zu gewinnen, und ich muß hier wie jeder andere meine Schuldigkeit tun."

Erst auf dem Mühlberg gelang es ihm, mit den beiden Bataillonen des schlesischen Regiments Lestwitz und einiger Reiterei unter dem Schutze einer sechspfündigen Batterie eine neue Front zu bilden, worauf, wie ein russischer Bericht sagt, „seine Attacke unter entsetzlichem Artilleriefeuer den Anfang nahm und eine solche Wirkung tat, daß unsere Truppen, welche sich zum Teil verschossen hatten, wieder zu pliieren anfingen".

Hier hätte eine starke Kavalleriereserve die völlige Niederlage noch wenden mögen. Der König hat sich nachher beklagt, daß zwei Stunden vor Ausgang des Kampfes keine Reiterei mehr sich habe sehen lassen. Auf dem linken Flügel war Platen in seiner dem eigentlichen Schlachtfelde weit entrückten abwartenden Stellung plötzlich von österreichischen und russischen Schwadronen angefallen worden. Zwei Angriffen hielt er stand, dann aber kam seine Reiterei in volle Unordnung und flüchtete an Kunersdorf vorbei den Wäldern zu, durch die man am Morgen gekommen war; bei den Kunersdorfer Kohlgärten lagen die toten Kürassiere mit ihren großen schwarzen Pferden ganz dicht. Auf der Oderseite, dem rechten Flügel, waren immerhin noch einige Regimenter zur Stelle. An der Spitze seiner weißen Husaren fand General Puttkamer den Heldentod; zwei Schwadronen Leibkürassiere hieben in das Infanterieregiment Narwa ein, wurden aber von den Tschugoschow-Kosaken in den Sumpf gedrängt und verloren ihren Kommandeur als Gefangenen und eine Standarte. Nachher bekamen die Krockow-Dragoner mit den Kosaken „alle Hände voll zu tun", bis sie ihnen durch Anzündung eines Verhacks den Weg sperrten.

Der Widerstand des Königs und seiner letzten Getreuen am Mühlberg gab dem geschlagenen Heere eine knappe Frist für den Rückzug über die Dämme nach Trettin. Nun aber wurde es auch für die kleine Schar dort oben hohe Zeit zum Abzug. Schon wurde in ihrem Rücken das Regiment Pioniere, das während der Schlacht die Batterien am Dorfe gedeckt hatte, umzingelt und zum größten Teil gefangen. Als einer der letzten verließ den letzten Kampfplatz der König; starren Auges, wie in Betäubung versunken. „Kann mich denn keine verwünschte Kugel treffen?" hörte man ihn sagen. Hart hinter ihm her kommen Kosaken angesprengt, ein Entrinnen scheint nicht mehr möglich. „Prittwitz, ich bin verloren," ruft der König dem Rittmeister von den Leibhusaren zu, der mit einem Kommando von seinem Regiment die Stabswache bildet. „Nein, Ihre Majestät, das soll nicht geschehen, solange noch ein Atem in uns ist," antwortet Prittwitz und schlägt mit seinem Häuflein in wiederholtem Angriff die Verfolger ab. Nie hat ein Regiment des Ehrennamens einer Leibtruppe sich in eigentlicherem Sinne wert gezeigt, und zeit seines Lebens hat der König seinem Retter diesen Dienst nicht vergessen.

In dem Lager von gestern, wo die in verschiedenen Richtungen Geflüchteten wieder zusammentrafen, war ihres Bleibens nicht lange. So groß war der Schrecken der Mannschaft, daß gegen zehn Uhr in der Nacht auf den blinden Lärm vom Nahen der Kosaken alles weiterlief, während doch der Feind vom Verfolgen sehr bald abgelassen hatte. Erst in dem Winkel zwischen Warthebruch und Oder vor den Brücken bei Ötscher kam die Flucht zum Stehen. Niemand, der nicht verwundet war, wurde herübergelassen. Das ganze Dorf war mit Verwundeten überfüllt, der König nahm seine Unterkunft in einem Hause am Ufer. Eine kurze Mitteilung von dem Geschehenen an Finckenstein schloß mit den Worten: „Von einem Heer von 48000 Mann habe ich nicht mehr 3000. In dem Augenblick, da ich dies schreibe, flieht alles, und ich bin nicht mehr Herr meiner Leute. Man wird in Berlin wohl daran tun, an seine Sicherheit zu denken. Es ist ein grausamer Schlag, ich werde ihn nicht überleben, die Folgen der Affäre werden schlimmer sein als die Affäre selbst. Ich habe keine Hilfsmittel mehr, und, um nicht zu lügen, ich glaube alles verloren. Ich werde den Untergang meines Vaterlandes nicht überleben. Adieu für immer!"

R. Koser, König Friedrich der Große. Band II.
Stuttgart, J. G. Cottasche Verlagsbuchh. Nachf.

Ewald Christian von Kleists Heldentod.
Von E. Handen.

Der Unglückstag von Kunersdorf riß auch einen der Edelsten aus jenem edlen Geschlecht nieder, das mit größerem Recht als irgendein anderes Leier und Schwert im Wappen tragen darf: Ewald Christian von Kleist ward auf den Tod verwundet. Der Sänger und Soldat hatte sich in Wahrheit als rechter Held gezeigt. Drei russische Batterien hatte er mit seinem Bataillon erobert und dabei zwölf Wunden davongetragen. Als ihm die Finger der rechten Hand zerschmettert waren, nahm er, nach echter Preußenart, den Degen in die linke Hand, und als ein Schuß den linken Arm zerschmetterte, da griff er wieder mit der verwundeten Rechten nach der Waffe. Schon sprengte er gegen die vierte Batterie heran, da ereilte ihn sein Verhängnis, ein Kartätschenschuß zerschmetterte ihm das rechte Bein, und mit dem Ruf: „Kinder, verlaßt euren König nicht!" sank er herab vom Pferde. Noch aber wollte der Held das Schlachtfeld nicht verlassen, denn unerschüttert stand die feindliche Batterie vor ihm — sie sollte, sie mußte genommen werden! Zweimal versuchte er es, sich wieder auf sein Pferd heben zu lassen, doch vergebens — des Schicksals eherner Wille war mächtiger als der seine. Er mußte einwilligen, sich hinter die Front tragen und verbinden zu lassen. Da riß dem Feldscher neben ihm eine Kugel das Haupt vom Rumpfe. Hilflos und allein blieb der Schwerverwundete liegen; die Kameraden hatten, besiegt, das Schlachtfeld räumen müssen; — Rußlands wilde Krieger beraubten den hilflosen Offizier und warfen ihn in einen Sumpf. Die ganze furchtbare Nacht über lag der Unglückliche nackt und fiebernd im Moraste. Erst am Mittag des anderen Tages fand ihn ein russischer Offizier, dem der Name Kleist, als er ihn von den Lippen des Verwundeten hörte, nicht fremd war. Er ließ den Dichter in trockene Kleider hüllen und alsbald nach Frankfurt in das Haus des Professors Nikolai bringen, wo er vierundzwanzig Stunden nach seiner Verwundung die erste ärztliche Hilfe erhielt. Trotz seines schwerleidenden Zustandes, den die entsetzliche Nacht auf das Äußerste verschlimmert hatte, hoffte man ihn dennoch zu retten. Doch vergebens. Am zwölften Tage nach der Schlacht bei Kunersdorf trat der Genius des Todes an Christian Ewald von Kleists Schmerzenslager und löste mild jeden Zwiespalt, der das Leben des Dichters verbittert, stillte den Schmerz, der in der Brust des Mannes gelebt hatte. Am 24. August hörte das treue und große Herz zu schlagen auf.

Als man den Verblichenen zur Ruhe bestatten wollte, fehlte ein Preußendegen, den Sarg des toten Helden zu schmücken; der seinige ruhte ja draußen auf blutiger Wahlstatt! Da legte ein russischer Offizier den eigenen Degen auf die Bahre und hat dadurch sich selbst so hoch geehrt wie den Feind, dem er die letzte Ehre erweisen wollte. Auf einem Kirchhof zu Frankfurt an der Oder wurde der Dichterheld bestattet. Eine einfache Siegessäule aus Sandstein ist sein Grabmonument, das die Inschrift trägt: „Ci gît le guerrier, le poète Chrétien Ewald de Kleist, né le cinq mars 1715, mort le vingt-quatre août 1759". Und darunter:

„Für Friedrich kämpfend, sank er nieder,
so wünschte es sein Heldengeist.
Unsterblich groß durch seine Lieder,
der Menschenfreund, der weise Kleist."

Den schönsten Grabesschmuck aber hat er sich selbst geflochten: den Lorbeerkranz des Dichters und des Helden.

Der Bär. 1875. Berlin, Gebrüder Paetel.

Alt-Küstrinchen.   Phot. Oskar Pfeiffer, Berlin.

Küstrin.
Von Marie v. Bunsen.

Küstrin ist eine Überraschung: eine aktive, auf der modernsten Höhe stehende preußische Festung, und dabei von verträumt poetischem Reiz! Hohe, alte Wälle und Bastionen ziehen sich entlang, hinter großen Bäumen liegen altmodische Häuser, es erhebt sich das große, stattliche Schloß. Es ist die gleiche Lage wie das Schloß der Brandenburger in Berlin, in Köpenick, in Frankfurt, hart am Fluß. Wundervoll sind die Wälle, ihr blasses, verwittertes Rot wird noch durch gelegentliche orangegelbe und grauweiße Töne gedämpft. Ganz langsam, diese letzte Stunde ausnutzend, treibe ich vorbei. Im „Fontane" hatte ich die durch einen Plan veranschaulichte Beschreibung der Katte-Tragödie gelesen; dies war also die Brandenburg-Bastion, dort waren zweihundert Mann aufgestellt (gerade jetzt standen dort Truppen in Reih und Glied), und dort, am Schloßflügel, am letzten Fenster des ersten Stocks, stand der Kronprinz Fritz. Hier ging Katte zwischen zwei Feldpredigern vorbei und sah zum Fenster hinauf, an jener Bastion kniete er auf den Sandhaufen; wie der Oberst v. Schack es schildert: „Ein Streich, der Kopf flog ab, mein Kerl (Bursche) hob ihn auf."

Langsam treibe ich vorbei.

Nachher ging ich über die Brücke in die Stadt. Der Weg führte an Bastionen vorbei, stilles Wasser umschloß die Mauern, dort wuchsen Schilfhalme und lila Wicken, Wasserlilienblätter mit verspäteten Blüten lagen auf dem tiefdunklen Spiegel. Ich kam durch das Tor, altmodische Proviantshäuser, ein baumbestandener Platz, eine Zopfkirche, das große Schloß, die Fassade des Zeughauses aus dem 18. Jahrhundert mit großen Wappen und Ornamenten jener Zeit. Hierher hatte man den gefangenen Kronprinzen gebracht; dort, jene Berliner Straße herunter, kam am 2. September ein verschlossener Wagen; weder er noch seine Begleiter wußten, ob er das Schloß, in dessen Hof sie einbogen, lebend verlassen werde. „A quelle barbarie j'ai été livré dans cette infernale citadelle!" Am 6. November, nach strengster Haft, kam der furchtbare Tag der Hinrichtung seines Freundes. Hatte Katte den Tod verdient? Das Kriegsgericht fand auf lebenslängliche Festung. Der König stieß das Urteil um: „Das Kriegsgericht soll wieder zusammenkommen und anders sprechen." Das Gericht blieb bei seinem Spruch. Friedrich Wilhelm dekretierte den Tod; man hat seine Begründung sehr bewundert, „es soll ihm gesagt werden, daß es Sr. Königl. Majestät sehr leid täte, es wäre aber besser, daß er stürbe, als daß die Justiz aus der Welt käme". Zweifellos glaubte er diesen Worten; den Schlüssel gibt, scheint mir, der frühere Satz dieses merkwürdigen Schreibens: „Er hat mit der aufgehenden Sonne tramieret." Die uralte Spannung zwischen Thronfolger und Herrscher! Gewiß spielte diese Empfindung unbewußt mit, gewiß erschien ihm sein leidenschaftlicher Zorn wohlberechtigt. Autokrat in einer absolutistisch regierten Zeit, war er sich bewußt, gewissenhaft für das ihm von Gott anvertraute Land zu sorgen, er war nicht liederlich, schlaff wie seine Kollegen in Dresden, London, Petersburg oder Paris — nein, und ihn, den gottesfürchtigen, fleißigen Landesvater verriet dieser Mensch an seinen verlogenen, untauglichen Sohn! Katte sollte sich verrechnet haben.

Noch war er, Friedrich Wilhelm, Gebieter. Heute wird keiner das Urteil bedauern. Katte sühnte ein verfahrenes Dasein durch ein edles Ende. Sein Tod wurde der Wendepunkt im Leben Friedrichs des Großen. Wäre lebenslängliche Haft verhängt worden, hätte er grollend, empört den Tod des Vaters herbeigesehnt, um den Freund zu befreien. Der furchtbare Schlag führte ihn zu der ernsten Auffassung seiner Pflichten. Bis hierher wenig sympathisch, wenig ansprechend, doch von jetzt an verspürt man den tiefen und großen Menschen. „Durch meine Schuld ist Katte gestorben", das war der Umschwung. Wie dies die Inschrift am Schloß gut ausdrückt, Küstrin war ihm die Lebensschule. Ringsumher liegt der Oderbruch, das fruchtbare Land, das später seine unermüdliche Sorgfalt schuf. Hier in Küstrin fing er fleißig und aufmerksam an, sich um wirtschaftliche Fragen zu kümmern. Als er die Stadt endgültig verließ, fragte ihn der Präsident v. Münchow, was all jene, unter denen er hätte leiden müssen, dereinst von ihm zu erwarten hätten. „Ich werde feurige Kohlen auf ihr Haupt sammeln", antwortete der Prinz und hat das Wort gehalten.

Behagliche, altmodische Häuser; die Russen hatten die Festung zerschossen, durch Friedrichs energische Hilfe wurde das Vernichtete wieder aufgebaut. Der Marktplatz ist erstaunlich gut. So wurde vor anderthalb Jahrhunderten trotz der Bedrängnisse der Zeit gebaut. In England wäre dies damals lange nicht so gut ausgefallen, der Tiefstand englischer Architektur fällt mit dem Höhepunkt ihrer Malerei zusammen. Auch nicht in Italien, und hier ist keine platte Nachahmung Frankreichs; dies hat deutschen Charakter. Einheitliche große, rote Dächer, jedes Haus hat anspruchslose, gefällige, kleine Ornamente, seine bescheidene Eigenart; ein vernünftiger, wohnlicher Stil.

In diesem Hause verbrachte Königin Luise 1806 schwere Tage nach Jena.

Die Straße führt durch das Tor hinaus über den Damm. Da liegt Küstrin-Altstadt in seinem Gürtel malerischer Bastionen, vom schlummernden Wasser, von Wasserrosen umgeben. Jetzt wird mir das Rätsel der stimmungsvollen Schönheit der Festung klar. Das neue häßliche Leben mit seinen Warenhäusern und sonstigen Zeichen des Fortschrittes hat sich außerhalb in Küstrin-Neustadt die Stätte bereitet, es liegen die auf der letzten Vervollkommnung stehenden Festungswerke unauffällig versteckt in der Ferne. So blieb, vielleicht von wenigen gewürdigt, eine geradezu ungewöhnlich echte alte Stadt. Alt nicht nach Jahren, sie stammt hauptsächlich aus den sechziger Jahren des 18. Jahrhunderts, aber im Sinne der uns verlorenen Harmonie. Hätte das alte Küstrin noch seine ursprünglichen Tore, die Tore, durch welche der gefangene Kronprinz, die verzweifelte schöne Königin hindurchfuhren, es wäre eine unberührte, historisch-ästhetische Oase. Auch fehlt einem der Glaube an die Notwendigkeit der neunüchternen Tore; wahrscheinlich fand man es bequemer, die alten nicht auszubessern, sondern gleich neue zu errichten, und für das Historisch-Interessante sorgte man durch Errichtung patriotischer Statuen.

Jenseits der fruchtbaren, von Wasserarmen durchzogenen Ebene liegt Tamsel; nach so vielen schmerzlichen Erinnerungen hat dieses Wort einen freundlichen Klang. Dort im alten Schloß des Feldmarschalls v. Schöning — hierher hatte er aus dem Türkenfeldzug eine Paschatochter gebracht — lebte die anmutige blonde Frau v. Wrech. Als der Kronprinz Fritz endlich begnadigt wurde, genoß er bei dieser Nachbarin glückliche Stunden. Hier in Tamsel wurde ihm die eine poetische Liebesepisode seines Lebens zuteil.

Deutsche Rundschau.

Küstrin 1806.

Kommandant der Festung Küstrin war ein Riese, der Oberst von Ingersleben. Im Jahre 1792 auf dem Rückzug aus der Champagne hatte er den Orden pour le mérite auf folgende Art erhalten. Die Ruhr grassierte, die Wege waren grundlos, die Artillerie blieb im Kote stecken, und die Kaballerie mußte absitzen und ihre Pferde hergeben, um die Kanonen fortzuschaffen. Der König (Friedrich Wilhelm II.) setzte großen Wert darauf, kein Geschütz stehen zu lassen. Eines Tages quälten sich die Artilleristen mit einer solchen Kanone, wobei das Regiment, in dem unser Ingersleben stand, eben vorbeizog. Ingersleben saß auf einem seiner gewaltigen Gestalt angemessenen riesigen Braunen, der noch sehr wohl imstande war. Er hatte den König von weitem kommen sehen, sprang vom Pferde, steckte seinen Braunen in eins der Geschirre, ließ aber wohlbedacht den Sattel mit Pistolenhalfter und der großen, goldgestickten Paradeschabracke darauf, schrie tüchtig, tat sehr geschäftig, legte selbst Hand

an und trieb so, wie der König vorbeiritt, die Kanone aus dem
Dreck heraus. Der fragte sogleich, wem das Pferd gehöre, und gab
ihm den Orden. Sowie er aber nun weit genug war, spannte
Ingersleben seinen Braunen wieder aus, setzte sich auf und ließ
die Kanone stehen. Nachher wurde er wegen üblen Betragens vor
dem Feinde vom Regiment entfernt und später durch Fürsprache
Kommandant von Küstrin.

Diesen Kerl fand der König dort, fragte ihn, ob die Festung
mit allem versehen sei und wie lange er sie verteidigen könne. Ingers=
leben erwiderte, er könne sie gar nicht verteidigen, sie sei mit nichts
versehen und die Festungswerke alle verfallen. Der König umging
die Festung, fand im Gegenteil die Werke im vollkommensten Zu=
stande und ließ die Zeughäuser durch seinen Flügeladjutanten, Major
von Jagow (später Oberstallmeister) visitieren, der Geschütz und
Munition im Überfluß fand.

Nun wurde Ingersleben zur Rede gestellt und erwiderte, daß
ihm dies zu gar nichts helfen würde, da die Garnison, sobald sie
eingeschlossen würde, nichts zu leben hätte. — Jagow mußte die
Magazine visitieren und fand auf ein halbes Jahr Mehl im Vorrat.
Nun meinte Ingersleben, Brot sei zwar genug, ihm fehle Fleisch.
Wie nun darüber deliberiert wurde, führte der Zufall den Herrn
von Itzenplitz ins Vorzimmer, und wie er die angebliche Not hörte,
ließ er sich beim Könige melden und trug ihm vor: daß Se. Majestät
dicht vor den Toren von Küstrin fünf große Ämter besäßen, Sachsen=
dorf, Golzow, Friedrichsaue, Kienitz und Wollup, deren Pächter
in diesem Augenblick nicht weniger als 1000 Mastochsen auf dem
Stall und außerdem gewiß 800 Zugochsen und Kühe hätten. Es
bedürfe nur einer Autorisation, damit sie deren Wert von ihrer zu
zahlenden Pacht abrechnen dürften, um mehr Vieh in die kleine
Festung zu schaffen, als sie in Jahr und Tag verzehren könnte; und
da die Pächter sämtlich wohlhabende Leute seien, so könnten sie
ebenfalls das nötige Heu zum Futter bezahlen, welches die Küstriner
Kietzer (Fischer) auf ihren weitläufigen Wiesen dicht an der Festung
zum Verkauf zu stehen hätten.

Der König, hocherfreut, gab dem Itzenplitz die nötige Vollmacht,
alles auf den genannten Ämtern zu besorgen, befahl dem Ingersleben,
morgen durch Kommandos alles hereinholen zu lassen; Itzenplitz
reiste ab und meldete, ehe vierundzwanzig Stunden vergangen waren,
daß alles bereit sei. Nun stellte Ingersleben noch vor, daß er

kein Bombardement aushalten könne, und mußte abermals verstummen, wie ihm seine weitläufigen bombenfesten Kasematten gezeigt wurden. Kurz gesagt, — hatte je ein Kommandant sich deutlich das Urteil gesprochen, daß er fortgejagt und ein anderer Kommandant gesetzt werden müsse, so war es Ingersleben gewesen. Aber der König tat es nicht, sondern redete ihm freundlich zu, ermahnte ihn und brachte ihn endlich dahin, daß er so gütig war, zu versprechen, er wolle sich wirklich verteidigen. Hierauf empfahl ihm der König die Sicherheit der Armee, die sich hinter der Oder sammeln solle, gab ihm die Hand und reiste ab.

Alle diese genauen Umstände weiß ich von den Personen, die in Begleitung des Königs bei dieser schlechten Farce zugegen waren. Kaum war aber der König in Stargard angekommen, so erfuhr er die Kapitulation des Fürsten Hohenlohe und schrieb nun an Ingersleben, indem er ihm dieses Unglück anzeigte: „Er hoffe, er werde so handeln, wie er für das Beste des Staats für notwendig erachte."

Daß diese Ausdrücke wie Balsam in Ingerslebens angstvollen Busen tröpfeln würden und daß ihm das Beste des Staats in der schleunigsten Übergabe seiner Festung liegen würde, konnte ein jeder leicht voraussehen. In der Tat hatte er schon weder seine Ochsen noch sein Heu hereinholen lassen, und wie in denselben Tagen Davout, nach Posen marschierend, seine Avantgarde in Müncheberg hatte, fiel es einem auf der Straße nach Küstrin vorgeschickten Husaren- oder Chasseuroffizier ein, zu versuchen, ob er die Festung nicht bekommen könne. Er ritt daher mit seinen vierzig Mann bis an die abgebrannte Oderbrücke, ließ blasen und forderte die Festung auf. Ingersleben erbat sich Bedenkzeit. Hierauf tobte der Offizier, befahl, der Kommandant solle augenblicklich zu ihm herüberkommen, wenn er nicht die Stadt wolle in Flammen aufgehen sehen! Ingersleben setzte sich gehorsamlich in einen Kahn und fährt hinüber, die Kapitulation wird abgeschlossen, die Garnison (wie allenthalben) kriegsgefangen, Ingersleben aber kann frei fortgehen. Der Franzose macht sich wohlweislich die Bedingung, daß er erst vom dritten Tag von da einrücken will und sendet zurück, man möge eiligst Infanterie schicken, um die Festung zu besetzen. Ehe aber ein Bataillon auf Wagen gesetzt ankommen kann, hat schon in der Festung von der vier Depot-Bataillone starken Besatzung das des Regiments Oranien (das alte berühmte Markgraf Karl) rebelliert. Während die anderen sich alles gefallen lassen, will dieses Bataillon die

Festung nicht übergeben, so daß Ingersleben den jenseits der Oder befindlichen französischen Kavallerieoffizier inständig ersuchen muß, wenigstens ein Tor zu besetzen. So wurden die Feinde über die Oder mit Kähnen hereingeholt. Das Bataillon Markgraf Karl zerschlug hierauf die Gewehre und beging Exzesse, bis die französische Infanterie herbeikam und es fortführte. Merkwürdig ist, daß dasselbe Ehrgefühl im ganzen Regimente lebte, indem seine beiden Linienbataillone bei der Kapitulation von Hameln genau ebenso verfuhren. Aus dem Nachlaß des Generals v. d. Marwitz auf Friedersdorf.

Der große Krebs im Mohriner See.
(Volkssage.)
Von August Kopisch.

Die Stadt Mohrin hat immer acht,
   guckt in den See bei Tag und Nacht.
Kein gutes Christenkind erleb's,
daß los sich reiß' der große Krebs!
Er ist im See mit Ketten geschlossen unten an,
weil er dem ganzen Lande Verderben bringen kann.

   Man sagt, er ist viel Meilen groß
   und wendt sich oft, und, kommt er los,
   so währt's nicht lang, er kommt ans Land:
   ihm leistet keiner Widerstand.
Und weil das Rückwärtsgehen bei Krebsen alter Brauch,
so muß dann alles mit ihm zurücke gehen auch.

   Das wird ein Rückwärtsgehen sein!
   Steckt einer was ins Maul hinein,
   so kehrt der Bissen, vor dem Kopf,
   zurück zum Teller und zum Topf.
Das Brot wird wieder zu Mehl, das Mehl wird wieder Korn —
und alles hat beim Gehen den Rücken dann nach vorn.

   Der Balken löst sich aus dem Haus
   und rauscht als Baum zum Wald hinaus,
   der Baum kriecht wieder in den Keim,
   der Ziegelstein wird wieder Leim.
Der Ochse wird zum Kalb, das Kalb geht nach der Kuh,
die Kuh wird auch zum Kalb; so geht es immerzu!

>   Zur Blume kehrt zurück das Wachs,
>   das Hemd am Leibe wird zu Flachs,
>   der Flachs wird wieder blauer Lein
>   und kriecht dann in den Acker ein.
> Man sagt, beim Bürgermeister zuerst die Not be'nnt,
> das wird vor allen Leuten zuerst ein Pöppelkind.
>
>   Dann muß der edle Rat daran,
>   der wohlgewitzte Schreiber dann;
>   die erbgesessne Bürgerschaft
>   verliert gemach die Bürgerkraft.
> Der Rektor in der Schule wird wie ein Schülerlein.
> Kurz, eines nach dem andern wird Kind und dumm und klein.
>
>   Und alles kehrt im Erdenschoß
>   zurück zu Adams Erdenkloß.
>   Am längsten hält, was Flügel hat,
>   doch wird zuletzt auch dieses matt,
> die Henne wird zum Küchlein, das Küchlein kriegt ins Ei,
> das schlägt der große Krebs dann mit seinem Schwanz entzwei.
>
>   Zum Glücke kommt's wohl nie so weit!
>   Noch blüht die Welt in Fröhlichkeit!
>   Die Obrigkeit hat wacker acht,
>   daß sich der Krebs nicht locker macht.
> Auch für dies arme Liedchen wär' das ein schlechtes Glück:
> Es lief vom Mund der Leute ins Tintenfaß zurück.

Ges. Werke, Band I. Berlin 1856.

Diä drei Brüöder.

Een Burjemeester habbe drei Jonges un wuste ni, wellen he diä Wirtschaft jeäwen sulle. Deär jüngste woar deär kläkste, aber heä woar blint. Doa schikt er si alle drei uppe Jacht, un weär dän ierschten Hoasen schiäten würre, deär sulle diä Wirtschaft hebben. Diä beden ölsten wullen deän blinden soppen, helen sine Flinte up enen Schtruck loes un sechten: Schiät! dou sit in Hoase.

Aber hingern Schtruck sat in Woarheet in Hoase; deär Jonge schoet un troffen oek. Wetste wat? sechte deär ölste tum tweten, wi willen unsen Bruoder doet schloan, un deän wirtschaften wi tuosammen. — Deär wulle nich; aber deär ölste draucte eäm, heä wullen oek doet schloan, doa wort ert oek willens. Doa schloech deär ölste

deän klenen doet un begroech en up enen Berch. Aber utet Graf
waste inne Wide, diä hunk alle cäre Tacken no de Erde.

Ees hüöte up deän neämlichen Berch in Scheper sine Schoape.
Heä sette sich uppet Graf, schneet sich in Tacken danne Wide as un
moakte sich inne Flöte. As er nu an tuo flöten funk, funk diä Flöte
ganz klächlich: Ach, Scheper, wat du bloasest,
     det di dien Herze krenkt;
     hiä mi mien ölster Bruoder schloech
     un mi up dissen Berch begroech!

Un so oft er bloasen muchte, diä Flöte funk immer diäselbtje Wise.
Doa funk et eäm an tuo gruseln; heä leep rasch no sinen Meester
un leet deän bloasen. Doa funk diä Flöte wedder:
     Ach, Scheper, wat usw.

Deär Scheper leep no sinen Herrn un let deän flöten. Doa
funk diä Flöte: Ach Herre, wat usw.

Deär Her leep no deän König, un as deär bloaste, funk diä Flöte:
     Ach König, wat usw.

Doa lepen sie alle no deän Burjemeester, un as deär flöte,
funk diä Flöte: Ach Vater, wat usw.

Doa nam diä Mutter diä Flöte, un si funk:
     Ach Mutter, wat usw.

Doa flöte deär twete Bruoder, und diä Flöte funk:
     Ach Bruder, wat usw.

Deär ölste Bruoder woar ruet jelopen, un as si den rinhoalten,
must er ock flöten, ob er glieck ni wulle. Doa funk diä Flöte so
wilt, det et alle an tuo schuggern funk:
     Ach Mörder, wat du bloasest,
     det di ant Leäwen krenkt!
     Doa du deän einen Bruoder schloechst
     un mi up dissen Berch begroechst. —

Doa jungen si hen un hoalten deän armen Blinden un jewen
äm in eerlich christlich Begräbnis uppen Kirchhof; Vater un Mutter
schtorwen vör Herzeleet un wurren dicht jeänge äm begract. Deär
ölste Bruoder aber wurre jeköpt un up deän neämlichen Berch in=
jebuddelt; aber net sien Graf wassen luter dulle Bilsen, un üm
Mitternacht schteet er up un rent oane Ruo un Rast üm deän Berch
un jünselt doabi, det jeden diä Hoare tuo Berje schtoan, deärt tuo
hören kricht.
    A. Engelien und W. Lahn, Der Volksmund in der Mark
      Brandenburg. Berlin 1868.

Königsberg i. d. Neumark.

Die Lausitz.

Die Heide.
Von Willibald Alexis.

Kein guter Mann reitet gern durch eine Heide, wenn der Abend anbricht und Schneewolken am Himmel stehn. Das ist noch itzt so, wo vieles besser ist als ehedem. Denn an den Kreuzwegen stehen Pfähle mit hölzernen Armen dran, die weisen rechts und links, oft auch vorwärts und zurück; und kann man's auch nicht mehr lesen, was dran steht, man kann's doch denken. Aber in alten Zeiten, da waren die Heiden anders, und zumal die in den Marken, nach der Ostsee zu und nach der Nordsee. Da konnte man meilenlang reiten und sah keinen Pfahl und keinen Menschen, und die Wege schnitten sich im Sande nicht anders, als wie die Karren gefahren und die Rosse ihre Hufe im Boden gelassen. Es suchte jeder sich seinen Weg, der ihm gefiel. Und kein Dorf und kein Haus und keine Heidewärterhütte; kein Rauch wirbelte auf und kein Hund schlug an. Das war eine Einsamkeit, die kein Menschenherz liebt; auch hat's in den Marken wenig Einsiedler gegeben. Die, wenn sie auch die Menschen scheuen und ihre Stimme, wollten doch den Gott sprechen hören, der Himmel und Erde schuf; und seine Stimme tönt im Murmeln des Quells, der von den Steinen fällt, im Gesang der Vögel, die in den grünen Bäumen nisten, und im Rauschen der Laubwälder, was gar mächtig auf die Seele wirkt. Aber hier gab's keine Quellen und Felsen, und der Sturm, so er in die meilenlangen Kiefernwälder sich wirft, das ist kein Rauschen wie Gottes Allmacht, auf dessen Fittichen, wo er zerstört, sein Segen fliegt. Das knarrt und stöhnt und ächzt und heult als wie der ewige Jammer, der in der Natur ist und nach Erlösung seufzt und sie nicht findet. Da ist kein Wechsel in den Stimmen, es ist das ewige Einerlei, und das Herz, das warm schlägt, fröstelt und sehnt sich hinaus.

Und so einsam es ist und still, es spricht doch laut ein Geist durch diese Wälder, wo die Stämme sonder Büsche in die Höhe starren, und über diese öden Felder, wo das Heidekraut in allerhand Farben blüht. Das ist der große Klagegeist der untergegangenen alten Geschlechter und Völker, die ehedem hier gehaust, und nun sind sie nicht mehr. Die Wälder schallten wider von ihrem Hörnerklang und lustigem Jagdgetön, die Flüsse und Seen vom Gesang der Fischer und Fischerinnen, der Rauch schlängelte sich von ihren gastlichen Hütten durch die Kieferwipfel, und jeder Fremde, der an ihre Schwelle trat, war willkommen. Da floß Milch und Honig und Met, und der Kaufmann zog befreundet und sicher durch ihre Gauen. Die sind nicht mehr; der eherne Fuß des Deutschen trat sie nieder. Ihre Götterbilder zerschmetterte seine Axt, ihre Wohnungen verbrannte er; er machte sie zu Sklaven oder scheuchte sie in die Sümpfe. Ihre laute Stimme verhallte; sie tönt nur noch wie das nächtlich schrillende Geheul der Eule. Und ihre Augen blinzeln scheu, sie schlagen sie nicht mehr auf, und ihre Väter, die große Helden waren, haben sie vergessen. Das ist der Klagegeist, der durch diese Heiden streift und das Herz bang macht. Der Sturm ist sein Gesang. Er fragt, wo die sind, die ehedem waren? Er zählt die runden Hügel auf den Höhen, und ihrer sind so viele, und unter jedem schlafen Geschlechter.

Da zumal sind die Heiden lang und öde und unfreundlich, wo die Marken an die Lausitz stoßen. Kaum benarbt mit dürrem Heidekraut ist auf lange Strecken der unfruchtbare Boden, und die Kiefern starren traurig in die Wolken. Hierhin folgte kaum der Zorn des Sachsen dem flüchtigen Wenden. Er ließ ihn sitzen in den Sumpfwäldern der Spree und auf den Sandflächen, wo nur der Buchweizen gedeiht. Es ist ein Land für Verstoßene, und lange noch ward hier wendisch gesprochen weit und breit, und noch itzt sitzt ein zerstreutes, vereinzeltes Völklein dort, hangend an den alten Sitten und der alten Sprache. Es singt selbst noch alte Lieder bei der Ernte, und auf dem Leiterwagen, wenn sie mit bunten Bändern geschmückt zur Hochzeit ziehen und die Braut holen. Sie sind wieder froh worden, haben die alte Zeit vergessen.

Durch diese Heiden führte der alte Weg ins Sachsenland und nach Böhmen. Wer ihn zog, sah sich wohl vor. Der Herbergen gab es kaum eine, auch Schlösser und Grenzburgen wenige. Die Städte liegen weit voneinander und schirmen sich zwischen Sümpfen, durch hohe Mauern, Türme und Gräben. Und wenn ein einzelner Wandersmann, ein Reiter allein des Weges zog, war ihm doch die Einsamkeit fast lieber, als wenn er im Busch das Laub rascheln hörte und fern vom Waldessaum ein Schatten ihm begegnete. Er kreuzte sich und spitzte die Ohren und mit verhaltenem Atem schritt er vorsichtig zu. Wie schauten sich zween Wanderer, die sich begegneten, jeder den andern von fern an, ehe sie näher traten, und so sie mit'nander sprachen, wogen sie die Worte ab. Und war's geschehen, und sie einander vorüber, dann nahm jeder wohl noch die Hacken in die Hand. Wer war sicher, ob der andere nicht hinter ihm kehrtmachte und hinterrücks ausführte, was er Stirn gegen Stirn nicht gewagt. Und die rohen Holzkreuze hie und da am Weg, wo einer erschlagen war, und fromme Leute hatten es ihm errichtet, gaben Grundes genug zu solcher Furcht. Da bleichte wohl gar im Dickicht ein weißes Gebein, und es waren keines Pferdes, keines Hundes und keines Wolfes Knochen. Oder sie hatten, wenn gute Leute einen Schnapphahn fingen, und er gerichtet ward, an Ketten ein Glied von ihm am Baum aufgehängt. Auch Steinhaufen sah man dort. Wo ein Mann unter schlimmen Händen blutete, ist's jedes, der vorübergeht, fromme Pflicht, daß er ein Steinlein hinwirft; denn wer errichtet dem armen Wicht einen Leichenstein! So werden aus den Steinlein große Haufen, und der fromme Wandersmann betet ein Ave Maria still für die Seele, und weiß doch nicht, wem es gilt, ob es ein Feind ihm war oder ein Freund.

Ach schon zu Mitsommers Zeiten, wenn der Himmel klar ist und die Mittagssonne niederbrennt auf die Kiefern und die Heidefelder, ist die Einsamkeit dort gar schaurig. Wenn sich so kein Lüftchen regt, und die Kiefern schwitzen Harzdüfte aus, die die Sinne befangen, und die Wespen und Bienen summen um die violetten Heideblüten. Und ringsum weit kein Ton als der Specht, der gegen die Stämme hämmert, und dein eigner Fußtritt, lieber Wandersmann, der auf den glatten Kiefernadeln glitscht, und der Sand ist so heiß, und du kommst nicht weiter. Dann wird dir recht bange in der märkischen Heide, und du horchst, wenn ein Lüftchen geht und die Kieferwipfel wiegt, wenn die ausgedörrten, roten Stämme knarren und ein Eichhörnchen von Ast zu Ast raschelt. Dein Gaumen ist trocken und du beißest in die Spitzen der frischen Kiefernadeln, die eine betäubende Würze haben. Es ist aber keine Erquickung. Und das Wasser, wenn dein Auge es wo sieht, bietet dir auch keine Labung. Rot, grün und gelb schillert es aus der Tiefe entgegen, von Schilf und Binsen umkränzt, und weiße Mummeln schwimmen auf dem tückischen Wasserspiegel, und darunter singen die Frösche einen unheimlichen Gesang. Es wird da alles unheimlich, aber das süße Märlein weilt hier nicht.

Und ist's schon so im Mitsommer, wie erst im Herbst, wie im Winter, wo das sparsame Laubholz sein grün Kleid abgeworfen und der Sturm die braunen Blätter über die Heiden fegt! Der klare, frische, frostige Wintertag, das ist freilich ein Weihnachtsfest, und auch die Heiden feiern es mit. Da strecken aus der weißen Schneedecke die Kiefern ihre dunkelgrünen Arme und Häupter empor und schütteln sich in Hoheit. Aber es ist nicht immer Weihnachten im Winter. Das Himmelslicht ist mit düsteren Schneewolken gedämpft, es rieselt kalt und naß herab, es droht unheimlich, und kalte Stürme reißen durch die Wolken und peitschen sie. Dann ist's in den Heiden schauerlich, und wen der Wind treibt und der Schnee ereilet, und er hat den Weg verloren und sucht nach einem Obdach, das er nicht weiß, und die Nacht kommt über ihn, dem sei Gott barmherzig.

Aus: W. Alexis, Der Roland von Berlin.

Die wüsten Höfe 1717.
Von Ernst von Schönfeldt.

In welch wahrhaft fürchterlicher Weise der Dreißigjährige Krieg unser deutsches Vaterland verheert und verwüstet hat, ist aus der Geschichte hinlänglich bekannt. Wo ganze Dörfer niedergebrannt, die Einwohner ausgeplündert, vertrieben oder totgeschlagen waren, da hielt es auch nach dem Frieden schwer, in geordnete Zustände zurückzukehren. Scharen von arbeitsentwöhntem Gesindel zogen durch das Land, und der Mangel einer starken Staatsgewalt machte es unmöglich, mit kräftiger Faust durchzugreifen. Vergebens waren die Landesherren bemüht, die Herumziehenden an die Scholle zu fesseln, aus Landstreichern Bürger und Bauern zu machen. Niemals ist der Grund und Boden in solchem Umfange fast umsonst zu haben gewesen, wie in der zweiten Hälfte jenes Jahrhunderts. Im Jahre 1602 — also vor dem Kriege — hatte Kurfürst Johann Georg in den Marken eine Landrolle anfertigen lassen; ihr zufolge zählten die ritterschaftlichen Dörfer des Kottbuser Kreises (in seinem alten Umfange) 1336 selbständige Wirte. Aber trotz harter Arbeit des Großen Kurfürsten war man volle 50 Jahre nach dem Kriege erst soweit gekommen, die angesessene Bevölkerung der Dörfer im Kreise — wie die „Spezifikation derer Dörffer Anno 1699" nachweist — auf $^5/_6$ des vorigen Standes: 1124 statt 1336 zu bringen.

1713 gelangte in Preußen König Friedrich Wilhelm I. zur Regierung. Es war eine seiner hauptsächlichsten Bestrebungen, für die „Peuplierung von Dero Lande" eingehende Sorge zu tragen. Bereits unterm 29. Juni 1714 erließ er ein dahin zielendes Patent,

infolgedessen im Kottbuser Kreise 20 Bauern- (nämlich 3 Groß=
bauern-, 13 Kossäten-, 4 Büdner-)höfe mit Eigentümern neu besetzt
wurden. Dem Könige genügte dies nicht; er verlangte unterm
21. Juli 1717 eingehenden und spezifizierten Bericht, bei Vermeidung
von 100 Talern Strafe, innerhalb vier Wochen. Aber zu so detail=
lierten Angaben, wie der König sie befahl — namentliche Angabe
in jedem einzelnen Dorfe! — war nirgends das Material vorhanden,
und die Schulzen waren damals wohl auch noch nicht so schön ans
Berichtschreiben gewöhnt wie heutzutage. Der Landrat Adam
Jobst von Löben auf Kriechow rief eiligst einen „extraordinären
Kreis=Convent" nach Kottbus zusammen, und dieser beschloß, zwei
Deputierte auf sämtliche Dörfer der Ritterschaft herumzusenden, mit
den Leuten weiter zu verhandeln und über die genaue Lage der Dinge
an den König zu melden. Am 9. August 1717 brachen die beiden,
Heinrich Wilhelm von Pannwitz auf Babow und Müschen und der
Advokat, nachmalige Bürgermeister von Kottbus, Emanuel Pyra,
auf; am 28. September kehrten sie wieder zurück, 50 Tage waren sie
unterwegs; wofür sie alsdann eine Kostenentschädigung von Summa
Summarum 25 Talern (!) einreichten. Würden heute 2500 reichen?)
Die Berichte aus den Magistrats= und Amtsdörfern liegen nicht
vor, wir haben es hier nur mit den Ritterschaftsdörfern zu tun.
Der Erfolg war, daß Pannwitz und Pyra abermals 33 Höfe mit
Eigentümern (3 Bauern, 19 Kossäten, 11 Büdnern) besetzten, es
indes nicht erreichen konnten, für fernere 71 Höfe (35 Großbauern,
34 Kossäten, 2 Büdner), zu welchen $49^4/_6$ Hufen Landes (1500 Morgen)
gehörten, Leute zu finden, welche sich erboten, sie als Eigentum in
Besitz zu nehmen. In jedem einzelnen Dorfe wurde die Gemeinde
zusammenberufen, befragt und zu Protokoll genommen; ebenso die
Gutsherrschaft. Es verlohnt sich der Mühe, aus diesem Protokoll
die Gründe zu ersehen, weshalb es mißlang, für 71 Höfe einen Be=
sitzer zu ermitteln. Die angeführten Gründe — meist trafen mehrere
zugleich zusammen — waren:

1. Mangel an Menschen im Dorfe (Gosda, Drieschnitz, Groß= und
Klein=Oßnig, Kriechow); in den beiden letztgenannten Dörfern sowie
in Trebendorf waren die wüsten Höfe zweimal öffentlich ausgeboten.
In Kriechow hatte der Landrat von Löben eine Prämie demjenigen
geboten, der den Hof übernehme; in Bahnsdorf hatte der Hauptmann
v. Buchner erklärt, wenn sich keiner melde, würde er einen zum Be=
sitzer ernennen, „welcher, im Fall er es refusierte, nach Peitz auf
die Festung gebracht werden solle".

2. Mangel an ausreichender Viehweide (Drieschnitz, Bahnsdorf, Klein-Oßnig, Reinpusch). Die Ernährung des Viehes fand fast ausschließlich durch Hutung statt, Stallfütterung und Anbau von Futterkräutern waren unbekannt; jede Vermehrung der Hofstellen brachte daher eine wesentliche Benachteiligung der schon vorhandenen Besitzer mit sich. In Reinpusch, welches gänzlich wüst lag, wurde der Wiederaufbau u. a. deshalb für völlig unmöglich erklärt, weil es keine Viehweide habe. Sie war von Klein-Oßnig annektiert worden.

3. Vielfach hatten die vorhandenen Wirte im Dorfe die zu den wüsten Höfen gehörigen Äcker bereits unter sich geteilt (Bresinchen, Frauendorf, Gablenz, Klein-Oßnig, Papitz, Trebendorf) und derjenige, welcher etwa einen Hof annahm, hätte sich unfehlbar die Feindschaft aller zugezogen.

4. Mehrfach waren die Wüstungen vom Gute in Besitz genommen worden, teils mit landesherrlicher Genehmigung (Gahry), teils ohne sie; in jedem Falle lag dem Gutsherrn die Übernahme der auf dem Hofe lastenden Steuern und Abgaben ob. Ausnahmslos (in Gosda, Leuthen, Milkersdorf) erboten sich die Besitzer, die Wüstungen gegen Wiederabnahme der Lasten herauszugeben.

5. In mehreren Dörfern konnten oder wollten die Leute nicht aufbauen, meist, weil der dazu gehörige Acker nicht genügte und es an Kapital fehlte (Bresinchen, Frauendorf, Geisendorf).

6. Aus bösem Willen! Es war eine lebhafte Agitation im Schwunge, und „der Erzrebell Hans Lehmann" hatte die Forderung gestellt, die Leute sollten sich nur dann zur Ansiedlung bewegen lassen, wenn vorher sämtliche Ritterhufen (Gutsländereien) unter die Gemeinden verteilt wären. Besonders in der Drebkauer Gegend hatte er die Gemüter erregt. In Bahnsdorf weigerten sich die Leute, obgleich ihnen freies Holz zum Bau bewilligt war; in Görik, obgleich ein Teil der Gebäude bereits da war; in Geisendorf, Lindchen, Ranzow und Müschen standen Wohnhaus, Stall und Scheune bereits fertig da, und der dazu gehörige Acker war angewiesen. Vergeblich! Und in Kalkwitz gaben sie zu Protokoll, daß sie nur dann einen Hof anzunehmen sich bequemen wollten, wenn sämtliche Gebäude fix und fertig mit vollem Inventarium an Vieh und Gerät und die Ländereien beackert und besät ihnen übergeben würden.

<small>E. v. Schönfeldt, Aus alter Zeit. Beiträge zur Geschichte der alten Herrschaften Kottbus und Peitz. Kottbus, Verlag von E. Kühn.</small>

Der Spreewald.

Burg im Spreewald.
Von Prof. Dr. Richard Andree.

Bei Burg, wo die Spree ihre zahllosen Verzweigungen beginnt, werden infolge der sumpfigen Bodenbeschaffenheit unsere gewöhnlichen Vorstellungen von einem Dorfe bankerott. Burg hat einen Umfang fast so groß wie Berlin; es umfaßt einen kleinen Fabrikort, ein Dorf im gewöhnlichen Sinn, und dann die über eine Quadratmeile zerstreuten Einzelhöfe. Offiziell unterscheidet man das eigentliche Dorf Burg, das der Wende Hobsedne nennt (d. h. Grod, von Osada, Gemeinde); dann die Kaupergemeinde (vom wendischen Kupa, Insel) und Colonieburg, wendisch Prisakare (d. h. Grod, weil hier das Land in unglaublich kleine Teile, Prisen, zerschnitten ist?). Wer von Süden sich Burg nähert, kommt zunächst durch eine Fabrikanlage, kleine Häuser, in denen munter der Webstuhl klappert. Die Inwohner sind Deutsche, Nachkommen von Kolonisten, die Friedrich II. hier ansiedelte. Es folgt Dorf Burg mit der Kirche, einer Schule, der Apotheke, den Kaufmannsläden, der Post, den Gasthöfen, dem Friedhof, kurz mit allen Kultureinrichtungen, die hier auf hoher, trockener Stelle für den Bedarf des ganzen weit ausgedehnten Dorfes angelegt wurden, zu denen von allen Seiten auf ihren Kähnen die Spreewäldler herangefahren kommen.

Kein mühseligeres Werk als das des Geistlichen in Burg. Er muß nicht allein doppelt predigen, wendisch und deutsch, auch seine Pflicht ruft ihn hinaus, zwei oder drei Stunden weit, bis zum letzten Häuschen der Gemeinde, wo er einen Kranken besuchen muß. Im Sommer fährt er mit dem Kahn oder geht ein Stück zu Fuß, im Winter schnallt er die Schlittschuhe an. Wie oft hat man die Geistlichen im Hochgebirge beschrieben und abgebildet, die mit dem Meßgewand auf dem Rücken und der Monstranz in der Hand über angeschwollene Wildbäche schreiten und das Sakrament zu einem Sterbenden in das ferne Tal tragen! Der Pfarrer im Spreewalde ist ihr Nebenstück; aber oft kann er gar nicht fort aus seinem Häuschen, denn das Waſſer hat alle Verbindung gehemmt; das ſchmelzende Eis geſtattet weder Kahnfahrt noch Schlittſchuhlaufen. Während ſonſt überall der Konfirmationsunterricht im Winter ſtattfindet, iſt er hier aus dieſen Gründen auf den Sommer verlegt, und die Ein‍ſegnung der Kinder findet nicht zu Oſtern, ſondern zu Michaelis ſtatt.

Auffallen könnte es, wie der Name „Burg" in dieſe flache, ſumpfige Gegend kommt, zumal keinerlei alte Gebäude oder Ruinen hier weit und breit anzutreffen ſind, wenn man die gotiſche Back‍ſteinkirche im Dorfe Werben ausnimmt. Aufklärung erhalten wir aber ſofort, wenn wir den ein halbes Stündchen nördlich von Dorf Burg gelegenen „Schloßberg" aufſuchen. Mitten zwiſchen den Spree‍fließen, Kanälen und Sumpfwieſen erhebt ſich eine 6—8 Morgen große und 50—60 Fuß über dem Spiegel der Spree gelegene künſt‍liche Aufſchüttung, welche ganz an eine frieſiſche Wurt in den Marſchen an der Weſer gemahnt. Wie dort in der flachen ſumpfigen Umgebung künſtliche Hügel aufgeſchüttet wurden, auf welche man die Kirchen oder Dörfer ſtellte, ſo auch hier. Denn jedenfalls iſt es der Zweck dieſes bedeutenden Erdhaufens geweſen, eine Sicherungs‍ſtelle für Menſchen und Vieh bei Überſchwemmungen der Spree her‍zuſtellen; auch können ſtrategiſche Zwecke damit verbunden ge‍weſen ſein.

Bis zum Schloßberg können noch Wagen und Pferde gelangen; dann hören aber weiter ins Innere des Spreewaldes hinein alle Wege auf, und nur ſchmale Fußſteige ſchlängeln ſich längs der Waſſeradern hin. Letztere treten nun als Verkehrsſtraßen in ihr Recht, und der Kahn wird das Mittel der Fortbewegung für Men‍ſchen, Tiere, Waren. Viele der allergewöhnlichſten Vorſtellungen werden in dieſer Landſchaft hinfällig. Kein Pflug, kein Pferd, kein Wagen; der Spaten ackert, die Schultern tragen, die Kähne fahren. Der flach gebaute, oft nur aus drei Brettern beſtehende Kahn iſt ſo primitiv, wie er nur irgend ſein kann; er ſcheint der direkte Nachkomme des Einbaums zu ſein, und in der Tat kann man hier und da im Spreewalde noch ſolche aus einer einzigen mächtigen Eiche plump ausgehauene Einbäume finden. Ruder und Segel ſind im Spreewald unbekannt, mit einer Schalte ſtößt ihn der Ferge (wendiſch Forman, Fuhrmann!) leiſe und ſicher über die träge, ſtille Flut dahin. Alles, Männer, Weiber, Kinder, iſt erfahren in der Handhabung des Kahnes; auf ihm begegnet uns der Poſtbote, der die Briefe in die einzelnen Gehöfte bringt, der Arzt, der die

Kranken besucht; auf ihm ziehen unter fröhlichen Pistolenschüssen die bunten Hochzeitszüge dahin, auf ihm gleitet, von den Trauernden geleitet, der Sarg zur letzten Ruhestätte, fahren die Kinder zur Schule, wird die Heuernte eingebracht — ohne den Kahn kein Leben im Spreewald.

Wer nicht im Spreewald geboren ist oder jahrelang dort gelebt hat, der möge es unterlassen, sich ohne Führer in das wahrhaft labyrinthische Gewirr der Wasseradern zu begeben. Hier verzwieseln sie sich, dort treten sie wieder zusammen, ein Kanal durchschneidet sie, rechts und links führen Seitenarme ab, und stets ist es dasselbe Bild mit derselben Staffage, dem ihr tagelang nicht ausweichen könnt, wenn ihr alle Fließe befahren wollt. Die Erle, im Durchschnitt 40 Fuß aufragend, ist der Baum, der hier prächtig kerzengerade gedeiht und alle Wasser am Rande mit einer schönen lebenden Mauer einfaßt. Die vielen Hausnamen Wolschowka oder Wölsnitz deuten darauf hin, daß dieser Baum (slawisch Olse) von altersher hier herrschte. Fast jedes der isolierten Häuser führt seinen eigenen Namen, den oft der Besitzer annimmt, und der auch auf den fremden Käufer vererbt; wohl entsteht dadurch Verwirrung, und der Gebrauch der sogenannten „Hofnamen" vor Gericht ist ausdrücklich untersagt und wird bestraft. Neben der Erle gedeiht die Weide, angepflanzt zur Uferbefestigung. Mehr noch diesem Zweck entsprechen die langen „Senkbäume", die floßartig, aneinander gebunden, längs des Ufersaums im Wasser liegen und das Erdreich vor dem Wegspülen bewahren sollen. Seltener ist schon die Eiche geworden, wie denn überhaupt der Waldbestand des eigentlichen Spreewaldes sehr zusammenschrumpft und den erlenbestandenen Wiesen Platz gönnt. In allen Flußarmen wuchert aber eine prächtige Teichflora, deren Gedeihen durch den trägen Wasserlauf begünstigt wird. Die gelben und weißen Wasserrosen wiegen neben den breiten Blättern ihre schönen Blüten, da sprossen Wasserliesch, Speerkraut, Igelkolbe, Froschlöffel, Fieberklee und Kalmus, überschwärmt von Tausenden und Abertausenden blauer Libellen.

Im Durchschnitt taucht alle zehn Minuten zwischen den Erlen das einsame Haus des Spreewälders auf. Wer polnische Bauernhäuser oder tschechische Chalupen kennt, der findet sofort hier das Geschwisterkind. Alle liegen vereinzelt, inmitten des dazu gehörigen Grundes und Bodens. Vom strohgedeckten Dache winkt uns die Giebelzier entgegen; die Wände bestehen aus Schrotholz, es ist der einfachste quadratische Blockhausbau, urtümlich, die Form, wie sie seit Jahrhunderten, ja, wohl seit Niederlassung der Wenden in diesem Walde besteht. Zur Seite liegt der Backofen, aus Lehm erbaut, und der Stall. Ein kleiner Einschnitt in den Ufersaum bildet den Hafen (hustawalisco) für die Kähne, über das Wasser führt der hohe, eigentümlich gestaltete Steg (lawa, die Bank), im Wasser selbst birgt der Fischkasten Krebse und Hechte, die hier in seltener Größe und

Dorf Lehde im Spreewald.

Schmackhaftigkeit vorkommen. Der Wende, der hier seine Behausung aufgeschlagen hat, ist wesentlich Viehzüchter und Gemüsegärtner. Das Gras für die Kühe, welche alle durch Stallfütterung erhalten werden und die kostbare Spreewaldbutter liefern, wird täglich im Kahne von den Wiesen geholt. Für den Winter wird der Heuvorrat in eigentümlichen, zuckerhutförmigen Schobern gesammelt, die wesentlich die Landschaft charakterisieren und den deutschen Namen „Stock" führen, von dem Stabe, der zu ihrem Halt in der Mitte angebracht ist.

Still, melancholisch wie der Spreewald, ist auch das Volk, das in ihm lebt.

R. Andree, Wendische Wanderstudien. Zur Kunde der Lausitz und der Sorbenwenden. Stuttgart 1874, Julius Maier.

Osterwanderungen im Spreewalde.
Von Max Bittrich.

Allemal am Osterfeste leben die Kinder im Spreewalde wie die Mäuse auf dem Speckboden, und dazu geht eine gewaltige Völkerwanderung vor sich. Die Ostergesänge erfrischen uns allen das Herz; aber das kleine Volk des Spreewaldes hat seine besondere Freude. Es sehnt sich nach dem Feste wie nach dem „heiligen Christ".

Ostersonnabend! Die Eisenbahn führt uns in lauer Lenzluft jenem Landesteil entgegen,

— wo nicht Berge sind
und die Waldwasser nicht mehr rauschend schäumen,
die Flüsse ruhig und gemächlich ziehen.

Dort, wo das Land so schön ist wie ein Garten, verlassen wir den Zug und betreten den Boden einer der niederlausitzer, ehemals sorbischen „sechs stete", die der Volksmund in das Reimlein: „Lübben, Lucke, Lübbenauke, Calc, Vetsche, Drauke" gebracht hat. Wenn Vetschau heute als eine gute Eingangspforte des Spreewaldes anzusehen ist, so hat das schmucke Städtchen diese Eigenschaft dem Eisenbahnkönig Strousberg zu danken, der den Schienenweg von Berlin nach Görlitz schuf. Aus dem Spreewalde selber vollzogen sich allerdings schon viel früher große Wanderungen nach Vetschau, waren doch des Städtchens Flachsmärkte weit berühmt, auf denen das Wenden= oder Sorbenvolk in hellen Haufen zusammenströmte. „Einstmals sollen sogar" — so lautet ein alter Bericht — „1500 Mägdlein, alle mit roten Röcken zierlich angetan, versammelt gewesen sein. Wahrscheinlich hatte diese Feier einen gleichen Entstehungsgrund wie der noch jetzt in Lübbenau gebräuchliche Lobtanz, zu welchem stets eine große Menge Landvolk sich einfindet und der zugleich mit einem Markte verbunden ist oder vielmehr mit der Zeit sich in ihn umgewandelt hat. Es ist ein Erntefest, wie schon seine Benennung bezeichnet." Wie mögen da die weitbauschigen Röcke der Wendenmädchen geflogen sein, wenn die kleine slawische Geige kreischte, die Pfeife quiekte und der Dudelsack rasselte! Heute, da wir den Ort durchwandern, ist er schon feiertagsmäßig still. Kuchendüfte dringen aus den Häusern, und die Jugend ist eifrig dabei, die Vorbereitungen zu dem uralten wendischen Osterspiele zu treffen. In den Gärten und sogar auf öffentlichen Plätzen werden „Wa=

leien", jene oben schmalen, unten sich verbreiternden schrägen Vertiefungen, mit dem Spaten ausgeworfen, in die man die Ostereier kollern läßt, welche je nach der Art ihres Laufes dem Eigentümer Gewinn oder Verlust bringen. Die buntgefärbten Eier versieht der Wende mit so kunstvollen Zeichnungen, daß sogar unsere Museen für Volkskunde einzelnen Prachtstücken ein Plätzchen eingeräumt haben.

Der Weg führt uns gen Burg, zum größten und ursprünglichsten Spreewalddorfe. Die Umgegend Vetschaus hat anfänglich nichts sonderlich Eigenartiges, doch wenn wir die das Wiesengelände durcheilende Kzschischoka, von der die hübsch gelegene Kersta-Mühle getrieben wird, erreicht haben, so umfängt uns echte Spreewaldstimmung. Über die Kzschischoka, deren Bett der Teufel mit einem störrischen Bullen gepflügt haben soll, ist einstmals, wie die Sage erzählt, gar oft der Nachtjäger gezogen unter Sturmwind und Sausen. In der Schänke des sagenreichen Dörfchens Müschen halten wir kurze Rast. Der freundliche Wirt weiß uns mit Überlieferungen aus der Großväter Zeit zu unterhalten. Dereinst ist die Müschener Dorfstraße so sumpfig gewesen, daß man die Häuser durch hohe Holzgalerien verband. Die Hirten ritten auf dem Vieh zur Weide, um nicht zu versinken. Als „die Feinde" in Müschen waren, hat der Bauer Badak einem Trompeter, der die Soldaten nach Müschen zurückrufen sollte, mit der Armbrust eine Eggenzinke in die Brust geschossen. Bei dem Dorfe liegt der Schwurstein an einer Stelle, an der ein Bauer falsches Zeugnis ablegte. Jach tat sich die Erde auf. Der Teufel holte den Sünder:

> „Mit dem riesengroßen Felsen
> Satanas den Schacht bedeckte,
> daß der Sünder nimmer fliehe,
> wenn ihn Höllenqual erschreckte."

Wir treten aus dem engen Stübchen wieder hinaus und sind schon umgeben von der geheimnisvollen Vorfrühlingsnacht. In den uralten knorrigen Baumriesen an der Straße ist märchenhaftes Weben: der Lenz kommt leise angegangen, und erschauernd beugt sich die Natur seiner Macht. Das fahle Licht des Mondes durchbricht den Wolkenschleier und weist uns unseren weiteren Weg durch Wiesen und am Wasser entlang. Nicht viel fehlt an der Mitternachtsstunde, als wir das Dorf Burg erreicht haben. Rauschend stürzen die Fluten über das Wehr der alten Mühle, und als wäre des Müllers und des Wassers Wanderlust in uns, so ruhen wir nicht eher, bis wir in das Gelände der Burger Kaupen getreten sind, wo jedes Gehöft ein Reich für sich bildet, umschlossen von Garten, Feld und Wiese. Schon huschen an uns schweigsame Gestalten vorüber, die hinausgehen, um — am besten an einem fließenden Kreuzwasser — das wunderkräftige Osterwasser zu schöpfen. Das ist aber nicht die einzige Osterwanderung im Spreewalde. Kaum hat der Lenzwind die zwölf Schläge der Glocke über das stille Land getragen, so treten die Spinnstubenmädchen ihre Bittgänge an. Die Angehörigen jeder Spinnstube haben sich besonders vereinigt. In geordneten Zügen wallen sie über die Felder, um Osterlieder zu singen, bis an die Grenzen des Dorfes und den Segen des Höchsten auf die Fluren herabzuflehen. Auch in die Häuser, wo sie erwartet werden, treten die Sängerinnen, um ihre Vorträge dort fortzusetzen. Sie kennen keine Ermüdung, und noch im Morgengrauen, wenn alles Osterwasser bereits heimgetragen ist, ziehen sie dahin. Eine schönere Volkssitte kennt wohl kaum ein anderes Dorf in Deutschlands Gauen!

Nicht lange, nachdem die Bittgänge vollendet sind und die Menge in bunten Gewändern dem Gottesdienste beigewohnt hat in der Passionszeit wurden Trauergewänder angelegt — ist die Zeit für eine neue und die größte Völkerwanderung gekommen, die alljährlich am Osterfeste im Spreewalde vor sich geht. Kinder, die „aus dem Gröbsten" sind, wandern neben ihren Eltern, und die kleineren werden auf den Arm genommen. Das Kind hat kaum das Bett verlassen, so lallt es schon sein: „Mama, Mama, pojźomey po jaja!" („Mama, Mama, woll'n nach Eiern gehen!"). Und wenn dann der Vater oder die Mutter mit den Kleinen wandert, ist heller Jubel. Holt man doch die „Kicke", d. h. die alljährliche Gabe der Taufgevattern. Diese würden bittere Klage führen und es wäre ihnen kein rechtes Osterfest, kämen die Patenkindchen nicht, ihren Tribut in Empfang zu nehmen. Die Überlieferung hat ein förmliches Gesetz geschaffen. Zuerst muß den Kindern die Kicksemmel gegeben werden, ein geflochtenes Backwerk, das oft mehr als einen Fuß lang ist und in dem früher ein kleinerer oder größerer runder Fleck die Höhe des Preises angab. Dazu kommen ein großer und ein kleiner Pfefferkuchen oder statt des kleinen ein paar Bretzeln oder eine Semmel. Auf diese Gaben wird öfter ein buntes „Taschentüchel" oder eine kleine Geldspende gelegt.

Bis zur Beendigung ihrer Schulzeit durchstreifen so alljährlich am Osterfeste viele hundert Kinder den Spreewald und tragen im „Tüchel" ihre Geschenke heim. Beim letzten Besuche haben die Kinder den Paten für alles ihren Dank abzustatten. Der kenntnisreichste der Spreewaldforscher, Willibald von Schulenburg, berichtet, daß manche Leute zu Ostern 10—30 Kinder zu versorgen haben. Ein schlauer Viehhändler, der im Spreewalde seine Geschäfte machte,

Phot. Oskar Pfeiffer, Berlin.
Schlepzig.

soll 73 mal Gevatter gestanden haben; so verschaffte er sich auf Jahre hinaus Verbindungen mit den Viehverkäufern, denn ein Gevatter ist beim Spreewaldbauer heimisch wie ein lieber Verwandter. Einstmals war das Kickeholen so ausgeartet, daß von der Kanzel dagegen Einspruch erhoben wurde. Die Übertreibungen sind aber längst verschwunden; man sucht sich nicht mehr über die Verhältnisse hinaus zu überbieten. Die Kreuz= und Querzüge durch den Spreewald jedoch sind im Schwange wie nur je zuvor. Auch die Eisenbahn steht an den Ostertagen im Zeichen des Kickeholens; oft genug sieht man kleine Wenden und Wendinnen zu entfernteren Gevattern fahren. Während die Kinder die Geschenke bewundern, plaudern

die Alten über die Tücken des vergangenen Winters, der die Spree=
waldleute mitunter wochenlang von jedem Verkehr abschließt. Da
entsteht dann wohl ein heiteres Gelage, und der Bauernhumor
feiert Triumphe. Die wahrhaft ausgelassene Freude nach der feier=
licheren Stimmung bricht allerdings erst am Tage nach dem Feste
durch. Da möchte man sich „fielen" vor Lachen. Nun wird auch
ein Tanz nicht verschmäht, und die Balken des niedrigen Tanzsaales
biegen sich unter der Last der walzenden Jugend.

Pfingsten in der Wendei.
Von Max Bittrich.

In der warmen Pfingstnacht war Wetterleuchten gewesen; „lichte
Flammenbrände" durchbrachen das schwere Gewölk, und lauer
Regen erquickte die Fluren. Als die Sonne heraufstieg, sah sie auch
ein Stück elender Sandfläche der Wendei in festlichem Anstrich. Von
den Blütenzweigen tropften glitzernde Perlen, Maibäume waren
aufgepflanzt, die Lerche schmetterte ihr Lied, und der Star pfiff
unermüdlich. Blüten= und Kiefernduft und urfrischer Erdgeruch
konnten in vollen Zügen genossen werden, und ich ließ mir die
Herrlichkeiten des vom Touristentroß gänzlich vernachlässigten Winkels
nicht entgehen.

Die Bahn trug Pfingstreisende nach und von der Residenz an
dem Wendendörfchen Schleife vorüber; in die Wendei warf keiner
einen Blick. Was sollte gerade sie an dem lieblichen Feste bieten
können!

Wie dürfte man jemand zumuten, an einer Stätte zu halten,
von der Bahnschaffner und angeblich eingeweihte Reisende über=
zeugungsvoll zu berichten wissen, man esse dort — im Dörfchen
Schleife — nur einmal im Jahre Fleisch!

Das Gasthaus Halbendorfs ist eine echte und rechte Heideschänke.
Kleine Fenster lassen nur wenig Licht in das niedrige, verräucherte
Gastzimmer. An den Wänden viele, viele Bilder aus alter Zeit;
dicht nebeneinander Heilige und · der alte Fritz, Derfflinger und
Engelsgestalten, — alles recht auffällig bunt, denn der Wende liebt
die Farben. Unter den Bildern ungefüge Holzstühle und derbe
Bauerntische, auf die beim Kartenspiel krachend die Fäuste der
sehnigen Gestalten niedersausen. Ohne undurchdringlichen Tabaks=

qualm und dröhnende Faustschläge ist das Kneipenvergnügen nicht recht; Ruhe und frische Luft hat man alle Tage! Palenz und Piwo (Branntwein und Bier) schmecken dem Bauer nur in der geliebten Luft, von der Reuter sagen läßt, sie habe so wenig „Atmosphäre"

Das Nachtquartier, die Schänke verlassend, trat ich hinaus in den erquickend frischen Maimorgen.

Halbendorf zeigt die Eigentümlichkeit aller wendischen Dorfanlagen, die Aneinanderreihung der Gehöfte ohne zwischenliegende Gärten.

Aus den Ställen dringt eben das Geräusch der Futterstampfen und das Brüllen der Rinder. Hier und dort tritt die Magd aus dem Hausflur, reibt sich die Augen und entnimmt dem Ziehbrunnen, die über eine Gabel gelegte schwere Zugstange erfassend, das Kaffeewasser. An einem rissigen alten, aus Lehm halbrund geformten Backofen spielt ein kleiner, nur mit dem Hemd bekleideter Wendensprößling. Das so andeutungsweise bekleidete

Phot. F. Albert Schwartz, Berlin.
Spreewälderinnen.

Bürschchen steckt, als es mich sieht, erstaunt den Finger in den Mund; vielleicht bin ich der erste Fremdling, der den kleinen Naturmenschen jemals in so früher Morgenstunde störte. Verwahrloste Hofhunde empfangen den Fremden mit viel Gekläff und ziehen sich hinter den Lattenzaun zurück, sobald man sich ihnen naht.

Die Bevölkerung Halbendorfs bewahrt viel Ursprünglichkeit in Sitte, Gebrauch und Kleidung. Alle weiblichen Wesen, auch die kleinsten Kinder, tragen die rote wendische Kappe, — eine Eigentümlichkeit, die sich schon in dem kaum eine Stunde weit entfernten Schleife nicht so rein erhalten hat.

Der Fuß hat eine sagenreiche Gegend betreten. Wer einen Abstecher über die Bahnstrecke macht, findet drüben, gen Kromlau im Brandenburgischen, den dicht mit Kieferngestrüpp bewachsenen Katzenberg. Auf ihm soll einst ein Schloß gestanden haben, in dem ein reiches Fräulein wohnte. Das Fräulein liebte die Katzen über alles. Nach dem Tode des weiblichen Sonderlings vermehrten sich die Tiere derart, daß sie die ganze Gegend unsicher machten.

Jetzt ist auf dem Katzenberge heilige Stille; kaum, daß einmal ein flinkes Häslein vorüberhuscht, drüben im Forst der Specht klopft oder in den Wiesen die Grille zirpt. Eine Dornröschenstimmung kommt über den Wanderer. Die Hitze wirkt ermattend. Es findet sich ein schattiges Ruheplätzchen. „Die Falter flattern im Kreise; halb wach' ich, halb lieg' ich im Traum," — und ich träume von dem im Katzenberge ruhenden, verzauberten Schatz und von den zwergenhaften Vorfahren der Wenden, den Lutchen, die verschwanden, als zum ersten Male Kirchenglocken läuteten. Die Phantasie, Schein und Sein eng verknüpfend, spinnt mich geschäftig in ihre Fäden ein. Ich träume von dem Riesen der Vorzeit, dessen Oberkörper das Ende eines Lastfuhrwerks einnahm, während die Beine vorn, bei den Pferden, herunterhingen; und ich sehe schon wieder die im wendischen Lande, auch im Spreewalde, volkstümlich gewordene Gestalt des deutschen Schriftstellers*), der aus Liebe zum Volke monatelang in den elendesten Hütten Einkehr hielt, um das wendische Volkstum, Sitten, Sagen und Gebräuche, kennen zu lernen. Und wie die Morgensonne heiß herniederbrennt, versetzt sie mich schon in die sengende Glut des Sommermittags, an dem die Mittagsgöttin Pschipolniza die Fluren durchwandelt. Sie ist weißgekleidet und trägt auf dem Haupte einen Kornblumenkranz. Wen sie in der heiligen Mittagszeit bei der Arbeit trifft, und wer dem prächtigen, aber unerbittlichen Weibe nicht auf alle Fragen antworten kann, dessen Kopf fällt unter der blitzenden Sichel der Mittagsgöttin.

Der Göttin gedenkend, schrecke ich auf und setze die Wanderung fort: von ferne naht sich auf dem tief ausgefahrenen Sandwege eine weiße weibliche Gestalt. Das ist kein Traumgesicht! Die erste

---

*) Willibald von Schulenburg, der verdiente Forscher auf dem Gebiete wendischen Volkstums.

Kirchgängerin, eine Trauernde. Wie die weiße Hülle beweist, wandert nach Schleife; auf dem ferneren Wege durch Halbendorf schließen sich ihr bald Männer und Frauen an. Die Männer tragen noch den ererbten blauen Rock mit weißen Metallknöpfen. Die Frauen unterscheiden sich in der Kleidung auffällig von den Bewohnerinnen der nahen deutschen Dörfer. Der weitbauschige bunte Kittel, bedeckt von der farbenprächtigen seidenen Schürze, ist durch die Spreewälderinnen in weiten Kreisen bekannt geworden. Das Jäckchen ist an den Ärmeln mit Pelzaufschlägen versehen. Um den Kopf ist kunstvoll ein weißes Tuch geschlungen. Jede zur Kirche gehende Frau trägt unter dem Arm ein zusammengerolltes weißes Leinentuch, das rubisco. Es gehört allemal zum Feierstaat. Bei unsicherer Witterung wickelt man eine Hülle gegen den Regen hinein. Brautmütter pflegen der Braut bei der Trauung eine Brotschnitte in das rubisco zu stecken; das soll Segen bringen. Hier und da sieht man eine Kirchgängerin das unvermeidliche Riechbüschel im Garten suchen, — ein paar Nußblätter oder ein Sträußchen Pfefferminze. Während der Predigt wird das Riechkraut fleißig unter

Phot. J. Albert Schwartz, Berlin.
Wendin in Trauer.

die Nase gehalten. Unter den Kirchgängerinnen sind viele in der weißen Trauertracht. Wie der Tote ein weißes Sterbekleid erhält, so hüllen sich die trauernden weiblichen Personen gänzlich in schneeweißes Linnen. Bei Halbtrauer wird ein Tuch über Kopf und Oberkörper gelegt. Einzelne lassen sich das Trauergewand erst auf dem die Kirche umgebenden alten Friedhofe anlegen.

Die Kirche ist dicht gefüllt. Unten nehmen nur Frauen Platz; sie knien bis in den Vorraum hinein. Vom Vorraum führt eine Holztreppe zu der den Emporen vorgebauten Galerie. Die Galerie gestattet keinen umfassenden Blick in das Innere der Kirche; aber auch auf ihr stehen die Männer dicht gedrängt. Der Altar ist frühlingsmäßig geschmückt mit geschmeidigen Birkenzweigen. Der Duft des frischen Laubes erfüllt den hohen Raum. Wendische Lieder erklingen. Dann tönt des Pastors Stimme voll und melodisch bis in den Vorraum. Noch nicht lange weilt dieser Pastor in der Gemeinde, ist doch erst seit kurzer Zeit der „alte Wehlan" gestorben, der eifrige Beschützer wendischer Eigenart.

Draußen auf dem sonnigen Friedhofe singen die Vögel. An den ältesten, verfallenen Grabeshügeln spielen ein paar kleine Wendinnen, und wenn ein Choral erklingt, so stimmen sie in die Weisen ein. Weiter im Dorfe flattert der mit bunten Bändern geschmückte Kranz auf der schwankenden Maistange, dem Ausrufungszeichen der Liebe. Ein paar Schwälblein huschen — ziwitt, ziwitt! — an der offenen Kirchtür vorüber; sie müssen ihr Nest in dem Mauerwerk des Hauses haben, an das sich merkwürdige Sagen knüpfen. So sollen die Steine der Turmwand, die wunderliche Zeichen tragen, von dem „alten Schlosse" stammen. In ihm hauste einstmals das Schloßfräulein Katharina. Sie wollte dem Turm eine ungewöhnliche Höhe geben, starb aber bald. Da wurde die Ausführung ihres Planes nicht vollendet, und nun sieht der Turm so „abgestumpft" aus. Den Kirchhof betritt man durch ein hölzernes Tor. An der inneren Seite eines Pfostens hängt noch jetzt die kurze eiserne Kette mit dem Halseisen, das den Spitzbuben angelegt wurde. Wer zur Kirche ging, durfte dem Geschlossenen eins auswischen. Über dem Altar aber mußten vor der ganzen Gemeinde die Mädchen knien, die, wie es im wendischen Volksliede heißt, „das Rautenkränzelein*) verloren" hatten. Andere Zeiten, andere Sitten! —

Die kirchliche Feier ist zu Ende. Die Männer steigen von den Chören hernieder und stellen sich in langen Fronten, zwischen denen die Frauen schreiten, zu beiden Seiten der Tür auf. Als jetzt die Glocke ertönt, lüften die Männer die Mütze. Wer in Schleife wohnt, tritt den Heimweg an; wer dort Verwandte besitzt, besucht diese. Viele der nicht aus Schleife stammenden Leute wollen auch

---

*) d. i. der Schmuck der jungfräulichen Braut.

die Nachmittagsandacht abwarten. Was der Wende tut, geschieht reichlich, arbeite oder bete, liebe oder hasse er. Die Männer sitzen über den Mittag in der alten Schänke, durch deren weinumrankte Fenster man den nahen Friedhof übersehen kann. Die Frauen aber lagern sich gleich auf diesem; sie sind genügsame Haushälterinnen, haben aus dem Heimatsdorfe Gebäck mitgebracht und laben sich nun. Man hat am Nachmittag noch einen weiten Marsch bis zum Heim zurückzulegen.

Nur in der Schänke ist viel Leben; je weiter man sich entfernt, um so mehr scheint das Dorf zu schlafen. Das ist die Stimmung, wie sie Storm ausklingen läßt in die Worte:

Kaum zittert durch die Mittagsruh
ein Schlag der Dorfuhr, der entfernten;
dem Alten fällt die Wimper zu,
er träumt von seinen Honigernten.
Kein Klang der aufgeregten Zeit
drang noch in diese Einsamkeit.

Die staubige, sandige Dorfstraße wate ich entlang und schreite, Schleife verlassend, an der Berlin-Görlitzer Bahnstrecke hin auf Spremberg zu, auf die prächtig gelegene Lausitzer Industriestadt. Der Weg ist lang und öde. Aber wer zur Oase will, den darf die Wüstenei der märkischen Streusandbüchse nicht

Phot. J. Albert Schwartz, Berlin.
Wendische Brautjungfer.

abschrecken. Zwischen Rohne und Schleife stößt der Fuß auf die „Schmala". Von ihr erzählt Wilibald von Schulenburg: War früher die Kiefernheide so hoch, daß sie einem Reiter bis an die Sporen gereicht hätte, so sollte das Holz der Herrschaft gehören, im anderen Falle hatte die Gemeinde das Hutungsrecht. Weil das die Leute wußten, brannten sie alle paar Jahre die Bäume ab, so daß der Nutzen der Gemeinde blieb.

Gut, daß die Sage die Gegend verschönt. Kümmerliches Gestrüpp, — Heidekraut, — feiner, mehliger Sand!

Fünf Stunden währt die Wanderung, dann breitet sich tief unten Spremberg, die Oase, im duftigen Blütenkleide des Lenzes vor dem entzückten Auge aus. Wer mag sich satt sehen an solch' malerischem Bilde! So ruhe und liege und schaue ich noch, als der Sonne letzte Strahlen dem Landschaftsbilde überirdische Schöne zu verleihen scheint.

Die Natur ist schlafen gegangen.

Drinnen, in den Straßen Sprembergs, ist noch viel Leben. Bald flammen überall Lichter auf, die Stadt erwacht zum zweiten Male. In dem weltabgeschiedenen Wendendörfchen Schleife wird schon der Wächter allein auf dem Posten sein, denn heute und morgen ist alles zeitig im Bett.

Aber den Pfingst-Dienstag muß dann ein Mensch sehen! Den Pfingst-Dienstag, an dem in der Schänke zum Tanz aufgespielt wird. Da kommen von weit und breit alle Schönen, geschmückt mit den farbenprächtigsten wippenden Röcken, und locken die Burschen zum Tanze, dem sich der Wende mit ungewöhnlichem Feuer hingibt. Nicht vergebens lockt das Mädchen:

> Dreh mich vor dem Spielmann,
> mein Herzallerliebster!
> Deutsch tanz ich so gerne,
> Wendisch noch viel lieber!

Da brummt der Dudelsack; die wendische Pfeife quiekt, daß sie der Wanderer in stiller Nacht weit draußen auf der Landstraße hört, und die dreisaitige kleine schrille Husla ertönt dazu. Solche Musik, ungestüm und wild, liebt man. Der sonst so stille Mund wird gesprächig; die Augen leuchten heller, die Bewegungen werden bestimmter. Es ist ein Aufflackern wendischen Empfindens, wendischen Lebens, — aber das letzte Aufflackern. Das Feuer greift das Deutschtum nicht an. Denn das Lausitzer Wendenvolk sieht sein Ende vor sich.

Der Fläming.
Belzig und Burg Eisenhart.
Von August Trinius.

Jener Landrücken der norddeutschen Ebene, welcher sich in einer Länge von ungefähr zwölf Meilen östlich der Elbe zwischen Belzig, Wittenberg, Jüterbog und Dahme hinzieht und die Wasserscheide zwischen den Zuflüssen der Elbe und Havel bildet, wird in einen westlichen und östlichen Teil, den hohen und niederen Fläming unterschieden. Seinen Namen führt er von den flämischen Kolonisten, welche in der zweiten Hälfte des 12. Jahrhunderts durch Albrecht den Bären und Erzbischof Wichmann von Magdeburg aus den Niederlanden berufen wurden, um das verwüstete und durch die gegen die Wenden geführten Vertilgungskriege vollständig entvölkerte Land wieder anzubauen. Sitten und Trachten jener Ansiedler sollen sich nachweisbar noch bis ins 17. Jahrhundert erhalten haben.

Der Fläming ist ein kahles Hochplateau, über dessen Fläche sich nur einzelne Höhen bergartig erheben. Während im östlichen Teile, zwischen Jüterbog und Baruth, der hohe Golm (178 m) steil und unvermittelt mit seiner dunklen Waldkrone aus dem Flachlande emporragt, erreicht der westliche Teil des Höhenzuges in dem Hagelberg bei Belzig (201 m) den überhaupt höchsten Punkt der Mark Brandenburg. Von Süden her steigt das Plateau allmählich hinan, um dann durchgängig steil im Norden gegen die Ebenen der Mark hin abzufallen, während es nach Osten stufenartig sich zur Dahme senkt. Auf dem Fläming sind die Bauerngüter vorherrschend; Wiesengründe findet man nur vereinzelt an den kleinen Flüssen Nuthe und Dahme. Der größte Teil des Fläming ist kahl, und frei streift der Wind über die weiten Felder und sanften Hügelwellen, in deren Einsenkungen und Mulden stille, einsame Dörfer eingebettet liegen.

Der östliche Teil des Fläming enthält weite Nadelwaldungen, welche hauptsächlich das Brennmaterial zu den bedeutenden Glashütten bei Baruth liefern, hingegen der hohe Fläming reich an prächtigen, alten Laubwäldern ist, welche sich tief bis nach Anhalt hineinziehen. Und wie sich all diese Höhenzüge und Hügelketten um den Hagelberg, als den höchsten Punkt, gruppieren, so hat auch die Natur mit freigebiger Hand über dieses Stückchen Land eine Fülle von Lieblichkeit ausgegossen, wie sie unsere Mark in solch heiterer Anmut kaum wieder aufzuweisen hat. Von Belzig bis Wiesenburg, quer durch die romantische Brandtsheide bis hinauf zur Burg Rabenstein, reihen sich Stätten voll Glanz und Geschichte aneinander, Hand in Hand mit den frischesten und köstlichsten Naturbildern gehend. In diesem reizvollen Nebeneinander liegt in der Tat ein noch viel zu wenig gekannter und gehobener Schatz für uns märkische Wandervögel.

Täler und Hügel lösen sich hier im gefälligen Wechsel ab, bald das Auge durch weite, bunte Fernsichten erfreuend oder im Rauschen lichtgrüner Buchenhaine den ganzen bestrickenden Zauber einer frohen Waldnatur entfaltend. Fürstlich ausgestattete Schlösser, mit luftigen Zinnen und Balkonen, ragen über die Wipfel uralter Parkriesen empor; Denkmäler erinnern uns an des Vaterlandes Schmach und Sieg, und auf den vorspringenden Bergkuppen, von denen muntere Bächlein zutage gesprungen kommen, trotzen verwitterte Ruinen den Jahrhunderten, von verklungener Tage Glanz und Pracht singend und sagend.

Denn so unbedeutend auch dieser Erdenwinkel erscheinen mag, in der Fülle von Lust und Leid, die er getragen, in den wechselvollen, rauhen Geschicken, die so oft, hart auftretend, über seine Fluren zogen, ist seine Geschichte zugleich auch ein Spiegelbild der großen Weltgeschichte geworden, die ihre hohen Wellen auch über dieses Ländchen dahinrollen ließ. Die gewaltigsten Glaubens- und Waffenkämpfe, welche Deutschland bewegten, sind hier nicht spurlos vorübergegangen, und mit furchtbarer Wucht schritt die entfesselte Kriegsfurie zu wiederholten Malen über diese Höhen, hinab in die angstvoll aufhorchenden Täler.

Heute ist freilich alles vergessen und begraben, und soweit das Auge reicht, schaut es auf friedliche Arbeit, Wohlstand und Segensfülle. Nur die alten Burgen droben wissen zu erzählen von dem Ringen und Kämpfen vergangener Geschlechter, von der Pracht, welche einstens in ihren jetzt zerbröckelten Mauern ihre Feste feierte, von Waffenklang und Minnesang. Sage und Geschichte haben sie für immer mit unverwelklichen Kränzen dankbar geschmückt.

Es war im Monat Mai, als wir gen Belzig fuhren. Die Bienen summten um die blühenden Fliederhecken, und in die weitgeöffneten Fenster und Herzen sang der Frühling in vollen Tönen sein helles Hochzeitslied. Freundlich und heiter lagen die Straßen und Gäßchen des sauberen Städtchens vor uns, das längst seine Tore und stolzen Warttürme eingebüßt hat, und von deren starker Befestigung nur noch wenige Stadtmauerüberreste Zeugnis ablegen. Südwestlich der Stadt erheben sich steil und schirmend die Höhen, zu welchen wir, dem Laufe eines Bächleins folgend, langsam emporklommen. Auf der äußersten Spitze des letzten Hügels ragen die stattlichen Reste der Burg Eisenhart empor. Zwischen dieser Feste und der gegenüberliegenden Höhenwand windet sich die Wetzlarer Bahn durch einen schmalen, hohen Engpaß, um dann bald wieder in das lachende Tal nach Wiesenburg hinab einzumünden.

Vor uns aber wölbt sich eine steinerne Brücke über den Wallgraben, welcher einst an dieser Stelle mußte abgestochen werden, um den Hügel, welcher das Schloß trägt, von der angrenzenden Hügelkette zu trennen. Äußerst markig zeigt sich uns von dieser Seite der noch vorhandene Schloßteil mit zwei vorspringenden, turmartigen Flügeln, an welche sich längs des Wallgrabens mächtige verfallene Mauern schließen, an jeder Biegung die Reste eines kolossalen Turmes tragend. Sieben solcher Rondele sind noch ruinenhaft erhalten. Efeu und Ginster klettern an ihnen empor, und aus den Rissen und Bruchstellen strecken blühende Bäume ihre Häupter hervor, als wollten sie mitleidig und tröstend die gestürzten Steinriesen mit ihren Blättern und Blüten schmücken. Einen überaus freundlichen Anblick gewährt zur Linken vor dem Eingang zur Burg das unter dichtem Blätterdach halbversteckte Kirchlein St. Briccius, das älteste Bauwerk von Belzig, welches bereits unter Albrecht dem Bären errichtet ward, um, wie die Sage meldet, die Reliquien eines heiliggesprochenen Mönches Briccius aufzunehmen, der, fälschlich eines schweren Verbrechens angeklagt, auf dem glühenden Feuerroste seine Unschuld glänzend beweisen sollte. Der noch erhaltene Teil der Burg, welche nach dem Dreißigjährigen Kriege recht ansprechend erneuert wurde, dient jetzt den Zwecken des Rent- und Landratsamtes. Die hohe, weite Eintrittshalle, zu deren beiden Seiten die Verwaltungsräume liegen, weist ein vielverzweigtes Sterngewölbe auf, das, von einem einzigen Mittelpfeiler getragen, einen überaus harmonischen und edlen Eindruck hervorruft. Tritt man von hier aus auf den Schloßhof, so steigt dicht vor uns auf einem bewachsenen, kegelförmigen Hügel der stolze, runde Wartturm empor, der älteste Überrest der ersten Burg, welche von einem deutschen Ritter auf der Stätte eines ehemaligen wendischen Burgwalls als ein Kastell zur Abwehr feindlicher Überfälle errichtet wurde. Trümmerhaufen und

Phot. J. Albert Schwarz, Berlin.
Burg Rabenstein bei Belzig.

wenige Mauerreste in der Nähe des Turmes deuten noch die erste Burganlage an, welche bei weitem nicht die spätere Ausdehnung der um 1465 bedeutend erweiterten Feste besaß.

Es war Kurfürst Ernst, welcher hier Mauern und Rondele errichten ließ und die Zimmer und weiten Hallen der Burg mit fürstlicher Pracht aufs neue ausstattete. Er war es auch, welcher dem ehemaligen „Grentzhause von Belzig" zuerst den Namen Eisenhart beilegte. Außer der runden Warte ragte damals auch noch ein hoher Spitzturm in die Lüfte, und zahlreiche Erker, Ballone und Türmchen schmückten den Bau. Die Jahrhunderte haben seitdem alles wieder mit rauher Hand weggefegt; nur der Wartturm hielt treu aus. Von seinen Zinnen breitet sich tief unten ein ungemein reizendes, malerisches Panorama aus.

Doch wie einst seine Mauern den Anprall feindlicher Horden zurückwiesen, so wehrt er jetzt, eifersüchtig gegen den Fremdling, seit Jahren unerbittlich jedem Wanderer den Eintritt. In Schweigen und Sinnen gehüllt, steht er droben auf einsamer Wacht, sieht die Wolken ziehen und lauscht dem heiseren Schrei der Dohlen. Manchmal schrickt er auch wohl aus seinen ritterlichen Träumen auf, wenn der gellende Ton des vorübersausenden Dampfrosses ihn jählings aufrüttelt. Nur wer die Formel kennt und den Zauber zu brechen weiß, dem gibt er Tor und Himmelsleiter frei.

Uns war die Stunde günstig! — Schloß und Riegel sanken vor dem Zauberwort des Gewaltigen, und mit dankbarem Gemüt klommen wir erwartungsvoll die schmalen Stiegen hinan.

Und nun standen wir oben, hart an der Brustwehr, und schauten auf das liebliche Bild des Tales. Da unten lag sie, die freundliche Stadt, in dem grünen Kranze schattender Bäume. Über die roten Dächer ragte hoch der Turm von St. Beatae Mariae Virginis; zwischen dem Häusergewirr zeigte sich das Glockentürmchen des Rathauses und weiterhin, halb verborgen, St. Gertraud mit dem Hospital. Ein flinker Bach treibt sausend die Räder der Schloßmühle und verliert sich allmählich durch saftige Wiesengründe in der blauen Ferne. Täler und Hügel, Dörfer und Wälder, und über alles ausgeschüttet die funkelnde, goldene Luft eines Maimorgens. Und wie die Blicke in die Landschaft bis zu den dämmernden Linien des Horizontes schweifen, so auch greift die Geschichte bis in das sagenhafte, graue Altertum hier zurück. Stadt und Burg sind geschichtlich eng miteinander verbunden.

Die älteste auf uns gekommene Urkunde, vermittelst welcher Kaiser Otto II. die in dem einstigen Wendengau Plonin belegene Burgwarte Belizi dem Erzstifte Magdeburg verlieh, um es wegen gewisser Ansprüche auf Zehnterhebung zu befriedigen, lautet wörtlich:

„Otto Imperator Augustus ob interventum Gieselarii Magdeburgensis ecclesiae archiepiscopi, quoddam burgwardium in provincia Plonti dicta situm, pro ejusdem regionis concambio decimationis ad sanctum Mauritium donavimus in comitatu Teti comitio situm, nominatim vero burgwardium vulgo Belizi atque idem burgwardium cum omnibus suis pertinentiis. 997."

Mit dieser Umwandlung in eine deutsche Burg setzte Kaiser Otto zugleich den Grafen Dedo als Gaugrafen ein, einen Nachkommen des Sachsen Wittekind.

Er war es, welcher an Stelle der heidnischen Befestigung das erste Kastell erbaute, und wie sich nun ringsherum in dem Lande solche Verteidigungsfesten erhoben, Schutz den heranwachsenden Ortschaften und Weilern gewährend, so ging auch jetzt zugleich durch die rührige Tätigkeit der Zisterzienser und Prämonstratenser-Mönche die Urbarmachung des Landes rüstig fort. Kultur und Gewerbe begannen ihre Segnungen auszustreuen. Zwei Jahrhunderte verrauschten. Einfälle der Polen haben darauf die Burg wieder zerstört, und erst unter dem Askanier Albrecht und unter Benutzung des stehengebliebenen Wartturms wurde ein erweiterter Aufbau der Feste in Angriff genommen, welche denn auch bis in das 15. Jahrhundert hinein allen Stürmen Trotz bieten sollte.

Aus dem slawischen Dorfe Belizi wuchs indessen langsam die Stadt Belzig heran. Um diese Zeit fällt die Erbauung der droben stehenden Kapelle St. Briccius, welche, wie alle Burgkapellen, während der herrschenden Fehden, eine geweihte und unantastbare Stätte bildete. Zur Zeit Herzog Albrechts I. (1212—1260) finden wir auf der Burg einen Burggrafen Bederich.

Die überkommenen Nachrichten wissen nicht genug die Vorzüge und trefflichen Eigenschaften dieses Mannes zu preisen. Dem herrschenden Drange der damaligen Zeit folgend, wallfahrte auch er nach den heiligen Stätten des gelobten Landes. Dort lernte er die edle Tätigkeit kennen, welche die Orden der Templer und Johanniter ausübten. Bald nach seiner Rückkehr schenkte er denn auch dem deutschen Ritterorden eine Kommende in dem zwei Meilen abgelegenen Dorfe Dahnsdorf, welche er reichlich ausstattete. Von hier aus sollten sich bald Ströme des Segens deutscher Sitte und christlichen Wesens über das Land ausgießen.

Mit dem Tode des Grafen Bederich, welcher ohne männliche Erben zwischen 1250—1260 starb, fiel das Belziger Grafentum wieder als eröffnetes Lehen an den Herzog von Sachsen zurück. Von diesem Zeitpunkte an erhielt die Burg den Namen „das weiße Schloß" oder „das herzoglich-sächsische Grenzhaus von Belzig". Die Herzöge setzten eine Reihe von Vögten (advocati) in ihre nördliche Grenzstadt ein, welche fast ununterbrochen bis zum Aussterben des Hauses 1422 die Feste verwalteten. Nur gegen Ende des 13. Jahrhunderts scheint es, als ob Belzig auf kurze Zeit unter brandenburgische Lehnsherrlichkeit gekommen ist, wie aus einem Ehevertrag zwischen der Markgräfin Jutta, Schwester des Markgrafen Hermann von Brandenburg, und dem Herzog Rudolph von Sachsen hervorgeht, und der vom Kaiser Albrecht 1298 bestätigt wird. In diesem Vertrage erhält Markgräfin Jutta das Schloß Belzig als Mitgift. Keiner aber von allen sächsischen Herzögen hat so häufig und mit ausgesprochener Vorliebe sein Hoflager hier oben aufgeschlagen, als Rudolph I. Stets brachte er ein zahlreiches Gefolge von Rittern, Knappen, Spielleuten und Dienern mit, sowie auch seinen Wittenberger Kaplan, um sich hier auf längere Zeit einer ungebundenen Freiheit zu erfreuen.

Noch zweier Ereignisse gedenkt die Chronik, welche für die damalige Zeit außerordentliches Aufsehen erregten. Im Jahre 1382 war es die Nachricht von der blutenden Hostie zu Wilsnack, welche alle Gemüter beschäftigte, und eine enorme Wallfahrt von Männern, Weibern und Kindern zur Folge hatte, sowie der um 1374 in Deutschland ausgebrochene St. Johannistanz. Scharen verzückter und halb wahnsinniger Frauen und Männer zogen tanzend durch das Land, immer neue Opfer mit sich lockend. Das Volk hielt diese dansatores oder choriantes, wie sie genannt wurden, für Besessene und drohte den Priestern, welche es nicht vermochten, den Satan ihnen auszutreiben. Unter dem Gesange:

"Here sent Johann, so so,
vrisch und vro,
here sent Johann"

tanzte man halbe Tage lang in den Kirchen, auf öffentlichen Plätzen, ohne Scham noch Scheu, bis konvulsivische Zuckungen und Krämpfe eintraten. Es sollte lange dauern, ehe diese merkwürdige Krankheit vollkommen erloschen war. Im Anfange des 15. Jahrhunderts, als sich in Straßburg plötzlich neue Symptome der Tanzwut einstellten, brachte man die Wütenden in die Kapelle St. Veit zum Rotestein. Von da ab ward St. Veit der Schutzpatron der Kranken, welche fortan St. Veitstänzer genannt wurden.

Um das Jahr 1383 fällt auch die Stiftung des Hospitals zum heiligen Geiste, eine segensreiche Anstalt, welche noch heute in erweitertem Maßstabe der willkommene Zufluchtsort Kranker und betagter Mittelloser ist. War es die Pest, welche schon zweimal den Ort heimgesucht hatte, so sollten jetzt die starken Mauern Belzigs die

Feuerprobe gegen einen sichtbaren äußeren Feind bestehen. In einer Fehde, welche zwischen Kurfürst Rudolph III. und dem Erzbischof Günther II. von Magdeburg ausgebrochen war, rückte der Erzbischof vor die Stadt und belagerte sie. Vergeblich hofften die Bürger auf Unterstützung seitens des Kurfürsten. Doch nichts geschah. So wurde trotz heftiger Gegenwehr endlich Stadt und Burg genommen und letztere bis auf den Grund zerstört. Nur der Turm ragte noch einsam in die Lüfte.

Und nicht allzulange darauf, da galt es wieder einen harten Strauß auszufechten. Unter der Anführung Prokops überfluteten die Hussiten in mächtigen Raubschwärmen die deutschen Lande und fielen endlich auch mordend und sengend in Sachsen ein. Nachdem sie Torgau angesteckt hatten, zogen sie in der Richtung nach Magdeburg weiter. Vor Belzig wurde haltgemacht. Wie mögen da die Herzen der Bürger kleinmütig und verzagt anfangs gewesen sein! Doch mit der Bedrängnis wuchs auch der Mut. Alles Berennen und Belagern erwies sich fruchtlos. Die Eingeschlossenen wehrten sich wie Löwen, bis endlich verstimmt und müde des Kampfes Prokop mit seinen liebenswürdigen Tugendbolden der Stadt mürrisch den Rücken wandte, nicht ohne vorher die Vorstädte noch anzuzünden. Und noch tagelang zeigten die lodernden Feuersäulen der brennenden Dörfer den glücklich erlösten Belzigern den Weg, welchen die böhmische Lawine genommen hatte. Groß und klein sang damals in Sachsen:

> „Meißen und Sachsen verderbt,
> Schlesien und Lausitz verscherbt,
> Baiern ausgenährt;
> Österreich verheert,
> Mähren verzehrt,
> Böhmen umgekehrt."

Es war im Jahre 1414, als Kurfürst Ernst von Sachsen, wie schon bemerkt, das „Grenzhaus zu Belzig" in einen prächtigen gotischen Bau umwandeln ließ, in jener gewaltigen Ausdehnung, die noch heute die starken Mauern, sowie die sieben Rondele bezeugen, welche damals je einen Turm von fünfzig Fuß Höhe trugen. Auch das Burgverließ sowie der tiefe Schloßbrunnen sind noch heute teilweise vorhanden. Die Zugbrücke führte sofort auf die große Heerstraße nach Wittenberg. Nach seiner Vollendung empfing das Schloß fortan den Namen „Eisenhart".

Und just um dieselbe Zeit erbaute Friedrich II., „der Eisenzahn", seine stolze Fürstenburg zu Kölln an der Spree.

Jahrzehnte schwanden. Die Reformation brach an. Melanchthon hatte seinen „Unterricht für Visitationen" erscheinen lassen; 1530 ward die erste, und zwar in Belzig, anberaumt. Die Kommission bestand aus Dr. Martin Luther, Dr. Justus Jonas und den beiden Laien Benedikt Pauli und Johann von Taubenheim. Als Magister fungierte damals in Belzig Johann Theuerstenius.

Nachdem man die Einkünfte der Pfarre, der Kirche, des Hospitals, die Besoldung der Schulbedienten (Lehrer) usw. geprüft hatte und M. Theuerstenius als tüchtig und wacker befunden, wurde in der Kirche Unserer lieben Frauen ein feierlicher Visitationsgottesdienst abgehalten, wobei Luther die Festpredigt hielt. Es war eine Auszeichnung für das stille Städtchen, wie sie nur wenigen zuteil wurde.

Wieder verrauschte ein Jahrhundert. An Stelle ehrsamer Tüchtigkeit und frommen Lebenswandels war Gottlosigkeit und Unzucht eingerissen. Völlerei und üppige Sinnenlust trieben inmitten von allem Elende ihre tollen, ausgelassenen Feste. Schon warfen die Vorgänge in Böhmen bereits ihre Schatten auch über das unglückliche Sachsenland. Die Furie des Dreißigjährigen Krieges begann ihren blutigen Triumphzug. Die Schreckenstage, welche jetzt für Belzig anbrachen, sind so entsetzlicher Art, wie sie in gleich furchtbarer Weise kaum wieder eine Stadt Deutschlands erfahren sollte. Was nicht der Mordlust plündernder Schweden und Pommern oder der Hungersnot zum Opfer fiel, das raffte der schwarze Tod, welcher mehrmals seinen unheimlichen Umgang durch die heimgesuchten Lande hielt, unerbittlich mit sich fort.

Wenn trotzdem aus der Asche der einstigen Stadt neues Leben späterhin erblühte, so ist dies ein um so rührenderes Zeichen der Anhänglichkeit für jene Wenigen, welche nach qualvollen Martertagen wieder aus den Wäldern zu der heimatlichen, gänzlich verödeten Stätte zurückkehrten. Es ist ein düsteres Stück Lokalgeschichte, welches die Chronik jener Tage enthüllt.

Am 4. April 1636 erfolgte die erste Plünderung der Stadt, ohne daß es jedoch zu einem Gemetzel gekommen wäre. Man begnügte sich, bescheiden genug, das Rathaus, sowie die Kramläden gründlich auszuleeren und endlich noch sämtliche Pferde zusammenzukoppeln, um dann mit diesen sowie der anderen Beute heiter und

wohlgemut auf der entgegengesetzten Seite die Stadt wieder zu
verlassen. Die Bestürzung der Bürger war groß. Es waren nur
30 Reiter gewesen, welchen man in der richtigen Annahme, daß sie
doch nur einen Vortrab größerer Heeresmassen bildeten, den Ein=
tritt nicht verweigert hatte. Nun aber wurden sämtliche Tore ver=
rammelt. Die Nacht verging jedoch ruhig.

Am Dienstag, den 5. April erschienen wieder gegen 50 Reiter
an den Wällen, Kontribution für General Wrangel heischend. Dem
alten Gebrauche folgend, ließ jetzt der Bürgermeister sämtliche Glocken
läuten, um mit den hereneilenden Bürgern auf offenem Markt=
platz weisen Rat zu halten. Doch die Schweden, in der Meinung,
es gälte Sturm und Ausfall, jagten plötzlich davon, um Verstärkung
zu holen. Und so geschah es. Nach kurzer Zeit standen mehr als
100 Reiter, bis an die Zähne bewaffnet, draußen und begannen
jetzt, voll Wut und Habgier die Stadt anzugreifen. Nach heißem
Kampfe drangen sie endlich am Sandberger Tore ein. Ohne sich
länger in der Stadt aufzuhalten, erbrachen sie die Sakristei der Haupt=
kirche, darauf die Oberpfarre, wo sie in zahllosen Kisten und Kästen
die hier angstvoll verborgenen Kostbarkeiten und Wertstücke der Ein=
wohner entdeckten. Nachdem man dann noch alle Schlupfwinkel
der Stadt durchsucht hatte, ging es reich und schwer beladen wieder
von dannen. Kaum war der letzte Räuber hinter den Wällen ver=
schwunden, als auch schon durch ein anderes Tor eine neue Rotte
hereindrang. Alle Beteuerungen der Bürgerschaft, daß nichts mehr
in Belzig zu finden sei, steigerten nur noch mehr die Wut der
Schweden. Die eingeschlossenen Frauen und Mädchen wurden unter
den gräßlichsten Martern zu Tode gequält. Kinder nagelte man
an die Haustüren, als Zielscheibe für die Pistolen. Man sägte
den Männern die Kniescheiben durch und zwang wieder andere,
so lange Mistpfütze zu trinken, bis sie erstickten. Diese letzte Grau=
samkeit hieß damals allgemein der „Schwedentrunk". Ein zeit=
genössischer Geistlicher beschreibt entsetzt die angewandte Prozedur
folgendermaßen: „Nach grausamen Prügeln und Schlagen haben
sie die elende Person auf den Rücken geleget und mehrmals etzliche
Kannen Mistpfütze eingeflößet. Wenn solche zurück ihnen wieder
aus dem Munde angefangen, so ist einer mit gleichen Füßen ihm
auf die Brust gesprungen, durch welche Marter die Henkerbuben die
Vorräte finden wollten. Aber leider, Gott dir sei es geklagt, die
meisten Personen starben elendlich." —

Acht Tage lang dauerten die Durchzüge. In den Straßen lagen haufenweise die Toten und Sterbenden. Alles Leben war in Belzig erloschen. So zündete man auch die Vorstädte an, bis endlich, ein neuer Haufe Mordbrenner die Stadt zugleich an allen Ecken den Flammen übergab. In wenigen Stunden lag fast die ganze Stadt, die schöne Pfarrkirche, das Rathaus, Hospital, Schulen und Scheunen in Asche. Einige Wochen später ging auch der Stolz Belzigs, die prächtige Burg Eisenhart, in den Flammen auf, und der erhalten gebliebene Wartturm sah traurig auf ein Aschenfeld im Tale nieder, auf dem nichts als ein paar elende Hütten in der einstigen Vorstadt davon zeugten, daß einst hier eine blühende Stadt gestanden hatte.

Jahre sollten vergehen, ehe sich wieder eine kleine Gemeinde von neun Bürgern gebildet hatte, um dann droben in der wie durch ein Wunder unversehrt gebliebenen St. Bricciuskapelle ihren ersten Dankgottesdienst abzuhalten.

Während des Dreißigjährigen Krieges war inmitten aller entsetzlichen Greuel eine grenzenlose Zuchtlosigkeit eingerissen, welche noch lange während der nachfolgenden Jahre in den deutschen Landen herrschen sollte. „Lasset uns essen und trinken, denn morgen sind wir tot", lautete die Parole allgemein. In manchen Kirchen ward voll Übermut oder wohl auch in Ermanglung anderer vorhandener Räume Bier gebraut; ja, der Superintendent von Zahna beschwert sich einmal ernsthaft: „Hunde laufen in der Kirche zu Haufen herum, ohne daß jemand sie hinaustreibe." Und ein anderes Mal donnert er drastisch genug, daß die Leute sich in den Branntweinhäusern herumtrieben, ebenso habe der Rat die eingezogenen Strafgelder nichtswürdigerweise „versoffen". Dazwischen gab es immer noch Hexenprozesse, trotz aller Reformation und Aufklärung, und der Kantor von Belzig, welcher einmal eine Hexe zum Schafott begleitete, erhielt für diese schauerliche Galanterie die enorme Summe von 60 Talern, während der arme Nachrichter nur 11 Taler liquidieren durfte. Aberwitz, Versumpftheit und Elend überall. Die Schreckensjahre des Dreißigjährigen Krieges haben wenig Dichter gefunden, welche in gleich packender und erschütternder Weise diese unselige Zeit schilderten, als wie es 1637 Rudolph Wasserhuen zu Anklam unternahm.

Charakteristisch genug beginnt einer seiner zahlreichen Klagegesänge:

„Wringet, Menschen, ewre Hände,
reibet ewre Augen sehr,
ob dem ewrigen Elende
naget immer mehr und mehr,
und laßt unbeschwichtig sein
ewre kleine Kinderlein.
Mars und mors tun sich zusammen,
kochen uns ein sawr Gericht.
Ceres unsres Lebens Amme
karget sehr und nähret nicht:
Ob wol in der Welt ein Mann
solche Not gedenken kann?
Man tut wunderbarlich hausen,
raubet was er finden kann,
Städt und alle Land bemauseu,
und zündet die Dörffer an,
daß das ganze Feld steht kahl;
wüster Wind wohnt überall.
Auf den Gassen in den Thoren
liegen Todte: hin und her
exuliren die Pastoren,
nicht ohn sonder groß Beschwer,
und beschließen ihre Zeit
in so großem Herzeleid."

Das Schicksal Belzigs erregte allgemeine Teilnahme. Eine im Kurfürstentum Sachsen angestellte Kollekte ergab die halbwegs nötige Summe, um die „aedificia publica" wieder aufzubauen, und bald konnte sich die treue Bürgerschaft auch wieder den luxuriösen Genuß eines festangestellten Stadtpfeifers vergönnen.

Allmählich erstand dann aus dem Aschenhaufen heraus die Stadt= kirche, das Rathaus, erhoben sich aufs neue Schulen und Pfarr= häuser, sowie das Hospital zum heiligen Geiste. Endlich erfuhr auch Burg Eisenhart unter der Regierung des prachtliebenden Herzog Ernst III. 1685 eine teilweise, moderne und ausgezeichnete Erneuerung.

Zu wiederholten Malen ward nun wieder droben das Hoflager aufgeschlagen, nachdem man dem Justizamtmann Wörger eine Amts= wohnung eingeräumt hatte. Auch Peter der Große, nachdem er in Torgau der Hochzeit seines Sohnes Alexei beigewohnt, in Wittenberg darauf das Lutherzimmer besichtigt hatte, wo noch heute sein Name über der Türeinfassung zu sehen ist, kam über Belzig, um in Eisenhart zu übernachten. Dies war 1712. Wenn in dem später ausbrechenden Siebenjährigen Kriege auch jene Greueltaten, wie sie Belzig in der Schwedenzeit erduldet hatte, nicht wiederkehrten, so brachten die Durchmärsche der Franzosen und Preußen doch viel Kummer und legten den Einwohnern erdrückende Lasten auf. Nicht allein, daß man ungeheure Summen fort und fort erpreßte, auch die Felder wurden verwüstet, der prächtige Wildbestand der Brandtsheide total ausgerottet, und außergewöhnlich grimmige Kälte, sowie auftretende Viehseuchen taten das übrige noch, die Verzweiflung der Einwohner zu steigern. „Ah, vous n'avez pas d'idée, combien un peuple peut souffrir!" Ein damals geflügeltes Wort des raublustigen Daru, welches sich immer wieder bewährt hat. Auch Burg Eisenhart litt viel Schaden während dieser kriegerischen Epoche. Nur langsam vermochte sich Belzig wieder von den harten Schlägen zu erholen.

Am Ausgang des 18. Jahrhunderts war es auch, daß in dem Städtchen zwei Männer das Licht der Welt erblicken sollten, deren Erinnerung eine dankbare Nachwelt treu bewahren wird. Am 12. Januar 1769 ward hier dem Amtsvorsteher Eberhard ein Söhnlein geboren, welches in der Taufe die Namen „Christian August Gottlob" empfing und späterhin hauptsächlich durch sein sinniges und gemütvolles Idyll „Hannchen und die Küchlein" den Beifall einer empfindsamen Mitwelt erntete.

Am 31. Januar 1798 aber erblickte Carl Gottlieb Reissiger hier das Licht der Welt, dessen Opern noch unvergessen sind, und dessen Lieder lange fortleben werden, mit ihrem musikalischen Wohllaut den Beifall dankbarer Herzen wachrufend.

Die Jahre deutscher Schmach brachen herein. Der Kurfürst von Sachsen, nationale Ehre und Stolz vergessend, hatte sich Napoleon angeschlossen, um als Lohn die langersehnte Königskrone in Empfang zu nehmen. An den Grenzen Sachsens, somit auch bei Belzig, wurden nun Tafeln mit der Aufschrift: „Territoire de Saxe, pays neutre" aufgerichtet, was jedoch den korsischen Fuchs nicht hinderte, dem unbesonnenen Lande eine Kontribution von 7 053 358 Talern aufzuerlegen. Russen hausten acht Tage lang in Belzig; auf dem Eisenhart aber ward das Hauptquartier des Generals von Wittgenstein aufgeschlagen. Doch die Erlösung war nicht mehr fern. Die Schlacht bei Großbeeren ward geschlagen, und am 27. August 1813 fand das glänzende Treffen auf dem nahen Hagelberge statt. Und endlich läuteten die Glocken durch das aufatmende Land: Friede, Friede! —

Belzig, sowie der gesamte Kreis Wittenberg, fiel Preußen zu. Und wie die Stadt einstens für Sachsens Ehre stritt und litt, so haben ihre Bürger seitdem bewiesen, mit welch unerschütterlicher Treue und Hingabe sie jederzeit für das Haus Hohenzollern einstehen. Ein reichbewegtes Leben ist über diese Fluren dahingezogen, mehr Leid wie Lust, mehr Trübsal als Freude bringend. Doch unbeugsamer Mut und treue Anhänglichkeit zur heimatlichen Scholle haben immer wieder mit nicht erlahmender Kraft versucht, die Wunden, welche ein rauhes Geschick schlug, zu lindern und zu heilen. Und diese Hoffnung sollte nicht unerfüllt bleiben!

Wie oft auch wilde Feindesscharen diese Fluren zertraten und verwüsteten, heute wiegt sich die Lerche jubilierend über weiten, wogenden Saatfeldern und streut ihre hellen Lieder schmetternd in die blaue Luft. Tore und Mauern sind gefallen, doch rühriger Fleiß und tüchtiges Streben, ein freier, wackerer Bürgersinn halten scharfe Wacht, daß Zufriedenheit und Wohlstand nicht mehr von dannen weiche. Möge er immer blühen!

Jahrhunderte kamen und gingen, und ein Geschlecht löste das andere im ruhelosen Wechsel ab. Nur droben der sagenumrauschte Eisenhart überdauerte alles. Einsam und allein ragt er gewaltig empor, ein ernstes Denkmal seinen Anwohnern an jene Zeit, die wir so oft, undankbar gegen die eigene, „die gute alte Zeit" loben und preisen, und welche doch so überreich an Tränen und Elend war. Unbeweglich und sinnend lauscht der verwetterte alte Recke hinab in das frohjauchzende Tal, in den grünenden, blühenden Schloßgarten zu seinen Füßen, aus dem es heute heraufweht wie Blütenduft und Nachtigallenschlag, wie ein Gruß innigster Frühlingsfreude. A. Trinius, Märkische Streifzüge. 2. Auflage. Minden, J. C. C. Bruns' Verlag.

Der Schmied von Jüterbog.
Von Adalbert Kuhn.

Zu Jüterbog lebte einmal ein Schmied, der war ein gar frommer Mann und trug einen schwarz und weißen Rock. Zu ihm kam eines Abends noch ganz spät ein Mann, der gar heilig aussah, und bat ihn um eine Herberge. Nun war der Schmied immer freundlich und liebreich zu jedermann, nahm daher den Fremden auch gern und willig auf und bewirtete ihn nach Kräften. Andern Morgens, als der Gast von dannen ziehen wollte, dankte er seinem

Wirte herzlich und sagte ihm, er solle drei Bitten tun, die wolle
er ihm gewähren. Da bat der Schmied erstlich, daß sein Stuhl
hinter dem Ofen, auf dem er abends nach der Arbeit auszuruhen
pflegte, die Kraft bekäme, jeden ungebetenen Gast so lange fest=
zuhalten, bis ihn der Schmied selbst loslasse; zweitens, daß sein
Apfelbaum im Garten die
Hinaufsteigenden gleicher=
weise nicht herablasse;
drittens, daß aus seinem
Kohlensacke keiner heraus=
käme, den er nicht selbst be=
freite. Diese drei Bitten
gewährte auch der fremde
Mann und ging darauf
von dannen. Nicht lange
währte das nun, so kam der
Tod und wollte den
Schmied holen. Der aber
bat ihn, er möge sich doch,
da er sicher von der Reise
zu ihm ermüdet sei, noch
ein wenig auf seinem
Stuhle erholen. Da setzte
sich denn der Tod auch
nieder, und als er nachher
wieder aufstehen wollte, saß
er fest. Nun bat er den
Schmied gar sehr, er möge
ihn wieder befreien, allein
der wollte es zuerst nicht
gewähren. Nachher ver=

Das Dammtor in Jüterbog.

stand er sich dazu unter der Bedingung, daß er ihm noch zehn Jahre
schenke, dessen war der Tod gern zufrieden, der Schmied löste ihn,
und er ging davon. Wie nun die zehn Jahre um waren, kam der
Tod wieder. Jetzt sagte ihm der Schmied, er solle doch erst auf den
Apfelbaum im Garten steigen, einige Äpfel herunterzuholen. Sie
würden ihnen wohl auf der weiten Reise schmecken. Das tat der
Tod und saß nun wieder fest. Alsbald rief der Schmied seine Ge=
sellen herbei, die mußten mit schweren eisernen Stangen gewaltig

auf den Tod losschlagen, daß er ach und weh schrie und den Schmied flehentlich bat, er möge ihn doch nur frei lassen, er wolle ja gern nie wieder zu ihm kommen. Wie nun der Schmied hörte, daß der Tod ihn ewig leben lassen wolle, hieß er die Gesellen einhalten und entließ jenen von dem Baum. Der zog glieder= und lenden= lahm davon und konnte nur mit Mühe vorwärts. Unterwegs be= gegnete ihm der Teufel, dem er sogleich sein Herzeleid klagte; aber der lachte ihn nur aus, daß er so dumm gewesen war, sich von dem Schmied täuschen zu lassen und meinte, er wolle schon bald mit ihm fertig werden. Darauf ging er in die Stadt und bat den Schmied um ein Nachtlager. Nun war's aber schon spät in der Nacht, und der Schmied verweigerte es ihm, sagte wenigstens, er könne die Haustür nicht mehr öffnen, wenn er jedoch zum Schlüssel= loch hineinfahren wolle, so möge er nur kommen. Das war dem Teufel natürlich ein leichtes, und sogleich huschte er durch. Der Schmied war aber klüger als er, hielt innen seinen Kohlensack vor, und wie nun der Teufel darin saß, band er den Sack schnell zu, warf ihn auf den Amboß und ließ seine Gesellen wacker drauflos= schmieden. Da flehte der Teufel zwar gar jämmerlich und erbärm= lich, sie möchten doch aufhören, aber sie ließen nicht eher nach, als bis ihnen die Arme von dem Hämmern müde waren und der Schmied ihnen befahl, aufzuhören. So war des Teufels Keckheit und Vorwitz gestraft, und der Schmied ließ ihn nun frei. Doch mußte er zu demselben Loche wieder hinaus, wo er hineingeschlüpft war, und wird wohl kein Verlangen nach einem zweiten Besuch beim Schmied getragen haben.

Kloster Zinna.

Von Wilhelm Jung.

Das Königliche Geheime Staatsarchiv zu Berlin bewahrt einen Band handschriftlicher Aufzeichnungen, welche hauptsächlich für die Lokalgeschichte Jüterbogs und seiner Umgebung Wertvolles ent= halten.

Hier finden sich auch nachstehende Notizen verzeichnet:

„Anno 1171 den 26. Septembr: Ist das Closter Zinna zu bawen angefangen worden sein vom Ertzbischoff Wichmanno (dem 16. in der Ordnung) Bischoffen zu Zeitts von Naumburg Graff Geronis von Segeburg oder Seburg aus Beyern Sohn, welcher auch privilegia hierüber gegeben hatt, wie M. Johannis pomarius im Extract der Magdeburgischen Stadt Chronica v. Andreas Wertherus bezeugen mit diesen Worten: Das Landtt umb Jüterbock hatt er auch bezwungen, vnd dem Ertzstifft zugeeignett, das Closter Zinna hatt er anfenglich gebawett, und neben andern mehr, dieses alles zum Ertzstiffte gewendett."

Dieser kurze Bericht ist in bezug auf seine Genauigkeit und im Vergleich mit anderen Überlieferungen des Gründungsdatums um so wertvoller, als er nicht nur das Jahr, sondern auch den Monat, ja selbst den Tag bezeichnet.

Führen wir nun diese Angaben unter Heranziehung anderer Quellen und im Vergleich damit weiter aus, so ist der geschichtliche Hergang der Gründung nachstehender.

Obwohl schon im Jahre 1142 Albrecht der Bär Herr des gesamten Havellandes war, und auch im Süden Finsterwalde, im Osten Zossen, ferner Beeskow und Storkow sich im Besitze deutscher Adelsgeschlechter befanden, hatte im Herzen all dieser Eroberungen eine Feste dem deutschen Ansturm zu trotzen gewußt. Jüterbog mit seiner nächsten Umgebung war noch wendisch.

Als nun gar 1156 Brandenburg in Abwesenheit Albrechts durch Verrat in die Gewalt des Wendenfürsten Jaczo gefallen war, und heidnisches Wendentum von neuem über Deutschtum und Christentum triumphieren zu sollen schien, da galt es nicht nur das Verlorene zurückzuerobern, sondern auch durch einen entscheidenden Schlag ähnlichen Wechselfällen für die Zukunft vorzubeugen.

Albrecht der Bär und Erzbischof Wichmann von Magdeburg aus dem Geschlechte der Billunge, beide gleich gefährdet, schlossen ein Bündnis. Diesem vereinten Gegner konnten die Wenden nicht standhalten. Schon im folgenden Jahre war das feste Brandenburg zurückerobert, und auch was bisher dem Deutschtum Trotz geboten hatte: das wendische Jüterbog und seine Umgebung, fiel jetzt in die Hände der Sieger.

Die Erfahrung hatte gelehrt, daß es nicht möglich war, die Wenden auf friedliche und versöhnliche Weise zu gewinnen. Man griff daher zu kräftigen Mitteln. Was sich der neuen Herrschaft nicht fügen wollte, mußte von seinem Wohnsitz auswandern, und was sich weigerte, freiwillig zu ziehen, wurde mit Gewalt vertrieben.

So kam es, daß die Gegend rings um Jüterbog — welches Gebiet bei der Teilung Erzbischof Wichmann zugefallen war — zum größten Teil ihre wendische Bevölkerung verlor. Das kolonisatorische Talent des Eroberers wußte Ersatz zu schaffen. Die weiten Landstrecken, die ihre Bebauer eingebüßt hatten oder noch wüst lagen, sollten durch germanischen Fleiß völlig Verwertung finden.

Der Höhenzug nördlich von Wittenberg, die Wasserscheide zwischen Elbe und Havel, war mit niederländischen Kolonisten besetzt worden; für die sumpfige Niederung nördlich von Jüterbog jedoch hatte sich noch niemand gefunden. Es bedurfte hier eines Bewerbers, der imstande war, sein ganzes Selbst dieser schwierigen Aufgabe zu opfern. Ein solcher Bewerber war der Zisterziensermönch.

Acht Jahre lang hatte man sich dem Werk unter mancherlei Entbehrungen nach echter Zisterzienserart hingegeben, da brach das Verhängnis herein über die junge aufblühende Kolonie.

Heinrich der Löwe war mit dem Bischof von Halberstadt in Streit geraten und hatte dessen Bischofssitz verbrannt. Diesem Kirchenfürsten eilte unter anderen auch Erzbischof Wichmann zu Hilfe. Um letzteren zur Umkehr zu veranlassen, bot Heinrich seinerseits die Liutitzen und Pommern auf, die sengend und brennend das Jüterboger Land verheerten. Auch Zinna wurde am 6. November 1179 ein Opfer des unglückseligen Streites. Was nicht geflohen war, wurde entweder getötet oder gefangen fortgeführt. Unter den Gefallenen war der Abt des Klosters, „qui et primus tunc fuit interfectus" verzeichnet der Chronist.

Aber das Kloster entstand von neuem, größer und schöner als vorher.

Die Überlieferung, wonach die Bürger von Brietzen (Treuenbrietzen) die Zinnaer Mönche beauftragten, ihre Stadt auch mit Ringmauern und Türmen zu befestigen, und wonach sie als Entgelt für diese Arbeit ihre Mühle und das zugehörige Wasserrecht opferten und so in ein gewisses Abhängigkeitsverhältnis zum Kloster traten, nur um die als Baumeister hochgeschätzten Mönche für die Ausführung zu gewinnen, beweist zur Genüge, welche Anerkennung der neuerstellte Klosterbau fand.

Allerdings verstand man es auch im Kloster, die vielen Erfahrungen, die man auf bautechnischem Gebiet während der langen Bauperiode gesammelt hatte, wo immer sich Gelegenheit bot, zum eigenen Vorteil zu verwerten. So waren es dieselben Mönche, die den Wert der Rüdersdorfer Kalkberge sofort erkannten und sie, soweit sie in den Besitz des Klosters übergegangen waren, als erfahrene Techniker für ihre Zwecke auszubeuten begannen. Nicht gering muß der Gewinn aus diesem Unternehmen gewesen sein; denn nach dem Landbuch der Mark vom Jahre 1375 wollten die Mönche den Ertrag nicht angeben, um zu verhindern, daß der Landesherr eigennütigerweise in den Besitz der Kalkberge zu gelangen trachte. Was sie gefürchtet hatten, trat später freilich doch ein.

Kloster Zinna.

Auch die Ziegelerde, die auf Zinnaischem Grund und Boden gegraben wurde, war gesucht. So besagt z. B. ein Vertrag vom 10. Juli 1421, daß die Bürger von Jüterbog vom Abte des Klosters Zinna die Erlaubnis erhielten, auf der Feldmark Slautitz, wann sie es nötig hätten, zum Preise von acht böhmischen Groschen für jeden Ofen Ziegelerde zu graben.

Der große Wohlstand, den diese emsige Rührigkeit der Klosterbewohner im Gefolge hatte, weckte immer von neuem ihre Baulust. Wenn wir hierfür auch keine urkundlichen Belege besitzen, so spricht doch der Kirchenbau selbst an verschiedenen Stellen seines Innern eine deutliche Sprache. Als dann am 15. August 1437 auf dem Konzil zu Konstanz der Bau einer Kapelle auf dem Hohen Golm, ungefähr 10 km östlich von Zinna, bewilligt und den Mönchen die Erlaubnis erteilt worden war, den dorthin Wallfahrenden einen Ablaß zu erteilen, fielen dem Kloster genügend reiche Mittel zu, um selbst kostspieligere Um= und Einbauten vorzunehmen.

Studien zur deutschen Kunstgeschichte. Heft 56.
Straßburg i. E., J. H. Ed. Heitz (Heitz & Mündel)

Die Kapelle auf dem Golm.
Von Adalbert Kühn.

Ein Bauer, so unter dem Gollenberg gewohnet, unternahm einst in höchster Bedrängnis seines Gewissens und Erkenntnis seiner Sünden die Reise nach S. Jacob in Spanien (S. Jago de Com= postella). Als er nun da ankam und ihm deuchte, er habe noch nicht genug für seine Sünden gebüßt, fraget er den Mönch des Ordens, ob nicht noch ein heiliger Ort in der Welt wäre über dem? Da hat ihm jener geantwortet: ja, es wäre noch ein heiligerer auf dem Gollenberg, worauf er denn in großem Unmut gesprochen: „Was zum Teufel suche ich denn hier, weil ich doch den Ort hart vor der Tür habe?"

Altmark.

Tangermünde.
Von Wilhelm Scheuermann.

Fast in der Mitte der Fahrt zwischen Berlin und Hannover rollt der Eisenbahnzug in verlangsamter Fahrt über die Elbbrücke, die den deutschen Westen mit Ostelbien verbindet. Von der Bergseite des Stromes grüßt eine alte Stadt mit vielen Türmen herüber, trotz der nahen Entfernung meist leicht verschleiert vom Dunst der Elbwiesen oder eingehüllt in den Rauch, den ein paar lästig neuzeitliche Fabrikschlote über die roten Ziegeldächer blasen. „Tangermünde!" hört man einen Reisenden sagen. Und: „Gleich kommt Stendal!" begrüßen die Berliner den berühmten Bahnhofswirtsbetrieb mit heißen Würstchen, altmärkischem Bier und Salzwedeler Baumkuchen. „Gebt acht, wir müssen sofort Schönhausen sehen!" hört man die Leute aus dem Westen, und alle Blicke wenden sich nach der rechten Seite der Fahrtrichtung, bis aus dem Buschwerk, das Tangermünde alsbald verdeckt, der feste graue Kirchturm des Bismarckdorfes seinen Sattelgiebel hervorreckt. Von tausend Reisenden, die so tagein, tagaus die Kaiserstadt an der Mündung des Tanger begrüßt, denken nicht zehn daran, den Gruß zu erwidern und den kleinen Abstecher von Stendal nach Tangermünde hinüber zu wagen. Von denen aber, die einen halben Tag daran gewendet haben, die Stadt zu besuchen, die einmal des Deutschen Reiches Kaiserpfalz werden sollte, ist keiner enttäuscht von dannen gegangen.

Von Stendal führt die Kleinbahn hinüber, wer aber gut zu Fuß ist und einen schönen Tag trifft, soll lieber den zweistündigen Weg auf der Landstraße wandern, der durch altmärkisches Ackerland führt, und soll sich dann, die Elbe auf der Fähre überschreitend, den kürzeren Waldmarsch von Tangermünde nach Schönhausen nicht verdrießen lassen, wo er die Bahn wieder erreicht. Die Landstraße ist kerzengerade zwischen den Domtürmen von Stendal und der hohen Fassade von St. Stephan in Tangermünde gezogen, so daß der Wanderer bei jedem Schritt feststellen kann, wie weit er die altmärkische Kreisstadt hinter sich gelassen hat, wie nahe die Kaiserresidenz des heiligen römischen Reiches winkt. So wird er langsam mit ihr vertraut, und lernt ihre vielen Türme kennen, bis eine kurze gleichgültige Vorstadt den Überblick hemmt. Die großen Fabrikschlote, die so störend in den Blick von der Elbeisenbahnbrücke treten, bleiben hier beiseite, und freundlich kann das ehrwürdige Städtebild wirken.

Graben und Mauer trennen die Altstadt von dem nüchternen Zuwachs, den das Industriezeitalter angebaut hat. Im Graben hat man den Gottesacker angelegt. Im tiefen Baumschatten reiht sich Hügel an Hügel, Grabstein an Kreuz, überzogen von dunkelgrünem Efeuteppich und umrankt von himmelblaublühendem Immergrün. Kein übler Platz zum Ausruhen für wackere Bürger und fleißige Hausfrauen, rings um die Stadt, der ihr Leben gehört hat und die ihre Enkel hegt. Und über die Mauer schauen die Dächer der kleinen Häuser, die sich vertraulich an die trotzigen Bollwerke der Vergangenheit anschmiegen, über die ausgebrochenen Zinnen zieht der dünne Rauch aus niedrigen Schornsteinen und legt sich in die Gipfel der Friedhofsbäume.

In fast noch geschlossenem Gürtel schirmt der Ring der Mauern und Türme die Altstadt. Es lohnt, ihn zu umschreiten; der Weg ist nicht allzuweit, aber voll Abwechslung. Er führt uns mitten durch die heutige Stadt, wo der Hühnerdorfer Torturm, jetzt frei aus der Straße ragend, daran erinnert, daß sich hier ehedem die deutsche Stadt von dem Wendenkietz, dem Hühnerdorf schied, dessen Bewohner ihre Hausstättenabgabe in Hühnern errichten mußten. Weiterschreitend, lockt uns zur Linken der Burgberg, zur Rechten der Kirchplatz, aber wir wollen den Rundgang innehalten, sonst verlieren wir uns im Reichtum der Sehenswürdigkeiten, trotz des beneidenswerten Führers, den Tangermünde in der Ortsgeschichte seines trefflichen Oberpfarrers W. Zahn besitzt. So gelangen wir zum Hafen, der der Hansastadt Tangermünde noch Reichtum und Bedeutung gab, als der Kaisertraum längst ausgeträumt war. Wir erinnern uns, welche Bedeutung der Platz noch heute im Umschlagsverkehr hat, hören, daß in den Wintermonaten eine Elbschifferfachschule gehalten wird, sehen das Zollamt und das Zuckerzollamt, und ein Blick in die Ortszeitung läßt nach den Wasserstands- und

Schiffahrtsnachrichten erkennen, welchen Anteil Tangermünde an dem großen Verkehr hat, der auf der Weltwasserstraße zwischen dem böhmischen Gebirge und der Nordsee hier vorüberzieht. Schade, daß wir das Bild nicht genießen können, das die im Winterhafen eingelagerten Elbschiffe gewähren, wenn sie der Eisgang hier zusammentreibt, bis sie wieder ihren weiten Weg stromauf, stromab ziehen können. Aber ein anderer Anblick entschädigt uns. Wir fahren auf der Fähre hinaus auf den Strom und haben nun die ganze Stadt in engem Bilde vor uns. Rechter Hand Bollwerk und Türme der Burg, linker Hand das Bollwerk der Stadt und wieder Türme, Türme, wie sie auf so kleinem Raum und in solcher Mannigfaltigkeit keine andere Stadt besitzt, nicht Nürnberg, nicht Rothenburg, nicht Reichenweiher. So fern nach dem deutschen Süden muß die Erinnerung schweifen, um Vergleiche zu finden für diese keusche Romantik, für diesen mittelalterlichen Zauberglanz, der sich hier, erwachsen auf märkischem Boden, vor uns auftut. Als Rahmen aber den breiten Stromspiegel der Elbe, in dem sich die Vielgestalt der feinen himmelflüchtigen und breiten bodengründigen Türme spiegelt. Wie ein Stich von Merian! Und wirklich, hat der unermüdliche Kosmograph, der immer, mit dem Blick des Weitgewanderten, die richtige Seite einer Stadt traf, von der sie ihm ihr Meistes, Bestes, Eigenes gab, nicht von dieser Stelle aus Tangermünde aufgenommen? Wir vergleichen das Bild mit unserem Ausblick. Man würde die Stadt sofort wiedererkennen. Keine andere könnte es sein, als Tangermünde. Und doch, wieviel ist dahingesunken, das nicht wieder erstanden ist, das eine große klaffende Lücke hinterlassen hat, die wir erst an dem alten Stich in ihrem schmerzlichen Umfange erkennen. Es war von böser Vorbedeutung, daß Merian als Vordergrund in sein Bild ein Feldlager des Dreißigjährigen Krieges stellte. Vielleicht sind es die Schweden, die da in wohl bastionierter Zeltstadt die Fähnlein lustig flattern lassen. Die Schweden, die, acht Jahre vor dem Ende des großen Krieges, die Kaiserpfalz um die Weihnachtszeit als Brandfackel in die Lande leuchten ließen, daß wir heute nur noch Trümmer an der Stelle sehen, wo Matthäus Merian dem Älteren ein schimmerndes Schloß über die Elbe entgegenleuchtete. Tilly und Pappenheim, Dänen und Schweden, siebenmal haben sie in wechselndem Glück die gute Stadt Tangermünde berannt, erobert, geplündert und wieder verloren, und der Bürger hat die Kosten bezahlt.

Die Roßpforte in Tangermünde.

Damals war aber Tangermündes hohe Zeit schon vorüber. Rasch war die Siedlung an dieser wichtigen, durch ihre Lage und Bodenbeschaffenheit bevorzugten Stelle erblüht. Schon dem Fischer und Jäger der Steinzeit war die Stelle gut zum Wohnen und Hüttenbauen erschienen. Solch alter Ursprung, der sich im Dämmer ferner Vorzeit verliert, ist meist ein gutes Zeichen für die natürliche Lage einer Stadt. Und nachdem der Ort im „Balsamgau" im 12. Jahrhundert das Marktrecht erlangt hatte, ging es schnell vorwärts. Die Askanier bauten auf dem Berg, den schon Germanen und Wenden befestigt hatten, ihre feste Burg zum Schutz des markgräflichen Elbzollamtes. Flämische Ansiedler wurden herbeigerufen und brachten ihren heimischen Gewerbefleiß mit. Im Schlosse hielt der große Markgraf Waldemar die Hochzeit mit seiner Base Agnes, die dann als Witwe den Bau des schönen St. Stephandomes begann, wie wir ihn heute sehen. Danach zog, zu Kaiser Ludewig des Bayern Zeiten, zum ersten Male ein Hohenzoller in die Burg von Tangermünde ein, Burggraf Johann II. von Nürnberg. Und noch etwas später begann der Kaisertraum.

Karl IV., der Luxemburger, dessen Herz im Prager Hradschin wohnte, hatte Tangermünde zur Hauptstadt der nördlichen Länder seines Reiches ersehen. Er baute die Askanierburg zum glänzenden Kaiserschlosse um, und aus den fahlen Pergamentseiten der Überlieferung glitzert es noch vom Andenken an die Pracht der böhmischen Edelsteine, mit deren köstlichem Mosaik der Kaiser seiner Tangermünder Schloßkirche auslegen ließ.

Gehen wir hinüber zum Schloß. Der älteste Wappenadler begrüßt uns, wenn wir jenseits des trockenen Burggrabens durch das Tor zum äußeren Burghof treten. Da stehen die mit massigen Streben gestützten Ringmauern und Elbbastionen so fest, daß sie die Franzosen noch 1813 in Verteidigungszustand setzen konnten. Noch stehen zwei starke, jetzt wieder ausgebesserte hohe Türme, der Bergfried Kaiser Karls, den man heute den Kapitelturm nennt, und der von Albrecht Achilles aufgetürmte Gefängnisturm, dessen Grundmauern mehr als zwei Klafter stark sind. Aber von des Schlosses versunkener Pracht zeugt kein Stein mehr. Ein nüchternes Amtshaus steht an seiner Stelle, und wie mehrfach in deutschen Landen, wohnen jetzt Sträflinge an der Stätte, wo man ehedem dem Kaiser des heiligen römischen Reiches die Bettstatt bereitete. Ein Rasenplatz zeichnet die Stelle, wo die Schloßkapelle stand, in deren Gruft Hohenzollernsche Kurfürstensöhne bestattet lagen. Aber umschlossen von den ehedem geweihten Stätten und von den noch ragenden Andenken steht auf einem freundlichen Platze, den Blick über die Elbe gerichtet, die Bildnisjäule Kaiser Karls IV. von Ludwig Cauer, die Kaiser Wilhelm II. der Stadt Tangermünde geschenkt hat.

Kaiser Karl IV. ging zu früh für seine klugen und großen Pläne ins Grab, und Tangermünde verlor, durch eigene Schuld, bald auch den Rest des Glanzes, den ihm der Kaiser gegeben hatte. Nachdem es sich an dem unglücklichen Bierkrieg beteiligt hatte, einem Unternehmen, das damals blutiger und nachteiliger ausging als heute, kam die Staatsverwaltung ganz nach Berlin, und auch das kurbrandenburgische Kammergericht, und was blieb, war eine Stadt wie andere, freilich voll Gewerbefleiß und Handelseifer. Daß einmal 82 Brauereien von Tangermünde aus ihr Bier zu Wagen und zu Schiff in die Nachbarländer verschickten — ich will es gern glauben, weil es fleißige Geschichtsforscher erkundet haben und um so lieber, als Tangermünde noch heute eine Weiße braut, gegen die Berlin nicht ankommen kann.

Feuersnot und Seuchen haben dann aus der Stadt zum großen Teil das gemacht, was wir immer wieder in diesen kleinen Städten des Ostens sehen, und was den Westdeutschen oft wie gesuchte Gleichgültigkeit gegen alles anmutete, was Maurermeister und Zimmermann ihre Kunst nennen. Grau und ohne Lebensfreude in ihren Fensteraugen, so reihen sich die neueren Bürgerhäuser Straße an Straße. Nur hin und wieder ein Fachwerkbau mit reizendem Riegelwerk, ein verlorenes Renaissanceportal mit Steinmetzenarbeit, letzte Reste besserer Zeit, die wirken, wie wenn durch die ärmliche Tünche eines Nachfahren an ein paar abgeriebenen Stellen das goldene Stuckwerk einer alten Zimmerdecke durchbricht. Verlorene Klänge, die dem Wanderer sagen wollen: du bist nun doch schon jenseits der Elbe. Irgendwer aus dem humanistischen Westen, irgendwer aus den lustigen Holzbaustädten Mitteldeutschlands hat diese Schönheiten hierher getragen, daß sie hier einsam stehen.

Nein, du bist auf märkischem Boden! Wenn du es vergessen würdest, so gehe vor das Portal des St. Stephandomes, schreite durch das Neustädter Tor oder am besten, tritt vor das Rathaus. Das ist märkischer Backsteinbau, und sicher nicht weniger kühne Künstlergedanken haben den Meister bewegt, der in die freie Luft das Filigranwerk des Rathausgiebels aus glasiertem Lehmbrand wob als die Werkleute vom Kölner Dom, die, gerufen von Kaiser

Karl, das Schiff der St. Stephanskirche in den Himmel wölbten. Alles was heute so arm geworden ist im Osten, was verweht ist an Duft der Vergangenheit, vor dem Tangermünder Rathause findest du es wieder.

Der Rundgang durch die Stadt führt zu den anderen Türmen. Einer schickt dich zum anderen, bis du sie alle von nahem kennst. Und sehen muß man sie, ihre verschiedene Gemütsart läßt sich nicht schildern, ihr Antlitz kaum malen. Am Hafen stehen noch mehrere. Die Roßpforte mit ihrem heimlichen Schlupf, und das merkwürdige Geschwisterpaar der Putinnen. Am Winterhafen bewacht der selbstbewußte Eckturm zwei ganze Stadtseiten und behält wie eine Schildwache unter Augen die breite Elbfront und die schmälere Westseite, der die mittelalterliche Neustadt vorgelagert ist. Bis ihn von drüben, wo die Mauer am anderen Stadtende wieder rechtwinklig nach Osten umbiegt, der Schrotturm grüßt, ein überschlanker Riese, der höchste Profanturm der Stadt und in luftiger Höhe der nächste Nachbar der welschen Haube, die den Glockenstuhl des Stephandomes bedeckt. Einen alten, mit drei Verteidigungserkern behangenen Festungsturm hat man später wohl um das Doppelte erhöht, um eine Schrotfabrik darin zu errichten. Auf lichtlosen, ausgetretenen Holzstiegen klimmen wir zur Höhe. Stockwerk folgt niedrig über Stockwerk, denn aus dem Abstande der Geschoßböden berechnete man, in welcher Feinkörnung das flüssige Blei den Boden erreichen sollte. Zuletzt sieht man noch die Spuren des alten Betriebes, ein mächtiges Wellenrad, an dem man die Metallmassen in die Höhe wand und einen rot gebrannten Herdboden, wo man sie erhitzte und schmolz. Und dann treten wir auf die zugige Plattform.

Zu Füßen liegt Tangermünde. Den unvergleichlichen Reiz eines aus Mannigfaltigkeit, Lieblichkeit und Bescheidenheit gemischten Dächerblickes auf eine alte Stadt, hier hat man ihn ganz. Tangermünde schmiegt sich, von hier gesehen, traulich in sein Mauernest, und die verwitterte alte Stadt scheint sich überall scheu hinter ihre Zinnen zu ducken, wo die blankgeputzten Industrieerweiterungen des Maschinenjahrhunderts zu nah an ihren umfriedeten Bezirk herangerückt sind. Auf sanfter Höhe hebt sie sich von der in breiter Behäbigkeit vorüberflutenden Elbe und den ausgedehnten Niederungsflächen des jenseitigen Wiesenlandes ab. Gärten umkränzen sie, und aus grünem Buschgewirr und roten Dächerzeilen lösen sich die Türme, rundum die wehrhaften, inmitten die heiligen, die ungleichen

Zwillinge des Stephansdomes, die dicht hinter das Neustädtertor gesetzte Nikolaikirche und der kleine Giebelreiter der katholischen St. Elisabethenkirche. Und nochmals lösen sich vom Stadtbilde zwei deutlich abgesetzte Hügelstufen ab, stromaufwärts das Kloster, wo die heute in einem bäuerlichen Wirtschaftsgebäude versteckten Ansätze von Kirchenschiffgewölben wehmütige Erinnerungen an Lehnin und Chorin wecken. Und stromabwärts die Burg, wo einst des heiligen römischen Reiches stolzes Kaiserschloß gestanden hat.

„Vielleicht, wenn Kaiser Karl IV. nicht mitten in seinen Planen gestorben wäre, vielleicht, wenn ihm die ewigen Verhandlungen und Kämpfe mit Fürsten, Ständen und Städten mehr Zeit gelassen hätten, so stünde heute des Reiches Kaiserstadt nicht an der Spree und Havel, sondern an Tanger und Elbe" — sagen die Tangermünder. „Und wenn der Bierkrieg nicht gekommen wäre," fügen die guten Nachbarn hinzu. Aber der Kaiser Karl IV., auf seinem Standbild im Burghofe, scheint dem alten Traum nicht nachzuhängen, von dem in Kriegsnot und Feuersbrunst die letzten Spuren als Staub und Rauch in die Wolken gewirbelt sind. Zufrieden schaut er über die Elbe, wo jenseits, im Herrenhause des Nachbardorfes Schönhausen, ein neuer Kaisertraum erwachsen ist, und wo sein Blick am fernen Horizont die Kuppel der Berliner Königsburg zu suchen scheint.

Der Mittelpunkt der Welt.
Von Adalbert Kühn.

In Poppau, einem Dorfe nördlich vom Flecken Klötze, ist der Mittelpunkt der Welt; die Kette, womit das ausgemessen wurde, liegt schon seit langen Jahren in einem kleinen Teiche am Ausgange des Dorfes nach Grieben zu unter einem Stein, der gar wunderbar kantig und spitzig gestaltet ist und über das Wasser hervorragt. Vor einigen Jahren wollte man nahe am Teiche ein Haus bauen und dämmte ihn daher an der einen Seite zu, da hat denn einer der Bauern ein Stück der Kette gefunden, das war von Eisen und hatte Ringe, etwa so groß wie die einer Halfterkette. — In der Nähe des Dorfes liegt auch ein Stein, wenn der den Hahn krähen hört, dreht er sich dreimal um.

www.ingramcontent.com/pod-product-compliance
Lightning Source LLC
Chambersburg PA
CBHW021230300426
44111CB00007B/490